書評誌に見る批判哲学――
初期ドイツ観念論の展相

『一般学芸新聞』「哲学欄」の一九年

田端信廣
[著]

Die Entwicklungsphase der kritischen Philosophie
und des Frühidealismus In der *Allgemeine Literatur-Zeitung*

晃洋書房

はじめに

思想史上「啓蒙の世紀」と呼ばれる一八世紀は、ドイツでは〈雑誌ジャーナリズムの世紀〉の異名をもつ。とりわけ、この世紀の後半のドイツにおける雑誌ジャーナリズムの急成長と隆盛には眼を見張るものがある。J・キルヒナー（Joachim Kirchner 1890–1978）は、一七九〇年までにドイツ語圏で総じてほぼ三五〇〇の多種多様な定期刊行物・雑誌が発行されたと伝えている。これらの雑誌にはさまざまな類型があり、それぞれ最盛期を異にしていたが（詳細は「幕間Ⅰ」を参照）、注目すべきことは、当時の雑誌・定期刊行物の多くが「書評」欄を備え、新刊書の批評・書評に力を注いでいたことである。学術的著作、通俗的著作を問わず、著者たちはみな「書評」で下される評価を非常に気にかけていた。「書評」の判定が作品そのものの評価を左右しかねなかったからである。いやそれ以前に、書評紙にとりあげられるということ自体が、その著作の意義を間接的に証明していた。哲学書に関して言えば、重要な著作はドイツ各地の雑誌・定期刊行物で一〇種類もの異なった書評が現われることも稀でなかった[1]。つまり、学術―出版世界における「書評」の地位と影響力は、今日に比べ格段に大きく、高かったのである。

当時のドイツに特有で地域性の色濃い各種の「学術新聞」や「学術報知」、また個別領域の専門雑誌や総合雑誌も多くが書評欄を備えていたが、やがて、増大の一途をたどる新刊書の批評・書評に特化した書評専門誌が生み出され、全国的な書評専門誌・紙が刊行されるようになる。その双璧が、ベルリンの『ドイツ百科叢書（*Allgemeine Deutsche Bibliothek*）』（一七六五年創刊）とイェーナの『一般学芸新聞（*Allgemeine Literatur-Zeitung*）[2]』（一七八五年創刊）である。両者はともに学術―文芸のあらゆる分野をその対象として網羅しているが、相違は、前者が冊子体で不定期に刊行されていたのに対して、後者が日刊の「新聞」として発行された点にある。この日刊紙『一般学芸新聞』は創刊後数年でドイツ随一の書評紙としての地位を確立したばかりか、その名声はヨーロッパ各地にも届くようになっていった。

『一般学芸新聞』の編集、発行所は、小さな領邦国家ザクセン―ワイマール公国の大学都市イェーナに置かれていた。そして、その発行期間一七八五年から一八〇三年は、いわゆる「イェーナ、栄光の時代」と重なっている。というよりむしろ、同紙の活動はこの〈イェーナの栄光〉の確立に決定的に寄与した。一七九〇年代、イェーナはまさに「ドイツにおける知と学問の中軸都市」（ゲーテ）であった。とりわけイェーナ大学の哲学部は、カント（Immanuel Kant 1724–1804）によって引き起こされた「哲学の革命」の推進拠点となり、またポスト・カント期の新たな哲学の展開の中心地となった。ラインホルト（Karl Leonhard Reinhold 1751–1823）の「根元哲学」も、フィヒテ（Johann Gottlieb Fichte 1762–1814）の初期「知識学」も、シェリング（Friedrich Wilhelm Joseph Schelling 1775–1854）の「同一性哲学」も、そしてヘーゲル（Georg Wilhelm Friedrich Hegel 1770–1831）の『精神現象学』さえ、ザラーナ（イェーナ大学の伝統的呼称）の講壇から生まれたことを改めて思い起こす必要がある。

『一般学芸新聞』がカヴァーしていた一六の学問ジャンルのうちでもその「哲学欄」は、イェーナ大学哲学部を一つの軸に展開された当時の哲学―思想運動の展開のありさまを映し出している。この「哲学欄」は、創刊以降毎年四〇点～六〇点の哲学的著作・定期刊行物を書評対象にとりあげ、書評総点数はその存続期間一九年間で優に八〇〇点を超えている（巻末資料「主要書評一覧」を参照）。

一七八〇年代後半、カント「批判哲学」の諸原理をめぐる激しい「哲学的党派闘争」が巻き起こった頃に創刊された『一般学芸新聞』（ALZ）の「哲学欄」は、当初から反カント的諸潮流（経験論的潮流、合理論的独断論の潮流、懐疑論的潮流）に対抗して、「批判哲学」とその展開のための「機関誌」として出発し、次第にその相貌を強めていった。九〇年代前半には、批判哲学の諸原理が個々の哲学的分野（道徳論、意志論、自然法論等）に応用され、それらの諸分野で幅広い議論と論争が展開されていくのに伴い、「哲学欄」は、この応用的諸分野に批判主義の精神を普及させるべく精力的な活動を継続した。だが一七九〇年代後半に入ると、カントによる「哲学の革命」の推進方向をめぐってさまざまな立場が急速に台頭し、新たな哲学の在り方についての原理上の軋轢と対立が随所に出現しつつあった。つねに正統派カント主義の立場に立ち続けた同紙編集部は、次第にこの新潮流（フィヒテの「より純粋な」超越論哲学、シェリングの同一性哲学、そして初期ロマン主義）との軋轢、対立を深め、ついに一七九〇年代末には、その対立は決定的になる。すなわち、一七九九年に編集部とこれらの潮流はALZ紙上で激しい論戦を公然と展開するにいたる。

そのような経緯から、カント哲学やドイツ初期観念論の研究者には、Allgemeine Literatur-Zeitung の名はよく知られている。だがそれに反して、その内実・実態とそれが果たした役割は、わが国ではほとんど知られないままである。一八世紀のドイツ文化史の専門書（の翻訳）等にすら、同紙に対する不正確な記述が散見されるほどである。[3] わが国の哲学研究文献でも、ALZは文献引用注でついでに触れられるだけで、この日刊書評紙の意義や役割についてはほとんど語られることはなかった。本書は、名前だけが有名であり続けてきたこの書評紙の「哲学欄」に掲載された主だった書評記事を時系列に沿ってトレースすることを通して、この「哲学欄」を鏡としてそこに映った、「批判哲学」から初期ドイツ観念論哲学への推移、および後者の展開過程を概観することを目的としている。つまり、この二十年弱の紙面を追うことを通して、この短い期間におけるドイツ哲学の急速な重点移動と変貌を同時代に公表された書評記事に即して概括することを目的としている。

『一般学芸新聞』は、他の書評誌・紙と同じように、学術と文化の総合情報誌と言える「知的広報欄（Intelligenzblatt）」を併設していた。本書は、この欄に掲載された興味深い諸「資料」を活用して、活況を迎えていた当時の出版界の状況（「幕間Ⅰ」参照）や、イェーナ大学哲学部の教授たちの講義活動（「幕間Ⅲ」参照）、そして学生たちの生活実態（「幕間Ⅱ」参照）などを紹介したいと思う。そこに盛られた興味深い諸事実を、〈イェーナの栄光〉の一端を映すドキュメントとして紹介したいと思う。

今日われわれによく知られている第一級の哲学者（哲学書）は、いわば当時の哲学―思想的世界という「天界」の「一等星」である。この

「一等星」の周りには、（もはや、われわれが忘れてしまっている）数多くの「二等星」、「三等星」が点在していた。そして、それらは合わさって、独特の「星座（Konstellation）」を形成していた。哲学思想の諸潮流の対抗・対立は、単に「一等星」間の対抗・対立であったというよりも、実態においては、それぞれの学術―書評メディアを基盤にした「星座」間の対抗・対立であった。時とともに、その輝きを曇らせていく星もあれば、突然輝きをます星もあった。星と星の距離が縮まったり、拡がったりすることはごく普通に起こった。そのことによって、やがて「星座」そのものの形も変わっていく。そうしたことは、一八世紀の最後の四半世紀におけるカント派陣営と経験論の陣営、合理論の陣営との対抗関係を、そしてその後のカント派の分裂、拡散、対立過程の台頭を追跡してみれば、そしてさらに「より純粋な」超越論哲学内部の諸潮流の対立の生成過程を追跡してみれば明瞭になる。

　本書は、従来ほとんど語られることのなかったいくつかの「二等星」、「三等星」にも光をあてたいと思っている。それは、哲学史を「一等星」の間を結ぶ「線」としてでなく、「星座」間の「面」の関係として描く一助となるであろう。そして、各章の間に挿入したいくつかの「幕間」は、その「面」の相貌に幾分なりとも具体性を付与するのに役立つであろう。一七八五年から一八〇三年の一九年間における哲学界の「星座」のそうした配置関係やその変化の動向を、当時第一級の書評紙『一般学芸新聞』「哲学欄」の紙面を鏡にして素描できればと思っている。

注

（1）たとえば、カントの『純粋理性批判』初版は七誌で、『人倫の形而上学の基礎づけ』は一二誌でとりあげられ書評された（vgl. Albert Landau (hrsg.), *Rezensionen zur Kantische Philosophie 1781-87*, Bebra 1991.）。また、ラインホルトの『人間の認識能力の新理論試論』は一四誌、『哲学者たちのこれまでの誤解を是正するための寄稿集　第一巻』は八誌で書評された（vgl. Faustino Fabbianelli [hrsg.] *Die zeitgenössischen Rezensionen der Elementarphilosophie K. L. Reinholds*, Hildesheim 2003.）。さらにフィヒテの『あらゆる啓示の批判の試み』第二版は一二誌で、『知識学の概念について』は八誌で書評された（vgl. E. Fuchs. W. G. Jacobs und W. Schieche [hrsg.], *J. G. Fichte in zeitgenössischen Rezensionen*, Bd. 1, Stuttgart-Bad Cannstatt 1995）。

（2）*Allgemeine Literatur-Zeitung* は、今でも「一般文芸新聞」あるいは「一般文学新聞」と訳されている場合が多いが、こうした訳語はこの「新聞」の実態を看過しているだけでなく、誤解を招きかねない不適切な訳語であると言わざるをえない。というのも、この「新聞」はけしていわゆる「文芸新聞」や「文学新聞」ではなく、学問のありとあらゆる分野を対象としたジャンル網羅的な書評紙であるからである。それがカヴァーしていた諸分野は、次の一六の分野に区分され、それぞれに独立の欄が設けられている。すなわち、Ⅰ．神学、Ⅱ．法学、Ⅲ．医学、Ⅳ．哲学、Ⅴ．教育学、Ⅵ．国家学、Ⅶ．経済学、Ⅷ．自然学、Ⅸ．数学、Ⅹ．博物学、Ⅺ．地政学、Ⅻ．歴史学、XIII．美学・芸術学、XIV．言語学、XV．一般文芸史、XVI．混成分野（ちなみに『ドイツ百科叢書』は二四に細分された分野を設けている）。通常は毎号、三つほどの分野の欄が設けられているが、それらの掲載順は厳密に上記の順番に従っている（すなわち、「哲学欄」が「神学欄」や「法学欄」の前に置かれることはない）。

　この実態に鑑みれば、Allgemeine は「一般的」という意味ではなく、学問諸分野を包括した「網羅性」を意味しており、Literatur も「文学」や「文芸」を指しているのではなく、広く「学術的文献」一般を指していると考えなければならない。したがって、*Allgemeine Deutsche Bibliothek* が『ドイツ百科叢書』という実態を反映した適訳をすでに得ていることを勘案すれば、*Allgemeine Literatur-Zeitung* はその内容に照らし合わせて『学術百科新聞』と訳すのがもっとも適切なのであるが、これまで『一般学芸新聞』という訳語が一番多く使用されてきたことを考慮して、本書もこの訳語に従うことにする。

（3）たとえば、ドイツの一八世紀の文化・社会史を概観するのに簡便な、マックス・フォン・ベーン『ドイツ一八世紀の文化と社会』（三修社、二〇〇一年）（Max von Boehn, *Deutschland im 18. Jahrhundert. Die Aufklärung*, Berlin 1922）では、ＡＬＺは次のように紹介されている。『ゲッチンゲン学術報知』は「世紀末の九〇年代になってようやく『イェーナ文学百科新聞』（Jenarische Allgemeine Literaturzeitung）にその座を譲った。このイェーナの新聞は学問の進歩を人びとに認識させるためあらゆる文明国の文学を検討しようと試みた。創刊号にはヘルダーの『イデーン』（Ideen）を批判したカントの一文が掲載され、毎日八つ切り半裁で出版された」（一〇四頁）。このわずか三行の記述に、四点の基本的誤りが含まれている。①まず、同紙の正式名称に「イェーナ（Jenarische）」は付かない。Jenarische Allgemeine Literatur-Zeitung は、ＡＬＺが一八〇四年以降発行地をハレに移転した後、同紙の名声を利用すべく、ゲーテが苦労して確保した後継紙の名称であり、両紙は異なる性格をもった別の書評紙である。②ＡＬＺは「あらゆる文明国の文学を検討しようと」した、いわゆる「文学新聞」ではまったくない。③「カントの一文」（ヘルダーの Ideen 書評）が掲載されたのは「創刊号」（一月三日付）ではなく、第四号（一月六日付）である。④紙面は「八つ切り半裁」ではなく「四つ折り版」である。なお、表題の正式な表記は Allgemeine Literatur-Zeitung が正しい。

①のような（『イェーナ一般文芸新聞』）タイトルの誤記は、他の書物にもかなり多く認められる。また③は当時から「伝説化」していたらしく、かなり詳しいカント解説書、アルセニイ・グリガ『カント、その生涯と思想』（法政大学出版局、一九八三年）一七六頁などにも、同様の記述が認められる。これらの誤りは、ＡＬＺそのものを実証検分しないまま、引用と伝承を重ねてきた結果だと推定される。

目次

引用文中等で用いる略号一覧

○全集

AA：*Friedrich Wilhelm Joseph Schelling, Historische-Kritische Ausgabe.* In Auftrag der Schelling-Kommission der Bayerischen Akademie der Wissenschaften, Stuttgart-Bad Cannstatt 1976ff.（系列数：ローマ数字、巻数：算用数字。例：*AA* I/10, 288）

GA：*J. G. Fichte-Gesamtausgabe der Beyerischen Akademie der Wissenschaften*, Stuttgart-Bad Cannstatt 1962ff.（系列数：ローマ数字、巻数：算用数字。例：*GA* III/7, 288）

GW：*Georg Wilhelm Friedrich Hegel, Gesammelte Werke.* Herausgegeben im Auftrag der Deutschen Forshungsgemeischaft, Hamburg 1968ff.（巻数：算用数字。例：*GW* 4, 288））

KA：*Kant's Gesammelte Schriften.* Hrsg. v. Koniglich Preusslichen Akademie der Wissenschaften, Berlin 1900ff.（巻数：ローマ数字。例：*KA* VII, 288）

KFSA：*Kritische Friedrich-Schlegel-Ausgabe*, hrsg. v. Ernst Behler. Paderborn 1959ff.（巻数：ローマ数字）

NA：*Schillers Werke, Nationalausgabe*, Weimar 1943ff.（巻数：ローマ数字。例：*NA* XXVII, 236）

○書評誌・紙、書評集、雑誌など

ALZ：*Allgemeine Literatur-Zeitung.* Jena u. Leipzig 1785-1803.（年度、号［Nr..］、欄［[Sp.]）

ELZ：*Litteratur Zeitung.* Erlangen 1799-1802.（年度、号［Nr.］、欄）［Sp.］）

FiR：*Fichte in Rezensionen*, hrsg. v. E.Fuchs, W. G. Jacobs u. W. Schieche, Stuttgart-Bad Cannstatt 1795.（巻数：算用数字。例：*FiR* 1）

PJ：*Philosophisches Journal einer Gesellschaft Teutscher Gelehrten.* Hrsg. v. Friedrich Imamnuel Niethammer（/ J. G. Fichte）, Neu-Strelitz（Jena und Leipzig）1795-1800.（巻数：ローマ数字、号数：算用数字。例：*PJ* III/1, 288）

序章　『一般学芸新聞』創刊前夜

一七八四年の春、一人の男が恒例のライプツィヒ書籍見本市の見学を終えて、ワイマールへの帰路についていた。男は見本市の書籍目録に目を凝らしながら、ドイツの出版界と読書界の全般的状況に看過できぬ問題を感じとり、その問題の解決策にあれこれ思案をめぐらせていた。その問題とは、ドイツ諸国における「読書する大衆」の爆発的な増加、そして「読むこと」への欲求の急速な広がりにもかかわらず、新刊書籍の情報をスピーディに提供する適切なメディアが存在していない状況のことである。当時、ドイツ国内の各都市で発行され、書評誌の役割も担っていた「学術新聞」の類はどれも、大衆にはあまりにも学術的すぎた。また、二〇年前に創刊された全国的批評誌『ドイツ百科叢書』は、刊行の不定期性やそれに起因する書籍情報提供の遅さのゆえに、爆発的に増大しつつあった新刊書に対する新しい読者層のニーズに十分応えられず、いまや退潮期を迎えつつあった。出版界の現実と読書界の現実との間に生じつつあったこのギャップを埋めるべく――というよりむしろ本音のところではこの現状を利用して一山当てるべく――、この男は帰途の途上でまったく新しい型の批評・書評紙の創刊を思いつく。すなわち、「学芸便覧の体裁と〔書評の〕完全な不偏不党性、およびそれと通年発行体制とを結合したような領域網羅的な定期刊行物[1]」を創刊することを思いつく。この男こそ、すでにいくつかの雑誌の創刊で成功をおさめた経験をもつ、ワイマールの実業家F・J・ベルトゥーフ（Friedrich Justin Bertuch 1747-1822）である。

第一節　『一般学芸新聞』発起人会

彼はこの構想を、『ドイツ・メルクーア（*Der Teutsche Merkur*）』の共同編集者としてかねてから懇意であった、ワイマール宮廷の長老文化人ヴィーラント（Christoph Martin Wieland 1733-1813）に打ち明けた。ヴィーラントはおおいに関心を示したものの、当初はその実現可能性についてかなり懐疑的であった。ベルトゥーフは「いまや大衆は諸領域を網羅した批評新聞をどれほど熱心に求めているかという証拠」を彼に示し、そして「一ボーゲンにつき最高二〇ターレルの〔書評執筆の〕原稿料を見積もっても」、「総額二〇〇カロリンの出資金さえ集まれば、この事業が実現可能であることを証明してみせた[2]」。それでヴィーラントもしだいにその気になり、二人は基本的プランを申し合わせた後、イェーナ大学の古典文献学教授シュッツ（Christian Gottfried Schütz 1747-1832）を、その新たな批評新聞の編集者に口説き落とした[3]。こうして一七八四年の夏前には、新書評紙の基本構想もほぼ固まり、以後シュッツは書評の執筆に際しての「基本的規範」の作成と第一級の能力をもった常連寄稿者集団の獲得活動を精力的に展開し、ベルトゥーフはもっぱら紙面印刷・出版と販売の体制を確立することに努力を傾注していくことになる。

そして一七八四年九月、『ドイツ・メルクーア』誌の「告知（Anzeiger）」欄に次のような書き出しで始まる告示文が載るのである。

「格別の要請に応えて、われわれは以下のように『一般学芸新聞』の告示掲載を早める。本紙はイェーナのヨハン・ミカエル・マウケの許で、中央線入り、全紙四つ折り判の特別仕様で印刷され、ドイツ中の郵便局で入手可能となるはずである。たしかに、だれもがそう思い、またそう言うであろうが、この事業が非常に大規模なものになることはわれわれも理解している。しかし、この事業も発起人たちがその力をひとつに結集すれば、けっして手に余るものではない。発起人たちのもとには（われわれが信頼に足りると考えている）我が国のもっとも学識豊かな最高の頭脳が集まっており、それに加えて編集の任にあたるイェーナ大学のシュッツ教授の高名は、われわれの期待が裏切られることなく実行されるであろうという信頼感をわれわれによび起こす。著述界と読書界の現状に鑑みれば、この事業はほとんど不可欠なものであるといえる。それに、これに期待すべきことをわれわれが成し遂げるならば、この事業はわが国民の名声を高め、啓蒙の進展と趣味の陶冶にとって極めて広大な成果をもたらすことになるはずである。それゆえこの事業は、それだけより大きな激励の言葉を受けるに値する[4]」。

大事業を前にしていささか気負いも感じられるこの文章に述べられている「われわれ」「発起人たち」とは、言うまでもなくヴィーラント、ベルトゥーフそしてシュッツである。実際、この事業は「非常に大規模なもの」になった。それは、この時代に、縦二段組みの四つ折り紙で四面四欄立ての（一七八六年からは同じ四面で八欄立て）書評専門紙が、およそありとあらゆる学問領域を対象に[5]、Zeitungという名にふさわしく日曜日を除く毎日、通年発行されたという事実一つからも推察されるであろう。

「告示」は続いて、ベルトゥーフにこの企てを思いつかせた「著述界と読書界の現状」がはらんでいる問題点、すなわち通俗的な読み物も含めて日々増大する一方の出版物とそれらを簡便かつ的確に一望するメディアを持たない読者層の不満とのギャップについて的確に述べている。

「大衆がおびただしい出版物を活用し、そこから利益を引き出せるようにするには、いまや次のことが絶対に必要なことはだれにでも分かるだろう。すなわち、当今、国民の比較的高い階層の相当な部分を形成している読書する公衆が、毎年前年の二倍の量が出版され、完全に供給過剰状態になっている文字で書かれた商品全体の品質について、信頼に足りる情報を余すところなく速やかに入手できるということが、ぜひとも必要なのである。

周知のごとく、わが国では批評雑誌、学術新聞、書評―工場などがそんなに乏しいわけではない。むしろ逆に、この冊数の過剰が悩みの種のひとつであり、このことについてあちらこちらで不満を聞くほどである。しかし、これらの批評誌それぞれの価値がどうであれ、告知すべき対象の網羅的普遍性、遺漏なき完全性、情報伝達の迅速さという点に関して、またその評定が信頼に足りるものとして、公衆の欲求と望むところに十分な満足を与えることのできるものを、われわれはひとつとして知らない[6]」。

一八世紀の最後の四半世紀の中頃、ドイツでは出版市場の飛躍的拡大と相互作用を及ぼしながら、「読書する大衆」の急速な増大が進行していた[7]。「君主や大臣から街のまき割り人や村の居酒屋の農夫まで、化粧室の婦人から台所の掃除婦までが、みな雑誌を読んでいる[8]」という状況が生まれつつあった。この急速な展開のゆえに、著述・出版界と拡大しつつある読書の欲求との間に上述のような乖離状態が生じつつあり、現代風に言えば書籍「情報伝達の危機」が顔を覗かせつつあった。この状況をいち早く見抜き、それへの対応策として、読者大衆が「注目すべき学芸上の商品全体の出来具合について、信頼に足りる、遺漏なき完全な報告をいち早く得る[9]」ことができるのを謳い文句にした書評紙の出現は、まさに時代のニーズを的確にとらえていた。

「告示」中の「書評―工場」という語は、F・ニコライ（Christoph Friedrich Nicolai 1733-1811）の『ドイツ百科叢書』へのあてこすりである。その表題にもかかわらず、「網羅的普遍性、遺漏なき完全性、情報伝達の迅速さ」の欠如こそ、市場の急速な展開とともに露わになってきた、この先行批評誌の弱点であった。

ところで、学術的―文芸的「作品」を「商品」に変える〈知の商品化〉という仕事におけるベルトゥーフの才能は、すでに折り紙つきであった。ワイマールのギムナジウムからイェーナの神学部に進んだ後、一時地方の家庭教師をしていた彼が健康上の理由から故郷に戻ったのは、一七七三年――すなわち、ヴィーラントがエアフルト大学から、ワイマール宮廷顧問官兼公子傅育官として赴任した翌年――のことである。その後、カール・アウグスト（Karl August 1757-1828）公の秘書兼財産管理人となり、ワイマールにさまざまな事業（製紙工場、造花工場など）を起こして成功を収めた彼は、一七八〇年には『スペイン・ポルトガル文学雑誌』を創刊し、大評判を得る[10]。続いて『ドイツ・メルクーア』の共同編集者（一七八二年九月～八六年七月）として、発行部数の落ち込んでいた同誌のてこ入れに力を発揮する[11]。だが、なによりも彼の営業的センスと才能がいかんなく発揮されたのは『奢侈・モード雑誌（*Journal des Luxus und der Mode*）』（一七八六年一月創刊）の刊行と成功であった。「アクセサリーや宝石を含む男女向けファション、家具、骨董品、食器から乗り物類」、さらに「庭園と別荘のプラン、その他とくに外国の目新しい品物全般」を扱う、まったくファッショナブルなこの新種の「カタログ雑誌」は、「一般学芸新聞よりももっとしっかりと、ワイマールの町と公国の住民たちの諸活動と融合していた[12]」。ワイマールとイェーナの文化を「市場」で通用する「商品」に変えるという点でのこうしたベルトゥーフの抜群のセンスと商才が、『一般学芸新聞』創刊に際してもいかんなく発揮されることになる。

さて、かなり反響を呼んだかの「告示」の後、一〇月にはイェーナのマウケ社との間に「印刷協約」が締結され、一二月には「ALZ事業発起人会（Die Societät der Unternehmer der A. L. Z.）」の名で、（後に同紙創刊号にも再録されることになる）「予告（Vorbericht）」が全国に発送された。そして一七八五年一月三日には、同紙の第一号が初版六〇〇部、四頁立てで発行されるのである。そして、この年の暮れには部数は早くも一一〇〇部に達し、創刊の翌々年には二〇〇〇人以上の予約購読者を得て、同紙はドイツの、いや全ヨーロッパの書評紙の頂点に立つのである。

かくして、創刊直後からセンセーションを巻きおこし、すぐさま全ドイツのみならずヨーロッパ各地でも高い評判を得ることになる、――そして批判哲学の普及とカント学派の形成の拠点としての「イェーナの栄光」の創出に重大な役割を担うことになる――この新たな書評紙は、ワイマールの長老文化人と卓越した「文化産業」の担い手、そして批判哲学の意義をいち早く洞察していた哲学者、この三者の合作として誕生したのである。

第二節　発刊直前のトラブル

――「書評の基準」をめぐる軋轢の人間模様

『一般学芸新聞』の掲げた理念と目的を確認する前に、発刊直前に発起人たちの間に起こった或るトラブルに触れておこう。それは、一面では――経験豊かな年長の編集長と新参者の書評予定者、双方のプライドを賭けた――極めて人間臭い心情の軋轢を示すエピソードであるが、しかし単にそれにとどまらず、同紙が目標とした批評活動の原則と水準を、そして編集者シュッツのこれに賭ける意気込みを窺わせるエピソードでもある。

年明け早々からの発刊準備も万端整った一七八四年一二月の初め、シュッツからラインホルトに一通の書状が届く。二年ほど後には「カント哲学についての書簡」で一躍カント学者として名をなすことになるラインホルトは、まだ無名であり、当時のっぴきならない事情から故郷のウィーンを脱出しワイマールのヴィーラントの許に転がり込んでいた。「拝啓。貴兄から届けられたふたつの書評を楽しく拝読しました」という書き出しで始まるこの書簡[13]は、ラインホルトの担当とされていた数篇の書評のうちとりあえず完成した二篇分[14]に対する返書である。

返書はまず、「ALZの基本構想」を実現していくために、編集者たる自分にはそれなりの権限が委託されていると断ったうえで、「基本構想」の要求する批評上の原則を事細かに指示している。すなわち「(a)できの良い著作には、単に褒めことばと小言を並べ立てるだけでなく、その裏付けをも明示すること。(b)歴史的事実や哲学的所見などになんらかの新しい事柄を含んでいるような著書の書評に際しては、その事柄の要点を簡潔に提示すること。(c)できの悪い著作の場合でも、その欠点をしかるべく特徴づけること」。続いて、寄稿予定者と「発起人会」との間にすでに結ばれている「契約」および書評起草の「基準条項」をラインホルトが守っていないことに苦言を呈し、二篇の書評の内容、形式を「契約に基づいて」修正、補強するよう、かなり細かい指示を与えている。たとえばその指示は、『説教集』の場合は、[匿名で出版されたが]書籍見本市のカタログにはアイベルが著者として印刷されている点を注記してください。著作の表題は、わたしが直したような体裁で略記しなければならないし、ページ数は絶対書き落としてはならず、著作の店頭販売価格も判っていれば記入しなければなりません」などという細目にまで及んでいる。

このような事細かな指示にもましてラインホルトの神経を逆撫でしたのは、次のような文言である。

「貴兄の書評はみな、自然にほとばしるような流麗な文体に溢れています。『一般学芸新聞』がただ雄弁な本物の批評を含んでいるだけでよしとするならば、それ以上のことは望むべくもありません。しかし本紙は、学芸の全体に関心を寄せ、それを有益に利用せんとする人々の便覧でもなければならないのです。ですから、いつも可能なかぎり著作から汲み取れる現実的なことを配慮しなければなりません。

当の著作を最後まで読み通しておかねばならないのはもちろんのことです。これに比べ『ドイツ・メルクーア』で通例となっているような書評をものにするだけなら、手の早い有能な人なら、著作のほぼ四分の一も読む必要がないことも多いでしょうが[15]」。

これに対してラインホルトはすぐさま、書評の若干の箇所は改善、補強したいとシュッツに返答したものの、彼のいかにも教師然とした指示に対しては、自分は「これまでもう二年も批評活動をやってきた」経験があり、自分の書評が「突き返される」などという屈辱は甘受しがたいと応酬する。また、シュッツの慇懃無礼な言い回しに逐一反論し、「どんなくず作品でも最後の一行まで読むべき」だとか、ましてや著作の「店頭販売価格」まで申告せよというのは、度を越していると付け加える[16]。事態を深刻にしたのは、ラインホルトのワイマール移住以降この数カ月間、公私両面に渡ってこのお気にいりの若者の「庇護者」を任じてきたヴィーラントの反応であった。シュッツの書簡を見たヴィーラントは、さっそくベルトゥーフにこうねじ込んだ。「一般学芸新聞の編集者殿は、わたしの名において起草され、かつわたしが完全に裁可し傑作と認めた、ラインホルトによるデュヴァル作品集の書評を、一般学芸新聞には使いものにならず、指定された書評原則に適っていないものとして送り返すのが適当と判断されました。…〔中略〕…デュヴァルの作品集についても、カトリックの説教集についてもわたしは非常に満足を覚えていることを、あなたにもわかるように口頭ではっきり伝えた」はずだ。そればかりか、やっかいなことにヴィーラントは、シュッツの要求している杓子定規な「書評の原則」を非難するにとどまらず、自分がすでに起草し編集部に提出していた書評原稿もまた「編集者殿の原則にそぐわない」であろうからと、その返還を要求するに及んだ[17]。

シュッツとベルトゥーフはひそかに対応策を協議し、両者合意のうえ一二月八日付けの長い書簡がシュッツからラインホルトに再び届けられる[18]。彼は、ヴィーラントの存在を意識しながら、ラインホルトがこだわっている前の手紙の表現の真意を詳しく説明する。だが、編集者たる自分が、すでに確定されている「企画」や「書評原則」にしたがって書評担当者にあれこれ原稿の修正や改善を求めるのは当然である点は譲らない。シュッツはこう書き送っている。君は「もう二年も書評活動をしてきた」と言うが、書評執筆者陣のなかにはその一〇倍つまり「二〇年も書評に携わってきたベテランの寄稿者」もいるのであり、「彼らにわたしが、企画にしたがってあれこれ変更を指示しても、まずいことになったためしなど一つもない[19]」。「寄稿者に加わっている、ドイツでも第一級の哲学者二人は、企画上必要ならどんな修正を加えていただいても結構ですとわたしに書いてきています」。「しかもその一人は、自分が送った書評が不適であると判定されたり、却下された場合には原稿料を放棄するとまで書いています」。ここに挙げられている「第一級の哲学者」の一人とはカントのことである[20]。

しかし、この書簡もかえってヴィーラントを一層憤慨させる結果に終わった。[21] そしてヴィーラントは一二月一一日、出資金はそのままにして『一般学芸新聞』の仕事一切から手を引くことを最終通告することになる。こうして同紙は、大々的な事前の広告活動にもかかわらず、創刊を待たずしていったんは挫折の危機に見舞われたのである。だが、他の二人は思案のあげく、ヴィーラント抜きで事業を継続することを決心する。かくして皮肉なことに、『一般学芸新聞』は「告示」宣伝文に謳われた「発起人たちの統一した力」とは裏腹のかたちでスタートしたのである。

第三節　書評の基本原則、あるいはキャッチ・フレーズ

さて、創刊号にも再録された一七八四年年末に発表された「予告」に即して、この書評紙の掲げた基本方針を確認しておこう。ここでも、先行のライバル誌『ドイツ百科叢書』を意識し、八月の「告示」で宣言されていた書評の「網羅的完全性」「迅速性」「信頼性」などが「売り」として強調されている。

「予告」はまず、「ドイツ内外のもっとも立派な学者たちが寄稿者として」同紙を「支えている」という点を繰り返し強調している。発起人たちは、「それぞれの活動分野で博識という点では文句なく第一級の折り紙をつけられる」学者や「有名な文筆家」が、「有能な裁判官として最新刊の批評、判定を読者に提供することを「改めて請け合」っている。[22] 実際、すでに一七八四年の夏にはシュッツがカントに報告していたように、「すべての部門でもっとも優れた学者五〇名」ほどが同紙に「参集し」ていたし、[23] その二年後には一二〇名の寄稿者集団が形成されることになる。[24]

続いて「予告」は、同紙の基本方針を読者にアッピールする四つのキャッチ・フレーズを掲げる。まず、批評の「公平無私たること (Unpartheylichkeit) が我が学術新聞の第一の原則である」。この原則に基づいて「著者が自分の書物を自ら書評したり、友人同士が仲間褒めをする」ようなことは禁止される。また「ある種の党派や宗派、特定の団体が常に正しいとか、逆に間違っているとか判定されたり、特定の著者が詳しい理由も挙げないままいつも称賛されたり、逆にけなされたりする」ことは許されない。[25] この第一原則から直接「帰結する」第二原則が、批評・判定が「信頼に足りるものである (Zuverlässigkeit)」という点である。これは、いかなる権威や名声に対しても「率直かつ大胆な精神」で批評がなされることによって保証される。批評に際して混入しがちな個人的配慮を避けるために、書評者がだれであるかは著者や読者には伏せられる。これらの点は、「学術雑誌での党派的な観点からの賞賛や非難について従来からしばしば出されてきた苦情」を配慮しつつ、[26] 同紙が真に学問的評価・批判に値する厳格な批評を目指すことを表明したものである。

しかし、「公平無私たること」を掲げた『一般学芸新聞』がその批評活動において実際に不偏不党でありえたのか、いや、そもそもそんなことが可能であるのかについて言えば、実際に進行した事態はむしろ逆であったと言わねばならない。「一八世紀後半には、新たに登場しつつあった思想の諸潮流が各々、それぞれのために生み出された自分たちの機関誌を通して、哲学論争に介入しては効果をあげることが可能であるという事態が出現していたのであり」[27]、――後に第一章、第二章で詳しく見ることになるが――そのような「理論の実用的利

用」による「学派形成」の典型的事例[28]が、『一般学芸新聞』を通したカント批判哲学の普及と発展であったからである。

第三のキャッチ・フレーズは、批評の対象領域の「網羅的包括性（Allgemeinheit）」である。同紙は「ドイツ語の著作に関しては、毎年のライプツィヒ書籍見本市のカタログに記載されるすべての著作と文献」をもれなく書評の対象とすることを謳っている。「外国の文献に関しても、ドイツ人に関心あるすべての作品が、外国の雑誌からの転用ではなく同紙の批評者たち自身によって評定される[29]」。たしかに、「哲学欄」でも毎年、英語やフランス語、デンマーク語で書かれた文献がとりあげられている。こうして書評対象となる内外の新刊の総数を、編集者たちはこの時点では年間四〇〇〇点と見込んでいる。

最後に挙げられるのが、他のいかなる雑誌にも勝る「書籍情報の提供の迅速性（Frühzeitigkeit der Bücheranzeigen）」である。週六回発行された同紙は、イェーナとその周辺の予約講読者には郵便できちんと毎日配達され、遠隔地の予約講読者も一週間ごとに（郵便で）、あるいはひと月ごとに（書店経由で）入手可能であった[30]。それに対して、当時まで主導的書評誌であった『ドイツ百科叢書』が、最盛期でも一年間に最高一八回しか発行されなかった。このことを勘案すれば、たしかにこの点での同紙の優位性は際立っていた。このような文字通り学芸の全領域を網羅した書評専門紙が、日刊、四頁立てで刊行され、しかも当初こそ六〇〇部の予約講読で出発したものの、二年後には二〇〇〇部、一〇年もしないうちに二四〇〇部にまでその予約販売部数を伸ばしたという事実は、現代の書評活動の量的・質的水準と照らし合わせてみれば、まさに驚異的なことである。最後に、同紙は創刊当初からドイツ語圏内のみならずヨーロッパ各地で読まれることを期待して「ラテン文字」で印刷される旨が印されている点も付け加えておかねばならない。

イタリック体で強調されたこれら四つのキャッチ・フレーズが、『一般学芸新聞』の方針と目的を分かりやすいかたちで提示するとともに、他の学術雑誌、批評誌に対する同紙の優位を際立たせるのに功を奏したこと、これが同紙の営業面での成功をもたらした大きな要因であったことは想像に難くない。しかし、同紙が実際の編集方針においてどのような思想的立場を採ることになるのか、とりわけライプニッツ―ヴォルフ哲学の改良版とロック的経験論の交差する後期ドイツ啓蒙主義の思想的諸潮流の渦のなかで、どのような思想的原則を旗印にしようとしているのかは、この時点ではまだそれほど広く人々に知られていなかったはずである。

だが、この日刊書評紙の創刊をもって、〈イェーナ、栄光の時代〉への幕が上げられたのである。

注

（1）一七九五年四月二二日のベルトゥーフとの会話に基づく、ベッティガーの手記を参照。Karl August Böttiger, *Literarische Zustände und Zeitgenossen. Begegnungen und Gespräche im klassischen Weimar*, 2. Auflage, hrsg. v. K. Gerlach und R. Sternke, Berlin 1998, 291.

（2）ibid., 292.

（3）両出資者と編集者予定者シュッツとの間には、一二〇〇部売れた場合には月額三〇〇ターレル、販売部数が一〇〇部増える毎に、五〇ターレル・アップという内容の契約が交わされた Vgl. *Karl Leonhard Reinhold. Korrespondenzausgabe*, hrsg. von Reinhard Lauth, Eberhard Heller und Kurt Hiller, Bd.

1: *KORRESPONDENZ 1773-1788*, Stuttgart-Bad Cannstatt 1983（以下 *Korrespondenz 1* と略記）, 35, Anm. 4.

（4）*Der Teutsche Merkur*. Weimar 1784. Drittes Vierteljahr. Anzeiger. CXXXI.

（5）カヴァーされている学問諸分野ついては、「はじめに」の注（2）を参照のこと。

（6）*Der Teutsche Merkur*. Weimar 1784. Drittes Vierteljahr. Anzeiger. CXXXIIIf.

（7）一八世紀の最後の三〇年間にドイツで生じた書籍市場の飛躍的拡大、読書層の増大、および出版物の内容面での変化などについては、Andreas Wistoff, *Die deutsche Romantik in der öffentlichen Literaturkritik*, Bonn/Berlin 1992, 15ff. に簡明である。

（8）Vgl. Giesela Schwarz, *Literarisches Leben und Sozialstrukturen um 1800*. Frankfurt a. M. 1991, 18. 一七六六～一七九〇年間に創刊された総合学術雑誌や各分野の専門雑誌の伸張ぶりは、Joachim Kirchner, *Das deutsche Zeitschriftenwesen. Seine Geschichte und seine Probleme*. Teil. 1, 2. Auflage. Wiesbaden 1958, 113-199 に詳しい。

（9）*Der Teusche Merkur*. 1784. Drittes Vierteljahr Anzeiger. CXXXIIIf.

（10）ベルトゥーフは家庭教師時代にスペイン語を習得し、「ドンキ・ホーテ」の翻訳を出版して大当たりをとり、一儲けしていた。

（11）『ドイツ・メルクーア』は創刊時には二五〇〇部刷っても需要を充たせないほどであり、一七七四年、七五年当時でもまだ二〇〇〇部の発行を維持していたが、以後次第にジリ貧になり、一七八三年時点では発行部数は一五〇〇部を割り込んでいた。

（12）W. H. Bruford. *Cultur and Society in classical Weimar 1775-1806*. Cambridge 1962, 302. 現代ではあまり知られていないベルトゥーフの活動については、同書の pp. 297-308 を参照。さらに *Friedrich Justin Bertuch (1747-1822). Verleger, Schriftsteller und Unternehmer im klassischen Weimar*, hrsg. v. G. R. Kaiser und S. Seifert, Tübingen 2000. は、ベルトゥーフの「人となり」、交友圏、著作活動、文化的産業の推進など、彼の多面的活動の全貌を詳細に伝えている。

（13）*Korrespondenz 1*, 34ff.

（14）その一つは、特異な経歴をもち、ウィーンの帝国図書館司書兼貨幣コレクション陳列室長であったデュヴァル（Valntin Jameray Duval 1695-1775）という過去の人物に関するフランス語の伝記と著作についての書評であり、もう一つは、その非正統派的見解のために一七七九年にウィーンの教会法教授を解任されたアイベル（Joseph Valentin Eybel 1741-1805）の「説教集」についての書評である。

（15）*Korrespondenz 1*, 37.

（16）ibid. 38, Anm. 1. 創刊後の『一般学芸新聞』各号のすべての「記事」には、シュッツの指示通り、総ページ数、判型（八折り版、など）とともに、可能なかぎり「店頭販売価格」（たとえば一ライヒス・ターレルとか、一六グロッシェンとか）も明記されることになる。巻末の「**主要書評一覧**」を参照。

（17）一二月七日のヴィーラントからベルトゥーフ宛て書簡（*Korrespondenz 1*, 39, Anm 2.）参照。

（18）*Korrespondenz 1*, 40ff.

（19）ibid. 42.

（20）ibid. 43f. この点については一七八五年二月一八日のシュッツからカント宛て書簡（*KA* X, 398f.『カント全集21　書簡I』岩波書店、二〇〇三年二一七～二二九頁）参照。

（21）この書簡を読んで、一二月一一日にヴィーラントは再びベルトゥーフにこう書いている。「イェーナのあのうるさ方が、まったくあつかましい彼の駄文に対してラインホルトが書いた返答について、二つ折り全紙二枚ぎっしりの反証を送ってきました。わたしはかくも独善、自惚れ、不作法そして教師口調のたわごとに満ちた傑作をこれまで読んだことがありません」（*Kor-*

respondenz 1, 40, Anm. 3.)。これに対して、ベルトゥーフの方は一二月九日にはヴィーラントを評して、シュッツにこう書き送っている。彼は「気の弱い、子供っぽい自尊心を持った人で、とにかく首尾一貫しない人なのです。確固としたところがまったくなく、今日熱っぽく求めたことを明日はもう求めず、昨日天上に持ち上げたものを今日は地獄へ叩き落とすような人なのです。つまり詩人なのです」(ibid., 46, Anm 20)。

(22) *Allgemeine Literatur-Zeitung*, Jena 1785 Bd. 1, Vorbericht, S. 1. —— 以下、同紙からの引用はすべて、Zweite Aufgabe に拠る Olms Microform System のマイクロフィッシュに基づいている。

(23) Vgl. Brief von Schütz an Kant vom 23. 8. 1784, in: *KA* X, 395f.（前掲『カント全集21　書簡I』二一三～二一五頁）。

(24) Vgl. Brief von Schiller an Körner vom 29. 8. 1784, in: *NA* XXIV, Weimar 1989, 147.

(25) *ALZ*, Vorbericht, S. 2.

(26) ibid.

(27) Horst Schröpfer, "…zum besten der Teutschen Gelehrsamkeit und Litteratur…". Die "Allgemeine Literatur-Zeitung" im Dienst der Verbreitung der Philosophie Kants, in: *Der Aufbruch in den Kantianismus*, hrsg. v. N. Hinske, E. Lange und H. Schröpfer, Stuttgart-Bad Cannstatt 1995, 87.

(28) Vgl. Kurt Röttgers, Die Kritik der reinen Vernunft K. L. Reinhold. ——Fallstudiezur Theoriepragmatik in Schulbildungsprozessen, in: *Akten des 4. Internationalen Kant-Kongresses*, vol. II, pt. 2, Berlin 1974, 789f.

(29) *ALZ*, Vorbericht, 2f.

(30)「ＡＬＺ発送部」からの「ＡＬＺの発送に関する条件についてのお知らせ」(ibid., 4) を参照。

第一章　最初期の『一般学芸新聞』哲学欄のカント哲学普及活動（一七八五～八六年）

第一節　沈黙と曲解
――最初期の「批判哲学」批評

ベルトゥーフにいかに商才に長け、先見の明があったといえ、夥しい批評雑誌や文芸雑誌、学術新聞が群雄割拠する出版状況の下で『一般学芸新聞』が大成功を収められる保証は、少なくともその創刊時にはどこにもないように思われた。それにもかかわらず、同紙がドイツ随一の、そしてヨーロッパを代表する批評紙にまで発展することを促進した一つの要因として、同紙とりわけその「哲学欄」とカント批判哲学の「同盟的結合」がこれまでしばしば指摘されてきた。しかし、それはいわば事後の理由づけであり、以下の述べるような「第一批判」出版当初の不評ぶりと書評紙創刊時の出版界の状況とをよく知れば知るほど、両者のこの結合が――後世の人々が安易に想定するような――相乗効果による両者の名声の確立を直ちに保証するものであったとは思えない。

この状況のリアルな洞察から、次のような解釈が成立しうる。すなわち、「シュッツおよび『一般学芸新聞』とカント哲学の結合」は「学理の実用論（Theoriepragmatik）だけでは説明困難な、思想上の政策的結びつき（ideen- politische Koalitionen）」を示す典型例の一つである[1]。とくに「第一批判」が公刊当初蒙った全般的不評や、その著者についての当時の世間の風評――たとえば「人々は一七七〇年に一度その著者のことを聞いたことはあったが、しかしそれ以後この男は東プロイセンに隠遁して、ただ漫然と仕事をしていた」という類の当時の一般的風評――を考え合わせれば、たしかに「シュッツとカント哲学の結びつきはけっして自明のことのようには見えず」、「新聞」と「批判哲学」の「同盟的結合」は「ほとんど賭けのように見える」[2]とさえ言える。批判哲学が成立当初、学界や読書界から受けた無視と曲解の実情を詳しく知れば知るほど、そのような評定はたしかに説得力をもってくる。だが「批判哲学」とかの書評紙はともに、少なくとも広範な「大衆的」支持と評価という点ではほとんど勝算と展望を確約されないまま出発しながらも、相互「利用」を通して、現実にそれぞれが確固たる地位を築き上げることを効果的に促進しあったのである。

次節以下に、両者のそのような「同盟的結合」の実態がいかなるものであったのかを検証するが、それに先立って、『一般学芸新聞』創刊以前に、産声をあげたばかりの「批判哲学」に対する学問的世界の反応、評価の実態をまず確認しておこう。

一七八一年五月、『純粋理性批判』初版の公刊当初、この新たな哲学のマニフェストが、「この著作のいかんともしがたい曖昧さと難解さに、ほとんどだれもが苦情を言うという運命[3]」に見舞われたことは、よく知られている。『純粋理性批判』の最初の解説書の著者シュルツ（Johann Friedrich Schulz 1739–1805）が述べているように、「超越論哲学」という領野には「未だいかなる足跡もなく、そこに開示された展望はどれもまったく親しみのない、思いがけないものであり、考え方も用語法もすべてひっくるめて、とにかく新奇でなじみのないものばかり」であったのだから、「そのような著作が大衆受けするわけはなく、だれにも理解できるものではない[4]」のは当然であった。

読書界一般はもちろん、哲学の専門家仲間でさえ、その著を前にして途方にくれていた。カントがひそかに期待していたM・メンデルスゾーン（Moses Mendelssohn 1729–86）やテーテンス（Johann Nikolaus Tetens 1736–1807）は、「批判」を理解するにはもはや歳をとりすぎていた[5]。前者はかの「著作を机上のわきに押し退け」、後者は哲学の領域から引退したまま一言も語らなかった。カントのもっとも忠実な弟子、ヘルツ（Marcus Herz 1747–1803）はといえば、依然として前批判期の「就職論文」に専心したままで、「批判」に対してはこれまた反応が鈍かった。

「批判」の出版者ハルトクノッホ（Johann Friedrich Hartknoch 1740–89）の「あらかじめの配慮によって」前以て逐次そのゲラ刷りを入手していたハーマン（Johann Georg Hamann 1730–88）が、この「超越論的無駄話」は「結局のところ、些細なことにこだわり、空虚な美辞麗句を並べ立てるだけに終わっているようにわたしには思われる[6]」と若き友人に書き送ったのは、まだ「批判」が公刊される以前のことである。この手紙の受信者ヘルダー（Johann Gottfried Herder 1744–1803）は、一七八一年の暮れにハーマンにこう報告している。「カントに向かっていますが、先へ進めません。イェーナのダノヴィウスはこの本を読むのに一年かかったと講義中に言いましたが、わたしには二、三年かかるでしょう[7]」。かつてカントの優秀な学生であり、今やワイマールでプロテスタントの地方総監督の地位にあるヘルダーは、その三カ月後にも「カントの『批判』はわたしにはとても食える代物ではありません。ほとんど読まないままになるでしょう[8]」と告白している。かくして「批判」は公刊当初、まさに「だれも開封することのできない封印された書のごとく[9]」扱われていたのである。

すると、当初学術的世界、読書界は「批判」に対して、カント自身が述べているように「沈黙をもって敬意を表わし[10]」たというより、むしろ理解不能による「困惑に満ちた沈黙」に支配されていたというのが実態に近いであろう。当時大部分の大学都市、多くの宮廷都市、帝国都市で出されていた「学術報知（Gelehrte Anzeigen）」の類や批評各誌の反響も、カントが期待していたものからは程遠かった。まず、一七八一年中は、学術誌上で「批判」に言及した批評は二篇しか現われなかった。しかも、これらはともに内容の評価に係わる本格的な書評というよりも、むしろ「第一批判」の主題を箇条書きに、短く記述しただけの紹介記事にすぎなかった[11]。

著作の内実にかかわる本格的な論評が現われるのは、ようやく翌年一月のことである。すなわち当時もっとも権威あった学術新聞の一つ『ゲッチンゲン学術報知（*Göttinger gelehrte Anzeigen*）』一月一九日付けの付録に、「第一批判」の匿名批評が掲載された。しかし、啓蒙主義的な通俗哲学の二人の代表的人物、ガルヴェ（Christian Garve 1742–98）とフェーダー（Johann Georg Heinrich Feder 1740–1821）による極めて異例な仕方の合作であり、[12]後世に「悪名高い」この批評は、「批判」を広く世に知らせる契機を与えたとはいえ、カントの超越論哲学の根本的無理解に立脚していた。ここでカントの観念論はバークリー的観念論と変わるところなしとされたことに対して、カントが翌年春の『プロレゴーメナ』の付録で憤然として、「ゲッチンゲン書評」と批評者を批判・弾劾したことはよく知られている。[13]新しい教育理念によって名望高かった新設大学（一七三七年創設）をもつゲッチンゲンは、当時ベルリンと並ぶドイツ啓蒙主義の中心地であった。フェーダーをその中心とする、ゲッチンゲン大学に依拠した、ないしこれと密接な関係にあった通俗哲学者たちは、――ライプニッツ・ヴォルフ哲学との折衷という形態を採っていたとはいえ――どちらかと言えばロック流の経験主義をその思想的背景としていた。[14]かくして、批判哲学への最初の攻撃は、ロック的な経験主義に与する陣営から放たれたのであり、この陣営からの攻撃はその後しだいに戦線を拡大し、一七八七〜八八年にピークに達することになる。[15]

「ゲッチンゲン書評」以後も数年間、「批判」書はそれに相応しい評価を得ることはなかった。この間の『プロレゴーメナ』の公刊も評価の改善にほとんど寄与しなかった。これについても、たいていは論評抜きの短い紹介記事がいくつか現われただけであった。いわば「プロレゴーメナを前にして読者は、批判を前にしたときとほとんど同じように尻込み」[16]していた。一七八四年になると、ようやく各種の雑誌にカント哲学の批評、書評も増えてくるが、これらの中には少なからず反カント的立場のものも含まれていた。[17]

こうして「第一批判」はその公刊以降あしかけ四年にわたり、つまり八〇年代前半を通してずっと無理解ないし無視の眼差しにさらされ続けていたと言えるのである。状況に転換の兆しが認められるのは一七八五年に入ってからであり、その転換はザクセン―ワイマール公国の大学都市イェーナを拠点に始まる。まず八五年初めに、先に述べたような経緯を経てイェーナで『一般学芸新聞』が創刊される。すでに前批判期のカントの諸論文に精通していた、イェーナ大学の古典文献学教授シュッツを編集長に据えたこの書評紙は、当初から――ベルリンの『ドイツ百科叢書』や『ゲッチンゲン学術報知』に対抗して――はっきりと親カント的立場を打ちだし、カント哲学の普及と各方面からの反カント・キャンペーンへの反撃の拠点として、およびその最初期のカント学派形成のための機関紙として、決定的な役割を果たしていくことになる。同紙の創刊に前後して、イェーナ大学では多くの開明派神学者の属していた神学部やシュッツの属する哲学部でカントの新しい哲学の検討、受容の過程が促進され、批判哲学に言及した「講義目録」が次々と告示されつつあった。[18]

次節以下では、イェーナ大学哲学部と『一般学芸新聞』「哲学欄」をカント学派の拠点へと形成していくシュッツの奮闘ぶりを紹介し（第二節）、次いで、同紙の創刊後二年間に「哲学欄」に掲載された書評の内実を検討する（第三節以下）ことによって、同紙がカント批判哲学の受容と普及にいかに決定的な役割を果たしたかを見ていく。

第二節　『一般学芸新聞』編集長シュッツの貢献

たしかに、「シュッツおよび『一般学芸新聞』とカント哲学の結合」は「学理の実用論だけでは説明困難」である。しかし、かといってこの結合は単に「思想上の政策的結びつき」の枠内だけで理解されるべきものでもない。少なくともシュッツの側からすれば、それは「政策的」というよりも、むしろ真に学問的理念に基づく結合であった。そして、実りある展望を欠いているように見えたこの「賭け」は、シュッツの学問的確信と使命感に満ちた「賭け」であった。

まず、イェーナ大学でのカント受容と『一般学芸新聞』でのカント普及活動、この両方で主導的役割を果たしたシュッツの思想的略歴に触れておこう。一七七九年、彼が詩学および雄弁学の教授としてイェーナに招聘されたとき、シュッツはもうすでに前批判期のカントの哲学理論の精通者であり、その確固たる支持者であった。学生時代ハレの啓蒙主義的伝統のもと、とくに新教義論の主唱者ゼムラー（Johann Salomo Semler 1725-91）の薫陶を享け、また、ヴォルフ的独断論に懐疑的―批判的態度を取っていたマイアー（Georg Friedrich Meier 1718-77）の影響を受けて、ドイツ啓蒙主義の開明的擁護者として自己形成を積んだ彼の関心の中心は、哲学的人間学の領域での「経験」と「思弁」の結合の問題にあった[19]。シュッツに関する近年の研究によると、すでにハレの哲学員外教授時代（一七七三〜七七年）以来、「論理学」や「形而上学」に関する彼の講義用著書にはカントの前批判期の多くの論文への言及、検討そしてその思想の受容が随所に認められる[20]。その当時から彼は、感覚的に経験しうることを合理的に説明しようとする「カントの思想の運びの理にかなった厳密さに繰り返し感激している[21]」。

ハレからイェーナに転じ、「第一批判」初版が公刊された後も、彼は批判哲学の新しい精神と意義をいち早く見抜き、もっとも早い時期からもっとも忠実な批判哲学の信奉者となった。ドイツ啓蒙主義の輝ける星レッシングの死を悼んで、一七八二年に彼が公にした書の一節に、「批判」の現代的意義が明快にこう書きとめられている。「最近現われた重要な著作の慧眼の著者†（†純粋理性批判におけるカント）が語っているように、現代は批判の時代であり、すべてのことが批判に服さねばならない。一般に〈宗教〉はその〈神聖さ〉のゆえに、そして〈立法〉はその〈尊厳〉のゆえに批判を免れようとしている。しかし、そのうちそれらは、自らに対するもっともな嫌疑を引き起こし、自らに対する真の尊敬を要求できなくなるであろう。というのも理性は、理性の自由で開かれた吟味に耐えることのできたものだけに偽りなき尊敬を裁可するものだから[22]」。この文章は実は『純粋理性批判』第一版の「序文」の或る個所にカントが付した注をそのまま書き写したものなのだが、この文章が書かれた時点では、かの「ゲッチンゲン書評」を除けば、「第一批判」へのまともな論評も評価もなく、「批判」はまったく孤立状態にあったことを想起するならば、シュッツのこの「批判」理解は卓越している。

こうした早くからの一貫したカントへの取り組みと傾注ぶりからすれば、シュッツが後年（一七八四年七月）カント宛ての最初の手紙を、「最初に、ずっと以前から貴方の諸著作によって享けました教えに対して、またとくに『純粋理性批判』が日々私にもたらしてくれる精神の滋養に対して、真実の心からの感謝を捧げさせてほしい[23]」と切り出したとしても、それはけっして単なる社交辞令とは言えない。そして二回目の手紙で、世間の「批判」評価の「冷淡さ」と「誤解」について、「われわれの時代が貴方と貴方の精神の最も優れたお仕事とにまったく値しないのではなかろうか」と嘆くとき[24]、シュッツは、いわば「時代」を「批判」の「精神」に相応しい地平にまで引き上げることを自らの学問的使命と感じとっていると言っても過言ではない。実際彼は、その後イェーナ大学と『一般学芸新聞』での活動を通してこの使命を十分に果たすことになる。

上述のカント宛て書簡を書いていた頃、シュッツはベルトゥーフとともに『一般学芸新聞』創刊の準備にかかりっきりであった。当時、批評紙の権威と名声を確保するのに重要であったのは、まずなによりも有名・有力な書評者集団を確保することであった。この点について、どうも二人はそれぞれに獲得すべき書評者の候補を考え、候補者をリスト・アップしたうえで相談したようである。「哲学部門」の書評者候補について、ベルトゥーフは「1. 思弁哲学――[Chr.] ガルヴェ、[J. A.] エーベルハルト、[M.] メンデルスゾーン、[Abraham Gotthelf] ケストナー、[Chr.] マイネルス。2. 実践哲学――[J. A.] エーベルハルト、[J. G. H.] フェーダー、[Johann Christian] ロシウス、[Martin] エーレルス、[Dietrich] ティーデマン、[Michel] ヒスマン、[Kaspar Friedrich] ロシウス」をリスト・アップした。それに対して、シュッツは「a. 思弁哲学　カント、プラットナー。b. 実践哲学　カント、ヴィーラント、シュッツ、プラットナー。c. 哲学史　シュッツ」を挙げた(25)。両者のリストが対照的であるのは一目瞭然である。ベルトゥーフ案は当時のドイツ哲学界の「有名どころ」をずらりと並べてはいるが、彼らの哲学的立場まったくばらばらである、それどころか鋭く対立する経験論者と伝統的合理論者がひと括りにされている(26)。つまり、ベルトゥーフのリストからは、新しい書評紙が立脚すべき思想的立場はまったく見通せない。この四年後、ここにリスト・アップされた多くの哲学者たちは互いに対立する立場から精力的なカント哲学批判を展開することになるのをわれわれは見るであろう（本書第二章参照）。それに対してシュッツの提案には、初めからカント（そして自分）を哲学部門の書評者集団の中心に据え、批判主義の精神を新書評紙の立脚点としようとする明確な意図が認められる。最終的にシュッツの提案の方向で事が進み、同紙の「哲学欄」は次節以降に確認するように、カント学派の拠点と化すのである。かくして、双方のリストから窺い知れるように、創刊の半年ほど前でさえ、その纏うべき思想的特性の定まっていなかった『一般学芸新聞』の方向性を規定し、それをいわばカント学派の機関紙に作り上げるのにシュッツは決定的役割を果たしたのである。

一七八五年の春、彼がイェーナ大学哲学部から新入生向けの「指導要綱」の作成を依頼された折り、あえてカントの名前を挙げたうえ諸学問のカント的構想と区分に基づく草案を起草したことにも(27)、カント哲学に対する彼の確信的態度が認められる。草案は、哲学部の古参正教授ヘニングス（Justus Christian Heninngs 1731-1815）の異論にもかかわらず、大筋原案通り承認され、一〇月にはカント的色彩を帯びた八頁の新入生用研究「指導要綱」が一〇〇〇部印刷、配布されたのである(28)。

この出来事は、イェーナでは他の大学に比べると非常に早い時期からカントの新しい哲学への関心、その検討と受容が始まっていたことを示している。先に言及したヘルダーの書簡から確認できるように、神学部のダノヴィウス（Ernst Jakob Danovius 1741-82）は――彼はシュッツの義兄であった――「批判」公刊直後から講義中にこれに触れていた。哲学部では、「指導要領」に関するヘニングスの異論に対してカント的見解を支持したもう一人の古参正教授ウルリッヒ（Johann August Heinrich Ulrich 1746-1813）が、既に一七八四年春頃には「純粋理性批判でカントが解明した点を実際に利用しようとしている最初の人(29)」と目されており、彼は一七八四／八五年の冬学期には、教本『論理学・形而上学教程』に沿った講義を「とくにカントの理説全体を引き合いに出しながら」開始していた[30]。だが、彼はこの時期でさえ――まだ完全な反カント主義者ではなかったとはいえ――「批判」の本当の支持者ではなかった。終始ライプニッツ―ヴォルフ的立場を抜け出ることのなかった彼の本当の狙いは、自分の構想するネオ・ライプニッツ的形而上学の中にカントの理説を組み入れることにあった[31]。

真正のカント主義者による最初の講義は、翌年（八五／八六年）の冬学期、弱冠二四歳のシュミート（Carl Christian Erhard Schmid 1761–1812）によって、後に有名になる彼のカント手引き書『講義要綱・純粋理性批判』（一七八六年出版）の印刷済み草稿に基づいておこなわれた。さらにこの冬学期には、かのヘニングスまでが「カントの『純粋理性批判』の諸原則を引き合いに出して」講義を進めることになる[32]。一七八六年の冬にカント理解の難しさをめぐってイェーナ大学で起こったといわれる学生同士の「決闘事件[33]」も、こうしたカント哲学への急速な関心の高まりと受容の広がりの一端を表すエピソードである。このように、ドイツの諸大学のなかでは例外的に、イェーナでは神学部、哲学部を中心に早くも一七八四／八五年から批判哲学が受け入れられつつあったのである[34]。

さてシュッツは、「時代」を批判哲学の地平にまで引き上げるべく、『一般学芸新聞』をカント哲学の普及と宣揚の場として徹底的に活用する。同紙は最初から、いわばカント派の機関誌の様相を呈する。そのことは、創刊後数年間の「哲学」欄に掲載された主要な書評を仔細に検討すれば一目瞭然になる。それらの多くは、現代のわれわれの眼から見れば、書評・批評というよりほとんどカント哲学のプロパガンダであるといっても過言ではない。批判哲学の新たな思考様式、新たな術語を思想界、読書界に広め、この哲学の基本的性向となお生成途上にあったこの哲学体系を正しく理解させるのに、そして他の哲学的諸潮流に対する優位性を際立たせるのに、同紙は最初の数年間決定的な役割を果たした。

普及と宣揚は具体的には以下の四つの形態で遂行されていった。すなわち第一に、カント自身が書評者として公刊作品の諸主題に自らの考えを開陳することを通して、第二に、カントの著作・論文の詳細な書評をいち早く掲載し、その意義の宣揚に努めることを通して、第三に、カントの著作の解説書・注釈書を紙上で大々的に活用することを通して、そして第四に、カント的諸原則への批判的見解を含んでいる諸著作の批評に際して、つねにカント的理説を擁護し、他の有名な哲学者たちのカント理解の欠陥を暴きたてることを通して。

以下、同紙創刊後二年間（一七八五～八六年）に「哲学」欄に掲載された書評を、上記の四つの形態に分けて検証し、普及と宣揚の実態を確認していこう。

第三節　カントのヘルダー批評（ALZ 1785, Nr. 4, 4b, 271）とその余波

創刊直後の一七八五年一月六日、『一般学芸新聞』第四号にヘルダーの『人類史の哲学構想』第一部（前年四月公刊）についての長大な書評が掲載された（図1―1）。これは、縦二段組み四頁立ての紙面ほぼ全面を使ってなお収まりきらず、さらに同日付けの第四号「補遺」の半分がこの書評に割かれている。その匿名の書評の執筆者はヘルダーのかつての師カントである[35]。

1. カントによる『人類史の哲学構想』書評

書評はいきなり、著者の方法論的態度へのかなり辛辣な口調での注文、批判から始まる。すなわち、この著作は、「聡明で能弁な我が著者のすでによく知られた独特の性癖」のゆえに、「彼の手になる他の多くの著作の場合と同様、通常の基準にしたがって評定することは不可能であろう」。というのも、この著者は「さまざまな考えを他人に分かりやすく伝えるために、それらを学問と芸術の広範な領野から収集してくるなどということをまったく行わないばかりか、それらを〈彼の表現を借りれば〉〈同化作用〉という特定の法則に従って、著者独特のやり方で自分の特殊な思惟様式へと転換して」しまっているからである（*ALZ* 1785, Nr. 4, Sp. 17; *Kant-Rezensionen* 109）[36]。そういうわけで「著者が人類史の哲学と言っているものは、通常この語の下に理解されているものとはまったく別物なのであり」、ここでは「概念規定の論理的厳密さ、諸原則の慎重な区別と確証」などはまったく軽視されており、ただ「一気に多くのものを包括するひらめきや類比を見つけ出すに長けた鋭敏さ」だけが重要なのであり、「しかもそのアナロギーの使用に際しては、大胆な想像力が」駆使されている（ibid.; ibid.）。

Numero 4.

ALLGEMEINE
LITERATUR-ZEITUNG
Donnerstags, den 6ten Januar 1785.

PHILOSOPHIE.

RIGA und LEIPZIG, bey Hartknoch: *Ideen zur Philoſophie der Geſchichte der Menſchheit* von *Johann Gottfried Herder.* Quem te Deus eſſe juſſit et humana qua parte locatus es in re diſce — *Erſter Theil.* 318. S. 4. 1784. (1 Rthl. 12 gr.)

Der Geiſt unſers ſinnreichen und beredten Verfaſſers zeigt in dieſer Schrift ſeine ſchon anerkannte Eigenthümlichkeit. Sie dürfte alſo wohl eben ſo wenig, als manche andere aus ſeiner Feder geſloſſene, nach dem gewöhnlichen Maasſtabe beurtheilt werden können. Es iſt, als ob ſein Genie nicht etwa blos die Ideen aus dem weiten Felde der Wiſſenſchaften und Künſte ſammelte, um ſie mit andern der Mittheilung fähigen zu vermehren, ſondern als verwandelte er ſie (um ihm den Ausdruck abzuborgen) nach einem gewiſſen Geſetze der *Aſſimilation*, auf eine ihm eigene Weiſe, in ſeine ſpecifiſche Denkungsart, wodurch ſie von denjenigen, dadurch ſich andere Seelen nähren und wachſen (S. 292.), merklich unterſchieden, und der Mittheilung weniger fähig werden. Daher möchte wohl, was ihm Philoſophie der Geſchichte der Menſchheit heiſst, etwas ganz Anderes ſeyn, als was man gewöhnlich unter dieſem Namen verſteht: nicht etwa eine logiſche Pünktlichkeit in Beſtimmung der Begriffe, oder ſorgfältige Unterſcheidung und Bewährung der Grundſätze, ſondern ein ſich nicht lange verweilender viel umfaſſender Blick, eine in Auffindung von Analogien fertige Sagacität, im Gebrauche derſelben aber kühne Einbildungskraft, verbunden mit der Geſchicklichkeit, für ſeinen immer in dunkeler Ferne gehaltenen Gegenſtand durch Gefühle und Empfindungen einzunehmen, die, als Wirkungen von einem groſsen Gehalte der Gedanken, oder als vielbedeutende Winke, mehr von ſich vermuthen laſſen, als kalte Beurtheilung wohl gerade zu in denſelben antreffen würde. Da indeſſen Freyheit im Denken (die hier in groſsem Maaſse angetroffen wird) von einem fruchtbaren Kopfe ausgeübt, immer Stoff zum Denken giebt, ſo wollen wir von den Ideen deſſelben, ſoweit es uns glücken will, die wichtigſten und ihm eigenthümlichſten auszuheben ſuchen, und in ſeinem eigenen Ausdrucke darſtellen, zuletzt aber einige Anmerkungen über das Ganze hinzufügen.

A. L. Z. 1785. Erſter Band.

Unſer Verfaſſer hebt damit an, die Ausſicht zu erweitern, um dem Menſchen ſeine Stelle unter den übrigen Planetenbewohnern unſerer Sonnenwelt anzuweiſen, und ſchlieſst aus dem mittleren nicht unvortheilhaften Stande des Weltkörpers den er bewohnt, auf einen bloſs „mittelmäſsigen Erdverſtand und eine noch viel zweydeutigere Menſchentugend darauf er hier zu rechnen habe, die aber doch — da unſere Gedanken und Kräfte offenbar nur aus unſerer Erdorganiſation kommen, und ſich ſo lange zu verändern und verwandeln ſtreben, bis ſie etwa zur Reinigkeit und Feinheit gediehen ſind, die dieſe unſere Schöpfung gewähren kann, und, wenn Analogie unſere Führerin ſeyn darf, es auf anderen Sternen nicht anders ſeyn werde:“ — vermuthen laſſen, daſs der Menſch mit den Bewohnern der letzteren Ein Ziel haben werde, um endlich nicht allein einen Wandelgang auf mehr als einen Stern anzutreten, ſondern vielleicht gar zum Umgange mit allen zur Reife gekommenen Geſchöpfen ſo vieler und verſchiedener Schweſterwelten zu gelangen.“ Von da geht die Betrachtung zu den Revolutionen, welche der Erzeugung der Menſchen vorher gingen. „Ehe unſere Luft, unſer Waſſer, unſere Erde hervorgebracht werden konnte, waren mancherley einander auflöſende niederſchlagende Stamina nöthig; und die vielfachen Gattungen der Erde, der Geſteine, der Cryſtalliſationen, ſo gar der Organiſation, in Muſcheln, Pflanzen, Thieren, zuletzt im Menſchen, wie viel Auflöſungen und Revolutionen des Einen in das Andere ſetzten die nicht voraus? Er, der Sohn aller Elemente und Weſen, ihr auserleſenſter Inbegrif und gleichſam die Blüte der Erdſchöpfung, konnte nichts anders als das letzte Schooskind der Natur ſeyn, zu deſſen Bildung und Empfang viel Entwickelungen und Revolutionen vorhergehen muſsten.“

In der Kugelgeſtalt der Erde findet er einen Gegenſtand des Erſtaunens über die Einheit, die ſie bey aller erdenklichen Mannigfaltigkeit veranlaſst. „Wer, der dieſe Figur je beherziget hätte, wäre hingegangen, zu einem Wortglauben in Philoſophie und Religion zu bekehren, oder dafür mit dumpfem aber heiligem Eifer zu morden?“ Eben ſo giebt ihm die Schiefe der Ekliptik Anlaſs zur Betrachtung der Menſchenbeſtimmung: „Unter unſerer ſchräge gehenden Sonne, iſt alles Thun der Menſchen Jahresperiode.“ Die nähere Kenntniſs

E　　des

図1―1　カントのヘルダー書評　1785年4号（1月6日付）

カントは続いて著作の内容をかなり丁寧に紹介した後、「補遺」を使ってヘルダーの方法に対する同様の批判をより詳細に繰り返す。すなわち「この第一部の理念と究極の目的は、形而上学的探求をまったく回避したうえで、人間の魂の精神的本性およびその持続性と完成への進歩を、物質の自然的形成との類比から証明せんとするところにある」。それゆえ「書評子はこう言わねばならない。諸々の被造物のかの連続的発生という点については、その規則すなわち人間への接近という規則ともども容認したい気はするが、これを自然の類比から推論的に導くことは理解できない」（ibid. Sp. 21; ibid.）。ヘルダーの有機的力の単一性は、…〔中略〕…観察による自然理論の領野のまったく外部にあって、単に思弁的にすぎない哲学に属しているだけである」（ibid., Sp. 22; ibid., 118）。かくして長い書評はこう結ばれている。「哲学に心を配るということの本質は、若木を急かして生い茂らせるというよりも、むしろそれを切り整えるということにあるのだから」、著者は「自らの企てを完成させるためには」、「暗示によってではなく、明確な概念によって、心情的法則によってではなく、観察された法則によって」論を進めるべきであり、また思惟を「想像力によってではなく、…〔中略〕…慎重に行使されるべき理性によって」導くべきである（ibid.; ibid.）。

カントは同書の第二部についても、自ら書評の筆を取っている。前回同様に一七八五年の二七一号（一一月一五日付）全面を費やしているこの書評は、第一部の書評に比べれば著作の内容をやや好意的に紹介する傾向を示してはいる。それでも依然次のような注文、批判が認められる。「表現を活気づけている詩的精神が、ときに著者の哲学の中にまで浸透してはいないか。説明に代わって類義語の使用が、真理に代わってアレゴリーが幅を効かせてはいないか。哲学的言語の領域から詩的言語の領野への移行というより、むしろ双方の領域の限界と領地がまったくずらされてはいないか」。そして「多くの箇所で、大胆なメタファーと詩的形象力と神話的暗示との混成物」が事柄の真実を「隠蔽」してはいないか（ibid., Nr. 271, Sp. 154; ibid., 235）。

類比に基づく想像力やメタファーによって編み上げられた理念的構築物は、それがいかに壮大であれ、哲学の名には、ましてや形而上学の名には値しないというカントの批判はたしかに正当であり、ヘルダーの弱点を突いている。しかし、それにしてもこの書評に散見される、かつて自分の講義に列席していた優秀な学生[37]に対する揶揄するような冷淡で辛辣な口調には、概念と原則の厳密な規定と関連づけに依拠した学的方法を要求するという教導的視点をはみだすものが含まれているように思える。すると、『純粋理性批判』の公衆への普及と受容を妨げている妨害者の一人がヘルダーであるという思いがケーニッヒスベルクの哲人に、このような調子の評論を書かせた一つの要因であるという推測も一定の説得力をもっている[38]。

当時、ワイマール宮廷政府の宗教監督部の責任者の地位にあったヘルダーは、この書評にいたく立腹し、ひと悶着起こるのである。だが、このカントによるヘルダー批評をめぐる「騒動」には、いわば「前史」と「後史」というべき出来事がある。すなわち、カントのこの書評に先立って、『ドイツ・メルクーア』誌は、その一七八四年六月の「告知（Anzeiger）」欄でヘルダーの『構想』を書評していた。同誌の「告知」欄としては異常に長いその書評[39]の執筆者は、当時ヴィーラントの許にいたラインホルトであった。この「メルクーア書評」はその著作を「並外れて卓越した刊行物」と賞賛し、そして、机上の空論とは違って、経験を重視し、人間の本質を人間の自然な被限定性と結合しながら人間が自然を通して創り出されることを強調するこの著者の自然主義を肯定し、さらに、この発展論を歴史の領域にまで拡張せんとするこの新たな企てを積極的に評価していた。曰く「なるほどわが国にはこれまで人類の哲学的歴史は存在したが、しかし人類史に固有の哲学は一つも存在しなかった」。ヘルダーの著作は後者に属する最初の試みだというわけである。それゆえ「ここでは、新しい学問が問題になっているのである」[40]。カントが『構想』書評の執筆時まだその存在を知らなかったこのラインホルトの書評は、作品評価の基本的視点において、とりわけ「人類史の哲学」構想の評価において、カントによる書評とまったく対照的である。これがかの「騒動」のいわば「前史」に相当する。

2. ラインホルトによるカントの書評への反論

さて、カントの書評はヘルダーのプライドを傷つけ、彼を大いに怒らせ[41]、ワイマールの宮廷とイェーナの哲学部の間に一時緊張を孕んだ関係を作りだす結果となった。カントの酷評に対して、今度はいわばワイマール側の総意を受けて、とくにヴィーラントとヘルダーに強く後押しされて、ラインホルトが改めてカントの書評に反論を試みることになる。この「対抗批評」とその余波、それが「後史」である。この「対抗批評」（「ドイツ・メルクーア編集長への某所の牧師の書状、ヘルダーの人類史の哲学の構想についての或る書評について」[42]）は、『一般学芸新聞』の書評者を、歴史の領域における事実と経験の重要性を認めず、この領域でもただア・プリオリな論証に拘泥している「形而上学の正統派」と非難し、こうした思想的立場との対照を際立たせることによって「歴史の哲学」へのヘルダーの経験論的アプローチに意義を認めざすという戦略をとっている。曰く、ヘルダーは「われわれの形而上学と歴史を隔て、われわれの思弁と経験を隔てている途方もない深淵をずっと以前から悟っていた。彼はこの深淵を埋めることに貢献したいと思ったのである」[43]。ア・プリオリな認識とア・ポステリオリな認識の間の認識論上の「深淵」を埋めようとした積極的企てという点で、あるいは実際にその「深淵」を埋めたという点で、ラインホルトはヘルダー『構想』を賞賛している。しかも、この深淵の架橋は、経験を無視せず、自然との類比を考慮してなされねばならないと考える点でも、彼はヘルダーと一致している。経験に眼を配りながら、ア・プリオリなものとア・ポステリオリなものの両極的対置関係を統合、媒介したいというこの動機は、これまでの、そしてこれ以降のラインホルトの思考をかなり深いところで規定している。かくして、「対抗批評」の結論はこう締めくくられている。「最狭義の悟性のうちにある哲学と最広義の悟性のうちにある歴史とは、人間の知全体の両極をなしており」、「形而上学抜きにして哲学はほとんど不可能なのと同じように、経験なくして歴史はほとんど不可能なのである」[44]。この点に関するラインホルトの評定には一定の正当性があるといえる。

では、「書評者」がその統合、媒介を一顧だにしない「形而上学の正統派」だという評定は、同様の正当性をもっているのか。この時期のラインホルトの眼には、そしてワイマールの人文主義者たちの眼には、まだカントは人間の知のどんな領域の事柄についてもア・プリオリな証明にのみ拘る旧い形而上学の代表者、無味乾燥なヴォルフ主義者のごとく思われていた。つまり、彼らはまだ「批判哲学」の真意をまったく理解していない。前章に触れたように、ヘルダーこそ『純粋理性批判』を手に取っているが、それを理解することにはお手上げ状態であった。ラインホルトは——ヴィーラントの家をよく訪れていたヘルダーからカントの名前は聞いていたであろうが——この時点ではその著作を手にしたことさえなかった。それゆえ、「批判哲学」という新しい哲学の立場など知る由もなかった。だが、カントのほうはシュッツからの情報で[45]この「牧師」の正体を知っていた。そして、彼もすぐに応酬の筆を取るが、その「抗弁」は奇妙なほどに穏やかな調子で書かれている。カントは旧い「形而上学の正統派」という自分への非難を聞き流して、むしろかの「牧師」との一致点を前面に押し出している。すなわち「牧師はその書状で或る一人の形而上学者と言い争っているが…〔中略〕…書評者〔カント〕はこの論難を喜んで承認できる。というのも、書評者はこの点では牧師と完全に見解が一致しているからである」[46]。つまり、力みかえったかの「対抗批評」にいわば「肩透かし」をくらわしながら、若い「牧師」の旧い形而上学への批判については、少なくとも表面上はこれを肯定している。そして、両者の対立点を際立たせないよう配慮しているように映る。しかし、そうだからといって、ここでカントが単に「横綱相撲」を取っているだけではないだろう。その際、カントに一種の「政治的」妥協の判断が働いていたという解釈は考慮に値する。――しばらく学界から無視されてきた自分の新しい哲学が、イェーナを唯一の例外として、今そこに移植され、開花しつつある。「批判哲学」の普及を最大の関心事としていたカントが、このタイミングでイェーナ大学を「支配下」に置いているワイマール政府の人文主義者たちとこれ以上悶着を起こすのは得策でないと考えても不思議ではない。――この妥協的判断がかの「抗弁」の奇妙に融和的な調子の裏に潜んでいるとも言える(47)。しかし、この「牧師」が少し後に批判哲学の普及の立役者になろうとは、この段階ではだれも予想できなかった。

さて、相手の哲学的立場の正確な理解を欠いたまま放たれたラインホルトのカント批判は、たしかに的外れに終わっている。しかし、「歴史の哲学」を巡る両サイドの応酬には、かつての教師と学生との学問方法論や思考スタイルの相違という問題を超えて、歴史哲学という学問のありようについての重要な根本的差異、対立が顔をのぞかせている。すなわち、ア・プリオリな普遍主義的観点からの規範的、目的論的人類史解釈と、一回限りの歴史的なるもの、個別的なものに固有の価値を確保しようとする歴史主義的志向との差異、対立がすでに顔をのぞかせている。

いずれにせよ、『一般学芸新聞』創刊直後のかのヘルダー書評は、同紙とカントとの結合を公然と世に示すものとなり、また同紙がカントの立場に立って同時代の哲学的諸論争に介入する「鬨の声」となった。ただ、カントがこの二年間に同紙に寄稿した書評は、これ以外にはフーヘェラント(Gottlieb Hufeland 1760-1817)――創刊以来の同紙の寄稿者、一七八八年以降は同紙の共同編集者、イェーナの法学教授――の『自然法の原則試論』に関するものだけにとどまったのだが。

さて、この創刊直後の有名な批評は単にヘルダーに対するカントの批評という通俗的興味の枠を超えて、カント―シュッツのラインによる『一般学芸新聞』の綱領的立場、すなわち経験主義やロマン主義的思考様式に対位された批判的合理主義の諸原則を改めて確認させて興味深い。「アナロギー」や「アレゴリー」、「メタファー」を「概念規定の論理的厳密さ、諸原則の慎重な区別と確証」を欠いていると一蹴し、「有機的な力の単一性」の主張を単なる「思弁」と断罪し、「心情法則」には「観察された法則」を、「想像力」には「慎重に行使されるべき理性」を断固として対置する。この時点ではワイマールの古典的人文主義と批判的合理主義の軋轢として現象したにすぎない両思考様式の対立は、その後も同紙編集部が頑なにこの立場に固執することによって、一七九〇年代後半には、フィヒテ―シェリングの超越論的思弁哲学の側からの同紙編集部に対する不満、批判、さらに初期ドイツロマン派の面々の不満、批判(それは、一七九九年秋、同編集部に対するW・シュレーゲル(August Wilhelm Schlegel 1767-1845)の「絶縁声明」で頂点に達する)(本書第一章第二節、第三節参照)として再燃することを運命づけられていると言えよう。

第四節 「哲学の新しい時代」の宣言

――シュッツの『人倫の形而上学の基礎づけ』書評(*ALZ* 1785, Nr. 80; 1786, Nr. 259, 260a, 267)

カント哲学普及の第二の形態に分類できるのは、一七八五年の第八〇号(四月七日)に載った『人倫の形而上学の基礎づけ』書評と八六年の第一一〇号（五月九日）の『自然科学の形而上学的原理』書評、そして八六年の二五九、二六〇a、二六七号（一〇月三〇日、一〇月三一日、一一月八日）の三号にわたって連載された――ティテル（Gottlob August Tittel 1739-1816）のカント批判書と抱き合わせのかたちを採った――『基礎づけ』書評である。

シュッツの手になる、一番目の書評の冒頭の文章は、今やあまりにも有名になっている。

「数年前公刊されたカント氏の『純粋理性批判』とともに、哲学の新しい時代が始まった。…〔中略〕…この深遠な著作はいまなおわが国の最高の頭脳によって〈研究〉されており、いまなお〈新しい〉ものと見做されねばならない。この著作が打ち建てるであろう、そして打ち建てるにちがいない革命は、いまようやく理解され始めたばかりである」（*ALZ* 1785, Nr. 80, Sp. 21; *Kant-Rezensionen* 135）。

すでに度々触れてきた当時の『純粋理性批判』評価の実情を斟酌すれば、哲学上の「革命」によって哲学に「新しい時代」が切り開かれたというこの宣言は、現代の確定したカント哲学評価からは想像できぬほど突出した断言のように響いたにちがいない。だが、シュッツは確信をもってこう続けている。『一般学芸新聞』は「追い追い、カント的諸原則とこれによって哲学の領域に引き起こされた諸変化の完璧な概要を伝えていく」つもりである（ibid.: ibid.）。

刺激的な宣言を冒頭に配したこの書評は、書評としても極めて異例の体裁を取っている。シュッツは言う。「この種の著作の場合すぐには評価を与えることはできないので、今回は評価抜きに、ただ著作の予告だけにとどめたい」。具体的に言えば、この書評の大部分は『基礎づけ』の「序文」からの引用で埋められており、『基礎づけ』本論の内容には一行も言及していないのである。「序文」の主要段落（全一三段落のうちの九段落）を――一部シュッツによる短評と注釈を含んでいるものの――約一五〇行にわたってそのまま再録しただけのこの文章は、本来「書評」とは呼べない。この異例の体裁の採用には、いくつかの理由が考えられる。一つは、この書評が原著公刊（一七八五年復活祭に出版）直後に書かれているという事情があるだろう。シュッツは、この著の「斬新さをいち早く伝えたい」と思い、そして「この著作の存在を紹介批評するのに、だれにも先を越されまいと一種の嫉妬にも似た気持ちで書評を急いだ」と「告白」している（ibid., Sp. 23; ibid., 139）[48]。

しかし理由はそれだけではなかろう。ここには、当時の読者の批判哲学理解の程度を勘案したうえで、『一般学芸新聞』紙上においてどのように「カント的諸原則」の普及を展開していくかについてのシュッツの長期的計画・配慮が込められている。彼は『基礎づけ』本論に言及しない理由の一つを、書評の終盤でこう述べている。「この人倫の形而上学の基礎づけを正しく評定するためには、前以て理解しておかねばならない著者の［哲学の］諸理念を詳述する機会を、われわれはシュルツによるカント純粋理性批判解説書を論評するときまで留保して」（ibid.: ibid.）おきたい。『基礎づけ』は「第一批判」の諸原則ぬきには理解できない、だが四年前の『純粋理性批判』（初版）を書評対象にするわけにはいかない。それで、シュルツの「解説書」をいずれとりあげるときに、これと絡めて『基礎づけ』本論を論評しよう――シュッツはそう計算していたのであろう。それで「今回は」、る。
は再びこう宣言する。「哲学において開始された〈新しい出来事〉の遺漏なき完全な歴史を提供すること」(ibid.; ibid.) が本紙の任務である。

者に批判哲学をいかに効果的にかつ系統的に理解させていくかのシュッツの用意周到な配慮が働いていると言ってよい。かくして、彼

「序文」に盛られている批判的倫理学の基本視点と根本特徴を提示するにとどめ、その具体的内実は、改めて批判哲学全体の理念と方法と関連づけて解明するほうが効果的だというわけである。ここには、読者に批判哲学をいかに効果的にかつ系統的に理解させていくかのシュッツの用意周到な配慮が働いていると言ってよい。かくして、彼は再びこう宣言する。「哲学において開始された〈新しい出来事〉の遺漏なき完全な歴史を提供すること」(ibid.; ibid.) が本紙の任務である。

『基礎づけ』本論の紹介、論評は、実際はシュルツの解説書についての書評と関連づけてはおこなわれず、一年半後に別の機会を捕らえて実行されることになった。すなわち、フェーダーの経験論の信奉者でロック主義者、ティテルによる『基礎づけ』批判書、『カント氏の道徳学の改良について』の出版(一七八六年)をうけて、これに反論するという形式で実行されるのである。

ティテルはこの小冊子で、幸福主義の立場から、今や「古典的」になった、カント倫理学への通俗的批判を定式化している。すなわち、カントの言う「純粋な義務」、義務のための義務は単に空虚であるばかりか、「不可解な」概念である。それは「(不可解にも)神の純粋な愛とされてきたものの代用品にほかならず[49]」、行為のためにはつねに感性的動機を必要とする人間本性とも矛盾する概念である[50]。道徳法則はそれが「まったく空虚で不毛な表現にとどまるべきでなく、若干なりとも適用可能なものであるべきだとすれば、その内容から見れば完全に経験的なのである[51]」。だから、結局「カント的な道徳学の改良全体は、新しい定式に限られており」、しかもそれは「空虚な定式」なのである[52]。つまりティテルは、「形式主義」というカント倫理学非難の最初の主唱者の一人であった[53]。

さて、『一般学芸新聞』三号分にわたるこの書評も、その内実はティテル批評というより、むしろ『基礎づけ』本論の注解・解説にほとんどの紙幅が割かれている。二五九号と二六〇a号前半は、『基礎づけ』第一章の各段落の要点を、論述の順序どおりに要約することに終始している。ティテルの異論については、数カ所に付随的に設けられた「註」のなかで取り扱われ、それらが無理解と誤解に基づく「繰り言と抗弁」にすぎないと一方的に断罪されているだけである。二六〇a号後半と二六七号は、第二章(ただし途中まで)の内容をかなり圧縮して提示している。こちらでは「註」の部分が大幅に拡大されているものの、ティテルの異論への反論と平行して、かなりのスペースがまたもや『基礎づけ』本論への注釈に充てられている。ここでは、ティテルの異論および書評者のそれへの反論を仔細に検討することはできないし、またその必要もない。その応酬の調子は、書評末尾の次のような文章からでもおおよそ推測できるだろう。「ティテルは最後にこう宣告している。〈これが道徳の基礎づけであるというのか?〉。だが、親愛なる教会顧問官殿、そうではなくこれは〈道徳の形而上学の基礎づけ〉なのだ! 貴殿にとっては、この場合もまた二つは同じことなのだ! だから貴殿にとっては、〈建築物の理論の基礎づけ〉と〈建築物の基礎づけ〉もきっと同じなのにちがいない」(*ALZ* 1786, Nr. 267, Sp. 272; *Kant-Rezensionen* 469)。この皮肉は単なる挙げ足取りとも言えない。ティテルのカント批判はいつも、具体的行為の経験的動機が視野に入れられていないという一点を堂々巡りしているからである。それゆえかの末尾の一文は、徹底した経験主義的幸福論者ティテルが批判倫理学の思考の地平をまったく捉え損なっていることを象

徴的に表現しているといえる。したがって「彼はカント氏を、最初の一行から最後の一行まで誤解した」(ibid.: ibid.) というシュッツの断定はそれほど不当ではない。

いずれにせよ、前年八〇号の書評と合わせると実に一三頁分にもなるこの『基礎づけ』書評――というよりその「注釈・解説」は、「熟慮ある読者に、哲学の領域でのカントの尽力に対する新たな注意を喚起させる」(ibid., Sp. 271; ibid., 468) という目的を十分に果たしたことだろう。

第五節　シュッツによるカント哲学「ハンドブック」(*ALZ* 1785, Nr. 162, 164, 178, 179)

カント自身の著作の解説的書評と並んで、哲学において始まったばかりの「革命」の意義を広く読書界に浸透させるのに不可欠な貢献をしたのが、当時ようやく出版されつつあった批判哲学の「解説書」の書評であった。この第三の形態に属するものとしては、J・F・シュルツの『カント教授の純粋理性批判に関する解明』とC・Ch・E・シュミートの『純粋理性批判講義要綱』についての書評が挙げられる。後者(一七八六年五月一九日付け、第一一九号)にはなぜか半頁ほどの紙幅しか割かれていないのに対して、前者には膨大な紙面が費やされている。すなわち、それは八五年の一六二号(七月一二日)、一六四号(七月一四日)、一七八号(七月二九日)、一七九号(七月三〇日)、一七九号の補遺(七月三〇日)の五号にわたって合計一八頁を占めている。これはまさに異例中の異例の措置と言わねばならない。以下、その内容を概観してみよう。

この書評もまた、実はまったくシュルツの「解説書」自身の書評とはいえない。書評対象となるはずの著作の内容・構成紹介は示されず、そこからの引用もほとんどない。シュルツの名前さえ挙げられるのも稀である。指示される頁数はみな『純粋理性批判』(第一版)のものばかりである。つまり、これはシュルツ書の書評に名を借りて、書評者シュッツ自身が読者をカント理論哲学の概観と基本的連関へと導入するために作成した独自の「批判哲学ハンドブック」なのである。シュルツの「解説書」が「第一批判」の無味乾燥な要約にすぎないことを考慮すれば、たしかにこのハンドブックの方がはるかに魅力的である。というのも、これはシュッツによる独自の「味付け」と強調に加えて、カントの諸見解をたえずライプニッツ―ヴォルフ哲学の伝統との対比において、また当時第一級の他の哲学者たちの異なった見解との対比において際立たせようとしているからである。

シュッツは書評を開始するにあたって、シュルツの『解明』の「序文」の冒頭を引用することで、一応彼に「敬意」を評する。純粋理性批判は「疑いもなく、思弁的知の領域で生じたもっとも注目すべきかつもっとも重要な刊行物である。この著作は…〔中略〕…従来の形而上学の体系すべてが単なる詭弁であり、空虚なかすみでしかないことを、有無を言わさぬ確実さで示したばかりか、われわれの理性にとって完全に満足のいくような信頼に足る形而上学にいつの日かわれわれが到達できる際のその筋道をも示している」(*ALZ* 1785, Nr. 162, Sp. 41; ibid., 147f.)。当初この著は「畏敬に満ちた慎重な沈黙のうち」に迎えられたが、「三年経ってようやく」シュルツの『解明』公刊によって、それが絶えざる研究を必要とする注目すべき著作であることが哲学者たちに認識されるに至った。――シュルツ書への言及はこの半頁程で終わっている。

以下書評者は、「第一批判」の「序文」からの長い引用を交えながら、この書の理解を妨げている「著作自身の本性」を解説する。そしてこう続ける。第一批判の体系的な論究と構成、その理解困難さを考慮したうえで、「哲学者たちにこの著作を改めて注目させ、彼らの多くの誤解を取りのぞき、われわれ自身の説明がいくばくかそれに寄与できるようにするためには」、書評は必然的に長大なものにならざるをえない。またそのためにも「ただ一つの著だけを論評するより、むしろ三つの著作を同時に論評しなければならない」。三つの著作とは、シュルツの解説書『解明』、『純粋理性批判』、『プロレゴーメナ』のことである。またこうした「われわれの狙い」からすれば、書評の論述は「著作の順序に従う」必要はなく、むしろ「カント的体系の主要命題を従来受け入れられてきた主要命題と絶えず比較しながら」かつ「すでに出されている多くの異論を考慮に入れながら」進めるほうがよい（ibid. Sp. 42; ibid. 150）。ここに、この書評の性格と本当の意図が明瞭に語られている。

ところで、書評の本論は興味深いことに、「数学的認識」と「哲学的認識」の区別の説明から始まっている。伝統にしたがって、前者は「量を対象とし」、後者は「質を対象とする」と漠然と思い込んでいる人がいるならば、その人は「結果を原因と考えている」のだ、とカントは言う。それに対してカントは「哲学的認識」を「概念に基づく理性認識」、「数学的認識」を「概念の構成による理性認識」と特質づけている。この場合「或る概念を構成するとは、その概念に対応する直観をア・プリオリに呈示することである」（ibid.: ibid.）。周知のごとくこの主題は、『純粋理性批判』では「超越論的方法論」の「第一章、純粋理性の訓練」の冒頭に配されている。だから、この主題が敢えて書評の冒頭に据えられるにはそれなりの理由がなければならないだろう。その理由が少なくともシュッツの側にはあった。実はこの両認識の区別こそ、先に触れたイェーナ大学哲学部の新入生向け「指導要綱」案に関して、親カント派と反カント派教師たちの意見が鋭く対立した論点の一つであった。ヘニングスは伝統的見解に従って、このような区別規定を草案に盛ることに反対した[54]。このような事情から推測すると、この区別はシュッツにとっては、伝統的な哲学的思惟の方法およびそれに基づく学問区分とカントのそれとの対比、そして後者の優位性を典型的に示す実例であると同時に、これを書評冒頭に配したのはイェーナの反カント派教師たちへの意図的な挑戦であったとも考えられる。

続いてこの区分に関連づけて、「総合判断」と「分析判断」それぞれの本質と両者の区別が解説される。ここでは、「5＋7＝12」が総合的命題であるというカントの見解に関してゲッチンゲン学派の一員で当代の卓越した哲学史家であったティーデマン（Dietrich Tiedemann 1748-1803）が『ヘッセン学芸論集』で提出していた異論に批判が加えられる。これを分析的命題と考えるティーデマンへの批判の要点は、カント自身の説明に忠実に、この命題を導くには「5」や「7」や「加える」という概念だけでは不可能であり、概念に対応する「直観を必要とする」という点にある。そして、カントは数学的判断が総合的であるというならだれもが「否認不可能な」命題を提出すべきであったというティーデマンの異論に対しては、先の「純粋理性の訓練」章の数学的認識の本質に関する説明を引用して、カントがその点を「多くの箇所で、まったく明瞭に」提示してきたことを示す

(ALZ 1785, Nr. 162, Sp. 43f. ; Kant- Rezensionen 154)。

一六四号は「われわれの感性の主観的制約」であり、それぞれ「内的直観の形式」、「外的直観の形式」と区別される「時間」「空間」概念を解説している。ここではカント的感性概念の固有性が、「ライプニッツ・ヴォルフ哲学によって導入された、感性的認識と知性的認識の区別規定」と対比して際立たせられる。伝統に従えば、両者の区別は「単に表象が明瞭であるか、不明瞭であるかの違い」にあり、「感性的表象は事物の混乱した表象であって、しかも事物それ自身に帰属しているものだけを含んでいる」。しかしカントによれば、「感性的表象と知性的表象、あるいは直観と概念は単に明瞭か不明瞭かの形式に従って区別されているだけでなく、その起源と内容に従って区別されている」(ibid., Nr. 164, Sp. 53f. ; ibid., 156)。続いて、われわれの認識の二つの源泉、それらの区別と関係が解説される。ところでシュッツはこの号の終盤で極めて興味深い試みをしている。彼はカント的諸概念の「分類」がなお曖昧さを残していることを認めながら、「類［概念］は表象一般である」というカントの指示を手がかりにして、「カントが純粋理性批判の他の箇所で挙げている諸概念から」表象の「いっそう完全な」分類を試み、その一覧表を作成しているのである(ibid., Sp. 55f. ; ibid., 161)。この一覧表は、後にラインホルトによって提唱される表象能力理論、表象一元論との関連を考えると、極めて興味深いのである。

さらに一七八号では、「判断表」からの「カテゴリーの演繹」、つまり「形而上学的演繹」が簡単に説明された後、「ア・プリオリな概念がいかにして対象に関係しうるのかという問題」、つまり「純粋理性批判全体のもっとも重要な部分の一つ」、「超越論的演繹」という課題が提起される。直観の多様がいかにして一個の認識として把握されるにいたるかは、第一版に従って「三重の総合」、すなわち「直観における覚知の総合」「構想力における再生の総合」「概念における再認の総合」を通して説かれている。続いて一七九号では、「三重の総合」に関して「若干の表現上の混乱」があることを指摘した後、「純粋悟性概念」と「経験的直観」とが「まったく同種的ではない」にもかかわらず「後者がいかにして前者のもとに包摂されうるか、したがって現象へのカテゴリーの適用はいかにして可能か」(ibid., Nr. 179, Sp. 121; ibid., 166f.) という問いが、改めて提出される。かくして「図式」の必要性が説かれ、テクストの論述に沿った「図式論」が長々と解説される。

一七九号後半から一七九号補遺にかけては、「超越論的弁証論」をカヴァーしている。三つの「超越論的理念」を区分した後、「パラロギスムス」論はかなり詳しく、「アンチノミー」論と「神の存在証明」批判は簡単に解説されている。最後の主題に関して、シュッツはカントの論証過程をまったく紹介しないまま、結論だけをこう述べている。「これまでカントの純粋理性批判をまだ読んだことのない読者には、至高の本質の存在を道徳法則の存在に基づける彼の証明根拠を、できるだけ切り縮めて呈示しておきたい。というのも、この根拠だけでもう、この著作の研究に費やしてきた人の熟考の労力は十二分に報われるからである」(ibid., Beylage zu Nr. 179, Sp. 127; ibid., 178)。シュッツは、この「カント的根拠」を呈示するべく、最後に——「究極目的の規定根拠としての最高善の理想」に関する節に基づいて——「道徳的世界」の存在を説き、「思弁的神学」に対する「道徳神学の独自の長所」を説明している。前者は「唯一の完全無欠な理性的、根源的存在者の概念を客観的根拠に基づいて指摘することすらせず、その存在をわれわれに確信させることができなかった」のに対して、「もし、われわれが必然的な世界法則としての道徳的統一という観点に立って、この必然的な法則にそれにふさわしい効果を与えることのできる原因を、したがってわれわれを拘束する力を与えることのできるような原因を考慮するならば、これら一切の法則を自らのうちに包含しているような唯一の最高意志が存在しなければならない」(ibid. Sp. 128; ibid. 180)。こうして膨大な書評は「道徳神学」の優位の強調をもって幕を閉じる。

さてラインホルトは、このシュッツの書評に接して初めてカントに対する眼を開かれる。彼はこの書評の終盤の解説のうちに「宗教の根本的真理の道徳的認識根拠[55]」を読み取り、ここに呈示された『純粋理性批判』の道徳信仰論的読解をいち早く我がものとする。それは、長年「盲信」と「不信仰」の両者と闘いながら、いまだ確固とした真の宗教の基礎を確信できずにいたラインホルトにとって一つの天啓であった。こうしてこの書評に触れることを契機に、彼の集中的なカント研究が開始され、それはまもなく「カント哲学についての書簡」に結実する。「書簡」は、実に批判哲学の意義と有用性を「時代の要請」である「道徳的欲求」に定位して展開することで、大反響を呼ぶことになった。この事実一つを取ってみても、「哲学者たちに改めてこの著作に注目させる」という、本書評でのシュッツの「狙い」がいかに効果的な結果を生み出したかは推定できよう。

第六節　真理の試金石としてのカント批判哲学（ALZ 1785, Nr. 208b, 295; 1786, Nr. 1, 7, 36）

当然のことながら、『一般学芸新聞』「哲学欄」にはカントと直接的関連をもった書評ばかりが載ったわけではない。他の有名な哲学者たちの注目を集めていた著作もタイムリーに書評された。だが、この場合にもまた、カントの見解がいつも真理の試金石のように引き合いに出された。そうしたカントへの参照を通して、陰に陽にカント哲学の優位性が示され、著者たちのカント理解の誤りが糾された。このような形態で間接的にカント哲学の普及に貢献した書評として、一七八五年二〇八号「補遺」（九月二日）でのプラットナー（Ernst Platner 1744–1818）の『哲学的箴言集・第一部』改訂第二版の書評[56]、二九五号（一二月一三日）でのウルリッヒの『論理学・形而上学教程』書評、一七八六年一号（一月二日）、七号（一月九日）でのM・メンデルスゾーンの『朝の時間』書評、そして三六号（二月一一日）でのヤコービ（Friedrich Heinrich Jacobi 1743–1819）の『スピノザ書簡』書評[57]等々が挙げられる。前二者は当時定評ある哲学「教本」としてよく知られており、後二者は、両者の間の「スピノザ論争」を顕在化させ、広く思想界の関心を集めていた書物である[58]。以下、これらの書評でカントがどのように引き合いに出されているかを一瞥しておこう。

プラットナー書評は、著者が「この新版ではカントの純粋理性批判のことを精確かつ完全に考慮しているだろう」という「期待」が裏切られたことへの苦情から始まっている。すなわち、プラットナーは「われわれがこの著の印刷完成前に見かけた最初のボーゲンでは、この箴言集の末尾でカントの著作の探求がなされると約束していた」にもかかわらず、刷り上がった新版では「そのことが書かれていた頁が印刷されずに、かの約束は撤回されていた」（ALZ 1785, Beylage zu Nr. 208, Sp. 265; Kant-Rezensionen 198f.）。書評者シュッツは、「序文」でのそのいきさつについての著者の「釈明」に不満を表明しつつも、プラットナーが「自分の講義で、聴講者のなかにいる多くの哲学的才能の持ち主にカントの純粋理性批判を研究するよう激励している」ことを了とする。というのも「この著作は、その体系がもはや古臭いものになってしまっているような哲学者たちよりももっと若い思想家たちのなかに、かなりの効力を生み出すであろうし、またこの著作が目指している革命は彼らによって効果的に促進され、実現されるであろう」（ibid. : ibid.）からである。

続いて書評者は、いずれにせよプラットナーがカントと見解を異にせざるをえないと思っている点を、自ら自身の著で明確にすることを改めて要望した後、「今日になってなお、我が国の多くの哲学者」がこの著の出現に対して意図的に装っている「怠慢ぶり」は、「信じがたいこと」だと嘆く。「或る街では、一日に六人以上の人がカントの著作を買い求めたが、すぐに同じほどの返品があったということも不思議ではない」。「だれもが形而上学を研究する必要はない」のだから。「しかし、いやしくも大学で形而上学を講じている者は、形而上学を研究すべきではないのか?」。しかるに――シュッツはこう付け加える――「いくつかのドイツの大学では、その言説ぶりからして、今日に至るまで自分がカントの純粋理性批判を読んだことがないことを聴講者すべてに告白しているような形而上学の教授が存在する」のは確かなのだ（ibid. Sp. 265f. : ibid. 200）。だが「プラットナー氏はそうではない」。彼の「新版」にはカントの著作と格闘の跡が認められる。しかしそのうえで、プラットナーが言及している「空間の表象」や、「実体の概念」はまだカントの理説を十分に理解していないことを、シュッツはカントを引用して証示している。――書評はおおよそこの調子で続いている。最後のほんの付足し程度に、「新版」の内容上の付加点が紹介されるだけである。つまり、この書評もプラットナーの有名な教科書を利用した、カント哲学の宣揚に他ならない。

ウルリッヒ書評はどうか。これも一見すると、同類の無条件的カント賛美の書評のように見える。いわく「この教科書を目下のところ、この類のものとしては唯一無比なるものとして際立たせているもっとも優れた点は、この教科書があらゆる点で慎重に吟味するに値するカントの体系に絶えず考慮を払っていることにあり、著者がこの体系を――自分の確信できた部分に限ってであれ――自分自身の体系に織り込もうとする際の鋭敏な手法にある」（ibid. Nr. 295, Sp. 297; ibid. 243）。さらに書評者は言う。「著者は実際上、カントの主張の大部分を受け入れている」、とくに「カテゴリー表〔の導出〕までは、著者はカントの批判〔のほとんどの見解〕に同意している」。ウルリッヒが納得できない点はその先にある、すなわちカントに従えば「それぬきには経験の可能性自身が崩壊してしまうような根本命題以外のいかなる総合的根本命題も、数学の領域以外ではア・プリオリに客観的実在性を有することはない」（ibid. Sp. 298; ibid. 245）という点である。ウルリッヒはこの異論をとくに、「因果性の原則」のカント的証明への批判というかたちで展開している。すなわち、ウルリッヒは、カントがカテゴリーの妥当性を経験の内部に制限したことに反対し――とくに因果律に焦点を当てて――その拡張を主張している。その際彼は、「超越論的演繹」を引き合いに出すのではなく、「経験の類推」とくに「第二の類推」を典拠に反論を試みている。ここから次のようなウルリッヒの反論が出てくることになる。「したがって時間は直観の単なる形式ではありえず、客観的に物自体にも帰属させられねばならない」(ibid.：ibid. 246)。

だが、興味深い問題はその先である。書評者はそのような異論を、著者ウルリッヒがカテゴリーの超越論的演繹の部分を検討していないことに起因するものとして斥けながらも、他方「書評子は、宮廷顧問官殿［ウルリッヒ］の疑念の多くのもののうちに、自分自身の疑念を見いだしたと告白せざるをえない」とも述べる。すなわち、「カントの体系が完全な納得を得ようとするならば、もっとも明瞭でなければならないこの部分」には、なお著者の異論を誘発しかねない「曖昧さ」が多々ある、と言う。そして書評者は、この「超越論的演繹」の部分を「強力に支配している曖昧さ」の一例を自らこうパラフレーズする。すなわち「カントがカテゴリーの客観的実在性を演繹しているのは、それ無しにはいかなる経験も不可能になるだろうからである。しかるに、カントは経験という語のもとに、ときには単なる知覚判断を、すなわちただわたしに対してのみ主観的妥当性を有しているにすぎぬような経験的判断を理解し、またときには経験的判断を、すなわちだれに対しても客観的でしたがって普遍的妥当性を有しているような判断を理解している」(ibid.：ibid. 247)。この曖昧さが生み出す混乱と矛盾を、書評者は「第一批判」と『プロレゴーメナ』の具体的箇所を引用しながら呈示していく。後代しばしばカント研究者の検討主題にのぼる、先の両判断の区別と関係の問題は、この書評に最初に定式化されたのである。

この書評の執筆者は、編集長シュッツではなく、カントの親しい友人にして弟子である、かの『解明』の著者シュルツであった[59]。カントがこの書評を無視できなかったことは、翌年の『自然科学の形而上学的原理』の「序文」脚注でこの問題に触れているばかりか、『純粋理性批判』第二版では「超越論的演繹」の項を全面的に書き改めたことからも窺える。いずれにせよ、この書評は批判哲学の立場とその成果を支持しながらも、「公平無私」という書評原則に基づいて「批判」第一版の孕んでいた曖昧さや表現上の問題点をも率直に指摘した最初の書評だと言ってよい[60]。

一七八六年一月早々に掲載された『朝の時間、あるいは神の存在に関する講義』書評も、書評としてはこれまた異例のものと言わねばならない。異例さは書評の内容にあるのではない。一号と続編の七号途中までは例によって、一部カントの理説の参照を含めて著作の要点が比較的丁寧に紹介・解説されている。書評の常識からは信じがたい作為がなされているのは、最後の半頁である。すなわち、ここには前年一一月末にカントがシュッツに宛てた、『朝の時間』評価に関する書簡[61]中の文章自身が、一字一句そのままに転載されているのである。カントはこの書簡で、メンデルスゾーンが「われわれの理性使用の主観的制約の呈示に際して、…〔中略〕…およそ概念なしにはいかなる対象も現実には存在しないという結論を引き出すまでには到達」していることは前進としつつも、総じてこの著を「われわれの理性の迷妄の傑作」、「独断的形而上学の最後の遺産」と断定していた[62]。ところでこの転用部分の冒頭には、たしかに次のような一文が挿入されてはいる。すなわち「われわれはこの領野においてずっと以前から有益な発言をする資格のある人の判断をもって、この紹介書評を閉じ、また読者にこれを伝えるにあたってこの人の許しを乞うものである」（*ALZ* 1786. Nr. 7. Sp. 55; *Kant-Rezensionen* 261）。こうした断り書きの一文があるとはいえ、この作為的措置は公の学問的批評としてはやはり、異例かつ不当である。創刊以来一年を経て学術世界に確固たる地位を築き始めていたこの書評紙は、ここでは完全にカントの諸見解の代弁機関と化している。これは、かの「予告」で謳われた書評の諸原則とは裏腹に、実際には書評がいかに「党派的観点」からなされたかの数多くの実例の一つである。

最後にヤコービの『スピノザ書簡』書評のカント言及に簡単に触れておこう。主題が当時の思想界の注目の的であっただけに、書評もまずこの作品の成立事情を解説している。書評者はまず、ヤコービがこの作品中で呈示しているスピノザの体系についての叙述は「非常に明瞭かつ正確である」ことを認める。しかし、ヤコービがカントの時間・空間規定を「まったくスピノザの精神のうちにある」として、それを有限者と無限者とのスピノザ的連関に関係づけようとするとき、書評者は声を大にしてクレームをつける。「ただ一つの空間だけが存在する、とカントは言う。ただ一つの実体だけが存在する、とスピノザは言う。われわれが多くの空間と呼ぶものはみな唯一の包括的な空間の部分にすぎない、とカントは言う。有限なものはみな無限なものと一にして同じである、とスピノザは言う。この両言明がなぜ一つの精神で語られているといえるのか、この場合なぜカントがスピノザの解明に役立ちうるといえるのか、われわれにはまったく理解できない」（ibid. Nr. 36. Sp. 294; ibid. 274）。こうして書評者は、具体的論拠を示しながらヤコービによるスピノザとカントの同一視を排斥し、ヤコービのカント理解の誤りを糾している。

プラットナー、ウルリッヒ、ティーデマン、ヤコービ、メンデルスゾーン、これら当代第一級の哲学者、思想家たちへの論争的批評においても、シュッツはこのようにして読者に批判哲学の優位を説得力あるかたちで示そうと努め続けたのである。

『純粋理性批判』が公刊当初からたちまちのうちにドイツ思想界を席巻したなどというのは「神話」にすぎず、実情はその逆に近かったことは、すでに以前から言われてきたところである。この「逆風」を「順風」に転化するのに『一般学芸新聞』が重要な役割を果たしたこともまた、一般論としては広く認められてきた事実に属する。しかし、この書評専門紙が具体的にどのような形態でカント批判哲学の普及に貢献したのか、その実態の具体相はわが国では必ずしも明確にされてこなかった。本章各節で見てきたように、同紙でのカント哲学の普及活動の実態は、おそらく一般に想定されているのよりははるかに精力的、かつ「強引」であった。その強引ともいえるプロパガンダは、反面では当時の批判哲学に対する（現代的理解からは想像できない）「逆風」の強さを逆照射していると言える。この点に関連して、われわれは次のような事実を思い起こす必要がある。それは「第一批判」の出版者ハルトクノッホがシュッツに回顧的に語った言葉である。「もしALZが一七八六年と一七八七年に、その書評を通してカント哲学を流布させていなかったとしたら、その後有名になり、もちろんそれ自体としても卓越したかの著作は、もしかすると屑紙同然になっていたかもしれない[63]」。かの著作の並はずれた意義をだれ一人疑うことのない現代では、この言葉はかの著作それ自身がもっていた価値と意義を過小評価しているように響く。だがこの言葉は、けして事の全面を表してはいないにしても、事の半面は言い表しているのである。

本章が取り扱ってきた一七八五〜八六年の時期には、批判哲学はその理論的部門も実践的部門も、ようやく拡がりつつあった共感と強烈な反感とのせめぎあいの真只中にあった。例えば『一般学芸新聞』以外の「学術新聞」、学術批評誌での『人倫の形而上学の基礎づけ』評価は、いわば真二つに割れていた。三号分の紙面を割きかなり詳しい解説を提供している『ゴータ学術新聞』こそカントの立場を全面的に支持しているが[64]、そして『哲学界回想』(ライプツィヒ)などが比較的好意的な紹介をしているのに対して[65]、他の有力誌『ゲッチンゲン学術報知』『テュービンゲン学術報知』の書評は反カント的立場を鮮明にしている[66]。リューゲン(Rügen)の牧師、ピストリウス(Hermann Andreas Pistorius 1730–98)の手になる『ドイツ百科叢書』でのかなり大部な書評も、いくつかの本質的な点でカント道徳哲学への反論を展開している[67]。ウルリッヒの「教本」書評に関しても、まったく同様の事態が認められる。すなわちゴータの新聞やライプツィヒの批評誌が、ウルリッヒがカントの理説を取り入れている点を積極的に評価しているのに対して[68]、ゲッチンゲンやテュービンゲンはウルリッヒのカント批判のみを大いにもてはやしている[69]。ティテルのカント批判書の書評にいたっては、テュービンゲンのみならず『イェーナ学術新聞』も含めて、フランクフルト、ライプツィヒ、エアフルトの各誌がこぞってティテルのカント批判に軍配を上げていたのが実情である[70]。われわれが論評したシュッツのティテル酷評は、こうしたドイツ各地方からの批判に対する唯一の反論であったのである。

つまり、「批判哲学」はまだ、ゲッチンゲンやテュービンゲン、そしてベルリンから吹く強烈な「逆風」にさらされていたのである。

注

(1) Kurt Röttgers, Die Kritik der reinen Vernunft und K. L. Reinhold. —— Fallstudie zur Theoriepragmatik in Schulbildungsprozessen, in : *Akten des 4. Internationalen Kant Kongresses*, voll. II, pt. 2, Berlin 1974, 789f.

(2) ibid., 791.

(3) Johann Schulze, *Erläuterungen über des Herrn Professor Kant Critik der reinen Vernunft*, Königsberg 1791 (1. Aufl. 1784) [Aetas Kantiana 247 (1968)], 5.

(4) ibid.

(5) Vgl. Brief von Kant an M. Herz, nach 11. Mai 1781, in: *KA* X, 268ff.(『カント全集21 書簡I』岩波書店、一五三—一五五頁参照)。

(6) Brief von Hamann an Herder vom 29. 4. 1781, in: *Johann Georg Hamann, Briefwechsel*, Bd. 4, hrsg. v. A. Henkel, Wiesbaden 1959, 285. Vgl. auch 278, 283, u. 292ff.

(7) Brief von Herder an Hamann vom 31. 12. 1781, in: *Johann Gottfried Herder Briefe*, Bd. 4, bearbeitet v. W. Dobber/G. Arnold, Weimar 1979, 201. この書簡で挙げられているDanovとは、一七六八年イェーナ大学神学部の員外教授として招聘され、一七七二年から正教授の地位にあったダノヴィウスのことである。彼は「新教義派(Neologie)」の信奉者としてイェーナの開明的・啓蒙的神学の中心人物の一人であるとともに、早くからカントの見解に通じており(一七七〇年一月一二日のカント宛て書簡参照)、もっとも早い時期に批判哲学に注目した一人であった。

(8) Brief von Herder an Hamann vom Anfang 3. 1782, in: *J. G. Herder Briefe*, op. cit., 209.

(9) Johann Schulze, op. cit., 6.

(10) I. Kant, *Prolegomena zu einer jeden künftigen Metaphysik, die als Wissenschaft wird auftreten können*, in: *KA* IV, 380ff.

（11）Vgl. *Rezensionen zur Kantischen Philosophie 1781-87*. hrsg. v. Albert Landau. Bebra 1991（以下 *Kant-Rezensionen* と略記）. S. 3-9. この資料集には、カントの著作等について、一七八一〜八七年の間に「学術報知」、「学術新聞」、批評誌などに公表された、直接、間接の批評・書評のほとんどが収録されており、批判哲学の受容史を探るには非常に有益である。

同著に基づいて、一七八四年末までに「第一批判」と『プロレゴーメナ』を対象とした批評・書評を公表順に挙げれば、以下の通りである。

【一七八一年】

①七月一七・二〇日『フランクフルト学術報知（*Frankfurter gelehrte Anzeigen*）』第五七・五八号（S. 456-61）……「第一批判」の「緒言」と本論の主要主題の簡明な紹介。

②一一月三日『最新批評通報（*Neueste Kritische Nachrichten*）』第四四号（S. 345-46）……①と同様の、しかしもっと簡単な紹介。

【一七八二年】

③一月一九日『ゲッチンゲン学術報知』付録（Zugabe zu den *Göttingischen Anzeigen von gelehrten Sachen*）』第三号（S. 40-48）……いわゆる「ゲッチンゲン書評」。

④八月二四日『ゴータ学術新聞（*Gothaische gelehrte Zeitungen*）』第六八号（S. 560-63）……「読者に著作の主要主題と区分を知らせるため」の紹介であり、超越論的感性論までで中断している。評者はゴータの宮廷顧問官にして同「新聞」の編集者であるエヴァルト（Schack Hermann Ewalt 1745-1822）。

⑤『ロシア叢書（*Russische Bibliothek*）』第七巻五・六号（S. 411）……「第一批判」についてのほんの数行の紹介。

【一七八三年】

⑥七月三一日『アルトナ学芸メルクーア（*Altonaischer Gelehrter Mercurius*）』第三一号（S. 243-45）……最初の『プロレゴーメナ』書評。しかし批評の対象は「序文」のみで、「ヒューム的問題の解決」と形而上学の可能性にだけ言及。

⑦八月一四日『アルトナ学芸メルクーア』第三三号（S. 257-58）……何の論評も加えずに、『プロレゴーメナ』本論の最終部分を抜粋掲載。

⑧八月三〇日『最新批評通報』第三五号（S. 280）……『プロレゴーメナ』についての数行の紹介。「ゲッチンゲン書評」へのカントの非難に言及。

⑨秋『ドイツ百科叢書（*Allgemeine deutsche Bibliothek*）』第三七巻補遺から第五二巻まで（S. 838-862）……「ゲッチンゲン書評」のもとになった（フェーダーによる削除、加筆以前の）ガルヴェによる「第一批判」書評。

⑩一〇月二五・二九日『ゴータ学術新聞』第八六・八七号（S. 705-10/715-18）……『プロレゴーメナ』の「序文」と本論の主要主題についての簡単な解説、紹介。

【一七八四年】

⑪春『J. Ch. ロシウスの哲学最新文献便覧（*Übersicht der neuesten Philosophischen Literatur von Johann Christian Lossius*）』第一号（S. 51-70）……心理学的、宇宙論的、神学的理念の各節に重点を置いた『プロレゴーメナ』の簡単な解説。「所見」の項では、評者は文章の長さ、専門術語の多用に苦言を呈しつつも、著者の基本的見解に「完全に同意する」ことを表明。

⑫一二月『ドイツ百科叢書』第五九巻二号（S. 322-56）……これ以降『ドイツ百科叢書』誌上でカントの著作の多くの書評をてがけることになるH・A・ピストリウスによる、評者の見解の対置も含む本格的な『プロレゴーメナ』書評。

（12）この経緯については、一七八三年七月一三日のカントに宛てたガルヴェの弁明書簡（*KA* X. 328ff. 前掲邦訳書、一七三—一七九頁）を参照。

(13) Vgl. *Kant-Rezensionen*, 13.

(14) Frederick C. Beiser は、当時の反カント的な通俗哲学者のうちロック的経験主義者の陣営に分類できる哲学者として、J・G・フェーダー、Ch・ガルヴェの他、(一七七五年以来)ゲッチンゲンの哲学教授Ch. マイネルス、『ベルリン月報』の寄稿者でベルリンの医者Ch・G・ゼレ、(一七八六年以降)マールブルクの哲学教授D・ティーデマン、カールスルーエの哲学教授G・ティテル、かつての啓明会の創始者A・ヴァイスハウプト、そして『ドイツ百科叢書』編集者F・ニコライなどを挙げている(F. C. Beiser, *The Fate of Reason*. Harvard UP 1987, 169)。彼らはほとんどみな、八〇年代後半にカント批判書を著している。ただしJ・E・エルトマンは彼らの多くの立場を、「経験主義的地盤」に立脚した、(ライプニッツ―ヴォルフとロックの)「折衷主義」と規定している(Johann Eduard Erdmann, *Die Entwicklung der deutschen Spekulation seit Kant*. Erster Band. Stuttgart 1931, 235-250.)。

(15) Vgl. F. C. Beiser, op. cit., 165-192. その哲学的サークルの構成員、その主張は本著の第二章を参照。

(16) Johann Schulze, op. cit.

(17) カントに批判的立場のものとしては、例えば『ドイツ百科叢書』に載ったH・A・ピストリウスの「プロレゴーメナ」書評(上記⑫)、『ヘッセン学芸論集(*Hessische Beiträge zur Gelehrsamkeit und Kunst*)』でのD・ティーデマンによる「批判」の評論(Über die Natur der Metaphysik)、それに『ベルリン月報』一二月号でのCh・G・ゼレによる間接的カント批評(Versuch eines Beweises)などがある。後二者はなぜか *Kant-Rezensionen* には収録されていない。

(18) Vgl. Nobert Hinske, Das erste Auftauchen der Kantischen Philosophie im Lehrangebot der Universität Jena. in: N. Hinske/E. Lange/H. Schröpfer (hrsg.). *Der Aufbruch in den Kantianismus*. Stuttgart-Bad Cannstatt 1995 (以下 *Aufbruch* と略記).

(19) 学生時代のシュッツにゼムラーとマイアーが及ぼした影響、感化については、浩瀚なシュッツ研究書 Horst Schröpfer, *Kants Weg in die Öffentlichkeit. Christian Gottfried Schütz als Wegbreiter der kritischen Philosophie*, Stuttgart-Bad Cannstatt 2003, 23-28. を参照。また Horst Schröpfer, Christian Gottfried Schütz――Initiator einer wirkungsvollen Verbreitung der Philosophie Kants. in: *Aufbruch*, 16. も参照。

(20) シュッツは一七七二年の講義や、一七七三年に公刊された『論理学の諸原則』などでカントの前批判期の思想に言及している。Vgl. *Kants Weg in die Öffentlichkeit*, 55-66. および *Aufbruch*, 24ff.

(21) Horst Schröpfer, Christian Gottfried Schütz, in: *Aufbruch*, 18.

(22) Ch. G. Schütz, *Über Gotthold Ephraim Lessings Genie und Schriften*, Halle 1782, 119f.(zitiert nach: H. Schröpfer, *Kants Weg in die Öffentlichkeit*, 107)

(23) *KA* X, 392.(前掲邦訳書、二一〇頁)。

(24) ibid., 395.(前掲訳書、二一三頁以下)。

(25) Horst Schröpfer, *Kants Weg in die Öffentlichkeit*, 133f. 引用文中の〔 〕内は筆者による補足である。

(26) 経験論的反カント主義者と目されるのは、ガルヴェ、マイネルス、フェーダーであり、伝統的合理論者と目されるのは、エーベルハルト、メンデルスゾーンである。

(27) シュッツは、一七八五年九月二〇日のカント宛て書簡(*KA* X, 407-410, 前掲訳書、二二五―二二八頁)と同年一一月一三日のカント宛て書簡(ibid., 421-424, 前掲訳書、二三四―二三七頁)で、この「指導要綱」に言及している。

(28) カント書簡集の総註にあたるアカデミー版第一三巻の編集者も「発見できず」、長年その実在が「疑わしい」とされてきた(vgl. *KA* XIII, 149)この「指導要綱」は、近年のイェーナ大学文書庫の資料調査でその実在が確認された。イェーナでの最初期のカント受容を確証するこの「もっとも旧いドキュメント」の意義については、N. Hinske, Ausblick : Der Jenaer Frühkantianismus als Forschungsaufgabe, in: *Aufbruch*, 238-240. を参照。

(29)　一七八四年五月二一日付けの『イェーナ学術新聞』第四一号（S. 326）(*Kant-Rezensionen*, 78)。

(30)　この「講義告示」、および以下に言及するシュミート、ヘニングスの「講義告示」については、N. Hinske, Das erste Auftauchen der Kantischen Philosophie im Lehrangebot der Universität Jena, in : *Aufbruch*, 1-14. を参照。ヒンスケのこの論文に従って、一七八〇年代後半のイェーナでのカント関連（言及）講義の「告示」の一部を、年代順に挙げれば以下のようになる。

【一七八四年冬学期】

ウルリッヒ：「改訂された新しい著作に沿って、形而上学の諸問題と併せて論理学を詳細に教示するが、その際、とくにカントの理説全体を引き合いに出す」。

【一七八五年冬学期】

シュミート：「純粋理性批判と称されている哲学理論を、夕方六時に、近く印刷される予定の著書［『純粋理性批判講義要綱』］の順序に従って講義する」。

【一七八六年冬学期】

ヘニングス：「機会あるごとに、カントの『純粋理性批判』の諸原則を引き合いに出して講義を進める」。

【一七八八年夏学期】

ウルリッヒ：「カントの特徴的な著作のすべてを、『論理学』『人倫の形而上学』それに時間が許せば『自然学』［『自然科学の形而上学的原理』］も入念に検討、評価し、聴講者がカント哲学を一望のもとに見通せるようにしたい」。

ラインホルト：「私講義では、『純粋理性批判』をもっと深く理解したいと望んでいる人々の助力をする」。

シュミート：「週二回の予定の講義では、人間の義務の第一規則を探究する」。

【一七八八年冬学期】

ラインホルト：「私講義では、『純粋理性批判』をより深く知りたいと望んでいる人々の先導をおこなう」。

【一七八九年夏学期】

ヘニングス：「論理学および形而上学を丁寧に解説するが、その際、機会あるごとにカントの諸原則が引き合いに出される」。

ラインホルト：「朝七―八時の私講義では、印刷された自著『人間の表象能力の新理論試論』を手引きに、『純粋理性批判』の諸領域を教示する」。

J・A・グロッシュ：「著名なカントの『純粋理性批判』の超越論的感性論と、超越論的分析論に属する論理学を詳しく論述する。超越論的弁証論に関する残りの章については、できれば来年の冬学期に講じる予定である」。

【一七八九年冬学期】

ラインホルト：「自著『人間の表象能力の新理論試論』に沿って、『純粋理性批判』の諸領域を教示する」。

ウルリッヒは一七八五年四月二一日付けのカント宛て書簡（*KA* X. 402f.）で、同封した自著『論理学・形而上学教程』の「いたるところに、私が確かにあなたの勤勉な読者であり生徒であるという証拠が見出されるでしょう」と述べている。

(31)　彼が一七八七年以降その講義において、ますますカント批判・攻撃の度合いを強めたことは、一七八七年一〇月一二日と翌年一月一九日のラインホルトのカント宛て書簡（*KA* X. 497-500 und 523-527. 前掲邦訳書、二八五―二九〇頁、二九七―三〇三頁）に窺われる。ウルリッヒの立場、とくにその主著でのカント批判の要点を知るには、F. C. Beiser, *The Fate of Reason*. Harvard UP 1987, 203-210. が簡便である。

(32)　シュッツは一七八五年一一月一三日のカント宛書簡で、このシュミートとヘニングスの講義の件を報告している（*KA* X. 422f. 前掲邦訳書二二六頁）。

(33)　一七八六年二月のシュッツよりカント宛の書簡（*KA* X. 430f. 前掲邦訳書二四一―二四二頁）参照。

（34）N・ヒンスケは、このようなイェーナでの早くからの一定の広がりをもったカント受容の動向、とくにかの学部「指導要領」の実在を考慮すれば、イェーナでのカント受容がラインホルトの「カント書簡」とイェーナ着任によって開始されたというのは「伝説」にすぎず、ラインホルトの果たした役割は「少なからず相対化されねばならない」と評している。Vgl. dazu *Aufbruch*, 1f. u. 232ff.

（35）シュッツはカントに宛てた彼の最初の手紙（一七八四年七月一〇日付）で、ヘルダーの『構想』の書評をカントに依頼していた。第二回目の手紙（八月二三日付）では、カントが依頼を引き受けたことへの感謝が述べられている。カントの書評が公にされたひと月ほど後の手紙（一七八五年二月一八日付）では、書評者がカントであることがすでに知れ渡っていること、「ヘルダー氏がこの書評に激昂している」ことを報告している（*KA* X, 392f., 395f., 398f. 前掲邦訳書二一〇―二一五頁、二一七―二一九頁）。

（36）以下 *ALZ* からの引用は、発行年、号数、欄数を本文中に記し、該当する *Kant-Rezensionen* の頁数も併記する。

（37）ヘルダーは一七六二～六四年にケーニヒスベルク大学で医学と神学を学んでおり、カントのいくつかの講義にも出席していた。当時彼は、哲学者としての、そして教師としてのカントの熱狂的な崇拝者であった。この時期にカントの道徳哲学講義についてヘルダーが筆記したノートは、当時のカントの道徳思想を窺わせる貴重な資料として、アカデミー版カント全集に収録されている（*KA* XXVII, 1-89）。

（38）Vgl. F. C. Beiser, op. cit. 149, 349-350, Anm. 68.

（39）Anzeiger des *Teutschen Merkur*, Junius 1784, LXXXI-LXXXIX.

（40）ibid., LXXXII.

（41）ヘルダーは二月一四日ハーマンに「徹頭徹尾著作の精神からずれた、悪意と歪曲に満ちたこの形而上学的」批評が「いかに意地悪く、子供っぽい」ものであるかを訴え、カントに対する怒りをぶちまけている（vgl. *KA* XIII, 142f.）。

（42）*Der Teursche Merkur*, 1785 Februar, 148-174. [*Kant-Rezentionen*, 119-132.]

（43）ibid., 159. [ibid., 125]

（44）ibid., 173f. [ibid., 132]

（45）*KA* X, 398.（前掲邦訳書、二一七頁）

（46）*KA* VIII, 56. [*Kant-Rezentionen*, 134]

（47）Ernst-Otto Onnasch, Einleitung, in : Karl Leonhard Reinhold, *Versuch einer neuen Theorie des menschlichen Vorstellungvermögens*. Theilband I, Hamburg 2010. [PhB 599a], XLVf.

（48）『人倫の形而上学の基礎づけ』は公刊以降、わずか二年足らずのうちに一〇誌以上の「学術新聞」・批評雑誌に書評されることになるが、たしかに『一般学芸新聞』の書評はそれらの最初のものである。

（49）Gottlob August Tittel, *Ueber Herrn Kant's Moralreform*, Frankfurt u. Leipzig 1786 [Aetas Kantiana 285 (1969)], 6, 23.

（50）ibid., 22f.

（51）ibid., 33.

（52）ibid., 35.

（53）このティテルの反カント小冊子も結構注目されたようで、八六年五月から一一月までの間に、イェーナ、フランクフルト、テュービンゲン、ライプツィヒ、ハレ、エアフルトの各「学術新聞」「学術報知」で取り挙げられている。

（54）Vgl. N. Hinske, Ausblick: Der Jenaer Frühkantianismus als Forshungsaufgabe, in: *Aufbruch*, 234f.

（55）一七八七年一〇月一二のカント宛て書簡（*KA* X, 498f. 前掲訳書、二八五―二九〇頁）参照。

（56）『哲学的箴言集』は、その後も改定版が出るたびに何度もとりあげられている（Vgl. *ALZ* 1794, Nr. 379, 380; 1802, Nr. 170, 171）。

（57）その後出版された「増補新版」（一七八九年）も *ALZ* 1790, Nr. 141 で書評されている。

（58）*Kant-Rezensionen* によれば、プラットナーの「教本」は *ALZ* 以外にも、テュービンゲン、ゴータなどの学術新聞、批評誌等四誌で（八五年四月〜八月）取り挙げられ、ウルリッヒの教本は合計九誌に（八五年五月〜八六年四月）論評されている。また、メンデルスゾーンの『朝の時間』の書評は八六年中だけで一〇誌を優に越えており、ヤコービの「スピノザ書」も八誌が書評している。

（59）Vgl. *KA* X, 422.

（60）C. F. Beiser, op. cit. 205-208 は、「批判」第二版での「超越論的演繹」の全面改訂の誘因としてこの書評の意義を論じている。

（61）*KA* X, 428f.（前掲邦訳書、二八六—二八七頁）。

（62）ibid. Vgl. auch *ALZ* 1786, Nr. 7, Sp. 55. [*Kant-Rezensionen*, 261]

（63）Vgl. Chr. G. Schütz, Verteidigungen gegen Herrn Prof. Schelling sehr unlautere Erläuterungen über die *ALZ*, in Intelligenzblatt der *ALZ*, 30. April 1800.

（64）Vgl. *Gothaische gelehrte Zeitungen*, 66., 67. Stück und Beylage zum 67. Stück, 1785, 533-36, 537-44 und 450-50. [ibid., 183-96].

（65）Vgl. *Denkwürdigkeiten aus der philosophischen Welt*, 3. Quartal, 1785, 433-67. [ibid., 203-18].

（66）Vgl. *Göttingische Anzeigen von gelehrten Sachen*, 172. Stück, 1786, 1739-44. [ibid., 229-33]. *Tübingische gelehrte Anzeigen*, 14. Stück, 1786, 105-12. [ibid., 277-83].

（67）Vgl. *Allgemeine deutsche Bibliothek*, 66. Bd. 2. Stück, 1786, 447-63. [ibid., 354-67]. この書評でのピストリウスのカント批判の重要論点とその意義については、F. C. Beiser, *op. cit.*, 190-92 が教示的である。

（68）Vgl. *Gothaische gelehrte Zeitungen*, 46. Stück, 1785, 369-70. [ibid., 144-45]. *Denkwürdigkeiten aus der philosophischen Welt*, 4. Quartal, 1785, 680-81. [ibid., 240].

（69）Vgl. *Göttingische Anzeigen von gelehrten Sachen*, 44. Stück, 1786, 436-438. [ibid., 298-99]; *Tübingische gelehrte Anzeigen*, 33. Stück, 1786, 258-64. [ibid., 309-13].

（70）Vgl. *Jenalische gelehrte Zeitungen*, 38. Stück, 1786, 298-300. [ibid., 378-80].
; *Frankfurter gelehrte Anzeigen*, Nr. XLIII, 1786, 337-40. [ibid., 398-99].
; *Tübingische gelehrte Anzeigen*, 45. Stück, 1786, 358-59. [ibid., 403].
; *Neue Leipziger Gelehrte Zeitungen*, 81. Stück, 1786, 1293-96. [ibid., 407-09].
; *Erfurtische gelehrte Zeitung*, 30. Stück, 1786, 258-64. [ibid., 309-13].

幕間Ⅰ　一八世紀後半のドイツにおける雑誌・学術メディアの隆盛とALZの位置

一八世紀の後半、とくに最後の四半世紀のドイツにおける雑誌ジャーナリズムの急成長、とくに書評を含む学術メディアの隆盛には、それを準備した一定の歴史がある。その前史を眺めてみると、雑誌にはさまざまな類型があり、それぞれ最盛期を異にしていたことが分かる。

まず、この世紀の前半、とくに一七二〇年頃から約三〇年間、主として北部プロテスタントの商業都市を中心に「道徳週報（Moralische Wochenschriften）」と総称される週刊誌が二〇〇種類ちかく発行され、日常生活と市民道徳に関する中産階級の啓蒙に大きな役割を果たした。一七三〇年代頃からは、大学都市、宮廷都市を中心に、地域色の濃い学術的なメディア「学術新聞」や「学術報知」の類が相次いで創刊され、学術的知の発信と普及の活性化に貢献した。これより少し遅れて、政治、歴史、文芸などの専門雑誌や全国的な総合雑誌の創刊が盛んになり、その創刊ブームは一七七〇～八〇年代にピークを迎える。そうした総合雑誌を代表するのが『ドイツ・メルクーア』（一七七三年創刊。一七九〇～一八一〇年の期間は *Der Neue Teutsche Merkur* に改題）と『ドイツ・ムゼーウム（*Deutsches Museum*）』（一七七六年創刊）である。

言うまでもなく、こうした雑誌ジャーナリズムの隆盛の背景には、経済―社会的発展と変容を基礎にした書籍・出版市場一般の飛躍的拡大があり、これと相乗効果を及ぼしながら急速に増大しつつあった「読書する大衆（Lesepublikum）」の出現という出来事、およびそれに付随して生じた「読み物」と「読むこと」に関する大きな文化的・社会制度的転換があった。「この転換は一七三〇年から一七四〇年の間に浮上し始めて、この世紀の最後の三分の一にようやくその完全な姿を現すようになった[1]」。

ここでは、啓蒙的世論の形成や精神・文化面での国民統合、および活発な学術知の交流と促進・隆盛を支えた文化・社会的制度に注目し、まずこの「制度的転換」の諸相を簡単に概括しておこう。続いて、それぞれの類型の代表的定期刊行物・雑誌の成立史とその内実・実態を少し詳しく紹介することにする。そのことを通して、群雄割拠する多様な雑誌・学術メディアのなかで『一般学芸新聞』が占めていた歴史的地位を浮かび上がらせたいと思う。

1．書籍・出版市場の活況

まず、一八世紀後半のドイツで、そもそもどれほどの量の出版物が出回っていたのか。出版物の急速な増加の実態はいかなるものであったのか。

年毎の新刊書の出版点数については、さまざまな数値が報告されている。或る著者によれば、一七五七年には出版物の総点数が一〇〇五点、一七八六年に二〇六七点、さらに一八〇五年には四〇八一点に達した。だが「この公式統計よりも、私的な統計のほうはかなり高い数値を挙げている」。すなわち「一七八〇年の書籍見本市の統計によれば、そのカタログに登録されている書籍総数は二六四二点を数えるが、ベルリンの書籍出版・販売の専門家F・ニコライは、五〇〇〇点の原本、翻訳本について語っている。また、一七九九年の見本市（の新刊書紹介カタログ」が、総計三七三九点の著作を挙げているのに対して、ベルリンの或る新聞はその年の新刊数を六〇〇〇点以上七〇〇〇点までと報じている」(2)。別の著者の調査では「ライプツィヒ書籍見本市のカタログを分析すれば、一七六三年から一八〇五年までの期間の書籍生産は、一七二一年から一七六三年までの期間に比べて、一〇倍以上になっていることが明らかになる。だがこのカタログもドイツで出版されたすべての作品すべてを網羅しているわけではないので、書籍生産の絶対量ははるかに多かったであろう」(3)と報告されている。

両者とも数値の典拠はライプツィヒ書籍見本市の「新刊目録」である。ライプツィヒでは春の復活祭と秋のミカエル祭に二度の書籍見本市が開催され、それに合わせて新刊書を網羅した「目録」が出されるのが恒例になっていた。一七八四年春、ベルトゥーフが新書評紙の創刊をめぐってあれこれ思案をめぐらせていた（本書「序章」参照）とき、手にしていたのもこの目録である。その「目録」現物は現在では入手困難であるが、幸いなことに『一般学芸新聞』は創刊以降毎年、その年の二度の見本市の「新刊目録」を取り上げ、それに登載された文献を「I．神学」から「XVI．混成分野」のジャンルにしたがって分類、集計した統計的数値を掲載している。その数値に基づいて、一七八五～一七九三年の期間の春の見本市と秋の見本市の数値を合算して、年毎の数値を集計すれば以下の表I—1になる(4)。

表I—1　1785～93年の新刊書の出版点数

分野	'85	'86	'87	'88	'89	'90	'91	'92	'93
Ⅰ神学	453	443	465	551	548	411	440	486	445
Ⅱ法学	134	172	149	298	203	186	187	181	185
Ⅲ医学	159	238	220	276	230	238	243	230	265
Ⅳ哲学	97	112	71	108	102	109	117	102	153
Ⅴ教育学	142	152	160	154	137	175	145	198	210
Ⅵ国家学	117	83	79	68	65	125	117	80	98
Ⅶ経済学	124	131	122	165	130	159	160	176	184
Ⅷ自然学	97	94	53	64	52	67	76	69	78
Ⅸ数学	51	58	44	60	69	61	65	75	75
Ⅹ博物学	85	86	111	86	103	139	148	120	132
Ⅺ地政学	167	163	146	170	146	158	195	204	215
Ⅻ歴史学	196	238	198	254	249	340	315	304	341
XIII美芸	457	427	442	526	487	597	621	638	751
XIV言語学	95	119	96	126	125	160	142	125	173
XV文学史	78	33	28	40	43	36	42	67	47
XVI混成	251	386	470	523	456	344	230	194	192
合計	2,703	2,935	2,854	3,369	3,048	3,305	3,243	3,249	3,544

出典：本章注（4）に示した資料の数値をもとに筆者が作成.

表I—1から、一七八〇年代の後半には、毎年少なくとも三〇〇〇点ほどの新刊書が刊行されていたことが分かる。しかし、先の引用した所見に述べられているように、実際に刊行された出版物の総点数は、このカタログを基にした数値よりもかなり多かったと想定される。

この表からはいくつかの興味深い特徴が確認できる。まず眼につくのが新刊総点数の増加である。この表に示した一七八五〜一七九三年の九年間で約八〇〇点、約三割の増加が認められる。春の「復活祭のカタログ」だけを指標にして、一七四〇年、一七七〇年、一八〇〇年の総登載点数を比較した別の統計報告は、それぞれ七五五点、一一四四点、二五六九点を示し、これまた一八世紀後半の出版市場の活況の一端を物語っている。(5)

もっと興味深いのは「分野」別の点数の推移である。この表では、「美学・芸術」関連文献（この分野には文学・芸術理論の他に小説、戯曲、詩、さらに雄弁術、造園術も含まれる）の増加が著しく、九年間でほぼ一・五倍に膨れ上がっている。次に増加が著しいのが「歴史学」である。「法学」、「経済学」などの社会科学系分野も伸びている。それに対して「神学」関連文献（その大部分は狭義の学術的神学文献ではなく、「説教集」や「宗教的精神修養書」などの通俗的読み物および「教会史」などである）は、まだ相当な割合を占めているものの、停滞ないし減少の傾向を示している。もう少しスパンを長くとれば、こうした趨勢はより鮮明に確かめられる。(6)こうして出版物の「分野」別の変化からも、この時期における啓蒙主義的世俗化の急速な進展具合が明瞭に窺い知れるのである。

2．「読書革命」

出版点数の増大は、当然読者層の拡大と平行して起こった。一八世紀の初頭でも大商人層の家の書棚には、料理や編み物、暦などの日常家庭生活に有益な読み物の他に、冊数はわずかとはいえ商業上の実用書、地理書、歴史書などが並んでいた。この時期には学識者と官吏を除けば、本を読んでいたのはごく一握りの人々に限られていた、しかも、それはほとんど家庭生活や職業にかかわる実用書に限られていた。だが一七二〇年代以降、「道徳週報」の活況が読み物を読む層を拡大する。イギリスの「教訓的週刊誌」（『スペクティター』『ガーディアン』など）を模範にしていたこのドイツの週刊誌は、娯楽性（旅行記や寓話）を加味しながら、通俗的な市民道徳や倫理的徳目（節約の精神、勤勉、誠実さ、幸福な結婚生活・家庭生活、子供のしつけ方など）を平易に説いていた。中産階級の幅広い層がこの種の週刊誌を読むようになる。そして女性もこの時期に、層として「読者」の仲間入りをする。

この世紀の後半に入ると、世俗的、娯楽的書物、文芸雑誌や政治雑誌が普及し始め、読む能力を持った教養ある市民層をさらに拡張した。とくに最後の四半世紀には、中産階層に属するさまざまな職業人、学生、家庭の婦人が多種多様な「読み物」を読むようになった。とはいえ、その実態も現代の感覚から過大評価されてはならない。というのも、或る所見によれば、まだ「一七七〇年には全人口の約一五パーセントが、そして一八〇〇年には二五％が書物を読む能力を持った人々」(7)に数えられるだけであったのだから。実は、この数値でさえ過大評価であり、「恒常的に読書をした」のは、「約三〇万人、成人の総人口の一・五パーセント」にすぎないという説もある。(8)

読書の様式にも明らかな変容がみられる。当時書籍や雑誌はまだかなり高価であったこともあり、世紀の中頃からはドイツの各都市で「読書会（Lesegesellschaft）」が形成され、少し遅れて一七七五年頃からは「読書室（Lesekabinette）」を備えた「読書会」や「読書サークル」が各地に現れてきた。前者では本や雑誌が会員の間で回し読みされたのに対して、後者のほうは書庫を備えた自前の空間を持っており、会員たちはここに集まって、読んだものについて定期的に議論を交わしたりした。「読書室」や各種の読書団体は「暦書、著名な書評雑誌、最新の旅行記などから、フランス語や英語の日刊政治新聞まで取りそろえて、できるだけ多数の新刊図書を提供しようとしていた」[9]。たとえば、マインツにあった三一の「読書会」が当時購読していた雑誌の目録調査によれば、「有名な『一般学芸新聞』は二六、『ベルリン月報（*Berlinische Monatsschrift*）』も二六、『ドイツ百科叢書』、シュレツァーの『国事報知（*Staas-Anzeigen*）』、ベルトゥーフの『奢侈・モード雑誌（*Journal des Luxus und der Mode*）』が各々一九、『文芸美術文庫（*Bibliothek der schönen Wissenschaft und der freyen Künste*）』が一二、『ドイツ雑誌（*Journal von und für Deutschland*）』が一一の読書会で」講読されていたことが報告されている[10]。この数値は、当時の啓蒙主義的諸雑誌の人気バロメーターを示しているとともに、当時もっとも多くの読者を得ていたこれらの雑誌が、どこで、どのような読まれ方をしていたのかを教えている。

最初は北ドイツで始まった「読書会」の結成は、次第にドイツ全土に広がっていった。一七六〇年から一八〇〇年の期間にそのような「読書会」が約四三〇存在したことが確かめられている[11]。ブレーメンでは一七九一年時点で三六の「読書会」が存在し、会員の四分の一は女性であった[12]。ボンの或る読書会の規約には、会員資格に「地位や身分は問わず」と謳われており、その運営はかなり民主的であったことが窺い知れる[13]。これらの記述からも容易に想像できるように、「読書会」や「読書室」は単に多種多様な読み物（その中には、当時の社会通念からして好ましからぬ、時には「危険な」読み物も含まれていた）を読む場であっただけでなく、社交の場であるとともに文化的関心や政治的素養の形成の場であった。それゆえ、封建権力はごく一握りのエリートによるこの「組織された読書」に対してさえ、不信の念と過剰な警戒心を抱き、とくにフランス革命以降はこの動きを監視下に置き、ときには読書会を解散に追い込んだりしたのである[14]。

書籍市場の大規模な変容は「読み方」の変化を引き起こした。それは、一言で言えば「集約的（intensive）な」読み方から「拡散的（extensive）な」読み方への変化であった。すなわち、ごく限られた規範的な書物（たとえば聖書や「説教集」）を繰り返し読むことから、次々に刊行される新刊（通俗的読み物や文芸書）を一、二度興味本位に、あるいは気晴らしに読み飛ばすことへの変化が生じたのである。それは、単に読む内容や読みの形式についての現象的な変化にとどまらず、やがて読み手と読まれるテクストとの関係に或る重要な変化を呼び起こすようになる。すなわち、それはテクストが〈消費可能なもの〉であるという意識、さらに「読み」の「個別性」や「主観性」の自覚を読者に促し[15]、かくして現代的な「読み」の形成を準備したのである。

以上のような、一八世紀後半のドイツで起こった「読むこと」に関する大きな多面的変化を総称して「読書革命」と呼ぶ。

3. 雑誌ジャーナリズムの隆盛

単行本の新刊の増大と多様化とともに、さまざまな雑誌の創刊も盛んになってきた。雑誌は「読書会」で回し読みされていたような文芸誌や啓蒙的政治雑誌などの大衆向け雑誌と、学問の特定の分野に特化した学術専門雑誌とに大別できるが、前者については、この世紀全体を通して生起した社会的・文芸的思潮の変化に対応した、雑誌のトレンドの変遷が確かめられる。

すなわち、一七三〇～四〇年代には文芸誌の主流は「ゴットシェート派の雑誌」であったのに対して、五〇～六〇年代にはいわゆる「レッシング派」の雑誌が大きな勢力を持つようになる。この場合「レッシング派」の雑誌には通常、レッシング（Gotthold Ephraim Lessing 1729-81）のみならず、彼と精神的な盟友関係にあった哲学者Ｍ・メンデルスゾーンやベルリンの大書籍商Ｆ・ニコライの編集した雑誌、あるいは彼らの共同編集の雑誌が含まれる[16]。

しかし七〇年代に入ると、啓蒙主義の特定のヴァリアントを旗印にしたり、また特定の地域限定的な性格を色濃く残していた従来の雑誌とは異なった、全ドイツ的な「国民的雑誌（Nationaljournal）」と特質づけられうる雑誌が登場してくる。その代表が『ドイツ・メルクーア』と『ドイツ・ムゼーウム』である。この二つの「総合雑誌」は、その意図においても、また実際に果たした役割、成果においても、無数の小領邦国家の集合体にすぎなかったドイツにおける「国家的、文化的統合の欠如を埋め合わせ、地域的隔離や偏狭な小邦分立主義に対抗する道具として[17]」重要な役割を果たした。それゆえ、ともに七〇年代に創刊されたこの両誌は、単なる文芸雑誌の域を超えて、「文化政治的な機関誌」という特性を有していたと評されるのである。

「読書革命」の進展にあずかって、これらの大衆的文芸誌はかなりの発行部数を誇っていた。Ｍ・ヴィーラントの雑誌は創刊年には二五〇〇部刷っても、注文に応じ切れなかったといわれている（翌年からは、その部数は次第に減少していったのだが）。「ムゼーウム」のほうも七〇年代の中葉には少なくとも一〇〇〇部は発行していた。マインツの「読書会」の事例に見られたように、これらの雑誌は多くの人（たぶん一〇～五〇人ほど）に回し読みされたのだから、実際の読者数はその出版部数の数十倍にのぼるだろうと推定される。このように発行部数千部を数える大衆雑誌が珍しくなくなってきたのが、この時代である。ちなみに、先に挙げたマインツの多くの「読書会」で回し読みされていた『ベルリン月報』の創刊は一七八三年、「歴史―政治雑誌『国事報知』のそれは一七八二年、ベルトゥーフの雑誌の創刊は一七八六年、『ドイツ雑誌』は一七八四年の創刊である。一七八〇年代は、まさに多様な雑誌の創刊ラッシュの時代であり、その黄金期であったといえよう。

学術的専門雑誌についても同様の推移が確かめられている。八〇年代の一〇年だけで、医学雑誌が新たに八〇誌、自然科学雑誌は八六誌、歴史学雑誌にいたっては一三一誌が創刊されたことが確認されている[18]。

4．各地の『学術新聞』『学術報知』

ここで、雑誌のうちでも少しタイプの異なった、もっと回転の速い定期刊行物に眼を転じてみよう。すなわち、一七三〇年頃からドイツ各都市で発行されるようになる、「学術新聞（Zeitungen von gelehrte Sachen）」ないし「学術報知（Anzeigen von gelehrte Sachen）」と呼ばれた定期刊行物である。これらは、当時の学術的世界の動向を精確に反映し、またその動向に大きな影響を与えていた。

まずその皮切りとして、一七一五年にライプツィヒで、後に同大学の雄弁術の教授になるＪ・Ｇ・クラウゼ（Johann Gottlieb Krause, 1648-1736）によって『新学術新聞（*Neuen Zeitungen von gelehrte Sachen*）』（週刊、一七一七年以降週二回：各号半ボーゲン）が発行される。これは週刊政治新聞の体裁を学術雑誌に転用しようとする最初の企てであり、それゆえ長大な批評や論文は掲載せず、もっぱら学問的、文化的新情報を手短に提供するものであった。その限りでは学術的世界の「情報誌」であり、それほど読者の広がりをもたなかったと言える。だが、『学術新聞』ないし『学術報知』という表題を冠した同種の企てが、次第に大学都市などに普及するにつれて――すなわち、一七二九年にハンブルクで、一七三六年にフランクフルトで、一七三九年にゲッチンゲンで、一七四五年にアルトナで、一七四九年にイェーナで、一七六六年にハレで、一七六九年にエアフルトとギーセンで同種の刊行物が誕生する⑲――それらは狭義の学術世界を超えて、より広範な層に開かれた批評・書評誌としての性格を備えてくる。

例えば、当時まだ大学を擁していなかったフランクフルト・アム・マインの『学術新聞（*Frankfurter gelehrte Zeitung*）』（1736～72）は、短い学芸情報の提供と併せて、時には四つ折り版八頁以上にもわたるようなかなり長めの書評・批評や書簡の抜粋などを掲載していた。書評では、とくに神学、自然科学、歴史学、法学の著作が論評されることが多く、大衆娯楽的文学が取り上げられることは稀であったとはいえ、レッシングやヴィーラントの作品は詳しく評論され称賛された⑳。出版元、編集者を幾度か変えながらも数十年間持続したこの「新聞」に重大な転換が起こるのは、七〇年代に入ってからである。一七七二年、同紙は表題を『フランクフルト学術報知（*Frankfurter gelehrte Anzeigen*）』（1772～90）と改め、体裁も八つ折版に改め再出発する（図Ⅰ―1）。だが、「転換」の意義は、この形式の変更にではなく、決定的な内容上の改変に認められねばならない。

まだ三〇歳そこそこの二人の文筆家兼法律家、メルク（Johann Heinrich Merck 1741-91）とシュロッサー（Johann Georg Schlosser 1739-99）の指揮の下、八つ折り版八頁で週二回発行されたこの定期刊行物は、一七七二年の再出発にあたり、一方で批評対象をかなり専門化し、神学、法学、医学の各分野では学術専門的関心を抑えて「公益性のある記事だけ」を論評するにとどめたのに対し、他方で文芸・芸術分野と歴史分野の著作はこれを網羅的に批評することを計画した。出版市場の重点変動に応じて改変されたこの「計画」にしたがって、実際同誌の初年度に書評された四〇〇篇のうち、文学・美学・芸術関係が一四〇篇、哲学、教育学関係が五三篇を占めたのに比し、神学は四九篇、医学、数学、自然科学は合わせて四〇篇しかなかった。「ここに、学術新聞の類の百科全書的プログラムは、一方で実践上有用なものへの、もう一方で文芸的なものへの重点移動を獲得するのである㉑」。

こうした顕著な外観上の特色にもまして、両編集者とともに二三歳のゲーテと二八歳のヘルダーが寄稿者に加わることによって、とくにその初年度一七七二年の各号の紙面は異彩を放つことになる。そこには、シュトルム・ウント・ドランクの精神を体現し、古臭くなった思

図Ⅰ―1　『フランクフルト学術報知』創刊号表紙

潮に対する若者の情熱的闘いが反映され、また批評の形式も従来の紋切り型の定型を超えて個人の感情や見解が大胆に表明された。哲学や神学あるいは既存の諸学問に対する批評の基本姿勢はなお啓蒙主義的であったとはいえ、文芸作品の批評に際しては、模倣に代わって独創性が、体系と理論に代わって〈美的なるもの〉の直接的、主観的経験が重視され、「感情と構想力は作品制作の源泉であるばかりか、芸術批評の十全な源泉でもあるかのように映った」[22]。批評のあり方のこの革新性、近代性において、同誌の一七七二年度各号は「同時代の既存の雑誌すべてを凌駕していた」[23]とも評され、またこれとともに「世界は、一批評誌が新しい精神の時代という理念を同時代人に伝えることが可能であることの古典的実例を手にした」とさえ評される栄誉を担うことになる[24]。かくして、同誌には批評・書評のあり方に新たな一ページを切り開いたという功績が帰せられてきたのである。

しかし、この紙面、とくにシュロッサーが放った宗教的正統派に対する批判は、すぐさま当地の神学者たちの憤怒を巻きおこし、同誌編集部は一年で倒されることになる。出版社が手を引き、編集者、寄稿者たちも同誌を去り、雑誌の主導権はギーセンの神学教授たちの手に移った。以後、表題だけは同じだが、しかしはるかに生彩のない紙面が一七九〇年まで続いたのである。

ほとんどが週二回発行であったこの種の定期刊行物は、改題（フランクフルト、ゲッチンゲン、エアフルトなど）、版元の変更、体裁の刷新など多くの変化を蒙りながらも、一八世紀末前後まで維持・継続され、それぞれの地方の批評機関誌、学術文化情報誌として重要な役割を果たした[25]。

そうした各地の「学術新聞」「学術報知」のなかでももっとも有力、有名であったのが、『ゲッチンゲン学術報知』であった。*Göttingische Zeitung von gelehrten Sachen*（1736-52）から *Göttingische Anzeigen von gelehrten Sachen*（1753-1801）へ、さらに *Göttingische gelehrte Anzeigen*（1802-）へとタイトルを変更しながら、長い間ドイツのもっとも定評ある書評専門誌としての地位を保ち続けてきた同誌は、創刊時の一七三九年には週二回発行、毎号八つ折り判八頁立てを基本とし（時に一六頁）、年間総数一〇五号（九三四頁）を刊行した。一七四〇年代も創刊時とほぼ同じ規模・スタイルで発行された。しかし、その後一七五〇年頃から、年間発行号数は次第に増加し始め、一七八〇年代後半時には週四回の変則発行（月曜、木曜、土曜は二号発行）となり、毎年、年間平均二〇〇号ほど（二一〇〇頁前後）を発行するようになった。いずれの時期にも各号二〜六篇（平均三〜四篇）の書評を掲載しており、紙面は後述するベルリンやイェーナの書評誌のようにジャンル別に区分けされておらず、出版地名（例えば「ウィーン」「ゲッチンゲン」「パリ」等）を見出しとしている。同誌は同様の表題をもつ他誌と比べても、極めて学術色の濃い書評専門誌であり、その性格は一七八〇年代に入っても変わらなかった（図Ⅰ―2）。

その規模と年間発行号数の増加ぶりは、便宜的に作成した次の**表Ⅰ―2**[26]をご覧いただきたい。

この表のごとく、一七七〇年代以降毎年一六〇号ほどを発行していたこの書評専門誌は、学術の全ジャンルにわたって年間総数六〇〇点から八〇〇点ほどの著作を書評していた。一七八〇年代の後半に学術・思想界にカント批判哲学の影響力が拡大し始めると、後に詳述する（第二章参照）ように、「学術報知」各誌はそれぞれの立場をかなり鮮明にして、これを論評するようになる。にもかかわらず、その多く

図Ｉ—２　『ゲッチンゲン学術報知』改版創刊号表紙

はゲッチンゲンの「学術報知」を除けば、概して地方誌的性格を脱することができず、その批評・書評の影響力という点では、既に一七六五年に発足していた『ドイツ百科叢書』に太刀打ちできなかった。

5.『ドイツ・メルクーア』

「学術報知」の代表がゲッチンゲンの「報知」であったとすれば、当時の国民的総合雑誌の代表は『ドイツ・メルクーア』ということになる。

一七七二年九月M・ヴィーラントはエアフルトの大学教員の地位を捨て、宮廷顧問官兼王子傅育官としてワイマールに着任した。他のさまざまな可能であった選択肢を断念して、彼がこの途を選んだ背後には、たしかに財政的な安定性を確保したいという思いもあった。だがそれ以上に、そこには自由な文筆家としての活動の場を得たいという長年の願望もあった。さっそく翌年一月に彼は、国民的要望に応える新しい雑誌を自費で創刊することでその活動を開始した。こうして、かつてJ・H・ヤコービと共同で企てていた試みを、彼は単独で実行に移すことになった（図Ｉ—３）。彼は数年前から、新しい雑誌のモデルを『メルキュール・ド・フランス（*Mercure de France*）』（1770～1810）に見定めていた。

しかし、新しいドイツの「女神」はフランスの「女神」とまったく同じように振舞うことはできなかった。その理由をヴィーラントは創刊号に付された「編集者の序言」で、こう述べている。「わが国には、国民のみんなが認めている巨匠たちのアカデミーとも言えるような、また趣味の立法機関とも言えるような首都がまったく存在しない。わが国には、確固とした国立劇場がひとつもない。わが国のトップクラスの文筆家、詩人、芸術家がそうであるように、わが国のトップクラスの俳優たちはドイツ帝国内のあらゆる地域に分散しており、その大部分は自分たちの見解や判断や草案などを親しく伝え合い、緊密に交わる利点を奪われてしまっている。この利点こそ彼らの作品をより完全なものにしていくのに大きな力となるはずなのに[27]」。同じ事情は、こうも表現されている。「文芸問題における健全な悟性と清廉な感覚は、まだわが国では、啓蒙された国民の場合のように共有化されておらず」、まったく「恣意的な好み」が

表Ｉ—２　『ゲッチンゲン学術報知』の年間発行号数・総頁数

発行年	年間の発行号数：最少～最大	年間の総頁数：最少～最大
1739年～1747年	104号～108号	834頁～934頁
1748年～1752年	128号～141号	1032頁～1296頁
1753年～1769年	156号～158号	1248頁～1408頁
1770年～1782年*	156号～159号	1270頁～1384頁
1783年～1801年	209号～211号	2088頁～2122頁

注：*の期間には,「本号」に加えて，毎年五〇号前後の「補遺」が発行された.
出典：本表は本章注（26）に示した資料から筆者が作成.

大手を振っている。(28) つまり、文化・精神上の小邦分立主義、そこに由来する文学と芸術の領域における国民統合的価値の未確立のゆえに、後進国ドイツの「女神」はフランスの「女神」と同じように振舞うわけにはいかないのである。

こうした判断からヴィーラントは、同誌の編集方針を次のように定めた。「メルキュール」誌では相当な分量になる演劇記事は、「メルクーア」誌では「それほどのスペースが割かれない」。「別の事情から、芸術についても格別な記事は提供されない」。それに対して「ヨーロッパの政治的出来事に関する最新かつ最重要な事柄」については「どの巻でも最終号に特別記事が割り振られる」。「文芸ニュース」は毎号末尾に添付される。「雑報、新刊書の批評、さらに〔新刊書について〕すでに下された判定の修正などに関する記事は、メルクールが公衆にとくに推奨しようとする記事」であり、「愛好者たちの期待が最も強く寄せられる」部門である。(29)

図Ⅰ—３　『ドイツ・メルクーア』創刊号表紙

だが、こうした方針も持続的に厳守されることはなかった。むしろ、同誌は世論と公衆の要求に合わせながら、つねにそしてかなり融通無碍に編集方針を変え続けたというのが実情である。たとえば、たしかに新刊紹介・書評やさまざまな文芸情報は掲載され続けたとはいえ、「政治ニュース（Politische Nachrichten, Politische Neuigkeiten）」がほぼ定期的に掲載されたのは、創刊から三年だけであり、また創刊から各号の冒頭に配されることが多かった「詩（Poesie, Gedichte）」の欄も、一〇年ほどで姿を消した。それに対して「編集者の序言」で言及されていなかったジャンルとしてけっこう眼につくのが、「翻訳物」、既刊書の「抜粋」、「書簡」形式の論説などである。形式上の編集方針が一新されるのは一七八三年である。この年、かのベルトゥーフの編集参画によって、書評・批評部門と各種の告知欄が各号から切り離され、以降五年間は「報知欄（Anzeiger）」として別冊で発行されるようになった。一七九〇年には『新ドイツ・メルクーア』と改題し、翌年からはワイマールのギムナジウムの校長ベッティガー（Karl August Böttiger 1760-1835）が編集業務全体を引き継ぎ、ヴィーラントは名目上の編集者にとどまった。

同紙は創刊から二年間は季刊で発行され、一七七五年以降は月刊となったが、月刊となった以降も頁付けは三カ月分（一七七五〜八九年）、あるいは四カ月分（一七九〇〜一八一〇年）が通し番号で振られている。月刊毎の分量は、一七八九年までは六〜七ボーゲン、一七九〇年以降は五ボーゲンほどである。年間の総頁数は年によって幾分か変動があるが、八折り版にして平均一二〇〇頁ほどである。かくして三八年間の長きに渡って同誌が掲載した掲載記事は、「散文—論文」（初出寄稿、既刊本の翻訳や抜粋を含む）では一六〇〇篇を優に超え、「詩」（初出物と翻訳だけでなく、格言や寓話を含む）では六〇〇篇を超える。[30]

たしかに『ドイツ・メルクーア』は高尚な文学的、思想的理念を首尾一貫して掲げて活動したわけではない。むしろ、同誌の編集方針はいわば大衆迎合的であり、それゆえ「当時の文芸の紙屑箱」とか、「何でも屋雑誌」という同誌への酷評もあながち暴論でもない。また編集者が読者に訴えようとした関心も、長い寿命を保った雑誌がしばしばそうであるように、局面ごとに変化した。それにもかかわらず、ヴィーラントの作品のすべてが同誌に発表されたことに加え、[31]ゲーテ、ヘルダー、ラインホルト（一七八四年以降）、シラー（一七八八年以降）など多彩な寄稿者の名声もあって、「メルクーア」は当代随一の国民的人気雑誌の地位を長い間保持し続けたのである。とくに、一七八六年八月から翌年九月まで、ラインホルトの「カント哲学の書簡」が断続的に同誌に掲載され、思想界にセンセーションを巻き起こしたことを書き落としてはならないであろう（図I―4）。『ドイツ・メルクーア』の発行部数は、創刊年の二五〇〇部をピークに次第にジリ貧傾向にあったとはいえ、一七七四年に二〇〇〇人、一七八三年に一五〇〇人、一七八八年に一二〇〇人、創刊から二十数年後の一七九六年にさえ一〇〇〇人の予約購読者を抱えていた[32]ことは、その影響力の大きさを示している。

「ヴィーラントは三分の一世紀の間、彼の読者たちとうまく接触をもち続けた。その読者は、ドイツ文学史の最も波乱に富んだこの時期に着実に増大しつつあった読者する大衆であるが、ここには裕福な家庭に生まれた人や教育を受けた層にかぎらず、普通の商人や小売業者、その妻や娘たちがようやく含まれるようになっていた。デフォーとリチャードソンによってイギリスに生み出された読書する大衆は、半世紀後の今、彼らの模倣者によってドイツに生み出されたのである」[33]。かくして、同誌はこうした広範な読者層の獲得を通して、最初の国民的な「文化政治的な機関誌」としての役割を十分に果たしたのである。

Der
Teutsche Merkur.
August 1786.
I.
Briefe
über die Kantische Philosophie.
Erster Brief.
Bedürfniß einer Kritik der Vernunft.
Sie bestehen also auf ihrer Meynung, lieber Freund, daß die Aufklärung unsres teutschen Vaterlandes in dem protestantischen Theile abnehme, seit dem sie im Katholischen zunimmt? Ich könnte Sie fragen, ob Sie bey der Vergleichung, die Sie darüber anstellten, auf der einen Seite die wirklich grössere Raschheit, die sich mit dem ersten Eifer verliert, auf der andern aber die scheinbare Langsamkeit in Anschlag gebracht haben, die sich auf einen optischen Betrug gründet, und bey der Aufklärung, so wie ungefähr bey der Sonne, in eben dem Verhältnisse auffallender wird, als beyde über ihren Horizont höher hinaufrücken? — Allein Sie haben, nach ihrer Versicherung, den Gang des Protestantismus nur mit sich selbst verglichen, und befunden, daß er sich nicht etwa nur langsamer
T. M. Aug. 1786. G forts

図I―4　「カント哲学についての書簡」の「第一書簡」が掲載された1786年8月号

6.『ドイツ百科叢書』

上記の「学術新聞」や「学術報知」も、また当時の大衆的雑誌の多くも、大なり小なり新刊出版物の書評誌・紙的性格を兼ね備えていた。だが一七六五年には、かつてドイツでは類例を見ない壮大な計画をもった書評専門誌が登場する。それがベルリンの書籍商兼文筆家F・ニコライが企てた『ドイツ百科叢書』（ADB）である（図I―5）。その創刊に際してニコライが手本としたのは、一八世紀の中頃ロンドンで創刊されていた二つの書評紙、すなわち一七四九年創刊の『マンスリー・レビュー』と一七五六年創刊の『クリティカル・レビュー』であった。ロンドンではこの両書評紙の発刊を契機に、専門分野に特化した学術批評誌から一般的性格を備えた学芸論評的雑誌への移行が引き起こされたと言われている。『ドイツ百科叢書』はドイツにおいてほぼ同様の役割を果たすことになる。この書評・批評誌はありとあらゆる学問分野の著作を書評し、文芸書なども含む領域網羅的な学術情報メディアとしての役割を果たしただけでなく、その活動がドイツ後期啓蒙主義の学問・思想的世界に及ぼした影響の大きさにおいて、他の諸雑誌、書評誌をはるかに凌駕する重要性をもっている。

まず、その規模の大きさと持続期間の長さについて確認しておこう。同誌は一七六五年の創刊から一七九四年までの三〇年間に、本巻総計一一七巻（通常二号分で一巻、一号の平均分量二〇ボーゲン、すなわち八つ折り版で三二〇頁）に加え、補巻二十数巻を刊行した。[34] 当初は季刊で構想されたこの書評誌は、一七六〇年代後半こそ年間二巻四号発行であったが、年間発行数次第に増加し、八〇年代中頃には毎年不定期に五〜六巻が、最大時（一七九一年）には年間で九巻一七号が発行されるようになった。[35] つまり、三〇〇頁を超える分量の「書評専門誌」が、月刊並みのペースで（とくに、八〇年代後半から九〇年代初頭にかけてはそうであった）発行され続けたのである。現代における書評の実情を勘案すれば、この分量はまさに驚異的と言わざるをえない。各号では平均一〇〇冊ほどの書物がとりあげられた（ただし、長大な本格的書評は十篇以下、残りのほとんどは短評であるのが通例であった）。その後継誌『新ドイツ百科叢書』も一七九三年に第一巻第一号を発行して以降、一八〇五年に終刊を迎えるまで、毎年七巻（一四号）ほどを公刊し続け、これまた学術世界、読書界に大きな影響力をもっていた。

図Ⅰ—５　『ドイツ百科叢書』創刊号表紙

次に、対象とした分野の広がりと書評総点数の膨大さについて。ニコライは最初から、増加の一途をたどっていた同時代のドイツの出版物を領域網羅的に余すところなく、しかも継続的に批評するという野心的企てを抱いていた。同誌の創刊号の「序文」で彼は、「ドイツで新たに発行された全ての書物や関連した出来事について」余すところなく情報を提供することを読者に約束し、「最新の著作物全体を、あたかも絵を見るように、一度に概観できる」よう便宜をはかると述べている。[36] この「序文」の基本姿勢は、すでにわれわれが見たように（本書「序章」参照）、二〇年後に『一般学芸新聞』の「告示文」に引き継がれていくのである。

実際、それがとりあげた作品点数は創刊の年こそ二一五点にとどまったが、その数は年々上昇し一七七〇年代末には年間約一〇〇〇点、そして年間に一三号を出版した一七八九年には一五〇〇点を超えた。[37] その総点数は、『新ドイツ百科叢書』を含めると六万点とも八万点とも言われている。また、この点数の急速な増加に伴って書評のジャンルの分類も、創刊年には「神学」から「混成分野」まで九分野に分けられていたものが、年々分野が細分化され一〇年後には二四分野にまで拡げられていく。[38] この学問分野別の分類方法は、当時のドイツでは初めての試みであり、やがてこの分類方法や書誌情報の記載方式は『一般学芸新聞』にも引き継がれていく。

同誌に書評の筆をとった寄稿者集団も次第に膨れ上がっていった。創刊時一〇人ほどであった寄稿者の数は、六〇年代末には五〇人を超えた。創刊時から一四年間の寄稿者総数は一七七人に昇り、全発行期間中の総寄稿者数は一一五の都市にまたがり優に四〇〇人を超えた。[39] 同誌を軸に、領邦国家の壁を超えた広範な「知のネットワーク」が形成されていったとも言えよう。

寄稿者集団のなかで、最初期にもっとも精力的に活躍していたのが、ゲッチンゲンの数学教授にして文筆家のケストナー（Abraham Gotthelf Kästner 1719–1800）と同じくゲッチンゲンの文献学教授ハイネ（Christian Gottlob Heyne 1729–1812）であった。啓蒙主義的合理主義に集約される同誌の綱領的立場から、ケストナーはその博識を活かして自然科学や数学、哲学の分野で筆をふるい、ハイネは古典語からの翻訳本や考古学的・歴史学的文献を精力的に書評した。「哲学（Weisheit）」欄の有力寄稿者として、すでに何度か言及してきたリューゲンの牧師、神学者ピストリウス、そして後継誌では、マールブルクの有名な哲学史家ティーデマンなどが挙げられる。

ベルリン啓蒙主義の指導的人物であったニコライは、同誌の格別の使命を宗教思想の啓蒙に置いていた。この領域ではあまり有名でない三人の神学者が同誌上でカトリック正統派や敬虔主義に対して放った闘争的批評は、最初の二〇年ほどは大いに評判を呼び、かなり効果をあげた。だが、当時進行していた読書と書籍市場動向の大変動を反映して、紙面に占める神学・宗教関係論評の割合は徐々に減少し、重点は次第に自然科学と哲学・思想分野に移っていったが、文学、美学、芸術分野はこの雑誌ではもとからわずかな比重しかもたなかった。そして、とくにこれらの分野では、同誌が時代の新たな諸潮流に対応できない姿が次第に露になっていく。

創刊以降あらゆる面で発展を遂げてきた『ドイツ百科叢書』に退潮の兆しが窺えるようになるのが八〇年代の中頃である。それは同誌の発行部数の推移からも見て取れる。創刊以来二〇年近く上昇の一途をたどってきた発行部数は一七八三年の二五〇〇部をピークに減少に転じる。その後、減少傾向に歯止めはかからず、一七九二年ではまだ一二五〇部を維持していたものの、一七九五年には一〇〇〇部を大きく割り込む。

外面的に見れば、退潮の一因は競合する他の有力批評誌の登場に求めることもできる。一七八三年には『ベルリン月報』が創刊され、一七八五年には最強の対抗紙『一般学芸新聞』が創刊されたからである。もちろん、原因はそこにだけ求めることはできない。退潮の根本要因は、八〇年代後半以降もはや同誌が台頭しつつあった新しい思潮についていけなくなっていたことにある。たとえば、カント批判哲学の登場とともに、「批判」は理性による理性の批判、理性の自己批判へと深化してくるが、『ドイツ百科叢書』は旧い啓蒙主義的批判の域を出ることなく、この新たな哲学的精神に批判的態度をとりつづけた。経験と現実を重視する通俗的思想家ニコライには、批判理論の抽象性と思弁性は理解しがたいものであった。『新ドイツ百科叢書』は、その創刊当時に展開されつつあった「より純粋な」超越論哲学であるフィヒテの知識学やシェリングの思弁的自然哲学に対して、もっと強烈な批判の論陣を張り続けた。また、同じ頃に台頭してきた初期（イェーナ）ロマン派の思潮を、ニコライは毛嫌いしていた。文芸の分野に関するニコライのこのようなかたくなな態度は、『クセーニエン』やロマン主義者の嘲笑の的にされるほどであった。

たしかに、ニコライの書評誌は長生きしすぎたと言えよう。だが、この啓蒙の指導的批評機関誌の創刊と発展が、ドイツの批評・書評誌の展開にとって画期的な意義を有しただけでなく、この気宇壮大な企てが学問・文化の諸分野の振興と交流に、そして啓蒙主義思想の全国的普及に重要な役割を果たしたことを否定することはできない。

7．『一般学芸新聞』

『一般学芸新聞』（ＡＬＺ）は、ニコライの書評誌から遅れること二〇年、この先行誌が掲げた、学術・学芸諸分野の包括的・網羅的書評の実現という理念を継承しながら、それを日刊紙というより徹底した形態で実現しようとして登場した（図Ⅰ―6）。編集長は創刊から終刊まで一貫して、イェーナの雄弁学・詩学の教授シュッツであり、一七八八年から（一七九九年まで）は、副編集長に法学部の員外教授フーフェラントが加わった。フーフェラントはＡＬＺとワイマール宮廷政府の大臣ゲーテの連絡役でもあった。シュッツは、同紙の編集部と広告部をエンゲルプラッツの自分の住居においていた。

（1）規模と分量

まず、ＡＬＺの紙面の年間規模と分量がいかほどであったかを確認するために、その発行の全期間、一九年間に実際に発刊された全紙面（「本紙」、「付録（Beylage）」、「補遺（Supplement）」、「知的公報欄（Intelligenzblatt）」を含む）の各年度別一覧表を以下に掲げておく。

ＡＬＺの「本紙」は一七八五年一月三日付けを創刊号に、「四つ折り版」四面立て（つまり各号半ボーゲンの分量）で、日曜日を除き毎日発行された。一冊の著作の書評が四面すべてを占めたり、それを超過する場合などには、しばしば「本紙」に（「本紙」と同じ日付で同じ分量の）「付録」が添付されることも稀でなかった。その「付録」号の表記が表Ⅰ―3に例示したごとく、初年度と二年目以降の三年間では異なっている。この「付録」の号数は年々増加していく。初年度は年間三三回、次年度は一三回に収まったものの、一七八七年には七四回「付録」が添付されることになった。そして一七八八年には、「付録」はもう五月末から一二月末まで水曜日と土曜日にはほぼ「定期的に」

Numero I.

ALLGEMEINE
LITERATUR-ZEITUNG

Montags, den 3ten Januar 1785.

GOTTESGELAHRTHEIT.

STRASBURG, in der akademischen Buchhandlung: *Nova versio graeca* Proverbiorum, Ecclesiastis, Cantici Canticorum, Ruthi, Threnorum, Danielis et selectorum Pentateuchi locorum, ex unico S. Marci bibliothecae codice Veneto nunc primum eruta et notulis illustrata a Ioh. Bapt. Casp. *d'Ansse de Villoison*. 213 S. ohne die Vorrede, 8. 1784. (16 gr.)

Die Hofnung zur Ausgabe dieser eignen und fast ganz unbekannten griechischen Version einiger Bücher des A. T., wovon die Handschrift in der Marcusbibliothek zu Venedig lange verborgen und ungenutzt lag, war schon seit einigen Jahren durch Hrn. v. Villoison gemacht, und ist nun zur Hälfte erfüllt. Zur Hälfte; denn ausser den oben im Titel genannten Büchern enthält der Codex noch den Pentateuchus, welchen Hr. V. nach seiner Rückkunft aus Constantinopel und Griechenland herauszugeben verspricht. Wir billigen es sehr, dass er jene Bücher zuerst drucken lassen. Denn aus diesen schweren Stücken kann man den Geist, Charakter und Werth eines Uebersetzers weit besser beurtheilen, als aus historischen. Ob wir gleich voritzt noch keine Hoffnung haben, auf eine Spur zu kommen, wer der Verfasser seinem Namen, seinem Vaterland und seiner Religionsparthey nach gewesen, oder was er für Absicht gehabt haben möchte, die vorhandnen Uebersetzungen mit einer neuen zu vermehren: so ist doch so viel beym ersten Anblick zu entdecken und schon in der Vorrede von Hn. v. V. erinnert, dass die Uebersetzung keine von den bekannten Hexaplarischen (von der Sexta getrauen wir uns noch nicht es zuverlässig zu sagen, wenn man nicht andre Gründe hat, als die Collation der Hexaplarischen Fragmente), nicht die unter dem Namen Ἑβραῖος oder Σύρος bekannte Version sey. Sogar finden wir kaum sichre Spuren, dass der Urheber dieser Uebersetzung die Arbeiten seiner Vorgänger genutzt habe. Ein Etymologist, wie dieser, würde im Aquila vieles nach seinem Wunsch gefunden haben; ein Uebersetzer, der zugleich auf ausgesuchte Worte Jagd macht, würde den Symmachus nicht ungenutzt lassen, und ein an die LXX gewohnter Uebersetzer würde sich weit seltner von ihr entfernen. Dass zuweilen die Ausdrücke in jenem und diesen zusammentreffen, ist bey der sonstigen Verschiedenheit mehr von einem glücklichen Ohngefähr, als von einem wirklichen Gebrauch der frühern Arbeiten herzuleiten. Der Uebersetzer will originell seyn und trägt auch seinen eignen sonderbaren Charakter: fast den Charakter einiger lateinischen Autoren des Mittelalters, welche Wort und Ausdruck aus Cicero oder Virgil entlehnen und im übrigen sich keines Barbarismus schämen. —

Es ist unleugbar, dass der Uebersetzer das hebräische Original vor sich hatte. Schon die Aehnlichkeit des Codex mit den hebräischen Büchern, da der Anfang des Buches auf der rechten Seite desselben, das Ende auf der linken ist, lässt dies vermuthen; aber es wird noch sichtbarer aus den Bildungen der hebräischen Namen Καρεος, Βελσατσαρ, Ιουδα, u. a.; und aus eignen Lesarten, welche ihren Ursprung nur aus Varianten im hebräischen Original haben können, wovon der V. selbst in Klagl. Jer. I, 13. einen Beweiss anführt, wo die Version das Wort וירדנה *er hat sie gestürzt*, durch [illegible] ausdrückt. Wir werden nachher noch mehrere Beyspiele davon auszeichnen. Das eigne des Uebersetzers ist, dass er mit der pünktlichsten Genauigkeit, nicht bloss nach dem Wortverstand, sondern wörtlich, mit einer wahren κακοζηλια des Originals, Sinn, Stimmung und Charakter desselben kenntlich machen will. Daher in den poetischen Büchern eine eigne Geflissenheit, auch aus griechischen Rednern und Poeten Worte aufzusuchen und aufzunehmen. Z. E. [illegible] für *Tod*, [illegible] Spr. Sal. 30, 30. [illegible] K. 3, 23. woraus das fehlerhafte [illegible] 5. Mos. 32, 17. zu verbessern ist, [illegible] sehr häufig statt ראש, *das Haupt*, [illegible] Klagl. 1, 20. Daher die Neigung nach der hebräischen Etymologie griechische Worte zu suchen, auch wohl neu zu schaffen, wie [illegible] nach יהוה, [illegible] מחוקק 1. Mos. 49, 10. [illegible] nach dem Hebr. יגרם von גרם das *Bein* 4. Mos. 24, 7. [illegible] nach פז Spr. Sal. 8, 19. [illegible] *der Untergang* nach פיד K. 24, 22. [illegible] um das Hebr. מנון Spr. S. 29, 21. von נון *proles*, auszudrücken. Eben so [illegible] für מנחה Dan. 9. 26. Daraus entstehen nicht nur unzählige Hebraismen auf allen Seiten, [illegible] u. a. sondern auch die verunstaltetesten Ausdrücke. Z. B. Spr. Sal 7, 16. wo die Hure sagt,: *ich habe meinen Sopha bereitet* [illegible] (so möchten wir statt [illegible] lesen) [illegible]. Wer mag dies verstehen, ohne das Hebräische חטבים אטון מצרים? das חטב *radere*, nach der Etymologie, *polire* nach den Rabbinen, ahmt er in [illegible]

A. L. Z. 1785. Erster Band.　B *

図Ⅰ―6　『一般学芸新聞』創刊号

表Ⅰ—3　ALZ の各年度別号数

年	「本紙」号数	本紙「付録」の様式	「補遺」号数	「知的公報欄」号数	備　考
1785	1～312	Beylage 方式	1～72	なし	本紙総号数＝345
1786	1～312b˙	a，b,方式	1～91	なし	本紙総号数＝325
1787	1～312	a，b,方式	1～37	1～54	本紙総号数＝386
1788	1～312b	a，b,方式	以降、廃止	1～66	本紙総号数＝421
1789	1～402	以降、廃止	1～150		
1790	1～390	1～174			
1791	1～350	1～154			
1792	1～344	1～149			
1793	1～356	1～141			
1794	1～405	1～150			
1795	1～349	1～156			
1796	1～405	1～180			
1797	1～416	1～170			
1798	1～399	1～193			
1799	1～417	1～166			
1800	1～374	1～220			
1801	1～367	1～250			
1802	1～370	1～242			
1803	1～354	1～232			

添付されるようになり、その総数は一〇九号、すなわち「本紙」総数の三分の一に達するにいたる。この「付録」の常態化は、ライプツィヒの年二度の書籍見本市のカタログに掲載されたすべての出版物を書評するという同紙の「目標」を達成しようとして引き起こされた。最初の三年間は「本紙」と「付録」に、さらに年間数十号にのぼる「補遺」（一号分の分量と同じで日付なし）が加わる。これもまたかの「目標」達成のために発行されたと考えられる。「補遺」は「本紙」に比べ比較的重要でない著作が取り扱われている印象はあるものの、「本紙」との顕著な内容上の差異は認めがたい。

表Ⅰ―3から分かるように、順次「補遺」と「付録」方式が廃止され、一七八九年からは本紙のみの通し番号になるが、一年間の総号数が（日曜日を除く）年間日数を超えているのは、同一日の日付で二つの号が発行されているためである。

かくして「本紙」「付録」「補遺」合わせて年間四〇〇号を超える紙面が、純粋に書評に割かれたのであり、その総分量は年間二〇〇ボーゲンほどという計算になる。この量は、各号半ボーゲンで週二回発行されていた上述の『学術報知』の類の平均年間総分量の四倍に相当し、ニコライの不定期刊行批評誌の総分量（各巻約四〇ボーゲン）に匹敵する。この年間総分量は、通常の八つ折り版に換算すれば三二〇〇頁に相当する。

（2）紙面の構成と形態

各紙面は、縦二段組み、一段六〇行で構成されている。書評対象は『ドイツ百科叢書』にならって以下の学術分野（ジャンル）別に分類されて、毎号この順番で二〜三の「欄」が掲載される。

すなわちⅠ．神学、Ⅱ．法学、Ⅲ．医学、Ⅳ．哲学、Ⅴ．教育学、

Ⅵ．国家学、Ⅶ．経済学、Ⅷ．自然学、Ⅸ．数学、Ⅹ．博物学、Ⅺ．地政学、Ⅻ．歴史学、XIII．美学・芸術学、XIV．言語学、XV．一般文芸史、XVI．混成分野。

だが、分類項目に関しては早くも初年度から若干の細分化が生じている。例えば、上述のカタログでは「混成分野」の一項目に位置している「フリーメーソンリー」関連文書が独立のジャンルとして立てられ、毎年けっこう多くの文献が論評されている。この措置は、この問題への当時の社会的関心の高さを窺わせて興味深い。さらに二年目からは、「説教集」「精神修養書」「児童書」「女性向け書物」「大衆書」などのジャンルが独立する。

毎号とも、二、三のジャンルで三〜四点の文献が論評されるのが平均的な形態である。だが、重要な著作には長大な紙面が割かれ、数号にわたって論評されることもある。それに対して、価値のない作品はごく簡単に十数行で片付けられている。

個々の書評の「見出し」には、著作の書誌的資料が、「出版地（大文字）」「出版社（者）」「書名」「著者名」「巻・部数名」「頁数」「紙型」「店頭販売価格」の順で提示される。「書名」にはかなり長い副題も併記され、「著者名」の後に格式ばった煩雑な「肩書き」が表記される場合がかなりある。欄（Spalte）数の付け方は、初年度だけが一面一欄であり、次年度以降はすべて一段一欄、つまり一面二欄である。全ジャンルのうち「哲学欄」で一九年間にとりあげられた重要な書評は、巻末に「**主要書評一覧**」として挙げておいた。また、年末には膨大な、書評文献のアルファベット順の「年間索引」が発行され、二年目からは月末毎に書評された文献の月刊「目録」も付加された。

この「目録」に基づいて一七八六年と一七九四年の書評総点数を集計すると、**表Ⅰ—４**のようになる。

一七八六年の点数が少ないのは、「目録」からは「補遺」の分が除外されているからである。**表Ⅰ—３**から分かるように、この年の「本紙」「付録」「補遺」を合わせた号数四一六は、一七九四年の「本紙」の号数四〇五を上回っているのだから、実質的には両年とも全学術分野にわたって一八〇〇点ほどの各分野の文献が書評されたと考えてよいであろう。この純粋に書評に費やされたスペース以外に、次項で述べる「知的公報欄」には、「新刊予告」や「オークション」等々の項目ごとに異なった非常に多くの書籍情報が盛り込まれた点を考え合わせれば、年間の書籍情報は非常に多彩で、その情報量は膨大なものとなる。

最後に、通常「本紙」第四面に配置されている小欄の変遷に触れておく。この小欄はほぼ毎号、同じく縦二段組みで活字のポイントを落として印刷されているが、年度によって名称変更が頻繁に起こった。最初の二年「短信（KURZE NACHRICHTEN）」と題されていた欄は、一言で言えば全般的な学術文化情報欄であり、三年目から「知的公報（Intelligenzblatt）」が独立して発刊されるに伴い、これに吸収されることになる。それに取って代った「学芸情報（LITERARISCHE NACHRICHTEN）」欄も、狭義の「文芸」情報欄

表Ⅰ—４　ALZの月別書評総点数（1786年と1794年）

	1月	2月	3月	4月	5月	6月	7月	8月	9月	10月	11月	12月	合計
1786年	112	98	90	76	100	126	137	146	121	110	101	179	1396
1794年	176	180	167	167	150	132	157	181	132	108	109	134	1793

出典：本文中に示した資料にもとづく筆者の集計.

ではなく、幅広い文献全般と学術文化情報一般を提供するという役割を担っている。

（3）Intelligenzblatt について

一八世紀後半の大衆的総合雑誌の多くは、一種の学術・文化情報欄といえる Intelligenzblatt を備え、その充実を競っていた。「知的公報欄」とでも訳するしかないこの特別な紙面の性格を理解するために、J・キルヒナーに従いながらまずその成立過程を紹介しておこう。[40]

元来、それは一七二〇年代にさまざまな都市で市民の実用的要求を満たすため公報紙として成立した。すなわち職の斡旋情報や「この品、売りたし・買いたし」式の広告、また遺失物を尋ねたり、発見物を報せたり、時には家族の消息を伝えるような役目を果たす実用的情報提供紙として成立した。まず一七二二年にフランクフルト・アム・マインの市当局が、役所の活動の一環として『お尋ね・お知らせ情報(Frag-Anzeigungsnachrichten)』紙を導入する。数年後にはプロイセンで政府自らがこの類の情報紙の発行を企て、ベルリンで一七二七年に『ベルリン週刊お尋ね・お知らせ情報』が発行されると、プロイセンの他の都市もこの例にならった。ここには行政当局の指令や公報と並んで、先述した類の私的・実用的情報が広告された。現在ドイツ語辞書類に認められる「官報」とか「週刊広告紙」という訳語は、この時期の Intelligenzblatt の内実と性格に対応するものであり、一八世紀後半の多くの学芸雑誌に付設されていた同名欄の実態にはそぐわない。

学芸・文化情報紙としての性格への転換の第一歩は、ハレ大学の事務総長で『ハレ週刊報知』の編集に携わっていたルーデヴィヒ（Johann Peter von Ludewig 1668–1743）によって着手される。彼はこの行政情報紙、実用的情報紙としての「週報」に学術的報告を加味して、補完しようと企てた。ここに「官報」的性格、実用「広告紙」的性格にさらに「学芸情報紙」的性格が加わり、独特の複合的情報紙の原型が形成される。大衆啓蒙的色彩を色濃くもったこの特性は、五〇年代から六〇年代にかけてハノーファーやフランクフルト、そしてバイエルンなどの同類の「週報」に発展的に継承され、やがて最後の四半世紀にはより洗練された学芸・文化情報紙としての比重を強めながら、各種の学芸雑誌の中に取り込まれていく。ALZの「知的公報欄」にも、いくつかの点でこうした原型の性格の名残が認められる。

さて、ALZは当初は独立した「知的公報欄」も、その名称もまず、上述のごとく「本紙」の内部に付随的に設けられた「短信」欄や（三年目からは）「学芸情報」欄がその機能を果たしていた。「学芸情報」欄の一端はすでに見たので、ここでは創刊号の「短信」欄の内容を覗いてみる。

創刊号の「短信」欄は、「公的措置」の周知、「懸賞問題」公表、「小冊子」情報、「演劇」情報からなっているが、その他、日によって掲載される「死亡告示」、「(新刊) 予告」、「新譜」案内、絵画・彫刻などの「芸術」情報、「雑報」などから構成されている。この「短信」欄、「学芸情報」欄、そしてこれらを吸収・総合して四年目からは独立の紙面として発行される「知的公報欄」の上記のような内実からして、それがもはや「官報」でも「週刊広告紙」でもなく、学術・文化総合情報紙と呼ばねばならない理由も理解できるであろう。

さて一七八七年以降独立したALZの「知的公報欄」は、（図I—7）上述の諸項目をさらに細分化し、新たな小欄を設置して、情報の充実をはかっている。一七八七年一〇月、シュッツとベルトゥーフによって、「知的広報欄」の多様な任務が一六項目に限定された。この項目確定にしたがって、「新刊」や「新譜」の予告欄の他に、売りに出されている新作「銅版画」や「絵画」の報知、著作や芸術作品の「オークション」欄などが設置される。さらに驚くべきことに、そこには「鉱物、植物、昆虫、はく製鳥類などの標本コレクション」、「解剖学、博物学、化学にかかわる顕微鏡標本」の価格カタログの報知まで予定されている。「新刊予告」欄には、編集部が起草した原稿以外に出版社や時には著者自身からの予告広告が署名入りで載る。「オークション」欄にはしばしば膨大な点数の著作が、書名のアルファベット順（ときには版型毎）に分類して掲載される。

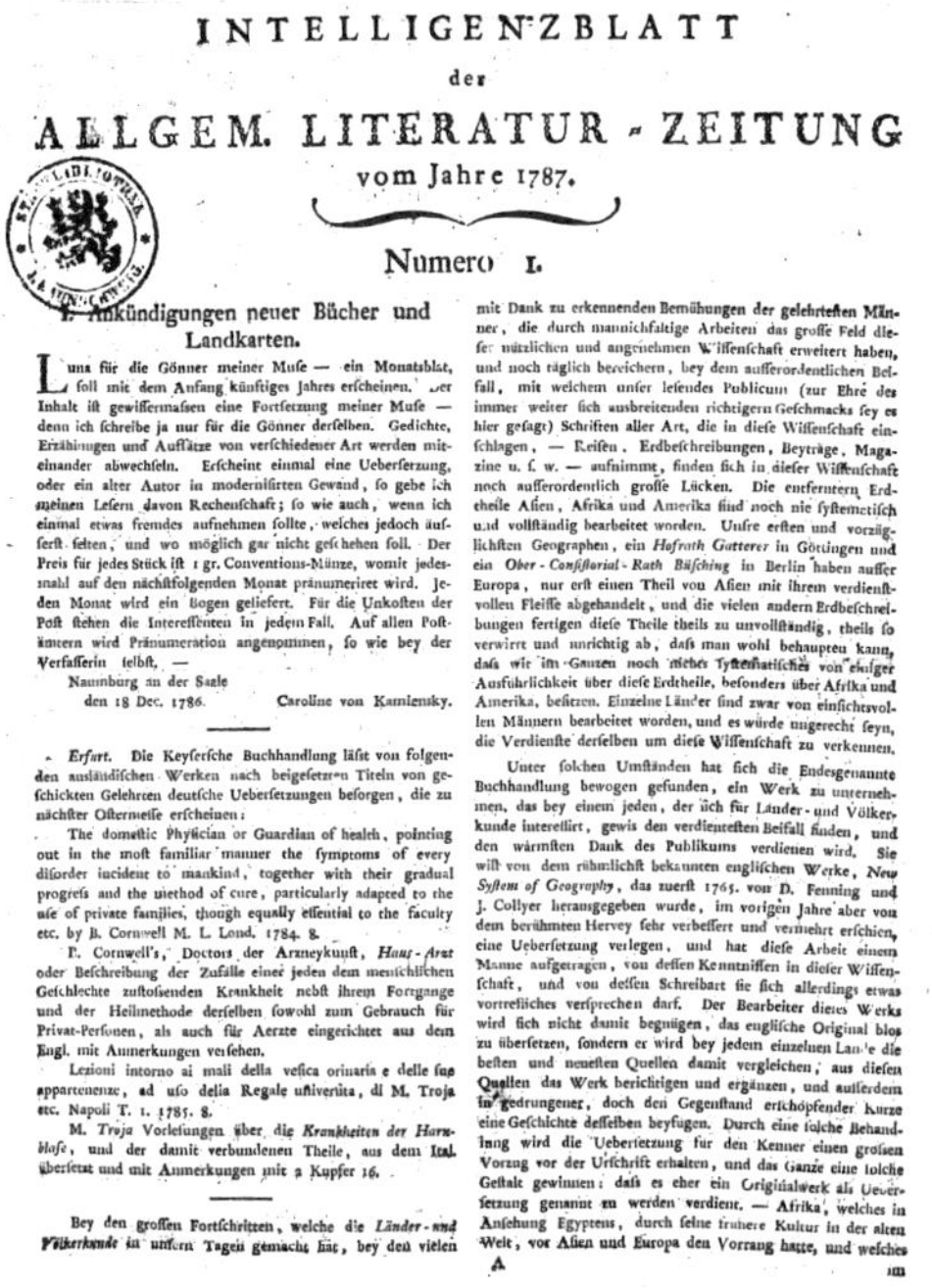
INTELLIGENZBLATT

der

ALLGEM. LITERATUR-ZEITUNG

vom Jahre 1787.

Numero I.

I. Ankündigungen neuer Bücher und Landkarten.

Luna für die Gönner meiner Muſe — ein Monatsblat, ſoll mit dem Anfang künftiges Jahres erſcheinen. Der Inhalt iſt gewiſſermaſsen eine Fortſetzung meiner Muſe — denn ich ſchreibe ja nur für die Gönner derſelben. Gedichte, Erzählungen und Aufſätze von verſchiedener Art werden miteinander abwechſeln. Erſcheint einmal eine Ueberſetzung, oder ein alter Autor in moderniſirten Gewand, ſo gebe ich meinen Leſern davon Rechenſchaft; ſo wie auch, wenn ich einmal etwas fremdes aufnehmen ſollte, welches jedoch äuſſerſt ſelten, und wo möglich gar nicht geſchehen ſoll. Der Preis für jedes Stück iſt 1 gr. Conventions-Münze, womit jedesmahl auf den nächſtfolgenden Monat pränumeriret wird. Jeden Monat wird ein Bogen geliefert. Für die Unkoſten der Poſt ſtehen die Intereſſenten in jedem Fall. Auf allen Poſtämtern wird Pränumeration angenommen, ſo wie bey der Verfaſſerin ſelbſt. —

Naumburg an der Saale
den 18 Dec. 1786.　　Caroline von Kamiensky.

Erfurt. Die Keyſerſche Buchhandlung läſst von folgenden ausländiſchen Werken nach beigeſetzten Titeln von geſchickten Gelehrten deutſche Ueberſetzungen beſorgen, die zu nächſter Oſtermeſſe erſcheinen:

The domeſtic Phyſician or Guardian of health, pointing out in the moſt familiar manner the ſymptoms of every diſorder incident to mankind, together with their gradual progreſs and the method of cure, particularly adapted to the uſe of private families, though equally eſſential to the faculty etc. by B. Cornwell M. L. Lond. 1784. 8.

B. Cornwell's, Doctors der Arzneykunſt, *Haus-Arzt* oder Beſchreibung der Zufälle einer jeden dem menſchlichen Geſchlechte zuſtoſsenden Krankheit nebſt ihrem Fortgange und der Heilmethode derſelben ſowohl zum Gebrauch für Privat-Perſonen, als auch für Aerzte eingerichtet aus dem Engl. mit Anmerkungen verſehen.

Lezioni intorno ai mali della veſica orinaria e delle ſue appartenenze, ad uſo della Regale univerſita, di M. Troja etc. Napoli T. 1. 1785. 8.

M. *Troja* Vorleſungen über die *Krankheiten der Harnblaſe*, und der damit verbundenen Theile, aus dem Ital. überſetzt und mit Anmerkungen mit 2 Kupfer 16.

Bey den groſſen Fortſchritten, welche die *Länder- und Völkerkunde* in unſern Tagen gemacht hat, bey den vielen mit Dank zu erkennenden Bemühungen der gelehrteſten Männer, die durch mannichfaltige Arbeiten das groſſe Feld dieſer nützlichen und angenehmen Wiſſenſchaft erweitert haben, und noch täglich bereichern, bey dem auſſerordentlichen Beifall, mit welchem unſer leſendes Publicum (zur Ehre des immer weiter ſich ausbreitenden richtigern Geſchmacks ſey es hier geſagt) Schriften aller Art, die in dieſe Wiſſenſchaft einſchlagen, — Reiſen, Erdbeſchreibungen, Beyträge, Magazine u. ſ. w. — aufnimmt, finden ſich in dieſer Wiſſenſchaft noch auſſerordentlich groſſe Lücken. Die entferntern Erdtheile Aſien, Afrika und Amerika ſind noch nie ſyſtematiſch und vollſtändig bearbeitet worden. Unſre erſten und vorzüglichſten Geographen, ein *Hofrath Gatterer* in Göttingen und ein *Ober-Conſiſtorial-Rath Büſching* in Berlin haben auſſer Europa, nur erſt einen Theil von Aſien mit ihrem verdienſtvollen Fleiſſe abgehandelt, und die vielen andern Erdbeſchreibungen fertigen dieſe Theile theils zu unvollſtändig, theils ſo verwirrt und unrichtig ab, daſs man wohl behaupten kann, daſs wir im Ganzen noch nichts ſyſtematiſches von einiger Ausführlichkeit über dieſe Erdtheile, beſonders über Afrika und Amerika, beſitzen. Einzelne Länder ſind zwar von einſichtsvollen Männern bearbeitet worden, und es würde ungerecht ſeyn, die Verdienſte derſelben um dieſe Wiſſenſchaft zu verkennen.

Unter ſolchen Umſtänden hat ſich die Endesgenannte Buchhandlung bewogen gefunden, ein Werk zu unternehmen, das bey einem jeden, der ſich für Länder- und Völkerkunde intereſſirt, gewis den verdienteſten Beifall finden, und den wärmſten Dank des Publikums verdienen wird. Sie will von dem rühmlichſt bekannten engliſchen Werke, *New Syſtem of Geography*, das zuerſt 1765. von D. Fenning und J. Collyer herausgegeben wurde, im vorigen Jahre aber von dem berühmten Hervey ſehr verbeſſert und vermehrt erſchien, eine Ueberſetzung verlegen, und hat dieſe Arbeit einem Manne aufgetragen, von deſſen Kenntniſſen in dieſer Wiſſenſchaft, und von deſſen Schreibart ſie ſich allerdings etwas vortrefliches verſprechen darf. Der Bearbeiter dieſes Werks wird ſich nicht damit begnügen, das engliſche Original blos zu überſetzen, ſondern er wird bey jedem einzelnen Lande die beſten und neueſten Quellen damit vergleichen, aus dieſen Quellen das Werk berichtigen und ergänzen, und auſſerdem in gedrungener, doch den Gegenſtand erſchöpfender Kurze eine Geſchichte deſſelben beyfügen. Durch eine ſolche Behandlung wird die Ueberſetzung für den Kenner einen groſsen Vorzug vor der Urſchrift erhalten, und das Ganze eine ſolche Geſtalt gewinnen: daſs es eher ein Originalwerk als Ueberſetzung genannt zu werden verdient. — Afrika, welches in Anſehung Egyptens, durch ſeine frühere Kultur in der alten Welt, vor Aſien und Europa den Vorrang hatte, und welches

A　　im

図I―7　「知的公報欄」創刊号

　これらの他にさらに、「反批判（Anti-kritik）」や「釈明（Erklärung）」の欄も新設された。これは、ALZや他の批評誌で自著を批判された著者が反論したり、これに書評者が応答、反批判したりする機会を提供する欄である。この欄は、九〇年頃から、哲学的立場に関する重要な諸論争の舞台となり、初期ドイツ観念論史にその名が記憶されている。(41) 編集部は、上記のような予告、報知すべてに対し、これを「広告」とみなし、ちゃっかりと「広告料金」を徴収することも決めている。すなわち「ラテン文字体八ポイントで一行ごとに八ペーニッヒ」、だから「一二行の広告には一度印刷するごとに八グロッシェン、三六行の広告には一ターレルの費用」を広告主から徴収することも公表している。(42)

　では、学術・文化総合情報欄としての「知的広報欄」では、年間を通してどのような種類の情報が、どれくらいの分量提供されていたのであろうか。それを推し量るには、創刊一〇年目の一七九四年の「知的公報欄」の各月ごとの「月刊索引」に記載された次のような数値が参考になる（表I―5参照）。

　A．は、新刊等の「予告」欄を表す。数値はそこに挙示された著作等の点数である。この欄には毎号、非常に多くの新刊書、新しい定期刊行物が紹介されている。とりわけ、九〇年代後半からは、しばしば海外の膨大な数の新刊書が国ごとに（イギリス、オランダ、スペイン、イタリア、フランス等々）紹介されるようになる。B．は、個人のさまざまな「昇進」、「栄誉」、「顕彰」の類の通報である。P．は、「懸賞問題や賞の授与」報知欄、T．は「死亡告示」欄である。U．は一七九一年以降設置された「大学時報（Chronik deutscher Universitäten）」と題された諸大学情報欄である。この欄には興味深いデータが示されて

表Ⅰ—5　「知的広報欄」（1794 年）の月別・種類別記事の点数

	1月	2月	3月	4月	5月	6月	7月	8月	9月	10月	11月	12月	合計
A.	64	74	82	106	47	58	123	93	92	54	96	101	990
B.	15	31	34	13	18	5	27	31	42	25	13	17	271
P.	2	2	0	1	0	3	2	1	0	2	0	2	15
T.	2	8	8	6	8	3	8	11	2	4	3	8	71
U.	3	6	5	4	5	2	6	7	8	7	1	3	54
V.	39	33	51	54	29	35	66	53	45	33	47	44	529

出典：本文中に示した資料をもとに筆者が集計.

いる。大学ごとに、博士学位授与者名と論文名が挙げられているだけでなく、イェーナ大学を中心に各年度の学生数の統計的数値が紹介され、またイェーナの各学期の講義予告が簡略化されたかたちで掲載されている。以下の「幕間Ⅱ」で示す「イェーナの学生数」の推移や、巻末の資料「**哲学関連講義予告一覧**」はこの欄の情報に拠っている。その他の情報報知や狭義の「雑報」がV. に入る。かくして、この欄には、実に雑多な種類の文化・学術情報が詰め込まれているのである。

「知的公報欄」は一七八七年に独立の紙面として発行されてからも、最初の二年間は書評「本紙」の付属物的地位にあり、それゆえこの期間は発行の日付も打たれていない。しかし一七八九年からは号数も一気に増大し、日付入りの紙面がほぼ水曜日、土曜日毎に出るようになる。この年から紙面も改善され、「学芸情報」と「学芸（文献）予告」の二部門の下に、上記のような諸欄が細分化されて配置される体裁になる。九〇年代末からは号数がさらに増加し、一八〇一年には年間二五〇号にも達する。こうしてALZ全体は、学術ジャンル網羅的な書評紙（本紙）と幅広い学術・文化情報紙（Intelligenzblatt）の二本立てで成り立っており、後者もまた他の定期刊行物の同類の欄を量的にも、質的にも圧倒し、ALZの権威と名声の確立に多大な寄与をしたのである。

（4）配送、その他

ALZは日曜日を除き毎日発行された。そしてそれは「イェーナとその周辺部で郵便配達を介して受け取る予約講読者には、毎日きっちり届けられた」(43)。他の地方では週毎に入手可能であった。講読料はイェーナでは年間六ターレル、それ以外の地域では八ターレルと定められた。創刊号に付された同紙「発送部」の「お知らせ」には、ドイツ諸国の主要郵便局のみならず、ウィーンやプラハの郵便局でも「半年四ターレル、年間八ターレルの前払い予約」で同紙が入手できる体制が取られていること、「それゆえ予約講読者はドイツ全土で、年間八ターレルの郵便料金前払いで毎週ALZを入手できる」ことが謳われている。そのほか、主な書店では月毎に（あるいは三カ月分毎に）まとめて製本された「雑誌の体裁で」講読することも可能であった(44)。

当初六〇〇部でスタートした同紙の発行部数は、一年で一一〇〇部に急上昇し、一七八七年には二〇〇〇部、一七九五年には二四〇〇部に達した。それに平行して寄稿者（書評の執筆者）の数も膨れ上がっていった。創刊前の八月、シュッツは「すべての部門での最も優れた学者がすでに五〇名」がALZに参集しているとカントに報告していたが(45)、その三年後にはシラーが友人ケルナーにこう報告している。「この新聞には約一二〇人の文筆家たちが寄稿しており、彼らのようなドイツでも第一級の人物たちがここで収入を得ている。シュッツとベルトゥーフは同紙からそれぞれ二五〇〇ターレルの収入を得ており、寄稿者には一ボーゲンあたり一五ターレルの原稿料が支払われている」[46]。その後も寄稿者の数は増大の一途をたどった。

一七九〇年の末、編集部は創刊以降の六年間の活動を総括した次のような中間報告を載せている[47]。それによれば、創刊以来の「正規の寄稿者」は合計三一九名を数え、その内訳は大学教授一一七名、さまざまな地位にある著名な民間人六七名、ギムナジウムの教授二九名、アカデミーの会員・有名な俳優・劇作家など二三名、等々。これに加えて、今年さらに三〇名の新たな寄稿者が加わったので、「寄稿者の総数は物故者も含め、三四九名である」。彼らはドイツ帝国の諸領域は勿論、「デンマーク、スウェーデン、プロイセン、ハンガリー、イタリア、スイス、オランダ」に居住する者もいる。「大学に関していえば」、寄稿者は二五のドイツの大学と四つの外国の大学にまたがっている。これを読むと、同紙はまさにドイツの知性を総結集していたかの観がある。

さらに、この報告は同紙の成功を誇るかのように、その六年間の諸成果を次のように列記している。「ＡＬＺはすべての批評雑誌のうちで最も読まれており、ドイツのすべての領国のみならず、リスボン、マドリッド、ロンドン、オックスフォード、エディンバラ、アムステルダム、コペンハーゲン、ストックホルム、ペテルスブルク、ワルシャワ…〔中略〕…いやそればかりかノースカロライナやメキシコ、東インドでも読まれている。そしてＡＬＺの多くの記事は、オランダやイギリス、フランスの外国の雑誌に翻訳されたり、引用されたりしている。またその書評は多くの文芸作品で引き合いに出されている。そして予約講読者数は年々増加してきている」。

確かにこの時期、ＡＬＺは書評の質と量において、また学術文化情報全般の提供の質と量において、そして国際性の点でも、他誌の追随を許さない圧倒的な地位と影響力を確保したのである。

注

（1）Wolfgang von Ungern-Sternberg, Schriftsteller und literalischer Markt, in: *Hansers Sozialgeschichte der deutschen Literatur vom 16. Jahrhundert bis zur Gegenwart*, hrsg. v. Rolf Grimminger. Bd. 3. München/Wien 1980, 133.

（2）Giesela Schwart, *Literarisches Leben und Sozialstrukturen um 1800*, Frankfurt a. M. 1991, 15.

（3）Wolfgang von Ungern-Sternberg, op. cit., 134.

（4）この統計数値は、ＡＬＺ一七九四年六月二五日付けの第六四号（Intelligenzblatt）に掲載されている。なお、この表作成の基になになった、年度毎のより詳しい一覧表は、ＡＬＺの以下の各号に掲載されている。1785：Nr. 89, 235./1786：Nr. 108, 249./1787：Nr. 118, 243b./1788：Nr. 105, 260a./1789：Nr. 66（IB）, 333./1790：Nr. 61（IB）, 151（IB）./1791：Nr. 86（IB）, 143（IB）./1792：Nr. 77（IB）, 138（IB）./1793：Nr. 70（IB）, 112（IB）.

（5）Vgl. Wolfgang von Ungern-Sternberg, op. cit., 134.

（6）Vgl. ibid., 135. その報告によれば、春の見本市の目録登載総数に占める美学・芸術関連文献の割合は、一七四〇年、一七七〇年、一八〇〇年の時点で順に、五・八％、一六・五％、二一・五％と上昇しているのに対して、神学関連文献は三八・五％、二四・八％、一三・五％と著しく減少している。

（7）Giesela Schwart, op. cit., 16.

（8）ラインハルト・ヴィットマン「十八世紀に読書革命は起こったか」（ロジェ・シャルティエ／グリエルモ・カヴァッロ編　田村他訳『読むことの歴

史——ヨーロッパ読書史』大修館書店　二〇〇〇年）四一三—四一四頁参照。

（9）同上書　四四二頁。

（10）Jürgen Wilke, *Literarische Zeitschriften des 18. Jahrhunderts*（*1688-1789*）, *Teil I*, Stuttgart 1978, 104f.

（11）ibid., 103.

（12）Giesela Schwart, op. cit., 17.

（13）Reiner Wild, Stadtkultur, Bildungswesen und Aufklärungsgesellschaften, in: *Hansers Sozialgeschichte der deutschen Literatur vom 16. Jahrhundert bis zur Gegenwart*, hrsg. v. Rolf Grimminger. Bd. 3, München/Wien 1980, 122.

（14）ラインハルト・ヴィットマン「十八世紀に読書革命は起こったか」四四二頁以下を参照。

（15）Vgl. Jürgen Wilke, op. cit., Teil I, 108.

（16）Vgl. Jürgen Wilke, *Literarische Zeitschriften des 18. Jahrhunderts*（*1688-1789*）, *Teil II*, Stuttgart 1978, 2ff. u. 61ff. 後者の代表雑誌が、『文芸美術文庫』（ニコライ・メンデルスゾーン編集、不定期刊一七五七—六五年）や『最新文芸に関する書簡（*Briefe, die neueste Literatur betreffend*）』（レッシング・メンデルスゾーン・ニコライ編集、週刊一七五九—六五年）である。

（17）Jürgen Wilke, *Literarische Zeitschriften des 18. Jahrhunderts*（*1688-1789*）, Teil II, Stuttgart 1978, 130.

（18）Vgl. Ute Schneider, *Friedrich Nicolais Allgemeine Deutsche Bibliothek als Integrationsmedium der Gelehrtenrepublik*, Wiesbaden 1995, 318.

（19）Joachim Kirchner, *Das deutschen Zeitschriftenwesen. Seine Geschichte und seine Probleme*, Teil 1, 2. Aufl., Wiesbaden 1958, 29.

（20）Vgl. Jürgen Wilke, op. cit., *Teil II*, 112.

（21）ibid., 113.

（22）ibid., 116.

（23）Andreas Wistoff, *Die deutsche Romantik in der öffentlichen Literaturkritik*, Bonn u. Berlin 1992, 24.

（24）Joachim Kirchner, op. cit., 121.

（25）一七八〇年代に発行されていた主な「学術報知」「学術新聞」を、創刊（改題を経ているものは改題時点）順に挙げれば以下のようになる。

『ゲッチンゲン学術報知（*Göttingische Anzeigen von gelehrte Sachen*）』（1753-1801）。

『イェーナ学術新聞（*Jenarische gelehrte Zeitungen*）』（1765-86）。

『ハレ新学術新聞（*Hallische Neue Gelehrte Zeitungen*）』（1766-92）。

『フランクフルト学術報知（*Frankfurter gelehrte Anzeigen*）』（1772-90）。

『アナトリア学術メルクール（*Altonarischer Gelehrter Mercurius*）』（1773-86）。

『ゴータ学術新聞（*Gothaische gelehrte Zeitungen*）』（1774-1804）。

『ニュルンベルク学術新聞（*Nürnbergische gelehrte Zeitung*）』（1777-1800）。

『エアフルト学術新聞（*Erfurtische gelehrte Zeitung*）』（1780-96）。

『テュービンゲン学術報知（*Tübingische gelehrte Anzeigen*）』（1783-1807）。

『南ドイツ一般学芸新聞（*Oberdeutsche allgemeine Literatur-Zeitung*）』（1788-1808）。

（26）この表は、Herald Fischer（Erlangen 1993）のマイクロフィッシュ版に基づいて筆者自身が作成した。

（27）*Der Teutsche Merkur*. Des ersten Band Erstes Stück, Weimar 1773, Vorrede des Herausgebers, VI.

（28）ibid., XVI.

（29）ibid., VIIf.

（30）Vgl. Thomas C. Starnes, *Der Teutsche Merkur. Ein Repertorium*, Sigmaringen 1994. 97-312.

（31）実際、M・ヴィーラントは連載形式で出版されたドイツ最初の小説といわれる「アプデラの人々、おおいにありそうな物語」の連載を、一七七四年の「第一号」（創刊時から通算して「第五巻」と表記されている）から開始し、同巻「第二号」、「第七巻」の「第一号」の続編後、しばらく間をおいて一七七八年の「七月号」から連続五回、そしてその「最終章」を一七八〇年の「八月号」に発表している。一七七五年の「一月号」からは「哲学者 Danischmende の物語」を九回にわたって連載し、さらに一七八〇年の一～三月号は一冊に合冊されて、全頁彼の「オベーロン」（頁付けなし）に充てられている。

(32) Joachim Kirchner, op. cit., 52.

(33) W. H. Bruford, *Cultur and Society in Weimar 1775-1806*, Cambridge 1962, 294.

(34) ニコライは一七六五～九二/九三年の間と、一八〇〇年以降はこの書評誌を自分の出版社から発行した。しかし一七九二年からは検閲上の理由から、それをハンブルクの出版業者C・E・ボーン（Carl Ernst Bohn）に委託し、ボーンは一七九三年以降それを『新ドイツ百科叢書』として刊行した。この時期にもニコライは編集者として同誌に対する影響力をなお行使していた。

(35) Vgl. Ute Schneider, op. cit., 359. 邦語文献ではこの書評誌の書誌的資料についてもっとも詳細なのは、戸叶勝也『ドイツ啓蒙主義の巨人――フリードリッヒ・ニコライ』（朝文社　二〇〇一年）である。同書の「資料編」には著者の実物検証に基づく、各巻各号の発行年と頁数と、五年ごとの代表的な号の内容概観が邦訳されて示されており（三六二―三七九頁）、実態を窺い知るに有益である。

(36) 戸叶勝也、前掲書、九一頁以下参照。

(37) Vgl. Ute Schneider, op. cit., 11.

(38) ibid., 360f. ちなみに、その二四の分野は、「神学」「法学」「医学」「哲学」「美学」「芸術学」「芸術学（音楽）」「小説」「数学」「文献学・批判・古典古代学」「自然学・博物学・化学・鉱物学」「学術的歴史学」「歴史・古文書学」「地理学」「教育書」「ドイツ語」「戦争学」「財政学」「貨幣鋳造学」「商業」「家政術・造園術」「混成分野」である。

(39) Vgl. ibid., 153.

(40) 以下の叙述は、Joachim Kirchner, op. cit., 78f. u. 126 に負っている。

(41) 例えば、一七八九年にはラインホルトがこの欄にエーベルハルトの批判に対する反批判を書き（八七号）、また自著『人間の表象能力の新理論試論』の書評への「釈明」を載せる（一三七号）。一七九二年にフィヒテの「啓示批判論文」を編集者フーフェラントがカントのものと断定、公表し（八二号）、カント自らが著者はフィヒテであることを告示する訂正文を載せる（一〇二号）という有名な事件がおきるのも、この欄である。一七九三年晩秋に掲載されたフィヒテの「クロイツァー書評」に端を発し、三年以上にわたって執拗に続けられた「シュミート―フィヒテ論争」でも、両者は最初この「知的広報欄」を使って応酬を繰り返した（本書第七章第三節参照）。

さらに一七九九年のこの欄の「釈明（Erklärung）」の項には、哲学思想の時代的転換を象徴するような重要な記事が次々に掲載された。まず、同年八月二五日のＩＢ一〇九号に、カントは自分の批判哲学が「単に超越論哲学の予備学にすぎず、この哲学の体系自身ではない」という、フィヒテ―シェリング的見解に反論し、「知識学」を「まったく根拠のない体系」「単なる論理学にすぎない」という批判を公表する。これを受けて、九月二八日のＩＢ一二二号では、シェリングがフィヒテの書状を援用して、カントに反論する（第一一章第一節参照）。

同年一一月二三日のＩＢ一四五号には、依然として「旧い」カント哲学に固執し続けているＡＬＺ編集部（シュッツとフーフェラント）の編集方針に業を煮やしたＷ・シュレーゲルが、編集部との別離・絶縁声明をこの欄で公表する。他方、その直前、シェリングは自著『自然哲学の考案』に対するＡＬＺの書評にクレームをつけ（ＩＢ一四二号）、これを契機にこの欄でのシェリングの攻撃と編集部の反論の応酬は、翌一八〇〇年の夏まで続くのである（一八〇〇年ＩＢ五六号、ＩＢ五七号、ＩＢ六二号、ＩＢ七七号、ＩＢ一〇四号、ＩＢ一一七号）。以上の諸対立の詳細は、本書第一一章第二節、第三節を参照。

（42）Vgl. Margarete Mildenberger, Bertuch und "Allgemeine Literatur-Zeitung". Zu den Briefen von Christian Gottfried Schütz im Weimar Bertuch-Nachlaß, in: Gerhard Kaiser/Siegfried Seifert（hrsg.）, *Friedrich Justin Bertuch (1747-1822). Verleger, Schriftsteller und Unternehmer*, Tübingen 2000, 520f.

（43）Siegfried Seifert, "Eine vollständige Uebersicht der Kantischen Grundsätze" ――Die Jenaer "Allgemeine Literatur-Zeitung" und ihre Beitrag zur Kritik in einer Zeit des Umbruchs und Aufbruchs. In: Friedrich Strack (Hrsg.), *Evolution des Geistes :Jena um 1800*, Stuttgart 1994, 278.

（44）カント全集アカデミー版での書簡への注釈記事にも、「A.L.Z.の七月号」などという本来は不適切な表記が認められ（*KA* XIII, 147）、またおそらくこれらの注釈記事を典拠として邦語文献でも、本紙が「月刊誌」であったかのような誤解をまねくような表記、例えば『一般学芸新聞』の「一七八五年一月号」「四月号」「一一月号」などという表記（理想社版『カント全集　第十七巻』二六九頁、二七二頁）が散見されるが、アカデミー版全集のそのような表記は、本文に記したような公刊事情――一旦日刊で発行された紙面を後に「月刊誌」の体裁に仕立て直して販売したという事情――に由来していると想定される。

（45）*KA* X, 396.

（46）*NA* XXIV, 147.

（47）*ALZ*, 31.Decem. 1790. Intelligenzblatt, Nr. 174.

第二章　初期カント学派によるロック主義、ヴォルフ主義との対決（一七八八〜九〇年）

カント批判哲学が一七八〇年代初頭に産声をあげたとき、それはほとんど注目されることはなく、沈黙と曲解にさらされてきた（第一章第一節参照）。そのような状況に転換が訪れるのは八〇年代中頃であり、この転換に大いに寄与したのが『一般学芸新聞』の創刊という出来事であった。創刊当初からこの書評紙の「哲学欄」がいかに強力なカント・プロパガンダを展開し批判哲学の浸透に寄与したか、またその際、同紙の編集長、イェーナの古典文献学者シュッツがいかに重要な役割を果たしたか、等についてもすでに見てきた（第一章第二節以下参照）。前章を承けて、以下では経験論と伝統的合理論の両陣営からの批判哲学に対する攻撃がピークに達する一七八八〜九〇年の時期に焦点をあてて、この両陣営と批判哲学の側が、それぞれの機関誌と目されていた書評・批評誌や哲学雑誌を舞台にどのような論戦を繰り広げたのかを少し詳しく見てみよう。

第一節　思想・哲学戦線の人物配置と論争のメディア

批判哲学の急速な影響力の拡大とこれに対抗せんとした勢力との角逐の具体的様相を明らかにしようとするとき、第一に、それぞれに特色をもった大学を基盤に形成されていた理論・思想家集団の配置関係を考慮しなければならず、第二に、彼らが利用したさまざまなメディア、とくに書評・批評誌という形態の定期刊行物の果たした役割を理解しなければならない[1]。

第一の点に関して言えば、当時ドイツでもっとも進歩的で名望のあった新設大学、ゲッチンゲン大学（一七三七年創立）を拠点に、ロック的な経験論の影響の色濃い、いわゆる「通俗哲学者」の集団が形成され力を得ていた。ゲッチンゲンの哲学教授フェーダーを中心にしたこのグループには、いわゆる「ガルヴェ事件」の張本人ガルヴェ、フェーダーの弟子のマイネルス（Christoph Meiners 1747-1810）、カールスルーエの哲学教授ティテル、ベルリンの医師でベルリン・アカデミー会員のゼレ（Christian Gottlieb Selle 1748-1800）、それにラディカル啓蒙主義的秘密結社・啓明会の創始者として有名なヴァイスハウプト（Adam Weishaupt 1748-1830）などが数え入れられる。彼らはそれぞれ、八〇年代後半に経験主義的立場から反カント・モノグラフを公にし、強力な反カント陣営を形成していた。

他方、ライプニッツ―ヴォルフ学派の牙城、プロイセンのハレ大学（一六四九年創立）を中心に当地の哲学教授エーベルハルト（Johann August Eberhard 1739-1809）を総帥に、同じくハレのマース（Johann Gebhard Maaß 1766-1823）、シュトゥツガルトのシュヴァープ（Johann

Christof Schwab 1743–1821)、それにテュービンゲンの神学教授フラット（Johann Friedrich Flatt 1759–1821）らの伝統的合理主義者のネットワークが形成されており、彼らも連携しながらカント批判の論陣を張っていた。さらに、ベルリンではエーベルハルトの友人であり上記両グループと非常に密接な人脈的結合を保持していたF・ニコライによって、一七六五年以降もっと大規模な書評専門誌『ドイツ百科叢書』が発行されていたが、この「哲学欄」もはっきり反カント的立場をとり、数々の反カント批評を掲載していた。[2]

つまり、八〇年代中頃にはゲッチンゲンの経験主義的潮流、ハレの合理論的潮流、そしてベルリンの硬直した啓蒙主義がこぞって反カントの姿勢を鮮明にするなかで、批判哲学はこれらとの対決を通してドイツ思想界における支配的影響力を獲得していったのである。

この時期カント陣営の中心にいたのは、ケーニッヒスベルクのシュルツ、イェーナ大学のシュッツとラインホルトであり、また陣営の枠をもう少し広げるならば、ハノーファーの宮廷官僚レーベルク（August Wilhelm Rehberg 1753–1836）、エアランゲン大学のアビヒト（Johann Heinrich Abicht 1762–1816）、ライプツィヒ大学のボルン（Friedrich Gottlob Born 1743– 1807）とハイデンライヒ（Karl Heinrich Heydenreich 1764–1801）、ハレ大学のヤーコプ（Ludwig Heinrich Jakob 1759–1827）などもこの陣営に数え入れることができる。彼らが反撃の拠点としたのが、当時「二〇〇〇部以上の予約販売数」を誇り「およそ四万人の読者」を得て、ニコライの批評誌やゲッチンゲンの書評誌を圧倒しつつあった『一般学芸新聞』である。

次に、こうした諸潮流の批判的対決・論争のメディアとして注目すべきなのが、――これもすでに紹介した（幕間Ⅰ参照）ように――『ドイツ百科叢書』や『一般学芸新聞』のような大規模な全国的書評専門誌のほかに、「学術新聞」とか「学術報知」とか題された、一八世紀後半のドイツ思想界に特有の定期刊行物である。各地方の大学の学者集団を常連寄稿者とし、したがって地方誌的性格を色濃くもっていたこれらの定期刊行物も、新刊書の紹介や批評を主要な任務としており、おおむね半ボーゲンすなわち通常の八つ折り版八ページ分を一号分として、通例週二〜三回発行されていた。他のジャンルの場合と同様に哲学の分野の新刊書の評判、評価に関しても、これらの学術的定期刊行物が果たした役割は極めて大きかった。上に述べたような諸潮流がそれぞれの「新聞」や「報知」を自分たちの機関誌のように利用しあっていた結果、各「学術新聞」はそれぞれの哲学的党派の準機関誌と化し、カント批判哲学に対する各紙のスタンスも自ずと明確になっていた。例えば、数多くの「学術新聞」のなかでも当時もっとも権威のあった『ゲッチンゲン学術報知』や『ハレ新学術新聞』の他に『ニュルンベルク学術新聞』や『テュービンゲン学術報知』が概ね反カント的であったのに対して、『ゴータ学術新聞』や『上部ドイツ（Oberdeutsche）一般学芸新聞』（ザルツブルク）は比較的親カント的であった[3]（図2―1、図2―2）。

これらの各誌のなかでも量、質両面において群を抜き、もっとも定評のあったのが『ゲッチンゲン学術報知』である（幕間Ⅰの4参照）。ちなみに、ニコライの書評専門誌の強力な支援者でありかつ『ゲッチンゲン学術報知』の編集者であった、当代随一の古典文献学者ハイネ（Chrisrian Gottlob Heine 1729–1812）は生涯を通して、古典語関連著作や歴史関連文献などを中心に実に七〇〇〇〜八〇〇〇点の書評を同誌に起草していたことが確かめられている。[4] また同じくニコライの協力者で、ゲッチンゲンの有名な数学者ケストナー（Abraham Gotthelf Kästner 1719-1800）も――彼は、後述するエーベルハルトの反カント的『哲学雑誌（*Philosophishes Magazin*）』にも数学の専門論文を寄稿しているのだが――ゲッチンゲンの批評誌に三五〇〇点もの自然科学関連書評を書き、ニコライの書評誌にも五〇〇点以上の書評を寄稿した[5]。これらの驚くべき数値は、ベルリンとイェーナの批評・書評紙だけでなくゲッチンゲンのそれもまた、現代のわれわれの想像をはるかに超えた膨大な紙幅を書評に割いていたことをわれわれに教えている。

　さて、これらの反カント的諸潮流のカント攻撃が頂点に達するのが一七八八年である。「一七八八年はカント哲学の歴史において新しい局面をしるすことになる。…〔中略〕…この年は反動の年であり、精力的な反カント・キャンペーンの開始の年であった。奇妙なことに、あたかも計ったかのように反カント勢力のすべてが同じ年に組織化を開始した。一七八八年は、フェーダーとマイネルスがロック主義者の代弁誌たる彼らの『哲学叢書（*Philosophische Bibliothek*）』を創刊した年である（図2―3）。しかしまた、それはエーベルハルトがヴォルフ主義者の機関誌たる彼の『哲学雑誌』を始めた年でもある（図2―4）。この両雑誌が公言した目的は、増大しつつあった批判哲学の影響力と闘うことであった。同じ年に現われた両誌はカントに対する重大な挑戦を体現し、カントは両面での闘いに直面した[6]」。

　一七八七～八八年の二年間だけで、経験論者たちはカント批判に割かれた一〇冊以上の著作を公刊しており、伝統的合理主義者の反カント・モノグラフも一七八八年に集中している。こうしたカント総攻撃に対して、一七八九年四月九日、ラインホルトはカントに宛て「読者はエーベルハルト、ヴァイスハウプト、フラットらの剣技の前で本当に尻込みするようになり、事柄そのものが厭うべき悪評を受け、その

図２―１　『テュービンゲン学術報知』1786年表紙

図２―２　『ゴータ学術新聞』1782年表紙

Philosophische
Bibliothek
von
J. G. H. Feder
und
Chr. Meiners.
Erster Band.
Göttingen,
bey Johann Christian Dieterich
1788.

図2―3　『哲学叢書』創刊号表紙

Philosophisches
Magazin.
Herausgegeben
von
Johann August Eberhard.
Erster Band.
HALLE,
bey Johann Jacob Gebauer.
1789.

図2―4　『哲学雑誌』創刊号表紙

結果、欠くことのできぬ哲学の改革が遅らされる」(7)ことになりかねないとの危惧を表明している。

『一般学芸新聞』はカント派の機関誌として、これら両潮流の反カント単行書ほとんどすべてを取り上げ、書評というかたちで批判の論陣を張ることになる。また『哲学雑誌』に対しては、一七八九年、九〇年に第一巻と第二巻の八分冊分すべてを取り上げ、その反カント的主張を論駁している。とくに一七八九年の第一七四―一七六号ではラインホルトが三号ぶちぬきで、九〇年の二八一―二八四号ではシュルツが四号分を使って反論を展開している。また『哲学叢書』に対しても、九〇年と九一年に第一巻から第三巻までの各号を批評することになる。

一七八八～九〇年の三年間に『一般学芸新聞』の「哲学欄(8)」が論評したカント哲学関連著作にかぎって、ここで書評一覧表を示せば以下のごとくである。それぞれのより詳細な書誌的データは巻末の「**主要書評一覧**」を参照されたい。以下、（ ）内の数値は発行月／日、〈 〉内の数値は号数、【 】内の数値は欄（Spalte）の数を表している。〇は経験論者、●は伝統的合理論者、◎は親カント派に分類できる。

一七八八年

(1/5)〈5b〉 ●エーベルハルト『一般哲学史、大学での講義用』【49-52】

(1/28)〈24〉 〇フェーダー『空間と因果性について、カント哲学の吟味』【249-254】

(3/11)〈61〉○ガルヴェ訳注・補遺『ペイリーの道徳と政治の原則』【658-660】
(3/28)〈76〉○フェーダー『人間の意志に関する研究』【817-824】
(4/25)〈100〉●ウルリッヒ『自由論、あるいは自由と必然について』【177-184】
(6/19)〈147〉◎レーベルク『宗教に対する形而上学の関係について』【617-621】
(6/26)〈153b〉◎レーベルク『宗教に対する形而上学の関係について』【689-696】
(7/2)〈158a〉○ヴァイスハウプト『時間と空間のカント的概念についての疑念』【9-16】
(7/21)〈174〉○フェーダー『論理学および形而上学教程』【195-197】
(7/30)〈182a〉○ヴァイスハウプト『人類の完成の歴史』【281-285】
(8/6)〈188a〉◎カント『実践理性批判』【345-352】
(8/6)〈188b〉同上、続き【353-360】
(8/30)〈209a〉○ティテル『理論哲学、実践哲学の解明、形而上学』改定増補版【571-573】
(9/3)〈212b〉○ゼレ『純粋哲学の諸原則』【609-616】
(10/21)〈253〉◎シュミート『純粋理性批判要綱』改定第二版【219-220】

一七八九年

(1/3)〈3〉●フラット『因果性概念の規定と演繹および自然神学の基礎づけのための断章、カント哲学との関係において』【18-22】
(1/10)〈10〉○ティテル『カントの思惟形式、すなわちカテゴリー』【73-76】
(1/10)〈10〉●エーベルハルト『哲学雑誌』第一巻第一号【77-80】
(1/15)〈15〉○ヴァイスハウプト『唯物論と観念論について』改定第二版【115】
(3/22)〈90〉●エーベルハルト『哲学雑誌』第一巻第二号【713-716】
(6/5)〈168〉○ヴァイスハウプト『人間の認識の根拠と確実性について、カントの純粋理性批判の吟味のために』【529-534】
(6/5)〈168〉○ヴァイスハウプト『カントの直観と現象について』【529-534】
(6/11)〈174〉●エーベルハルト『哲学雑誌』第一巻第三・第四号【577-584】
(6/12)〈175〉同上、続き【585-592】
(6/13)〈176〉同上、続き【593-597】
(6/17)〈180〉○シュタットラー『反カント』【625-632】
(6/28)〈186〉◎ラインホルト『カント哲学のこれまでの運命について』【673-676】
(6/27)〈190〉ボルントレーガー『神の存在について、カント哲学とメンデルスゾーン哲学の関係から見て』【705-709】

(8/24)〈261〉◎カント『自然科学の形而上学的原理』初版と第二版【537-544】
(8/25)〈262〉同上、続き【545-552】
(9/2)〈274〉◎シュミート『カントの著作の簡便な利用のための用語集』増補第二版【646-647】
(9/29)〈303〉◎アビヒト『意志の事柄に関する批判的研究の試論』【873-877】
(9/29)〈303〉◎アビヒト『カントの諸原則に沿った満足の形而上学試論』【877-880】
(9/30)〈304〉同上、続き【881-882】
(9/30)〈304〉◎アビヒト／ボルン『新哲学雑誌』第一巻第一号【882-885】
(11/19)〈357〉◎ラインホルト『人間の表象能力の新理論試論』【417-424】
(11/20)〈358〉同上、続き【425-429】

一七九〇年

(1/11)〈11〉◎ヤーコプ『一般論理学要綱および一般形而上学の原理の批判』第一巻、第二巻【81-88】
(1/12)〈12〉同上、続き【89-91】
(4/16)〈106〉ティリング『カントの人倫の形而上学の基礎づけの吟味』【121-128】
(6/18)〈169〉●フラット『宗教一般の道徳的認識根拠に関する書簡』【625-629】
(7/22)〈210〉○フェーダー／マイネルス『哲学叢書』第一巻、第二巻【217-224】
(8/10)〈234〉○フェーダー／マイネルス『哲学叢書』第三巻【412-414】
(9/24)〈281〉●エーベルハルト『哲学雑誌』第二巻第一、第二、第三、第四号【785-792】
(9/25)〈282〉同上、続き【793-800】
(9/26)〈283〉同上、続き【801-808】
(9/27)〈284〉同上、続き【809-814】
(12/25)〈384〉●エーベルハルト『芸術と学問の理論、講義用』改定第二版【777-783】
(12/26)〈385〉同上、続き
(12/27)〈386〉◎シュルツ『カント純粋理性批判の吟味』【793-799】

これら両派からの攻撃について、カント自身はロック主義者の批判にはそれほど重大な脅威を認めていなかったのに対して、エーベルハルトの『哲学雑誌』には非常に神経質な反応を示した。彼は書簡でラインホルトやシュルツに反撃のための論点をこと細かに指示しては、この「陰謀好きな著者の浅薄さと誤謬」や「険悪な悪意」「策略」を暴露してやるのは「公共のための慈善というものである」と憤慨している(9)。そして、『一般学芸新聞』紙上でのラインホルトらによる反撃になお飽き足らなかったカントは、自説をめぐる論争には自ら介入しないという決意を反古にして、ついに自ら反撃の筆を取ることになる。それが、一七九〇年春に「第三批判」と同時に公刊されたエーベルハルト論駁書『純粋理性批判の新たな批判のすべてが旧い批判によって無用となるはずだという発見について』(以下、『発見』と略記)である。そのような両陣営に対するカントの関心の軽重を考慮して、以下では、経験主義者からの批判については概括的にその一般的特徴を紹介するにとどめ、論争検討の重点をヴォルフ主義者とカント派の論争に置くことにする。

第二節　経験主義陣営のカント批判とカント派の反批判（*ALZ* 1786, Nr. 259, 260a, 267; 1788, Nr. 24）

さてロック的経験主義者の大規模かつ持続的な反カント・キャンペーンは多岐にわたっており、批判者の間に見解の相違もあるが、彼らの主要著作から特徴的な論点を要約的に述べれば、次のようになる。[10]

（1）第一に、知の一切の要素が経験に由来し、経験によって正当化されると考える経験主義者は、当然のことながら、ア・プリオリな知の形式の可能性を否認する。総合的な知はすべて――また論者によっては分析的な知も――ア・ポステリオリなものであると彼らは主張する。たとえば、ティテルは言う。「すべての経験は純粋悟性（カテゴリー）によって初めて可能になるというカントの主張」とは裏腹に、ロックが解明したように「むしろすべての悟性概念と悟性認識は、経験によって作り上げられるはずだ」[11]。この観点から彼らは、知のア・プリオリな形式を主張するカントの方法を旧態依然たる独断論的方法だと非難する。すなわち「かのケーニッヒスベルクの哲学者は、多くの箇所でなおあまりにも独断論的に思考しており〔…〕度を越して一般的概念や原則から導出したり、説明したりしようとしている」[12]。

（2）第一の点とも関連して、彼らの非難は、とりわけ時間・空間を直観のア・プリオリな形式であると主張するカントの「感性論」に集中している。経験主義者にとっては、時間・空間は、感じとられた個々の具体的距離や時間的感覚から抽出されたア・ポステリオリな観念である。フェーダーによれば「空間は、われわれの外的直観の抽象された空虚な部分であり」、カントの言うように「一切の感性的知覚に先立ってわれわれのうちにあるものとは想定されない」[13]。こうした観点から、彼はこう論難する。常識にしたがえば、「われわれの感官に対して空間の内に現象してくる事物は、われわれの外にある」、そしてこのことはカント自身も認めている。[14]しかるに、――フェーダーは言う――「我が哲学者の秘教的説明」によれば、「われわれによって空間の内に知覚された事物は、本来はわれわれ自身の状態、あるいはその変容態でしかない」、それゆえ結局「雨の雫も、そしてそれが属している空間も、それ自体は無であり、われわれの感性的直観の単なる変容態」にすぎないことになる。これは「明々白々な観念論」でなくてなんであるのか[15]。

フェーダーは他の多くの経験主義者と同様、カントが強調している基本的区別、すなわち感覚一般や経験的直観と「感覚に属するものを一切含んでいない」直観の「形式」としての「純粋直観」との区別を無視し、後者である限りの「空間」を「われわれの感性的直観の変容態」と解された「空間」と混同している。つまり彼は超越論的意味での「空間」を経験的意味でしか理解していない。それで、「空間の表象を、視覚と感情の相互に合一された諸感覚の漸次的産物とみなしても、なんの差し障りもない」[16]と彼は言う。この文言を捉えて、『一般学芸新聞』（一七八八年第二四号）の書評者は、こう反論している。「視覚が空間の概念を生み出すことはないのは、生まれつきの盲人の例が示すところである。こういう人が視覚を欠いているからといって、空間の概念をもたないということはまったくないからである[17]。「感情」に関しても、書評者はほぼ同様の反論をしている。だが、この種の反論は、この書評者（不詳）がフェーダーとは程度の差こそあれ、なお経験論的観点に留まっていることを暗示していると言えよう。空間のア・プリオリ性を否認すべく、フェーダーが「一切の質料的状態を欠き、なんの色もなく、また私の自己感情のなんらかの中心点もなく、そこにもここにも限界点のないような、そんな空虚な空間の像を私は思い浮かべることができない」と語っていることに対する書評者の反論も、なお同様に経験論の残滓が認められると言わざるをえない[18]。

（3）この観念論批判は、カントの認識論が「われわれの外の」事物の客観的現存を否認し、それを単に主観的な表象に還元する「主観主義」であるという解釈と密接に連動している。批判哲学の認識論は「全面的な主観主義」に行きつかざるをえず、その限りそれを徹底すればバークリー的観念論と本質的に変わらないものだ、というのが彼らの第三のより重要な批判的論点である。

とくにヴァイスハウプトは、すべて一七八八年に公にされた三冊の反カント単行本[19]のなかで、カントの体系が「全面的な主観主義」であるとの非難を繰り返している。「カントの体系によれば、経験とは感性的対象の認識である」が、経験を構成する「すべての直観」「すべての概念」が「主観的なものにすぎず」、それゆえ「すべての経験は単に主観的なものにすぎない」。もう少し詳しく言えば、カントの体系ではたしかに「外的対象の現存は絶対的に否認されているわけではない。その他に悟性の規則が想定されており、この規則によって、われわれはそのような対象の現存を前提にしなければならないのである。しかし…〔中略〕…この悟性の規則自身が主観的でしかなく、われわれにそのような対象を単に想定するよう強制するだけであり、いかにしてもそれからは、この対象の現存が客観的に真であるという帰結は導き出されないのである」。「かくして、カントの体系は外的感官の対象が客観的に現存していることを根本的には否認している、少なくともそれを疑わしいものと考えているのである[20]」。かくして彼によれば、カント的観念論はカント自身が斥けようとしている「実質的観念論」であり、「根本的には」「バークリー的な独断的観念論」、「少なくとも」「デカルト的な蓋然的観念論」（vgl. KrV. B 274）「懐疑的観念論」（vgl. A 378）に他ならない。

フェーダーはもっと素朴にこう主張している。批判哲学は一切の知を現象に限っており、そしてカント自身が述べているように、現象としての外的事物は「私の諸表象の一様式以外のなにものでもない」（vgl. A370）のだから、当然われわれは、われわれの表象以外のなにものも知れなくなる。そうであるのに「われわれの内にある表象を…〔中略〕…われわれの外にあってわれわれとは独立の事物だなどと称することがいったいどうして許されるのか」。「だが、バークリーはそう結論づけた。カントもまたそういう結論を引っ張り出している」。かくして「カント的観念論はバークリー的観念論とまったく類似的なのである[21]」。

フェーダーはここでも「われわれの内（あるいは外）」の超越論的意味と経験的意味を混同している。カントからすれば「経験の対象は、それが空間において表象されれば、外的対象と言われ、また時間関係においてのみ表象されれば、内的対象と名づけられるのだが、時間も空間もともにわれわれの内にしか見いだされない」（vgl. A 373）のだから、経験的意味では「われわれの外に」ある「外的対象」も「表象の対象」としてしか存在しない以上、それもまた「われわれの〔表象の〕内にしか見いだされない」のは当然のことである。またヴァイスハウプトの要求するような「外的対象の現存」の（「主観的」ではない）「客観的」把握とは、「独断論的実在論」の要求に他ならず、したがってそれはカントが論証しているように「経験的観念論」を仮装せざるをえないだろう。

（4）第四の論点は、悟性ないし理性と感性、あるいは〈可想的人間〉と〈感性的人間〉の「二元論」への批判である。彼らはみなこれを恣意的で不自然なものだと非難する。感性と悟性は自然においては、すなわち現実には分かちがたく統一されており、単に知性のうえで区別されるだけ、しかもその類によってではなく、単に程度の差に応じて区別されるだけなのに、カントはその区別を原理上の区別にまで昇華させている点が恣意的で、自然に反するというわけである。[22] ヴォルフ主義者もこの「二元論」を批判する、ただし正反対の方向から。ヴォルフ主義者は感性を悟性ないし理性の「混乱した形式」と見ているのに対し、ロック主義者は悟性を感性の派生的形式だとしているからである。改めて言うまでもなく、カントにとって両者の区別は、経験主義者の言うような経験・程度上の区別でもなければ、合理主義者の唱えるような「論理的区別」でもなく、「認識の起源と内容に関する」「超越論的区別」（B 61）である。

（5）最後に、道徳哲学については、定言命法が空虚であり、「義務のための義務」という主張は自然な人間本性に矛盾する、人間の諸欲求と調和的な幸福主義こそが道徳にも十分な基準を与えることができる、というのが彼らの主張である。[23] その典型例であるティテルによる『基礎づけ』批判書、『カント氏の道徳学の改良について』の出版（一七八六年）に対して、『一般学芸新聞』（*ALZ* 1786, Nr. 259, 260a, 267）がどう反撃したかは、すでに第一章第四節で見たところである。

さて、こうした経験主義者のカント批判は、総じて「事実問題」と「権利問題」を区別しないまま、彼らの自然主義的認識論が暗黙のうちに前提にしている自然科学的知そのものの可能性の制約を問うという、批判哲学の超越論的問題機制をまったく捕らえ損なっており、かつそのはるか手前の地平から発想されている限り、批判としては概して的外れである。しかし、批判の当否はとは別に、少なくとも『純粋理性批判』の初版の論述に関しては、[24] とくに第三の論点をめぐる無理解や論難を惹起する誘因となる、カント自身の超越論的観念論理解の曖昧さや欠陥が認められることも否定できない。

「外的対象の現実性」を否認する「主観主義」という非難の論拠としてしばしば引用されている初版の「第四誤謬推理」の項は、周知のごとく第二版では削除され、それに代わって「観念論論駁」が挿入された。この変更のトータルな意味はさておき、「外的対象の現実性」の確証の問題に限って言えば、初版では「外的対象」が「内的対象」と同様に「直接に意識され」「自己意識の直接の証拠に基づいて実在する」とされ、「表象の直接の知覚（意識）」がそれだけで「同時に表象の現実性の十分な証明」たりうるとされていた（A 371）。これに対して、第二版では「時間における私の現存在の規定」たる「内的経験」の可能性の制約として「知覚における持続的なもの」が新たに導入され、「内的経験」が「私が自分の外にあるものとして知覚するような物の現実的存在によってのみ可能になる」という証明が加わる（vgl. B 275f.）。そのことによって「デカルトがもはや疑いえないとしたわれわれの内的経験ですら、外的経験を前提にしてのみ可能である」

(B 275) ことが明らかにされる。ここでは、この「内」「外」両経験の連関の開示に加え、かの「持続的なものの知覚」が「私の外にある物によってのみ可能となるのであって、そのような物の表象によって可能となるのではない」(ibid.) と述べられる限りで、その限りで「私の外にある物」と「物の表象」とが区別されている。

たしかに、第二版でも「一切の現象を物自体としてではなく、単なる表象とみなし」、「外的対象」も「現象」である限り「われわれの内にある表象に他ならない」という超越論的観念論の枠組み (vgl. A 369, 371f.) に変更はない。だが「外的対象の現実性」の確証方法に関しては、初版が個人的意識における主観的表象の直接的知覚の確実性・現実性そのものがただちに表象の対象の客観的現存を確証させでもするかのような重大な欠陥を残存させていた(25)──それゆえ、経験主義者の「主観主義」批判を誘発するに十分な余地を残していた──のに対して、第二版は「外的対象」の客観的現存を「内的経験」を介して、すなわち「私の外にある物の現実存在」を「その制約とする限りでの内的経験」の方から確証する方途を開示している。「私自身の現存在の意識は、同時に私の外にある物の現存在の直接的意識である」(B 276) という定式のうちに、超越論的観念論の枠組みを保持しながら「外的対象の現実性」を確保せんとするカントの努力は、より整合的な表現を見いだしていると言えよう。

第三節　エーベルハルトのカント批判

さて、もう一方のヴォルフ主義者の批判はどうであったか。こちらは『哲学雑誌』上でのエーベルハルトの諸論文に即して、その論点を紹介することにする。『哲学叢書』が内外の新刊書の紹介・批評に比重をかけていたのに対して(26)、『哲学雑誌』のほうは毎号多数の哲学専門論文に紙面を割いており、そのほとんどが直接にカント批判を目的としたものである。一七八八〜九二年の期間に出された全四巻合計一六号(季刊で各号八ボーゲン)の各号で、すでに名を挙げた合理論者たちすべてが論陣を張っているが、とくに第一巻の全四号には、後にカント自身が反論の対象とした以下のような七篇のエーベルハルトの論文が掲載されている([　] 内は頁数)。

《第一論文》「人間の認識の制限について」(一七八八年、第一巻第一号 [9-29])
《第二論文》「人間の認識の論理的真理あるいは超越論的妥当性について」(一七八九年、第一巻第二号 [150-174])
《第三論文》「人間の認識の論理的真理の適用あるいは超越論的妥当性の適用続編」(一七八九年、第一巻第三号 [243-262])
《第四論文》「純粋悟性の領域について」(同年、同号 [263-289])
《第五論文》「感官による認識と悟性による認識の本質的区別について」(同年、同号 [290-306])
《第六論文》「判断を分析判断と総合判断とに分けることについて」(同年、同号 [307-332])
《第七論文》「人間の認識の起源について」(一七八九年、第一巻第四号 [369-405])

表題が示すようにこれらの論文の論旨も多岐にわたっているが、エーベルハルトの論点は、カント自身が的確に反論の標的をそこに定めているように[27]、つまるところ二つの点に絞りこまれる。一つは、批判哲学が理論的認識の成立可能性を現象の限界内に局限したことに反対して、超感性的なものについてのわれわれの概念がそれ自体で、すなわち「対応する直観」抜きに客観的実在性をもつと主張すること（とくに「第二論文」）である。もう一つは、カント的な分析判断と総合判断の区別が、また「ア・プリオリな総合判断の可能性」に関するカント的問題機制それ自体が不要・無用なものであり、この問題は伝統的合理論、とくにライプニッツによってすでに解決済みのものであることを示すこと（とくに「第六論文」）に置かれている。

一連の論文の序論にあたる「第一論文」で、エーベルハルトは批判哲学に対する基本的態度と評価を素描している。彼によれば、認識可能なものと不可能なものとの間に「境界線を引いた」のは、なにもカントが最初ではない（*PM* I/1. 10）[28]。彼によれば、なにがしかの認識を確実で真とみなす哲学はどれも、認識能力を分析、区分して確実な認識の領域を確定しようとしてきたのであり、そのような哲学はすべからく「独断論」と呼ばれる。だから、哲学内部での真の対峙線は「独断論」と「懐疑論」の間に引かれるべきである。エーベルハルト流の理解では、認識能力の分析に基づいて一定の認識の確実性を断固として主張する立場が独断論である以上、批判哲学もまた独断論の一変種とみなされるべきであるが、しかしそれは、人間の認識に不当で過度な制限を加える不完全な変種である。これまで人間の認識にどのような「制限」が加えられてきたかという視点から独断論の歴史的諸形態を概括した後、その結論部でエーベルハルトはこう述べる。「ライプニッツの理性批判に準拠した人間の認識能力の限界規定を〔カントのように――訳者〕放棄する必要はない。カントの批判が根本的に含んでいるものはみな、すでにライプニッツの批判の範囲内に含まれており、それればかりか、そこにはカントの批判が根拠もなく斥けている多くのものが含まれている」（ibid. 26）。ヒューム的懐疑論に対して、両者のどちらが「より首尾よく立ち向かうことができるかを探求すれば」、「ライプニッツの批判」のほうがカントのそれより優れているのは「もっと明瞭になるであろう」（ibid. 26, 28）。

「第二論文」で、エーベルハルトは人間の認識が「形式」面からも、「質料」面からも「超越論的妥当性」をもつことを証明しようとする。するとこの論文は一見彼の「超越論的演繹論」に相当するものとみなされるかもしれない。しかし、エーベルハルトの「演繹論」はカントのそれとは正反対である。というのも、彼はここで、批判哲学の問題機制とは逆に、認識において「対応する直観」を欠いた概念や判断がそれだけで客観的な実在性をもちうることを示し、われわれの認識が現象の限界を超えて超感性的対象それ自体の真理をとらえうることを示そうとしているからである。

その論証行程はかなり錯綜している。まず「われわれの認識」の「形式」すなわち「矛盾律と充足理由律に従った諸々の真理の結合」（*PM* I/2. 160）が「主観的確実性」を有するだけでなく客観的な実在性をも有すること、エーベルハルト流に言えば「超越論的妥当性」を有することが、示されねばならないと彼は言う。彼によれば「従来の形而上学はこのことを議論の余地なきものとみなしてきた」だけで、厳密に証明してこなかった（ibid.）。そして「充足理由律の普遍的真理」は「最高の公理たる矛盾律」に依存しているのだから、それは「矛盾律からしか論証されえない」（ibid. 163）と考える彼は、充足理由律を矛盾律に還元し、後者の「超越論的妥当性」を論証することで、

「われわれの認識の形式」それ自身が客観的な実在性を有することを示そうとする。ところが、その肝心要の矛盾律の「超越論的妥当性」の論証は、われわれの思惟は「Aと非Aを同時に」思惟できないという論理的・分析的な無矛盾性の原理が「どんな対象にも転用できる」という主張（ibid. 166）に全面的に依拠して遂行されるにすぎない。このまったく説得力を欠いた論拠に基づいて、著者はこう結論づけている。無矛盾性の原理は「単に私の思考にだけ当てはまるのでなく、普遍的な妥当性を有するはずであり、私はそれを私の表象から対象へと転用することができる。かくして矛盾律は〔主観的原則であるだけでなく――訳者〕客観的原則なのであり、根拠律もまたその確実性を矛盾律から得ているのだから、客観的原則でなければならない」（ibid.）。

ただ「思惟必然性」だけを梃子に主観の形式的・論理的原則の妥当性を「対象にも転用」せんとするこのような企てを支えているのは、言い換えれば、対象は「表象力の必然的法則に従って」思惟されざるをえず、したがって対象の客観的実在性とはそれが必然的にそのように思惟されねばならぬという仕方以外には存在しえぬ（vgl. ibid. 156）ということを理由にして、かの「転用」を正当化せんとする企てを支えているのは、エーベルハルトのみならず多くの独断論者が共有している次のような確信である。すなわち、理性的原理を体現している論理的諸法則は「意識」の普遍的、必然的形式にとどまるものではなく、同時に「存在」の法則であり、よって――意識の内の表象であれ、意識の外の物自体であれ――一切の可能的事物に対して真実として妥当する法則である、という確信である。それゆえ彼らはこぞって、〈論理法則の存在論的ステイタス〉をあくまで主張する。「思惟」と「存在」の両方を包括し支配している同一の〈ロゴス〉を前提視しているこの「存在論的思考」[29]のもとでは、「われわれの認識要求の客観性の問いは単になおざりにされているのではなく、原理的に解決済みとみなされている」[30]と言わざるをえない。この企てに対してカントは『発見』で、「認識の論理的〔形式的〕原理」と「超越論的〔実質的〕原理」との混同ないし意図的なすり替えを厳しく批判することになる[31]。

認識の「実質」面についても不可解な論法が取られる。「批判」の著者は「彼が直観の形式と名づけているもの、すなわち…〔中略〕…空間と時間以外いかなる認識の素材も認めていないことはよく知られている」（ibid. 167）。すると、カントはこのように認識の「素材を狭めることによって」、認識を「余りにも狭い限界」内に局限しすぎている（ibid.）。こうしてエーベルハルトはまず、――カントの感性論の理説を歪曲して――時間・空間を認識の「素材」へと転換する。そのうえで、彼は「素材」たる時間・空間的要素を、単に「感性的―形象的な」表象と「非形象的」で「純粋に知的な」表象とに分けて考えねばならぬと主張する。前者は認識の「具体的」で「複合的な要素」、後者は「単一な要素」であるとされる。その際――まったく奇妙なことに――一旦は感性的素材を構成するものとみなされた後者は、それが「単一な要素」であるという理由で「感性の領域の外に」位置する超感性的要素だとされる。そして「複合的なもの」と「単一なもの」との論理的先在関係を根拠にして、後者こそ前者を可能にしている「究極の根拠」（ibid. 173）だと推論する。かくして帰結は（「第三論文」での定式を用いれば）こう述べられる。「時間・空間は、主観的根拠のほかに客観的根拠も有している、そしてこの客観的根拠はけっして現象ではなく、真の認識可能な物である」（*PM* I/3. 258）。すなわち、知覚のレヴェルでの〈表象としての現象〉は、その根底に存する非感性的な「単一な存在者」を「究極の根拠」としているとみなされる、そしてそのことによって、かつそれゆえに、単に主観的な実在性でなく客観的な実在性をもっていると推論されているのである。

カントにとって「客観性」とは「現象」としての対象に即してのみ問題になる（「経験の可能性の制約は同時に経験の対象の可能性の制約である」（B 197））のに対して、エーベルハルトにとっては、およそ「現象」はあくまで「暫定的」実在性あるいは〈私的―主観的ステイタス〉しか有していないので、その「客観的」実在性は現象を超えたところに探し求められねばならないのである。(32) いずれにせよ、ここでは時間・空間は単に「感性的―形象的な」表象に格下げされ、そのことによって、「認識の領域を開示するとともに制限する」ような「認識構成的機能」をまったく剥脱されている。(33)

「第三論文」は「第二論文」後半の論旨を引き継いで、〈表象のうちでの内的対象〉と〈外部に実在する対象〉、およびそれの根拠としての〈物自体〉の連続性を主題とし、順次前者から後者への道程を推論的に開示することによって、最終的に「物自体」が外的対象の客観的な究極根拠たることを示そうとしている。この論証行程においても、表象の「内的対象」が単に内的・主観的根拠のみならず客観的根拠をもたねばならない点を論証する際に、かの充足理由律の「転用」された実在性の論理がもう一度援用されており（*PM* I/3, 245f.）、全体として「第二論文」以上に新たな論証の展開は認められない。

上記の三者の連続性の推論が、対象の側で客観的実在性を現象の限界を超えて物自体にまで拡張することを狙いとしているのに対して、「第四論文」は、いわば認識能力自身の連続的上昇を主題とし、悟性の妥当領域を感性的直観の領域を超えて拡張することを狙いとしている。その上昇の論証は、もっぱら悟性の「抽象化」能力を援用して遂行される。すなわち「悟性は抽象作用によって、いつでもより普遍的でより単一なものへと上昇していき、ついには、類と種の区別なしにおよそ物たるもの一切に当然のこととして属している可能的なものの概念、および根拠づけられたものの概念にいたる」（ibid., 278）。原文で強調されている個所の意味は厳密に受け取られねばならない。この両概念は、外的諸対象にも、物自体にも属しているもっとも普遍的でもっとも単一な抽象概念、すなわち形而上学の対象をなすような概念であり、「可能的なもの」には矛盾律が、「根拠づけられたもの」には根拠律が対応させられている。かくして悟性は、「およそ認識可能なもの一切の第一根拠」であると同時に「一切の認識の第一根拠」（ibid.）へと上昇できる、とされる。だが、こうした抽象化による認識能力の「上昇」は、カントからすれば可能的経験の内部でのみ可能な「単に論理的な上昇」にすぎない。エーベルハルトはこの「論理的な上昇」を「真に実在的な上昇」とすりかえている、すなわち超感性的な存在者を対象とするような能力への上昇とすりかえているのである。(34) なお、この論文の最終部で、エーベルハルトはこれまでの諸論文が明らかにした成果として、彼自身の基本テーゼを改めてこう定式化している。第一に「ライプニッツ哲学は、その独断論を認識諸能力の分析のうえに根拠づけているのだから、カント哲学と同様に理性批判を含んでいる」。第二に「ライプニッツ哲学はカント哲学の真理すべてを含んでいる」だけでなく、「悟性の領域の根拠づけられた拡張」を提示している点でカント哲学よりずっと進んでいる（ibid., 289）。

全論文中もっとも短い「第五論文」は、ライプニッツ―ヴォルフ哲学が本来「認識の起源と内容に関する」区別を、それゆえ「超越論的に」考察されねばならない「感性と知性の区別を、単に論理的なものとしてしか考察しなかった」結果、感性と現象の誤った概念を与えたというカントのテーゼ（A43f. /B61f.）への反駁として提出されている。ここでエーベルハルトは、伝統的合理論哲学がかの区別を「論理的に」（「形式」に関して）も、「超越論的に」（「実質」に関して、したがって「起源と内容」に関して）も規定してきたことを証示しようとしている。そのために彼がここで提示している「感性と悟性の区別」や「悟性の能力」に関するスコラ学的分類は、われわれの主題にとって重要でなく無視しておいてよい(35)。

「第六論文」は分析判断と総合判断の区別の無用論を展開しており、カントの反駁書『発見』の後半部がこの論文に割かれている。この論文でエーベルハルトは、かの両判断の区別づけの意義を表面上はいったん認めながら、その区分を合理論的伝統に従って再構成し、修正しようとする。そして、その修正を梃子にして、この区分づけの意義および形而上学の命運を握っているア・プリオリな総合判断の可能性の問いの意義を換骨奪胎してしまう。

第一の再構成（ibid. 312-318）では、彼は主語に対する述語の三様の関係に従って、判断を三つに区分する。

（a）〈述語が主語の「本質」あるいは「不可欠の部分」を言表しているような判断〉（ibid. 312）――これはカント的意味での分析判断に相当する。

（b）〈述語が主語の「属性」を言表しているような判断〉（ibid. 314）――これはア・プリオリな総合判断のエーベルハルト流の定式である。

（c）〈述語が主語の「変容態や状態」を言表しているような判断〉（ibid. 315）――これはカント的意味でのア・ポステリオリな総合判断に相当する。

かくして、総合判断を「消極的」に定義すれば、「その述語が主語の本質や不可欠の部分にけっして属していないような規定を言表している」（ibid.）判断ということになる。「積極的」に定義すれば、総合判断とは「それが必然的で永遠の真理である場合には、〔主語の〕属性を述語としており、それが時間的真理である場合には、〔主語の〕偶然的性状や状態を述語としている」（ibid. 316）。また「属性」と「様態や状態」はまとめて「性状（Affektionen）」とも総括されている。

さて、分析的判断の原理はカントの場合と同様に矛盾律であるのは明らかであるが、では「総合的判断の共通原理はどのようなものであるか？」とエーベルハルトは問う。そして彼は「それを〔カントのうちに〕探し求めても無駄である」と続けた後、「総合判断についてのこれまでの詳細な分析からして、それは根拠律以外にはありえない」（ibid.）と断言する。この場合、彼は他のすべての合理論者と同様に、こう考えているのである。主語と述語の結合がどのように保たれているかを知るためには、われわれは主語がその述語の「十分な理由〔根拠〕」であるかどうかを知らねばならない。そのためには主語の概念をさらに分析しなければならない。というより、そうするだけでよい。そうするだけで主語の概念は、それがその述語を含意しているか否かをわれわれに伝えるであろうから。かくして、両判断の原理として矛盾律と充足理由律がそれぞれ確保されるが、すでに「第二論文」で充足理由律は矛盾律に還元されていることを考慮すれば、〔ア・プリオリな）総合判断は換骨奪胎されて分析判断へと吸収されていくのを予想することは難しくない。少し後の個所で彼が「われわれの認識を拡張する判断とは、主語の概念から導出できるような主語の性状を述語としている判断とも言えよう」（ibid., 319f. 傍点筆者）と述べるとき、それは明瞭になる。

エーベルハルトによる区分づけのこのような修正の本質は、カントの区分を「単に判断の述語の区分づけ〔すなわち「本質」か「性状」かの区別――訳者〕だけが肝要であるような区分づけ」（ibid., 317f.）に単純化している点にある。そのような単純化は、彼が主語―述語関係を――カントが判断の構成的制約として『発見』などでも繰り返し強調している[36]――「主語の概念の下に属する直観という条件」をまったく無視して、もっぱら概念間の論理的関係としてのみ考察していることの帰結である。言い換えればそれは、主語をもっぱら「単なる概念」として、述語の根拠をもっぱら「論理的根拠」としてのみ考え、「実在的根拠」をまったく度外視している結果である。その結果、カントの区分は「ヴォルフやバウムガルテン」も熟知していた「同一的判断と非同一的判断」という区分へと切り下げられ（ibid., 318）、そのことによって、カントによる区分の意義もア・プリオリな総合判断の可能性の問いの意義も無化されるのである。すなわち「与えられた概念の他に、私の述語によってその概念を超えていくことを可能ならしめるあるものがさらに基体としてつけ加わってくる[37]」という仕方での総合への問いはまったく無意味なものにされる。

総じて、エーベルハルトの立論は、〈ロゴス〉的原理として〈存在論的ステイタス〉を有する論理法則が「概念」と「対象」の一致たる「論理的真理性」をもっているという確信を核にして、概念や判断はこの論理法則に基づいているかぎり、それ自体で「客観的実在性」をもつという信念に支えられている。批判哲学では判断や認識に際して「構成的」に機能すべき（経験的、あるいはア・プリオリな）「直観」が一貫して度外視されるのは、この信念からの必然的帰結であると言えよう。

第四節　カント陣営からの『哲学雑誌』批判

1．レーベルクとラインホルトによる反論（ALZ 1789, Nr. 10, 90, 174, 175, 176）

一七八八年秋『哲学雑誌』の創刊号が出ると、反カント色の濃いハレやゲッチンゲンの「新聞」「学報」などは早速年内にこれを紹介、論評している[38]。これに対抗するように、『一般学芸新聞』も翌一七八九年の第一〇号（一月一〇日付け）で『哲学雑誌』に対する論戦の火蓋をきる。その書評の執筆者は、同紙の前年度一八八a、b両号（八月六日付け）で『実践理性批判』の書評をしたこともあるハノーファー宮廷の官房秘書にして文筆家レーベルク（August Wilhelm Rehberg 1757-1836）である。この書評を皮切りに、『雑誌』の『新聞』に対する執拗な論戦が始まる。「『雑誌』は四年にわたるその存続期間中、倦むことなく『新聞』と争い続けた。毒舌には毒舌で応酬し、書評には反対書評で応え、異論には抗弁で応答した[39]」のである。

さて、レーベルクによる第一巻第一号書評は分量も僅かなこともあり、掲載された論文の極めて簡潔な要約とそれへの批評的コメントにとどまっている。書評者はたしかにいくつかの的確な批判哲学理解を提示し、著者たちを批判している。例えば、エーベルハルトが認識

「批判」と「さまざまな認識能力の分離」を同じものとみなしている点への批判、またカントが「理性的概念が客観的妥当性をもつことを否認しているのは」エーベルハルトの考えているような理由からではなく、「感性的直観というこの制約を抜きにしては、対象の可能性は、ましてやその現実性は証明されないという理由からである」と述べている点(40)などは正しい。しかしにもかかわらず、レーベルクが冒頭に次のように述べるのを聞くとき、この書評の批判的威力の中途半端さと、なお妥協的—楽観的姿勢は否めない。すなわち「第一号の見本刷りを支配している論調、すなわち偏見なき熟考、著者がその論述主題を十分に処理するだけの力があることを証明している思想の明確さ、意味深長だが平易な語り口、これらは著者がその最終目的を達成するであろうことを予期させるものである(41)」。

同じ評者による『哲学雑誌』第一巻第二号を対象としたもう少し分量のある書評（三月二一日付け第九〇号）は、同号所収のマースの「超越論的感性論」とエーベルハルトの「第二論文」を扱っているが、ここでは批判的威力は一層減退している。「第二論文」の主題、（先に紹介した）認識の「形式」と「実質」の「超越論的妥当性」の論証に関しても、レーベルクは〈それは証明されていない〉とか、〈そのようなことは許されないであろう〉とかいう類の歯切れの悪い批評を繰り返している。よって、この主題に込められている独断論者の戦略的意図を暴露できておらず、個々の論点についてもシャープで具体的な反論を対置できていない。レーベルクは書評最終部で腰の引けた調子でこう記している。「われわれは、カント哲学へのこの反論の続きを熱望している。超越論的認識の根拠がカントと反対の理論に関係づけて展開されるのを読むことは興味深いことである(42)」。

ところでカントがこの『哲学雑誌』の存在を知るのは、うかつにも一七八九年三月に入ってからのことである(43)。その約一カ月後ラインホルトが、カント自らが反論にでるには及ばないが、とにかく〈エーベルハルトらは自分を理解していない〉という「公式声明」を出すようカントを急き立てた(44)。この要請に応えて、カントは五月中旬に二通の長い書簡をラインホルトに届ける。最初の書簡には「第六論文」の主要論点へのこと細かな批判が、二番目の書簡には「第一論文」から「第五論文」までにわたる同様の批判が書き付けられている。両方とも批判当該箇所に頁数を付して引用した念入りなものである(45)。興味深いのは、最初の書簡の終わりにカントが「この所見は貴方がまったく御随意に使用して下さってかまいません」と記し、これを材料にラインホルトがエーベルハルト批判を公にするよう暗に勧めながら、そのうえでその際この論敵に対しては遠慮や謙遜抜きに、強硬な態度で立ち向かうよう度々けしかけている点である(46)。だがこの時点では、カントは自説の擁護と論敵への批判は「友人たちに」「任せる」という基本姿勢をまだ崩してはいない。

『哲学雑誌』第二、第四号を対象にした、ラインホルトによる四つ折版一〇頁に余る『一般学芸新聞』での長大な書評(47)は、カントから手交された「優れた剣」を十分に活用しながら展開される（とくに第一七五号）。『新聞』の書評の論調は、ここで非妥協的な調子に転換する。カントのお墨付きを得たラインホルトは「最初の両号の書評者〔レーベルク〕が暗に示したことを、包み隠さず語り、詳しく証明する義務がある(48)」と述べ、対決姿勢を鮮明にする。書評は全篇、総合判断と分析判断の区別づけに関する「第六論文」に割かれている。

まず一七八九年第一七四号での書評は、この区別づけを巡るエーベルハルトの主張（「形而上学の判断」の本質、分析判断の定義、旧来の区別への解消、主語―述語関係を論理的関係に還元していること等）に見られる無理解、誤解、歪曲、概念のすり替えなどをかなり細かく暴き立てている。だが注目に値するのは、ア・プリオリな総合判断の意義の抹殺に対する批判に絞られている、翌日の第一七五号での書評である。これはカントの最初の書簡中の文章をそのまま八割がた転用し、それで書評の大半を埋めるという異例の体裁を採っている。[49]とはいえ、ラインホルト自身の文章も含めて、総じて反撃は的確かつ説得的である。

例えば、カントによる新たな判断区分が旧来の区別に解消されているることをとらえて、ラインホルトはそれが「論理的根拠と実在―根拠との古くからの厄介な混同」に由来していることを示し、さらに「判断がカント的な意味で総合的であるはずなら、述語の根拠は主語の単なる概念のうちにではなく、なにかそれとは他のもの＝Xのうちになければならない。それは論理的根拠ではなく、実在―根拠である」[50]ことを指摘したうえで、総合「判断の述語の根拠は、エーベルハルト氏が言うように主語の中に含まれているのではなく、カントが折に触れて説明しているように主語の外にふくまれており、その限りそれは総合的なのである」[51]と説いている。そもそも「〔物自体を知ると称する連中が実質的な実在的根拠から形式的な根拠へと、さらにこれから論理的な根拠へと飛び越えていって、最初のものが最後のもののうちに完全に含まれていると想定するのは、極めてありふれた手法なのである。〕彼らが根拠律と言う場合、彼らにとっては根拠という語の先の三つの意味がごっちゃになって呈示されるため、かの飛び越えと想定が非常に容易になるのである」[52]。

また、もう一つの主要論点、「われわれにア・プリオリに可能なのはどんな直観なのか」[53]についても、エーベルハルトがまったく理解できていないことも明快に説かれている。

ところで、第一七五号ではラインホルトはカントの論拠と言葉に依拠して語っているとすれば、次号の書評では、彼はカントを離れてまったく自分自身の思想と言葉で語っている。ここでは彼は、しばしば独断論者の論難の的にされてきた「表象」と「対象」の関係について、みずからの「表象能力理論」を駆使して反論しているからである。とくに「対象は心の外にある以上、…〔中略〕…対象のどんな表象も不可能である」というマースの異論に対して、評者はこう切り返している。「対象が表象に関係づけられる」というのは「単なる表象の内容、つまり所与の素材に留意する」かぎりでのことであり、「表象の形式に留意すれば」「表象は心に属し、心に関係づけられる」。「表象とは別のものである対象に対応していながら表象の内にある」「表象の素材」は、さらに「表象の形式」とは区別されねばならない。よって、「対象自体」が表象されるなどと考えるのは「ナンセンス」である。[54]彼の「表象」能力理論からすれば、「純然たる表象」は「素材」と「形式」という不可分の二つの構成要素からなり、いずれを欠いても「表象」たりえない。一切の「形式」を欠いている「対象（物）自体」は、原理上「思惟」されることはもちろん、「表象」されることすらありえないのである。

2．カント自身による「旧い敵との最後の決算」

さて、『一般学芸新聞』紙上でのこのような断続的な（八九年一月、三月、六月）批判にもかかわらず、カントは論争には自らは関与しないという決意を反故にして、そして「第三批判」公刊の遅延という犠牲を払ってまで、自ら反撃の筆を取る決意をする。その誘因は何なのか。カントの眼には「弟子たちがヴォルフ主義者に対して展開していた戦闘が負け戦」であり、「ヴォルフ主義者が優勢になりつつあるように見えた(55)」からというのは、その理由としては不正確であろう。おそらくカントからすれば、「弟子たち」の反撃の不充分さはその「論証的」側面にあるというよりも、むしろ「実用的」側面にあった(56)。すなわち彼らの反撃は、エーベルハルトの主張を学理的―論証的に論破するにとどまらず、読者公衆を巧みに操るような彼の「策略的手口」をも徹底的に粉砕すべきであった。後者の点で『新聞』の批判はなお決定的に不充分であった、カントはそう判定していたにちがいない。それで、彼は自ら反撃の筆を取ることになる。

　アカデミー版全集で七〇頁弱にもなる反駁書『発見』で目に付くのは、諸論点の細部にわたる批判にもまして、論敵のそのような「策略的手口」の執拗な暴露である。『発見』は、感性的直観抜きに概念が客観的実在性をもつとされていることへの批判にあてられている第一節と、ア・プリオリな総合判断の可能性を論じている第二節に分けられる。批判の論拠は基本的にはすでに紹介したものを超えていないが、以下ではエーベルハルトのかの「手口」と絡めたカントによる批判の論調をいくつか紹介しておく。

　まず、「認識の論理的（形式的）原理」と「超越論的（実質的）原理」の「すり換え」について。カントは論敵の卑怯な「手口」を次のように暴き立てている。すなわち、エーベルハルトは両原理の相違を意識していながら、したがって「命題はどれも根拠をもたねばならぬ」と「物はどれもその根拠をもたねばならぬ」という両命題の相違を意識していながら、少し後の箇所では両命題を「すべては根拠をもつ」と言う定式に一括することによって、後者を前者の中に「ひそかに忍び込ませる」という「技巧的な転換」を用いている。ここで彼は論理的な意味の「根拠」が実在的意味を「もっていると見せかける」「詭計」を働いているのである(57)。

　次に、「第二論文」での感性的表象のうちに、その根拠としての超感性的、「非形象的な単一の存在者」をもぐり込ませるという「詐欺」について。この場合も、エーベルハルトは実は「概念に対してそれに対応した直観を与えることなくしては、その概念の客観的実在性はまったく構成されぬものであることを洞察している」とカントは言う。それゆえ「十分な熟慮と老練さをもって」「非感性的なものの概念に読者には十分気づかせないような転換を加えている」。すなわち本来「超感性的」であるものを「非感性的」という言葉を使うことで、それを眼に見えぬほど小さなものへと「改竄」し、そのことでそれを感性的表象の中にいったんもぐり込ませている(58)。またカントは別の個所でも、エーベルハルトがもっぱら「非感性的」と言う語を用い「超感性的」とは言わないのは、「十分な事前の考慮によるもの」だと暴露している(59)。そのような「改竄」によって「感性的」と「超感性的」の原理上の区別が程度上の区別にすり替えられることになると、――カントは論敵をこう揶揄している――「五角形はまだ感官的存在者であるが、千角形は単なる悟性的存在者、非感性的なものになる。私は九角形ならすでに半分以上感性的なものから超感性的なものへと超え出ていることになるのではないかと懸念する(60)」。

　『発見』の第二節でもカントは、意図的に曖昧な表現を用いたり、引用を歪曲することで「読者が明白なことに関して懐疑的になるよう」しむけている「手口」を引き続き暴いているが、第一節に比べればはるかに「論証面」に力点が置かれている。この後半部の批判の核心はすでに触れたように、ア・プリオリな総合判断における総合的統一が「主語の概念の下に属する純粋な直観」にかかっているという点にある。

『雑誌』へのカントの応答は、批判哲学の歴史の一里塚である。これはライプニッツ─ヴォルフ学派に対する彼の最後の攻撃であり、また彼のもっとも旧い敵との最後の決算であった。戦場から霧が晴れたあと、カントは同時代の人々の前に明白な勝利者として登場した。ヴォルフ主義者は全面的に敗走していた。たしかに、公衆の気分のうえでの話に限ればそうである」[61]。F・バイサー（Frederick C. Beiser 1949-）はこの論争の結末をそう総括している。では、「公衆の気分のうえでの」という限定をはずせばどうなのか？　勝利したカント陣営のその後の物語を思い起こせば、この勝利が必ずしも磐石のものでもなかったことが見えてくるだろう。

カントは『発見』の最終部でこう述べている。「今は批判の反対論者の間に外見的な一致が支配的に見られるにしても、それは隠された不一致にすぎない」。だから彼らが批判哲学との論争を一時中断して、反論の論拠となる「原則」を自分なりに掘り下げて考えるようになれば「面白く同時に教訓的な芝居が演ぜられることになるだろう」、つまり彼らは「そのうちに絶交することになるだろう」[62]。

しかし、その後の経緯を現在から振り返れば、この「教訓的な芝居」が演じられたのは敵の陣営の内部でなく、他ならぬカント陣営の内部であったと言わねばならないだろう。執拗なカント攻撃を契機に、ラインホルトが批判哲学の根本前提を問い直す必要を感じ、独自の「表象能力の理論」を唱えるのは、かの論争が継続中の八九年春のことである[63]。そして、その後の一連の経緯──理論哲学面だけでなく、実践哲学面でも「意志の自由」の根拠をめぐって次第に拡大していくカントとラインホルトの距離[64]、ラインホルトと優れたカント主義者であったハイデンライヒやシュミートとの論争（一七九〇年一〇月、一七九二年四月）[65]、ヤーコプの実在論への傾斜[66]、忠実なカント信奉者J・S・ベック（Johann Jacob Sigismund Beck 1761-1840）の「表象能力論」反対論評の計画へのカントのひそかな支持、激励[67]、そのベック自身の数年後の「唯一可能な立脚点」理論でカントからの「自立」化等々[68]の一連の経緯──が物語っているのは、批判哲学の信奉者たちもまた、かの「戦闘」を通じて「批判」に対する自分自身の立場を明確にするよう迫られたということである。その結果として、実は敵の陣営は一七九〇年代に入っても、反超越論哲学の結束を保っていたのに比して、同時期に内部亀裂と内部対立が急速に展開したのはむしろカント陣営の側であった。

そしてこの解体以後、論理法則の〈存在論的ステイタス〉を要求する哲学的流派が再び台頭してくるのに一〇年を必要としなかったこともわれわれは知っている。その代表がバルディリ（Christoph Gottfried Bardili 1761-1808）の『第一論理学要綱』（一七九九年公刊）による「論理的実在論」の提唱である。そしてこの実在論をいち早く支持したのは、他ならぬラインホルトであった[69]。バルディリはカントの「超越的論理学」の「心理学主義」、「主観主義」を批判して、「純粋に論理的なもの」の超主観的自在性・自立性を主張した。論理的なものの存在論化を志向し、純粋思惟の自足・自存を説くこの理論の基礎にある「二元論」を、『差異』論文で批判したのはヘーゲルであるが、そのヘーゲル自身が後には自ら「論理学」の存在論化を推進したのではなかったのか。つまり、ライプニッツ―ヴォルフ哲学の伝統は、一七九〇年にカントによって完全に抹殺されたわけではなく、その重要な学説のいくつかは、ポスト・カント哲学の形而上学復活の流れのなかに形を変えて浮上してくるのである。エーベルハルト陣営の執拗なカント攻撃は、それ自体としてはなんら積極的な理論的成果を生み出さなかったとはいえ、初期カント学派の分解と新たな思考の胎動を促進する触媒役を果たし、また新たな形而上学誕生の刺激剤となったことだけは確かである。

注

（1）一七八一―八七年の間に書評専門誌や「学術新聞」に掲載された直接、間接の反カント、親カント批評をほぼ網羅的に再録している *Rezensionen zur Kantischen Philosophie 1781-87*, hrsg. v. Albert Landau. Bebra 1991.（以下 *Kant-Rezensionen* と略記）によれば、比較的カント哲学の影響力の弱かったこの期間でさえ、三〇種類の批評誌、「学術新聞」に約一八〇篇の批評・紹介記事が載ったことが確認できる。哲学理論の普及や評価にとって、書評・批評誌の影響が無視できない所以である。

（2）「幕間-I」6. で詳しく紹介したように、「啓蒙の指導的機関誌」と呼ばれた書評専門誌『ドイツ百科叢書』は一七六五年の第一巻発行の後、二年目以降一七八五年までは各年二～五巻（各巻とも二号で一巻、一号分約二〇ボーゲン）、八六年～九〇年は毎年六～七巻発行され、ピークの一七九一年には二二号分（この年は他に一〇号分の「補遺」と「索引」）を刊行している。同誌は後継誌『新ドイツ百科叢書』の分も合わせると、四〇年間で合計二五六巻（「索引巻」も含む）を発行し、取り上げられた書物はあらゆる分野に渡りその数は八万点とも六万点とも推定されている（Vgl. Ute Schneider, *Friedrich Nicolais Allgemeine Deutsche Bibliothek als Integrationsmedium der Gelehrtenrepublik*. Wiesbaden 1995. 12 u. 359)。

Kant-Rezentionen によれば、『ドイツ百科叢書』は一七八一～八七年の期間に以下のカント（および親カント）著作についてかなり大部な批判的批評を掲載している。

カント『純粋理性批判』（三七巻補遺―五二巻、一七八三年秋［S. 838-862］）

カント『プロレゴーメナ』（五九巻第二号、一七八四年末［S. 322-356］）

シュルツ『カント純粋理性批判解説』（六六巻第一号、一七八六年五月［S. 92-123］）

カント『人倫の形而上学の基礎づけ』（六六巻第二号、一七八六年五月［S. 447-463］）

カント『自然科学の形而上学的原理』（七四巻第二号、一七八七年六月頃［S. 333-344］）

シュミート『講義要綱・純粋理性批判』（七五巻第二号、一七八七年秋［S. 487-495］）

（3）一七八〇年代に発行されていた主な「学術報知」「学術新聞」を再度、創刊（改題を経ているものは改題時点）順に挙げれば以下のようになる。

Göttingische Anzeigen von gelehrte Sachen（1753-1801）
Jenarische gelehrte Zeitungen（1765-86）
Hallische Neue Gelehrte Zeitungen（1766-92）
Frankfurter gelehrte Anzeigen（1772-90）
Altonarischer Gelehrter Mercurius（1773-86）
Gothaische gelehrte Zeitungen（1774-1804）
Nürnbergische gelehrte Zeitung（1777-1800）
Erfurtische gelehrte Zeitung（1780-96）
Tübingische gelehrte Anzeigen（1783-1807）

Oberdeutsche allgemeine Literatur-Zeitung（1788-1808）

（4）Vgl. Ute Schneider, op. cit. 134f.

（5）ibid., 142.

（6）Frederick C. Beiser, *The Fate of Reason. German Philosophy from Kant to Fichte*, Harvard University Press 1987, 217-218.

（7）*KA* XI, 18.

（8）同紙は一七八五年の創刊以来、その「哲学欄」で毎年ほぼ五〇点前後の哲学書を書評しているが、この三年間については、それぞれ一七八八年に五九点、八九年に五五点、九〇年に三九点を書評の対象に取り上げている。

（9）ラインホルトに対するカントの「指示」については、一七八九年五月一二日と五月一九日付け書（*KA* XI, 33-48.『カント全集21　書簡Ⅰ』岩波書店、三三四―三五四頁）、シュルツへの「指示」については一七九〇年六月二九日と八月二日付けの書簡（ibid., 183f.『カント全集22　書簡Ⅱ』、四一―四二頁）などを参照

（10）Frederick C. Beiser は、ロック主義者の反カント・キャンペーンの論点を七項目に要約している（Beiser, op. cit., 169-171）。

（11）G. A. Tittel, *Kantische Denkformen, oder Kategorien*. Frankfurt a. M. 1787［Aetas Kantiana 284（1968）］, 53.

（12）J. G. H. Feder, *Ueber Raum und Causalität zur Prüfung der Kantischen Philosophie*. Göttingen 1787［Aetas Kantiana 70（1968）］, VIIIff.

（13）ibid., 4.

（14）ibid., 3

（15）ibid., 61ff.

（16）ibid., 24.

（17）*ALZ* 1788, Nr. 24, Sp. 252.

（18）ibid., Sp. 253.

（19）（a）A. Weishaupt, *Zweifel über die kantische Begriffe von Zeit und Raum*. Nürnberg 1787.；（b）ders., *Ueber die Gründe und Gewisshеit des menschlichen Erkenntniß: Zur Prüfung der kantischen Critik der reinen Vernunft*. Nürnberg 1788.；（c）ders., *Kantische Anschauungen und Erscheinungen*. Nürnberg 1788. *ALZ* は、（a）を 1788 Nr. 158a で、（b）と（c）を 1789 Nr. 168 で書評している。

（20）A. Weishaupt, *Ueber die Gründ und Gewißheit der menschlichen Erkenntniß*. Nürnberg 1788［Aetas Kantiana 300（1969）］, 130 u. 171f.

（21）J. G. H. Feder, op. cit., 89 u. 116f.

（22）自然主義的経験論者ゼレによれば「われわれは感性と悟性とをわれわれの認識のために主観的に区別しはするが、両者は一つの源泉から流れ出ており、いずれの一方も他方なくしてはそれだけで自立して存立することはできない」。このことはどんな下等な動物にも認められることである。（C. G. Selle, *Grundsätze der reinen Philosophie*. Berlin 1788［Aetas Kantiana 254（1969）］, 26.）

（23）Vgl. G. A. Tittel, *Ueber Kant's Moralreform*. Frankfurt u. Leipzig 1786［Aetas Kantiana 285（1969）］, 14f. u. 33ff.

（24）一七八七年六月にはすでに『純粋理性批判』第二版が公刊されているにもかかわらず、それ以降も奇妙なほどに彼らの批判は第一版のみに依拠している。

（25）この欠陥について、久呉高之（「カントの『観念論論駁』――『私の外』をめぐって――」東京都立大学哲学会編『哲学誌』第三〇号、一九八八年）は、「『第四パラロギスムスの批判』は、観念論論駁ないし外的対象の現存在の証明としては、結局のところ『厳密な証明』たりえない。『私の外なる物』の現存在の直接的意識は、第一版では遂に証明されていないのである」（八頁）と断じ、また牧野英二（『カント純粋理性批判の研究』法政大学出版局一九八九年）は、初版の証明は「われわれの個人的意識における主観的表象の直接的知覚を証明しているものの、表象と区別された外的対象の現実性に

関する証明とはなりえていないように思われる。外物を内なる表象とみなす観念論的主張は、それを文字通り解するならば、物体をすべて表象化したと言われたバークリーの独断論的観念論とどれだけの隔たりがあろうか」、あるいは「対象の現実性が経験的意識における表象の現実性と解される限り、デカルト的な経験論的観念論を少しも超えていないようにみえる」（二六〇—六一頁）と評している。

（26）『哲学叢書』は第一巻（一七八八年、全三二一頁）、第二巻（一七八九年、全二三六頁）、第三巻（一七九〇年、全二五二頁）、第四巻（一七九一年、全二四一頁）すべてが、「I．論文」「II．外国語文献（書評）」「III．ドイツ語文献（書評）」「IV．短評欄」の四部構成で編集されているが、「論文」は総じて全体の四分の一程度を占めているにすぎない。すべての記事をフェーダーとマイネルスの二人が分担執筆している。

（27）Vgl. I. Kant, Über eine Entdeckung, nach der alle neue Kritik der reinen Vernunft durch eine ältere entbehrlich gemacht werden soll. in: *KA* VIII.（以下ÜEと略記する）189.

（28）以下、エーベルハルトの上記各論文からの引用は、*PM*と略記し、巻数号数、頁数を本文中に記入する。テクストは *Philosophisches Magazin*. Hrsg. v. J. A. Eberhard. 1788ff. [Aetas Kantiana 63 (1968)] である。

（29）「カント－エーベルハルト論争」を主題としたもっとも詳細な解説書 *Das Medusenhaupt der Kritik. Die Kontroverse zwischen Immanuel Kant und Johann August Eberhard*.（Kantstudien: Ergänzungshafte 128）. Berlin, New York 1996. で、著者 Manfred Gawlina は「〈ロゴス〉は思惟と存在の両方を包括しており、それは思惟における事物の概念的形式であるとともに、事物の実在の本質的形式でもある」と述べ、このことを前提にしているようなエーベルハルト的思惟類型を「存在論的思考」と呼んでいる（ibid., 135ff.）。

（30）Manfred Gawlina. op. cit., 135.

（31）Vgl. I. Kant, ÜE, *KA* VIII, 194.

（32）Vgl. Manfred Gawlina, op. cit., 128. und 262.

（33）Vgl. ibid., 158.

（34）I. Kant, ÜE, *KA* VIII, 216.

（35）エーベルハルトによれば、伝統的合理論では悟性の対象と感性の対象はそれぞれ「非形象的対象」と「形象的対象」、「普遍的事物」と「個別的事物」、「必然的真理」と「偶然的真理」として「超越論的に」区別されてきた（S. 291-293）。また悟性は「論理的」観点からは「明晰な認識能力」として、「超越論的」観点からは「普遍的な認識能力」として「定義」されてきた（S. 295）。

（36）Vgl. I. Kant, ÜE, *KA* VIII, 241-245. Vgl. auch B 749. その他にカントは一七八九年五月一二日のラインホルト宛て書簡でも同様にこう記している。「理論的認識のすべての総合的判断は、所与概念の直観に対する関係を通してのみ可能である。総合的判断が経験判断ならば経験的直観がその判断の根底に置かれねばならず、それがア・プリオリな判断ならば純粋直観が、その判断の根底に置かれねばならない」（*KA* XI, 38. 前掲『カント全集21』、三四一頁）。

（37）ibid., 245.

（38）Vgl. Manfred Gawlina. op. cit., 330.

（39）Frederick C. Beiser, op. cit. 193. この応酬を、『哲学雑誌』（＝*PM*）と『一般学芸新聞』（＝*ALZ*）両誌上での論戦だけに限って一七九〇年末までを時系列的に整理すると、以下のようになる（なお、『哲学雑誌』のいくつかの号は表紙に印刷されている発行年と実際の発行年は異なっている）。

一七八八年

一〇月　〈*PM* I/1 発行〉

一七八九年

一月一〇日　*ALZ* Nr. 10 [Sp. 77-80] で、レーベルクが *PM* I/1 を批評……①

復活祭　〈*PM*. I/2, 3, 4. 発行〉
　PM I/3［S. 333-339］で、エーベルハルトが①への「詳細な釈明」……………………（a）

三月二二日　*ALZ* Nr. 90［Sp. 713-716］で、レーベルクが *PM* I/2を批評……………………②

六月一一日　*ALZ* Nr. 174-176［Sp. 577-597］で、ラインホルトが *PM* I/3, 4を批評……………………③

七月　八日
—一三日　*ALZ IB*. Nr. 86［Sp. 724］で、レーベルクが（a）の「反批判への応答」

七月一一日　*ALZ IB*. Nr. 87［Sp. 730-731］で、エーベルハルトが③への「暫定的釈明」
　同時に同上同号［Sp. 731-732］で、ラインホルトがこれへの反論

晩秋　〈*PM* II/1, 2. 発行〉
　PM II/1［S. 29-52］で、エーベルハルトが②への「所見」……………………（b）
　PM II/2［S. 232-243］で、マースが③に関連する反対論文
　PM II/2［S. 244-250］で、エーベルハルトが③への反論の「補遺」

一二月一六日　*ALZ IB*. Nr. 145［Sp. 1207-1212］で、レーベルクが（b）への「返答」……………………④

一七九〇年

春　〈*PM* II/3, 4. III/1. 発行〉
　PM II/3［S. 257-284］で、エーベルハルトが③への「返答」および同号［S. 285-315］で、とくに③に関連して分析判断と総合判断の区別についての「論述続編」
　PM II/4［S. 497-510］で、エーベルハルトとマースとが④への「再反論」

九月二四日
—二七日　*ALZ* Nr. 281-284［Sp. 785-814］で、シュルツが *PM* II/1, 2, 3, 4を批評

晩秋　〈*PM* III/2, 3. 発行〉
　PM III/2［S. 148-172］で、エーベルハルトがカント『発見』への「応答」
　PM III/3［S. 280-303］で、エーベルハルトが『発見』第二章への「応答」

（40）*ALZ* 1789, Nr. 10, Sp. 78.
（41）ibid., 77.
（42）ibid., Nr. 90, Sp. 716.
（43）Vgl. Brief von L. H. Jakob an Kant vom 28. 2. 1789. In: *KA* XI, 7.
（44）Vgl. Brief von C. L. Reinhold an Kant vom 9. 4. 1789. In: *KA* XI, 18（『カント全集21　書簡Ⅰ』岩波書店、三二七頁）.
（45）Brief von Kant an Reinhold vom 12. u. 19. 5. 1789. In: ibid., 33-48（前掲邦訳書、三三四—三五四頁）.
（46）Vgl. ibid., 39 und 47（前掲邦訳書、三四三、三五四頁）.
（47）*ALZ* 1789, Nr. 174-176, Sp. 577-597.
（48）ibid., Sp. 577-578.
（49）ラインホルトは『一般学芸新聞』編集長シュッツとも相談し、書簡からの転用文には［　］を付すという処理をしているが、それがカント自身の手になるものであるという断り書きはどこにも認められない。
（50）*ALZ* op. cit., Sp. 586-587.
（51）ibid., Sp. 588.
（52）ibid., Sp. 589.

（53） ibid., Sp. 590.
（54） ibid., Sp. 595.
（55） Frederick C. Beiser, op. cit., 218.
（56） Vgl. Manfred Gawlina, op. cit., bes. 54-58.
（57） I. Kant, ÜE, 193ff.
（58） ibid., 201f.
（59） ibid., 218.
（60） ibid., 211.
（61） Frederick C. Beiser, op. cit., 218-219.
（62） I. Kant, ÜE, 247.
（63） 「表象能力理論」（一七八九年）、さらには「根元哲学」の提唱（一七九〇年）によってラインホルトとカントの距離が拡大していく過程については、拙著『ラインホルト哲学研究序説』（萌書房、二〇一五年）第四章、第五章を参照されたい。
（64） 「意志の自由」をめぐるカントとラインホルトの対立とその深化については、前掲拙著第七章、第八章を参照されたい。
（65） 「表象能力理論」に対するハイデンライヒの批判は、前掲拙著第四章第七節を、「根元哲学」の「第一根本命題」に対するシュミートの批判は、本書第三章第二節および前掲拙著第六章第一節を参照。
（66） ヤーコプは、「認識」が「直観」と「概念」から合成されると理解するのでは「認識」概念を狭めてしまうと考え、直観を欠いた「客観的表象」（「物自体」や「神」など）も広義の「認識」に含めるべきだと考えるようになる。この「逸脱」を、ラインホルトは『寄稿集I』やヤーコプ『一般論理学要綱および一般形而上学の原理の批判』に対する書評（*ALZ* 1790, Nr. 11-12）で批判した。ヤーコプはそうした認識概念の拡張によって、批判的認識論と独断論的実在論とを統合することができると思っている。この点について彼は、一七九〇年五月にカントに率直に見解を表明している。Vgl. Brief von L. H. Jakob an Kant vom 4. 5. 1790. In: *KA* XI, 168f.（『カント全集22 書簡II』岩波書店、三三頁以下）。この問題については、本書第五章第三節も参照。
（67） Vgl. Brief von Kant an J. S. Beck vom 2. 11. 1791. In: *KA* XI, 304（同上訳書、一一七頁）。
（68） Vgl. Brief von J. S. Beck an Kant vom 16. 9. 1794. In: *KA* XI, 523-525（同上訳書、二四七―二五〇頁）。
（69） バルディリの『第一論理学要綱』の概要とこれに対するラインホルトの積極的評価については、前掲拙著の第一一章を参照されたい。

第三章　カント的道徳の諸原則と実践的自由をめぐる議論の広がり（一七八八〜九二年）

第一節　カントの道徳論、自由論をめぐる最初期の議論状況

カントは『人倫の形而上学の基礎づけ』（以下『基礎づけ』）を一七八五年の復活祭に、そして『実践理性批判』を一七八七年の年末に公刊した。『基礎づけ』の言葉を借りれば、時代はまだ、道徳性の原理を「あるときには人間の本性の特殊な使命に」、また「あるときには完全性に、あるときには幸福に」求め、「こちらでは道徳的感情に、あちらでは神への畏怖に」訴えては、「好みの趣味に応じて」仕立て上げられた折衷主義的道徳論の全盛下にあった。それゆえ、道徳性を純粋理性の諸原理に基づけてまったく新たに根拠づけようとするカントの企ては、当然のことながら多方面から疑念と反発を惹き起こし、「第一批判」に劣らず数多くの誤解と批判にさらされた。

この領域でも、最初に批判の声を挙げたのは、経験論を地盤とする通俗的哲学者たちであった。『基礎づけ』に対するティテルの通俗的批判書『カント氏の道徳学の改良について』（一七八六年）の内容と、これに対する『一般学芸新聞』の反撃がいかなるものであったかは、すでに見てきた（第一章第四節参照）。フェーダーもその前年、『基礎づけ』の書評を『ゲッチンゲン学術報知』に匿名で公表していた[1]。だが、彼らの反カント的書物は、当時カントの道徳理論が一般の読者大衆にどう受けとめられがちであったかを特徴的に示しているとはいえ、総じてこの諸原則との理論的な批判にふさわしい理論的水準に達していない。『基礎づけ』に対する最初期の批判的書評のなかでは、『ドイツ百科叢書』でのピストリウスの書評[2]だけがそれにふさわしい水準にあるといえる。カント自身も『実践理性批判』「序言」でこの書評に言及し、ピストリウスを「真理を愛する鋭敏な、しかもそれゆえに常に尊重されるに値する書評者」と呼び、彼の異論、すなわち「善の概念が道徳的原理に先立って確立されていない」という異論には「分析論の第二章で十分に答えたつもりである」と記している[3]。

『実践理性批判』については、道徳の原理が純粋理性に根拠づけられる必要性を承認しながらも、なお根本的異論を提起する書評が『一般学芸新聞』（一七八八年八月六日付の一八八a号、同b号）に現われる。書評者は、その少し前までラインホルトとともにこの「新聞」でエーベルハルトの『哲学雑誌』への反批判を展開していたレーベルク[4]である（第二章第四節参照）。彼は、「第二批判」は「第一批判」と違って、純粋理性が感性界への「通路」を欠いているがゆえに、「意志」を直接的にも間接的にも規定できず、それゆえ感性界における実践理性の

「客観的実在性」は証示されていないという根本的異論を提起した。「第二批判」全体の目的が、他でもなくこの「客観的実在性」の証示にあったことを勘案すれば、これは深刻な異論である。さらに彼の疑念は、「意志の自由」のカント的理解にも及んでいる。レーベルクは、カントでは「道徳法則によって規定されている意志」と「自由な意志」が同一視されていることに異論を唱え、この同一視の根底には、「理性の自己立法」と「（選択）意志の自己立法（自律）」とが「同形的」であることを、つまり両者のシームレスな同一視を難じた。少し後にラインホルトが『カント哲学についての書簡　第二巻』（以下『書簡Ⅱ』[5]）で、「理性の因果性」論に依拠した「カント派」の自由論が「新たな意志決定論」であると断じ、「理性」と「意志」を概念上区別する必要性を提唱して、カント学派の自由論に対置して無制約的な「選択の自由」を唱えるとき、彼はこのレーベルクの異論に触発され、それから刺激を受けていることは間違いない。われわれは、本章の第二節でこのレーベルクの異論をやや詳しく検討することにする。

　カントの道徳哲学関連著作の公刊は、このような書評という形式での批判や異論の出現を促し、その根本原理に関する議論を活性化しただけでない。それはまたカントの道徳的諸原理を敷衍し、具体化しようとする機運をいっきに高めた。この時期、広い意味でカント派に属する若い哲学者たちが、カント的諸原理に沿いながら、だがいくらか独自の見解を加味した道徳論―自由論の著作や論文を集中的に公刊している[6]。本章の第三節では、それらのなかでもキーゼヴェッター（Johann Gottfried Karl Christian Kiesewetter 1766-1819）の『道徳哲学の第一原則について』（初版一七八八年、増補第二版の第一部一七九〇年、同第二部一七九一年）をとりあげ[7]、『一般学芸新聞』でのその書評を紹介、検討する。その増補第二版の第一部は「道徳の実質的諸原理」を、また第二部はカントの「道徳の形式的原理」を、さまざまな具体的諸事例に即して吟味、検討している。この著は、道徳のカント的諸原則から派生してくるさまざまな「応用問題」を、その原則に照らし合わせながら解こうとしている。したがって、われわれは「応用問題」のこの「解答書」を通して、カントの両著作の公刊から間もない時期にそれを契機に拡がっていた多くの道徳上の諸問題の議論の一端を窺い知ることができるだろう。

　だが、一七九〇年代に入ると、カントの原理の敷衍や応用にとどまらず、この原理を出発点としながらもその原理の枠組みを踏み越えるような道徳論、自由論が現われる。その一つが、シュミートの『道徳哲学の試論』（初版一七九〇年、第二版一七九二年）であり、もう一つが、先述したラインホルトの『書簡Ⅱ』（一七九二年）である。理論哲学の領域ではカント理論の優秀な解説者にとどまっていたシュミート[8]は、ここではカント的自由論の枠組みを大胆に超えていく。すなわち、彼はここで自ら「叡知的宿命論」と呼ぶ徹底した「意思決定論」を提唱している。彼によれば、「理性的存在者のあらゆる行為は、物自体の因果性の法則に従っており、それゆえ必然的である」、だがその必然性の根拠は「われわれの認識の限界を超えたところ」にあり、われわれには知られない。にもかかわらず、われわれの一切の行為は、われわれの意志に一切関係なく必然的に起こる。この「宿命論」は後に見るように、「意志の自由」の問題や行為における「帰責」の問題を台無しにすることに行き着きかねない。『書簡Ⅱ』が同じように――しかし、シュミートとは逆の方向へ――カントの自由論を踏み越え、「選択意志」の無制約的な自由を主張するにいたった背景の一つに[9]、カントの言う「理性の原因性」をこのように一面的に徹底した「意思決定論」、「宿命論」への対抗意識があったと考えられる。ともにカントの批判哲学を出自とする両者の自由論は、真っ向から対立している。人間の行為における自由と必然のこの対立が改めて、先鋭的に顕在化してきたのは、『実践理性批判』の公刊からほんの二、三年後のことである。数年前には、理論哲学の領域では他の哲学的党派との対決において結束していたカント学派は、実践哲学の領域では――意志と自由の問題を巡って――はやくも分解の兆候を示しているのである。

『一般学芸新聞』は、シュミートの『道徳哲学の試論』について初版以降版が改まるたびに[10]いつもそれをとりあげ、それぞれにかなりのスペースを割いている。それと対照的に、当時の哲学界にもっと大きなインパクトをもたらしたはずの『書簡Ⅱ』については全く無視している。「旧式のライプニッツ主義者の決定論」に代わって登場してきた「新式のカント主義者の決定論」を徹底的に批判している『書簡Ⅱ』は、その誤りの源泉を――カント自身に帰すことを表面上は避けながら――「カントの信奉者たち」の誤解に帰している。編集長シュッツに、カント自身に対する配慮だけでなく、『一般学芸新聞』の「使命」とさえ言える批判哲学の普及活動にとって、この厳しいカント学派批判をとりあげることは得策ではないという判断が働いたとしても不思議ではない。第四節では、この『道徳哲学の試論』の初版と第二版に対する書評を紹介、検討することにする。

第二節　レーベルクによる『実践理性批判』書評（*ALZ* 1788, Nr. 188a, 188b）

さて、問題の書評は一七八八年八月六日の『一般学芸新聞』（一八八a号、同b号）に掲載された[11]。レーベルクはテキストの道徳理論の諸内容を概ね認めながら、「第二批判」の論述を順次要約している。そして書評の中盤で総括的な評価をこう述べる。「およそ道徳なるものが存在するならば、そして道徳が単なる怜悧の教説に貶められるべきでないとするならば、道徳の諸原則は定言的でなければならない。必然性は理性認識のうちにしか見出せず、それゆえ純粋理性だけが純粋な道徳論の認識源泉である。このことはすべて疑いえない」（*ALZ* 1788, Nr. 188a, Sp. 351）。さらに、経験論的道徳論の擁護者たちは、『実践理性批判』の多くの箇所で強力かつ説得的に自分たちに浴びせられている非難からどう逃げようか、思案を巡らせていることだろうとまで述べている。だが、彼はすぐ続けて、こう問題を提起する。「しかし問題は、純粋理性はただそれだけで、理性が実働的であることの総合的原則を見出すことができるのかということであり、道徳法則としての純粋理性は感性的人間とどういう関係にあるのかである」（ibid.）。

書評者は自ら立てたこの問いをパラフレーズしながら、自ら答えようとする。「まず第一に、そもそも純粋な理性を思惟することは許されているのか?」。書評者の答えはこうである。「カテゴリーの実在性は、感性の純粋形式の直観を介して感官の諸対象に証示されうるにしても、可想体（noumena）はカテゴリーのもとに思惟することはできない、ましてや認識することなどできない。そうすると、許されるのは、純粋理性（一つの仮想体）を原因あるいは力と考えて、しかる後にその作用結果に相当するものを善と呼ぶことしかない」（ibid., Sp. 352)。かくしてレーベルクに従えば、「原因としての純粋理性のもとに」ありながら、「この作用結果としての善」に関係するのが、「純粋意志」である。こう考えれば、「自由を介して、原因としての純粋理性を（まったく未知の）或る客体に結びつける総合的原則が思惟可能になる」（ibid.）。つまり「時間のうちには作動しないような」原因性としての「純粋理性」は、「純粋意志」を媒介として、「時間のうちに作動する」作用結果としての「善（なる行為）」と連接される――これが、レーベルクがさしあたり提案する解決策である。

　当然、問題はこれで片付かない。それで書評者はさらに自問自答を重ねる。「ただ問題は、感性界と純粋理性との連関がどのように証示され、感性界で純粋理性の実在性がどのように証示されるか、ということである」（ibid.）。この問題こそ、書評者にとっては最大の関心事なのである。この書評でのレーベルクの疑念、批判はすべてこの一点に集約されると言ってもよい。ここでもまた、彼は自らの回答をこう提示する。「このことは、自分自身を純粋理性として、純粋意志や絶対的善の所有者として意識することを介してしか起こりえない。著者〔カント〕自身も〔『実践理性批判』の〕冒頭に述べているように、純粋理性は現実に実践的であるとき、初めてその実在性を証明する。しかし、第一のこと、純粋理性としての自己意識などどこにも実在していない。また第二のこと、純粋意志としての意識は、第一のことに依存している」（ibid.）。レーベルクが述べているのは、感性界にある人間は自ら自身のうちに、行為における「理性の原因性」を意識することはできないということである。かくして「感性界と純粋理性との連関」「感性界での純粋理性の実在性」は、『実践理性批判』では証示されていない、と彼は批判する。そしてこの「連関」を欠いている以上、純粋理性は直接的にも、間接的にも、現象世界で行為する意志を規定できない、したがって「純粋理性は実践的たりえない」というのが書評者の結論である。レーベルクは、「原因」（純粋理性）と「結果」（善い行為）の必然的連結が「感性界」（経験）に即して確証されて初めて、「実践的たりうる」と思い込んでいるのだが、カントにおいては「純粋理性が実践的たりうる」という言明は、「純粋理性がただそれだけで、一切の経験的なものから独立に意志を規定しうる」（*KA* V, 42）という確信に支えられている。ここに根本的な分岐点がある。

　だが、書評者はさらにこう続ける。「最後に三つ目として、絶対的な善の理念の説明（「分析論」第二章では、それが無駄に試みられているだけなのだが）を問題にするならば、そこからは理性に適合的なもの以外なに一つ聴き取れない。この善が超越的な目標（Objekt）と考えられるべきであるならば、そこからは熱狂（Schwärmerei）のほかなに一つ生まれてこない」（*ALZ* Nr. 188b, Sp. 353）。おそらく書評者は次のように考えているのであろう。この善の理念は一切の実質を欠いた「形式的なもの」にすぎず、しかも「理性法則」はもとより「形式的なもの」であり、「われわれの超越的な認識」もただ「形式的なもの」に向けられているのだから、ここでは、感性や経験から切断された「形式」による、「形式」への憑りつかれたような熱望しか起こってこない。それゆえレーベルクの評価によれば、理性の「理論的使用の場合と同じように」、ここでも「理性は自分自身のうちを回転しているだけであり、自分自身から外へ出ることはまったく考えられず、せいぜい自分自身にとっての総合的原則を発見できるだけである」（ibid.）。

つまり、ここでも書評者の批判は、純粋理性が「感性界」への「通路」あるいは「媒介項」を欠いているという点に向けられているのである。

書評は別の箇所でも「熱狂」に言及している。「法則についての満足がではなく、法則それ自身が感性の動因でなければならないという考え方それ自身がすでに熱狂である。法則に対する尊敬が一つの感情でありながら、それは感性的感覚ではないとでもすれば、それは（超感性的な諸対象を創案することを本質としている）熱狂以外のなにであるのか」（ibid. Sp. 355）。「法則のために、法則から直接的に生じてくることだけが道徳的に善であり、法則に対する尊敬がすべての感性的動因に害を与える」と考えるこの熱狂は、嵩じて「まったく危険な熱狂主義（Fanatismus）にいたり、感官の圧殺にいたる」ことになろう（ibid.）。カントが『基礎づけ』第一章で、意志を規定するものは「客観的には法則だけ」であり、主観的には法則に対する「純粋な尊敬の感情だけ」であると述べた直後、誤解をさけるために興味深い注を付して、この「感情」が感性的、感受的なものと類を異にする特殊な感情であることを強調していることは周知のところである。そして『実践理性批判』でも「分析論」第三章においてこの用語にたびたび言及し、それが「知性的根拠によって生じるような感情」であることをさまざまな表現で説明していることもよく知られている。もちろんレーベルクもそのことはよく知っている。しかし彼は、カントはその第三章で「この感情がまったく感性的な感情でないことを証明するために、あがいているだけだ」（ibid., Sp. 354）と酷評している。彼は法則に対する「尊敬の感情」が、かの叡知的原因と感性的帰結の媒介項であるためには、それが「感性的感覚」でなければならないと考えている。しかし、カントはその「期待」をも裏切っている。こうして彼は、カントがその道徳理論から感性的要素を一切排除していることこそが、「感性界と純粋理性の連関」や「感性界での純粋理性の実在性」を証示できない原因だと考えている。

それで書評者は、「第二批判」における「理性」から「感性」への「通路」は、法則に対する尊敬の感情としての道徳的感情にしか求められないと考え、その可能性を検討したうえで、そうした試みもカントではすべて失敗に終わっていると判定する。そして、レーベルクは一見奇妙な結論を引っ張り出す。すなわち、彼は道徳的理性と感性界での行為との結合を保証するには、理性はその実在を神に依存させなければならないと考える。可想的主体が感性界で行為し得る根拠は、可想的主体と感性界両方の創造主が神であることにしか求められない、と言う。

以上の書評内容から、『実践理性批判』がレーベルクにどう理解されていたかはもはや明らかであろう。すでに何度も述べてきたように、批評の要点は、純粋理性は感性界への「通路」を欠いているがゆえに、意志を直接的にも、間接的にも規定できず、それゆえ感性界におけるそれの「客観的実在性」を証示できない、よって純粋理性は実践的たりえないということにある。この異論に対して、カントは、感性界における純粋理性の実践的現実態は「意志の自律」に体現されていると反論できるであろう。[12] そもそも翻って考えるに、レーベルクの批判は、理性の「理論的使用」の場合とは違って「実践的使用」においては、純粋理性と感性を媒介する「図式」的機能が欠けているという点にあったと言い直すことができるのだが、「実践的使用」においてその機能を果たすのは、カントの場合「意志の自律」にほかならない。しかし、レーベルクは、問題の解決を「意志の自律」に訴えることに納得しないであろう。なぜなら、彼はこうも述べているからである。「自由が、感性界の一切の制約から独立しているということだけを含意しているというならば、道徳法則によって規定されている意志の本性を見出すという課題と、自由な意志の規定根拠の本性を見出すという課題、この両方の課題の解決は、同一の命題」になってしまう（ALZ Nr. 188b, Sp. 357）。彼は、「道徳法則によって規定されている意志」と「自由な意志」の規定とは初めから同一のものと想定されることに異論を述べているのである。すなわち、理性的形式である「道徳法則に規定されている意志」、そのかぎり理性的である意志と、感性にも規定されているはず（と、おそらくレーベルクが考えている）の「自由な意志」とが、初めから同形的であり、それゆえ同一視されていることに批判は向けられている。両者が同一であるかぎり、「自由な意志」の「自律」は本来的意味では成立せず、依然としてただ「理性の自律」が成立しているだけだ、レーベルクはそう考えていたに違いない。この批判には、後のラインホルトのカント批判と相通じるところがある。

　たしかにカントにとっては、両者は根本的には同一のことである。少し詳しく言っても同一の事柄の二つの側面である。だからカントは「意志は実践理性にほかならない」（KA IV, 412）とか、「自由な意志と道徳法則のもとにある意志は同一である」（ibid., 447）とたびたび――そして不用意に――述べるのである。だが当然ながら、これは、「実践理性」と「自由な意志」の概念内容が同一だということを意味していない。また、意志が道徳法則の命令に、自動的、必然的に従うということも意味しない。カント自身もこの点に留意して、「自由な意志」が「単に法則に服従するのではなく、意志はまた自己立法するものとして、そしてまさにそれゆえに初めて法則に…〔中略〕…服従すると見られなければならないという仕方で服従する」（ibid., 440）と述べている。すなわち、意志は、少なくとも格率を選択する意志は、道徳法則の定言命法に無媒介に従うのではなく、自らの格率を自らで法則に高めることによって、そういうかたちで「自己立法するもの」であるかぎりで、法則に服従する。

　だが、それでも問題は明瞭になっているとは言い難い。ここでもなお「理性の自己立法」と「（選択）意志の自己立法」はどのように関係するのかという問題には明瞭な回答が与えられていないからである。それゆえ、レーベルクが抱いている、そしてその他の多くの同時代人が同様に抱いているのは、カントの言う「自由な意志」が実体化されたうえで、初めから予定調和的に「実践理性」と「道徳法則」の（叡知的）圏域のもとに包摂、収容されているのではないかという疑念であろう。その疑念は、いうなれば定言命法の「発信人」と「受取人」が根本的には同一人物であり、しかも両人はともに「叡知界の住人」と想定されているではないのか、という疑念だと表現してもよかろう。それでは、やはりその「自由な意志」は自由たりえないのではないか、とレーベルクは考えている（もちろん、カントはかの「発信人」と「受取人」が同一人に「なるべき」だ、と主張しているのであるが）。「選択意志」が自らの自発性に基づく選択によって（理性的法則をではなく）感性的欲求の規則を採る場合には、カントがそれを「自由な意志」とは認めていない――意志は、実践理性の命令に従うかぎりでのみ自由である――ことが、この疑念をいっそう強めている。一方の自覚的選択（道徳法則の遵守を選択すること）が自由であるのに、もう一方の「自覚的」選択（それに反する格率を選択すること）は自由でないとすれば、前者の「自由」がいかなる意味で自由と言えるのか、それは理性的「必然性」の裏返しではないのかという疑念がさらに浮上して来るだろう。

　こうして、レーベルクの批判点はつまるところ、カントにおける実践理性の「自己立法」と意志の「自己立法」の「区別と関係」が明瞭に示されていないことに行き着くと言えるだろう。そしてここからは、一方の「道徳法則のもとにある意志」＝「自由な意志」（ibid. 447）と、もう一方の自ら道徳法則を格率として採用しようと決断する意志との間には、カント自身が為していたのよりもっと強い区別が設定されるべきではないのかという問いが浮上してくる。カントの諸表現では、両者がシームレスに接合されている、あるいは同一視されているという印象は否定できない。ラインホルトが一七九二年にレーベルクの書評から「実り多き示唆」を得たと書くとき、書評がこの問いを再考することを促し、彼自身の「（実践）理性」と「（選択）意志」の概念上の分離論の形成に一つの示唆を与えたのだと考えられる[13]。

第三節　キーゼヴェッター『道徳哲学の第一根本命題について』とその書評

　この著の初版はわずか一一二頁の小著であった。それが第二版では大幅な改訂増補がおこなわれ、しかも主として道徳の「実質的諸原理」を対象にする「第一部」と、その「形式的原理」を論究する「第二部」とが別々に出版された。両版とも、カント派に属するハレの員外教授（後に正教授）ヤーコプ（Ludwig Heinrich Jacob 1759-1827）[14]の論文「意志の自由について」を「第一部」巻頭に配している。

　この著の特徴は、非常に豊富な具体的実例を挙げて、それらに即して道徳のカント的諸原理を吟味、検証しようとしている点にある。「第二章　道徳哲学の諸原理の吟味」の「第二節」は「実質的諸原理の吟味」を扱っているが、これ以降「第八節」までがモンテーニュ（Michel de Montaigne 1533-92）、マンデヴィル（Bernard de Mandeville 1670-1733）、エピクロス（Epikouros 341-270 BC）、ハチソン（Francis Hutcheson 1694-1746）、クルジウス（Christian August Crusius 1715-75）らの「道徳原理の吟味」に充てられている。「第二部」では、「形式的道徳原理に従属したものとして考察されるかぎりでの実質的道徳原理の妥当性と正しさ」と題された「第五章」で、「道徳感情」、「尊敬の感情」、「幸福と自愛の原理」等が吟味されている。そして「第六章」では、「道徳の形式的原理に対する異論」を取りあげ、想定される異論を「第一異論」から「第八異論」まで挙げては、それらを事細かに論駁している。さらに「第七章　道徳理論のキリスト教的原理とカント的原理の比較」では、著者はイエスの説いた道徳原理とカントの原理の比較を論じている。そして、最終の「第八章」の表題、「徳と道徳性は空虚な名目ではなく、理性自身のうちに根ざしている」が著作全体の総括的結論を表している。さて、このように多岐にわたる主題のすべてをここに紹介することはできない。それで以下では、「第二部」で論じられている諸主題のうち、とくに興味深い二つの主題についての論述を紹介するにとどめる。

1.「窮余の嘘」問題とイエスの「愛」のカント的解釈

最初のそれは、現代まで繰り返し論じ続けられている論点にかかわる主題である。すなわちそれは、人間はいついかなる状況でも「嘘」をつくことは許されないのかという、いわゆる「窮余の嘘」の正当化問題である。カントが一七九七年の論文「人間愛から嘘をつく権利と称されるものについて」[15]において、「たとえ人殺しに追われている友人を助けるためであっても、その人殺しに対して嘘をつくことは誠実の義務に反している」と主張したことはよく知られている。カントはこの論文では「法義務」の観点からそう主張しているのであるが、この主張は、内実を無視した形式主義、例外を許さない厳格主義の典型例とみなされ、ペイトン（Herbert James Paton 1887–1969）の異論以降、現代まで様々な議論を呼び起こしてきた。キーゼヴェッターは興味深いことにすでに一七九一年に、六年後のカントとまったく同じ状況を設定して、「窮余の嘘」が許されるか否かを論じているのであるが、どうも、この特殊な状況設定下での「窮余の嘘」の可否問題は、――彼の独創でも、カントの独創でもなく――ずっと以前から哲学者の間ではよく知られた事例であったらしい[16]。

「第二部」「第二章」で著者は、道徳的規則に例外を認めることが許されるかどうかという問題に言及し、「一度このことを、或る事例に即して」検証してみたいと思うと述べる。そして、その事例をこう説明する。

「私が私の部屋に居ると、一人の友人が飛び込んできて、隣の物置部屋に身を隠した。弾丸の入ったピストルをもった一人の男が激怒し荒れ狂いながら彼を追っていた、そして私の友人が隣の物置部屋に隠れたかどうか、私に尋ねた。私が彼に答えないと、彼は押し入り、私の友人は殺されるだろう。彼に抵抗し、彼が物置部屋に入るのを防ぐには私は弱すぎる。私は何をなすべきなのか。私は嘘を言い、彼は物置部屋にはいないと否認すべきなのか、この嘘は許されるものなのか否か？　一見するに、この場合には嘘は許されるように思える。一方には明白な危険が認められ、もう一方には言い方次第で、ほんの一言で、この危険が回避されるかもしれない状況がある」[17]。

しかし、著者は「事態をもっと詳しく探求してみれば」、このような場合にも「嘘」をつくことは道徳的には許されないと言おうとする。そのために著者はさまざまな論拠を挙げている。著者が言うには、まず、侵入者が私に「尋ねている」ということ自体が、人はいかなる状況でも「嘘」をつくべきでないということを前提にしている。もしそうでなければ彼は私に尋ねなどせず、問答無用に物置部屋に押し入るであろう。そして、「私が嘘によって友人を助けたいと思っている」ことそのこと自体が、人はいかなる状況でも嘘をつくべきでないということが「普遍的法則」であることを前提にしている。そして、上述の事例をこれまで論じてきた道徳の「形式的原理に則って吟味しても」、結論は同じになると著者は主張している。すなわち、

「上述の事例において嘘をつこうとする者は、次のような格率をもっていると言えるだろう。すなわち、嘘をつくことによってより大きな利益が得られうる場合には、嘘をつくことが許される。さて、彼がこの格率が道徳的であるかどうかを知るならば、彼はただちにこの格率が普遍的法則になるだろうと想定しているに違いないし、そして、そうするとこの格率は意志を規定するのにも役立つだろうと見ているに違いない。しかし、このようなことを

前提にすれば、この格率は真理と虚との一切の区別は廃棄されてしまうのは明白である。他の人間が何かを語ったとしても、彼が言っていることが真理なのか嘘なのか誰も知ることはないであろう。（実際のあるいは想像上の）或る利益が彼を嘘つくように衝き動かしたのかどうかさえ、彼自身が知りえないのだから」[18]。

ここでキーゼヴェッターは、『基礎づけ』でのよく知られた議論に依拠して、場合によっては「嘘」が許されるという格率はそれを普遍化すると自己矛盾をきたす、それゆえ普遍化不可能な格率を採用することは許されないと主張しているのである。それに加えて、彼は副次的な論拠をこうも述べている。「この最初の帰結に留まっていることはできない。たとえ、嘘をつくことの最初の結果が良く、嘘をつかないことの最初の結果が悪かったとしても、その第二の、第三の、第四の結果等々が同じになると誰が断言できるのか」[19]。キーゼヴェッターはここで、「嘘」をつくことは許されるかという一般的問題と「人殺し」の事例のような「窮余の嘘」の問題とを特段に区別していない。この主題の専門的研究によれば、カント自身は「一七八〇年代前半の倫理学諸講義」では「窮余の嘘」が許される場合を認めていたのだが、その後、「義務分類」の修正によって、いわゆる「嘘」論文での帰結が導出されたのである[20]。すると、キーゼヴェッターは「窮余の嘘」に関しては、一七八〇年代前半のカントの見解とは異なる見解を述べ、また一七九七年のカントの主張を先取りしているということになる。だが、『一般学芸新聞』の書評は――以下に見るように――この見解に異を唱えている。

もう一つの主題は、「第七章」で論じられている「イエスの道徳原理」と「カントの道徳原理」の比較検討である。問題になっているのは、イエスの説いた「神への愛」と「隣人愛」をカント的原則からどう理解するべきか、とくに「愛」をどう理解すべきかである。これらの問題を論じる際に、著者が批判の対象としているが、「エンマ宛のエヴァルトの書簡（*Ewalds Briefe an Emma*）」という著作[21]である。著者はこの著作を長々と引用し、その主張に逐一批判を加えている。「第七章」の終盤には、一〇箇条にわたるイエスとカントの主張の対照的テーゼを同著から引いて、その一つ一つを吟味している。

さて、キーゼヴェッターは、「愛」という言葉には「二重の意味」があり、それに「感受的（pathologisch）」意味を付与することも、「実践的」意味を付与することもできると言う。「感受的意味での愛は、好意の傾向であり、この傾向は或る対象の実在に対する満足に基づいているのに対して、だれかに実践的な愛を表明するということは、その人に対する義務を進んで果たすということである」[22]。「神への愛」であれ、「隣人愛」であれ、イエスはどちらの「愛」を説いているのか。著者によれば

> 「イエスは愛という言葉を感受的に理解してはいまい。傾向性としての愛を命じるというのはばかげているからである。傾向性が命じられることなどありえず、それは見いだされるものに違いない。また神もけして感官の対象ではないのだから、けして傾向性の対象ではない。それゆえ、『何ものにもまして神を愛せよ』という言葉は、ほかでもなく『神の命じるところを進んで果たせ』、そして…〔中略〕…『その命じるところを他のこと一切に優先させよ』と言わんとしているのである。また、『汝の隣人を汝自身

のごとく愛せよ』という言葉も、ほかでもなく『隣人に対する義務を汝自身に対する義務のごとく果たせ』ということを意味しているのである」[23]。

著者はここでも、完全にカントの立論に依拠して語っている。カントはすでに『基礎づけ』で「感受的な愛」と「実践的な愛」の区別に触れ、次のように語っていた。「感受的な愛」は「感覚の性向のうちに」、そして「いたずらに温柔な同情心のうちに」あるのに対して、「実践的な愛」は「意志のうちに」、そして「行為の原則のうちに」ある。そして、そもそも「傾向性としての愛は、命じられることはありえない」のだから、「実践的な愛だけが命じられることができる」(*KA* IV. 399)。『実践理性批判』も、「神への愛」と「隣人愛」の核心にあるのは「実践的な愛」であることを、上述のキーゼヴェッターの文章とほとんど同じ言葉で語っている（*KA* V. 83)。

それに対して、エヴァルトはこう解釈している。「隣人愛や敵への愛へのイエスの指令を、カントはとかく義務に基づく無情な善行への指令に変えたがる」。しかし、「感情（Empfindung）を欠いた『実践的愛』ほどイエスの精神からかけ離れているものはないように私には思える。そんな愛などおよそ私には理解できない」。「イエスの場合、愛はいつも感情であり、けして行為ではない。イエスは愛を根底に置いており、そこから行為が生じるのであり、愛をけして行為それ自身にすることはない。彼のよきサマリア人の場合、隣人愛は感情を欠いた義務から始まるのではなく、哀れみから始まるのである」[24]。つまり、対立点は、「愛」を「意志」と「行為の原則」に根ざし、そこから派生するものととらえるか、むしろ「感情」としての「愛」が根源的で、「意志」と「行為」がそこに発するととらえるかにある。

キーゼヴェッターは、それでもイエスの道徳的原則とカントのそれとが「完全に一致している」と言う。その論拠はこうである。そもそも「神への愛」や「隣人愛」が説こうとしているのは、「汝の行為に際して、単に汝自身を考慮するのでなく」、「その前に、汝が為そうとしていることが神の命令とも、汝の隣人に対する義務とも一致するかどうかを探求せよ」ということにほかならない。だから、それは「すべての理性的存在者」によって認められうるような行為だけが善いとする「道徳の形式的原則」と一致しているはずである。

「かくして、この点ではイエスの原則はカントのそれとは完全に一致するであろう、そしてこの点に関しては、たぶん両派とも見解を一にしているはずである。すると、係争点は、キリストが善くあるべき行為を作動させる根拠として何を求めていたのかということだけである。（たとえばエヴァルト氏のような）若干の人々は、キリストは愛を…〔中略〕…意志の規定根拠として挙げていると主張する。しかし、他の人々はカントともに、キリストはこの原則において、われわれの行為が道徳的であるべきとき、われわれの意志の規定根拠がどうでなければならないかを示そうとしているのではなく、むしろ、われわれの努力目標であるべき人倫の目的をわれわれに指し示しているのだと主張する。…〔中略〕…前者は、キリストは感受的な愛を命じているのだと主張し、後者は、キリストは実践的な愛を命じているのだと主張している」[25]。

つまるところ、キーゼヴェッターは、一つにはイエスの伝える「指令」が普遍性をもっているという点でカント的な「道徳の形式的原理」と一致していると主張し、もう一つにはイエスの説いた「愛」がカントの言う「実践的な愛」だと——カントに倣って——強弁している。だが翻って考えるに、「感情（傾向性）としての愛」は命じられないのだから、イエスの命じている「愛」は「実践的」なはずだという論法は、「感情（傾向性）」と「理性」の二分法を前提とした背理法に依拠しており、そうであるかぎり説得力を欠いているように思える。そもそもカントもキーゼヴェッターも、「実践的な愛」の内実を、とりわけそれが「愛」と呼ばれなければならない理由をほとんど語っていない。カントが語っているのはせいぜい、この「愛」なるものが「義務を進んで遂行する」という行為的性格を含んでいること、そして、それは「道徳法則に対するひたすらな愛」（*KA* V. 84）でもあることだけである。つまり、カントが「実践的な愛」と呼んでいるものは、「実践理性」に根ざした「理性的な愛」にほかならない。だが、この「愛」が理性的であるという主張は、「道徳法則に対する尊敬の感情」が理性的なものであるという主張と同様に、十分な説得力をもっているようには思えない。かくして、両者とも、それが敢えて「愛」と呼ばれねばならない理由を説明していないのだが、キーゼヴェッターはカントの言説に忠実に、イエスの教説をカントの道徳理論のなかに包摂しようと躍起になっているのである。カント的理論の枠組みでは、道徳的行為において意志を規定するのは「感情」であってはならず、「理性」こそが意志を規定しなければならないからである。

2.『道徳哲学の第一根本命題について』のALZ書評（ALZ 1791, Nr. 348）

本書に対する『一般学芸新聞』の書評は、一七九一年の三四八号に掲載された。割かれたスペースはごくわずかである。まず書評者は、初版からの大幅な改定増補が「非常に目的に適って」おり、増補には「この数年来、道徳哲学が獲得してきた」主題の拡大や解明の深化、改定などが十分に生かされていることを褒めている。そして著者は「最も重要な道徳的教説の考え方を分かりやすく説得力あるかたちで示すのに、独自に多大な貢献をするのに成功した」と称賛している（*ALZ* 1791, Nr. 348, Sp. 668f.）。書評者の見るところ、本書に認められる豊富な具体的事例による議論の具体化は、「とくに興味深く、また著者に独自のものでもある」。そして「形式的な道徳原理の実質的諸原則に対する関係」や「形式的な道徳原理のキリスト教的道徳理論に対する関係」、またこの原理に対してなされてきた「もろもろの異論の反駁」などは是非とも「一読に値する」（ibid., Sp. 669）。書評者はおそらくカント陣営の一員なのであろう。それで書評者は、この二五歳の若者がこの著を通してカント道徳哲学の具体化、敷衍化と普及に寄与した功績を多としているのである。

だが、他方で著者が「道徳的厳格さ」にこだわるあまり、「道徳的要求の限界をおそらく踏み越えているような或る決定〔を下していること〕」に異論」を述べざるを得ない、と書評者は言う。それが、例の「窮余の嘘」の事例である。原文を引用して、問題となっている特殊な状況を正確に説明したうえで、書評者は言う。「より大きな利益が得られる場合には嘘が許されるというのは、「もちろんまったく非道徳的な規則であるだろう。しかしかといって、それは、この行為がそれによってだけ余すところなく判定されうるような格率でもないであろう」（ibid.）。そして、こう続けている。

「この場合、不法行為が前提になっていること、敵対者が激情しており思慮を欠いていること、私の友人に対する義務に適った配慮、私が彼を救ってくれるだろうという暗黙の契約に基づいた、彼の正当な期待等々、これらすべてのことを考慮に入れるのを忘れてはならない。誠実であるという義務は、人間の他の義務どれもがそうであるように、一面では人間性とその理性的目的に対する当然の尊敬を拠り所としているが、もう一面では真理と真理の認識が同じ人間性に対してもっている価値を拠り所としている。したがって、真理と真理の認識を人間性のために守り促進することは、普遍的に妥当する格率であるが、しかし、その真理と真理の認識をいつでも人間性とそれの使命とに従属させることもまた普遍的に妥当する格率である。すなわち、真理と真理の認識を私の感性的な私的目的を実現する手段として使用するのでなく、理性の自律的目的のために、すなわち理性的存在者のために使用することも、普遍的に妥当する目的である。したがって、上に挙げられた事例においては、私が本当のことを述べないとしても人間性は傷つけられない、そして真理一般の価値は見誤られることも否認されることもなく、最終的には、理性に根ざした正当な要求、理性の告知に対する人間性の要求は少しも傷つけられない。逆に私が本当のことを述べたいと思う場合、私は法則の字句を守るかもしれないが、しかしそれは法則の目的と精神を損なうことになるだろう」(ibid., Sp. 669f.)。

書評者は、「真理」を述べる際に「人間性とその使命とに従属させる」という観点をもち出している。そして、この「普遍的に妥当する目的」のために「嘘」をついても、「人間性の要求は少しも傷つけられない」と主張している。だが、カントの一七九七年の論文は、そのような「虚偽の言表」は「言表一般の信用をなくさせる」がゆえに「それは、人間性一般に対して加えられる不正であり」、「法の源泉を使用不可能にすることによって人間性一般に損害を与えるのである」(*KA* VIII, 426) と述べている。具体的状況のもとで「嘘をつく、つかない」という行為の道徳的正当化のために、どちらもが「人間性」という理念を盾に反対の結論を引きだしているわけである。現代でもなお議論の対象となっている「窮余の嘘」問題は、すでに一七九一年の段階で、カント派内部の論争的課題となっていたのである。一七九〇年代に始まったカント道徳哲学の具体化、応用化の努力は、この道徳哲学の普遍主義的形式主義がはらんでいる諸問題に直面せざるをえなかったのであり、「窮余の嘘」問題の議論はその典型例である、と言えよう。

第四節　シュミート『道徳哲学の試論』とその書評

1．シュミートの「叡知的宿命論」

『道徳哲学の試論』はその初版が一七九〇年に公刊された。シュミートはその「第一部　実践理性の批判」(§10～§261) の最終部で、さまざまなレベルの行為の自由が自然必然性と両立し得ることを、順を追って段階的に論証しようとしている。以下、その議論の歩みを追ってみる。[26]

まず彼は、「決定論 (Determinismus) の体系と帰結」の節 (§223) で次のような自分の根本的立場を表明する。「私の意志の行為はすべて自然のうちでの出来事にほかならず、それゆえ自然法則に服している。…〔中略〕…それゆえ、私が時間的状況のすべての総和が必然的に伴っていることとは別の何かを意志したり、行為したりすることはまったくありえない」（*Moral-1*. §223. 184f.）。「いわゆる道徳法則も、それが…〔中略〕…もう一方の欲求能力の物理的（心理的）法則と衝突しないかぎりでだけ、妥当するにすぎない。その拘束力（当為）も、自然の諸力の作用結果の一種の物理的必然性である」（ibid. 185f.）。そして「意志の自由と必然性に関する問題が、意志の行為がいつでも一定の仕方でそれにしたがっているような法則は存在するのか、しないのかというように規定されるならば」、理性は当然法則の存在という見解のほうを採る（ibid. §224. 187）。「決定論ということで、自然のうちにどんな偶然も認めず、或る出来事がまったく偶然に起こったというようないかなる説明も斥ける哲学を理解するなら、決定論が唯一正しい理性的な哲学である」（ibid.）。ここまでが、シュミートの議論展開の第一段階である。

　しかし、当然ながらシュミートも、人間の行為には「自由な感性的選択意志」や「実践的自由」が存在することを認める。だが、それらはいつも「経験に適合的に」働き、「われわれの決断と行為」に対する「感性」の影響から完全には脱却していない。しかし、それらとは違って「道徳的自由」は、「道徳法則をわれわれの意志の動因として意識することが、理性がそれだけで自分自身の純粋な理念にしたがって意志を規定する資能があるということをわれわれに確信させる」ことに基づいている（ibid. §227. 190）。かくして彼によれば、自由は、われわれが「感性的欲求能力を動機として（§225　選択意志的に（willkürlich））」自由に行為するか、あるいは「感性的に適用された理性の運動根拠に基づいて（実践的に自由に（praktischfrei）、理性的に思惟され、理性と結合された感性的動機に基づいて§226）」行為するか、それとも「純粋な理性理念に基づいて（道徳的に自由に（moralischfrei）、§227）」行為するか、そのいずれかなのである（ibid. §228. 190）。しかしシュミートはこのいずれの場合にも、いつでも「いたるところに必然性（Ueberall Nothwendigkeit）」が貫徹しているのだ、と再び言う。なぜなら「我々が知覚している」これらのどの「行為の状態」にも、「われわれの心意と誘因となる外的事物の別の状態が時間的に先行しており」、前者の「状態」は後者の「状態」から「規則的にかつ一様に生じてくる」以上、もし先行的「状態」に欠けるところがなかったならば、「行為しないということも、また実際に生じた行為とは異なる別の行為も考えることはまったく不可能だ」（ibid. 191）からである。つまり、シュミートが言わんとしているのは、人間の「行為」を物理的「出来事」とみなすならば、上記の三種類の「行為」はどれも自然的諸法則に服しており「必然的に」生じてくるということであり、そして、三種類の「行為」の「自由」はどれも経験的世界の自然的因果必然性と両立するということである。

　確かにカントも『純粋理性批判』の一節で、時間的継起の規則に従っている「自然必然性」は時間的継起を超えている「自由」を「触発することはなく」、「両者は互いに独立に、相互に妨げられずに成立しうる」（A 557. B 585）ことを縷々説明している。ただし、そこでカントが問題にしているのは、「自由の現実態」ではなく、「超越論的理念」としての「自由」である。だが、シュミートが続けて以下のように主張するとき、彼はすでに半歩カント的原則を踏み越えている。すなわち、人間の「どんな行為もその知覚できる根拠」は、実はその行為者の「力のまったく及ばないところにある」、したがって「人間の行為はすべて、今もかつ永遠に、世界の諸力の競合（Conkurrenz der Weltkräft）に基づく押しとどめ難い必然性にしたがって生じてくる」（ibid. §230, 192）。この「必然性」は、経験的世界での自然必然性とは異質な必然性であることに留意しなければならない。そして、この「世界の諸力の競合」がわれわれの経験を超えた叡知界に属する出来事であることは――それゆえ彼の宿命論が「自然的」宿命論ではなく、「叡知的」宿命論であることは――のちに明らかになる。ここまでが、いわば議論展開の第二段階である。

しかし、――シュミートは、それでもなお慎重に議論を積み重ねている――そうすると「思弁的理性」と「実践的理性」の間に「公然たる葛藤」が生じてくる。「思弁的理性の証言するところによれば」、「行為は自然法則にしたがっており必然的であり、時間的状況に一定の仕方で規定されている」。それに対して「実践理性の証言するところによれば、それにもかかわらずこの行為と反対のことも道徳的に必然的であり、したがって一切の時間的状態に反してもそれは可能である」（ibid. §238, 197）。そこでシュミートはこの葛藤を解くために、行為の主体を二重の観点のもとに――すなわち、カントに忠実に、「経験の対象としての私」〔経験的自我〕と「物自体としての私」〔叡知的自我〕として――考察し、後者を「主語」、前者を「述語」として、この両者を結合する「判断」を成立させるという「統合案」を提唱する（§239, 240）。すなわち「私の知覚されたあるいは知覚可能な行為を述語として、これを行為の主語としてのこの〔叡知的〕私に関係づけるならば、私の行為はたしかに依然として時間のうちで起こる作用結果でありながら、しかし、この行為の根拠は時間的に先行した現象のうちにあるのではなく、もはや時間的区別が一切起こらないような或るもののうちにある」（ibid. §240, 199）と言えることになる。ここでは、イェーナの正教授で意志決定論者ウルリッヒが一七八八年の著作で語っていた「それの直接的作用は時間のうちに作動するのに、それの原因性は時間のうちに作動しないような、…〔中略〕…或る原因」とその作用結果をどう説明するか、が問題になっているのである。提出された解決策は、有限な理性的存在者を二重の観点のもとに考察し、そのことを通して、自然必然性の貫徹を現象界に認めながら「自由」の究極的根拠（「超越論的自由」）を叡知界に確保しようとしているのであるが、この「二重の観点」をカントも『純粋理性批判』以降繰り返し強調してきた[27]。

このような二重化に基づいて両者を主語―述語として結合することによって、「この自我それ自体の行為は〔時間上の〕始まりをなさないのに、しかしその行為が、始まりをなすような現象する作用結果に関係づけられる」（ibid. §240, 199）ことが思惟可能になる。同じことだが、「その現象する作用結果からすれば自然法則に従っているのに、この法則から独立であるような行為を思惟すること」が可能になる、また「その実働態〔原因性〕が始まりをなしているわけではないのに、その作用（Effekt）が始まりをなすような実働性の能力を思惟すること」が可能になる（ibid. §241, 200）。かくして――シュミートはこう言う――「絶対的自由を、またそれを〔経験のうちには直接に与えられていない〕形而上学的能力と考え、〔現象ではないものが現象に関係することによって考えうる〕超越論的能力と考えれば」、絶対的自由という考えも矛盾を含まなくなる（ibid. §242, 201）。

もちろん、これで問題がすべて片付いたわけではない。かの叡知的

「主語」と経験的「述語」の統合が成立しているなら、「道徳に反する行為」がどうして生じるのかという問題は、それだけいっそう解きがたいように思える。「決定論者」シュミートはそれを経験的世界の「偶然」に帰すわけにはいかない。彼はそうした行為もまた必然的に生じると言わざるをえない。「道徳に反する行為」の生起は、彼によれば「理性の実働性に起因するのではなく、（理性的ではない）別の力が働くことに」に起因する、すなわち、叡知界で「理性の自己活動」に「妨害（Hindernisse）」が起こり、それによって理性の実働性が本来の姿で作動しなくなることに起因する（ibid. §252, 206f.）。この「妨害」が生じると、これを根拠として「道徳に反する行為」も「必然的に」生じる。だがそうすると、或る行為に「罪」が帰せられるか、「功績」が帰せられるかは、ひとえにかの「妨害」が起こったか、起こらなかったかによることになろう。

　だから、この場合「不可解なこと（Unbegreiflichkeiten）」（§254）が生じてくることを、シュミートも認めている。すなわち「われわれの認識能力のうちには」けして決定的な解答を見いだせないような、次の二つの問題が生じてくるからである。「（1）理性と理性の自己活動がどのようにして可能になるのか？　理性は現象と現象の自然法則をどのように生み出すのか？　（2）すべての知覚可能な行為のうちに、同一の理性活動、同一の道徳性が露わにならないのはなぜなのか？　ときには意志の規定する能力がより多く発現し、またときには意志の規定可能な能力がより多く発現してくるのはなぜなのか？」（ibid. §254, 208）。しかし、この問いに答えられなくとも、「それでも、いたるところに必然性（Dennoch überall Nothwendigkeit）」（§255）が貫徹しているのだ、と三度シュミートは言う。これ以降の展開が、いわば第三段階の議論に相当する。

　これらの問いにわれわれの認識能力が答えられないのは、（道徳的な行為も、不道徳な行為も含めて）われわれの行為一般の根拠が、感性の諸制約の一切を超えた「叡知的」原因に存するとされているからである。それでもシュミートは、この「叡知的」原因が感性界における理性の作用結果を制限することはできないとはけっして言えないと言い張り、「われわれは、この蓋然的（problematisch）考えを断固として思惟しなければならない」（ibid. §255, 209）と主張する。この「叡知的宿命論」が「蓋然的」なのは、それが――シュミート自身も認めているように――われわれに「行為のいかなる規定根拠も示すことができず」、「理性の実働態を制限している諸限界が、われわれにとってはまったく規定できないままである」（ibid. §257, 211）からである。

　われわれは、カントがまた次のように述べていたことも思い起こす必要がある。すなわち

> 「われわれは、自由な行為の判定に際して、その行為の原因に関しては、叡知的原因にまでしか遡及できず、この原因を超えてさらに先に進むことはできない。われわれは、叡知的原因が自由であるはずだということ、すなわち感性から独立に規定されており、そのようにして現象の感性的に無制約な制約でありうることを認識できる。しかし、目下の事情のもとで叡知的性格が他でもなくこの現象を生ぜしめ、この経験的性格を与えるのはなぜなのか、これは、それに答えうるわれわれの理性の能力を超えたことである」（A 557, B 585）。

　したがって、シュミートもおそらくカントのこの言を踏まえて「道

徳性に対しては、時間的状態はみなわれわれに非理性的に行為するよう強制できないということ、これがわれわれの知りうるすべてであるのを知る、あるいはそう信じるだけで十分である」（*Moral-1*. §257. 211）と言う。そもそも、道徳に反する行為の出現という「例外的出来事（die Ausnahmen）は、われわれに可能な認識の限界を超えたところにある或るものに根拠をもっているがゆえに、それはわれわれの意志に左右されることはない」（ibid.）と考えなければならない。

かくして『道徳哲学の試論』初版は、カントの「理性の原因性（Causalität der Vernunft）」論に立脚しながら、かつ人間についてのかの「二重の観点」論を援用することによって、叡知的自由と感性界における自然必然性の貫徹との両立可能性を説こうとしている。だがその結果、この「叡知的宿命論」は、われわれの特定の行為の「規定根拠」を「われわれの力の及ばないところ」の出来事に求めざるをえないだけでなく、さらに踏み込んで、かの「妨害」を原因として道徳に反する行為も不可避的に生じると主張することによって、道徳的「帰責」の問題を台無しにしかねない危険性を含んでいたのである。

2．シュミート理論の背景、ウルリッヒの「決定論」とそのALZ書評（ALZ 1788, Nr. 100）

この『道徳哲学の試論』が、カントに批判的な「意志決定論者」でイェーナの哲学部の正教授ウルリッヒの『自由論』[28]の強い影響下にあることを付け加えておこう。この『自由論』は、行為についての意志の「決定論」と「非決定論」を比較、検証して、「決定論」の正当性を主張しようとしている。まず、本文冒頭の「第一章」の表題は、彼の基本的立場をこう表明している。「必然と偶然の間には、決定論と非決定論の間にはいかなる中間の途も存在しない」[29]。この表題は、実は暗にカントに向けられている。ウルリッヒはカントが「中間の途」を歩もうとしているとみているからである。意志には常に道徳法則が与えられており、そしてそのかぎり意志は道徳法則によって規定されているのに、それにもかかわらず依然として意志は自由であるというカント的理説は、ウルリッヒの見るところ、「非常に作為的なやり方」で「一面では、自然必然性を回避するとともに、もう一面では、偶然を回避している」[30]。そして彼によれば、この「折衷案」の成否は「或る原因の直接的作用結果は時間のうちに作動するのに、その原因の原因性それ自身は時間のうちに作動しないような、そういう原因の可能性の超越的理念」[31]を考えることができるかどうかにかかっている。ウルリッヒのこの所見は、たしかに的をついている。かの「理性の原因性」論を放棄せず、これを（もう一つの要諦である）人間についての「二重の観点」論と結びつけようとするかぎり、叡知界に設定された「原因」と現象界におけるその「作用結果」との因―果連関を思惟せざるをえないという難問が浮上するのである。

ウルリッヒは問題を解くために、「或る状態を自らで始める」理性の叡知的「能力」そのものと、「この能力の適用（Anwendung）、あるいは適用の不履行（Unterlassung）」とを別の事柄と考えることを提唱する。だがそうすると、叡知的能力がときには「適用」され、実働するのに、別のときには適用されず「不履行」に終わる理由を説明できる根拠がどこにあるのか、という問題が改めて生じてくる。その根拠が存在すると想定すれば人は「決定論」に行き着き、その根拠の存在を否認すれば「偶然」の実在を容認しなければならなくなる。決定論者ウルリッヒの答えはこうである。「理性の不履行は、理性の能動性の根源的で不易な欠如（Mangel）であり、叡知的性格の機能不全（Schwäche）であるのに対して、理性の適用は、より高次な能動性と実働性の根源的で、これまた不易な状態のことではないのか。そう考えればわれわれは、叡知的性格の不易性とともに、必然性（これはカント的な意味での自然必然性ではない）を有することになる」。そして、彼はこう続ける。「しかし、経験的性格は必然的に叡知的性格に根ざしている――かくして、ここにも必然性があり、それゆえいたるところに必然性（überall Nothwendigkeit）がある」[32]。この表現を、シュミートが何度も繰り返しているのはすでに見たところである。さらに、ウルリッヒもかの「不履行」の原因を叡知界での「妨害」の生起に見ている[33]。かくして、シュミートの「叡知的宿命論」は、ウルリッヒのこの「決定論」を引き継ぎ、これを徹底したところに成立していると言えるのである。

実は――より興味深いことに――ウルリッヒは、理性能力の「適用の不履行」という着想や「妨害」という観念を、カント自身のテキストから引っ張り出し、それに基づけて自説を正当化している[34]。すると、ウルリッヒもシュミートも、カント自身の言葉に依拠して、首尾一貫した「決定論」や「宿命論」を展開しているということになる。

ところで、『一般学芸新聞』はこの『自由論』もすでに一七八八年の一〇〇号でとりあげている。八欄におよぶ比較的長いこの書評も、論点を「宿命論」にかかわる「第一章」に絞っている。書評は、「人間における自然的なもの（das Physischen）と道徳的なものの区別」、および両者の「連関」から説き起こし、そしてこの「区別」と「連関」を解明するという「課題の本当の問題点」がこれまで誤解され、そのもろもろの困難が隠されてきたと説いている。書評者によれば、『自由論』もその典型例である。ウルリッヒは自分の「決定論」を「唯一正しい体系」だと宣言し、これが「道徳と両立すると説明するだけでなく、道徳に有益だと吹聴しようと骨を折っている」（ALZ 1788. Nr. 100. Sp. 179）。だが、この「決定論」に従えば、「自然必然性の道徳性に対する関係に関するいっさいのことは、…〔中略〕…宿命論に行き着き、この宿命論は義務や帰責についての真の概念をまったく存立不能にしてしまう」（ibid.）。ウルリッヒは「正しく理解された決定論は道徳を廃棄せず、むしろそれを支える」と弁明しているが、決定論と道徳は「驚くべき対照をなしている」（ibid. Sp. 180）。

「すなわち、『なすべし（das Sollen）』は『なしうる（das Können）』を前提にしており、…〔中略〕…道徳的拘束は根源的自己活動性を前提にしており、この自己活動性こそ自由ということで思惟されねばならない当のものであるのだが、それは概念把握不能なものである」。それでウルリッヒは、「この概念把握不可能性を避けるために、逆に『なしうる』から『なすべし』への移行を見いだそうとしている」（ibid.）。だが、ウルリッヒの場合、この『なしうる』としての自由は、徹頭徹尾自然の因果性に制約されている。すなわち、機械でも動物でもない人間は「思想（Gedanke）によって実際に行動する」のであり、この「思想の生成と変化」が概念把握され、説明されねばならないのだが、かの「自然必然性」の貫徹という観点のもとで、「思想」は「知覚の対象としての心理的なもの」に変えられ、「心理的なものはすべて、機械的なもの、化学的なもの、有機的なものの連鎖に連接している」。そのために「自然必然性にほかならないこの名目的自由から、それとは全く切り離されている道徳性への移行、言い換えればこの依存的な『なしうる』から絶対的な『なすべし』への移行」（ibid.）は、ウルリッヒのもとでは起こりようがない。

したがって、――書評者の言では――ここでは「つまるところ道徳的なものはなに一つ存在しない」（ibid., Sp. 181）ことになるだろう。ウルリッヒの『自由論』は「それ自体は明瞭な次のような命題――自由はそれが道徳の根底にあるかぎり概念的に把握されえず、それが概念的に把握されるかぎり道徳の基礎としては役立つことはできないという命題――を証明するための余計な掛け金でしかない」。というよりむしろ『自由論』は、「人格の道徳的な自己支配権に基づいている道徳的な悟性世界全体を、自然的な感覚世界に転換することを目指しているのである」（ibid., Sp. 182）。

書評の終盤で書評者クラウス（Christian Jakob Kraus 1753–1807）は、――すでにわれわれが言及した――カントに対するウルリッヒの二つの異論、抗弁を紹介したうえで、それに反論している。ウルリッヒの一つ目の異論はこうであった。「『純粋理性の能力が根源的な自己活動性をもっていることを主張するならば、この能力がなぜ或る行為には適用され、別の行為には適用されないのかという問いを、どのように回避しようとするのか。その場合、或るときには適用の根拠が存在し、別のときには不履行の根拠が存在しているに違いないと主張するか、そう主張しないかの二つに一つである。前者の場合には必然性が生じ、後者の場合には偶然が生じる、と主張することになる』」（ibid. Sp.184）。彼のもう一つの抗弁は、「われわれの理性は妨害さえなければ実践的であり、したがってわれわれの自己活動はそれが阻止されなければ実働するということを、カント自身も認めている」（ibid.）というものである。だが、これらの異論・抗弁に対する書評者の反論は歯切れが悪く、的を得たものになっていないように思える。すなわち、自由のような概念は「それ自体において矛盾しているのでもなければ、それの現象と、すなわちわれわれの行為と結合されるときに矛盾しているのでもなく、それが時間の契機のうちに存在しながら、かつ一切の時間規定の外に存在しているという二様の仕方に従って、人間のうちに共存しているものとして思い浮かべることができるということ、このことを認識できるだけで満足しなければならない」（ibid.）。書評末尾のこのクラウスの文章は、ウルリッヒの「行き過ぎ」を咎めるものではあっても、そもそもの問題、叡知的原因と現象的結果の連関説明という問題を回避していると言わざるをえないだろう。

3．『道徳哲学の試論』のALZ書評（ALZ 1791, Nr. 108; 1795, Nr. 134）

さて『一般学芸新聞』は一七九一年の一〇八号で、八欄分を『道徳哲学の試論』書評に割いている。これもかなり長い書評にあたる。書評者は冒頭で、『基礎づけ』や『純粋理性批判』の「公刊当時にドイツの道徳理論が置かれていた状況」を振り返って、こう述べている。「この両著に含まれている道徳学に関する理論や哲理の多くが異様なものと映っただけでなく、威嚇的で、現世に生きる人間にはまったく当てはまりえないもの映ったとしても当然であった」。その著者カントが「夢想家としては素晴らしいが、人間としては役に立たないとみなされたとしても不思議ではなく、また彼が多方面から抗議をうけねばならなかったのも不思議ではない」。多くの人々はこう述べていた。「彼の理論はたしかに極めて巧みに虚構されているが、しかし彼がその理論を人間の本性全体に適用し、人間の多様な能力に従って現実世界での諸欲求や状態に適用しようとするや否や、この理論が無効であることが彼自身に明らかになるに違いない」（ALZ 1791, Nr. 108, Sp. 57）。

書評者は言う。「批判」についてのこうした否定的受容状況に抗して、「シュミート氏は事の真相を明らかにして、そうした異論に反駁しようと決心し、カント的諸原理に基づく応用道徳を提供しようと決心した」。しかも彼は「ありきたりのこと」を述べようとしたのでなく、「真の哲学的な独創的精神を必要とするような問題を詳述することを企てたのである。彼以外の誰もそのような企てを敢えてやろうとしなかったのだから、この企てにはそれだけにより多くの苦労がつきまとった」（ibid.）。書評者はこのように著者の野心的企てを積極的に評価している。そして、この著作全体の構成を簡単に紹介し、その「第一部、実践理性の批判」の部分での論述主題を列挙したあと、こう述べる。「この部分では、著者は一貫してカントの諸原則に忠実なままにとどまっているが、ただ自由についての理論においてはそうでない」。「決定論についての彼の鋭い吟味」は、「彼の帰結が決定論の帰結とまったく同一であることを示しており、また真の道徳がいくばくかは決定論と折り合えることを示している」（ibid. Sp. 58）。

書評者がこの著作全体のうちで唯一疑義と異論を呈しているのが、著作の第一部に含まれているこの「叡知的自然宿命論」の展開箇所である。彼はその他の多くの部分には同意するばかりか、大いに称賛してもいる。書評者は「第二部」の「人倫の形而上学のすべての部分で著者と見解を一にしている」と述べている、ただし「罪、罪に対する帰責、罰についての彼の諸原則」を例外として。この例外的箇所もまた「宿命論」と不可分の関係にあることは改めて説明を要しないであろう。書評者によれば、著者は「この諸原則を規定する際に、彼の自然宿命論に過大な影響を許容している」（ibid. Sp. 62）。また「第三部」である「応用道徳」の部分を、書評者は「全体のうちでも最も称賛に値し、その新しさのゆえにとくに見事な部分」であると評価している。この部分では、シュミートは「カント自身が『人倫の形而上学の基礎づけ』のいくつかの事例で成功しなかったこと（自分の才能を陶冶する義務の詳述、善行の義務の詳述）を断固として成し遂げ」、「カント的な純粋義務を人間の義務の全分枝にわたって」「適用し、詳述すること」に成功している、とまで絶賛している（ibid.）。しかし、

「書評者は、これらすべてが正しく根本的に考え抜かれていると思えば思うほど、それだけいっそう著者の以下のような主張（S. 209. §255ff.）に驚かざるをえない。『それでも、いたるところに必然性〔はある〕』、これが§255の表題である。『われわれが（理性を欠いた）偶然を認めたくないと思うなら、必然性以外なにも残っていない。両者の間に中間の途などまったく存在しないからである。したがって、理性の存在でもって、現象に対する理性の実働性と実働性のその都度の特定の度合いを同時に規定する或るものが現存していると考えなければならない[35]。…〔中略〕…そして、われわれが不道徳な行為を説明するのに、その根拠はないという理由をもちだすのを、すなわち理論上は理性を欠いているという理由をもちだすのを避けたいと思うならば、われわれはこの蓋然的な考えを断固として思惟しなければならない。それゆえ、理性は時間のうちで起こる一切のことに関しては自由であるが、しかし理性は時間のうちでの出来事を規定しているものによって制限されている。理性が為すこと一切に関しては、理性的判断の一切が形式上はそうであるように、理性は自由であり、いかなる〔外部からの〕影響も蒙らないが、理性が為さないことに関しては、

理性は依存的であり制限されている。この場合、理性は作用を及ぼすことができなかったのである』」(ibid. Sp. 59)。

この迂遠な表現の背後にあるのは、すでに見てきたように、宿命論的「意志決定論」の立場から反道徳的行為の生起をどう説明しうるのかという問題である。その生起は、「われわれに可能な認識の限界を超えたところにある或るものに根拠をもっている」(*Moral-1.* § 257. 211)。すなわち、それは「叡知界」において生じる、理性のそれ自体は必然的で自由な運動に対する外的「妨害」の生起という出来事であっての出来事であり、当然われわれの知りうるところでない。それゆえ、シュミートは「われわれの知っていることだけがわれわれの行為に規定的影響を及ぼすことができるのであり、理性的実働性を制限するような限界は、われわれにとってまったく規定されえないのである」と述べているのである(ibid.)。

書評者はこのようなシュミートの主張に関して、四点の批判的所見を列挙している。一つは、「自由のような〔叡知的〕能力の実働性が、或るときには妨げられ、制限され、だが別の場合には一切の可能的制限なしに発現しうるというようなことがなぜ起こるのか、その根拠を解明するのは哲学の仕事ではない」ということ。だから、「哲学は、自由の使用の中断や無効化の具体的様式を規定することを含んでいるような一切の表現、たとえば触発されるとか影響をうけるとかいう表現を慎まなければならない」(ibid. Sp. 60)。推測するに、書評者はここで「因果律」を「物自体」の世界に適用することは避けるべきだと言っているのであろう。第二に、彼は具体的行為の「根拠」という概念を、必然と偶然の単純な二元論を超えたような地平で考えてみる必要性を示唆している。第三点目はすでに述べてきたように、シュミート説が「帰責の問題」の廃棄に行き着くこと、そして第四点目は、シュミートの言い分では結局「原因の無知」論に帰着せざるをえないという点である。

書評者によれば、「われわれの知っていることだけがわれわれの行為に規定的影響を及ぼすことができる」というシュミートの弁明は、「彼の叡知的自然宿命論は義務の真の理論を廃棄してしまうように思えるという予想される反論」への有効な答えになっていない。なぜならば「著者は、われわれが知っていることだけが、われわれの行為を規定する影響力をもつと語ることによって、自分の自然宿命論が有害なものであるという非難から逃れようとしているが、これは決定論者たちが言う『原因の無知(ignoratio caussarum)』と帰するところ同じになる」(*ALZ* ibid. Sp. 61)。そして、当然のことながら、この「宿命論」が「帰責の問題」を廃棄してしまうことを批判する。すなわち「著者の考え方に従えば、通常宿命論と言われているものに従う場合と同じように、一切の道徳性は存在しなくなる。理性が作動せず、理性に反する行為が生み出されるようなすべての場合には、理性は作動することができないのだとすれば、いったい誰がそのような行為の行為者に罪を負わせたいと思うのだろうか」(ibid.)。

書評の後半部では「第二部」と「第三部」の内容が、ほとんど書評者の所見を交えずに箇条的に紹介されているが、書評の核心は上記の「宿命論」批判に尽きている。

『道徳哲学の試論』第二版は一七九二年に出ている(頁数は初版の四

二〇頁から八四〇頁に倍増している）のだが、『一般学芸新聞』が第二版を書評するのはなぜか一七九五年（第一三四号）になってからである。初版への書評と関連する箇所に限定して、その第二版への書評を一瞥しておこう。書評者によれば、新版での増補は、一貫して「旧版で提起された諸理論をより詳しく展開すること」に充てられているが、「ただ自由論だけは全面的に書き換えられている、とはいえ旧版での考えは維持されたままである」（*ALZ* 1795, Nr. 134, Sp. 305）。「しかし、この自由論は」――書評者はこう続けている――「新版でのその他の道徳の部分において、旧版の場合よりも強い影響を及ぼしている、そして、少なくともこの理論と密接に関連している諸部分では、カントの主張からの全面的逸脱が引き起こされている」（ibid.）。つまり、第二版では初版よりも「宿命論」的主張が強まっている、と書評者は見ているのである。

　書評者はそれを示すのに、著作の或る箇所を引用している。すなわち「『非道徳的行為や道徳に反する行為の生じる可能性は、道徳的心情や道徳的行為の生じる可能性がそこに根拠をもっているようなもののうちには、十分に根拠づけることはできない。――つまり、その可能性は、人間の道徳的自由のうちにではなく、その自由の欠如のうちに根拠をもっている』」（ibid. und vgl. *Moral*-2. §249, 334）。だが、このような推論は、書評者の確信するところ、「自由を道徳に反する行為の可能性の根拠とみなさなくとも、道徳に反する行為は思惟されうることを前提にしており、また道徳的行為は妨害されなかった〔理性の〕能力の必然的な作用結果であるということを前提にしている」。しかし「この考え方は自己矛盾している」（ibid.）と書評者は批判する。

「なぜなら、道徳に反する行為が、道徳性のために求められる能力の欠如によってだけ考えられるのならば、そうした反道徳的行為が生じるのは、道徳性なぞ初めから全く問題になりえないような場合でしかないからである。さらに、道徳的行為は自由の必然的な作用結果と考えられるのだから、そうした道徳的行為が自由と異質なものによって阻止されないかぎり、…〔中略〕…自由のもとにも、また健全な眼差しで正しく見ている場合にも、道徳性は生じないことになる。こうした推論様式は、一切の道徳性を廃棄し、カント的体系と真っ向から対立するものである」（ibid., Sp. 305f.）。

　書評者がカントからの逸脱のもう一つの証拠としてもちだしているのは、「悪しき意志」の所在問題である。シュミートは第二版の§252で、「人間の本性のうちには」原理上「悪しき意志」も「悪しき欲求能力」も存在しないと主張している。すなわち、

「悪しきものが悪しきものであるかぎり、われわれがそれを意欲することも、欲求することもありえない。われわれは、ただそれ自体善きものだけを意欲するのであり、感性的に快適なもの、有用なものだけを欲求する。

　それゆえ、意志それ自身のうちには、道徳的に善きものを妨害するものなどまったく存在せず、少なくとも欲求能力のうちには、これと直接対立しているようなものはまったく存在しない。

　注1．それゆえ、われわれは悪を意欲する自由をまったくもっておらず、悪を意欲する根源的に内的な規定根拠をまったくもっていない。この点に関しては、われわれはまったく依存的であ

る」(*Moral*-2, §252, 341)。

この主張の言わんとするところはもはや明白であろう。それは、「道徳に反する行為」の生起の規定根拠は、「純粋な意志それ自身」(これは、叡知的能力としての理性と同一である)のうちには存在しない、したがって「純粋な意志」は「反人倫的行為や反人倫的心情に少しも関与していない」(*Moral*-2, §233, 319)と言わんとしている。

たしかにシュミートは、自分の「叡知的宿命論」がもたらす諸帰結が批判にさらされているのを意識して、第二版では当該箇所(§221以降)を全面的に書き直している。そして、「帰責の問題」(§231, 232)や「反人倫的行為」に関する「後悔」や「恥ずかしさ」についての論述(§233)を新たに付け加えている。しかし、基本的見解を変えてはいない。道徳的行為が起ころうが、道徳に反する行為が起ころうが、それの「規定根拠」は叡知界で理性に「妨害」が加わるか、加わらないかに求められている。そうであるかぎり、その行為の生起は行為主体にとって不可避的なことであり、「帰責の問題」が生じる余地はない。だが、そもそも「帰責」が問題になりうるのは、「他の行為が可能であった」からであり、他の行為の可能性が完全に否定されているところに、したがって行為の「選択」の余地のないところに「責任」は生じえない。若いころから卓越したカント主義者であったシュミートは、おそらく書評者が評しているように、自分の見解が「カント的体系と真っ向から対立するもの」だとは考えていなかったであろう。むしろ、自説がカントの「理性の原因性」論と「二重の観点」説に沿ったものだと考えていたはずである。かの人間の「二重性」はあくまで観点の二重性であって、あたかも事物の「存在領域の二重性」のごとく考えられてはならない。それは、現実の人間自身に内在する、共に不可欠な二契機の「二重性」とみなされねばならない。だが、その「二重性」が単に「観点の二重性」にとどまらず、シュミートの場合のように「存在領域の二重性」に拡張され、かくして「理性的—感性的な人間」が「叡知的主体」と「現象界での行為主体」とに存在領域的に分断されると、行為に関して「時間を超えた原因」と「時間のうちでのそれの作用結果」とを統合することはほとんど不可能になるであろう。

注

(1) この書評は同誌一七二号(一七八五年一〇月二九日付)に掲載された。この書評は現在、*Rezensionen zur Kantischen Philosophie 1781-87*, hrsg. v. Albert Landau, Bebra 1991(以下 *Kant-Rezensionen* と略記), S. 229-233. と、*Materialien zu Kants ›Kritik der praktischen Vernunft‹*, hrsg. v. Rüdiger Bittner u. Konrad Cramer, Frankfurt am Main 1975(stw 59)(以下 *Materialien* と略記), 139-143. に採録されている。この書評の匿名の著者がフェーダーであることは *KA* XIII, 180. を参照。

(2) この書評は『ドイツ百科叢書』第六六巻第二号(S. 447-463)に匿名で掲載された。この書評は現在、*Kant-Rezensionen*, S. 354-367. と *Materialien*, S. 144-160. に採録されている。

ピストリウスはニコライの『ドイツ百科叢書』の常連寄稿者であり、同誌の『プロレゴーメナ』書評(第五九巻、一七八四年末)も、『実践理性批判』(第一一七巻、一七九四年)書評も彼の筆になるものである。

(3) *KA* V, 8f. 実際に、その第二章では、「善と悪の概念が道徳法則に先立つのではなく(一見するに、その概念が法則の基礎に置かれなければならないように思えるにしても)、むしろ逆に(ここで実際になされるように)道徳法則の後で、道徳法則を通して、規定されねばならない」という「逆説」が解明されている（ibid., 63ff.）。

（4）レーベルクは書評執筆時、ハノーファーの内閣枢密院の書記という職にあった。彼はフランス革命勃発以降、『一般学芸新聞』紙上で革命の推移に関する多くの文章を書評し、その内容から現在では保守的政論家として知られている。フィヒテは最初期の匿名作品『フランス革命に対する公衆の判断を是正するための寄稿集』（一七九三年）――これの書評は、本書第七章第二節を参照――の随所で、レーベルクの保守的政治思想を酷評している。

だが、レーベルクが一七八七年に著した『宗教に対する形而上学の関係について』は、彼が批判哲学の精通者にして擁護者であり、深い自立的思索能力の持ち主であることを証示していた。おそらくそれを斟酌して、『一般学芸新聞』の編集者たちは彼を『実践理性批判』の書評者に抜擢し、それ以降も重要な多くの作品の書評を彼に委ねることになったのであろう。彼はこの書評以前にもＡＬＺで、ヘルダーの『神――いくつかの対話』（1788, Nr. 2a）や、『哲学雑誌』第一巻第一号（1789, Nr. 10）、同第二号（1789, Nr. 90）を書評し、これ以後にもラインホルトの『カント哲学の運命について』（1789, Nr. 186）、『人間の表象能力の新理論試論』（1789, Nr. 357-358）、『哲学者たちの従来の誤解を是正するための寄稿集　第一巻』（1791, Nr. 26-27）を書評している（巻末資料「主要書評一覧」を参照）。

（5）K. L. Reinhold, *Briefe über die Kantische Philosophie. Zweiter Band.* Leipzig: bey Georg Joachim Göschen 1792（*Briefe II* と略記）.

（6）それらのうち、意志論、自由論にかぎって主要著作を出版年代順にあげると、以下のとおりである。

①L・H・ヤーコプ「自由について」（一七八八年）[②の巻頭に所収]。ヤーコプについては、以下の注（14）と本書第五章第三節も参照。

②G・C・キーゼヴェッター『道徳哲学の第一原則について（*Ueber den ersten Grundsatz der Moralphilosophie*）』（初版一七八八年、増補第二版の第一部一七九〇年、同第二部一七九一年）、本章第三節と以下の注（7）を参照。

③J・H・アビヒト『意志の仕事に関する批判的探求の試論（*Versuch einer kritischen Untersuchung über das Willensgeschäfte*）』（一七八八年）。

④F・W・スネル「カント的諸原理に沿った道徳的自由の教説。ウルリッヒ教授の『自由論』に関する付録付き」（スネル『混成論文集』一七八九年、所収）

⑤J・H・アビヒト『カントの諸原則に沿った満足の形而上学の試論（*Versuch einer Metaphysik des Vergnügens, nach Kantischen Grundsätze*）』（一七八九年）[Aetas Kantiana 8 (1970)]。

⑥C・Chr・E・シュミート『道徳哲学の試論（*Versuch einer Moralphilosophie*）』（初版一七九〇年）[4. Aufl. Aetas Kantiana 235]、本章第四節も参照。

⑦ハイデンライヒ『自然宗教の哲学に関する考察　第二巻』（一七九一年）[Aetas Kantiana 96 (1968)] の第一三考察「道徳的自由について」。

当時の思想の戦線配置のなかでは、上記の著者たちはみなカント派とみなすことができる。それゆえ、ＡＬＺの「哲学欄」はこれらのほとんどをとりあげ書評している、すなわち①②[増補第二版]を1791, Nr. 348で、③を1789, Nr. 303で、⑤を1789, Nr. 303, 304で、そして⑥を1791, Nr. 108で、⑦を1791, Nr. 199で書評している（巻末資料「主要書評一覧」を参照）。

（7）キーゼヴェッターはハレで哲学を学び、プロイセン政府の派遣学生としてケーニヒスベルクに赴き、一七八八―八九年にカントの講義を聴講した。以来カントとの個人的親交を得て、終生忠実なカント主義者であった。当該著作の表題は *Ueber den ersten Grundsatz der Moralphilosophie. Erster Theil, welcher die Prüfung der bisherigen Systeme der Moral enthält, nebst einer Abhandlung von Hn. Prof. Jacob, über die Freyheit des Willens.* Zweite vollig umgearbeitete Auflage. Berlin 1790. *Zweyter Theil, welcher die Darstellung und Prüfung des Kantischen Moralprinzips enthält* (Berlin 1791) である。彼の著作は七冊が Aetas Kantiana 叢書に収められているが、この著は入って

いない。

(8) シュミートは一七七八年に一七歳でイェーナ大学に入学し、ダノヴィウス(E. J. Danovius 1741-82)、ウルリッヒ、シュッツのもとで神学、哲学、文献学を修めた。一七八四年、イェーナで抜群の成績でマギスターの学位を得た彼は、一七八五/八六年の冬学期に弱冠二四歳で『純粋理性批判』についての講義をイェーナの哲学部で行っている。これは、ドイツ全体でも最初の本格的カント講義の一つであった。彼の講義用教本『純粋理性批判、講義用要綱。カントの諸著作の簡便な利用のための用語集付き』(一七八六年)は好評のうちに三版を重ね、後に単独で出版された「用語集」も多くの読者に利用され版を重ねた。その後『経験心理学』(初版一七九〇年)、『道徳哲学の試論』(初版一七九〇年)を著し、一七九一年にはギーセンの論理学・形而上学正教授に迎えられるが、当地で公刊した或る「汎神的な」著作のためにギーセンに居づらくなり、一七九三年には教授としてイェーナに復帰している。

この時期の「最も重要なカント主義者」としてのシュミートの知的活動の全容は Horst Schöpfer, Carl Christisan Erhard Schmid—der „bedeutendste Kantianer" an der Universität Jena im 18. Jahrhundert, in: Hinske/Lange/Schöpfer (hrsg.), *Der Aufbruch in den Kantianismus*. Stuttgart-Bad Cannstatt 1995, 37-83 を参照。後年のシュミートとフィヒテの「哲学の任務」をめぐる哲学論争については、本書第七章第三節を参照。

(9) 『書簡II』の内容、それとレーベルク書評およびシュミートの「叡知的宿命論」との関係などについて、詳しくは拙著『ラインホルト研究序説』(萌書房、二〇一五年)の第七章を参照していただきたい。

(10) C. Chr. E. Schmid. *Versuch einer Moralphilosophie*. Jena im Verlag der Crökerschen Handlung 1790. Zweite verm. Ausgabe. Jena 1792. Dritte verm. Ausgabe. Jena 1795. Vierte verm. Ausgabe. Jena 1802. 五一九頁(全六五五節)からなる初版は、第二版では八四〇頁(全六五五節と索引)に増補され、第四版は「第一巻、序論、実践理性批判」と「第二巻、人倫の形而上学」の二巻本になり、それぞれ五五四頁と四五〇頁の大著になっている。Aetas Kantiana 235 (1981) に収められているのはこの第四版である。

(11) シュッツは、このレーベルクの書評の原稿の写しを、一七八八年六月二三日付のカント宛書簡に同封し、事前にカントの意見を求めている (vgl. *KA* X. 541)。

(12) カントは『実践理性批判』でこう述べているからである。「純粋理性が実践的たりうること、すなわち純粋理性がただそれだけで、一切の経験的なものから独立に意志を規定できるということ」は、「道徳性の原則における自律、言い換えれば意志を規定して行為たらしめる自律」によって示される、しかもこの「事実」は「意志の自由の意識と一体である」。(*KA* V. 42)。

(13) この点については、かなり以前に著わされた Eberhard Günter Schulz, *Rehbergs Opposition gegen Kants Ethik. Eine Untersuchung ihrer Grundlagen, ihrer Berücksichtigung durch Kant und ihrer Wirkungen auf Reinhold, Schiller und Fichte*. Köln 1975. が詳しい。著者は「レーベルクの考え、すなわちカント倫理学に対する彼の諸々の異論が、一七八八年の議論から、ラインホルトの哲学的思惟にとって、絶えざるそしておそらく決定的な原動力であったこと」(ibid. 177) を示そうとしている。

(14) ヤーコプは当時有名なカント派哲学者であった。彼は経済的困窮の中一七七七年にハレ大学に入学し、哲学のほか神学、文献学を修め、ルター派のラテン語学校の教師をした後、一七八七年にはマギスターの学位を得て、同年ハレの員外教授に招聘された。一七九一年には正教授の職に就いた。すでに一七八六年からカントとの書簡上の交流があり (vgl. *KA* X. 435, 450, 467, 493.『カント全集21 書簡I』岩波書店、二〇〇三年、二四五頁、二五六頁、二六六頁、二八二頁参照)、一時は、シュッツ、フーヘラント、ラインホルト、シュミートらと組んで「カント派の哲学雑誌」を創刊する計画が持ち上がっていたが (vgl. ibid. 526, 532. 前掲邦訳書、三〇一頁、三〇六頁参照)

この計画は実現しなかった。彼の多くの諸作はＡＬＺでほとんど書評されている（「幕間Ⅳ」および巻末資料「**主要書評一覧**」を参照）。ヤーコプの「実在論」への傾斜とこれに対するＡＬＺ書評については、本書第五章第三節を参照。

(15) I. Kant, Über ein vermeintes Recht aus Menschenliebe zu lügen, in: *KA* VIII, S. 423-430.（『カント全集13』岩波書店、二〇〇二年所収）。

(16) すでにヴォルフが『ドイツ語の倫理学』において、自分の家に「敵が来て、その敵がむき出しの刀をもって追いかけている男がどこに逃げたかを尋ねる」という例を挙げていること、またこれに類似する例は、それ以前からしばしば用いられていたことは、谷田信一「カントの実質的義務論の枠組みと『嘘』の問題」（『現代カント研究Ⅱ　批判的形而上学とは何か』理想社、一九九〇年）二五一―二五二頁を参照。

(17) J. G. K. Chr. Kiesewetter, op. cit., *Zweyter Theil*, 18.

(18) ibid., 20f.

(19) ibid., 22. カントも「嘘論文」で、たとえ「窮余の嘘」でその場では友人を救ったとしても、その後の予測できない「偶然の出来事」が友人を死にいたらしめる諸々の可能性を挙げ、「この場合、君は彼の死をひき起こした張本人として起訴されても当然であろう」（*KA* VIII, 427）とまで述べている。予測できないその後の偶然事の可能性をもち出し、それによって当面の「利益」と言う論拠を相対化している点でも、両者は奇妙に一致している。

(20) 谷田信一「カントの実質的義務論の枠組みと『嘘』の問題」二五五頁以下参照。

(21) この著作は *Ueber die Kantische Philosophie in Hinsicht auf gewisse Bedürfnisse unsers Zeitalters. Auch Briefe an Emma.* (Bremen 1791) と題されている。その著者 Johann Ludwig Ewald（1748-1822）は、マールブルクとゲッチンゲンで神学を学んだ改革派の神学者にして教育学者、文筆家である。オッフェンバッハ（Offenbach）の牧師であった彼は、一七八一年にデットモルト（Detmold）の教区監督者に、一七九六年にはブレーメンの聖シュテファン教会の牧師になった。そして一八〇五年にはハイデルベルクの道徳神学・牧師学の正教授に招聘された。筆まめな彼は、生涯百篇以上の作品を書いたといわれているが、当該の著作は反カント的というより、むしろカントの道徳哲学に近い内容をもっていた。『ゴータ学術新聞』の編集者で当時いくつかのカント書評を書いている Schack Hermann Ewald（1745-1822）とは別人である。

(22) Kiesewetter, op. cit., 179.

(23) ibid., 180.

(24) ibid., 181f.

(25) ibid., 186f.

(26)『道徳哲学の試論』は、「序論」（§1～§9）のほか、「第一部　実践理性の批判」（§10～§261）、「第二部　人倫の形而上学」（§262～§448）、「第三部　実践哲学すなわち応用道徳学」（§449～§655）の三部から構成されている。以下、初版からの引用は *Moral-1*、第二版からの引用は *Moral-2* と略記して、直接本文に節数と頁数を記入する。

(27) カントは『純粋理性批判』の一節で、行為主体の「経験的性格」と「叡知的性格」に言及し、「前者を現象におけるそのような物（「経験の対象としての私」）の性格、後者を物自体の性格と名づけることができるだろう」と述べ、こう続けている。「この行為主体は、その叡知的性格から考えれば、けして時間の諸制約のもとにはない。…〔中略〕…したがって、この主体は、…〔中略〕…生起するものがみな（それより前の）現象のうちにその原因をもつという法則に従うものではない」（A 539f., B 567f.）。また、『人倫の形而上学の基礎づけ』での同様の見解は、*KA* IV, S. 453 に認められる。

(28) Johann August Heinrich Urlich, *Eleutheriologie, oder über Freiheit und Nothwendigkeit. Zum Gebrauch der Vorlesungen in Michaelisferien.* Jena 1788 [facto 1787].

(29) J. A. H. Urlich, op. cit., 16.
(30) ibid., §12, 31.
(31) ibid.
(32) ibid., 34.
(33) ibid., §13, 38.
(34) 「適用の不履行」について、カント自身も認めていた証拠として引かれているのは次の文章である。「非難に値する行為は全面的に理性の不履行(Unterlassung der Vernunft)に帰されねばならない」(Urlich, op. cit., 34. Vgl. A 555, B 583――ウルリッヒは原文を一部変えて引用している)。「妨害」については、『基礎づけ』の次の一節が引っぱり出されている。「『べし』は、本来は『欲する』である。かりに理性が、理性的存在者のもとで妨害がなく(ohne Hindernisse)実践的であるとすれば、その条件下では、その『欲する』はどんな理性的存在者にも妥当する」(*KA* IV, 449)。ウルリッヒはこの一言を捉えて、「カントといえども、理性がその実働性を妨害され、制限されることがありうると認めているのであり、理性がある種の妨害の影響をこうむることを認めているのだ」(Urlich, op. cit., 38)と述べている。
(35) 書評紙の原文は und ohne den bestimmten jedesmaligen Grad derselben bestimmt. となっているが、シュミートの原典の当該箇所には ohne はない。意味上から判断しても、ＡＬＺの側の誤植であろう。

第四章　「表象能力理論」と哲学の「第一根本命題」をめぐる諸論争（一七八九～九二年）

第一節　カントとラインホルトの乖離の進展

ラインホルトがカントからの書簡の文章をまるまる転用して、『一般学芸新聞』「哲学欄」で『哲学雑誌』第一巻第三、第四号のエーベルハルト論文批判の論陣を張った（第二章参照）のは、一七八九年六月のことであった。だが、その頃から彼は、カントの認識理論に不十分な点が存在するのではないかという疑念を抱きはじめていた。一七八七／八八年の冬学期以降、イェーナでカントの新しい原理に従って講義を進めるにあたって、彼は改めてカント派、反カント派、両派の主要著作を子細に検討し、カントの認識理論はなにゆえかくも多くの誤解と批判を招かざるをえないのか熟考していた。そして、誤解の原因は単に批判者たちの無能と無理解にだけあるのではなく、カントの理論自身にもそうした誤解を容易に誘発する欠点が含まれているという確信をしだいに強めていった。その「欠点」とは、彼の確信によれば、カントの認識理論は認識の概念の基底をなしているはずの「表象（Vorstellung）」の概念を解明しないまま、暗黙の裡に前提視している点にある。カントの認識理論の解明のためには、その前提をなしている「表象」概念の解明が先だてられねばならない。

この前提を解明すべく著されたのが、彼の最初の哲学的主著『人間の表象能力の新理論試論』（一七八九年一〇月発刊――以下『試論』[1]）である。『試論』は、「序文」に「カント哲学のこれまでの運命」という耳目を引く表題の論文を配し[2]、「人間の表象能力を新たに探究する必要性」を説く第一篇、「表象」と「表象能力」の諸契機を解明する第二篇、「表象」の概念を基礎に「認識能力全般」を分析する第三篇から構成されている。第三篇はさらに「感性の理論」、「悟性の理論」、「理性の理論」に分かれる[3]。

第二篇の説くところ、「広義の表象」は「感覚作用、思惟作用、直観作用、概念的把握作用の直接的結果として、われわれの意識に現われてくるものすべてを包括している」（*Versuch*, §9, 209）。それに対して「最狭義の表象」は、これらさまざまな現実的諸表象の「類」概念に相当する超越論的概念として、「純然たる表象（bloße Vorstellung）」と呼ばれている。「純然たる表象」は「異なる二つの構成要素」である表象の「素材」と「形式」から構成されている。ラインホルトは、「素材」をさしあたり――そして、非常にあいまいに――「表象されたもの（意識によって表象とは区別された対象）に対応している或るもの」（ibid., §15, 230）と説明し、「形式」を「単なる素材がそれによって表象となる或るもの」と呼んでいる（ibid., §16, 235）。どんな「種」

の表象もそれが表象であるかぎり、「素材」と「形式」をもっており、どちらか一方を欠くものは原理上表象不可能である。

さらに、彼によれば、「素材」は低次な表象においてであれ高次な表象においてであれ、常に「多様なもの」として与えられるのに対して、「形式」はどのレベルの表象においても、この「多様なもの」を統合する「単一性」によって特質づけられる。したがって、「表象」はどれも、「素材」として与えられた「多様なもの」を、「形式」の「単一性」によって統一態へと統合する表象作用の産物であると言える。「素材」と「形式」に対応する「表象能力」が「受容性」と「自発性」である。前者は素材を感受する「受動的」能力であり、後者は「与えられた素材に即して表象の形式を産み出す能動的能力」である(ibid. §19, 264 u. §20, 267)。こうして、「純然たる表象」に定位した「形式」と「素材」の相関関係から、「単一性」と「多様性」の、そして「自発性」と「受容性」の相関関係が、「表象」と「表象能力」の基礎構造として導き出されているのである。

ところが、一見奇妙なことに、ラインホルトは「純然たる表象」を「主観」や「客観」抜きに、これらとは独立に想定しうるし、想定しなければならないと考えている。それは、「主観」と「客観」は「意識」の「内的制約」であっても、表象の「外的制約」であるという彼の考え(vgl. ibid. §38, 321)に明白に現れている。「主観」と「客観」は、「意識」の段階にいたって初めて「意識」の不可欠の構成要素と位置付けられる。かくして「意識」は、「純然たる表象」と「表象する主観」と「表象された客観」とを構成要素とした、これら三者の関係構造体である。さらに、ラインホルトは非常に形式論的に、「意識」が自らの三つの内的構成要素のどれを「対象」としているかに従って、「意識」を三種類に区分している。すなわち、(A)「表象を対象とする意識」、(B)「表象する主観を対象とする意識」(自己意識)、(C)「表象された客観を対象とする意識」である。最後の意識だけが「認識」を形成する。彼は「意識」と「表象」を混同すべきでないと繰り返すとともに、「認識」と他の二種類の「意識」との区別をたびたび強調している。彼はこの区別を際立たせるために、(C)では表象が二重化されている――表象は直接的に対象に関係づけられる(直観)とともに間接的に関係づけられる(概念)――ことを強調しているが、われわれの見るところでは、そうした二重化は別に(C)に限ったことではない。「意識する」とは「表象する」の一種にほかならないのだから、(A)は「表象の表象」であり、(B)は「表象する働きの表象」であるはずだから。すると、「意識」とその特殊な様態(とラインホルトが想定している)である「認識」とは、表象の複合的累乗態と解釈できるのである。

『試論』第三篇は、「認識能力」の理論を「感性の理論」(§46〜§66)、「悟性の理論」(§67〜§76)、「理性の理論」(§77〜§88)に分けて論じている。「感性の理論」はカントの「超越論的感性論」にかなり忠実に展開されているのに対して、「悟性の理論」はかなりおおまかにしか「超越論的分析論」に従っていない。「理性の理論」はカントの理念論からもっと逸脱している。ラインホルトは、カントと違って「関係のカテゴリー」に依拠して六つの「理念」を導出している。

この「理性の理論」の一節(§83)が、「感性」―「悟性」―「理性」それぞれの段階で働く「自発性の三階梯論」と呼ぶべき考えを開陳しているのは、注目すべきことである。その要点は、次の点にある。すなわち、「感性」において働く「自発性」は、「素材」の所与性に起因する「受容性」に「強制されて」しか働かないのに対して、「概念」が「悟性統一」を生み出す際には「自発性は強制されずに働く」。とはいえ、それはなお「感性の形式に拘束されている」。それに対して、「理性」が「理念」を生み出す際に働く「自発性」は「無制約的な自発性」、すなわち「絶対的な原因として、強制もされず、拘束もされずに、おのれの自己活動以外のなにものにも規定されずに働く」自発性であるべきである（vgl. §83, 535f.）。ここで、ラインホルトは「素材」（「受容性」）と「形式」（「自発性」）との二元論という自らの理論的枠組みを乗り超える方途を、「理性」の「絶対的自発性」のうちに求めようとしているのだ、と言ってよい。後の初期観念論の主体性理論の諸展開が、主体における「素材」の「所与性」を主体の「形式」の「自発性」によってどのように止揚するかに取り組むことを考え合わすとき、この「三階梯論」はその端緒的企てとみなされる。

かくして「（純然たる）表象」―「意識」―「認識」の三段階を連続的に展開している『試論』はたしかに、従来解明されないままに放置されてきたその基底を明らかにし、「純然たる表象」という基底的概念からさまざまな種類の「認識」を「表象」の複合的累乗態として体系的に導出することによって、「表象一元論」の「体系」をうちたてた。ここに、カントの認識理論は、その「基底解明」と「体系化」という方向での最初の「改作」を蒙るのである。したがって、ポスト・カント期のドイツ初期観念論の端緒は、この一七八九年の『試論』に求められねばならないであろう。

このようなカント理論「改作」の企ては、当然のことながら大反響を巻き起こした。比較的若い学徒たちはこの野心的試みを歓迎したが（第五章参照）、それに倍する批判が寄せられた。鋭い批判が反カント陣営からだけでなく、カント陣営からも放たれた。他の書評誌での批評と併せて、『一般学芸新聞』「哲学欄」での書評は次節以降に紹介、検討する。

ラインホルトはカント哲学「改作」の企てをさらにもう一歩推し進める。彼は翌一七九〇年に『哲学者たちのこれまでの誤解を是正するための寄稿集　第一巻』[4]（以下『寄稿集Ⅰ』）を、一七九一年に『哲学知の基底について』[5]（以下『基底』）を公刊する。『寄稿集Ⅰ』では、議論の重点は「表象」から「意識」に移動する。すなわち、「主観」「客観」「表象」を構成要素としたア・プリオリな関係構造体としての「意識」が、哲学の体系の原理論の部門――彼はこれを「根元哲学（Elementarphilosophie）」と呼ぶ――の「第一根本命題」に据えられるようになる。その関係構造体は、「意識において、表象は主観によって主観および客観とは区別され、かつこの両者に関係づけられる」（*Beyträge I*. 167）という命題、つまり「意識律（der Satz des Bewußtseins）」に定式化されている。

『寄稿集Ⅰ』は、「第一根本命題」としての「意識律」から、「表象」と「表象能力」の諸契機を導出し、次にそれを基礎に「意識の三つの種」を導出し、さらに「認識の諸命題」を展開している。ここでラインホルトは、カントの認識論の「基底解明」に求められる「メタ理論化」および知と認識の「体系化」の企てをより徹底しようとしている。そして、その「体系化」の企ては、「学としての哲学（Philosophie als Wissenschaft）」の実現という構想を生み出す。彼によれば「哲学」はまだ「学」になっておらず、「哲学」を「学」にまで高めなければならない。この「学としての哲学」構想は、これ以降のドイツ初期観念論の展開を根底に置いて規定していくことになる。やがてフィヒテもシェリングもヘーゲルも、しばしば「学としての哲学」、「勝義の学」、「学の学」について語るようになる。

それに対して、「根元哲学」のもう一つの核心的テーゼ、体系の「第一根本命題」としての「意識律」というテーゼには、多種多様な根本的批判が巻き起こった。批判的議論は、「意識律」が体系の「後続諸命題」を「形式の面で」で規定するだけなのか、「実質の面で」も規定するのか、後者の場合単一の根本命題では不可能ではないのか、あるいはそもそも「意識律」はそのような「根本命題」としての資能を具えているのか、等々の問題をめぐって展開された。そうした批判的諸見解は、当時の数多くの書評で表明されている。若きラインホルト学徒たちの間にさえ、この「根本命題―哲学（Grundsatz-Philosophie）」に対する疑念がしだいに深まっていた。その結果、ラインホルトも一七九二年の夏頃にはこれらの批判を受け入れ、「根本命題」と「後続諸命題」の規定関係を修正するようになる。その関係は、「根本命題」による「後続諸命題」の「直線的導出行程」から、両者の「循環的導出行程」へと変化していく。

『試論』から『寄稿集I』へと進むにつれて、カント認識論へのラインホルトの疑念と批判は、より全面的で遠慮なきものになっていった。『試論』はまだ、かの認識論の「基底」を開示し、認識の諸様式を「表象」に基づけて体系化しようとする試みに踏みとどまっており、そのかぎりではなおカント理論体系の「補強」にとどまっていたとすれば、『寄稿集I』は、他の多くの問題でもカントの理論には「根拠」が解明されないまま放置されていることを執拗に言い立てて、「根元哲学」こそが、解明されないままに放置されてきた批判哲学の「基底」を解明するメタ理論であると主張するにいたっている。

では、ラインホルトによるこのよう「メタ理論化」と「体系化」の企てを、当のカント自身はどう受けとめていたのか。結論を一言で言えば、カントは態度をあいまいにしたまま、少なくとも公式にはこの企てに積極的な支持も、反対も表明しなかった。カントはまず、『試論』を受け取った直後、ラインホルトの論文の「明晰さと簡潔さ」、「自分自身では著作に与えられないような補完と解明的な叙述」を「高く評価し、讃嘆している」と社交辞令を述べながら、『試論』全体についての評価判断は「クリスマス休暇まで保留する」と返信する。[6]その「保留」は一〇カ月続いた。一七九一年九月になって、カントはようやく返事を書き、長期の「遅滞」を体調のせいだと弁明したうえで、『試論』の評価については、「知の基底が、およそ表象能力そのものとそれの解明のうちにあるかぎり、この基底をさらに上方に向かって分析していくのは、理性批判に資するところ大である」[7]とだけ書いて、問題の核心（「メタ理論化」と独特の「体系化」への評価）に触れることを避けている。この返答の冷淡さにラインホルトは、カントに対する猜疑心と不信感を次第に強めていく。[8]カントはカントで他の「弟子」たちには、ラインホルトの企てに否定的評価を漏らしている。[9]彼が少し後にベック（Johann Jacob Sigismund Beck 1761-1840）に「ラインホルト教授による認識能力の分析ですら、私は十分明確には理解できない」[10]と語っているように、結局カントはラインホルトの野心的企ての真意をほとんど理解しなかったと言えよう。それでも、カントとラインホルトの両者は――一七九七年に「意志の自由」をめぐって公然と批判し合うまでは――表面上は友好的な個人的関係を維持し続けたのである。

第二節　表象一元論への異論と批判的書評

『試論』は哲学界に大きな反響を呼び起こした。『試論』は公刊からわずか一年足らずのうちに、最も重要な書評紙、学術雑誌で一二回も書評された[11]。だが一部の例外を除けば、その評価はおおむね批判的であった。フェーダーのような経験論的反カント主義者が（『ゲッチンゲン学術報知』と『哲学叢書』で）、そしてフラットやシュヴァープのような合理論的反カント主義者が（『チュービンゲン学術報知』や『哲学雑誌』で）、異論と反論を展開しただけではない。ハイデンライヒのようなカント主義者からも（『新ライプツィヒ学術報知』で）厳しい批判が提出された。

1. レーベルクによる『試論』書評（*ALZ* 1789, Nr. 357, 358）

それらのうちで最も早く現われたのが、一七八九年一一月一九・二〇日付の『一般学芸新聞』哲学欄の書評である。書評者はレーベルク[12]である。総じて、その書評はべた褒めに近いと言ってよい。書評はラインホルトの企てに賛意を表し、彼の洞察力と卓越した叙述の才能を称賛することから始まっている。「表象能力と認識能力の綿密な理論を構想し、この側面からカントの体系をより明快に解明しようとするラインホルト教授の企ては、全面的な賛意を得るに値する」。そして「著者をことのほか引き立てている、全体を見渡す明敏な哲学的洞察力と特別な叙述の才は、すでにこれまでの彼の諸論文から折り紙つきのところである」（*ALZ* 1789, Nr. 357, Sp. 417）。

以下、書評者は「序文」、「第一篇」～「第三篇」それぞれの要点を非常に的確に要約して提示している。「序文」でラインホルトは、根本命題をめぐる「哲学的諸党派」間の止むことのない争いの現状を念頭に置いて、立場を異にする哲学者たちが根本命題について同意しうるためには、根本命題は単に「普遍妥当的（allgemeingültig）」であるだけではなお不十分で、「遍く認められた（allgemeingeltend）」ものにならねばならないという一見奇妙な主張をしていた。「普遍妥当的原理」は「この原理を理解している人になら誰によっても真と認定される」のに対して、「遍く認められた原理」はそれにとどまらず「健全な哲学的頭脳の持ち主なら誰によっても実際に理解される」ものである（vgl. *Versuch*, 71）。前者は後者にならねばならない。書評者はこの論点設定を是認し、著者の主張を言葉そのままに援用しながら紹介している。

「第一篇」についても、書評者は原著の議論に忠実に要点を要約している。著者が「第一篇」で解明しようとしていたのは、哲学者たちの党派的対立のなかで「これまで哲学は、宗教と道徳の根本真理に対して遍く認められた認識根拠も、道徳と自然法の遍く認められた第一根本命題も打ち立ててこなかった」（ibid.）という事実の原因である。書評者はここでも、著者の説いている四つの哲学的党派の対立論を踏襲しながら、問題の所在を確認したうえで、「第一篇」の結論的主張を次のように表現している。「認識はどれも表象であるのだが、逆に表象はどれも認識であるわけではないのだから、表象能力の本質について異なった考え方をしているかぎり、認識能力の普遍妥当的な概念について意見を一致させることはまったく不可能であると、著者は考えている。それゆえ、すべてに先だって表象能力が探究されねばならないのであり、そしてこれが、すべての哲学者がそれの現実性に同意している唯一のことでもある、と著者は言う。そもそも、いかなる観念論者も、いかなる自我主義者も、いかなる独断論的懐疑主義者も、表象が現に存在していることは否認できないからである」（*ALZ* ibid., Sp. 421）。

「第二篇」に関しても、「類概念」としての「（純然たる）表象」と「種」としての現実的諸表象の区別、表象の「内的制約」と「外的制約」の区別、「表象能力」の「受容性」と「自発性」等々について、要を得た解説的説明を続けている。ただ、評者が——後にラインホルトの「素材」概念理解の両義性あるいは不徹底性として批判の対象になる——「客観的な素材」と「表象能力のうちでア・プリオリに規定された素材」の区別を踏襲して、次のように述べていることは注目に値する。「客観的な素材を含んでいる表象はみな、ア・ポステリオリな表象あるいは経験的な表象である。それに対して、受容性と自発性という純然たる形式の表象は、表象能力のうちでア・プリオリに規定された素材を含んでおり、それゆえア・プリオリな表象と呼ばれる」。後者は「必然的で普遍的な表象であり、この点で一切の経験から独立した表象である」（ibid. Nr. 358, Sp. 426f）。

「表象理論」に則って考えても、「素材」が現実的であるときには、それはつねにすでに「形式（形相）化」されていると考えざるをえないのだから、「客観的な素材」について語ることは厳密には矛盾を含んでいる。それゆえ、「主観的な素材」（*Versuch*, 295）と区別して「客観的な素材」について語ることは、後に徹底した意識内在論を主張する批判者たちから、実在論への妥協ないしその残滓として批判を浴びることになる。また、「ア・プリオリに規定された素材」としての「主観的な素材」の表象ないし意識の可能性は、純然たる自己意識、自己—表象の可能性の問題の圏域に属し、『試論』でも『寄稿集Ⅰ』でもラインホルトが解決を求めて格闘している問題である。だがレーベルクは、この書評ではこれらの問題含みの論点にまったく立ち入らず、ただ著者の議論を追認している。

「第三篇」は本来の「認識の理論」に先だって、先述したような「意識の理論」（§38〜§45）をその冒頭に配している。書評者はこれについてはひととおり説明しているものの、「感性」論、「悟性」論、「理性」論については、その叙述を完全に省略している。だが、評者は「第三篇」全体をこう評価している。ここで「著者は、これ以前に彼が打ち立てた諸原理によって、カントの体系の主要な諸契機をより明快に解明し、その諸契機を確証しようとしている。この理論すべての展開は一人著者にのみ特有のものであり、彼はまったく新たな途を歩んでいるが、しかしこの途は最終的には、カントの体系が陳述しているのと同じ帰結に到達しており、同じ帰結をまったく新しい側面から確証しているのである」。「異なった途を歩みながら、同じ結論に達している」、カント理論とラインホルト理論の関係についてのこのような評価は、『試論』公刊直後の時点では一般的であった。ただし「とりわけカテゴリーのまったく新たな演繹は、注目に値する」（*ALZ* ibid. Sp. 428）とレーベルクは付け加えている。

書評の帰結部分でレーベルクは改めて『試論』全体の意義をこう評価している。「われわれの判断では、この著作によって、カントの体系を正しく洞察することを妨げてきた多くの誤解が根底から一掃されている」。そして、著者の方法の独自性について、改めてこう注意を促している。「しかし、著者の理論はその特殊な展開に関しては彼に特有のものであり」、著者は「彼の議論の展開においても陳述の仕方においても、独自の道を歩んでいる」。たとえば「どんな表象にも、したがってどんな直観にも、自発性が帰属している」という命題や、「われわれの外部に事物が現存することは、時間の概念に依存しておらず、表象一般の現実性から導出されうる」といった命題は彼に独自のものであり、「カント的主張から逸脱しているように思える」。だから、ラインホルトの個々判断をどれもカントの判断とみなすのは、カントに対しても、著者に対しても不当なことであろう」（ibid. Sp. 429）。

かくして書評者レーベルクは、『試論』の著者の独自の歩み、いくつかの点でのカント理論からの逸脱に注意を促しながらも、この著作が総体としてカントの「精神」のうちにあり、カントの体系をよりよく理解させるのに大きな貢献をなしていると評価しているのである。

2. フラットとハイデンライヒによる批判的書評

『試論』はこのような好意に満ちた積極的評価だけを得たわけではない。むしろ、批判的、論難的評価のほうが支配的であった。それらのうち、ここではフラット[13]による『チュービンゲン学術報知』第三九号（一七九〇年五月一七日付）での書評とハイデンライヒ[14]による『新ライプツィヒ学術報知』第四六号（一七九〇年六月七日付）での書評を紹介しておく。その理由は、一つには、『試論』受容の全体像を示しておくためであるが、もう一つには、ラインホルト自身が次著『寄稿集I』に、自らの反論と併せてこれら両書評を「付録」として掲載しているからである。

伝統的な合理論的実在論者フラットがもっぱら論題にしているは、「物自体」あるいは「われわれの外部の事物の存在」問題である。彼は言う。著者が「外的事物」の存在を認めているのは大いに結構なことである、しかし、その存在を「表象の現存」に基づけて証明しているのは「まったく説得力を欠いている」。彼は論点をより具体化、先鋭化して、こう突きつけている。ラインホルトは一方で、「物自体は現にある」、「表象は物自体に根ざしている」、「われわれの外に物自体が現に存在しているのは確実である」と主張しているが、これらの主張は「著者のもう一方の主張」、すなわち超越論的観念論の主張と統合されえないだろう。すなわち、「現実に在るという述語」あるいは「或るもの〔素材〕の原因であるという述語が物自体に付与されうる」ことと、「物自体には、表象のうちに現われてくるただ一つの述語も割り当てられない」（vgl. *Versuch*. §17. 250）という主張とは統合されえないであろう（*Beyträge I*. 410）。

これは、或る意味ラインホルトの「表象理論」の弱点を衝いているとも言える。彼はカントと同様に、「物自体」の存在を明確に認めている。「表象可能な対象が否認されえないのと同じように、物自体は否認されえない」（ibid. §17. 248）。「およそ表象が現実に存在する（Wirklichkeit）ためには客観的な素材が不可欠である以上、表象が現に在ること（Dasein）からは、事物がわれわれの外に現に在ることが証示されている」（ibid.）。しかし、「表象の形式のもとに表象されえないものは、まったく表象できない」（vgl. ibid. §17. 250 u. §22. 276）のだから、「物自体」はいかなる意味でも表象不可能であり、したがって当然認識不可能である。この両方の主張はたしかに両立しうるものなのだが、それでもフラットのような異論をひき起こしている遠因は、ラインホルトが「現実の表象」に先だって「純然たる表象」を設定し、この枠内で「素材」と「形式」を説明していることに求められる。

「現実の表象」においては「素材」と「形式」は共起的である、言い換えれば「素材」はつねにすでに「形式化」されている。すなわち「素材は、それが表象の形式を受けとるかぎり、対象それ自体と素材との類似性を失うのである」(ibid. §14. 243. Anm.)。この意味では「素材」はつねに「主観的」であると言ってもよい。しかし、ラインホルトの「素材」理解に残存している不徹底さは、「失う」という表現に暗示されている。「失う」以前は、「類似性」を保っていたとも読める。「素材」が「形式」と切り離されて、単離されたかたちで思惟されるときには、そういう理解が忍び込んでくる。「主観的な素材」と「客観的な素材」を区別すべしという彼の主張にも、そのような不徹底性が暗示されていると言える。フラットはこの不徹底さを実在論の側から衝いたのに対して、徹底した意識内在主義者たちはそれを観念論の側から衝いた批判を展開することになる。「素材」―「形式」の二元論の危うさは、この問題においてはやくも露呈し始めているのである。

当時カント精神のもっとも独創的な擁護者と目されていたハイデンライヒの批判書評は、ラインホルトにとっては、フラットのそれよりはるかに大きな打撃を与えた。というのも、彼の批判、異論は『試論』の企ての要諦に全面的な無効宣言を下しているからである。彼はこう断言している。「表象能力理論」が「遍く認められた根本命題」を打ち立てるのに「どのように役立っているのか」、また「この理論が認識能力理論のための諸前提をどのように含んでいるのか」、自分にはまったく理解できない。そもそも「表象や表象能力」は「共通概念(Gemeinbegriffe)」であって、それゆえ「われわれは感性や悟性や理性についての特定の概念を論じる際にも、全くこの概念なしで済ますことができる」。さらに「表象の概念を、カント哲学の主要諸契機がそこへと還元されるべき、また還元されうる遍く認められた根拠とみなすことなど、自分には不可能なように思える」(*Beyträge I*. 425f.)。こうして彼は、「認識と認識能力」の根底に「表象と表象能力」を据え、前者を根拠づけようとする企てそれ自体が、無用にして無益な企て、そして不可能な企てだと断言しているのである。つまり、彼は前者に対する後者の「根源性」を全面的に否認しているのであるが、それは、彼からすれば「表象と表象能力は〈先なるもの(Prius)〉ではなく、〈後なるもの(Posterius)〉であって、それゆえ認識能力の学の前提を与えることなぞできない」(ibid. 427f.)からである。ハイデンライヒによれば、「純然たる表象」は現実の諸認識の「基底」などではなく、現実の諸認識からの「抽象の産物」にすぎない。

そうした根本的批判だけでなく、彼は『試論』に提起された枢要的諸テーゼや議論の運び方にも、深刻なしかし説得力ある異論を唱えている。すなわち、ラインホルトは「純然たる表象という概念から、この概念のうちにあるもの以上のものを展開しているのは明らかである」。すなわち、この概念のうちには「意識によって対象を表象から区別すること」(*Versuch*. §15. 230)も、「〔素材が〕与えられていることと〔形式を〕生み出すこと、受動的であることと自己活動的であること」(§18. 255)」も、何一つ含まれていないのに、「ラインホルト氏が、これらの諸概念や諸命題すべてを最狭義表象概念(§11. 214. 218)から展開することができたのは、彼が最狭義の表象概念と広義の表象概念とを気づかれぬようこっそりとすり替えているからにすぎないのである」(*Beyträge I*. 428)。この批判は、「純然たる表象」を基底に、これから高次な複合的諸表象(さまざまな様式の認識)を「体系的に」

導出、展開するというラインホルトの企てが、概念の「すり替え」に支えられていると非難している。この批判の当否は別にしても、次著『寄稿集Ⅰ』や『基底』でラインホルトが、『試論』と同様のいわば原理演繹主義的な方法に則って、「第一根本命題」としての「意識律」から後続諸命題や諸概念を導出しようとしたとき、同様の批判が巻き起こり、後続諸命題の展開には、別の根拠づけのための多数の「補助定理」を必要とするという批判をラインホルト自身も認め、自らの「根元哲学」の方法論的一元論を修正していくようになる。このことを勘案すれば、ハイデンライヒのこの批判は、後のそうした類の批判の原点をなしていると言ってもよい[15]。この批判的書評を契機に、ハイデンライヒとラインホルトは『一般学芸新聞』の「知的広報」欄でかなり長期にわたって論争を続けることになる[16]。

三者の『試論』書評を概括すれば、レーベルクは『試論』の革新的な企てを肯定し、一部に逸脱はあるもののカントの精神の具体的体系化に寄与したものと評価し、フラットは党派的な立場から理論外在的な批判を展開したのに対して、ハイデンライヒは理論内在的な、（その後の展開を考え合わせば）生産的な批判を展開していると言えるだろう。

第三節　「根本命題」としての「意識律」と「根元哲学」についての批判的書評

『一般学芸新聞』紙上での『寄稿集Ⅰ』書評は一七九一年の第二六号と二七号（一月二八日付）に、『基底』書評は一七九二年の第九二号と九三号（四月九日、一〇日付）に掲載された。前者はこれまたレーベルクの手に、後者はシュミートの手になる。

1．レーベルクによる『寄稿集Ⅰ』書評（*ALZ* 1791, Nr. 26, 27）

書評は一四欄にわたる長大なものであり、とりあげられている論点は多岐にわたっている。そもそも『寄稿集Ⅰ』の論述主題が『試論』とはちがって、多岐にわたっている。第一論文は「哲学の概念について」論じ、第二論文は「第一根本命題の必要性、その可能性」について論じている。第三論文では「根元哲学」の「第一部、原理論」を確立するためにその「主要な諸要素の新しい叙述」が試みられ、第四論文では、「カントの体系とラインホルトの体系との区別と一致」が明らかにされる。さらに第五論文は「厳密な学としての哲学の可能性」を根拠づけようとしている。そのほか、『試論』の叙述を補強、改正した第六論文と付録（フラットとハイデンライヒの『試論』批評）が付け加えられている。

レーベルクによる『寄稿集Ⅰ』書評の論調は、『試論』書評のそれと一変している。彼はまずこう述べる。ラインホルトの「諸原理」は「けしてカントが述べたことのないものであり」、彼の体系は「内容の面でも方法の面でも、カントの哲学体系からまったく逸脱している」（*ALZ* 1791, Nr. 26, Sp. 201）。書評者は、上記の各論文に一部異論を交えながら言及しているが、彼の関心事は第四論文にある。この部分で、レーベルクは両者の「哲学的思惟のあり方の相違」を際立たせている。すなわち、

「カントは、表象能力の全体をあらゆる部分にわたって吟味し、可能的経験に適用される理性だけが真の認識を獲得するというこ

とを、そしてこのことがどのようにして起こるかを、分析的検討（Zergliederung）を介して示す。それに対してラインホルトは、これと同じ帰結を、他の種類の人間の表象のすべてを包含している普遍的な類概念としての純然たる表象という概念から証明しようとしている。それゆえ、彼は分析的検討に基づける代わりに、最高の原理に基づけて或る理論を展開する。カントは彼の諸帰結のいたるところで、或ることが人間の認識においていかにして可能となるかを示すことに自分の任務を限定している。それに対してラインホルトは、その或るものがそうあらねばならないことを証明する。…〔中略〕…カントは、なんらかの別の意識においては別の種類の認識が可能であるかどうかを未決定のままにしておく。それに対してラインホルトは、すべてが人間の表象能力のうちに見いだされる以外の仕方では存在しえないことを証明する。…〔中略〕…かくして、両者の間には方法と〔諸定理の〕配置の点で若干の重要な区別が存在しているというのではない。『表象能力理論』は、カントが採用したのとはまったく別種の哲学的思惟に立脚していることは一目瞭然であり、またこの理論が、純粋理性批判の諸原則とはまったく統合されないような概念に基づいて論証される哲学に帰着することも一目瞭然である」（ibid., Sp. 206f.）。

レーベルクは明示的にどちらかに軍配をあげているわけではない。ただ、両者の「哲学的思惟」の重大な相違を列挙しているだけである。この相違は単なる叙述上の相違ではなく、ラインホルト自身が強調しているように、「根元哲学」が「批判哲学」の暗黙の「基底」をメタ境位において根拠づけようとしていることに起因している。書評者は意識的にか、無意識的にか、この点に——すなわち、この相違がカント的思惟の圏域から初期ドイツ観念論への移行を特質づけていることに——言及していない。

それに比べれば「根元哲学」の議論の運び方、方法論に関する書評者のいくつかの批判は的をついている。批判の一つは、「根本命題」が「後続諸命題」をどのように規定しうるのかという重要問題にかかわっている。書評者は言う。「最高の根本諸命題は、他の諸命題の形式を規定するだけで、実質（Materie）を規定するのでない。他の諸判断の主語と述語を規定するのでなく、両者の結合を規定するだけだ」と著者は主張しているが、しかし「意識律」が表現しているかの根本命題が「人間の表象すべての形式をではなく、その内容を規定していることは否認しがたい」（ibid., Sp. 206）。たしかに、ラインホルトは『寄稿集Ⅰ』ではそう述べている（vgl. *Beyträge I*, 115f.）。しかしそれでは、「第一根本命題」に課せられた課題は満たせないであろう。また、「後続諸命題」を「形式面」で規定しているのは「矛盾律」である、というライプニッツ―ヴォルフ学派からの批判をかわすことのできなくなる。それでラインホルトは、おそらくここでのレーベルクの異論を容れて、『基底』では「実質面」でも規定することを実質上認めるようになる（vgl. *Fundament*, 109f.）。だが、「もっとも普遍的で、したがってもっとも抽象的」な「根本命題」が「形式」面からであれ、「内容」面からであれ、「特殊で具体的」な「後続諸命題」を規定するという主張は、初めから困難を抱え込んでいる。したがってこの論点は、これ以降もくりかえし議論の俎上にのぼることになるが、レーベルクの書評はこの論点を提起した最初の書評だと言える。

もう一つの批判は――上記の批判の裏返しだとも言えるのだが――ラインホルトの理論は、「根本概念のうちにあるもの以上のものを根本概念から引っ張りだしている」（*ALZ* ibid., Sp. 207）ことに向けられている。同趣旨の批判をハイデンライヒが『試論』にかんして提起していたことは、すでに見たとおりである。レーベルクも異口同音にこう述べている。著者は「主観」や「客観」の表象を「直接に意識のうちに見いだしているが、しかしこうしたものは根源的意識のうちに存しているとは思えず、またこうしたものすべてがすでに一番最初の表象に含まれているとは考えられない」。この場合、著者は「意識の内的制約と表象能力の外的制約とを混同している」（ibid., Sp. 208）のである。

かくして、『試論』書評のときとちがって、レーベルクは『寄稿集Ⅰ』のうちに、カントからの単なる部分的逸脱を認めるだけでなく、「根元哲学」が「批判哲学」と内容的にも、方法的にもまったく異なっていることを認めるにいたっている。

2. シュミートによる『基底』書評（*ALZ* 1792, Nr. 92, 93）

『寄稿集Ⅰ』の一年後に公刊された『基底』は、前著での多岐にわたる野心的企てを方法論的観点からより簡潔に叙述しており、「根元哲学」の簡明な完成的表現を与えている。シュミートの『基底』書評（これもまた二号、一〇欄におよぶ長いものである）も生産的で実り多いものであった。

まず書評者は、イェーナの同僚でもあった先輩教授に最大限の敬意を払うことから始めている。「表象能力理論の発見者として彼が獲得した功績は、後世の哲学的世界でも評価されるであろう。…〔中略〕…そのときでさえ、人々は彼の企ての偉大さと大胆さを驚嘆のまなざしで眺めるであろうし、この企てを遂行するのに彼が捧げている高潔な情熱に心から敬意を払うであろう」（*ALZ* 1792, Nr. 92, Sp. 49）。こうした賛辞はまだまだ続いている。シュミートは大仰な社交辞令にとどまらず、「根元哲学」の理論的要諦にも賛意を表している。すなわち「人間の心意の必然的で普遍的な諸事実」が「一切の哲学知の実在的基底（Realfundament）」をなしており、「学が学であるかぎり、その基底は明確な定式によってそのような事実を言い表す一つの命題でしかありえない」（ibid., Sp. 51）。ではこの「命題」は、それが「第一根本命題」であるためにはいかなる特性をもたねばならないか。書評者によれば、「根本命題」あるいは「基底命題」は、以下のような三様の仕方でしかありえない。すなわち、

「（1）矛盾律のように、拡張という点では消極的にしか使用できない論理的あるいは形式的な根本命題、（2）他の命題の客観的根拠を自らのうちに含んでおり、推論連鎖の最初の前提として登場してくる実質的な根本命題、最後に（3）学のうちにある命題の他の命題への関係を規定し、そしてその対象の諸領域を汲み尽くす体系の構想をあらかじめ指示するような規範的な（normal）根本命題」（ibid., Sp. 52）。

求められている「根本命題」が（1）ではない――さもないと、哲学の体系は形式論理学の体系に転落してしまうであろう――のは明らかだが、「根元哲学」の企てが後二者の「どちらをめざしているのか、不確かなままである」（ibid.）。シュミートの見解では、唯一の根本命題は「規範的な根本命題」しかない。というのも、基底に「実質的な

命題」が想定されているとしたら、「ただ一つの」根本命題という前提とは両立しなくなる。というのも「実質的な根本命題」には、表象能力の「特殊な諸部分とかかわっていて」、「普遍的法則に基づいては展開されえないような諸事実すべて」も属しているからである。「こうした特殊な諸事実は、たとえそれらがかの根本命題のもとに（unter）あり、根本命題に服しており、根本命題と不可分に結合されているはずであるにしても、依然としてかの基底命題から独立した根源的諸事実であることに変わりはない」（ibid.）。すると、この諸事実を根拠づけるには、別のそして多くの実質的根本命題が必要となり、「ただ一つの」根本命題では済まなくなる。かくして書評者が言うには「ラインホルト氏が基底命題の果たすべき重大な使命について語っていることと、基底命題の内的性状について語っていることとは完全には一致しておらず、両者の間には顕著な不釣り合いがある」（ibid. Sp. 56）。シュミートからすれば、そもそも「唯一の実質的な基底命題」から「人間の意識の根源的な諸事実すべて」を導出し、証示することなど不可能なのであり、「そんなことは、将来にもほとんどなされないであろう」（ibid.）。ここに、「実質的な根本命題」はただ一つではなく、多数必要であるという考えが表明されている。少し後には、ラインホルトもこの異論を容れて、「基底命題から独立した根源的諸事実」を表現する根本諸命題を「補助定理」として援用することによって、方法論的一元論を実質上放棄して「改良された」根元哲学を構想するようになるのである。

では、ここに提起されている「規範的な根本命題」はいかなる特性をもち、体系構築においていかなる機能を果たすと想定されているのか。シュミートによれば、「規範的な根本命題」は「自ら自身のうちから、他の諸原理を展開することもできないし、他の諸原理の誤認や曲解を予防することもできない」（ibid. Sp. 54）。またそれは「学の内容そのものに普遍的で不変なものという特性を付与することもできない」（ibid. Sp. 56）。だが、それは「学の体系的歩みをある程度は先導でき」、「諸命題の体系的配置を規定する」ことができる（ibid.）。言い換えれば、「規範的な根本命題」は後続諸命題の「形式」も「内容」も「構成的に」規定することはなく、ただ諸命題間の秩序と関連を「統制的に」規定するだけである。この点と関連して、後にフィヒテも『全知識学の基礎』で、その「第一根本命題」が少なくとも「理論的自我」の諸規定の展開過程では「統制的妥当性」しかもちえないと断っていることに[17]留意すべきであろう。この点に関するシュミートの批判は、「第一根本命題」はいかなる意味でも体系展開の「構成的原理」たりえず、「統制的原理」として位置づけられるべきであるという点にある。われわれもまた、それを妥当な批判だとみなさざるをえないであろう。当初、過大な機能と任務を背負わされた「第一根本命題」は、実際のところそのような機能を果たすにとどまる。

書評者はその他の点に関しても、「根元哲学」の方法と諸定理について鋭い説得力ある批判をいくつか提起している。「根本命題」としての「意識律」だけによって「哲学を確固とした学へと高め、これまでの誤解と争いから哲学を解放しようとしても、この命題は役立たないことは明瞭である」。なぜなら「この命題によっては、すでにこの命題に含まれていること以上には何一つ証示されえないのは明白であり、この命題によっては、…〔中略〕…現世でのわれわれの権利や義務と来世へのわれわれの期待の確固たる根拠に向けて、これまで以上には一歩も前進できないのは明白である」から。そればかりか、議論の歩みを子細に検討すれば「意識律は、かの〔後続〕諸命題を論証する際にほとんどなんの働きもしておらず、暗黙のうちにこっそりと、他の諸命題が利用されていることが判明する」(ibid., Nr. 93, Sp. 57)。第一根本命題が厳密に見れば導出の機能を果たしえていないというこの批判は、根元哲学の体系構築の構想にとって致命的である。

「根本命題」それ自身の内的構成に対しても、書評者は重大な疑義を呈している。第一に、「区別すること（Unterscheiden）と関係すること（Beziehen）」という基本的概念が「多くの曖昧さにまとわりつかれたままであること」、第二に、「表象の素材は、表象の客観によって規定される」と言われているが、この「規定される」ということが「本当は何を意味しているのかも、一度も説明されていない」こと(ibid. Sp. 58)。基本的術語使用の曖昧さについての疑義は、すでに『試論』以降、他の書評者たちによっても何度か提出されていた。第三に――この異論はもっと重大であるのだが――表象の「形式」が初めから「単一性」を備え、「素材」が「多様性」を備えているというテーゼは、「仮説としてすら正当化されていない」。評者によれば、「認識」の概念も「表象一般」の概念もどちらも、「客観や、客観によって規定された素材のうちに多様性があることを前提にしていない。それゆえ、素材を統一へと結合することは意識の直接的事実ではなく、意識のうちには区別する働きが事実として現れてくるだけである。かくして、かの結合する働きは区別する働きを説明するために、仮説的に想定され」ているだけである。もし、ラインホルトの主張のように、区別する働きがあるのだから、区別されるためには「素材」は「多様である」と主張するならば、それは同語反復か「誤謬推理」にすぎない。かくして「素材の多様性」を前提とすることはどこからも帰結しない。「それゆえ、著者は素材の内容の多様性をこっそりと不正に入手しているのであり、それを根本的に証明しなかったのである」(ibid., Sp. 58)。根本命題それ自身からは演繹されえないのに、「形式」の「単一性」と「素材」の「多様性」が前提にされていることへの批判は、この書評以降にも他の評者たちからも繰り返されることになる。

総じてシュミートの理論内在的な批判は、これまでのさまざまな「根元哲学」批判と比べても要点をついており、かつ「根元哲学」を修正・改良していくための生産的な批判であったと言えよう。

さて、「意識律」と「根元哲学」に対する批判的書評については、匿名の単行本で著わされた『エーネジデムス、イェーナのラインホルト教授によって展開されて根元哲学の基底について、理性批判の不当な行為に反対する懐疑論の擁護』と、これに対するフィヒテのALZ書評（1794 Nr. 47-49）を欠かすことはできないのだが、これについて筆者は前著でかなり詳しく論じたので[18]、ここでは言及しないことにする。

注

（1）*Versuch einer neuen Theorie des menschlichen Vorstellungsvermögens*. Mit Churfürstl. Sächs. gnädigsten Privilegio, Prag und Jena: bey C. Widmann und L. M. Mauke 1789.（新版として、Ernst-Otto Onnasch 編の PhB 559a［Hamburg 2010］, PhB 559b［Hamburg 2012］、および Martin Bondeli 編の K. L. Reinhold. Gesammelte Schriften. Bd. 1, Basel 2013. に所収の版がある）。本書からの引用は、*Versuch* と略記して、初版の節番号と頁数を直接本文に記入する。

（2）「運命」論文には三つの版がある。最初に『ドイツ・メルクーア』一七八九年五月号と六月号に「雑誌論文」として公にされ、次に単独の「小冊子」として出版され、最後に『試論』の「序文」に転用された。「哲学欄」は単独冊子の「運命」をレーベルクが書評している（*ALZ* 1789, Nr. 186）。

（3）本節以下では、その要点だけを叙述している『試論』の理論とその問題点の詳細は、拙著『ラインホルト研究序説』萌書房、二〇一五年の第四章を、また次節以下に紹介する『寄稿集Ⅰ』や『基底』の詳細については、同第五章、第六章を参照していただければ幸いである。

（4）*Beyträge zur Berichtigung bisheriger Missverständnisse der Philosophen. Erster Band, das Fundament der Elementarphilosophie betreffend*, Jena: bey Johann Michael Mauke 1790.（新版として、Faustino Fabbianelli 編の PhB 554a [Hamburug 2003] がある）。本書からの引用は、*Beyträge I* と略記して、初版の（節番号と）頁数を直接本文に記入する。

（5）*Ueber das Fundament des philosophischen Wissens, nebst einigen Erläuterungen über die Theorie des Vorstellungsvermögens*, Jena: bey Johann Michael Mauke 1790.（新版として、Wlfgang H. Schrader 編の PhB 229 [Hamburg 1978] と Martin Bondeli 編の K. L. Reinhold, Gesammelte Schriften. Band 4. [Basel 2011] がある）。本書からの引用は、*Fundament* と略記して、初版の頁数を直接本文に記入する。

（6）*KA* XI, 111.（『カント全集21　書簡Ⅰ』岩波書店、二〇〇三年、三八六頁）。

（7）ibid., 288.（『カント全集22　書簡Ⅱ』岩波書店、二〇〇五年、一〇四頁）。

（8）たとえば、一七九一年八月七日付のエアハルト宛書簡、一〇月一七日付と一二月九日付のバゲッセン宛書簡を参照（*Karl Leonhald Reinhold, Korrespondenzausgabe der Österreichischen Akademie der Wissenschaften*. Bd. 3. *KORRESPONDENZ 1791*, hrsg. von F. Fabbianelli, E. Heller, K. Hiller, R. Rauth, I. Radrizzani und W. H. Schrader, Stuttgart-Bad Cannstatt 2011, 214, 300 u. 324.）。

（9）たとえば、一七九一年九月二七日付と一一月二日付のカントのベック宛書簡を参照（*KA* XI, 291, 304. 前掲邦訳書、一〇八頁、一一七頁）。

（10）*KA* XI, 515.（前掲邦訳書、二四七頁）。

（11）『試論』、『寄稿集Ⅰ』、『基底』についての当時の書評すべてを再録している *Die zeitgenössischen Rezensionen der Elementarphilosophie K. L. Reinholds*. Hrsg. v. Faustino Fabbianelli, Hildesheim 2003.（以下 *Reinhold-Rezensionen* と略記）には、一七九一年までに出た一四種類の『試論』書評が再録されている。この「書評集」には、もとのALZの「欄数」も記入されているので、以下、上記三著作のALZ掲載の書評の引用は、ALZの年度、号数、欄数を直接本文に記入する。

この *Reinhold-Rezensionen* への編者の「序論（Einleitung）」は、「表象能力理論」と「根元哲学」に対する当時の評価と書評をあらゆる角度から――「反カント主義者」、カント自身、「カント主義者」、「ラインホルト学派」、マイモン、フィヒテ、アビヒト、ベックそれぞれの角度から――包括的に論じており、当時の状況を知るには非常に有益である。

（12）レーベルクについては、第三章の注（4）参照。

（13）フラットは、伝統的な合理論哲学を基盤とする「チュービンゲン神学」の代表者であり、この書評執筆時にはチュービンゲンの哲学部の員外教授であり、一七九二年に神学部の正教授の地位に就いた。ALZは彼のカント批判書『因果性概念の規定と演繹および自然神学の基礎づけのための断章、カント哲学との関係において』（ライプツィヒ、一七八八年）を1789, Nr. 3で、そして『宗教一般の道徳的認識根拠についての書簡、特にカント哲学との関係において』（チュービンゲン、一七八九年）を1790, Nr. 169で書評している。前者の書評者はラインホルトである。

（14）優れたカント派哲学者であるハイデンライヒは、一七八二年以降ライプツィヒで哲学と文献学を学び、一七八五年にマギスターとなった後、一七八九年にはライプツィヒ大学の哲学教授に招聘された。だが、彼はその十年後には教授職を捨てて、ヴァイゼンフェルスの近郊に引きこもった。この間、数多くの著作を表している。ALZは第三章の注（6）で挙げた著書のほかにも、彼の著書を一〇点以上書評している。巻末の「**主要書評一覧**」を参照。

ラインホルトがウィーンを脱出し、ワイマールに到着する途中で一時滞在したライプツィヒでE・プラットナーの講義を聴講したとき、ハイデンライヒもその講義に列席しており、おそらくその当時（一七八三年冬）から両者は顔見知りであった。彼は一七八九年七月には書簡で、（おそらく献本された）「カント哲学の運命について」を読んだことを告げ、その評価をラインホルトに伝えている。また、その書簡で、自分の美学論文やアビヒトとボルンの『新哲学雑誌』に掲載された「崇高」論文（第五章第二節参照）についての評価を尋ねている（*Karl Leonhald Reinhold, Korrespondenzausgabe der Österreichischen Akademie der Wissenschaften.* Bd. 2. *KORRESPONDENZ 1788-1790*, hrsg. von F. Fabbianelli, E. Heller, K. Hiller, R. Rauth, I. Radrizzani und W. H. Schrader, Stuttgart-Bad Cannstatt 2007, 152ff.）。さらに同年一〇月には、『試論』の献本に謝意を表し、「その分析の鋭さ」や「われわれの認識の生成」を生き生きと叙述している「偉大な技量」を称賛している（ibid. 175f.）。

（15）　詳しくは拙著『ラインホルト研究序説』萌書房、二〇一五年、第四章第七節を参照されたい。

（16）　Vgl. *ALZ* 1790. (IB) Nr. 80, Nr. 88, Nr. 91.

（17）　フィヒテ『全知識学の基礎』第三章（*GA* I/2, 282.『フィヒテ全集　第4巻』哲書房、一九九七年、一二六―一二七頁）参照。ここでフィヒテは次のような趣旨を述べている。すなわち、第一原理が「統制的妥当性」しかもたない「知識学」の「理論的部門」は、必然的に「体系的スピノザ主義」、つまり一種の独断論の様相を呈することになるが、その後展開される「実践的部門」が「理論的部門」を「基礎づけ、限定する」ことで、その欠陥は克服されるであろう。ここから推定するに、少なくともフィヒテ自身は、「実践的部門」では自我の活動の証明が「背理法的（apagogisch）」証明から「生成論的（genetisch）」証明に転換されることによって、「外部からの影響の可能性の制約」それ自身が「絶対的自我のうちに根拠づけられ」（*GA* I/2, 404f. 二八六―二八七頁）、そのことによって「絶対的自我」の「第一原理」が構成的に機能するようになった、と考えていたのだと言える。

（18）　前掲拙著第六章第二節参照。

第五章　新たな哲学雑誌の登場（一七八九〜九五年）
——カント-ラインホルト関係の理解をめぐって

第一節　三つの新たな哲学雑誌の概観

一七八八年から一七九〇年までの三年間、経験論の陣営は新たに創刊された『哲学叢書』を舞台に、また合理論の陣営は同じく新たに創刊された『哲学雑誌』を舞台に、執拗なカント哲学批判を繰り広げ、これに対して、カント陣営は『一般学芸新聞』の「哲学欄」を使って応酬したことはすでに見てきたとおりである（第二章参照）。この時点でカント派はまだ哲学の専門雑誌を自らの陣営のうちに有していなかった。だが、一七九〇年代に入ると、批判哲学を立脚点にしたカント派、あるいはカント-ラインホルト派と呼ぶべき「哲学専門雑誌」がいくつか登場して来る。これらの雑誌のうち、とくにコスマンとヒュレボルンの雑誌は、一七九〇年代前半にカント派の陣営のなかでラインホルトの影響力が高まりつつあったことを明白に反映している。ラインホルトと同年代のカント主義者たちが、「表象能力理論」や「第一根本命題」の樹立の企てに大なり小なり異論を唱えていたのに対して、彼らより一世代若いこれらの雑誌の編集者たちは、「批判哲学」から「表象能力理論」が出現してくる必然性を積極的に承認し、「根本命題」の樹立の企てを哲学的思惟の前進と評価している。

最初に現われたのが、アビヒト（Johann Heinrich Abicht 1762-1816）[1]とボルン（Friedrich Gottlieb Born 1743-1807）[2]編の『新哲学雑誌、カントの体系の解明と応用のために』[3]である（図5—1）。この雑誌は、一七八九年（第一巻第一号）から一七九一年（第二巻第四号）まで、合

Neues
philosophisches Magazin,
Erläuterungen
und
Anwendungen
des
Kantischen Systems
bestimmt.

Herausgegeben
von
J. H. Abicht und F. G. Born.

Ersten Bandes erstes Stück.

Leipzig,
bey Joh. Phil. Haugs Witwe.
1789.

図5—1　『新哲学雑誌』創刊号表紙

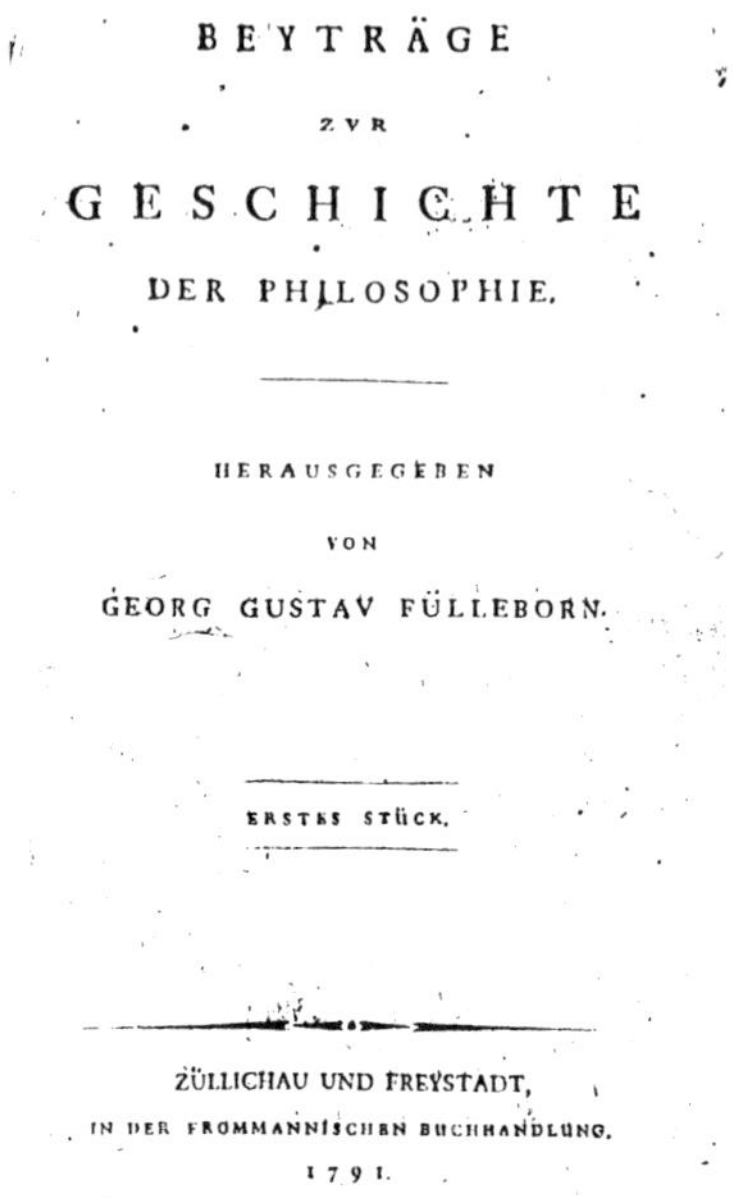
BEYTRÄGE
ZUR
GESCHICHTE
DER PHILOSOPHIE.

HERAUSGEGEBEN
VON
GEORG GUSTAV FÜLLEBORN.

ERSTES STÜCK.

ZÜLLICHAU UND FREYSTADT,
IN DER FROMMANNISCHEN BUCHHANDLUNG.
1791.

図5―2　『哲学史論集』第一号表紙

計二巻八号をライプツィヒで刊行した。二つ目は、コスマン（Johann Wilhelm Andreas Kosmann 1761-1804）[4]編の『批判的、通俗的哲学のための一般雑誌』[5]であり、これは一七九一年（第一巻第一号）から一七九四年（第二巻第一号）まで、合計三号を主にブレスラウで刊行した。そして、同じく一七九一年には、ヒュレボルン（Georg Gustav Fülleborn 1769-1803）[6]の『哲学史論集』[7]の第一号がチューリッヒで出版される（図5―2）。この雑誌は当時の雑誌にしては珍しく長続きし、一七九九年まで合計一二号を発行し続けた。ラインホルトよりも一回りも年長のボルンを例外として、これらの雑誌編集者たちはみな若かった。雑誌創刊時、アビヒトもコスマンも三〇歳未満であり、ヒュレボルンにいたっては二二歳である。みな大学の教授職に就く前後であった。

アビヒトとボルンの『新哲学雑誌』は創刊号に付された「序文」で、雑誌の「目的」の一つがカント哲学の諸原則を「哲学の実践的部門や経験的部門に応用すること」にあると明確に宣言し、その際重視すべき部門として、とくに「意志論」と「経験心理学」を挙げている。もう一つの「目的」である「カントの体系の解明」のほうは、一つにはカント的原則についての解説的論文を通して、また一つには反カント派、とくにエーベルハルト派の異論に反駁する論文を通して遂行しようとしている。後者の目的のため、論争的・論難的論文が毎号のように掲載されているのが目をひく。『新哲学雑誌』の紙面構成は、「書評」は例外的扱いとし、通常毎号五〜六篇の論文で構成されているが、そのほとんどがアビヒトとボルンの手になるものである。[8]

アビヒトは非常に早くからラインホルトの熱心な支持者であった。彼はラインホルトの最初の哲学的主著『試論』がまだ公刊されておらず、「カント哲学についての書簡」だけが知られていた一七八八年七月にラインホルトに手紙を書いている。その手紙で彼は「カント書簡」を絶賛し、実践哲学的主題についての自分の論文がカント的原則から「逸脱していないか」どうかの判定と批判を求めている。[9]翌年五月には、「カント哲学の運命」論文を「カントの体系が真正であることを間接的に公衆に証明してみせた」ものだと評価し、自分の論文「カント的原則に従った満足の形而上学試論」の批評を乞うている。そして計画中の『新哲学雑誌』へのラインホルトの寄稿を依頼している。[10]

コスマンの雑誌は、他の二誌以上に際立ってラインホルト色が濃い。異例なことに、創刊号に一頁を使って（カントではなく）ラインホルトの銅板肖像画が掲げられていることが、[11]それを象徴的に物語っている。この雑誌は当初、多様というよりかなり雑多な内容からなっていた。その第一号は、「I．自前の哲学論文集」、「II．古今の哲学者たちの体系の叙述」、「III．混成的論集」、「IV．ドイツの哲学者たちの最近の卓越した諸作品の報知」、「V．書評」、「VI．お知らせ」から構成されていたが、紙面構成は第二号で整理縮小され、さらに第三号は「I．自前の論文集」と「II．書評」だけからなっている。三つの号を通覧すると、掲載された論文の寄稿者がヤーコプ、ヒュレボルン、キーゼヴェッター、コスマン等であり、また書評の対象になっているのも、広義のカント派に属する著者たちの作品であることからも、この雑誌がカント-ラインホルト派の雑誌であることは明瞭である。コスマンは一七八九年八月に書簡で、「空間」概念のア・プリオリ性を擁護する博士論文の計画をカントに説明し、教えを乞うている。翌年四月には、「エーベルハルトの雑誌に対抗する」自分の雑誌が首尾よく発刊できるようになったことをカントに報告し、自分の雑誌の第一号の内容を紹介している[12]。

ヒュレボルンの『哲学史論集』の特徴は、編者の専門領域を反映して、他の二誌とは違って古代ギリシャ哲学に関する論文や翻訳が紙面のかなりの部分をしめている点である[13]。そして驚くべきことに、一年一号の発行とはいえ、各号に収められた六〜八篇（八折り版で二百頁前後）の論文のほとんどを編集者が一人で書いている[14]。この古代哲学論集の感もする雑誌がカント-ラインホルト派の雑誌と目されるのは、第一巻の冒頭にラインホルトの哲学史講義の原稿「哲学史の概念について」が配されているだけでなく、編者がしばしば古代哲学のうちにカント-ラインホルトの哲学の精神を読み取ろうとしていると見受けられるからである。なによりも注目すべきことに、第一号には、当時熱心なラインホルト学徒であったフォアベルク（Friedrich Carl Forberg 1770-1848）の論文「表象能力理論のこれまでの運命」が掲載され、さらにこの論文への「補遺」として、編集者ヒュレボルン自身がラインホルトの立場から『純粋理性批判』と「表象能力理論」を比較した論文を執筆している。当時、この両哲学者の関係をどう理解するかは、カント派哲学者内部にとどまらず、教養ある読者公衆の強い関心の的であった。

ヒュレボルンも早くからラインホルトと接触している。彼は一七九〇年一月のラインホルト宛て書簡で、『試論』を絶賛し、カント哲学解説の他の類書とは比べ物にならない明快さで、自分の蒙を啓いてくれたと書いている。そして、上記の「補遺」に言及し、これがおそらく復活祭の頃には出版されるだろうと報告している。一一月の書簡では、発刊直前の『哲学史論集』第一号に所収予定の諸論文を紹介している[15]。

『一般学芸新聞』の「哲学欄」は、これら三つの雑誌すべてを——それほど多くの紙面を割いているわけではないが——とりあげ書評している。書評紙面は、それぞれの雑誌の目的や計画に対しては概ね積極的な評価を与えながらも、個々の論文に対しては、論文の執筆陣が「若手」ということもあり——最初期の「哲学欄」のカント・プロパガンダとは異なり——不十分点や批判点を挙げ、いくつかの注文をつけている。以下、その書評紙面を検討してみることにする。

第二節　アビヒトとボルンの『新哲学雑誌』とその書評（*ALZ* 1789, Nr. 304; 1791, Nr. 259; 1792, Nr. 215）

ALZ一七八九年三〇四号に掲載された『新哲学雑誌』第一号の書

評は、三欄ほどの分量しかない簡単なものである。書評者は最初に、「序文」に述べられている雑誌の目的およびその目的を実現するための指針や方策に賛意を表明している。続けて評者は言う。「序文」によれば、この雑誌はカント的諸原理をさらに詳しく「解明」し、それを道徳学、心理学、意志論、神学などの「実践的、経験的部門」に「応用」しようとする目的をもった「最初の」雑誌である。雑誌は四半期ごとに「八から一〇ボーゲンで一つの号」を構成し、四号で一巻となる予定である。編集者は「序文」の終盤に、雑誌編集に関する興味深い指針を述べていた。すなわち「これまでカントの主張に対置されてきた異論や疑念のどれに対しても、われわれは謙虚に斟酌するつもりである。…〔中略〕…カント哲学を究明し、それを人間の認識の他の諸部門に適用することを使命としているこの雑誌を、われわれは戦場に変えるつもりはないし、雑誌を論戦的論文で埋めるつもりはない[16]」。すなわち、編集者はこの『新哲学雑誌』を――エーベルハルトの『哲学雑誌』のような――哲学的党派闘争の機関誌にするつもりはなく、雑誌の「使命」をカント哲学の「解明と応用」に絞りたいと述べているのである。だが、その言葉と裏腹に、とくにボルンの諸論文の多くは極めて論戦的であり[17]、ALZの書評者はそうした論調にしばしば苦言を呈している。

書評は第一号に掲載された五編の論文すべてに言及し、その概要を説明してそれぞれにごく短いコメントを付している。第一論文、ボルンの「カント哲学についての苦情の吟味」に関して、書評者はかの「苦情」の「主観的、客観的原因」が「かなりうまく説明されている」のを認めながらも、ボルンが「論理的判明」と「感性的判明」の区別を考慮していないことから、論調が一面的になっており、「それゆえ党派的見解だという非難をほとんど免れえないだろう」と評している。そして、その論調全体にこうクレームをつけている。「概してボルン氏が批判哲学の敵対者たちについて語るときの論調は、いささか侮辱的であり、論難的感情が垣間見える」。評者はその当該箇所を引用した後、こう続けている。事柄の本質を読者に納得させるには、シュルツが『カント哲学の解明』で行っているように「要点を冷静に、謙虚に展開し、また論拠と反対論拠を慎重に考量する」ほうが、「より威厳のある、もっと効果的なものになったであろう」。そして「多くのことを期待させるボルン氏の論文は、『序文』での約束に忠実であればあるほど、われわれと他の人々にもっと歓迎されるものになるであろう」(*ALZ* 1789, Nr. 304, Sp. 333)。書評者は特定できないが、ALZ創刊後数年の「哲学欄」自身が激しい哲学的党派闘争の舞台となっていたことを考えると、上記のような論争的・論難的調子の抑制要求は、カント哲学の受容をめぐる状況がカント陣営にかなり有利に変化しつつあることをうかがわせる。

第二論文、アビヒトの「間違った道徳的原理について(未完)」と第三論文、アビヒトの「意志の自由について」は、ごく簡単な内容紹介で済まされている。それに対して第四論文、ハイデンライヒの「崇高の感受に関する新しい研究の概要」を――これが一〇頁ほどの小品であるにもかかわらず――書評者は「素晴らしい論文」だと評価している。まず、この「崇高」論が『判断力批判』以前に公表されていることに留意しておかねばならない。ハイデンライヒはこの「概要」で、当時「崇高の根拠」についても、崇高の感情が引き起こす結果についても、また崇高の感情の性質についても論者の見解はまったく対立しており、百家争鳴状態にあったことを伝えている。そうした状況の中で著者は「崇高の感情を普遍妥当的な原理に連れ戻すこと[18]」をめざしている。書評者によれば、この論文は「崇高は、理性の本質や無限なものについての理性理念が人間本性の被制限性と結びついていることから、ア・プリオリに説明される」と主張している。そのうえで著者は、このような説明に対して、理性の本質や理念が関与せずとも「感性的対象や現象のうちにも崇高は存在するはずだ」という反論が出されることを予想して、この反論を或る論法を使って取り除こうとしているのだが、書評者によれば、「この論法はわれわれを完全に満足させるものではない」。すなわち、ハイデンライヒによれば「感性的対象は、心意の把握力に対して理性理念と」相関的な関係にあり、「この相関関係の類似性のゆえに、感性的対象もこの理念自身と類似した感情を呼び起こす」のだが、「もしそうだとすると、ほかでもなくこの相関関係がそうした感情の決定的根拠をなしているように思えるし、理性理念はまさにこの相関関係を通して一種の崇高を生み出すにすぎないということになるだろう」。「しかし、そうすると理性理念は、ハイデンライヒ氏がそう称しているものではなくなり」、その種の感受の「唯一の制約ではなくなってしまうだろう」。「しかし、こうした憂慮も、著者が出版を約束している美学の教本ではおそらく一掃されるであろう」(ibid., Sp. 335)[19]。評者はこう結んでいる。

第五論文、アビヒトの「主意説と道徳的側面から見た高慢について」は、同じ著者が計画している「満足の形而上学[20]」の諸原則に基づいて起草された「主意説と道徳学についての暫定的試作品」とみなせる。「前者については、われわれは特段に立派なものが期待できるが、後者については…〔中略〕…その第一根拠が単に純粋理性の諸原理のうちに含まれるのではなく、経験的な諸感情のうちにも含まれるような道徳理論と切り離せないような」もろもろの「不完全な点を有することになるのではないかと懸念される」(ibid.)。

ALZ「哲学欄」はなぜか『新哲学雑誌』の第一巻第二号～第四号はとりあげておらず、その第二巻の第一号～第三号を一七九一年の二五九号でとりあげている。ここで書評者は、多くの論文のうち「二つの論文」に注目している。その一つは、匿名の「プラトンのティマイオスの一節を表象能力の理論によって説明する試み」（第二巻第一号）である。すでにこの表題には、プラトンのうちにラインホルト流の「表象能力理論」を読み取ろうとする意図が暗示されている。実際、この著者は論文冒頭でこう述べている。プラトン以前の哲学者たちは「哲学の対象」をもっぱら「物自体」として考察してきたのであり、「対象がわれわれに対象として現れてくる際の表象能力にはほとんど配慮してこなかった。それに対してプラトンは別の観点を出発点にして」、「対象が表象能力の、とりわけ悟性の作用結果である」という観点から対象を論じた。「プラトンはたしかに表象能力の本性に多くの適切な洞察を与えたが、しかし、それの多くのメルクマールを、すなわち表象能力の諸形式についての表象を、われわれの外の対象に関係づけ、かのメルクマールをこの対象に付与した」。それでも、われわれはプラトンのうちに「心理学的な諸発見と諸所見からなる宝を」見いだすことができ、「それらに表象能力の理論を通して改めて光をあてることができる[21]」。

だが、書評者はまずこう苦言を呈している。「この論文は、魂の成立様式について論じられた周知の難しい箇所を扱っており、論文から著者がプラトンの諸作品に非常に通じていることは明白である。しかし、この試みにはあいまいなところがあり、かのギリシャの智者の真意を本当に解明しているかどうかについては非常に疑わしい」（ALZ 1791, Nr. 259, Sp. 645）。なぜなら、著者はプラトンの説明を「心理学的に」――すなわち、近代的な「認識能力批判」の観点から――解釈しており、そのことによって、「一般に古代の人々の理論を評価する際もたねばならない視点」からずれてしまっているからである。それに対して書評者は「古代の人々の場合この種の説明はみな、自然的（physisch）なのであり、あるいは形而上学的だと言ってもよい。プラトンも例外ではない」（ibid.）と述べる。

彼らにとって「与えられているものは、与えられていないものから説明されねばならない」。したがって、彼らにとって重要なのは、近代的思惟のように「与えられているものの論理的可能性や思惟可能性の特徴をなしているような諸々のメルクマールを分析したり、見いだしたりすることではない」。そうではなく、彼らの説明は「与えられているものの実在根拠全体を規定しようとする」。この場合、たしかに一種の矛盾が認められる。というのも「その種の説明は、与えられたものから引き出された諸述語によって、与えられていないものを規定し」ようとしているからである。だが書評者によれば、このことは

「〔古代の〕空想力豊かな思索者がもっともな理由で免れることのできない宿命なのである。したがって、プラトンが魂の原因と思っているもののうちに、著者が表象能力から借用されたような諸述語を見つけられないことはたしかにない。とりわけプラトンは――著者が非常に正しく述べているように――従来のやり方を棄てて、彼の先行者たちがなしたのとは違ったやり方で、魂の原因の諸規定を物体世界から借用したいと思っていたのだから、なおさらそう言える。その場合、プラトンには、表象の王国へと移行する途しか残されていなかったのである。だがその表象は、或る種の実在（Wesen）をなしており、詩趣豊かな哲学者はその実在をそれだけで作動させることができたのであり、またそのような崇高な仕方で産物を産出することをまずいことだとも思っていないのである」（ibid. Sp. 645f.）。

そして、評者のコメントはこう結ばれている。

「プラトンが彼の表象様式のうちにもっているような新しいこと、異なったことは、彼がことを目的論的に進めている点にあるように思われる。彼はそのために魂を物体から借用しなければならなかったのであり、彼がそのために魂を構成しているような諸実体の諸述語を、自然学者が用いていたのとは別のアナロジーに従って規定することもできたのである。他のどんな古代の文筆家にもましてプラトンの場合ほど、自分自身の考えを解釈を通してその書物に持ち込まないように用心しなければならない著者はいないのである」（ibid. Sp. 646）。

もう一つの論文は、おそらく同じ著者による匿名論文「哲学における最古の革命について、最近の哲学との関係において」（第二巻第三号）である。「最古の革命」とはソクラテスによって引き起こされた革命のことである。書評者は具体的論拠も挙げずに、「この論文全体は、カントが覚醒させたような精神によって哲学史を論じれば、いかに多くのものを得ることができるかを明瞭な事例を挙げて証明している」（ibid.）とだけ述べている。すると、先の論文批評とこの論文批

評との間には或る種の齟齬があるようにも見受けられる。すなわち、先にはプラトンの哲学のうちにカント-ラインホルト流の認識能力批判の精神を読み取ることを慎むべきであると語りながら、ここでは、同様の読み込みが多くの成果をあげることが期待できると判定しているからである。

いずれにせよ、古代の哲学に対するそのような読み、すなわちカント的視点からの解釈は、批判哲学の確立を契機にちょうどこの時期から台頭してくることに留意すべきである。これらの論文とちょうど同じ頃、ハイデンライヒはイタリア語で書かれた或る哲学史の自らの独訳書に小論文を付して、批判哲学の確立が「哲学史」の論述方法に与えた決定的な影響を強調している。彼はそこで、哲学史について、単に諸々の見解を詳述し解釈するだけの「情報紹介的、解釈的（referierend und hermeneutisch）」論述と、諸見解や諸体系の「源泉と進展を生成論的に展開し」、それらを「原理にしたがって吟味する」「実際に役立つ（pragmatisch）」論述とを区別したうえで、その論述の基準となる「諸原理」がカント哲学によって確立されたのだと説いている[22]。それゆえ、求められている「実際に役立つ」哲学史が、批判哲学によって初めて可能になったのだと言う。曰く「哲学を一つの体系へと形成していく実際的歴史は、カントが真に内的に体系的な哲学を叙述したことによって初めて可能になった」。「形而上学の実際的歴史は、カントが純粋理性の領域全体を正確に測定したことによって初めて可能になった」。「カントが理性宗教の唯一真なる原理を展開してくれたので、われわれは今や初めて、宗教の実際的歴史を期待することができる」[23]。こうして、古代哲学のうちにカント哲学の精神や諸原則を読み取ろうとする傾向は、「哲学史」という学問の概念的確立と実際の大哲学史の刊行の動きと連動して、次々節に紹介するヒュレボルンの雑誌や、テンネマン（Wilhelm Gottlieb Tennemann 1761-1819）の哲学史理解（本章第四節および「幕間Ⅲ」の4参照）にもっと明瞭に現れてくるのである。

最終号となった第二巻第四号は一七九二年の二一五号で書評された。これまた三欄ほどのスペースしか割かれていない書評は、この号に掲載された五編の論文すべてに言及している。第一論文は、ボルンの「充足理由律の超越論的妥当性と称されているものについて、エーベルハルト氏の『哲学雑誌』第一巻第二号と比較した第三巻第二号に関して」である。評者によれば、「充足理由律の超越論的妥当性」のための証明において、エーベルハルトはすでにバウムガルテン（Alexander Gottlieb Baumgarten 1714-62）等の教科書に認められる以上のものをなに一つ付け加えていない。この問題についても、すでにカントがエーベルハルト論駁論文「発見」で、その証明の無効性を明らかにしていたのであるが（第二章第四節2参照）、ボルンは「一つには新たに考案され、また一つにはなお残存している」エーベルハルトの言い逃れに最終的な破産宣告を下そうとしている。彼は「根拠と帰結の概念を詳細に展開し、これらの概念の使用の限界を精確に規定することによって、エーベルハルトの『哲学雑誌』では論理的根拠と実在的根拠とが混同されていること、そしてこれらの概念を精確に言い表すのに一貫した欠陥が認められること」を示した。それにとどまらず、彼は、エーベルハルトがかの妥当性を示すのに「感覚的世界から借用された事例をもちだすことによって」、かえって逆に充足理由律の「超越論的適用が不可能であることを暗黙の裡に認めているということを明らかにしている」(*ALZ* 1792. Nr. 215. Sp. 345)。

第二論文、ギーセンの教授スネル(Friedrich Wilhelm Daniel Snell 1761–1827)の「カントの判断力批判に沿った崇高の感情について」を、評者は『判断力批判』の一節の抜粋にすぎず、しかもスネル自身の「美的判断力の叙述と解明の第二章の写し」[24]にすぎないと一蹴し、この論文が「なぜ間もおかずに続けて、あるいは同じ時期に二度も印刷されているのは、理解できない」(ibid. Sp. 346)とクレームをつけている。

さらに第四号は、「イドスタイン(Idstein)の校長代理(Prorector)」であるもう一人のスネル(Christian Wilhelm Snell 1755–1834)の二篇の論文を掲載している[25]。両人とも、当時の思想的戦線の配置のなかでは広義のカント派に属している。書評者は両論文とも「雑誌の目的によく適ったもの」だと認めている。その一つは「善一般の概念、とくに最高善の概念について」であり、もう一つは「超越論的自由は、人間の魂がそれの創造者である神に依存していることと両立しうるのか」と題されている。書評者は、「道徳における現在支配的な諸原理」を勘案すれば、「現実的でありながら絶対的である善が存在することを示そう」としている前者の論文の意義を大いに評価している。後者の論文は、錯綜した叙述によってかえって問題を複雑にしているだけであると評されている。

書評者は論文の内容を以下のように要約している。「道徳的善」は、低次な感覚的満足であれ高貴な精神的満足であれ、いかなる種類の満足にも依存せず、ひとえに「理性的な欲求能力と一致している」ことによって「善い」のである。それは「理性によって是認されている」がゆえに「善い」(ibid.)。そして、「道徳的善」は、なされた行為の生みだす「もろもろの高貴な満足感に対するいかなる考慮にも先行しているがゆえに、またその判断が高貴な満足感によってもまったく規定されないがゆえに」、「絶対的な善」と呼ばれる。「絶対的な善」としての「道徳的善」は「人間の本性のうちで可能である二つの善のうち、最上善(bonum spremum)である。しかし、完全な善(bonum consummatum)の本質は、感性的な善と純粋に道徳的な善の合一にある。そうすると前者は後者によって制限されることになる。道徳的善は自らに反するものをなに一つ感性的善から受け取らないからである。かくして道徳的善は感性的善の一部を排除するが、感性的善は道徳的善を制限することはできない。人間本性のうちには道徳的善のための無限な活動の場がある」(ibid. Sp. 347)。

こうした主張は、少なくとも現代におけるカントの道徳論解釈の水準から見れば、特段に新しい論点、卓越した見解を含んでいるわけでなく、むしろありきたりの叙述にすぎない。それでも書評者がこうした主張が有益だと認めているのは、相変わらず次のような状況が存続していたからである。すなわち「行為の結果とそれが自分たちの満足におよぼす影響からのみ、一切を冷徹に測定したがる現代の道徳計算の達人たちは、これ〔カントの道徳理論〕は自分たちの世界認識とはまったく違うことを教えているとか、純粋な道徳的善についてのかの諸概念は盲信の生み出したキマイラにすぎず、それが人間の本性のうちに実在することなどまったく不可能であるとか、わめきたてるのをやめていなかった」(ibid.)からである。

以上、『新哲学雑誌』に掲載された幾つかの論文とそれの書評から浮かび上がってくるのは、この時期(一七八九〜九二年)、ボルンの諸論文に見られるように、一方では依然としてカントの理論哲学上の諸原則、諸概念をめぐる論争が続いてはいるものの、他方ではその道徳論や趣味論―美学の諸原則を具体的な主題に即して展開しようとする動きが盛んになってきているという状況である。この雑誌は、前者の動向を「解明」という用語で、後者の動向を「応用」という用語で表現し、この時期の両方の動向の実態をかなり具体的に伝えているのである。

第三節　コスマンの『一般雑誌』とその書評（*ALZ* 1792, Nr. 136）

コスマンの雑誌は第一巻第一号だけが一七九二年の一三六号でとりあげられている。そして、書評は他の二誌の場合とは違って、全体としてかなり厳しい評価を下している。

まず、「表題」がやり玉に挙げられている。書評者は、「批判的、通俗的哲学のための（für kritische und populaire Philosophie）」という語は両義的であることを指摘している。すなわち、この語は「批判哲学と通俗哲学」が異なった哲学として「対置されている」とも読めるし、またこの語は「批判的、通俗的哲学」として、批判哲学の「通俗的〔大衆向けの〕叙述」を求めるものとも読める。前者の場合、「通俗性」の要求は、「非学問的なありきたりの常識」に「批判的探求」や「厳密な学問的論述」に対する「優位」が認められることを暗に求めており、その結果「偽りの哲学」を助長するだけである。そのような対置を一蹴する反面で、書評者も「純粋理性批判の諸原則に沿って判定されるはずであるような諸対象にも」、「通俗的〔大衆向けの〕叙述という原則」が適用されうることは認め、「当今では、そのような論文は多くの読者に大いに歓迎されるであろう」と言う。「この意味では、批判哲学もまた通俗的になりうるであろう」。しかし、かの雑誌の「表題」は、「哲学一般についての編集者の考え（Begriffe）が揺れていることを表しており、その表題は多くのことが実行されることを期待させない」（*ALZ* 1792 Nr. 136, Sp. 403）。書評者はそう断定している。

たしかに、総じてコスマンの雑誌は、書評者が批判しているような、厳密な哲学的理説の悪しき通俗化の傾向を免れていない。それは先に触れた「紙面構成」にも表われている。すなわち、創刊号では、「I. 自前の哲学論文」の項目（これは、ヤーコプの「認識について。いくつかの哲学上の係争点を解決するための提案」と匿名論文「実践知のこれまでの諸根拠」から成っている）こそ、「批判哲学」に特有の哲学的主題の解明に充てられているが、「II. われわれの観点からみた古今の哲学者の諸体系の叙述」の項目の狙いは、一般の読者に、興味深い哲学者・思想家の考えを平易に解説することに置かれている（創刊号では、ヤコービとラファーターがとりあげられている）。また「III. 混成的論集」も、最初のコスマン自身の（本章の注（4）に記した）「空間」論文以外は、みな幅広い読者を対象としたごく短い大衆向けの啓蒙的論文であり、「IV. ドイツの哲学者たちの最近の卓越した諸作品の報知」は、著名な哲学書の単なる「抜粋」による紹介である。つまり、紙面の多くが、哲学的論点の発展的解明によりも、なるべく平易な叙述による啓蒙的解説に割かれているのである。

書評の対象にならなかった第二号と第三号の紙面構成、内容も根本的な変更は認められない。たしかに第二号（一七九二年発行）は、上記の「II.」と「III.」の項目を削除し、「I.」の項を分量的に充実させたように見えるが、実は「III.」が「I.」に編入されただけである。

そのことは、八編からなる第二号の「I.」のうちには、コスマンによる「カントとラインホルトの哲学的思惟の様式について」という興味深い題名の論文や、「批判哲学の精神について」、「ラインホルトの根元哲学について」という解説的論文と並んで、「教育についての書簡」、キケロを批判哲学の眼で読解しようとする論文、子供の教育・しつけに関する通俗的論文が含まれていることからも推測される。また、第三号（一七九四年発行）に掲載された三篇の専門的論文、キーゼヴェッターの「熱狂に関するいくつかの考え」、「因果性と自由について」（匿名）、「批判的道徳体系の主要諸形式をさらに発展的に叙述する試み」（匿名）も、新しい主題や論点の発見的解明というよりは、すでにこの時点では「二番煎じ」であることは否定できない。

さて、創刊号の書評者は、「I.」に収められた二篇の論文についても酷評している。まず、匿名論文については、「この論文は、カントや多くのカント学徒がすでにしばしば語り、非常に明瞭に語ってきたことを繰り返しているだけ」であり、「どんな新しい思想によっても特質づけられておらず、これを掲載する目的が理解できない」(ibid.) と一蹴している。ヤーコプの「認識について」についても、この論文は「いくつかの哲学的論争を言葉の使い方を変更することによって調停しようとして、失敗に終わっている企てである」(ibid.) と結論づけている。では、ここでヤーコプはどのような「哲学的論争」を「調停」しようとしているのか。また、それを「言葉の使い方を変更することによって」調停するとは、何を指しているのか、この短い書評からだけでは判明にならない。そして、ヤーコプ論文がもっている、ある意味では深刻な思想的含意とその背景も明瞭にならない。

その「哲学的論争」とは、「物自体」の認識可能性をめぐる批判哲学と独断論的合理論の間の論争である。周知のごとく、批判哲学によれば、「認識」は感性的直観と悟性的概念を不可欠の構成要素として成立する以上、いかなる直観も欠いている「物自体」は「思惟」可能であっても、それを「認識」することは不可能である。それに対して、合理論派は「物自体」が実在し、何らかの理性的能力によって認識可能であることを主張してきた。ヤーコプはこの論文で、カント派の「認識」概念を拡張することによって、この両派の抗争を「調停」しようとしている。すなわち、個別的「直観」と普遍的「概念」との結合によってしか成立しないとされてきた「認識」が、普遍的「概念」だけでも（あるいは、個別的「直観」だけでも）成立すると主張することで、両派の抗争を調停しようとしている。その際に彼は、「認識」についての日常的な「言葉の使い方」に訴えて、哲学的意味での「認識」概念を不当に拡張することによって、かの抗争を調停しようとしているのである。たとえば、「直観」抜きに「概念」だけでもある種の「認識」が成立することを論証する布石として、ヤーコプは「生まれつきの盲人や聾者は、色や音についての認識を、概念を通して得ている――たしかに、彼らにはこうした諸対象を直観することは不可能であるにしても」[26]と述べている。また別の箇所では、動物には悟性的能力が欠けているから「認識はまったく認められない」という考え方に対して、ヤーコプはこうも述べている。「これは、通常の言葉の使い方に反している。ハエは砂糖を認識し、毛虫は栄養となる葉を認識している、と誰もが言う」[27]。動物に備わっている「直観能力」は、動物の「唯一の認識能力」であり、これには「悟性」と異なる「自発性」が備わっている。ここに、「認識」概念が、常識的言語使用法を梃子にして野放図に「拡張」されているのは明白である。書評者の

「言葉の使い方を変更することによって」という表現は、このことを指しているのである。

　だが、問題の核心は「言語使用法」の混乱にあるのでなく、この乱用を梃子にヤーコプが「物自体」の認識可能性を主張している点にある。彼はこの短い論文の後半で、「物自体」の「現実態」がいかなる直観の対象でもないにもかかわらず認識可能であると主張し、その際「物自体」が「現象の根拠」として絶対に思惟可能であることを強調している。[28] それに対して書評者はこう批判している。この主張は、ヤーコプが「認識」を「規定された対象に対する表象の関係」と定義していることと自己矛盾を起こしている。というのも、「物自体」はいかなる意味でも「規定された対象」ではないから。そして、書評者はこの問題についての論評をこう結んでいる。ヤーコプの説によって「哲学はいったい何を獲得しうるのか？　常識のくだけた言葉使いを哲学的用語のうちにもう一度受け入れ、もっと詳しい解明を排除することなのか？　だが、平和を愛する目的のためだからといっても、哲学自身が無限の被害を蒙るような処方箋を使用することは許されない」（*ALZ* 1792 Nr. 136, Sp. 404）。改めて言うまでもなく、この「平和」とは、無原則な妥協（「調停」）によって、哲学的論争が止むことを意味している。

　実は、ヤーコプはこうした主張を突然提出したのではない。これは、もう数年来彼の持論であった。彼はすでに一七八八年に、ハレでの講義用教本として『一般論理学要綱、および一般形而上学の批判的定礎』初版[29]を公刊しており、この教本において、批判哲学の立場からは厳密に区別されねばならない諸術語（たとえば、「表象」と「認識」、「ヌーメノン（可想体）」としての「物自体」と一切の表象の形式から独立している「物自体」など）を無規定的に使用し、そのことによって「物自体」の認識可能性の主張につながりかねない見解を表明していた。そのことをわれわれは、同著に対するラインホルトのＡＬＺ書評（*ALZ* 1790. Nr. 11u. 12）から窺い知ることができる。二号にわたるけっこう長い書評は、上述したような術語使用の無規定さを、具体的に事例を挙げながら論難している。まず、「表象の働き」と「認識の働き」とが融通無碍に等価的に使用されている例を具体的に示しながら、ラインホルトはそれを「許せない！（Unverzeihlich!）」と批判している（ibid. Nr. 11. Sp. 83）。彼の『人間の表象能力の新理論試論』（一七八九年）における両者の区別と連関を考慮すれば（第四章第二節参照）、その批判は当然のことである。次に、ヤーコプの「対象」という術語の意味区分をとらえて、ここでは「物自体、すなわちわれわれの表象の諸形式から独立な物と、概念や理念の純然たる形式のもとに表象される物、つまり本来のヌーメノンとの重要な区別」、批判哲学にとって「この上もなく重要なこの区別」を、ヤーコプがまったく「無視してしまっている」ことを批判している。それにとどまらず、ヤーコプが「現象」自身だけでなく、「物自体」が「一切の現象の超越論的根拠」として「悟性とは全く独立に実在している（existiren）」ことは明白だと批判している（ibid. Sp. 83f.）。次の号でも、「カテゴリーの演繹に際してのヤーコプに特有の語法」の無規定さが論難され、ここでは「カテゴリーが物自体のもつメルクマールに変えられてしまい、理性批判をひっくり返した独断論が再建されている」のだと断罪されている（ibid. Nr. 12. Sp. 90f.）。

　ヤーコプは、コスマンの雑誌へのかの寄稿論文以前に、すでに一七八八年の時点で「物自体」の認識可能性と実在性を主張することを通して、批判哲学と独断論的実在論とを「調停」しようとする志向性をもっていたのである。ラインホルトによるALZ書評は一七九〇年一月に公になった。その年の五月、ヤーコプはカントに書簡を送り、同様の主張を繰り返している。その内容は、おおよそ以下のごとくである。カントの著作では、「認識」という術語は二様に使用されている。それは、①「客観的表象という類」を意味しているとともに、②「直観と概念から合成される表象」を意味している。ラインホルトは①のみを認め、②を「認識」と認めない点で、「私は最近ラインホルト氏と袂を分かった」。②も「認識」と認めるならば、「現象の根底にある」とみなさねばならない「物自体」は、いかなる直観の対象でもないにしても、「われわれは物自体が存在するということを現実に理性によって認識している」と言える。そして、彼はここでもまた、このように「認識」概念を拡張すれば「動物」にも「認識」があり、逆に生まれつきの盲人や聾者も「聴覚なり視覚なりの予備的な認識（概念）をもつ」と言える、との事例をもちだしている。彼の「主要な着眼点」は、超感性的な対象の認識可能性を認めることで「諸学派の見解を一致させること」にある[30]。このカント宛書簡には、翌年コスマンの雑誌に寄せた論文の主張がもっと直截に述べられている。本書の第二章第四節の末尾でわれわれは、カント自身の確信とは裏腹に、合理論的実在論との論争を通じて学派内の分解、分裂過程が進むのは、敵方陣営ではなくむしろカント派陣営のほうであることを予告しておいた。その典型的事例が、実践哲学の分野でのシュミートの宿命論への傾斜であり、理論哲学の分野でのヤーコプの実在論への傾斜なのである。

さて、コスマンの雑誌へのALZ書評に話をもどそう。「I.」以外の項目についても、書評者の評価は厳しい。すなわち、「II.」のヒューム紹介記事は「もう十分に知られていること」ばかりである。「IV.」の体系紹介について、評者はこう苦情を呈している。「なんのために、カントの判断力批判やラインホルトの表象能力理論のような著作の長い、無批判的な抜粋が必要なのか？　人はそれらの著作を自分で読むほうがよいのであり、自分で読まねばならないのである」（ALZ 1792 Nr. 136, Sp. 405）。だが、それでも「V.」の書評欄を通覧すれば、この雑誌がカント-ラインホルト派の雑誌であることがまったく明瞭である。創刊号で書評対象は、シュミートの『道徳哲学試論』（初版）、コスマンの（本章の注（4）に記した）「空間」論文、ポイカー（Johann Gottlieb Peuker 1764-1830）の『カントの体系の主要要素の叙述』等であり、第二号のそれは、ラインホルトの『基底』、ヒュレボルンの『哲学史論集』第一号、ヤーコプの『一般論理学要綱』（初版）、キーゼヴェッターの『カント的諸原則に則った純粋一般論理学要綱』等であり、最終の第三号のそれは、カントの『単なる理性の限界内における宗教』である。

最後に、批判されている「通俗性」の導入という試みに関して付け加えておけば、こうした試みは、これ以降も、とくに、カントによる「哲学の革命」が純粋な超越論的、思弁的方向に強力に展開されていくにつれて、再び立ち現われてくる。たとえば、われわれが第八章で検討するニートハンマーの『哲学雑誌』創刊号（一七九五年）の「まえがき」は、改めて哲学的叙述における「通俗性」の必要性を訴えている。それは、いわば哲学が「経験の大地」からますます離れ、それと疎遠になっていくことへの抵抗の表現であるとも言える。

第四節　ヒュレボルンの『哲学史論集』とその書評
（*ALZ* 1792, Nr. 257, 307; 1794, Nr. 49; 1795, Nr. 119）

ヒュレボルンの『哲学史論集』第一号は一七九二年の二五七号で、第二号は同年の三〇七号で、第三号は一七九四年の四九号で、第四号は一七九五年の一一九号で書評されている。それ以降の号も、第一一号・一二号が一八〇〇年の三〇九号で論評されるまで、断続的にほぼ毎号がとりあげられている（巻末「主要書評一覧」参照）。本節では、それらの前半部分、第四号までの諸論文とそれらに対する書評を紹介することにする。

1．ラインホルト「哲学史の概念について」

創刊号には、注目すべき論文がいくつか掲載されている。その一つが巻頭のラインホルト論文「哲学史の概念について、大学での一つの講義」である。彼は一七八九年の冬学期以降、毎年冬学期だけ「哲学史」を五回講義している（巻末「講義予告一覧」参照）。この論文は表題から、おそらく二回目の講義の草稿を基に成立したと推定される。この論文の意義は、ちょうどこの時期「哲学史」の原理、「哲学史」叙述の基準をめぐる議論が活発になりつつあったという状況を考慮するとき、[31]初めて明らかになる。この時点以前にも、C・マイネルス『哲学史要綱』（vgl. *ALZ* 1787, Nr. 82, 83, 84a）、J・G・グルリット（Johann Gottfried Gurlitt, 1754-1827）『哲学史概説、講義用』（vgl. *ALZ* 1788, Nr. 173a）、J・A・エーベルハルト『一般哲学史、大学での講義用』（*ALZ* 1788 Nr. 5b; 1797 Nr. 179）などの哲学史「教本」は出されていた。しかし、それらは総じて哲学者たちの見解の羅列にとどまっていた。D・ティーデマンの六巻本『思弁哲学の精神』が公刊され始めるのは一七九一年以降、J・G・ブーレ（Johann Gottlieb Buhle, 1763-1821）の八巻本『哲学史教本』は一七九六年以降、そしてW・G・テンネマンの一二巻本『哲学の歴史』は一七九八年以降である（ALZはこれらの大著の各巻も批評している。巻末「主要書評一覧」参照）。同じ頃ハイデンライヒは、批判哲学が学の概念を確立することによって、「哲学史」の確立に決定的に寄与することになるとテーゼ風に書き留めていたことはすでに見た（本章第二節参照）。

ラインホルト論文は、このように数巻本の大哲学史が次々に書かれる直前の時期に、「哲学史」叙述の原理と方法をめぐる諸問題を明快にかつ簡潔に、過不足なく論じている。まず最初に彼は、名の通った多くの「教本」においても、そもそも「哲学」とはいかなる学なのかが明確に規定されていないと苦情を述べる。プラットナーの「教本」でも、フェーダーの「教本」でも、またラインホルト自身が「哲学史」の「教本」に使用していたグルリットのそれでも、その点は無規定的なままに放置されている。そこで、ラインホルトは「哲学史」の叙述の原理を確定するためには、「哲学」それ自身の概念規定を明確にしなければならず、そこから始めなければならないと言う。そして、彼は「哲学」という学をこう定義する。「語の厳密な意味での哲学は、経験から独立に規定された事物の連関の学である」[32]。すると「哲学史は、事物の必然的連関の学がその成立時から現代にいたるまで受けてきた諸変化の総体の叙述である」。この定義を厳密に受けとるならば、「哲学史」は①「人間精神の歴史」とも、②「諸学問一般の歴史」とも、③「個別的な哲学的諸学の歴史」とも、④「哲学者たちの生涯や諸見解の歴史」とも区別されねばならない[33]。続いて著者は、「哲学史」が①〜④とどの点で区別されねばならないのかを、一つ一つかなり丁寧に説明している。とりわけ④については、改めてこう注意を促している。「哲学史は、有名な哲学者たちの生涯の記述の収集とも、彼らの著作の内容の抜粋や告示とも、また彼らの教説や考え方の史実的な申告とすら区別されねばならない[34]」。

最近の優秀な教本でも上記のような混同とそれによる欠陥を免れていないのは、著者によれば、やはり「哲学」の概念が無規定的なままであるからである。そのような理解に基づいて、論文全体の結論がこう引きだされる。「われわれが、異名なき哲学、勝義の哲学、すなわちあらゆる哲学理説を排除し、遍く認められている諸原則に確固として立脚しているような哲学を手にして初めて、われわれは哲学史を叙述する者を獲得することになるであろう[35]」。ここでラインホルトは、ハイデンライヒが真の哲学史の可能性をカント哲学による学の確立に基づけて語ったことを、自らの「根元哲学」の確立に基づけて語っているのである。

さて、ALZによるこの創刊号書評も、この巻頭論文の意義を非常に高く評価している。書評者によれば、正確な哲学史を叙述するというそれ自身困難な企てにとって、現代という時代は最も有利な状況が切り開かれている。それは「現代では、カントとラインホルトの一致した努力によって」、「哲学」の概念、その可能性等について「以前より確実な立場が発見されているからである」。この新しい状況によって「哲学的精神とその諸産物の現実的で実際的な（pragmatisch）歴史」の叙述が、哲学自身に可能になっているからである（*ALZ* 1792, Nr. 257 Sp. 684）。そうした状況のもと、『哲学史論集』はこの論文を巻頭に配することによって、「これ以上望めない、目的に適った見事な仕方で始まっている」。そして、この論文の要点を簡潔に説明した後、書評者は「この格調高い論文を研究することが、この研究に携わっているすべての者に最も重要なものとして推奨されねばならない」（ibid.）とまで評価している。この書評から三年後、哲学史家として名を成すことになるテンネマンも或る論文で、哲学史叙述にとってこのラインホルト論文がもっている規範的意義を称賛することになる（「幕間Ⅲ」参照）。かくして、ちょうどティーデマン、ブーレ、テンネマンらによって次々と「大哲学史」が書かれようとしていた時期に、「哲学史」が「阿呆の画廊」であってはならず、明確な学的理念の展開の歴史でなければならないという最初の主張が、この巻頭論文によって提起されたのである。

2. フォアベルクの「運命」論文とヒュレボルンの「比較」論文——「批判」と「理論」の関係

創刊号には、この巻頭論文のほかにも、当時の哲学界の状況を映した注目すべき二篇の論文が掲載された。一つは、フォアベルクによる「表象—能力理論のこれまでの運命について」であり、もう一つは、ヒュレボルンによる「前掲論文への補遺。純粋理性批判と表象—能力理論との主要モメントの簡潔な比較」である。『人間の表象能力の新理論試論』（一七八九年）、『哲学者たちのこれまでの誤解を是正するための寄稿集　第一巻』（一七九〇年）、『哲学知の基底について』（一七九一年）に盛られてきたラインホルトの理論の成果が、「批判哲学」との関係でどう位置づけられるべきか、この問題は当時の哲学界全体の最大の関心事の一つであった。われわれがすでに見てきたように

（第四章第二節、第三節）、レーベルクは、『試論』が「まったく新しい途」を通ってカントと「同じ帰結」を主張していると評していたが、『寄稿集Ⅰ』書評は、ラインホルトが「内容の面でも方法の面でも、カントの哲学体系からまったく逸脱している」と突き放していた。またハイデンライヒは、表象能力理論をけして批判哲学の深化とも拡張ともみなせないばかりか、そもそも不必要な企てであると断言していた。だが、彼らより一世代若いフォアベルクとヒュレボルン（雑誌創刊時、二一歳と二二歳）は、ラインホルト理論を批判哲学の展開の必然的帰結として、あるいはそれのより高次な最新形態として積極的に評価しようとしている。

ラインホルトの論文「カント哲学のこれまでの運命について」をもじったフォアベルクの上記の論文は、「批判哲学」からなぜ「表象能力理論」が生まれてこなければならなかったのかという問題から説き起こしている。その論述は、ラインホルト自身が彼の「運命」論文で力説していた説明に完全に沿いながら展開されている。すなわち、「批判哲学」の出現によって引き起こされた哲学上の党派間対立、「批判」が蒙ったはなはだしい誤解と無理解、それに続く激しい非難の応酬、これらの出来事は、「批判哲学」には誰もが認めざるをえない「基底」が欠けていることを明るみに出した。ラインホルトは、カント的認識の「基底」に「遍く認められた（allgemeingeltend）」原理としての「表象」を据えることによって、この党派間闘争に終止符を打とうとした。ここに「表象能力理論」の登場の必然性がある。この必然性を説明する際、フォアベルクは大胆にもこう述べている。「批判の基底（Fundament）が確固としたものであることを、批判自身から得ることは不可能であった」、それは「或る建物の土台（Grund）それ自体は、その建物自身によっては基礎づけられない」のと同じことである[36]。両者の理論は、「建物」とその「土台」の関係に見立てられている。そして、同様の観点から彼はこうも述べている。「純粋理性の批判が、その体系の完全に確定した、遍く認められた第一根本命題をけして樹立しなかったことは明らかである」。求められていた根本命題とは「それの抗いがたい明証性によって、一切の異論と誤解を超えており」、「懐疑主義者、独断論者、経験論者、合理論者などすべての哲学上の党派に同意を強要[37]」できるような命題のことである。つまり「意識律」のことである。

「表象能力理論」は「表象の意識がだれにも否認できないことに基づいて、表象の根源的徴表を導出し」、「意識を純然たる事実として表現する遍く認められた命題を、哲学全体の第一根本命題の地位へ高め」ようとした[38]。こうして「意識律」が「第一根本命題」として確立されることで、「理性批判」の意義や諸成果が否認されたわけではない。むしろそれによって、「純粋理性の批判の諸成果はある仕方で確証された」のであり、「その諸成果に最高度の保証が与えられた」のである[39]。だから、「当然、カント哲学の支持者たちがラインホルトの作品にこぞって賛意をしめし、喜んでその新しい途を進むだろうと期待された」。「しかし、反カント主義者たちがこの作品のうちに、純粋理性批判に対する一切の異論への回答を感じとらなかったのと同じように、カント主義者たちもまたこの作品のうちに、理性批判の一切の成果が確証されていることを感じとらなかった」。「両者は、表象能力理論の精神をほとんどいつも誤認してきた。彼らはこの理論を純粋理性批判のコメンタールとみなしてきた[40]」にすぎない。かくして、「（表象能力）理論」は「批判」と同様の「運命」に襲われたのである。

「理論」の大抵の書評者たちは、「理論」そのものの内実を判定するよりも、そこからいくつかの抜粋と引用をすることで満足していた。ごく少数のまともな判定者の評価も、「理論」に有利な結果をもたらさなかった。もとより、反カント主義者たちには「理論」を本来的な意味で判定することはできなかった。カント哲学の支持者のなかから、二つの書評が現われたが、これらも「理論」を正当に評価できなかった。フォアベルクがここに挙げている二つの書評とは、（われわれがすでに、第四章第二節と第三節で検討した）ハイデンライヒの『試論』書評とレーベルクの『寄稿集Ⅰ』書評のことである。前者について、著者はかつてラインホルトがなしたのと同じ反論を、すなわち「類の理論」抜きに「種の理論」は語れないという反論を提出し、後者については、「理論」が「理性批判とまったく異なった」方法をとっていることが、「理論」の著者の責任であるかのように非難されていることが、「私にはまったく理解できない」と反論している。[41] 著者はこの論文をこう締めくくっている。「最近のあれやこれやの類書の出版は、明らかに表象能力理論のもたらした結果であり、この作品の出来事は一世紀後には哲学史の最も重要な素材になるであろう[42]」。

さて、このフォアベルクの論文に対して、ALZの書評者は、「表象能力理論」の「功績を明るみに出した」と一行で済ましており、その論旨を肯定も否定もしていない。ただ、こう付け加えている。「フォアベルク氏が大いに称賛されるべき情熱を傾けて促進しようとしている目的を果たすには、むしろ、ヒュレボルンの『補遺』のほうがもっと効果的であろう。というのも、この『補遺』は、カントの批判およびラインホルトの理論両方の本質的内容を、おそらくこれまで誰も記述したことがないほど簡明に述べているからである」（*ALZ* 1792, Nr. 257 Sp. 685）。

その「補遺」は、前掲論文への「補遺」と銘打っているもののフォアベルク論文の分量を超える二五頁を費やしている。では、カントの「批判」とラインホルトの「理論」の関係を解明するという同一の主題を論じているこの両論文は、いったいどういう関係にあるのか。ヒュレボルンは、なぜ「補遺」をつけ加える必要があったのか。カント-ラインホルト関係の理解に関して、両論文の著者の見解が異なっているわけではない。というより両者の見解は同一である。両論文の相違は、フォアベルクが両哲学者の関係の解明に急なあまり、両哲学者の理論内容を読者に自明なものとしてそれほど詳しく論じていないのに対して、「補遺」は、フォアベルクの引きだした結論が独断的で党派的であるとの批判を招くのを未然に阻止するために、そしてこの結論により強い説得力を与えるために、「批判」と「理論」の内実を少し丁寧に「客観的な」視点から説明している点にあるように見受けられる。

このことを裏打ちするように、「補遺」はこう書き始められている。前掲論文の鋭敏な著者が述べたことに「確信をもって同意する読者もいくらかはいるだろう」。だが「それに同意できることを望んでいる読者、すなわち、事柄について詳細で根本的な知識を得たいと望んでいる読者もいくらかはいるだろう」。以下の簡単な「比較対照」が、「幾分かそのための手引きとなるであろう[43]」。そして「補遺」はヴォルフ学派の形而上学の解説から始めて、カントが「経験の可能性の制約」の解明に進んだ経緯を説明している。続いて、カント的認識批判の骨格をかなりの頁を費やして述べている。そのうえで、認識「批判」が明らかにしたことをこう要約する。「悟性の諸法則はみな単に偶然的で後天的な経験ではなく、……〔中略〕……むしろ一切の可能的経験に必要な、そして悟性の本性において規定された現実的な法則であり、そしてその諸法則に基づいて成立した、所与の諸対象の認識は真実であり確かである」。しかし、こう付け加えられる。「純粋理性の批判が進んだのは、そこまでである」(44)。

さらに問われなければならなかったのは、「カントによって無規定的なままに放置された」「批判の前提」である。根本的問いは、「何が認識可能であるのか?」から「およそ何が表象可能であるのか?」へと進まねばならなかった。そして、ヒュレボルンもフォアベルクと異口同音にこう言う。「カントは、彼の探求の根本命題を、すなわち自ら自身のうちで確実であり、反論の余地なく明白な根本命題をうち立てなかったし、また立てる必要もなかった。というのも、彼が与えようとしたのは、けして認識能力の学ではなく認識能力の探求であったからであり、けして理論ではなく理論の準備であったのだから。ラインホルトはそのような根本命題をうち立てようとする」(45)。続いて、ラインホルトの『試論』各篇の基本的諸概念が簡潔に紹介される。帰結部で著者は、すべての自立的思索者が「ラインホルトの重要な努力を囚われのない目で眺めてほしい」と要請し、その努力はカントの哲学やラインホルトの哲学を根拠づけるための努力ではなく、「異名なき哲学、勝義の哲学」を根拠づけようとする努力であることを強調している。

創刊号の「初版」での「補遺」はここで終わっている。だが、その五年後に出された創刊号の「改訂新版」の「補遺」には、異例なことに最後に二頁分の新たな文章が付け加わっている(46)。この加筆部分は、一七九一年から一七九六年までの哲学界の急速な変化を映し出して興味深い。加筆部分はこう始まっている。「この著作はあの時以来、どの程度繁栄してきたのか? 哲学者たちは、この著作の振興にどういう寄与をしてきたのか?」。一七九六年のヒュレボルンは、この問いに自ら以下のように答えている。「ラインホルト自身と幾人かの彼の仲間、フォアベルク、エアハルト、フィースベック（Johann Christian Karl Visbeck, 1766-1841）等々は周知のごとく、多くの著作で『〔表象能力〕理論』の解明と確証のために精力を傾けてきた。しかしながら、これに反対するずっと多くのことが生じた。いわゆるカント主義者のなかにさえ、『理論』が独断論だと侮辱した者もいたし、また『理論』の形而上学的不毛さを侮辱した者もいた」。「マイモン、アビヒト、フィヒテのような多くの思索力ある人たちは、独自の途を求めた。この途上で彼らは、『理論』にまったく出会わなかったか、あるいは敵として遭遇した。『理論』は、多くの人々に受け入れられることも、反駁されることもなかった。それは一つの形而上学的な芸術作品として賛美されてきた」だけである(47)。

一七九一年にはだれにも知られていなかったフィヒテが、ラインホルトよりもっと「純粋な」超越論的観念論（「知識学」）を携えてイェーナにやって来たのは一七九四年である。マイモンの『超越論哲学についての試論』はすでに一七九〇年に出版されていたが、彼の独自の観念論の代表作『新論理学試論』が出されたのは一七九四年である。これらの著作は、「表象能力理論」や「意識律」を意識内在主義の方向へとさらに徹底していた。ラインホルト主義者と目されていたアビヒトも、『ヘルミアス』（一七九四年）と『根元哲学の体系』（一七九五年）において、表象能力の原理よりもっと根源的な「生気化の原理（das Prinzip der Beseelung）」を唱えて、注目されていた。たしかに、ヒュレボルンの雑誌の創刊当時、ラインホルトの哲学的影響力は絶頂期にあった。この時期、しばしば言及してきた最初期の「ラインホルト学徒たち」のほかにも、現在ではまったく知られていない若い研究者たちが「根元哲学」に沿った多くの著作を公にしていた(48)。だが、「改訂新版」出版の頃には、哲学の「最前線」は大きく様変わりしていた。まず、フォアベルクもエアハルトも、もはやこの時点ではラインホルト主義者ではなかった（「幕間Ⅲ」3参照）。フォアベルク自身が、すでに一七九四年の一二月にこう書きつけている。「ラインホルトがわれわれのもとを去って以来、彼の哲学は（少なくともわれわれのもとでは）死んでしまった。当地の学生たちの頭からは、『異名なき哲学』の痕跡さえ消え去ってしまっている。けしてラインホルトには寄せられなかったほどの信頼が、今フィヒテに寄せられている(49)」。そして、なによりも当のラインホルト自身が、この雑誌の「改訂新版」の出た翌年一七九七年四月には、自分の理論の欠陥を全面的に「自己批判」し、フィヒテの「知識学」を支持することを公にしたのである(50)。

　こうした思想的状況の劇的変化を承けて、加筆部分はこう述べている。「フォアベルクの前掲論文をもう一度読んだ人なら、この論文が予言していることとその後実際に起こったこととの間にあまりにも顕著な不均衡を認めるだろう」。そして、ヒュレボルンはこう自問している。「この不均衡の原因は人にあるのか、それとも事柄自身にあるのか？　あるいは、ひょっとすると『理論』の運命について否定的な意見を述べうるには、『理論』はまだ新しすぎるのであろうか？(51)」。ヒュレボルンは、雑誌の「初版」と「改定新版」の間の六年間に起こって急速な変化、すなわち「より純粋な」超越論的思考によって「理論」が急速に「過去のもの」になってしまった変化にとまどい、この変化の原因を見いだしかねている。かくして、「改訂新版」は、「理論」の「運命」を、フォアベルクの言わんとした意味とは別の意味で確認せざるをえなくなったのである。

注

（1）ルドルシュタット（Rudolstadt）近郊のフォルクシュテット（Volkstedt）に生まれたアビヒトは、一七八一年以降、エアランゲン大学に学び、卒業後一時家庭教師になるが、一七八六年にはエアランゲンでマギスター、一七八八年には哲学博士の学位を得て、一七九〇年にエアランゲンの哲学部助手、その直後に哲学部の員外教授に、そして一七九六年には正教授になる。彼はこの『新哲学雑誌』廃刊後も、一七九四年五月から一七九五年四月まで単独編集による『哲学雑誌（*Philosophisches Journal in Gesellschaft mit mehreren Gelehrten*）』を月刊で合計十二分冊をエアランゲンで刊行している。この両雑誌ほかにも、彼の出版した単著はＡＬＺ「哲学欄」でかなり数多く書評されている（「幕間Ⅳ」と巻末の「**主要書評一覧**」を参照）。

（2）ボルンは一七八二年にはライプツィヒ大学哲学部の員外教授になり、そこで一八〇二年まで二〇年間教鞭をとった。彼はカントの批判期の諸著作のラテン語への翻訳によって知られており、この翻訳を通してカント哲学の理解と普及に寄与した。彼の単著には『感覚論の第一根拠についての試論』（一七八八年）、『人間の思惟の基礎についての探求』（一七八九年と一七九一年）があるが、その他『感性論の第一根拠についての試論。時間・空間についてのカント的概念に関する様々な疑念、とくにヴァイスハウプトの疑念を吟味するために』（一七八八年）が、*ALZ* 1793, Nr. 7でとりあげられている。

（3）*Neues philosophisches Magazin, Erläuterungen und Anwendungen des Kantischen Systems bestimmt*, Leipzig, bey Joh. Phil. Haugs. Witwe. 1789. [Aetas Kantiana 5 (1970)]. ただし、Aetas Kantiana の版は、第一巻第一号

と第二号に関しては、一七九〇年に別の出版社から出された再版を採用している。

（4）マールブルク近郊のガイスマール（Geismar）に生まれたコスマンは、フランクフルト・アム・オーデル大学に提出していた学位論文「空間は普遍的概念ではなく、純粋な直観であることの証明、フェーダー氏とヴァイスハウプト氏の異論への反論」を一七八九年に出版している。一時ラテン語学校の教師を務めた後、彼は一七九三年にベルリンの王立歩兵学校教授、貴族のための幼年学校校長に任命された。

（5）*Allgemeines Magazin für kritische und populaire Philosophie.* Breslau und Brieg 1791.

（6）グロスグロガウ（Großglogau）に生まれたヒュレボルンは、一七八六年以降ハレ大学を初め多くの大学で神学、古典文献学のほかに哲学を学ぶ。一七八九年にハレで博士の学位を得た後、一時故郷の牧師補を務めるが、一七九一年にブレスラウの古典語（ギリシャ語・ヘブライ語）の教授に招聘された。

（7）*Beyträge zur Geschichte der Philosophie.* Züllichau und Freystadt 1791.［Aetas Kantiana 77（1968）］ただし、Aetas Kantiana の版は、第一号と第二号に関しては、一七九六年に出された「改定新版」を採用している。

（8）両編集者以外の著者としては、ハイデンライヒ、スクーピン（Scupin）、ギーセンの哲学教授スネル（Friedrich Wilhelm Daniel Snell 1761–1827）などがそれぞれ二、三篇の論文を寄稿している。

（9）Vgl. *Karl Leonhald Reinhold, Korrespondenzausgabe der Österreichischen Akademie der Wissenschaften.* Bd. 1. *KORRESPONDENZ 1773–1788.* hrsg. von R. Lauth, E. Heller und K. Hiller. Stuttgart-Bad Cannstatt. Wien 1983（以下 *Korrespondenz 1* と略記）. 6f.

（10）Vgl. ibid. 104f.

（11）実はコスマンは、最初はカントの肖像画を予定していた。Vgl. *KA* XI. 152.

（12）Vgl. *KA* XI. 78ff. und 152f.

（13）掲載された古代ギリシャ哲学関連論文は以下のごとくである（著者名無記入なものはすべてヒュレボルンの論文）。「最古のギリシャ哲学の歴史に関して」、「クセノファネス、一つの試論」、「自由について、ネメシウスのギリシャ語から」（以上、第一号に掲載）、「アリストテレスの形而上学第一巻、翻訳」、ニートハンマー「セクトゥスからの翻訳の試作」（以上、第二号）、「新プラトン主義の哲学」、「アリストテレスの自然神学」（以上、第三号）、「ギリシャ人の論理学略史」（第四号）、「アリストテレスの形而上学研究のための一論文」（第五号）、「パルメニデスの諸断章、翻訳と解説」（第六号）、「クセノファネスの哲学的断章」、「パルメニデスの諸断章に対するいくつかの注釈」（第七号）、「パルメニデスの諸断章の考察集成」（第八号）、「ロクロイのティマイオス、世界霊魂について」、「アリストテレスの哲学に関する断片と技巧」（第九巻）、バルディリ「ルカニアのオッケロス（Ocellus von Lukanien）、世界の根源について、翻訳と解説」、「ルカニアのオッケロス、法則について」、「オッケロスの精神」、F・A・カルス「クラゾメナイのアナクサゴラスとその時代精神、一つの歴史的構成」（以上、第一〇号）。

（14）その数少ない例外が、第一号の（ラインホルトによる）巻頭論文、フォアベルクの「運命」論文、そして第二号に掲載されたニートハンマー（Friedrich Immanuel Niethammer 1766–1848）による、古代の懐疑論者セクトゥス・エンピリコスの翻訳（S. 197–238）である。第三号から第六号に所収の全論文・翻訳、合計二三篇はすべてヒュレボルンの筆になるものである。

（15）Vgl. *Korrespondenz 1.* 210ff. und 315ff.

（16）Vorrede（頁付なし）in: *Neues philosophisches Magazin.* Ersten Bandes erstes Stuck［Aetas Kantiana 5（1970）］.

（17）それに該当するボルンの論文として以下のものが挙げられる。①「判断を分析判断と総合判断に区分することについて、エーベルハルトの『哲学雑誌』第一巻第三号の論文の吟味のために」（第一巻第二号の第一論文）、②「宗教の道徳的認識根拠に関するフラットの著作のライプツィヒの書評者の異論、『一般学芸新聞』一七八九年第九八号の知的広報欄でのフラット教授の見解表明に抗して」（同第三号の第五論文）、③『チュービンゲン学術報知』一七九〇年三七五号での、本『雑誌』第一・第二号の書評への異論」（同第四号の第七論文）、④「論理的本質と実在的本質の区別について、エーベルハルト氏の『哲学雑誌』第二巻第四号及び第三巻第一号に関して」（第二巻第一・第二号の第二論文）、⑤「悟性判断の実質的区別について、エーベルハルト氏の『哲学雑誌』第二巻第三号および第三巻第三号に関連して」（同第三号第二論文）、⑥「充足理由律の超越論的妥当性と称されているものについて、エーベルハルト氏の『哲学雑誌』第一巻第二号と比較した第三巻第二号に関して」（同第四号の第一論文）。

（18）*Neues philosophisches Magazin.* Ersten Bandes erstes Stuck, Leipzig 1789, 87.

（19）この「美学の教本」は『美学の体系（*System der Ästhetik*）』（Leipzig 1790）として出版された。

（20）J. H. Abicht『満足の形而上学試論、カントの諸原則に則って（*Versuch einer Metaphysik des Vergnügens, nach Kantischen Grundsätzen*）』Leipzig 1789［Aetas Kantiana 8 (1970)］. この著もALZ 1789. Nr. 303, 304で書評されている。

（21）*Neues philosophisches Magazin.* Zweyten Bandes erstes Stuck, Leipzig 1790, 1f.

（22）K. H. Heydenreich, Einige Ideen über die Revolution in der Philosophie, bewirkt durch Immanuel Kant, und besonders über den Einfluß derselben auf die Behandelung der Geschichte der Philosophie, in: Agatapisto Cromaziano, *Kritische Geschichte der Revolutionen der Philosophie in den drey letzten Jahrhunderten. Aus dem Italienischen mit prüfenden Anmerkungen und einem Anhange über die Kantische Revolution verstehen.* 2 Teile, Leipzig 1791.［Aetas Kantiana 95 (1968)］. 229f.

（23）ibid., 231.

（24）カント美学の普及者であったF. W. D. Snellは一七八九年からギーセンの私講師、員外教授を務めた後、一八〇〇年に正教授になった。書評でその「写し」と言われている著作は『カントの美的判断力批判の叙述と解明（*Darstellung und Erläuterung der Kantischen Critik der ästhetischen Urteilskraft*）』（Manheim 1791）［Aetas Kantiana 257 (1968)］. のことである。彼はまた、一七九三年から三年間C. Chr. E. Schmidと共同で『道徳、宗教、人間のしあわせのための哲学雑誌（*Philosophisches Journal für Moralität, Religion und Menschenwohl*）』を編集、発行した。

（25）Chr. W. Snellも一七七三年からギーセンで神学、哲学を学んだ後、家庭教師を経て、一七八〇年にはギーセンの教育学の教師に、一七八四年にはイドシュタインのギムナジウムの校長代理になった。彼にもカント美学に関する著作『カントの美的判断力批判をたえず考慮に入れて仕上げられた、趣味批判の教本（*Lehrbuch der Kritik des Geschmacks, mit beständiger Rücksicht auf die Kantische Kritik der ästhetischen Urteilskraft ausgearbeitet*）』（Leipzig 1795）［Aetas Kantiana 256 (1968)］がある。

（26）L. H. Jakob, Ueber Erkennen: ein Vorschlag zur Beilegung einiger philosophischen Streitigkeiten, in: *Allgemeines Magazin für kritische und populaire Philosophie*, Breslau und Brieg 1791, 9.

（27）ibid., 10.

（28）ibid., 12ff.

（29）L. H. Jakob, *Grundriß der allgemeinen Logik und kritische Anfangsgründe der allgemeinen Metaphysik*, Halle 1788. この教本はその後も版を重ね、第四版（一八〇〇年）まで出された。Aetas Kantiana 130 (1981) に採録されているのは第四版であり、この内容は初版とかなり大きく修正されているよう

である。それで初版の内容は、ラインホルトの書評から窺い知るしかない。

（30）*KA* XI, 168ff.（『カント全集22　書簡Ⅱ』岩波書店、二〇〇五年、三三一—三三七頁）。

（31）「哲学史論争」とも称されている、「哲学史」の理念をめぐる当時の議論の活性化と、出版された各種の「哲学史」の内容概略については、柴田隆行『哲学史成立の現場』（弘文堂、一九九七年）の第Ⅰ部第一章を参照。

（32）*Beyträge zur Geschichte der Philosophie*, I. und II. Stück（Neue überarbeitete Auflage）, Züllichau und Freystadt 1796［Aetas Kantiana 77（1968）］, 11.

（33）ibid., 19f.

（34）ibid., 26.

（35）ibid., 32.

（36）ibid., 98f.

（37）ibid., 99

（38）ibid., 102f.

（39）ibid., 105.

（40）ibid., 106f.

（41）ibid., 110f.

（42）ibid., 113.

（43）ibid., 114f.

（44）ibid., 130.

（45）ibid., 130f.

（46）雑誌で改訂新版が出ることは珍しい。それだけこの雑誌が広く受け入れられ、需要があったということであろう。新版の冒頭によれば、編集者は「多くの箇所を削除し、変更を加えた。私が変更できなかったことは、補足部分をつけ加えることで説明した」。その理由は、初出版の「いくつかの論文についてはその理念の全体が、そして他の論文については論の運び方が私の意に添えなくなった」からである（ibid., IIIf.）。

（47）*Beyträge zur Geschichte der Philosophie*, I. und II. Stück, 139.

（48）Faustino Fabbianelli（hrsg.）, *Die zeitgenössischen Rezensionen der Elementarphilosophie K. L. Reinholds*, Hildesheim・Zurich・New York 2003. での編者「序論」（S. LVI, Anm. 164）が注記しているそれらの著作の一部だけを挙げておく。J. C. C. Viesbeck, *Die Hauptmomente der Reinholdschen Elementarphilosophie in Beziehung auf die Einwendungen des Anesidemus untersucht*, Leipzig 1794. J. Kern, *Versuche über das Vorstellungsvermögens, über Sinnlichkeit, Verstand und Vernunft*, Ulm 1796. J. Ch. A. Grohmann, *Neue Beyträge zur kritischen Philosophie und inbesondere zur Logik*, Leipzig 1796. J. Neeb, *System der kritischen Philosophie auf den Satz des Bewustseyns gegründet*, 2 Theile, Bonn u. Frankfurt 1795–96.

（49）F. K. Forberg, *Fragmente aus meinen Papieren*, Jena 1796, 62. In: *Fichte im Gespräch* 1. Stuttgart-Bad Cannstatt 1978, 203.

（50）このいきさつと理由については、拙著『ラインホルト研究序説』（萌書房、二〇一五年）、第九章を参照されたい。

（51）*Beyträge zur Geschichte der Philosophie*, I. und II. Stück, 139f.

幕間Ⅱ　ザラーナの学生たち
――学生数、学生気質と生活、学生団体

1．イェーナの学生数の推移

イェーナの大学は新しい名称が確定する以前は、長い間ザラーナ（Salana）と呼び慣わされてきた。ザラーナは、さまざまな領邦国家の支配下にあった他の諸大学がそうであったように、「神学部」、「法学部」「医学部」の三つの「上級学部」から成っており、或る時期からは、学生が「教養学部」としての「哲学部」に学籍登録することが認められるようになった。ではまず、〈イェーナ、栄光の時代〉に、ザラーナの学生数はいかほどであったのか。一八世紀中葉のどん底状態を脱して、一七九〇年代にドイツの精神―学問的刷新運動の中心地に昇りつめたザラーナの「学生数は、一七九〇年代中頃には九〇〇人にまで上昇した。そのうち約四〇〇人は神学部に、約三〇〇人は法学部に、そして一〇〇人が医学部に登録されていた」[1]――この研究分野の第一人者はそう記している。だが、その数値の典拠は明示されていない。その典拠を探れば、この場合もまた、われわれは『一般学芸新聞』「知的広報欄（Intelligenzblatt）」（以下IB）の記録記事にいきつく。

一七九〇年一月二日の「知的広報欄」第一号に「この一〇年間のイェーナ大学の新入生と在学生数の表示」と題された記事のもと、その冒頭に以下のような**表Ⅱ―1**が掲載されている。

表Ⅱ―1の数字は、各年の復活祭とミカエル祭の時点の、新たな「聴講者名簿への登録者」数であって、実際の在学者総数を示すものではない。イェーナ大学は一七八四年まで、実際の在学者の正確な名簿をもっていなかった。したがって、それ以前の在学者総数を知ろうとすれば、各々の時点の「登録者」の平均在学学期数から推定値を割り出すしかない。それで、ＡＬＺ編集部が過去の経験と「転入者」の増減等の諸要素を考慮して、学生の在学学期の平均値を二年半＝五学期とみなして、各々の時点から遡って二年半分の「登録者」数を合算して得られた推定値が、次の**表Ⅱ―2**のB．の値である。

一七八五年以降は六月と一二月に、実際に在学している学生数の調査が行なわれた。**表Ⅱ―2**のA．は、この調査に基づきそれぞれの時点で「実際に在学していると認定された」学生数である。

この表から確認できるように、イェーナの在籍学生総数は一七八〇年代の一〇年間で、実際に約四五〇人から約八〇〇人へと毎年着実に増加している。この記事は、地元出身者（イェーナ大学を財政的に支えている四つの領邦国家の出身者）と他の諸国出身者の割合がほぼ1：3であること（つまり「外国人」学生の比率が非常に高いこと）を数値で示した後、「一七八九年一二月に在学中の七八四名のうち、伯爵、男爵等の爵位をもつ貴族は四一名で、その六名が地元、三五名が他の諸国出身者である」ことも報告している。この記事からは、八〇年代末

には、在籍学生数の調査だけでなく、その出身地や出身階層に関するなんらかの調査もおこなわれていたことが推測できる。

この記事以降も、「知的広報欄」内の「大学時報欄（Chronik deutscher Universitäten）」には断続的に各年度の学生数が報告されている。それらの統計値を基に、(2)各年一二月時点での「在学実数」だけを集約し、一覧表にすれば、九〇年代の学生数の変動を示す表Ⅱ—3を作成することができる。

表Ⅱ—1　イェーナ大学学部別新規学生登録者数（1780-1789）

		神学部	法学部	医学部	合　計	他大学からの転入者
1780	Ost.	67	50	3	120	32
	Mich.	47	40	3	90	30
1781	Ost.	39	49	8	96	27
	Mich.	56	38	12	106	23
1782	Ost.	64	48	8	120	31
	Mich.	67	38	12	117	22
1783	Ost.	82	39	9	130	24
	Mich.	61	28	9	98	25
1784	Ost.	69	51	9	129	30
	Mich.	48	44	12	104	25
1785	Ost.	88	57	16	161	34
	Mich.	70	55	18	143	37
1786	Ost.	109	68	22	199	47
	Mich.	79	42	15	136	23
1787	Ost.	97	59	15	171	36
	Mich.	70	60	14	144	41
1788	Ost.	103	72	27	202	46
	Mich.	72	51	21	144	31
1789	Ost.	86	75	24	185	57
	Mich.	71	51	26	148	34
合　計		1,445	1,015	283	2,743	645

出典：Intelligenzblatt der ALZ, 1790. Nr.1.

表Ⅱ—2　イェーナ大学学部別推定在籍学生数（1780-1789）

		神学部		法学部		医学部		合　計	
		A.	B.	A.	B.	A.	B.	A.	B.
1780	Somm.	—	239	—	205	—	25	—	469
	Wint.	—	228	—	197	—	23	—	448
1781	S.	—	244	—	224	—	26	—	494
	W.	—	245	—	218	—	37	—	500
1782	S.	—	273	—	225	—	34	—	532
	W.	—	273	—	213	—	43	—	529
1783	S.	—	308	—	212	—	49	—	569
	W.	—	330	—	191	—	50	—	571
1784	S.	—	343	—	204	—	47	—	594
	W.	—	327	—	200	—	51	—	578
1785	S.	315	348	242	219	54	55	611	622
	W.	304	336	249	235	65	64	618	635
1786	S.	359	384	272	275	86	77	717	736
	W.	369	394	273	266	84	83	726	743
1787	S.	399	443	263	281	88	86	750	810
	W.	391	425	273	284	87	84	751	793
1788	S.	407	458	285	301	101	93	793	852
	W.	394	421	284	284	105	91	783	797
1789	S.	387	428	297	317	117	101	801	846
	W.	365	402	289	309	130	112	784	823

出典：Intelligenzblatt der ALZ, 1790. Nr.1.

この表から、九〇年代にもイェーナの学生数総数は八〇〇人を下回ることがなかったことが確認できる。学部別の推移に眼をやれば、八〇年代と比較して法・医学部の学生数の増加と神学部の学生数の減少がはっきり確認できる。これはイェーナに限った現象ではなかった。また、この表から先に引用したオットー・ダン（Otto Dann 1937-2014）の記述がほぼ正確であることも確認できる。ただし厳密を期せば、医学部の学生数は「一〇〇人」ではなく「約二〇〇人」とすべきであり、総学生数のピークはダンの言う「九〇年代中頃」というより、厳密に言えば一七九二—九三年であり、しかも学生数が「九〇〇人」を突破したのはほんの一時的出来事であると言わねばならない。フィヒテがラインホルトの後任に着任した一七九四年には、もう学生数は再び減少に転じていることも分かる。

いずれにせよ、一七九〇年代には、固有の住民数四九〇〇人（一説に、四三〇〇人）ほどのこの田舎町に、八〇〇人を超える学生が生活していたのであり、この大学を管轄下に置くワイマール政府もその「経済力（消費力）」は無視できなかったのである。

表II—3　イェーナ大学 1790-1797 年の在籍学生数

年度	神　学　部	法　学　部	医　学　部	合　計
1790 Dec.	390	278	136	804
1791 Dec.	364	302	145	811
1792 Jun.	(427)	(306)	(346)	(919)
1792 Dec.	399	328	162	889
1793 Dec.	384	324	184	892
1794 Dec.	363	292	206	861
1795 Dec.	289	301	203	803
1796 Dec.	291	323	218	832
1797 Dec.	276	297	243	816

出典：注（2）を見よ.

では、他の大学の学生数はどうであったのか。当時「ライバル校」と目されていたハレ大学の学生数の推移を報告する記事が、同じく『一般学芸新聞』「知的広報欄」の一八〇一年の第五五号（三月二一日付）に掲載されている。イェーナと比較するうえで興味深いので紹介しておこう。それは、『プロイセンの学校・教会年報』（第一巻第二分冊）に掲載された統計的数値の転載記事である。その記事に少し手を加え、を分りやすいかたちで示せば、次の表II—4のようになる。

表II—4　ハレ大学の学部別学生数（1786-1799）

年度	神学部	法学部	医学部	合計（外国人）
1786	795	316	45	1,156（161）
1787	726	278	67	1,071（185）
1788	676	310	53	1,039（151）
1789	650	319	54	1,023（171）
1790	572	292	58	922（133）
1791	593	284	37	914（128）
1792	517	300	44	861（129）
1793	483	297	64	844（128）
1794	423	343	64	830（ 84）
1795	209	360	59	823（142）
1796	369	335	50	754（ 97）
1797	357	353	52	762（128）
1798	336	333	53	722（123）
1799	321	357	42	720（ 76）

注：「外国人（Ausländer）」とはプロイセン出身者でない学生を指す.
出典：Intelligenzblatt der ALZ, 1801. Nr.55.

表II—3と表II—4を見比べれば、神学教育を伝統にしてきたハレでは神学部生がイェーナよりずっと多いこと、それに反して医学部生が非常に少ないことが分かる。そして、いわゆる「外国人」比率がイェーナに比べ格段に低いことも分かる。総学生数に関しては、イェーナが一七九〇年代を通して、約八〇〇名の学生総数を維持していたのに対して、ハレは一七八〇年代中頃をピークに学生数減少の一途に転じ、九〇年代中頃には八〇〇名を割り込んでいた。上記の両表からは、両大学の学生総数が逆転したのは、一七九二年頃であることも確認できる。いずれにせよ、一七九〇年代当時、名望大学とみなされていたハレ、ゲッチンゲン、イェーナの各大学は七〇〇名から九〇〇名程度の規模の学生を擁していたのである。この時期、帝国全土のすべての大学の学生総数は、おおよそ七〇〇〇人であった。

学生の出身階層に関しても、大学ごとに若干の特徴が認められる。貴族の子弟の占める割合は、貧乏学生の集まっているイェーナでは五％、ライプツィヒでは七％ほどであったのに対し、ゲッチンゲンでは各年度平均一三％であった。またハレ大学を例にとると、学生総数の約半数が教養市民層（聖職者約三〇％、官公吏約二〇％）の出身であり、下級官吏、職人、商人層の出身者がそれぞれ約一〇％であったと伝えられている。[3] この数値は、おそらく当時のドイツの全大学の平均値に近いものであったと言えるだろう。

2. イェーナの学生気質

いつの時代でもどこの国でも、大学にはそれぞれに特有な文化的風土や学生気質というものが認められる。一八世紀中頃のドイツにおける学生たちの気質、振る舞い、知的レベルに関して言えば、新設の名望大学であった「ハレとゲッチンゲンをゆるやかな例外として、たいていどのドイツの大学でも事態は概して好ましからざるものであった。とはいえ、イェーナの事態があきれかえるほどであったことはよく知られている」[4]。イェーナの学生たちの粗野で粗暴なバンカラぶりは、ドイツ中の教授や知識人、学生たちには周知のところであった。その悪名高い野卑な振る舞いは、当時大いに読まれた諧謔的叙事詩でたびたび嘲笑の対象とされるほどであった。

したがって、イェーナの学生たちの乱暴狼藉ぶりを活写した当時の記録や報告資料には事欠かない。曰く「彼らの歌とは大声でわめくことであり、殴り合いの喧嘩こそが彼らの喜びであった、彼らが嫌うのは本と勤勉、彼らの仕事は大酒をくらうことであった」[5]。また、別の資料は言う。「グラスを振り回し、がぶ飲みしてはもどし、乙女たちにやたらとキスをする。万歳を叫び、近隣の村々を走り回っては決闘し、その武器を研ぐ。これがイェーナで学生たちが興じていることだ」[6]。とくに、イェーナの学生の決闘騒ぎはつとに有名であった。イェーナでは一七一四年以降の五〇年間に一七名が、一七六五年以降の五〇年間に六名の学生が、決闘で命を落としていると伝えられているほどである。[7] 死にいたらない決闘がどれくらい起こっていたのか、想像もつかないほどである。かくして、後世にまでこう評されるのである。「われわれがよく知っているように、イェーナでは学生の本務は大きな剣をひっさげ、街の広場で殴り合いの喧嘩をし、公衆の只中で大声で唄い、昼夜を問わず大酒をくらい、借金取りをだまし、いつも悪態をついてはけっして勉強しないことである」[8]。いくぶんかの誇張は差し引くにしても、ほぼこれがラインホルトやシラーが着任する三〜四〇年前の田舎町イェーナの学生の実態であった。

この時期イェーナ大学は、隆盛を誇った過去と来るべき栄光の未来の二つの隆盛期の谷間にあった。すなわち「この大学は一八世紀の初め頃には、平均一八〇〇人の学生を擁し、帝国全体の中でももっとも聴講生の多い大学であったが、その後ハレやゲッチンゲンなどの新設大学との競争のなかで学生数の全般的な減少に見舞われ、ついに一七七〇年代にはどん底状態に落ち込んでいた」[9]。一七七五年ワイマール公国の統治者の地位に就いたカール・アウグスト公のもと、ワイマール政府の中枢にいたゲーテとフォイクトによる大学改革の努力によって、ようやく大学の評判が回復し始めるのは七〇年代も末頃のことである。それでも、上記表Ⅱ―2から確認できるように、一七八〇年の学生数は五〇〇人にまで回復していなかったのである。

一七八〇年代中頃には、さすがに学生たちの言動も控えめになり、その振る舞いもかなり改善されつつあったとはいえ、古くからの野蛮さの痕跡はまだ随所に残っていた。依然として決闘は稀なことではなかった。それが証拠に、一七八五年の暮れに大学の「名誉学長」でもあったワイマール公は致命的結末を招来する決闘事件に対処すべく、至急対処策をまとめるよう大学に指示している。ゲーテの指導のもと学長代理と四人の学部長からなる「上級管理評議会」が組織され、三つの対策がまとめられた。すなわち、学生の監視、とくに他大学を放校になった学生が入学しないように監視すること、学生監を増員して学生の行動の監督を強化すること、有害な学生を可及的速やかに追放すること[10]。八〇年代の中頃でさえ、依然としてこんな対策を必要とするぐらいだったのである。シラーも一七八七年八月、初めてイェーナを訪れた際に見聞したことをドレスデンのケルナーにこう伝えている。「当地の学生がどの程度のものかは、一目見ればわかる。たとえ目をつむっていても学生たちのなかを歩いていることはわかるだろう。学生たちは怖いもの知らずの足取りで闊歩しているからだ。ラインホルトが初めて当地にやってきたとき、彼を嫌な気分にさせたのは、この連中の無作法な振る舞いであった。…（中略）…夕方暗くなると、ほぼ四分間、長い路地の全体に沿って、『頭をどけろ！　頭だ、頭をどけるんだ！』という声が響き渡るのが聞こえる。この思いやりに満ちた言葉は、逃げ惑っている歩行者に、匂い入りの雨が今にも頭上に突如降り注ぐと警告しているのだ」。しかし「全体的にみれば、当地の学生たちのマナーはずいぶんと改善された。もはや決闘騒ぎについてそう頻繁に耳にすることはないが、それでもなんらかの小競り合いなしに一週間が過ぎることはない。学生数は七〇〇人から八〇〇人の間で、今や大学の名声が高まるにつれ、増大中だそうだ」[11]。相変わらず、イェーナは学生の天下だったのである。

それよりも深刻なのは、新しいカント批判哲学の拠点として、また『一般学芸新聞』の発行地として、イェーナが全ドイツの精神的・学問的刷新運動の中心地としての地位を築きつつあったこの頃になっても、総じて当地の学生たちの知的レベルには飛躍的な改善の決定的な証拠を見つけがたいことである。シラーは有名な就任講義（一七八九年五月二六日）の直後、ケルナーに「学ぶ側に受容する力や或る程度の準備能力」が備わっていないと苦情をこぼしながら、こう書いている。「僕を強く捉えているのは、教壇と聴講者の間に或る障壁があり、この障壁はほとんど乗り越え不可能だという想いなのだ」[12]。九〇年代の中頃、フィヒテが教壇に立ったときも、事態はそんなに改善されていなかったようである。「自分の聴講者たちの無能さをすでによく知っていた」フィヒテが、どのようにして彼らに「知識学」を理解できるように努力したか、このことをH・シュテフェンス（Heinrich Steffens 1773-1845）は事細かに描写している。すなわち、フィヒテはまず学生にこう命じた。「君たちの周囲の壁を思惟せよ」。これは造作もなかった。だが、次に彼はこう命じた。「壁を思惟するだけでなく、その壁を思惟している思惟自身を思惟せよ」。この言葉の真意を、ほとんどの学生は理解できず、ただそわそわきょろきょろするばかりであったという[13]。フィヒテのような大哲学者の講義を聴いていたのは、実にこの程度の知的レベルの学生たちであったのである。

ただし、学生全体の名誉のために言っておけば、もちろんこれは事の半面にすぎない。イェーナにも当然優秀な学生も数多くいた。たとえば一七九〇年代初め、ラインホルトのもとに次々と集まってきた優秀な「ラインホルト学徒」たち、ニートハンマー（Friedrich Immanuel Niethammer 1766–1848）、フォアベルク（Friedrich Carl Forberg 1770–1848）、エアハルト（Johann Benjamin Erhard 1766–1827）――少し年少者として、ノヴァーリス（Novalis: Friedrich von Hardenberg 1772–1801）やフォイエルバッハ（Paul Johann Anselm Feuerbach 1775–1833）をつけ加えてもよい――は、「師匠」と対等に議論を交わし、ときに「師」の代わりに論敵に論争を挑み、ときに「師」の理論的不十分点や欠陥を指摘できるほど粒ぞろいであった。彼らの多くは、少し後にはイェーナの教壇に立った。また、彼らほど知られていないが、一八〇〇年に前後して相次いで哲学部の私講師として教壇に立ったシャート（Johann Baptist Schad 1758–1834）も、クラウゼ（Karl Christian Friedrich Krause 1781–1832）も、フリース（Jakob Friedrich Fries, 1773–1843）も、みな一七九〇年代末には一時期イェーナに学籍登録をしている（「幕間Ⅲ」3参照）。彼らもまたきわめて優秀な学生であった。つまり、いつの時代にも、どこの大学にも、「できる学生」も「できない学生」もいたのである。

学生たちが街で我がもの顔に振舞い、そしてそれが或る程度許容されていたのは、この小さな田舎町では総人口に占める学生の割合がかなり高く、街の「経済」が一定程度彼らに依存していたという事情もあった。たしかに、イェーナの物価は安かった。ゲッチンゲンやライプツィヒでは学生は年間、最低三〇〇ターレルの生活費を必要としていたが、イェーナでは二〇〇ターレルほどで生活できた。そのうえ、イェーナの学生たちは総じて貧乏であった。イェーナの学生の四〇％は「貧困証明書」を所持しており、それゆえ無料の給食を受ける権利や聴講料を払わなくてもよい特典を与えられていたという[14]。それでも、最盛期には住民総数の六分の一ほどを占めていた学生の「経済力」は無視できなかった。一七九二年に起こった、学生の「イェーナ退去騒動」の際には、ワイマール政府でさえがその「経済力」を失うことを真剣に恐れたのである。

3. 学生の「運動」と学生団体

いつの時代にも、どこの国でも、学生たちは大学当局（「大学評議会」）や政府相手に「騒動」を起こしていた。なかでもイェーナの「学生騒動」はつとに有名である。イェーナでは学生たちは年がら年中騒動を起こし、大学評議会やワイマール政府と揉めていた。とりわけ、後世にまで語り継がれているのが、一七九二年夏に起こった学生の大規模な「抗議行動」である。

学生による「騒動」の発端はいつも些細なことである。それに対する大学当局や政府の「過剰な防衛的措置」が、火に油を注ぐ結果になることがしばしばある。一七九二年の「事件」もまたそうであった。事件の発端は、フランス革命に刺激された民主的気質をもった或る学生グループが、イェーナで絶えず発生していた「決闘」を自分たちで禁止するのと引き換えに、「名誉に関わるもめごと」を調停する権限をもった学生団体による「学生法廷」の設立を提案したことに発する。

これは見方によれば、乱暴狼藉で有名な学生たちの自主的、自律的規律の確立への積極的提案とも解せる。だがワイマールの宮廷顧問官たちは、そして多くの教授たちも、なんであれとにかく学生に実効力ある権限を与えることに反対した。彼らは、学生による決闘調停法廷の設立提案に、革命的自由あるいは少なくとも民主的自由の要求を嗅ぎつけていたからである。協議が進む中で、一七九二年六月一〇日には、学生とイェーナに駐留している兵士との間で武力衝突が発生した。ワイマール公が事件の調査団を派遣し、イェーナの駐留軍を増強したとき、学生たちはそれを自分たちの自由に対する攻撃だと見た。

対抗手段として、学生たちは集団ボイコットという行動に打って出る。七月一九日、全学八九〇名の学生のうち六〇〇名（一説に四五〇名）がイェーナを去ってエアフルトに移住するという決議をしたのである。朝の三時にザール河畔沿いの牧草地に結集した学生たちは、「同郷人会（Landsmannschaft）」毎に隊列を組み、旗を掲げ楽器を打ち鳴らしながら行進し、中央広場からヨハニス門を経て、ワイマールを通って近郊の村ノーラ（Nohra）に集結した。後世に語り継がれる「ノーラへの行進」である。そこで学生たちはワイマール政府と集中交渉をもち、この事件に関していかなる懲戒処分もくだされないという約束を手にして、イェーナに戻ることにした。彼らは「学問の自由万歳」と赤字で染め抜いた白旗を掲げてイェーナに「勝利の凱旋行進」をした⑮。よくあることだが、事件の結末は「大山鳴動、鼠一匹」の典型例である。だが、その「勝利」の帰還日は、後々まで「記念日」とされ、ザラーナの学生たちはその後何年もの間この日を祝って祝典を開くのが恒例になった。

問題になっていたのは、一部に積極的提案を含むごく限定された自治権要求にすぎない。「決闘」事件等に限った自治的裁判の設立要求であり、途中から駐留軍隊の撤退という「政治的」要求が付け加わったとはいえ――それらの要求も結局は実現されなかった――、総じて政治的自由に関する要求は主たる問題になっていなかった。行動は大胆で組織的であるが、それを支える要求は穏当で、ある意味では時代遅れのように思える。ちょうどこの時期、フランス革命の余波がドイツ各地におよび、この年の一〇月には「マインツ共和国」の設立が宣言され、各地にジャコバンクラブが結成されつつあった政治状況を勘案すれば、学生たちの要求は――ワイマールの枢密顧問ゲーテ自身が語っているように――実に「かわいいもの」であったと言わざるをえない。だが、そのゲーテでさえ、大量の学生たちのイェーナ脱出（そんなことが起こるはずもないのだが）が「イェーナの経済」に大打撃を与えるのを真剣に恐れたのである。

「事件」は半ば自然発生的に起こり、エスカレートしていったようにも見えるが、騒動の背後にはさまざまな種類の学生団体が存在していた。まず、古くから存在し、一七九〇年当時徐々に近代的な結合原理を獲得しつつあった多数の「同郷人会」があった。イェーナでは一五の「同郷人会」のそれぞれが数十人のメンバーを擁していた。もちろんこの組織は、本来的に非政治的であったが、上記の例に見るごとく、「いざ、騒動」となれば彼らも動いたのである。というよりむしろ、「同郷人会」はしばしば「学生騒動」の主役であった。

第二に、この組織と並行して、多くは一七七〇年代に「同郷人会」を母体に創設された「学生結社（Studentenorden）」が存在していた。当時ドイツ各地の大学に根を張っていた四つの有力な「学生結社」――「友愛団（Amicita: Amicistenorden）」、「調和団（Harmonia: Harmonistenorden)」、「団結団（Unitas: Unitistenorden)」、「不抜団（Constania: Constantistenorden)」――のすべてがイェーナには存在した。前の二つの組織は一七七一年、一七八一年にイェーナで創設され、後の二つの組織は一七七四年、一七七七年にハレで創設された。イェーナはハレと並んで、全国的な「学生結社」の拠点であったのである。イェーナでは「約三分の一以上（三五・八％）の学生がいずれかの学生結社の会員であった[16]」と言われている。これらの「結社」は、フリーメイソンや「同郷人会」との関係の面では、それぞれかなり異なる姿勢をとっていた。だが、これらの「学生結社」に共通する組織原理や理念が、「信頼」、「友愛」、「兄弟愛」に基づく「相互扶助」と「相互尊重」、「社会規範の遵守」などであったことからすれば、これらもまた元来は「非政治的」組織であった。それでも、後期啓蒙主義の自由主義的思潮の強まる中での絶対君主の統治体制下では、「学生結社」もまたひとたび事が起これば「不穏な動き」の源泉となったのである。着任一年目にフィヒテが、これらの学生結社を解散に追い込むのに一役買おうとして反発と反撃をくらい、ついに講義を中断しオスマンシュテットに引きこもることを余儀なくされたのは、この「学生結社」の一つ「団結団」のメンバーによる暴力的反撃のためである。

かねてから学生たちの粗野と無軌道ぶりの背後に「学生結社」の存在があるとにらんでいたフィヒテは、正義感に駆られて、結社が自主的に解散するよう結社のメンバーを説得し、解散の段取りをつけるために政府との仲介役を買って出た。この時期、イェーナでは最古の結社（「友愛団」）は政府の圧力で解散に追い込まれており、上に挙げた他の三つの結社が存在していた。話し合いと説得は一七九四年一一月末には一定の成果を生みだしつつあった。二つの結社「黒い同胞」（「調和団」の別名）と「不抜団」の代表との話し合いは順調に進み、彼らは一七九五年一月に設置された政府特別委員会の前で、結社の会員資格を放棄する誓約書に署名した。だが、他の一つ「団結団」のメンバーたちは、頑として説得を受け入れず、この解散策動に抵抗した。彼らはフィヒテが陰謀をたくらんでいるのではないかという疑いを捨てきれなかった。フィヒテが講義で暗に学生結社を批判したことも、彼らの猜疑心を増幅させた。彼らは、「フィヒテは廃止された結社の廃墟の上に啓明会のロッジを建設しようと企んでいるのだ」という噂をまき散らした。「啓明会（Illuminatenorden)」とは、当時すでに壊滅状態にあったがもっとも急進的な政治体制変革を密かな綱領としていた「秘密結社」である。一七九四年の暮れから翌年の一月、二月にかけて、「不抜団」のメンバーによるフィヒテ攻撃は実力行使へとエスカレートしていく。一七九四年の暮れには、学生の投石によってフィヒテ宅の窓ガラスがたびたび割られ、家の一部が壊され、彼の妻が路上で学生たちにひどい侮辱を受ける。彼らの攻撃は執拗に復活祭頃まで続いた。この間、フィヒテは大学評議会に保護を求めたが、この件でのフィヒテの「専断独走」を快く思っていなかった評議会は何の手も打たなかった。そして、フィヒテはついに四月の末には、ワイマール政府に休暇を願い出てしばらくオスマンシュテットに引きこもったのである[17]。旧弊悪弊を性急に理性の力で廃止できると思い込んだフィヒテのいささか独善的な努力がなんの実も結ばなかったことは、この事件から時間をおかず四つの学生結社がイェーナに復活したことが如実に示している。

時をおかず一七九五年の五月にもまた、大規模な騒動が起こった。事件の発端は、これまたくだらない、或るダンスホールでの学生と印刷職人、村の若者たちとの乱闘であった。それが別の場所にも拡大し、七月にはかなりの負傷者を出す大規模な騒動になった。設置された事件調査委員会に対して、詰めかけた五〇〇人の学生を背景に学生側の交渉委員たちは、騒動にかかわった学生全員を無罪とし逮捕を断念することなどを要求した。このときは中心となったのは、「ライン同郷人会」であったが、同郷人会と大学評議会の折衝役になった（ヘルダーリンの親友）ズィンクレーア（Isaac von Sinclair 1775-1815）は、事件に関与した罪に問われ、「退学勧告」の処分を受けイェーナを去った。事件は八月に、三四名の処分者を出して終わった[18]。

そもそもイェーナでは学生団体にすでに一七六七年に一度廃止命令が出されていた。この廃止命令は一七七五年、一七八六年、一七九二年にも繰り返し出された。とりもなおさずこのことが、前回の廃止措置がいつも永続性をもたず、各種の学生団体はすぐさま再建されたのだということを教えている。一七九〇年代中ごろ、イェーナは間違いなくドイツにおける「知と学問の中軸都市」であった。だがそれと同時に、イェーナは年中行事のように繰り返される学生「騒動」――これはまだ、理念らしきものをほとんど欠いた「騒動」にすぎない――の中心地でもあった。

しかし、こうした質の悪い「学生騒動」から自由主義的な政治的要求をもつ「学生運動」への転換を準備したのも、またイェーナの学生たちであったことを忘れてはならない。一九世紀の初頭には、各国政府の厳しい禁令等によって、「学生結社」はほとんどの大学から姿を消していった。だが、その後対ナポレオン民族解放闘争などの経験を通して、ドイツの学生たちの間に広く愛国主義的、自由主義的精神が高揚し、その帰結として全国的な学生団体「ブルシェンシャフト（Burschenschaft）」が結成され、ドイツの社会運動に大きな役割を演じるようになる。その運動の源もまたイェーナにあった。すなわち、この新たな学生団体の源となった「原ブルシェンシャフト（Urburschenshaft）」は、一八一五年六月一二日にイェーナの料理屋「もみの木（Zur Tanne）」において創設されたのである[19]。また、歴史に有名なヴァルトブルク祭の集会への招集回状も、イェーナのブルシェンシャフトの名で発送されたのである。こうして、少し後にはイェーナの学生たちは、自由主義的な理念のもと全国的な広がりをもったブルシェンシャフトの運動の重要な一翼を担っていくことになるのである。

注

（1）Otto Dann, Jena in der Epoche der Revolution, in: *Evolution des Geistes: Jena um 1800*, hrsg. v. Friedrich Strack, Stuttgart 1994, 18.

（2）この表の基礎となっている資料は、*ALZ* 1791, Nr. 1（IB）; *ALZ* 1793, Nr. 1（IB）; *ALZ* 1794, Nr. 1; *ALZ* 1795, Nr. 6（IB）; *ALZ* 1796, Nr. 13; *ALZ* 1797, Nr. 12（IB）; *ALZ* 1798, Nr. 24（IB）. に拠っている。

（3）菅野端治也『ブルシェンシャフト成立史――ドイツ「学生結社」の歴史と意義』春風社、二〇一二年、九三頁参照。

（4）Theodore Ziolkowski, *German Romanticism and Its Institutions*, Princeton University Press, 1990, 228.

（5）ibid.

（6）Helmut Henne u. Georg Objartel, *Historische Deutsche Studentensprache*, Berlin/New York 1982, 12.

（7）菅野端治也、前掲書、五二―五三頁。

（8）Theodore Ziolkowski, op. cit., 228.

（9）Otto Dann, op. cit., 18.

（10） Vgl. Theodore Ziolkowski, op. cit., 231.

（11） *NA* XXIV, Briefwechsel, Weimar 1989, 146.

（12） *NA* XXV, Briefwechsel, Weimar 1979, 258.

（13） Vgl. Henrik Steffens, *Lebenserinnerungen aus dem Kreis der Romantik,* Jena 1908, 105.

（14） Vgl. Otto Dann, op. cit., 18.

（15） Vgl. Theodore Ziolkowski, *Das Wunderjahr in Jena,* Stuttgart 1998, 26.

（16） 菅野端治也、前掲書、九一頁。

（17） Vgl. Fritz Medicus, Fichtes Leben（zweite verbesserte Auflage）, in: ders.（hersg.）*Fichtes Werke, Erster Band, Schrften von 1792-1795,* 83ff.（フリッツ・メディクス『フィヒテの生涯』隈元忠敬訳、『フィヒテ全集　補巻』哲書房、二〇〇六年、二四五―二五一頁）。Vgl. auch Theodore Ziolkowski, *Das Wunderjahr in Jena,* Stuttgart 1998, 139-141, 161-167.

（18） Vgl. Ursula Brauer, *Isaac von Sinclair,* Stuttgart 1993, 87-95.

（19） 菅野端治也、前掲書、二四六頁。

第六章　フィヒテの初期作品書評（一七九二〜九五年）

イェーナとライプツイヒでの学業を終えてからも定職を得ることなく、各地の家庭教師の職を転々としていたフィヒテの生活は困窮を極めていた。困窮のゆえ、一時は自殺を考えるほどであったと伝えられている。その彼がケーニヒスベルクの哲人を初めて訪問したのは、一七九一年七月初めのことである。この訪問で彼は期待したものを得ることはなかった。カントはこの無名の青年をそれほど重く視なかったし、フィヒテが聴いたカントの講義も退屈なものであった。八月にもう一度カントを訪問するに先立って、フィヒテは自分を売り込むべく「自己紹介状」代わりに或る論文をカントのもとに送付していた。カントはその最初の三つの節に目を通しただけであったが、それでもそれを「よく書けている」とし、フィヒテの経済的困窮に手を差しのべるべく出版元を斡旋してくれた。その原稿は一七九二年の復活祭に、匿名の『あらゆる啓示の批判の試み』（以下『啓示批判』）として出版される。『啓示批判』は、まだ現れてなかったカントの宗教論と誤認されたこともあって、学界に大きな反響を呼び起こした。そしてカントが著者をフィヒテだと公にするに及んで、彼の名は一躍世に知られるようになった。

翌年六月には、二つの政治的著作がともに匿名で出版される。『これまで思想の自由を抑圧してきたヨーロッパの諸侯に対するその自由の返還要求』（以下『返還要求』）と『フランス革命に関する公衆の判断を是正するための寄稿』（以下『革命論』）である。両著は、既存の国家体制や諸制度に対するラディカルな批判に満ちている。その著者が『啓示批判』の著者フィヒテであることは、それらの出版後半年ほどで事情通には知れ渡っていたようである。この両著によって、彼は「ドイツのジャコバン派」と目され、後に政治的―宗教的保守勢力からにらまれるようになる。

彼がイェーナに着任した最初の学期の途中で、公的講義の内容を急きょ『学者の使命についてのいくつかの講義』（以下『学者の使命』）として出版せざるをえなくなったのも、そうしたフィヒテ評に起因している。講義開始から一カ月ほどのうちに、フィヒテが講壇できわめて不穏な政治的発言を繰り返しているという噂が広まった。彼はこの噂が事実無根であることを証明するために、ワイマール政府とくにゲーテとの話し合いのうえ、最初の五回の講義内容を「一字一句変えないまま」『学者の使命』として出版することになった。

この諸著作は主題を異にしているとはいえ、それらの根底に在るフィヒテの根本的確信において通底している。それは一言で言えば、人間は「自ら自身との完全な一致」をめざして無限に努力すべきであるという確信である。「人間は端的に自由な存在であるべきだ」というフィヒテの強い信念は、こうした「自ら自身との完全な一致」への存在論的要求にその深源をもっている。『返還要求』や『革命論』における、「無政府主義的」傾向さえ内包した個人の自律的自由の主張も、単に道徳的、政治的確信に根ざしているだけでなく、『学者の使命』で語られる人間の根本衝動としての「自ら自身との完全な一致への衝動」の実現という人間存在論的な確信に根ざしている、と言わなければならない。われわれはこの観点から、『全知識学の基礎』の「第一根本命題」（自我の端的な自己措定）をも、「自ら自身との完全な一致への衝動」に根ざす「自由」への根本的確信という脈絡のもとに理解しなければならないであろう(1)。

ＡＬＺはこれらのフィヒテの初期作品それぞれにかなりのスペースを割いて書評している。他の多くの書評誌もこれらの作品をとりあげている。このことは、まだ名を成していないフィヒテの初期著作それぞれが読書界にかなりのインパクトをもって受けとめられたことを物語っている。本章では、これらの著作の内容を概括した後、それぞれの書評内容を吟味、検討する。まず、第一節では、『啓示批判』初版の概要と問題点を明らかにし、ＡＬＺおよび他の書評誌での『啓示批判』書評の内容を検討した後、第二版の内容とそれについての書評を紹介する。第二節では、『革命論』での「革命の権利」の個人主義的、道徳主義的演繹、およびその基礎となっている人間の存在領域区分論を検討した後、この作品に対するラインホルトによる書評とエアハルトによる書評を検討する。この両書評は、当時強い関心を集めつつあった「法」と「道徳」の区別と連関の解明という観点から眺めるとき（第八章第一節、第二節参照）、いくつかの興味深い論点をすでに萌芽的に含んでいる。第三節では、いわば知識学者「以前の」「教育者」、そして「哲学者」フィヒテの思想的原基をよく表している『学者の使命』の要点を概括したうえで、これに対する書評世界の反応を紹介する。その書評者たちは、ここにフィヒテがカントを「超えて」行こうとしていることを嗅ぎつけ、早くもそれに陰に陽に反論している。

第一節　『啓示批判』、その著者誤認事件、対立する書評評価

『啓示批判』は一七九二年の復活祭に匿名で公刊されたが、もともと出版を意図して書かれたものではなかった。それは、カントに就職の斡旋を依頼するにあたって、自らの能力を示す狙いを込めた自己「推薦状」にすぎなかった。だから、フィヒテは同年七月一三日に着手したその原稿を一カ月ほどで仕上げた。ところが、結果的にはこの著は哲学界に大きな反響を呼び起こしたのである。

公刊から二カ月ほどで、まずＡＬＺ「知的広報欄」の「新刊告示」欄に、次のような短い記事が掲載される。「すべての観点から見て極めて重要な或る著作が存在していることを、読者公衆にお知らせするのはわれわれの義務だと考えている。…〔中略〕…この著をほんの少しでも読んだ人なら、この著の崇高な著者がだれであるかすぐわかるであろう。ケーニヒスベルクの哲人は、この著作によって人類に対する不朽の功績を手にしたのである」(2)。記事の執筆者はＡＬＺの副編集長フーフェラントであった。その二週間後には、彼の筆になるかなり長い書評がＡＬＺ本紙に掲載される。この書評執筆時、フーフェラントはまだ著者をカントだと思い込んでいる。だが、それは彼一人のはやとちりというわけではなかった。ラインホルトもエアハルトも、そ

して批判哲学に通じているその他の人々が同じ判断をしていた。時代は、宗教に関する「第四批判」の出現を待望する雰囲気の中にあった。カント自らが、その本当の著者は「神学博士候補生、フィヒテ氏である」と「知的広報欄」に公にしたのは、八月二二日のことである(3)。

1.『啓示批判』第一版での「啓示」概念の演繹とＡＬＺ書評
(*ALZ* 1792, Nr. 190, 191)

「啓示批判」の「批判」という語は、まったくカント的な意味で使用されている。すなわち「啓示批判」が目指すのは、「啓示」の理解を「狂信家」や「詐欺師」の「虚構」や「夢想」に委ねるのを防ぎ、「啓示の概念の起源を探索し、その越権と権能とを探究して、この探求が発見した基準にしたがって啓示の概念に判決を下すこと」である（*GA* I/1, 18）。「啓示」に関するさまざまな論点を組み込んだ、かなり詳細なフィヒテの議論の骨格と要点だけをひとまず示しておけば、おおよそ以下のごとくである(4)。

初版の第二節「宗教一般の演繹」は、「最高の幸福と一体化された最高の道徳的完全性」としての「最高善」を実践理性の「究極目的」として立てることから始まっている（ibid. 19）。次に、この「究極目的」を考え、それを意欲することが可能になるには、「最高の道徳的完全性」と「同時に最高の幸福も所有しているような存在者」としての「神」の存在が要請されねばならない。さらに、「究極目的の現実性を意欲する、われわれの欲求能力の必然的規定」は、道徳性と幸福の必然的連関ないし統一の根拠としての存在者を原因として初めて成立する。そして、「道徳法則の立法者」としての「神」が人間の意志規定に影響を及ぼすものと想定されると、そのとき「神学」は「実践的な影響力を欠いた死せる知識」という在り方を脱して、ここにすでに「宗教が成立している」のである（ibid. 28）。ここまでの議論の行程は、基本的に『実践理性批判』での「神の存在の要請」論や『判断力批判』第八七節の「道徳的目的論」に準拠している(5)。

だが、フィヒテはこの議論の行程中に、カントのテキストには認められない「正しいこと（das Recht）」という概念を挿入して、われわれの道徳性と幸福との合致の「現実化」を具体的に解明しようとしている。彼によれば「端的に正しいこと（das schlechthin RECHT）」とは、「或る理性的存在者の幸福の度合いが、その人の道徳的完全性の度合いと必然的に合致している」（ibid. 24）ことである。ここで問題となっているのは、「幸福」一般と「道徳性」一般の（要請としての）概念上の必然的な合致ではなく、われわれの現実には不完全な「徳」と「福」との「度合」の合致の必要性である。この観点から、「われわれの外の正しいこと」は「われわれの道徳性の度合いに適合した幸福」（強調は引用者による）のことだと言われている（ibid. 26）。それに対して「われわれの内の正しいこと」は——フィヒテは明言していないのだが——具体的義務についての確信の正しさということになろう。道徳法則が要求するのは、もちろん両者の単なる合致ではなく、後者を前者の「条件」として両者を一致させることである（ibid. 27）。そのような現実的観点から考えると、「神」の表象は、「正しいこと一般を意欲する、われわれの上級欲求能力」を規定するのではなく、実は「正しいこと一般を現実にわれわれのうちに持続的、継続的に生み出すわれわれの下級欲求能力」を規定するのである。これは、以降でも一貫して堅持され、具体化されていく著者の基本的視点である。そして、フィヒテはこう続けている。「かくして、ここではすでに宗教が存在しており」、この宗教は「神についての理念に根ざしている」とともに、また「われわれのうちの幸福の欲求に根ざしている」のである（ibid. 29f.）。フィヒテが議論にこのような新しい要素を挿入しているのは、「最高善」の理念一般から「神の存在」と「宗教」を導出しているカントの議論行程をなお抽象的だと考え、これに具体的な説得力を与えようとしたからであろう。

さらに、「第二節」の後半でフィヒテは、道徳法則の「立法者としての神についての理念」がどのように成立したのかについて、興味深い見解を開陳している。すなわち、この神の「理念」は「我々の道徳法則の外化（Entäußerung）を根拠としており、主観的なものをわれわれの外の存在者のうちへと移し入れることを根拠としているのであって、この外化こそが、それが意志規定のために用いられるかぎりでは、宗教の本来的原理である」（ibid. 33）と述べる[6]。ただし、こうした「外化」によって、立法する者として「神」を「われわれの外に」立てることは常に必然的に起こるのではなく、「或る特殊な」経験的状況のもとで起こる。すなわち「理性に意志を規定する力が十分なくて、理性の効力を強化するためには、ある種の行為は神によって命じられているという表象がなお必要な場合に」（ibid. 32）起こるのである。この「特殊な」状況が、後に「啓示」の必然的生起の「条件」として詳論されることになる。

続いて初版では、「第三節」で「自然宗教」と「啓示宗教」の区分が解明され、「第四節」での「啓示概念の演繹の準備」を経て、「第五節」で「純粋理性のア・プリオリな諸原理に基づく啓示概念の演繹」が企てられる。「第三節」は、「神がわれわれに自らを道徳的な立法者として告知した」とすれば、それは「どのようにして」可能であったのかという問いを立て（ibid. 37）、これに答えることで、かの「区分」を示そうとしている。結論はこうである。その「告知の概念の根底には超自然的な或るものが存在するのだが」、告知は「感性界における或る事実によって起こる」。その「告知」が「われわれの内の超自然的なものという原理」に根ざしているような宗教が「自然宗教」と呼ばれるのに対して、「われわれの外の超自然的なものという原理」に根ざしている宗教は「啓示宗教」である（ibid. 39）。「第四節」では「予備」的に、「啓示の概念」が「理性に適合した仕方でア・プリオリにのみ可能であること」を確認しながらも、他方で、この概念の演繹には「経験的に与えられた或る欲求（Bedürfniß）」が必要であることが確認される。この「欲求」が、「啓示の概念」を「権利づけ（berechtigen）」、かくして「この概念をア・プリオリに正当化するには欠けていたものを補完する」のだ（ibid. 43）、とフィヒテは言う。彼はここで、ア・プリオリな「啓示の概念」の「現実性」の演繹に重要な「制限」あるいは「条件」を加えているのである。すなわち、かの概念はア・プリオリな諸概念から演繹されるにしても、その「現実化」は「或る特殊な」経験的状況を成立条件にしている。

さて、その前提とされた「経験」が、「第六節」冒頭で、「或る道徳的存在者のうちで、道徳法則が永久に（auf immer）かそれともただ或る種の場合にだけ、その原因性を失ってしまうそうした道徳的存在者が存在しうるという経験である」（ibid. 51）ことが明らかにされる。そのような存在者は「感性に支配されて道徳性への感覚を全面的にあるいは高い度合いで奪われている」（ibid. 56）。全人類がそうした状態にあった時代があった。一部の人間だけがそうした状態にある歴史的状況もある。このような「特殊な」状況が、人間に「道徳的感情を目覚めさせる」のに、「純粋な理性宗教」とも「自然宗教」とも区別された「啓示宗教」を必要としていることを、著者は説こうとしている。

著者は人間の「道徳的な善さ」（あるいは「道徳的完全性」）の度合いと、その度合いに適合的に対応する宗教の在り方を説明した後、その帰結を次のように要約する。この観点からすれば三種類の人間が存在する。すなわち①「道徳法則に服従しようという真摯な意志だけでなく、完全な自由をもっていたような人間」、②「そうした真摯な意志はもっているが、完全な自由はもたなかったような人間」、③「道徳法則を承認しそれに服従しようとする意志さえもたないような人間」。①の人間が「宗教を必要とするのは」、「最高の存在者に対する崇敬と感謝の気持ちを単になんらかの仕方で満足させる」ためだけである。②の人間は、「道徳法則の権威に或る新しい要素をつけ加えて、それによって傾向性の強さに対抗する手段を得て、自由をうち立てるために宗教を必要とした」。③の人間は、「まずはその意志を生みだすために、次にその意志によって自らのうちに自由を生み出すために、宗教を必要としている」。それぞれの場合に対応するのが、「純粋な理性宗教」と「自然宗教」と「啓示宗教」である（ibid., 59）。

だが、各々の道徳性の度合いとそれぞれが必要とする宗教の形態をいったんこのように対応させたにもかかわらず、著者は少し後の箇所では、②の場合にも「啓示の表象」が「阻まれていた自由を創り出すために必要な」場合が現実にはあると主張し、「啓示」の現実的妥当性を、②の場合にも押し広げようとしている。しかも、①では問題になっているのは「実質からみた啓示の機能」であるのに対し、②では「形式からみた啓示の機能」が問題になっており、後者こそが「もっとも本来の意味での啓示」の機能であると断言している（ibid., 66）。すると、①と②では「啓示」の必要性と機能が異なるということになる。これを「啓示」の機能の豊富化と見ることもできようし、論理的不整合と見ることもできよう[7]。②の場合でも、たしかに「啓示の表象が、阻まれていた自由をうち立てるためになぜ必要だといわれるのかは」、「ア・プリオリには洞察されない」。それでも――著者はこう主張する――「われわれと他者のほとんど普遍的な経験が教えている」のは、「われわれがそのような表象を必要とするほど弱いということ」である（ibid., 69）。このことは、啓示の「形式的」機能は「もっとも本来的な啓示の機能」と言われているにもかかわらず、ア・プリオリには証明不可能であり、ただその「実質的」機能だけが経験によってア・ポステリオリに証明されうるということを暗示している。

かくして「第七節」冒頭は、前節での検討結果をこう要約する。「啓示のア・プリオリな概念が、経験的な感性の欲求を指摘することによってア・ポステリオリに確証された〔第二版では、「権利づけられた」に修正〕」（ibid.）（強調は引用者による）。このような概念に期待されているのは、この概念によって「感性界のうちに超感性的な作用結果が生じる」ことであるのだが、著者は、このようなことはそもそも可能なのかとなお問い続けている。すなわち、「自然の外の或るものが自然のうちで原因性をもつ」などということはいかにして可能になるのか、と問い続けている。著者は、この問いに答えることによって、従来の「啓示の概念」理解を是正し、曖昧なままに放置されてきた「自然法則に従う必然性と道徳法則に従う自由とが両立する可能性」の問題に、新たな光をもたらそうとしている（ibid.）。留意すべきは、ここで問題になっているのは、いかにして「神」はそのような作用結果を現実化しうるのかではなく、「われわれ」がいかにしてそのような作用結果を「思惟することができるのか」なのである。著者は或ることを「自然法則に基づいて（ＡＵＳ）」説明することと、「自然法則にしたがって（ＮＡＣＨ）」説明することとの区別を導入することで、この問題を解こうとする。後者の観点からすれば、かの作用結果の「形式の原因性を自然のうちに想定する」こと（かの現象が「完全に自然的に生じさせられた」こと）と、その「実質の原因性を自然の外に想定する」こと（かの現象が「超自然的に生じさせられた」こと）とは、両立可能になると、フィヒテは主張している（ibid. 71）。

「第八節」から「第十節」までは、「啓示が神によるものであること」を満たすための「諸基準」を、「形式」の面から、「実質」の面から、そして「内容の可能な描出」の面から論じている。この「基準」論は、「啓示」を狂信的な妄想に委ねることを斥け、「啓示」の妥当性をより厳密に限定、制限することに向けられている。「第十一節」から「第十三節」は総括的議論に充てられている。

総じて、以上のような「啓示の概念」の演繹はカントの実践哲学の問題機制に沿って、「理論的理性」と「実践的理性」とを、「必然性の原因性」と「自由の原因性」とを、「実質」と「形式」とを、そしてア・プリオリな視点とア・ポステリオリな視点とを総合しようとする野心的な企てを含んでいる。ここでのフィヒテの独自の観点とその議論の特徴は、いくつかカント的枠組みをはみ出す要素を含みながら、極端な「道徳的退廃」という「特殊な」経験的「所与」を「啓示」の成立の決定的条件とみなして、この「条件」を組み込みながら、あるいはこの「条件」を軸に、上記の相対立する側面を総合しようとしている点にある。そして、まさにこの点に『啓示批判』の積極的意義を認めることができる。

さて、この『啓示批判』初版をフーフェラントはＡＬＺでどのように批評したのか。書評[8]は「啓示」理解を巡る混乱状況の指摘から始まっている。さまざまな哲学的党派が「啓示」という出来事とその概念についてまったく異なった主張を展開し、それを極論にまで推し進めては、対立する側を「狂信」家、「熱狂」家と断罪していた。そうした状況下で出版されたこの著作は、まさに「われわれ同時代人のもっとも切実な要求に適う」ものであり、「もっとも本来的な意味で、現代という時代のために発せられた言葉という名に値する」ものである（*ALZ* 1792, Nr. 190, Sp. 145）。そして、書評執筆の時点で著者をカントだと思い込んでいたフーフェラントは、この著者と著作を最大級の賛辞を重ねて賞賛している。「敬虔と功績によって尊敬される男（*vir pietate ac meritis gravis*）」、「まごうことなき不滅の著者」、大いに「賞賛に値する著作」、諸命題が「感嘆するほどまでに精確に連結された体系」等々。

それゆえ、書評者は問題点の指摘や批判的所見を一切交えることなく、第一節から第十三節までの各節の要点を、大量の引用文を援用しながら読者に正確に伝えることに終始している。それでもやはり、叙述の重点は最も重要な「第六節」に置かれている。書評の最終段落は、改めて著者に対する「感謝」と「願望」を表明することで締めくくられている。すなわち、まず、「人間の知の非常に多くの領域をすでに解明してきたもっとも偉大な人が、今度はこの主題についてもこのような解明を与えてくれたこと」に、書評者は「熱烈な感謝を表明」する。次に、「著者が人類のために設定した有益な目的が速やかに広がり、達成されるために」、「洞察力ある神学者たち」がこの著で蒔かれた「萌芽のすべてを受け入れ、それらの手入れをし、育て上げるよう」「熱烈な願望」を表明している（ibid. Nr. 191. Sp. 159）。

　このフーフェラントの書評がＡＬＺの本紙に掲載されたのは、七月一八日である。(9) そしてカントが同紙の「知的広報欄」で真の著者を公にしたのは、八月二二日のことである。この間に、ＡＬＺの対抗誌で反カント的立場にあった『新ドイツ百科叢書』の「お便り（Nachricht）」欄に、「一七九二年八月一四日付のケーニヒスベルクからの或る書状の抜粋」と題された短い記事が載る。それはこう記している。

「わがドイツの読者公衆がこんな大失態を犯すとは、本当に奇妙なことである。『あらゆる啓示の批判という実際には取るに足らない本が、当地〔ケーニヒスベルク〕から出ている。この本は、今や…〔中略〕…ほとんど流行になっているカント的術語で書かれている。誰もがすぐに、この著はカントによるものだと推量し、そしてそのことが、多くの人にこの著が注目すべきであるだけでなく重要なものであるように思いこませている。この著が二、三の有名な学術新聞で多大な賞賛を得たとき、それがカントの書いたもの一切に対する排他的偏愛なしに、そしてカントがこの著を書いたのだという確固とした確信なしに賞賛を得ていたのだとしたら、私は判断を間違えたに違いない。だが、この著を書いたのはカントではない。…〔中略〕…その著者はフィヒテという名の神学の博士候補生である」(10)。

　続いて、「著作の価値」は「その内的性質に従って判断される」べきであって、「有名人の名前」など真の判定に何の役にも立たないと皮肉っている。この記事が本当にカント自身の「声明」の前に書かれていたのかどうか定かではないが、いずれにせよ、これはフーフェラントの思い込みによるカント崇拝的書評に対する強烈なあてこすりである。かの書評には、ライバル書評誌にこう揶揄されても仕方がない側面があったことはまちがいない。

2．『新ドイツ百科叢書』でのシュルツェの書評

『啓示批判』第二版とそのＡＬＺ書評に移る前に、どうしても触れておかねばならない書評がもう一つある。それは、一七九三年の『新ドイツ百科叢書』第二巻、第一号に掲載された、四五頁にも及ぶ異例に長大な書評である(11)（図6―1）。匿名の書評者は、前年四月に公刊されたいわゆる『エーネジデムス』によってその名を知られるようになった、ヘルムシュテット大学の哲学教師、シュルツェ（Gottlob Ernst Schulze 1761-1833）である。彼とフィヒテは因縁浅からぬ関係に

3

Weltweisheit.

Versuch einer Kritik aller Offenbarung. Königsberg, 1792. im Verlag der Hartungschen Buchhandl. 182 Seiten. 8. 16 gr.

Ohngeachtet ein Mann, dessen Name in der gelehrten Welt nicht unberühmt ist, öffentlich erklärt hat, wie er es nicht nur jetzt unmöglich finde, sondern es auch immer unmöglich finden werde, daß derjenige, welcher nur einigen Sinn für Philosophie und die wichtigsten Untersuchungen derselben habe, und nicht durch Privatabsichten und Leidenschaften geblendet worden sey, an der Wichtigkeit und Gründlichkeit dieser Kritik aller Offenbarung im geringsten zweifeln könne; so haben wir doch zur Unpartheylichkeit des größern Theils vom gelehrten Publikum in Deutschland viel zu viel Zutrauen, als daß wir befürchten sollten, er sey durch den Machtspruch jenes Mannes schon im voraus für die Kritik aller Offenbarung zu sehr eingenommen, und werde uns, im Fall wir die Principien und Resultate in derselben nicht richtig befinden sollten, entweder allen Sinn für Philosophie absprechen, oder Privatabsichten und Leidenschaften Schuld geben. Und da überdieß die Mitarbeiter der allgemeinen deutschen Bibliothek im philosophischen Fache weder darzu verbindlich gemacht worden sind, noch sich auch darzu verbindlich gemacht haben, in ihren Recensionen ausschließlich einer von den jetzt in Deutschland vorhandenen philosophischen Partheyen das Wort zu reden, sondern bey der Beurtheilung der neuesten philosophischen Producte sich blos durch ihre Ueberzeugung und Einsicht bestimmen lassen dürfen; so hat das Publikum wohl ein gegründetes Recht, zu erwarten, daß wir mit Freymüthigkeit und Unbefangenheit den Werth dieser Kritik aller Offenbarung, der in einigen gelehrten Zeitungen ganz unrichtig angegeben worden ist, bestimmen. Dieser Erwartung einige Genüge zu thun, wollen wir uns also bemühen, und hoffen daher auch, auf die Nachsicht derjenigen von unsern Lesern Ansprüche machen zu dürfen, welche den Werth jenes Werkes durch eigene Prüfung

A 2　　schon

図6―1　『新ドイツ百科叢書』第二巻第一号でのシュルツェの『啓示批判』書評

ある。シュルツェはシュール・プォルタの卒業生で、フィヒテの一年先輩にあたる。そして、シュルツェによるこの長大な書評のほぼ一年後、今度はフィヒテが『エーネジデムス』への批判的書評を『一般学芸新聞』に公にすることになるのである（*ALZ* 1794, Nr. 47-49）。

『エーネジデムス』の副題「理性批判の越権に対する懐疑論の擁護を付して」からも分かるように、シュルツェは超越論哲学に批判的な懐疑論の立場を採っていた。当然、彼の『啓示批判』書評は否定的で辛辣なものになる。この書評は、最初の五頁を「著者誤認問題」に絡めて、ALZとフーフェラントの「失態」を衝くことに充てられている。書評者は、（すでにその一部を紹介した）関連文書のすべてを事細かく引きながら、執拗にかの「失態」を責めている。そしてその後、テキストの各節の要点を、これまたかなり詳細に――しかし、一切の引用なしに自分自身の言葉で――叙述している。この要約的叙述部分にほぼ一五頁が費やされている。そして、書評の後半部（約二五頁分）が、批判的論評に充てられている。この論評部分の的をシュルツェも正しく、「第五節」、「第六節」そして「第十二節」に絞っている。

さて「第五節」で展開されていた「啓示概念の演繹」の論証過程を、シュルツェは七つの推論の連鎖からなる論証と捉え、まずテキストに沿ってその七つの推論を呈示している。そうした再構成を通して、書評者はいくつかの異論を導き出す。最初の異論はこうである。フィヒテは人間の意志規定に関する「自由の法則と感性の法則の抗争」を指摘し、自由の法則がその原因性を「永久に完全に失う」ような特殊な状況を説き、それを「啓示」の前提条件としているが、そもそもこんな事態はけして存在しえない。シュルツェが言うには、「抗争」とは「その作用を互いに制限し合うような二つの事物の原因性」が存在していることを前提にしている以上、「道徳法則がその原因性を完全に失う」となれば、そこにはもはや「抗争」など存在しない。それどころか、想定されているそういう特殊な状況のもとでは、「人間はもはや人間であることを止める」と彼は言う。「道徳的存在としての人間の本性には、道徳的に立法する理性が属しており、この理性は同時に理性の命令に対する尊敬を含んでいる」。それゆえ、いかなる人間においても、理性の命令に対する尊敬の感情が「完全に抹殺されることはありえない」。「最大の悪人やもっとも粗野な野蛮人でさえ、道徳法則に対する尊敬とそれの遵守に対する尊敬を否認することはできない」、このことは「あらゆる時代の一致した経験が教えるところである」。そして、シュルツェはこう結論付ける。「このことだけからしても、もうすでに啓示の可能性と現実性に関する理論はかなりの程度破綻している」（*FiR 1*, 91f.）。

この異論は理論的にはまだ表層的なものにとどまっている。だが、同じ観点からシュルツェが次のような問題を繰り出すとき、その異論はもう少し核心的なものになる。すなわち、「善への原動力が完全に失われており、道徳法則が欲求能力に対するいっさいの影響力を完全に失っているといわれるような存在者に、いったいどのようにして道徳的原動力が再興されうるというのか」、また「このことが、とりわけ神聖な存在者としての神についての感性化された理念を介して可能になるとされるが、それはいったいどのようにして可能になるのか」――これらのことはまったく明確にされていない。そのような極端な「道徳的頽廃」のもとにある存在者には、「最高に神聖な存在者の理念が感性化されたからといって、善への動機や道徳法則に対する尊敬はおそらくなに一つ生み出すことはできないだろう」（ibid. 93）。この批判の眼目は、つまるところ、〈そもそも道徳的資質をまったく欠いた人間には、いかなる手段（理念の感性化）を介しても（啓示の目的である）道徳的感情を覚醒させることはできない〉という点にある。シュルツェはこれ以降も、「人間本性の仕組み」をもちだしてこの論点を何度も蒸し返している。

たしかに、フィヒテはこの点に焦点を絞った具体的な解答を明示していない。だが彼が、道徳的に腐敗した人間においては「道徳法則の原因性」が完全に失われており、「道徳性への感覚を全面的に奪われている」と語っているにしても、それはそうした人間にはそもそも道徳への可能的資質や原基が存在していないということではなく、その資質や原基の発現、発動が「自然の原因性」の圧倒的支配によって阻止されているということを意味しているにすぎないだろう。だから彼にとって、その可能態を現実態に転化することこそが肝要なのである。「啓示」はこの転化のための「機会原因」なのである。

シュルツェが「第五節」の論証に関してもちだしているもう一つの批判はこうである。フィヒテによれば、「神」は「道徳法則によって、この法則の執行者であるよう規定されており、正義をできるかぎり完全に取り計らうように規定されている」(ibid. 97)。だがそうすると、(A) 啓示概念の「この演繹は、すでに神の存在と道徳的世界統治を信じているような人々にだけ、道徳法則によって自分の意識が規定されているような人々にだけ、したがって啓示をまったく必要としていないような人々にだけしか妥当しない」。(B)「それに対して、まさに啓示を必要としているような人間は、著者の演繹によって啓示を期待することに達することはできない。なぜならば、そういう人間には、その演繹がとくに根拠としている諸前提の知識が全く欠けているからである」(ibid. 98)。フィヒテ自身も同様の問題の所在を認識していた。彼自身が「第六節」で「或る形式的な矛盾」「ディレンマ」に言及している。すなわち、一方で「道徳的な欲求をすでに感じていて」、「すべての道徳的概念をすでに持っている」ような人間は、もはや「啓示を必要としない」のに対して、他方「その必要を感じてもいなければその概念をもってもいなかった」人間には「啓示の概念は不可能なのである」(GA I/1, 64)。だが、この「矛盾」を解消するためにフィヒテがもちだしている議論は、かなり歯切れが悪い[12]。

シュルツェは、「啓示」において神がいきなり「道徳法則」の「立法者にしてその執行者」として自らを告示するかのように語っている——そこから、(A) や (B) の論難が引き出される——のだが、極端な「道徳的頽廃」のうちにある人間にとっては、当然ながら「神」がそうしたものとして告知されることは不可能である。それでフィヒテは、そのような人間には「神」は、最初は「権威」として告知されるのだと言う。この種の「権威」はただ、自然と人間の主としての「神の力と偉大さ」にしか依拠することはできない。この「権威」が「他律」的な「恐れと期待」を呼び起こすだけなら、それは道徳的心情の育成という宗教の目的に矛盾する。だが、フィヒテが言うには、そうした偉大な力を表象することによって、「驚嘆 (Bewunderung) と崇敬 (Verehrung)」の感情が呼び起こされ、「驚嘆と崇敬」は「神」の威力に対する「われわれの注意を強烈に惹きつける」にちがいない。そうして、「神が自らをまだ道徳的な立法者としてでなく、単に語りかける人格として告知する」ときにも、「神は同時にその神聖性をわれわれに告知する」のだと言う (ibid. 63)。こうして、フィヒテは「権威」から「驚嘆と崇敬」へ、そこからさらに「神聖性」への移行に言葉を費やして、「啓示」を契機にした道徳的「他律」から「自律」への転化を説こうと苦労しているのだが（シュルツェはこの努力をまったく無視している）、それは十分には成功しているようには見えない。

さて、「第六節」に関する論評でも、シュルツェは「啓示」にとって決定的条件とされている極端な「道徳的頽廃」という「経験的所与」に再び異論を述べている。すなわち、およそ人間において、とくに「完全に理性を欠いているわけではない覚醒された人間において」、「道徳法則がその原因性を永久に、完全に失う」などということは、「人間本性の仕組み（Einrichtung）」からしてまったくありえない（*FiG I*, 98f.）。シュルツェからすれば、この「経験的所与」が存在するときには、「啓示は不可能」であり、逆にこの「所与」の存在が否認されるならば、したがって最小限の道徳的感覚が存在するならば、「啓示は不要」なのである。翻って考えてみると、前者の「不可能」論はかの「実質からみた啓示の機能」の妥当性を否認しており、後者の「不要」論は「形式からみた啓示の機能」の妥当性を否認していることになる。フィヒテにおいてはその内実と必要性を異にする「啓示」の両方の機能を、シュルツェは区別せず一体のものとして扱っており、それゆえにかの「所与」の否定を論拠として一挙に両機能を否認することができたのである。このような批判は、間接的に、フィヒテにおける「啓示」の「実質的」機能と「形式的機能」それぞれの「根拠づけ」の区別と連関がなお曖昧であることを逆照射していると言える。

書評者は書評最終部分で、この「啓示批判」が含んでいる諸原理がカント批判哲学の諸原理とは一致していないという興味深い所見を展開している。彼によれば、「『すべての啓示の批判』とカントの諸著作の間には、陳述表現において一致が存在しているにもかかわらず、両者には雲泥の差がある」。「啓示批判」の根ざしている「諸原理はまったくカント的ではない」（ibid. 111）。両者の見解が「正反対」の事例として、書評者はカントの「根源悪」論文（『ベルリン月報』一七九二年四月号）を引き合いに出す。そこでカントはこう述べていた。「われわれのうちにある善への根源的素質を回復することは、失われてしまった善への動機（Triebfeder）を〔再び〕獲得することではない。道徳法則に対する尊敬を本質としているこの根源的素質をわれわれが失ってしまうことはありえない」（ibid. 112; vgl. *KA* VI, 46）。「人間本性のうちにある悪の根拠を、道徳的に立法する理性の腐敗に求めることはできない」（ibid.; vgl. *KA* VI, 35）。しかし、この点に関してカントとフィヒテの見解が「正反対」であるとは言えないだろう。両者の違いは、（先に指摘した）道徳的素質の「可能態」と「現実態」のどちらに焦点をあてて語っているかの相違にすぎない。シュルツェが次にもちだしている「不一致」は、「神」の「感性化された表象」の理解に関するものである。フィヒテにしたがえば、「感性化された表象」だけが、「粗野な感性にもう一度道徳性の能力を与え、意志の改善に関与させ得る唯一の手段」である。しかし、シュルツェによればカントはそうした表象の「驚くべき力」についてどんな著作でも語ったことはない（ibid. 113）。

シュルツェはこれ以降も四点にわたり、両者の見解の「相違」、「不一致」を列挙しているのだが、それらはみな、カントが道徳的信仰や「理性的宗教」について語っているの対して、フィヒテはそうした形態の信仰や宗教が不可能であるような「特殊な」状況下を想定し、そのもとでもなお「啓示」を「機会原因」として人間を「道徳」と「道徳的宗教」へと導いていく通路を探求しているという、問題設定自身の根本的相違を無視していることから派生していると言える。シュルツェは最終結論をこう総括している。「『すべての啓示の批判』に支配的な哲学的思惟の方法がけしてカント的でないことは、これまで述べてきたことが十分に証明しているであろう」（ibid., 115）。

フィヒテは後にフーフェラント宛書簡で、シュルツェの反論は「啓示概念についての私の演繹を公然と捻じ曲げることに基づいており」、彼は私の演繹を「客観的に妥当するものと称する」ことによって、私を守旧派の頑迷な正統派神学者に仕立て上げようとしているのだと、憤慨している（GA III/1, 378f.）。たしかに、シュルツェの書評は、フィヒテが「主観的に妥当する」にすぎないと限定していることをしばしば「客観的に妥当する」ものとして論じており、またフィヒテが精緻に弁別している諸論点を単純化して「字面」にこだわっているところがある。それでも、『啓示批判』のはらむ問題点を探るうえでは、それは全面絶賛のフーフェラントの書評よりは有益であると言えよう。とくにそれは、「啓示」の「実質」的機能と「形式」的機能の「根拠づけ」の区別と連関が未解決であることを透かし彫りにしている。

3.『啓示批判』第二版とそのＡＬＺ書評（ALZ 1794, Nr. 2, 3）

初版の翌年に出た第二版には、「第二節」と「第五節」が新たに付け加えられている。そして、この付加による整合性を確保するために、「第三節」と「第六節」の冒頭の数段落が全面的に書き換えられ、「第七節」の冒頭の数段落が削除されている。さらに、表現上の正確さを期すために、かなりの字句修正が施されている。

「宗教一般の演繹の準備としての意志の理論」と題されている新版「第二節」は、一見すると「啓示の概念」の演繹と直接連関していないように見える。それは、「意志の理論」、そしてその基礎にある「衝動の理論」を主題としているからである。しかし、著者はかの連関を強く意識して新たな「第二節」を挿入している。たしかに初版でも、著者は「究極目的の現実性を意欲するわれわれの欲求能力の必然的規定」（強調は引用者）に言及し、この規定が「究極目的」の根拠としての存在者を原因として初めて成立させると主張していた。さらに、「啓示の概念」の演繹には「経験的に与えられた或る欲求（Bedürfniß）」が必要であり、この「欲求」こそが、「啓示の概念」を「権利づけ（berechtigen）」、「この概念をア・プリオリに正当化するには欠けていたものを補完する」のだ（GA I/1, 43）とも述べていた。この観点からすると、新たな「第二節」の目的は、人間の「感性的な衝動」としてのこの「欲求」の権限と限界を改めて確定することに置かれていると考えることができる。フィヒテ自身も（書き換えられた）「第三節」冒頭で、前節では「道徳法則」が「感性的な衝動を権利づけ」、この「衝動そのものの間接的な法則性が演繹された」のだと述べている。そして「この法則性に基づいて、そして理性的存在者の運命がその道徳的な心術と完全に合致するという想定が演繹されたのだ」と付け加えている（ibid., 20, Anm. B）。すると、初版では感性的「欲求」が「啓示の概念」の「現実性」を「権利づけ」、それに正当性を付与するという側面が語られていたのに対して、第二版「第二節」は、翻ってその「欲求」、「感性的な衝動」自身を「道徳法則」が「権利づけ」、それを正当化するという側面を強調しようとしているのである。「権利づける」とは、ある事柄の権限を一定の限界の内で正当化し、逆にその限界の外でのその妥当性を否認することに他ならない。

「第二節」の主題は、「感性的な衝動」をこの意味で「権利づける」ことに置かれているのである。

さて、「第二節」は三つの小節に区分されているが、その第一小節（Ｉ）は、ラインホルトの「表象能力理論」を踏襲して[13]「表象」一般の「素材」（受容性）と「形式」（自発性）を区別することから始まっており、そしてこの両者を媒介する媒体を「衝動」の概念として導出している。続いて、「衝動」が「感官感覚の素材」によって触発、規定される場合と、「衝動」が「自発性によって規定されうる」場合を論じ、探求すべき課題は、後者の場合の究明、すなわち「意志の働きによって生み出されるべき表象が、その素材に関してさえ、感覚によってではなく絶対的な自発性によって、すなわち意識を伴う自発性によって生み出される」のはいかにしてか（ibid. 140）、を解明することにあると締めくくられる。

第二小節（Ⅱ）は、上記のごとく或る「表象の素材」が感覚を通して与えられるのではなく、「絶対的な自発性によって生み出される」ような表象は、「上級欲求能力」としての「意志」において初めて成立することを明らかにする。なぜそう言えるのかについてのフィヒテの叙述は難渋であるが、その要点は、「上級欲求能力」の「客観」が、より低次な表象の「形式」と「素材」の統合態を「素材」として、これを自らの自発的「形式」のもとに統合することによって成立すると考える点にある[14]。それゆえ、そのときには「欲求能力は与えられた客観によってまずもって規定されるのではなく、その形式を通じて自らに自らの客観そのものを与える」（ibid. 141）と、言われるのである。「上級欲求能力」の「素材」と「形式」は「感性的な衝動」と「道徳的な衝動」にあたるが、この両衝動の関係の「消極面」が、感性的「衝動による越権行為を意志規定が抑圧すること」として現われる。それに対して、興味深いことに、フィヒテは両衝動の関係の「積極面」が「尊敬の感情」に現われると言い、この感情において「有限な存在者の理性的な本性と感性的な本性とが親密に溶け合う」という独特の見解を述べている（ibid. 142）。ただし、彼によれば、この感情は「自己尊敬」に、しかも「純粋な自己尊敬」に基づけられねばならない。そして、こうした「自己尊敬」が「能動的な衝動」として考察されるかぎり、「それが道徳的な関心と呼ばれる」（ibid. 144）。すなわち、本来的に利己的であるはずの「利害関心」も、それがこの「純粋な自己尊敬」に根ざしているかぎり道徳的でありうるとも言えよう。この点は、「自発性の形式」に基づく「形式を求める衝動」（「道徳的衝動」）を「非利己的衝動」であるとするラインホルトと対照をなしている。フィヒテは、とくにこの第二小節（Ⅱ）において、ラインホルトの「衝動」論における「形式」—「素材」論を利用しながらも、「感性的な衝動」における「形式」—「自発性」の契機を先行者たちよりもっと積極的、具体的に根拠づけようとしている。

第三小節（Ⅲ）は、感性的な衝動である「幸福衝動（Glückseligkeits-trieb）」を「権利づける」ことに割かれている。著者はこの「衝動の権利づけ」を三つの「様相」で展開する。第一の様相において、まず最初は「道徳法則によって諸規則に従って規定される」ことで「消極的な合法則性」を得た「幸福衝動」が、「その法則が沈黙していることによって、積極的に合法則的になる」ことが説かれる。その際に、フィヒテは当時の「法—権利」論で一般的であった論理（第八章第一節参照）を援用している。すなわち、或る行為が「権利」をもっていることは、「道徳法則」がその行為を「命令」も「禁止」もしておらず、道徳「法則が沈黙している」ことによって、その行為が「許されている」ということから導出される（vgl. ibid., 149f.）。この論理を前提にすると、「法則がその沈黙によって衝動に一つの権利を与えるのであり、そのかぎりにおいてその衝動は合法則的なのである」（ibid., 150）。「権利づけ」の第二の様相は、衝動のこうした「法則性」から「幸福に値すること（Glückswürdigkeit）」の概念が成立することを説く。この概念にしたがって、「われわれは人間の感性的な衝動の諸現象を現象の世界に対して法則的であると考えているのである」（ibid., 152）。第三の様相では、「権利と値すること（Würdigkeit）」を結合して思惟すべきだとすると、（われわれには思惟できない）「無限の権利と値することとの両方を伴った無限の幸福」という理念に行き着かざるをえないことが説かれる。そしてこの「第二節」は、この「最高善」のもう一方の契機（「（狭義の）浄福」）を演繹するために、「経験的な諸前提から出発しなければならなかったのである」（ibid., 153）と結んでいる。

　こうして、第二版「第二節」は総じて、「感性的な衝動」あるいは「幸福衝動」の一定の正統性を根拠づける（権利づける）ことに費やされている。このこと（とくに「法―権利」論の援用）を捉えて、この著の「哲学文庫」版の編者は「幸福主義への後退（Rückfall in den Eudämonismus）」が第二版でははっきり表れていると評している。彼によれば、著者は第一版では「全く違う思想を述べていた」のであり、これは第二版における「幸福主義的に獲得された神の要請とは鋭い対照をなしている」[15]。しかし、われわれはこの評価を全面的に鵜呑みにするわけにはいかない。というのも、フィヒテはここで「幸福衝動」に対する「道徳法則」およびその法則性の規定性を度外視して、「幸福衝動」を正当化しようとしているのではないからである。それどころか「道徳法則は、幸福衝動が幸福衝動としてあるときでさえ、少なくとも間接的には、それを積極的にも触発して、純粋かつ経験的に規定されうる全体としての人間のうちに統一をもたらす」のであり、その際「この法則はわれわれのうちで優先権を要求する」（ibid., 149）と述べられているからである。したがって、その「権利づけ」においても「幸福衝動は、真っ先に道徳法則によって諸規則に従って制限される」（ibid.）、といわれているのである。「法―権利」論の援用はなるほど「感性的な衝動」に「権利」を付与するが、その際の「許されている」という概念自身が、すでに「道徳法則」によって消極的に条件づけられてもいるのである。以上の点を勘案するならば、ことさらに第二版における「幸福主義への後退」を唱えることには首を傾げざるをえない。

　たしかに、フィヒテは――第二版においてだけでなく、すでに第一版でも――「最高善」の要請において、カントよりもずっと強く「幸福」の契機に力点を置いている。そして、「道徳性」や「宗教性」における経験的、感性的諸要素を重視している。その理由は、フィヒテ自身がいくつかの箇所で漏らしているように[16]、彼がカントないしはカント派の或る種の「形式主義的リゴリズム」に不満を感じていたからである。だとすれば、彼は「衝動の権利づけ」を通して、批判哲学の道徳理論を補完しようとしているのだと言わねばならない。

　第二版の「第五節」は、「啓示」によって引き起こされる「告知（Bekanntmachung）」の二つの「内的規定」として、「告知の素材」（告知されたもの）と「告知の形式」（告知のされ方）を区分し、また二つの「外的規定」として、「告知する者」と「告知される者」を挙げて、それぞれの契機を詳しく論じている。その結論はこうである。「啓示概念」は「その形式の側からは維持しえないことが示された」。それゆえ、それを「究明する可能性を放棄しなければならず」、「実質の側から、宗教の側から」啓示概念の「実在的な可能性」が探求されねばならない（ibid.）。このことは初版「第六節」での帰結、すなわち「もっとも本来的な啓示の機能」とされていた啓示の「形式的」機能はア・プリオリには証明されず、ただその「実質的」機能だけが経験によってア・ポステリオリに証明されうるという見解に呼応している。

さて、この第二版をフーフェラントはどのように書評したのか。第二版書評(17)は、著者誤認騒動に関する一種の言い訳から始まっている。すなわち、『啓示批判』とカントの諸著作には「全く顕著な類似性」があったのであり、それゆえ自分だけでなく、カントの著作に精通している学者たちの大部分がこの著をカントの作品とみなすことになったのだ、云々。そして、その著者がカントでないことが明らかになったからといって、この著作が「重要で注目すべきものであること」にはなんの変りもなく、またこの改訂増補版は「もっと注目するに値する」と語る（*ALZ* 1794, Nr. 3, Sp. 17）。

だが、この第二版書評も第一版書評と同様に、評者の肯定的あるいは否定的評価をまったく交えずに、ただただ内容「紹介」に終始している。それは、かなり自由に書き換えられた「引用文」で埋まっている。とくに第二版の「第二節」は、「感性的な衝動」、「幸福衝動」の「権利づけ」という点で批判哲学の道徳理論の枠組みをはみ出している主張が数多く盛り込まれているにもかかわらず、そして書評はそれを論じている「第二節」にかなりのスペースを割いているにもかかわらず、カント派の機関誌とも言える『一般学芸新聞』の共同編集長であった生粋のカント主義者フーフェラントが、この点に一言も注文を付けていないのが奇妙なほどである。それはおそらく、フーフェラントにとっては『啓示批判』が批判哲学の方法論的枠組みの中に収まるものであって、批判哲学の道徳論を批判的に補完しようとするフィヒテの真意が、彼には理解されていないからであろう。

第二節　『革命論』とその書評

1.　『革命論』――「人民の革命の権利」の道徳主義的根拠づけ

『革命論』第一巻第一分冊（第一章〜第三章まで）は一七九三年の春に、第二分冊（第四章〜第六章）は翌年の二月に出版された。計画されていた第二巻は出版されないままに終わった。この著作は、表題から推測されるような、一七八九年七月以降フランスで起こった一連の出来事についての論評を直接の目的としているのではない。著者はここで、ただ一つの問いに回答を与えようとしている。それは、「そもそも人民（Volk）は、自分の国家体制を自由意思によって（willkührlich）変える権利をもっているのか」（GA I/1, 210）という問いである。もちろん、著者はこの問いに断固として肯定的回答を与えようとしている。

「革命の権利の正当性（Rechtmäßigkeit）」を論証し、読者を説得するために、著者は一方で、当時としては際立ってラディカルな立場から、現存する国家体制が「暴力による圧制の所産」か「偶然の所産」にすぎないと断定し（ibid. 236）、その不当性を厳しく批判しては、特権的支配階層による既存の体制を告発している。そして、「革命」に反対する保守的政論家の諸言説を、随所で辛辣な皮肉を交えながら論難している[18]。この側面に注目すれば、われわれはここに「政治的革命」の思想家フィヒテを見てとりたい気にもなる。だが、それではこの著の著者の真意を誤読することになろう。彼はもう一方でそして著作の全篇で「人民の革命の権利」を非常に個人主義的、観念論的、道徳主義的な観点から根拠づけようとしている。ここに「道徳的革命」の思想家フィヒテの姿が浮かび上がってくる。この著者にとって問題になっていたのは、『革命論』冒頭がはっきり述べているように、「フランス革命」よりも「はるかに重要なもう一つの革命」（ibid. 204）であった。つまり、カントによる哲学上の「革命」（とくに道徳論におけるそれ、すなわち実践哲学における「コペルニクス的転回」）であった。そのことに対応して、ここでは国家体制を変える権利は、通例そうであるように支配者の圧政や大衆の生活の困窮等の事実から正当化されるのでなく、「道徳法則」の担い手である個々人の「譲り渡すことのできない権利」に基づいて正当化される。「革命権」のこうした個人主義的、道徳主義的導出こそ、以下に見るように、この『革命論』の「長所」であると同時に「短所」である。

（1）「自然法」に基づく「譲り渡すことのできない権利」、自己決定権の決定的優位

著者は「序論」で、それ以降の行論の歩みを示唆している。まず、著者はこう主張する。革命の権利の正当性、非正当性の問題は、「経験」や「歴史」的諸事実の管轄事項ではない。この問題は、たえず変転する経験を超えた「普遍的な法則」によって判定されねばならない。著者によれば、この「法則」が自由な行為に関してわれわれの「内的経験によって意識に与えられ」たものが「道徳法則」である（ibid. 219）。このことによって、「革命の権利」の正当性に関する判定が最終的には「道徳法則」に委ねられることがすでに示唆されている。続いて、著者は「道徳法則」の「命令」と「禁止」に関連して——当時のカント派の法—権利理論（これについては第九章第一節参照）に沿って——人間の諸権利の区分に言及している。道徳法則は「正（recht）」と「義務」を命じ、「不正（unrecht）」と「義務に反すること」を禁止する。だが、この両者の間にはいわば「空白地帯」がある、すなわち、人間の行為には「道徳法則」が「命令」も、「禁止」もしていない領域がある。それは「道徳法則」がその行為を「許容している（erlauben）」領域である。この領域では、私が或る行為を為すか為さないかは、私の「自由意思（Willkür）」に、つまり裁量に委ねられている。かくして、私は「自らの義務を果たす権利」とともに「道徳法則が許容していることを為す権利」ももっている（vgl. ibid. 220）[19]。著者によれば、前者は人間の「譲り渡すことのできない権利」であり、後者は「譲り渡すことのできる権利」である。そして後者の権利だけが、あらゆる種類の「契約」の対象になり、したがって「市民による契約」の対象になる。

すると、はやくもここで或る疑問が生じてくる。著者は冒頭で「そもそも人民は、自分の国家体制を自由意思によって（willkührlich）変える権利をもっているのか」（ibid. 210）という問いを設定していた。この表現からは、「革命の権利」が「自由意思（Willkür）」に委ねられた「譲り渡すことのできる権利」であるかのように聞こえる。だが、そうではない。「第二章」は冒頭で、「国家体制を変えるという人民の権利は、譲り渡すことも失うこともできない人間の権利である」（ibid. 256）と主張し、各種の「契約」によって「譲り渡すことのでき

る権利」と対比して、前者の「権利の絶対性」を強調している。フィヒテの理解では、この「権利の絶対性」の淵源は、一切の「契約」に先立つ「自然法」のうちにあり、その「自然法」を支配している唯一の法則は「道徳法則」である。かくして、それ自身「権利」の一種であるはずの「革命の権利」は、「自然法と呼ばれるかぎりでの道徳法則」(ibid. 278)に根ざしているのである。それだけでなく、「国家的結合の最善の究極目的とは何なのか」という問いの答も、「純粋に道徳的であり、道徳法則に基づけられねばならない」(ibid. 221)。というのも、カント信奉者であった若きフィヒテにとって、国家の「究極目的」は国民の「幸福」や「安全」を確保することにあるのではなく、「自由のための陶冶(Cultur zur Freiheit)」(ibid. 253, 257)にこそあると考えられているからである。この「陶冶」の目的はカントの場合と同じように、世代を超えてそこに接近すべき、人間の道徳的完成に他ならない。

　論拠の展開という観点から見れば、核心をなしているのは「第一章」である。その表題は「そもそも人民に国家体制を変える権利があるのか」である。著者はここで改めて、「道徳法則」が命じる事柄とそれが「許容している事柄」の区別、「道徳法則」と「市民による立法」の区別に触れ、「序論」で述べたことを詳論している。そして「ことのついでに」と断りながら、実は重要な論点を述べている。

「およそ一切の契約の拘束力の根拠を見つけ出すためには、まだどんな外的な契約にも拘束されていない人間、単に自らの本性の法則のもとにだけあるような、つまり道徳法則のもとにだけあるような人間を考えなければならない。それが自然状態というものである」(ibid. 237)。

　著者によれば「自然状態」を「自然法」が支配しており、「自然法」を唯一規定しているのは「道徳法則」である。この場合「自然」は人間の「本性(Natur)」を意味しており、人間「本性の法則」が「道徳法則」なのである。それゆえ「およそ一切の契約の拘束力」の源泉、よって「法」一般の拘束力の源泉は、この「自然法」としての「道徳法則」に求められねばならない。これが当時のフィヒテの「自然法」理解である。[20] すると、「社会契約(国家契約)」も含めて「一切の契約」は、「契約」である以上「譲り渡すことのできる権利」を内容としているにもかかわらず、「契約」を結ぶ「権利(の根拠)」は――それを破棄する「権利」とともに――「道徳法則」の命じる「譲り渡すことのできない権利」に基づいている、といういささか逆説的な事態が主張されていることになる。「契約」の「内容」は「道徳法則」の埒外にあるにもかかわらず、それを締結したり破棄したりする「権利」の「形式」は「道徳法則」に基づいているとも言えよう。

　著者はこのことを論証するために、まず、「契約」の拘束力の源泉と根拠が、ひとえに契約当事者自身の(契約を結ぼうとする)「意志」にあることを強調している(ibid. 237, 240)。「契約」の締結に際して、当事者は「自由意思」によって「法則」を自ら自身に課す「立法者」であり(ibid. 237)、他の誰からもその法則を強要されることはない。この点を著者は繰り返し強調している。すなわち「自分が自分に与えた法則のほかにはいかなる法則も受け入れない権利こそ、ルソーのあの〈分割することも譲り渡すこともできない主権〉の根拠にほかならない」(ibid. 238)。この権利を譲り渡すことは、人間が人間でなくなり、動物に堕することを意味する（vgl. ibid. 237）。つまり、「譲り渡すことができない」のは、契約の「内容」ではなく、契約を結ぶ際の意志の「自己立法」権である。『革命論』の著者にとって、この「譲り渡すことのできない権利」は「自然法」――「道徳法則」に根ざしている。ここに、「道徳的自由」のためのカント的な意志の「自律」の原則、「自己立法」の原理が、無限定に権利―法的領域にまで拡張されているのを見ることができる。だが、このことは特異なことだとは言えない。そもそも、当時のカント派の法学者たちには、「自然法」は概して道徳学の一部とみなされていた。[21]「権利―法」一般を、そして市民的―政治的「権利」すら「道徳法則」から導出しようとしている一七九三年のフィヒテは、「権利―法」と「道徳」を明確に区分する一七九六年のフィヒテ（本書第九章第二節参照）と大きく異なっている。

なお不分明な点の残るこの議論の展開は、「第三章」に提示されている、「道徳」と「法」の諸領域の相関関係を表す図を参照すれば、もう少し見通しのきくものになる。そこには、中心を同じくし、半径を異にする四つの円が描かれている。一番広い外側の円Aは「良心の領域」を示し、この領域の法則は「精神界にかかわるかぎりでの道徳法則」であり、その主体は「精神」である。その次に広い第二の円Bは「自然法の領域」を示し、この領域の法則は「現象界を規定している、自然法と呼ばれるかぎりでの道徳法則」であり、その主体は「人間」である。それより狭い第三の円Cは「契約一般の領域」を示し、この領域の主体は「（道徳法則の拘束から解放された）自由な意志」である。一番狭い円Dは「市民による契約の領域」を示し、ここでの主体が「市民」と呼ばれる。政治的、法的「国家」は、このDの圏域のうちにある。Aのみが「精神界」（「叡知界」）にあり、B〜Dが「現象界」を構成する（以上 ibid. 278f.）。

これら四領域の相互関係は、以下のように説明されている。より広い円に設けられた「より高次な法廷」は、それより狭い円内に設けられた「より低次な法廷」を「密かに（unsichtbar）」支配している。かくして「良心の領域はすべてを含んでおり、市民契約の領域は最小のものしか含んでいない」。より狭い円を管轄する法廷と法則の権限は、その外側のより広い円を管轄する法廷と法則のそれには及ばない。だから、たとえば「自然法は自らの領域においてすら、良心が委ねてくれたような対象についてしか裁かない」。言い換えれば、「契約」に関する法廷が開かれて、そこでの法則が効力を発揮するのは、「道徳法則が沈黙している」（ibid. 261）場合にかぎられる。「契約」に関する法廷は、「道徳法則」からは直接導出できないような権利関係を決定するであろうが、しかしその「判決」が「道徳法則」に反する場合には、それは無効であるということになろう。だが「国家の領域は最も狭い空間に閉じ込められているのに、国家は自分の境界を越えて」「権限」を及ぼそうとする。「契約一般の分野を、いや自然法の分野をも、あわよくば良心の分野さえ侵そうとするのである」（ibid. 278f.）。ここには、非常に道徳―倫理主義的な人間存在論が表明されている。著者はこうした人間の存在領域的区別に基づけて、「市民社会」と「国家」による「良心」と「道徳」の「領域」への侵犯的行為を非難しているのである。

上記の図式でまず目を引くのは、「道徳法則」が二様に語られている点である。「精神界（叡知界）にかかわるかぎりでの道徳法則」と、「現象界」で「自然法」に体現されるかぎりでの「道徳法則」。後者は前者に根ざしている。それゆえ「自然法」は後者の意味での「道徳法則」の別名にほかならない。フィヒテは、「自然状態」においてすら「道徳法則」が「人間」を規定している（すべきである）と考えている。一切の「契約」に先立つ「自然状態」においても「人間」は「道徳法則」に服するべきである（vgl. ibid., 237）。カント以前の「自然法」理解が、その多様な定位の仕方にもかかわらず、共通して人間の集団的「自己保存・保持」をその究極目的に据えてきたのに対して、フィヒテの「自然法」は叡知的「道徳法則」に根拠づけられ、人間の道徳的完成を目的としていると言える。それゆえ、彼の場合、自然法的諸規範も結局のところ「純粋な当為」に連れ戻される。そしてこの「純粋な当為」は、われわれの「内的経験」のうちにある「自己の純粋で根源的な形式」（ibid., 219; vgl. auch 241, 242）を介して、「良心の声」として、したがって「叡知的」なものの顕現として示される。ここに、一七世紀以来の「自然状態」―「自然法」概念は、重大な道徳―倫理主義的改変を蒙っていると言えよう。先に「非常に個人主義的、観念論的、道徳主義的な観点から」の法―権利の根拠づけ、と述べた所以である。

ところが、「第一章」は総じて、その表題にもかかわらず人民の革命権の演繹を正面から企てておらず、いわば一種の迂回的論証に終始している。いわく、「国家的結合が不易であるはずだなどというのは、論理矛盾ではないのか」。「或る国家体制が不易であるというのは、道徳法則によって立てられた人間の使命に反するのではないか」（ibid., 240f.）等々。そして、著者は先にはこうした事柄の判定に「歴史的事実」は口を挟むべきでないと言明したにもかかわらず、上記の問いを傍証するために、延々と歴史的事実を書き連ねている。そして「第一章」の終盤にこう書く。

「いかなる国家体制も不易ではない。すべてが変わるというのが国家体制の本性なのである。すべての国家的結合の必然的な究極目的に反するような悪しき国家体制は、変えられなければならない。その究極目的を促進するような善き国家体制は、おのずと変わっていく。…〔中略〕…／社会契約は不易であるべきだという、契約文中の但し書きは、人間の精神に真っ向から矛盾するものだと言わねばならないだろう。もし私が、この国家体制をけして変えない、あるいは変えさせないと約束したとすれば、私は自分が人間たることを止めると約束したに等しい」（ibid., 254）。

しかし、これでは、「第一章」が表題に挙げた問題の直接的解答にはまだなっていない。「国家体制」は本性上変化するものだということや、悪い「国家体制」は変えられなければならないことと、「人民が国家体制を変える権利」を「譲り渡せない権利」として有しているということは相対的に別の事柄である。相対的に別である二つの事柄を繋いでいるのは、――すでに先に指摘した――次のようなフィヒテの主張にある。すなわち、私が私の「自由意思に反して」「この国家体制をけして変えない」と「約束する」ことは、「人間」としての「譲り渡すことのできない権利」を放棄することを意味し、ひいては「自分が人間たることを止める」ことを意味する。つまり「譲り渡すことができない」のは、「国家体制」のあれやこれやの「内容」ではない、それは「契約」に従って成立している以上、原理上譲り渡すことができるものであるはずである。譲り渡せないのは、その権利の「内容」いかんにかかわらず、その権利の主体としての私の「意志」

の自律、自己立法の権利——普通の言葉で言えば、自己決定権——なのである。「自由意思」の裁量に任されている領域においてすら、私に「他の人の意志によって法則を押し付けられる」ことは「人間性の放棄を意味する」（ibid. 237）。それゆえ「契約」の「但し書き」に、「この契約が不易である」と書き込むことは、契約当事者の「意志」を将来にわたって縛ることであり、根源的権利の侵害になるのである。こうした理解が「革命の権利」の正当化と連動していることは、すぐ後に明らかになる。

（2）特異な「契約」概念と空虚な「国家」概念

ごく短い「第二章」はこれ以降の論の進め方を素描しているだけである。「第三章」は改めて、「国家体制を変える権利は、万人の万人との契約によって譲り渡せるのか」という表題を掲げる。もちろん、著者はこれに「ノー」と答えようとする。「第一章」で「自然法」理解の道徳主義的改変を企てた著者は、「第三章」では、伝統的、慣習的な「契約」概念を逸脱した、「契約」概念の「新たな」理解を開陳する。ここで「契約」概念は極めて脆弱で、内実を欠いた名目的なものへと切り下げられることになる。

著者によれば、契約は締結されただけでは、なんの「権利」も「義務」も生じさせず、よってなんの「拘束力」ももたない。契約相手の「意志」や「誠実さ」をあてにできず、それを強制することもできない以上、相手が契約の内容を履行するか否かはまったく不確実である。そのことを見通しているのは、契約締結両者の「共通の内なる裁き手、道徳法則の執行権たる神」だけである（ibid. 262; vgl. auch 263, 264）。

さらにフィヒテは言う。契約によって生じる権利と責務の拘束性は、契約締結者の「自由意思」に源泉をもち、唯一それのみを根拠としている。だから当事者の意志が変わった時点で、それを相手に伝えようが伝えまいが、契約は本質上廃棄されているのである（ibid. 264）。それればかりか、契約締結者は「いつでも一方的に」契約を破棄する権利をもっている。それも「人間の譲り渡せない権利の一つである。よって、或る契約が不易であるとか、永遠に妥当するとか言うのは、人権それ自体へのもっともひどい違反である」（ibid. 300）。それが、なぜ「人権侵害」になるのかをわれわれはすでに見てきた。私はいかなる契約を結ぼうとも、私の「自由意思」に反して、あるいはそれ抜きにして、契約内容に拘束されることはない。私は「自然法」に基づいて、いつでも「一方的に契約を解除する」権利をもっている。だがそうなると、あらゆる種類の「契約」の相互人格的拘束性も、その持続的安定性も著しく脆弱なものになり、「契約」は実質上無意味化されかねないであろう。かくして、『革命論』における契約論は社会的諸契約の土台を換骨奪胎し、それを空洞化する傾向を示している。

国家を根拠づける国家契約も（上述のDに属する）社会契約の一部である。それゆえ、国家契約の伝統的理論もまた、先の「契約」理論に基づいて決定的に空洞化されることになる。著者によれば、だれでも一方的に契約を破棄する権利があるように、「自分がそうしたければ、すぐに国家から抜け出る完全な権利がある。だれも、市民契約に縛られているわけではない。市民契約は自分が欲する間だけ効力をもち、いつでも清算できるようなものでしかないからである」（ibid. 290）。「人間は市民契約である国家のなかで生活していなくとも」、国家以前の領域、すなわちかのCの「契約一般のなかで過ごすこともできる」（ibid. 277）。それどころか、一切の「契約」以前の「第一の意味での社会」のなかで生きることもできる。[22]「そうしたことは道徳的には可能である」（ibid., 276）とフィヒテは主張する。その領域では、人間は権利や義務をもたないわけではない。その領域での権利と義務を規定しているのは、「君の自由が妨げられないかぎり、何人の自由も妨げてはならない」という「自由の法則」である（ibid., 276f.）。かくして、『革命論』の著者にとって、この「自由の法則」は、「自然状態」でも成立し、「人間」を規定しているのである。だが、こうした観念論的「自由」は、その実現の現実的基盤と実質を欠いていると言わねばならないだろう。

さて、既存の国家からの離脱だけに限らず、「人間」は自分の「自由意思」に従って（先に紹介した四つの円の）より狭い領域からより広い領域へと、いつでも抜け出ることができる（vgl. ibid., 279）。「国家と契約を結んだ場合でも、私は人間としてだけそうすることができたのであり」（ibid.）、「私は、人間としてもっている権利を、市民社会のなかにいるかぎりでの市民としてはけしてもっているわけではない」（ibid., 277）からである。かくして、この「譲り渡すことのできない権利」としての国家を離脱する権利もまた、かのA～Dの人間存在論的、階層的位階に基づけて正当化されているのである。フィヒテは、或る既存の国家を離脱した者は、新しい市民契約を新しい条件のもとで結び直すことができるし、実際にそうなると考えている。したがって、彼にとっては、この「国家を離脱し」新しい契約に入る「権利」こそ「革命の権利」なのである。「第三章」末尾に、著者はこう記している。

> 「旧い結合から抜け出た人々は、新しい結合によって統合され、そしてより多くの人々の自発的な加入を通して自分たちの絆を強めてほしい。彼らにはそうする完全な権利がある。ついに旧い国家には一人の帰依者もいなくなり、すべての人々が自らの意志で新しい結合に移ったとき、全面的な革命が合法的に達成されているのである」（ibid., 296; vgl. auch 291）。

これが「人民が国家体制を変える権利」、つまり「革命権」の根拠づけの具体的内実である。この帰結は、自由な意志によって「国家を離脱するする権利」が「譲り渡すことのできない権利」であるという論理を梃子にして導出された。そしてこの権利は「道徳法則」としての「自然法」に根ざしていた。かくして、一七九三年のフィヒテは「革命権」の根拠を、いやそればかりか一切の「権利―法」の根拠を「道徳法則」に求めていることになる。この革命論の「強み」は、「革命の権利」を経験的諸事実によってではなく、ア・プリオリな原理から首尾一貫性して導出している点にあるとすれば、その「弱み」はまったく内実を欠いた「契約論」と立法権や行政権の原理的根拠を欠いた「国家論」にある。

まず、国家の成立は、個々の市民の偶然的なそしてまったく個人的な「自由意思（恣意）」の一時的な――いつでも破棄できる――合意に委ねられている。それゆえ、国家そのものが理論上の安定した根拠を欠いている。それに対応して、法理学的観点から見た国家の概念、その立法権や執行権も著しく切り縮められ、その機能と権限は無力化されざるをえない。かくして、およそ「国家」の概念は、まったく輪郭のはっきりしない、空虚なものにならざるをえない。『革命論』はしばしばルソー（Jean Jaques Rousseau 1712-78）を引きながらも（vgl. ibid., 229, 235, 237f., 240）、ルソーから「譲り渡すことのできない権利」

の思想だけを受けとり、人民主権と国家権限との緊張的統一を基礎として成立した「一般意志」の思想については、これをほとんど度外視している。ルソー的理解では、「社会契約」によって樹立されるべき「一般意志」が立法権の基礎であり、「法」は「一般意志」の自己表現に他ならない。だが、このような思想は『革命論』ではほとんどなんの積極的役割も果たしていない。(23) そもそも、「国家の究極目的」を「自由への陶冶」と考え、理念的な「文化国家」（あるいは「道徳国家」）を構想する当時のフィヒテにとって、法的、政治的「国家」は一種の必要悪であり、それはせいぜいかの「究極目的」のための「手段」にすぎず、「目的」が完全に実現された暁には不必要となり、「死滅」すべきものなのである。

「本当に有効な手段が取られたのなら、人類は少しずつでもその偉大な目標に近づくことになろう。人類の構成員のだれもがいっそう自由になり、目的に到達するために使われた手段も必要なくなろう。こうした国家体制という機械の歯車は一つずつ静止し、取り除かれることになろう。……〔中略〕……いつか究極目的が完全に達成されれば、もうどんな国家体制も必要なくなる」（ibid., 253）。

こうした理念的国家に依拠した「国家＝手段」論、あるいは「国家死滅論」をフィヒテは一七九〇年代を通して繰り返し表明している。(24) あらゆる「国家体制」が消滅した後に残るべきなのは「目的の国」であるということになろう。

以降、第四章から第六章は、「国家体制を変える権利」とのかかわりで、「特権階級一般」、「貴族」、「教会」について長々と論じているが、『革命論』の主要問題とその解決策は「第三章」までで論じつくされている。だから、われわれは、問題検討の射程を「第二分冊」にまで伸ばす必要はないであろう。

2. ＡＬＺでのラインホルトによる『革命論』書評（ALZ 1794, Nr. 153, 154）

ＡＬＺはこの匿名の『革命論』を書評にとりあげる以前に、かなり早い時期からその「知的広報欄（Intelligenzblatt）」の新刊「告示欄」でこの第一分冊に三度も言及し、これをもちあげている。たとえば、この著は「その根本性のゆえに、この主題について出版されてきた多くの著作より群を抜いて優れている」。あるいは「読者公衆の判断と推察はみな、この著がまごうことなきドイツ第一級の思索者の頭脳によって生み出されたものであるという一点では一致している」。(25) その後、ＡＬＺはようやく公刊から一年後の一七九四年第一五三号、第一五四号（五月七日付）で『革命論』の第一分冊、第二分冊を合わせて書評する。この書評は、「哲学欄」ではなく「国家欄」で扱われているのだが、それはＡＬＺでも数少ない長大な紙面（合計一六欄）を費やした書評の一つである。その書評者はラインホルトであった。(26) ラインホルトは『革命論』の公刊された年の秋には、いわば「身内」であるエアハルトやバゲッセンに、この著を是非一読すべきだと熱心に推奨していた。(27) そして彼は、『革命論』の著者が『啓示批判』の著者フィヒテであることを早くから見抜いていた。(28)

さて書評の冒頭は、こう切り出されている。「この著にほんの一、三ページでも目を通した」者なら、「この著が並みの頭脳の所産ではありえないこと」にすぐ気づくであろうし、これを「ありきたりの革命―パンフレットのように」取り扱おうとすれば、「とんでもない過ちを犯すことになるだろう」（*ALZ* 1794, Nr. 153, Sp. 345）[29]。これまで「考えの浅いあまたの連中、支離滅裂なおしゃべり屋たち、愚かな熱狂家たち」がまったくひどい調子で論じてきた「フランス革命」、いや「国家—革命一般」という主題が、ここでは「根本から、原理に沿って、しかももっとも純粋な最高の原理に沿って吟味され」ている。そして書評者は「著者が引き出している諸帰結に決して同調することはできない」と予め断りながらも、「それでも書評者は、かの諸原理からこの諸帰結を導く移行過程のかなり詳細な叙述によって、大方の読者公衆に重要な貢献がなされていると信じている」（ibid.）と述べている。

書評の本論は、「序論」の四つの節、第一章から第六章までそれぞれにかなりのスペースを使って、丁寧に論の展開を紹介しながら（これは、ALZの規範的、標準的書評スタイルである）、随所に評者の批判的見解を差し挟んでいる。以下、われわれは主に著者への評者の異論に焦点をあてて、いくつかの論点をとりあげるにとどめざるをえない。「第一章」に関して評者は、論の運びがあまりに「回りくどいこと」に注文を付けたうえで、ここでは「第一章」表題に掲げられた問題が解かれていないと批判している。そして、「その究極目的を促進するような善き国家体制はおのずと変わっていく」と著者が述べていることに対して、評者はこう異論を提出する。「しかし、われわれの問題は、そんなことによって片づけられていない。われわれが知りたいのは、『国家体制がおのずと変化していくかどうか』——これは、根本的には道徳法則がかかわる問題である——ではなく、『人間の意志が国家体制を変えることができないものと宣言することが、道徳的に可能であるのかどうか、すなわち許されているのかどうか』なのである」（ibid., 349）。評者はここで、暗に「法—権利」問題と「道徳問題」を区別することを求めている。

「理想的で最善の国家体制も不断に自ずと変化していくに違いない」という著者の見解に、書評者は同意できないと述べているが、その理由もかの「区別」の問題にかかわっている。評者はこう述べている。「完全な権利の体系は永遠で不易であるが、その本性上変転のただなかにある幸福や陶冶は…〔中略〕…けして最善の体制の領野には属していない。だから、国家体制はそれが最高の完成に接近すればするほど、ますます変化していかなければならないように思える」（ibid., 349f.）。

以上の批判的所見よりも、書評者の最も強い批判は次の点にある。すなわち、著者は「枢要問題」を「第三章」で、「まったく新奇でまったく意外な、しかしどんな思索者もきっと満足しないようなやり方で」（ibid., 351）解こうとしている。それは著者の独特の「契約理論」のことである。書評者いわく、国家体制の変革を企てる者が「この変革が気に入らない人々の異義を無視して、変革を企てることができるのか」（ibid., 350）という問いに、「常識」は、そして「書評者が知るかぎり、これまでの自然法の体系はどれも例外なく」、「ノー」と答えてきた。しかし、著者は「イエス」と答える。この答えを可能にするために、著者はまったく「新たな契約理論」をもち出している（ibid., 351）。

書評者はこの契約理論の要点を、四点にまとめている。①私は、相手が契約内容を履行する意志をもっているかどうか計り知れない以上、「その契約によって、私は何の権利も取得したことにならない」。②将来履行されるはずの契約は「履行以前に、一方的な意志の変更によって廃棄されうる」。③契約締結者の一方が或る契約条件をすでに履行したときでさえ、その契約は「まだもう一方の締結者を拘束することはない」。④「契約は、両方の側がそれを完全に履行することによって初めて完備したものになる」(ibid.)。書評者にはこのような「契約」論はとうてい支持できない。というのも、まず「このような理論に従えば、将来に向けて結ばれる契約はどれもまったく無駄なものになるからである」。相手の「約束がどんな完全な権利も私に与えないのなら、履行が直ちに交換的に果たされないところで契約を結ぶことほど馬鹿げたことはなかろう」。次に、この理論にしたがえば「一定の期間耐久力をもつことをその本質としているあらゆる種類の社会契約」は、「自然法のうちで停止してしまう」ことになる。さらに第三に、「道徳法則を最高の原理と認めている人」にとっては、「嘘をつくことや約束を破ることは道徳的に不可能である」はずなのに、その同じ人が、契約による約束を破るという「道徳法則に反することを可能とみなすことができるのはなぜなのか、まったく理解できない」(ibid. 351f.)。

　さらに書評者は言う。この特異な契約理論が「社会契約」としての「国家を根拠づける契約」に適用されると、「当然ながら」、先述したような「人は自分の意志で、いつでも国家を離脱することができる、そして、いつでも新たな国家契約を結ぶことができる」という結論が導き出される。著者の論にしたがえば「どんな革命にも、以前の契約から離脱することと新しい契約に加入することが属している。この両方とも法に適った正当なこと(rechtmäßig)とされている。したがって、両方のことが適法的に、すなわち自由な意志に基づいて起こるならば、どんな革命も法に適った正当なことである」ことになる(ibid., 353)。それに対して、書評者は「第三章」に充てられた部分の最後にこう批判的見解を述べる。「『市民はだれでも任意に国家契約の外に出ることができる』という帰結を受け入れがたいと思う人々にとっては、著者の理屈全体はまったく説得力をもっていない。そういう人々にとって、主要な問題は『革命の権利を付与された人民が、何を設立するのか』にあるのだが、ここではその問題はちっとも確定されていない」(ibid., 354)。つまり、書評者の批判は、フィヒテが「革命の権利」を語りながら、――他の人々の「権利」に重大な影響をおよぼすことになる――その革命の「内実」をほとんど語っていないことに向けられている。

　だが、フィヒテは初めから「革命」の「内容」や「他者の権利」をまったく問題にしていない。彼にとって、「革命の権利の正当性」は、「国家体制」の「変革」の「正当性」に係っているのではなく、また他者の意向と関係なく、個人がそれぞれに「譲り渡すことのできない権利」をもっていることだけに基づけられている。常識的理解からすれば奇妙に思えるが、革命がもたらそうとしている内実やそれに対する他者の考えとはまったく独立に、したがってそれを一切問うことなしに、「革命の権利の正当性」を導出することができると考えている。その究極の根拠は、すでに何度か指摘してきたように、行為における個人の意志の「自己立法」の原理にある。まさに、「革命の権利」の「個人主義的」理解という所以である。カントの「形式主義的」道徳行為論が、行為の内実と結果を一切問わずに、「意志の自律」によって行為の道徳性を論証しようとしたのと同じように、フィヒテの「革命の権利の正当性」の根拠づけは、革命の中味と結果を一切問わないまま、同じく「意志の自律」によって「個人主義的」、「形式主義的」にその正当性を論証しようとしているのである。しかし、当然のことながら、「革命の権利」の問題は、「内的自由」にだけでなく、不可避的に「国家体制」の「変革」の「正当性」問題ににかかわらざるをえない以上、この「形式主義」的論法はカントの道徳行為論の場合よりはるかに重大な難点に直面している。

ラインホルトは第四章から第六章についてもかなり公正な紹介を続けているが、最後に、著者の「ある種のこらえ性のなさ」に発している、執拗で度を越したレーベルク非難の論調には釘を刺している(ibid., 358f.)。総じてラインホルトの書評は、『革命論』が「革命の権利」という問題を理性的—道徳的存在者の根本原理に基づいて、首尾一貫した論理に従って論じたことに共感を寄せ、その意義を認めながらも、「契約」論や「法—権利」論の弱点を表面的、間接的に指摘した穏当な書評にとどまっている。それは、『革命論』が内包している「道徳」と「法」の区別と連関の問題について、次に紹介するエアハルトの書評ほど深く立ち入っていない。

3. 『哲学雑誌』でのエアハルトによる『革命論』書評

『革命論』はALZの他にも、多くの書評誌でとりあげられた[30]。それらのなかでもとくに注目すべき書評が、それらの書評のうちでも最後に現われたニートハンマーの『哲学雑誌』（第八章第一節参照）第二巻第一分冊（一七九五年）に載った、エアハルト（Johann Benjamin Erhard 1766-1827）による書評である。エアハルトは旧「ラインホルト学派」の面々のなかでもきっての秀才と目されてきた。その博識と思索力にはラインホルトだけでなく、カントもまた一目置いていたほどである。医者になることをめざし、医学の道に進んでいたにもかかわらず、彼はこの書評執筆当時多くの「法理論」関連の論文を書いている（第八章第二節参照）。そして、おそらくフィヒテの『革命論』に触発されて、この著の公刊された翌年には、単著『人民の革命権について』（*Über das Recht des Volks zu einer Revolution*, Jena 1794）を公にしている。ニートハンマーは雑誌の創刊号が出る前から、エアハルトに『革命論』の書評を依頼していた[31]。エアハルトはすぐそれを引き受けたものの、原稿はなかなか仕上がらなかった。その間、ニートハンマーはたびたび書評の完成を急かしている。出来上がった原稿は、雑誌の四〇頁弱を占める大部な書評になった。その内容面から見ても、「法理論—立法論」の精通者であったエアハルトの書評は、『革命論』における「革命の権利」の正当化の企てが孕んでいた、「権利—法」理論上の弱点をついた本格的な書評になっている。

エアハルトは冒頭から、フィヒテに欠けている或る考察視点をもちだす。すなわち、革命を起こすという行為は、その結果が「他の人間に影響を及ぼす」行為であり、「その帰結に留意することが責務であるような行為」（*PJ* II, 48）[32]である、という視点である。まったく「個人主義的」な観点から、「革命の権利」を根拠づけようとしている『革命論』は、たしかにこの「他者の視点」あるいは共同主観的な視点を欠いている。というよりむしろ、初めからこの視点を問題の射程から排除している。だが、この視点の有無は、エアハルトによると、「法」と「道徳」の区別の問題と密接に関連している。彼はこう言う。「革命を起こすということ」は、（A）「その行為の当事者が自分の政府を変えるということを意味する」とともに、また（B）「自分が多くの人と共有している政府を変える」ということも意味している。（A）の場合には、「権利」はまったく問題にならず、「ただ善く在ること」だけが問題になっている。しかし（B）においては、「その行為の当事者が…〔中略〕…他の人間に対する影響を一切無視して、共有されている政府を自分のために変更することが許されるのかどうかを探求することが懸案になっているのだから、もっぱら権利が問題になるのである」。そうだとすると、行為の当事者が「自分の変更された政府を共有の政府へと」高めようとするならば、「権利〔正当であること〕と善く在ることとが同時に」問題にされねばならない（ibid., 49）。つまり、「道徳的に善く在ること」は他者の意志の考慮を必要としないが、いかなる「権利」もその考慮を必要とする。さらに、彼はこうも述べている。

「第一の視点では、人はどのような条件のもとで自分を国家から分離することが許されるのかを決定することがとくに重要である。だが第二の視点では、人は自分が人民の主力をなす部分であると僭称することが許されるのかどうかが重要なのである。第一の問題では、正当性（Rechtmäßigkeit）は権利の可能性（Rechtsmöglichkeit）によって決定されている。しかし、第二の問題では、その正当性が決定されるに先立って、権利の可能性それ自体にさらに、ありとあらゆる副次的状況の考察が付け加わらねばならない」（ibid.）。

もとより「革命の権利」を「国家体制の変革」の権利というよりも、もっぱら特定の「国家体制からの離脱」と捉えているフィヒテには、「第二の視点」は視野の外にある。だが、この視点の相違を正確に規定しそこなってきたことが「革命の正当性」に関する論争を引き起こしてきたのだ、と書評者は言う。すなわち、

「一方の当事者は、だれにも自分の最善の知と意志にしたがって生きる権利があることを証明する、そして、そのことによって革命の正当性を証明したと思い込んでいる。それに対して、別の当事者は、だれにも自分の最善の意志と知にしたがって他の人を…〔中略〕…意のままにする権利などないことを証明する、そして、そのことによって革命の不当性を証明したと思い込んでいる。一方は革命を他動詞的なもの（transitive）として考察しており、他方はそれを自動詞的なもの（intransitive）として考察している。私が革命をなすということが、一方にとっては、私が私のために体制の諸原則を変更するということを意味し、他方にとっては、私が他の人々のために体制の諸原則を変えるということを意味している。したがって、一方の側は、革命を起こす当事者の権利をつねに拠りどころにするのに対して、もう一方の側は、革命の諸帰結が及ぼす、そして、いわれもなく自分に降りかかってくるにちがいない災いを拠りどころとする。したがって一方は、経験などなしで済ませると思っているのに対して、もう一方は、唯一経験によって導かれる必要があると思っている」（ibid., 49f.）。

エアハルトはフィヒテの主張それ自体を全面否定しているわけではない。ただ、それが一面的だと主張しているのである。彼は「第二の視点」をもちだすことで、「革命の権利」が単に「私」にだけかかわることでなく、「われわれ」にかかわることを強調する（ibid., 50）。そして「個人主義的」な「革命の権利」論へのこうした批判は、またかの革命論の「観念性」への批判とつながっていく。エアハルトによれば、すでに先の引用文が語っているように、「革命の正当化」の根拠

づけは、いっさいの「経験」を排除するなら、一面的、「観念的」にならざるをえない。なぜなら、「第二の視点」を考慮すれば、「革命が人民のためのものであるなら、この人民について経験的に知ることなしにいかなる革命も企てることはできない」(ibid. 52) からである。さらに、この個人主義と観念論は、自分は「多数者のために行為しているのだという思い上がり」を正当化しかねない。そればかりか、そういう思い上がった人々が「自分たちの意志と他の人々の意志が同一であることをまったく確信していない」場合、その革命的行為は「不当なもの」にならざるをえない (vgl. ibid. 53)[33]。

書評者は『革命論』第三章に関連してラインホルトと同様に、フィヒテの「作為的な (künstlich) 契約理論」(ibid. 58) に異論を提出している。その「契約論」によれば、契約の当事者である私は、契約締結後も相手がそれを「誠実に」履行するのをまったくあてにできず、相手の「誠実さ」を想定するなんの権利ももたない。私自身も相手も契約をいつでも「自由に」破棄できる。それゆえ、契約はその確実な履行をなんら保証せず、実質上なんの「拘束力」ももたない。だが、そんなことでは「人はなに一つ契約したことにならない」、いや、そんな約束は「契約」とは言えないとエアハルトは反論する (ibid. 59)。そして、こう続けている。

「契約は相互的約束であり、そこでは履行の確実性があてにされている。履行の確実性があてにできないのなら、私は自分が契約を結んだということさえ信じることができない。…〔中略〕…私が他人の誠実さに対して何の権利ももたないのなら、いかなる契約も起こらない」(ibid. 60)。

エアハルトは、「契約」に基づく「約束」は「義務」と「権利」を生じさせ、「拘束力」をもつと主張する (vgl. 60ff.)。そしてこの拘束力は、「自然状態」においてではなく「市民社会において初めて可能になる」(ibid. 63)。

「自然状態において、この両者〔契約と所有権〕の適法性 (Rechtmäßigkeit) を考えることはできるが、しかし、その法的実効性 (Rechtskräftigkeit) はただ市民社会においてのみ主張されうるだけである。法的実効力へと移行できないような権利 (法) は、単なる理念にすぎず、それ自体は何一つ規定することはない。それは、市民社会において立法を通して何が権利として確定されうるのかを規定するのに、統制的なものとしてしか役立たない」(ibid. 72)。

エアハルトはフィヒテと違って、道徳法則や自然法に還元することができない、市民社会と国家における「市民」の法的「権利」を演繹しようとしている。この観点からすれば、「事実」に基づくのでなく「原始的状態の単なる仮構」に基づく「自然状態においては、法的実効力をもったいかなる演繹も起こらないし」、それゆえ「市民社会の外では、求められる権利の演繹はまったく不可能である」(ibid. 73)。法的「権利」の源泉と根拠は唯一「市民社会」における「市民による諸法則」に求められねばならない。だが、そう主張する反面、エアハルトもまた、「自然法」や「国家」に対する「人倫法則 (Sittengesetz)」の「優位」を認めている。「人倫法則が自然法に対して優位にあるのと同じように、自然法則は国家に対して優位にある」(ibid. 75)。そして「自然状態」――「市民社会」――「国家」の区別と連関、あるいは「道徳法則」―「自然法」―「市民（社会）の諸法則」の区別と連関について、彼はこう述べる。

「自然法の全体は、……〔中略〕……道徳法則（Moralgesetz）によってわれわれの行為の仕方を首尾一貫して規定することの必然的な例外（Ausnahme）の学とみなされねばならない。〔……それと同じように〕市民の諸法則は、自然法の例外とみなされねばならない。市民の諸法則が多かれ少なかれ必然的な例外である以上、それらは善きにつけ悪しきにつけ法則である。だから、自然な諸権利自身の法的実効力のため〔に設定された〕、自然法の諸法則の例外についての理論が立法の理論である。

　私は、自然法の観点から見たら私に属している一切のものを放棄することによって、道徳的存在として現象してくる可能性を失うのだが、それと同じように、私は市民社会を放棄することによって、私の諸権利が確実な法的実効力をもっていると主張する能力を失うのである。したがって、私は国家を出て自然状態に入ることもできなければ、自然状態から出て純然たる人倫の領域に入ることもできないのである」（ibid., 74f.）。

「例外」とは、「自然法」の領域には「道徳法則」がそのまま適用できないということを意味している。だが、それは「道徳法則」の「例外」である以上、「自然法」もまた別の意味で「道徳法則」の一部をなしている、あるいは少なくともそれは「道徳法則」のいわば下位概念であることを含意している。引用文の最後の部分は、「人間」が「国家」や「市民社会」から自由に離脱することも「道徳的には」可能であるというフィヒテの先の主張の「観念性」に対する正面からの批判である。かくして、エアハルトは「例外（Ausnahme）」という概念をもちだすことによって、一方で「人倫法則」の「自然法」に対する、また「自然法」の「国家」に対する「優位」を認めながら、もう一方で市民的―法的諸権利の実効性の根拠を「人倫法則」や「自然法」に還元することを斥けるという、両面作戦を採っているわけである。興味深いことに、彼はこの両面を両立させるべく、フィヒテが描いた人間存在の領域的区分論に対抗して、書評の最終部分（ibid., 78-81）で、フィヒテの区分論をかなり修正した図を呈示している。

　その図によれば、一番外側の円は、フィヒテと同様に「良心」の領域を示し、次の内側の円は「自然法」の領域を指し示している。ただし、この「自然法」は、いわゆる「自然状態」においても孤立して存在している個人が有している「権利」――これは「自然状態での権利（Naturzustandsrecht）」と名づけられている――とは区別されて、他者との関係という「事実を仮構することによって、私が認識できるような権利」を意味している。すると、エアハルトが「自然状態での権利」と区別している「自然法」は、いわば観念上の対他者関係に基づいて仮構された「権利」の領域であると言える（「自然状態の権利」は原理上他者を前提にしていないのに対して、「自然法」に根拠づけられる権利は他者を観念的に前提にしている）。そして、それのさらに内側の円には「立法、あるいは理念上の国家（Gesetzgebung oder der Staat im Ideal）」が配される。さらにこの三番目の円の内部に、中心を異にし、領域が重なることなく接している二つの円、「自然状態の権利」と「契約」の領域が位置づけられている（図6―2）。

　「諸契約とそれに関係する一切のもの、すなわち所有権、職務の

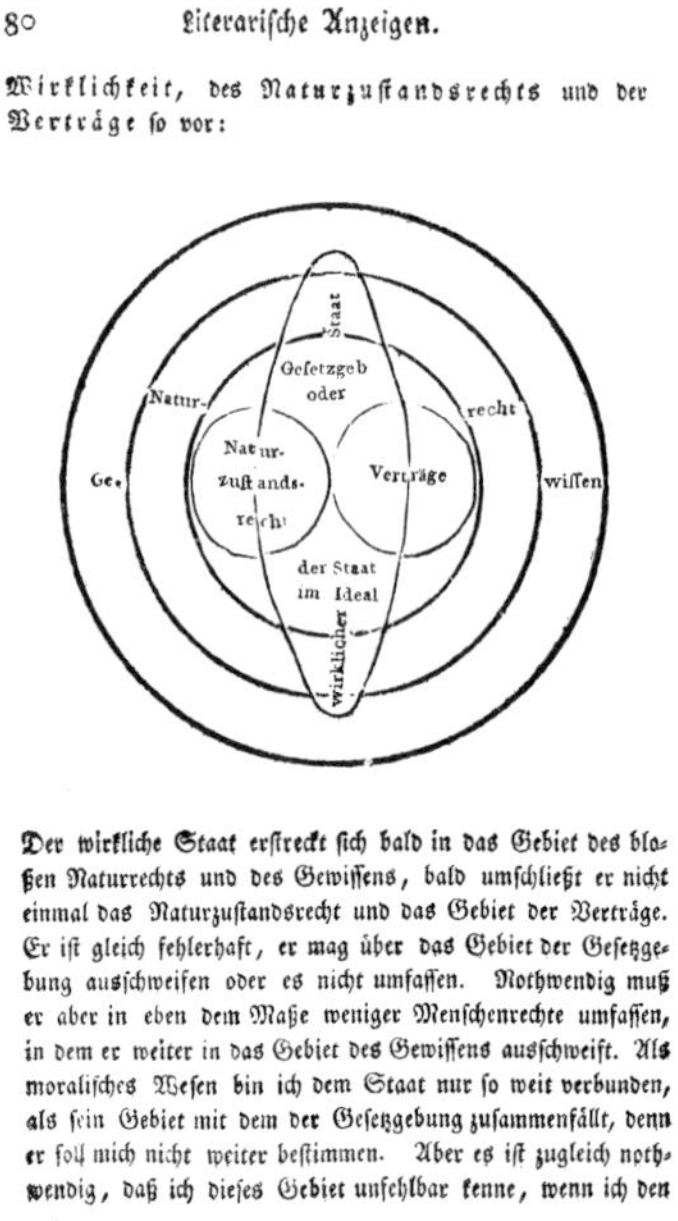
80 Literarische Anzeigen.

Wirklichkeit, des Naturzustandsrechts und der Verträge so vor:

Der wirkliche Staat erstreckt sich bald in das Gebiet des bloßen Naturrechts und des Gewissens, bald umschließt er nicht einmal das Naturzustandsrecht und das Gebiet der Verträge. Er ist gleich fehlerhaft, er mag über das Gebiet der Gesetzgebung ausschweifen oder es nicht umfassen. Nothwendig muß er aber in eben dem Maße weniger Menschenrechte umfassen, in dem er weiter in das Gebiet des Gewissens ausschweift. Als moralisches Wesen bin ich dem Staat nur so weit verbunden, als sein Gebiet mit dem der Gesetzgebung zusammenfällt, denn er soll mich nicht weiter bestimmen. Aber es ist zugleich nothwendig, daß ich dieses Gebiet unfehlbar kenne, wenn ich den

図6—2　エアハルトの書評中に示された図

遂行等々は、自然状態の権利には属していない。これらの権利は、国家において初めて現実化されうるものである。国家は多少なりとも立法の理想に接近していき、それが完全なものと考えられるときには、同じものを実現するはずである。自然法は立法の目的であり、したがって立法の範囲を規定するが、しかしそれ以上の領域を含んでいない。というのも、立法は自然法の必然的例外だけを自分の領域としているからである」（ibid., 79）。

そして、フィヒテとは異なって「現実の国家（Wirklicher Staat）」の領域が図示されているのだが、この領域は——縦長の長円形を描いて——上記の多くの領域の一部分を覆っている（ibid., 79f.）。エアハルトの「国家」理解は、立法権、すなわち「法—権利」の実効力の根拠と不可分に結びついている。

「現実の国家は、その一部が純然たる自然法と良心の領域の内に拡がっているが、その一部は自然状態の権利と契約の領域をけして含んでいない。現実の国家は、それが度を越して立法の領域を超えていく場合も、逆にその領域を含んでいない場合も、いずれの場合も等しく欠陥を含むことになる。その場合、国家は必然的にちょうどその分だけ、……〔中略〕……人間の権利を包含しなくなるに違いない。道徳的存在としての私は、国家の領域が立法の領域と重なっている範囲内でだけ、国家に拘束されているのである。その範囲を超えて国家は私を規定すべきでないからである。しかしそれと同時に、私が現実の国家をその範囲に制限しようとするときには、私はこの領域があやまちを犯すことのないものと心得ていることも、必然的なのである」（ibid., 80f.）。

エアハルトのこの図の妥当性をここで詳細に検討することはできないが、フィヒテの図が人間の諸活動を道徳性の原理を軸に、いわば垂直的な支配—従属関係のもとに描いているとすれば、エアハルトの図は、そのなかに人間の諸活動の（とくに「法」と「道徳」の）並存関係を描こうとしていると言える。

以上、エアハルトの書評は、一方でフィヒテと同様に「市民社会」や「国家」の「法」に対する「良心」と「道徳法則」の「優位」を認めながらも、もう一方で前者の「法」と「権利」を後者の「法則」に還元してしまうことを斥け、それらに固有の領域と権能を根拠づけようとしている。その結果、書評は、『革命論』の個人主義的、道徳主義的、観念的論拠に対する全面的な、そして建設的な批判となっている。フィヒテもこの書評に反発するというよりも、むしろ書評の積極的意義とエアハルトの能力を認めていたようである。というのも、フィヒテは後に自らの『自然法の基礎』の書評を、ニートハンマーを介してエアハルトに打診しているからである。(34)

『革命論』の出版が一七九三年の春と翌年の二月、ALZでのラインホルトの書評が一七九四年五月、『哲学雑誌』でのエアハルトの書評が一七九五年である。ちょうどこの時期、「道徳」と「法―権利」の根拠を区別し、両者の領域の分離しようとする様々な企てが台頭し、「自然法」の新たな根拠づけや「立法権」の根拠づけの試みが盛んになりつつあった（第八章第一節、第二節参照）。エアハルトによる『革命論』書評は、こうした動向の中の重要な一つの道標とみなされる。

第三節　「学者の使命」講義とその書評

一七九三年の暮れも押し詰まった頃、チューリッヒに居たフィヒテに思いもかけずイェーナ大学哲学部への招聘話が舞い込んだ。それは、ラインホルトがキールに転出することになり、空く席を埋めるためにワイマールの政府が苦心の末ひねり出した対応策であった。フィヒテは間を置かず招聘受諾の返事を出した。少し後に「知識学」と命名することになる独自の哲学構想の骨格は、すでに固まりつつあった。すなわち、講義で語るべき、まったく新しい「純粋な超越論哲学」の構想はすでに手元にあった。だが、大学側とのやりとりの中で、「専門的」講義のほかに、「広く関心を呼ぶ素材」について「多くの学生を引きつける」ような「公的講義（Publicum: öffentliche Vorlesung）」の開講を勧められた。この講義の輪郭も二月の初め頃にはできあがったようである。フィヒテはその輪郭を、『知識学の概念について』（一七九四年五月公刊）の最終部分に書き留めている（vgl. GA I/2, 153f.）。そこでは、社会における「学者の使命」、とくに他の職業との関係における学者の使命が「真剣に肝に銘じるべき問題」として提起されている。実際になされた初めの数回の講義では、その問題の基礎に「人間の使命」が置かれ、とくに社会の「究極目標」との関係において「学者」の果たすべき道徳的使命が中心的主題となった。

五月一八日夜遅く、フィヒテはイェーナに到着した。最初の「公的講義」は五月二三日に、イェーナでも最大の収容人数をもつグリースバッハ講堂で始まった。講義は大盛況であった。彼自身の報告によれば「イェーナの最大の講堂でも狭すぎた。玄関ホール、中庭も人でいっぱいであった。机やベンチの上で聴講者たちは大騒動していた」（GA III/2, 115）。集まった学生たちのほとんどは、新任の教授がかの『返還要求』と『革命論』の著者であることを知っていたに違いない。

彼のラディカルな思想に対する陰湿な攻撃はすぐさま始まった。講義開始から一カ月もたたないうちに、あらぬ噂がまき散らされた。「憂慮すべきジャコバン主義者」であるフィヒテは、講義中に「もう一〇年から二〇年もすれば、ドイツに王や領主はまったくいなくなるであろう」と語って、学生を扇動しているという噂である。(35) 六月の末、フィヒテはワイマールに赴き、大学の運営に大きな力をもっていたゲーテに真意を弁明し、対応策を協議した。ゲーテは比較的好意的な反応を示した。こうして、噂が事実無根であることを証明するために、最初の五回分の講義内容が八折り小版で一二四頁の小冊子『学者の使命』として急きょ出版されたのである。(36)

フィヒテが専門的な「知識学」講義と並行して、「公的講義」として通俗的な「学者の使命」を講じた意味を軽視すべきでない。最初の「いくつかの講義」の主意は概ね次のように集約することができる。およそ人が「哲学」を有意義に学ぶためには、それに先だって問うべき問題がある。すなわち、人は「人間」として何を、どのようになさねばならないか、そして社会の「究極目標」の実現に寄与するためにどう行動すべきか、とくに、そのために特別な「使命」を負っている「学者」――現代風に言えばインテリゲンチャ――は、社会のなかでどのような役割を果たし、かの目標にどのように貢献すべきなのか。フィヒテはこれを「学者の卵」である学生たちに、真剣に真正面からそして情熱的に語ろうとしている。現代の大学の講義の実情に鑑みれば、これは「いささか時代錯誤的説教」のように響く。しかし、「時代」は違っていた。講義の聴講者たちはこの講義に魅了された。経験的な「道徳的」教訓話とはまったく違って、「人間の使命」と「学者の使命」を「原理」に基づけて展開する論理の首尾一貫性もさることながら、聴講者たちを感激させたのは、それを語るフィヒテの真剣さと情熱であった[37]。当然ながら、講義の口調は、おのずと「知識学」講義のそれとはかなり異なっている。

1.「第一講」から「第四講」まで

さて、「第一講」は社会的存在としての人間の使命に先だって、「人間それ自体の使命」を主題にしている。まず彼はカント道徳論を継承して、「人間の純然たる存在（sein bloßes Seyn）こそ人間が存在することの究極目的である」と学生に語りかける。これをフィヒテ流の命題で表現すれば「人間は、存在するがゆえに、存在する」となる。理性的存在者としての人間の本質を表現しているこの命題は、人間が同時に感性的存在者でもあり、有限な存在者であることを考慮すれば、「人間は、まさに存在するがゆえにこそ、彼が在るところのものであるべきである」という命題に変容される（GA I/3, 29）。無限な理性的存在者は必然的につねに、それが「在るところのもの」である。しかし、われわれ有限な理性的存在者はつねにそうではない、だからこそ「在るところのものであるべき」なのである。この「在るところのものであるべき」を、この講義は「人間はつねに自ら自身と一致すべきである」（ibid. 30）と定式化する。われわれは現実には能力の不足や環境の不備のゆえに、そして根本的には有限な感性的存在者であるがゆえに、われわれの「存在」と「当為」は一致せず、本来の自己との一致を実現することができない。それにもかかわらず、というよりむしろそうであるがゆえに、われわれは自らの理性的本質、「自ら自身との一致」の実現に向けて不断に努力しなければならない。これこそが「人間それ自体の使命」にほかならない。「第一講」は、特徴的な類似的表現を多用して、この点を繰り返し強調している。すなわち、人間は「自ら自身との絶対的な一体性、自ら自身との絶えざる同一性、自ら自身との全面的な一致（absolute Einigkeit, stete Identität, völlige Uebereinstimmung mit sich selbst）」（ibid.）をめざすべきであり、「自ら自身との完全な一致（vollkommene Uebereinstimmung mit sich selbst）」（ibid. 31, 32）こそ「人間の最高の目標」であり、この「目標」の実現への「無限の接近」こそ「人間の使命」である、等々。これらの術語は、「第二講」以降でも繰り返し語られる、この講義の鍵概念である。

「第二講」は「社会における人間の使命」を講じている。著者はまず、「哲学が学となり、知識学となりうるに先立って、哲学が予め答えなくてはならない多くの問題がある」（ibid. 33）と切り出す。彼によれば、これらの問題には二つの重要問題が含まれている。一つは、人間が「自然界の特定の部分」を「自分の身体」と呼び、これを「自分の自我」に属しているものとみなすことのできる「権利根拠」への問いである。もう一つは、人間は「自分と同類の理性的存在者」の概念が「自分の純粋自己意識のなかには直接与えられていない」にもかかわらず、それを「自分の外に想定し、かつ承認する」ことのできることの「権利根拠」への問いである。フィヒテは後に『自然法の基礎』第一部（一七九六年）において、この「身体の演繹」と「他者の演繹」を本格的に展開するのだが、ここでは、第一の問いは提起されているにとどまり、第二の問いだけが論じられる。しかもここでは、他の理性的存在者の存在は、後の場合のように理性的存在者としての私の「実働性」の可能性の制約として演繹されるのではなく、「人間の根本衝動」の一つである「社会的衝動」に基づけて直接的に導出されている。

「第一講」で述べられた「自ら自身との同一性」、「自ら自身との完全な一致」をめざすことが、改めてここでは「人間の最高の衝動」と特質づけられる。この「衝動」には、人間が「自分の外に在るすべてのもの」を、「これについての自分の必然的概念と一致させようとする衝動」が含まれている（ibid. 35）。さらに「社会的衝動」もこの衝動と関連づけられている。というのも、人間は「理性とか理性的行為とか思惟作用などの概念」を単に「自分自身のなかで実現しようと欲するだけでなく、それらが自分の外でも実現されているのを見ようと欲するがゆえに」、「人間と同類の理性的存在者が与えられているということは、彼の要求の一つ」だからである（ibid. 36）。かくして、他の理性的存在者を「自分の外に想定しようとするのは、人間の根本衝動である」。そして、そのような想定は「社会に参入するという制約のもとでのみ可能である」がゆえに、「社会的衝動は人間の根本衝動の一つなのである」（ibid. 37）。

さらに、「社会的衝動」は「自由な理性的存在者をわれわれの外に見いだすこと」だけでなく、この存在者と自由に「交互作用を行うことを目ざすこと」を含んでいる（ibid. 39）。それゆえ、この衝動は単に個々の人間の内的衝動であるにとどまらず、対他的あるいは相互主観的な衝動でもある。たしかに、「社会」があるいはその成員が「自由への陶冶形成」の十分な段階に達しておらず、或る種の「隷属状態」にあるとき、「社会的衝動」は「自己矛盾に陥る」（ibid.）。それでも、「社会的衝動」の実現というわれわれの使命を「自ら自身との完全な形式的一致の法則に従って、積極的に規定することはできる」。すなわち「自ら自身を完成すること、ならびに自由な存在者としての他者に働き返すことによって、他者を完成させること」、こうした「共同的完成」こそ「社会におけるわれわれの使命である」（ibid. 40）。

「第二講」では（および、それ以降でも）、「衝動」という概念にきわめて重要な機能が帰されている。「人間それ自体の使命」も「学者の使命」も「人間の根本衝動」から導出されている。この「講義」とほぼ同時期に起草された或る「論文」[38]では、フィヒテは人間のありとあらゆる活動の核心に「衝動」を据え、それを「原衝動（Urtrieb）」（*GA* I/6, 346）と呼び、これを三つの種類の衝動に分節化している。すなわち①「認識衝動（Erkenntnißtrieb）」（ibid. 340）、②「実践的衝動」（ibid. 341）、そして③「美的衝動（der ästhetische Trieb）」（ibid.）に分節化している。①は「事物の外的あるいは内的性状」を知ること以上のことは望まないが、②がめざすのは「表象に対応している産物を感官的世界に産出すること」である。①も②も「事物」と「表象」との「調和的一致」をめざす点では共通しており、両衝動は「表象が事物を範とすべきか、事物が表象を範とすべきか」で異なるだけである。ところが③の場合には、「事情はまったく異なっている」。③は「或る表象をめざす」のだが、それは「純然たる表象であるかぎりでの表象の規定のため」にめざすのである。この三種類の「衝動」は、明らかにカントによって三批判書へと分節化された心的諸能力の区分に対応している。両方の「衝動」論を比べると、「講義」における「自ら自身との完全な一致」をめざす「人間の最高の衝動」は「論文」での「原衝動」に相当し、「講義」で語られている「社会的衝動」はいわば①と②との混合衝動であると言えるだろう。

この「論文」で彼が「この衝動だけが、われわれのうちにある自己活動の唯一最高の原理なのです。ただ衝動だけが、われわれを自立的に観察し、行為する存在者にするのです」と語り、「衝動によって人間はそもそも人間たりうるのです」(ibid. 340) とまで語るとき、彼は衝動一元論的な人間論を構想しているように思える。だが、これらの「衝動」概念の機能と体系上の位置は、すでに見た『啓示批判』第二版や『全知識学の基礎』の実践的自我部門、そして後の『道徳論の体系』でのそれとは、趣がかなり異なっている。「衝動」が外部の何かによって触発された「情動的」受動的働きではなく、内発的働きとして、人間の能動的働きの根底に据えられていること、そしてそれが反省的意識以前の無自覚的働きとして理解されていることは、たしかに共通している。しかし、「講義」や「論文」では「衝動」概念は、幅広く人間の自己活動全般の根底に据えられているのに対して、かの諸著作では、それはより限定されて道徳的—実践的活動の枠内に位置づけられ、(道徳的) 行為の可能性を解明するためのより限定された実践哲学上のカテゴリーとして用いられている。後者では、一言で言えば「衝動」は「自然」と「意志」の「媒体」である。とくに『道徳論の体系』では、この「講義」での「自ら自身との完全な一致」をめざす衝動が「自立性」をめざす「形式衝動」として継承される一方、これと、ラインホルト由来の「素材衝動」[39]としての「自然衝動」とを総合することによって「混合衝動」としての「道徳的衝動」の成立を説き、そのことによってカント的な道徳的行為の形式論的根拠づけを超えることが試みられる。こうした術語使用の推移や概念規定の精緻化のうちに、当初かなり無限定に人間の活動全般に適用されていた「衝動」概念が、フィヒテ自身のうちで体系的に整序され、より限定的に使用されていく過程を読み取ることができよう。とにかく、「身体の演繹」にせよ、「他者の演繹」にせよ、また「衝動」論にせよ、この「第二講」にはフィヒテが後に彫琢していく諸理論のトルソーが詰まっている。

「第三講」は「社会における職分の相違について[40]」と題されている。ここで探求されるべき問題は、「人間の間の職分の違いはそもそもどこに由来するのか」、「人間の間の不平等はどこから生じたのか、という重要な問題」(GA I/3, 42) である。まず「職分」について、それは「自由な選択により或る目的概念に従って確立され、配置されたもの」(ibid.) だとフィヒテは言う。次に、不平等について、彼は——ルソーの『人間不平等起源論』の冒頭を思い起こさせるかのように——その「自然的不平等は自然のせいだと言えるかもしれないが、職分の不平等は道徳的不平等であるかのように思われる」(ibid.) と問題を提起する。

たしかに、われわれの資質や能力は一面では生まれつきである。だが、それらの陶冶、育成をただ「自然」に委ねるだけでは、「自然的不平等」は固定化されるだけであるから、その陶冶、育成はいわば社会的協働を通して促進されねばならない。その際に、「社会的衝動」の一部をなしている「伝達衝動」と「受容の衝動」が重要な役割を果たす（ibid. 44）。さて、ここで著者は再び、「われわれ自身との完全な一致」、「絶対的な同一性」という「理性的存在者の最高法則」を――ここでは、「衝動」が「法則」に高められている――もちだす。この最高法則が自然と社会に適用されると、それは「個人のすべての素質が同じ様に（gleichförmig）発展させられ、すべての能力が最高に可能な完成にまで形成されること」を要求する。というのも、そのような発展と形成を通じてのみ、あらゆる個人は「自分自身に等しく」なれるからである。フィヒテは言う。こうして初めて、われわれは「社会のすべての成員の完全な平等」という「社会の究極目的」に接近することができるのだと（ibid. 43f.）。この場合、各個人は自然的な差異をもっているにもかかわらず、それぞれの資質や能力を等しく余すところなく完全に実現できるという点で平等になると考えられているのであろう。そのような目標実現への努力を、フィヒテは「自然」に対する「理性」の「闘い」であり、諸個人の「共同の闘い」だとも表現している。

　このような理想の実現にとって、諸個人が自分の「職分」を自由に選択することは、そして、そこから生じる「職分上の相違」はいかなる意義をもっているのか。この点に関するやや回りくどい著者の主張を簡単に要約すれば、こう言えるだろう。「道徳法則」は個人に「その素質を余すところなく一様に開発すること」を命じているが、もとより個人の素質・才能は特殊である。したがって、個人は自分の特定の才能をもっとも開花させることのできる特定の「職分」を選び、社会全体にとって必要な他の部分は他の成員に委ね、自分の持ち分に「ひたすら専念」すべきである。ただその専念を通してのみ、個人は社会全体の調和的形成と陶冶に最も効果的に寄与できる。つまり、個人と他の諸成員の能力の相互育成を可能とする相互分業体制の必要こそ、「社会における職分の相違の根源であり、〔職分選択の〕権利根拠なのである」（ibid. 51）。

　さて、多くの「職分」のなかでも「学者」は特別な職分である。フィヒテはこの「第四講」で、社会の健全な調和的発展に対して「学者」が特別に重要な役割を果たすべきであることを強調する。だが、彼はそれよりずっと力をこめて――「学者の卵」である受講生に対して――「学者の道徳的責務」を説いている。「学者」は「自分の時代の道徳的に最善の人間であるべきである」。「学者」は「自分にとって可能な道徳的形成の最高段階を自分のうちに表現しなければならない」。そして、学生たちに「諸君、このことがわれわれの共同の使命であり、共同の運命である」（ibid. 58）と語りかけている。

　講義の口調はさらに高揚感を増していく。「私は真理に証を立てるために召されている。私の命と運命は問題ではない。…〔中略〕…私は真理の使徒である。私は真理に雇われた者である。…〔中略〕…私が真理のために迫害され、憎まれるようなとき、…〔中略〕…そのとき私は、私が端的になさねばならないこと以上に何をなすであろうか」（ibid.）。――彼はまるで五年後の事件を予感していたかのようである。講義の最終盤、学生たちへの呼びかけは、さらに直接に彼らの内面に迫るように発せられる。諸君は「去勢された無気力な時代」、真理に対して臆病で卑怯な時代に立ち向かわなければならない。「諸君がこの地を去ってあらゆる土地に散らばったとき」でも、諸君は「生死にかかわらず真理に与する人」、「真理が世のすべての人々から迫害されたとき、これを拾い上げる人」、「大家がずる賢く隠した憎しみに、愚か者の陳腐な侮りに、小人どもが憐れむように肩をすくめる仕草に、真理のために喜んで耐える人」にならなければならない。情熱的「教育者」フィヒテは、反動的保守勢力が語った意味とは別の意味で、明らかに学生たちを扇動している。「真理の殉教者」となろうとも、「時代」の不正、腐敗と闘うよう呼びかけている。だが、この「時代」の不正、腐敗のうちに政治的支配のそれが含まれていたと理解されも、それは自然なことであろう。この現実批判は、政治的「ジャコバン主義者」のそれより、言葉の本来の意味でよりラディカルである。

2. いくつかの酷評とALZ書評（ALZ 1795, Nr. 224）

『学者の使命』には多様な書評が出された。それらは総じて好意的ではなかった。最初の書評は、長い引用を交えた、簡単な紹介記事にとどまっている[41]。その数カ月後、ヤーコプがハレで編集していた『哲学と哲学的精神の年報』第三七号（一七九五年三月二七日）に、悪意に満ちた酷評が掲載された。書評者（不明）はテキストのページ順に、目に留まった欠点や欠陥を次々に思いつくままにあげつらっている。書評者は、彼が「まったく誤った逆説的なもの言い」と呼んでいる事例を事細かに列挙している。だが彼の攻撃の矛先は、多くの場合著作の内容よりも、著者の「修辞に満ちた技巧的」表現や口調に向けられている。曰く、著者は「おなじみの考えを」を「語り方に非常に多くの作為的技巧を凝らすことによって」、「新しいもの、根本的なもの、深い意味をもったもの」であるかのように見せかけている。ここには「学術的講演や大学の講義にはまったく似つかわしくない口調や用語」が多用されている。「大げさな言葉の積み重ね」と「多くの修辞的常套句」が、読者に思想の内容から注意をそらし、学生の頭を麻痺させている[42]。こんなものは「大学の講義より、大衆向けの桟敷席のほうがお似合いである」。そして「第四講」終盤の学生への呼びかけを捉えて、こう論難している。「真理のために迫害されたと不平を言い、思い違いをした英雄たちのほとんどすべては、うぬぼれた自慢家か道徳思慮を欠いた人間であった[43]」のだ。どう見ても学術的とは言えないこの書評は、およそこの調子で続けられている。

ところが、一カ月もしないうちに同じ『年報』の第四六・四七号（四月一七日・二〇日）に、再度『学者の使命』書評が公にされた。おそらく、編集長ヤーコプは最初の書評があまりにも的外れであると判断し、第二書評を掲載することにしたのであろう。こちらの書評者は、カント派の哲学者ベック（Johann Sigismund Beck 1761-1840）と推定されている（vgl. *GA* I/3, 20）。こちらは、たしかに各「講義」の内容が要約的に紹介されており、学術的批評の体をなしている。しかし、その批判的論調もまた厳しい。批判は、フィヒテが「批判哲学」を踏み越えていることに、すなわち「純粋自我」に根ざした「根本衝動」を主張している点に集中されている。ベックは、かの「自ら自身との完全な一致」をめざす「人間の最高の衝動」が「純粋自我」の理念に根拠をもっていることを見抜いている。だが、彼からすれば、現実的人間の社会的、道徳的諸衝動をこのような単なる「理念」に根拠づけることは、「批判哲学」が確立した地平をそれ以前のものに戻すことのようにしか映らない。「カントは道徳哲学のすべてを、単に把握されうるだけでそれ以上に証明されえないような一つの事実から論じているわけではないのに、フィヒテ氏は道徳哲学のすべてを、精神的諸活動の絶対的な主体という理念に基づけて立てている、そうしてわれわれを妄想の産物へと連れ戻そうとしている。批判哲学者の本当の功績は、こうした妄想の産物を根絶したところにあった[44]にもかかわらず。それゆえ書評者は、この講義の随所に「カントの諸原理の奇妙な戯画化」しか見ない。たとえば、他の理性的存在者の想定に関する議論もベックには無意味なことに映る。この種の議論は単に「このような講義の限界を超えている」だけでなく、つまらないことに屁理屈をこねているだけである。総じて、この第二書評は「純粋自我」という理念を、そしてこれに派生する類のすべての議論を、カント批判哲学の「戯画化」として厳しく斥けている。

　この第二書評の四カ月後、ＡＬＺがエアハルトによる『学者の使命』書評を掲載する。この書評は、「第一講」から「第四講」の内容を非常に正確かつ的確に呈示している点で際立っている。「講義」ではその性格上、話があちこちに拡散しているのに対して、むしろこの書評の方が論旨を的確に剔出し、理解に資するところが大きいとさえ言える。書評者は内容にほとんど異論や批判を差し挟んでいない。エアハルトは書評の帰結部で、著者の思想の行程が「的確」に叙述されていること、そしてその「帰結」が「崇高」で「有益」であることを評価したうえで、やんわりと疑義を呈している。「現代の哲学者たちの著作で展開されたことや周知になっていることからでも同じようにうまく導出されうるような諸帰結を見いだすために、〔このように〕新奇に映る諸原理にまで遡る必要がはたしてあったのかどうか」、これは大いに検討に値する問題である[45]。「新奇に映る諸原理」とは、「自ら自身との完全な一致」の原理、もしくは「純粋自我」に根ざす「根源的衝動」論のことであろう。カント主義者であったエアハルトも、一面ではおそらくベックと同じ疑念を抱いていたに違いない。彼はなぜかその批判的見解を直截に表明せず、抑制された口調でかなり遠まわしに語っているのである。

　いずれにせよ、ベックといい、エアハルトといい、眼のきくカント主義者たちは、『全知識学の基礎』の公刊を待たず、すでにこの『学者の使命』のうちに、フィヒテがカントの批判哲学の枠組みを超え出ていることを見抜き、その点に陰に陽にクレームをつけているのである。

注

（1）清水満『フィヒテの社会哲学』（九州大学出版会、二〇一三年）の第一部第一章が、フィヒテ哲学全体にとってのこの「講義」の重要性を平明に論じている。

（2）Intelligenzblatt der *ALZ*. Nr. 82 vom 30. Juni 1792. Sp. 662f.

（3）Intelligenzblatt der *ALZ*. Nr. 102 vom 22. August 1792. Sp. 848.

（4）『啓示批判』の邦訳が収められている『フィヒテ全集　第1巻』（哲書房、二〇一一年）での訳者、湯浅正彦による「解説」（三五九―四一六頁）が、この論証過程と問題点を詳細に叙述している。

（5）『実践理性批判』は、「最高善を達成しようとする努力」が可能であるためには、「幸福と道徳性とを厳密に一致させる根拠を含むような原因」が「現に存在することが要請される」（*KA* V. 125）と語っていた。そして「このようにして道徳法則は、純粋実践理性の客体であり究極目的である最高善を通じて、宗教に到達する」（ibid. 125）と述べている。その際、カントは「宗教」の発生を「いつかは幸福に与ることができるという希望」と結びつけている。「幸福に与りたいという希望は、宗教とともに初めて出現する」(ibid., 130)。『判断力批判』も「道徳法則に適うような究極目的を設定すること」が必然的であるかぎり、「道徳的世界原因を想定することもまた必然的でなければならない」と述べていた(*KA* V, 450)。

(6)「神」についてのこのような考えを、PhB版『啓示批判』の編集者フェアヴァイエンは、唯物論者L・フォイエルバッハ的な宗教批判の先取りとみなす解釈を紹介しつつ、このような考えを、同時期のフィヒテの別の草案での、「理性の概念の実体化」が「神の概念」を生みだすという考えと関連づけている(Hansjürgen Verweyen, Einleitung, in: J. G. Fichte, *Versuch einer Kritik aller Offenbarung*. Hamburg 1998 [PhB354], XXV u. Anm. 99, 100)。

(7) フェアヴァイエンは、フィヒテの議論がここで「大きくずれた」と見ている(Einleitung, XXXIX)。

(8) この書評は*Fichte in Rezensionen 1*, hrsg. v. E. Fuchs, W. G. Jacobs und W. Scheche. Stuttgart-Bad Cannstatt 1995(以下、*FiR 1*と略記)1-19に採録されているが、引用については(*FiR 1*にも記入されている)ALZの号数、欄数を直接本文に記入する。

(9) なぜか、フーフェラントはこの一〇日後に、もう一度「新刊告示」欄に『啓示批判』での論証行程の要点を——今度は、まったく引用を交えずに——紹介している(Intelligenzblatt der *ALZ*. Nr. 91 vom 28. Juli 1792. Sp. 757-758.)。

(10) *Allgemeine Deutsche Bibliothek*. Bd. 110. Stuck 1. Kiel 1792, 306 (*FiR 1*, 22). *GA* I/1の「序言」は、この記事の筆者をヴェルナー(Zacharis Werner 1768-1823)と推定している(Anm. 48)。彼は後に詩人、劇作家になるが、一七八四年以来ケーニヒスベルクで法学と官房学を学び、カントの講義も聴いていた。

(11) *Neue Allgemeine Deutsche Bibliothek*. Bd. 2. St. 1. Kiel 1793, 3-48. この書評は*FiR 1* (S. 69-116) に採録されているが、掲載号をBd. 1. St. 1としている*FiR* 1の記載は誤りであり、正しくはBd. 2. St. 1である。以下この書評からの引用に際しては*FiR 1*の頁数を示す。

(12) フィヒテは、「啓示」が生起した当初はその理性的根拠が把握できない人間にも、「後になって、まさにこの啓示の助けによって、かの道徳的感情を自らのうちで発展させ、啓示をその神聖性に従って吟味するようになりうる」可能性は否定できないと主張し、そう考えればかの「矛盾」は解消されると苦しい言い訳をしている(*GA* I/1, 64)。

(13)「表象」を「素材」と「形式」の両面から考察する基本的視点だけでなく、術語使用などの面でも、この「第二節」にはラインホルトの表象能力理論の影響が多く認められる。

ラインホルトは『人間の表象能力の新理論試論』(一七八九年)で、「本質的に異なっているが、しかしまた本質的に結合されている二つの根本衝動」として、「表象の素材を求める衝動」と「表象の形式を求める衝動」を区分している。前者は、「表象する主観に根拠をもつ素材の欲求(Bedürfnisse)から生起し」、表象能力としての「受容性の形式」と結び付けられている。それに対して後者は、「表象する主観に現存している積極的な力から生起し」、「自発性の形式」と結び付けられている。さらに彼は、両衝動のこの成立の由来に基づけて、両衝動の諸特性を特質づけている。すなわち「前者は受容性が触発されることを求めており、そうであるかぎり広い意味で感性的であり、後者は自発性の発現を求めており、そうであるかぎり広い意味で知性的である。前者は与えられることによってのみ満たされ、そうであるかぎり利己的(eigennützig)であり、後者は純然たる行為することによってのみ満たされ、そうであるかぎり非利己的(uneigennützig)である」(*Versuch einer neuen Theorie des menschlichen Vorstellungsvermögens*. Prag und Jena, 1789, 561f.)。

「外的感官の感覚」と結びつけられた「粗野に感性的な(grobsinnlich)衝動」、「内的感官の感覚」と結びつけられた「繊細に感性的な(feinsinnlich)

衝動」という特異な術語（vgl. *GA* I/1, 136）も、ラインホルトの前掲書の「欲求能力の概要」（vgl. *Versuch*, 564）に由来している。また、フィヒテが「幸せの概念が、理性によって無制約的で限界なきものにまで拡張されると、幸福の理念が生じる」（*GA* I/1, 138）と記すとき、彼は「幸福」にたいする「理性」の同様の関与を主張していたラインホルトの考え（vgl. *Versuch*, 566）を踏まえており、さらに、第二小節（Ⅱ）で「選択意志の自由」と「実践的な理性法則による自由」の区別を説くとき（*GA* I/1, 146）、第二版の前年に出版されていた『カント哲学についての書簡　第二巻』でのラインホルトの同様の主張を踏襲している。これらの主題に関するラインホルトの見解については、拙著『ラインホルト哲学研究序説』（萌書房、二〇一五年）第七章第三節、第六節を参照。

(14)　フィヒテは第二小節（Ⅱ）で、「例えば時間と空間がそうであるように」、「それ自体としては直観の形式」であるものが、「その形式についての表象の客観として」は「素材」であると述べている（ibid., 140）。また、（低次の）「欲求能力の形式」が「表象の素材となるとき、この表象にとって素材は絶対的な自発性によって生み出されているのである」（ibid.）、あるいは「この形式が或る表象の客観となるときには、この表象が欲求能力の客観と名づけられるべきなのである」（ibid., 141）とも語っている。ここでも、フィヒテはラインホルトのいわゆる「自発性の三階梯」論を援用しているように思われる。「自発性の三階梯」論については前掲拙著第四章第六節参照。

(15)　H. Verweyen, Einleitung, XXII.

(16)　たとえば、「意志」における「感性的な衝動」と「道徳的な衝動」との統合の解明によって、「善は断じてわれわれの幸福と関連づけられてはならない、という批判の過酷とも思われる判決」に含まれている理解困難な「不明瞭さが取り除かれる」（*GA* I/1, 145）。あるいは「衝動が道徳法則によって正当に規定される」のを示したことによって、「われわれは同時に、知らず知らずのうちに或る困難を乗り越えたのである。それは、私の知るかぎり、批判哲学の反対者によって感じとられたことはないが、だからといって批判哲学にとって重荷であるのは変わらないような困難である。すなわち、それ自体としては道徳的存在者そのものの意志形式にしか適用可能でないような道徳法則が、感性界のうちの諸現象に関連することはいかにして可能であるか」を解明するという困難である（ibid., 152）。

(17)　*ALZ* 1794, Nr. 3, Sp. 17-24. この書評は *FiR* 1, 141-151. に収められている。

(18)　この著で頻繁に名を挙げて、辛辣な揶揄を含む執拗な攻撃の対象にされているのが、ＡＬＺでたびたびフランス革命関連の著作の論評をしていたハノーファー宮廷の枢密官房秘書官レーベルクである。レーベルクについては、本書第二章第四節、第三章第二節、第四章第二節、第三節も参照。なお、『革命論』の邦訳としては、桝田啓三郎訳『フランス革命論』（法政大学出版局、一九八七年）と『フィヒテ全集　第2巻』（哲書房、一九九七年）所収の田村一郎訳「フランス革命についての大衆の判断を正すための寄与」がある。後者には *GA* I/1 の頁数も記されている。

(19)　「道徳法則」が「命令」も「禁止」もしないことによって或る行為が「許されていること」に「権利」の根拠を求めることは、一七九五年頃までのカント派の法学者たちの伝統的な共通理解であった。フィヒテは『啓示批判』の第二版でも（本章第一節3参照）、この「許されていること」に基づけて「権利」の成立を説いていた。その際、彼はこの『革命論』の場合と同じように、「許される」ことが生起するときには「道徳法則」は「沈黙している」ことを繰り返し述べている（*GA* I/1, 149）。

(20)　フィヒテは『自然法の基礎』第一巻（一七九六年）では、このような「自然法」の観念論的、道徳論的理解を放棄して、国家設立以前の自然状態における法という意味での「自然法はまったく存在しない」、それは「公共体において」あるいは「実定法のもとでしか存在しない」（*GA* I/3, 432）と述べる。

(21)　たとえば、ケーニヒスベルクでカントの親しい同僚であった法学教授シュマルツ（Theodor Schmalz）は、定評あったその教本『純粋自然法（*Das reine Naturrecht*）』（初版、一七九二年）で、「義務」と「権利」を一対のものとして扱い、それらを「内的」と「外的」、「完全」と「不完全」とに分類したうえで、こう書いている。「外的で完全なそれら〔義務と権利〕の総体」が「自然法」の対象であり、その「最高の原則」が「他者のうちにある人間性をけして単なる手段として取り扱うな」である（§31, S. 32）。そして、彼はその第二版（一七九五年）では「道徳学」を「義務の学」、「自然法」を「権利の学」とみなすことに反対して、こう書いている。「人間が自分の原権利（Urrecht）自身をもつのは、ひとえに、すべての人が人間を彼の意志に反して規定しないという原義務（Urpflicht）をもっていることにのみよる。義務は権利の根拠である」（S. 23）。『革命論』における「義務」による「権利」の根拠づけも、このような伝統的理解のうちにあるのである。こうした初期カント派の義務―権利理解については、本書第八章第一節を参照。

(22) フィヒテは通常の語の使用法と異なって、ここで「社会」という語を厳密には三つに分節化している。まず、①もっとも狭義の「社会」、すなわち「特殊な市民契約」としての国家契約によって成立する「国家」（＝D）。②国家契約「以前」のなんらかの「契約」（「契約一般」）によって成り立つ「社会」（＝C）。彼は①と②をあわせて「第二の意味」での社会と呼んでいるが、その「外側」の領域（＝B）にさらに③「第一の意味の社会」を考えうると主張している（vgl. *GA* I/1, 276f.）。すると、ここでフィヒテは、一方で「国家」と「市民社会」の概念的区別に先鞭をつけているとともに、もう一方では「自然状態」と「社会」との伝統的区別を台無しにしているともいえる。

(23) Vgl. Richard Schottky, Einleitung des Herausgebers, in: Joh. Gttl. Fichte, *Beitrag zur Berichtigung der Urteile des Publikums über die französische Revolution*, Hamburg 1973 (PhB Bd. 282), IX, XX.

(24) 『学者の使命』講義（一七九四年）は、「社会一般」と「国家と呼ばれる、経験的に制約された特殊な種類の社会」とを区別する重要性をこう指摘している。「国家のうちでの生活は、人間の絶対的目的に属するものではない。…〔中略〕…むしろそれは、一定の制約のもとでだけ生じてくる完全な社会を創設するための手段である。単なる手段である人間的機関がすべてそうであるように、国家はおのれ自身の廃絶（Vernichtung）をめざすものである。統治を無用なものとすることこそ、一切の統治の目的なのである」（*GA* I/3, 37）。『道徳論の体系』（一七九八年）もこう述べる。「社会において人間のすべての活動の最終目標」が実現されるならば、「立法し強制する権力としての国家は無くなる（wegfallen）」（*GA* I/5, 227）。

(25) Intelligenzblatt der *ALZ*, Nr. 100, v. 21. Sept. 1793, Sp. 798 und Nr. 14, v. 15. Feb. 1794 1793, Sp. 110.

(26) 一九七三年に出されたPhB版『革命論』はこの書評を全文収録しており（S. 323-343）、編者Richard Schottkyは、書評者を当時著名な政論家であったゲンツ（Friedrich von Genz 1764-1832）と同定しており、アカデミー版フィヒテ全集の編者「まえがき」も評者をゲンツとしている（*GA* I/1, 201）。邦訳『フィヒテ全集　第2巻　初期政治論』もこれらに倣っている（四九六頁参照）。いずれも、その根拠は明示されていない。それに対して、Alexander von Schönborn, *Karl Leonhard Reinhold. Eine annotierte Bibliographie* (Stuttgart-Bad Cannstatt 1991) はこの書評の筆者をラインホルトとしている（S. 128）。また、この書評を収録している*FiR 1*も、書評者をラインホルトと断定している（S. XII, 165）。

(27) 彼は、一七九三年の九月にバゲッセンに、この『革命論』をまだ読んでいないのならば、「他のものすべてを読まずに捨て置いて、急いでこれを読むべきだ」と書き送っている（*FiG 1*, 55）。一一月にはエアハルトに宛てて、この著を「私が自然法について知っているもののうちで最良のものだ」と褒めている（ibid., 62）。さらに一二月には、ヘルベルトにもこう書き送っている。この『革命論』は「この主題について、いや自然法一般についても、これまで書かれたもののうちもっとも重要なもの」であり、「著者は現代のもっとも偉大な頭脳、もっとも高貴な人間の一人である」（ibid., 65f.）。

（28）ラインホルトはすでに九月には、著者はフィヒテだと思うとバゲッセンに書き送っている。また一一月にはエアハルトにもそう伝えている（*FiG 1*, 55, 62）。フィヒテがラインホルトに「実は、私がかの著の著者です」と書き送ったのは、一一月一三日のことである（*GA* III/2, 12）。

（29）以下、この書評からの引用は、ＡＬＺの号数、欄数を直接本文中に記入する。先に挙げた二種類の再録版（PhB 版、*FiR 1*）にもＡＬＺの欄数が記入されているので、それらでも当該引用箇所を確認できる。

（30）*FiR 1* は七誌の書評の全文を再録しているが、法理論関係文献の詳細を究める資料集 Diethelm Klippel. *Naturrecht und Rechtsphilosophie im 19. Jahrhundert. 1780 bis 1850*. Tübingen 2012 によれば、『革命論』は一七九五年までに一一の書評誌・紙で書評されている（vgl. 143f.）。

（31）一七九四年一一月五日付のニートハンマーからエアハルト宛書簡参照（*Friedrich Immanuel Niethammer. Korrespondenz mit Klagenfurter Herbert-Kreis*, hrsg. v. Wilhelm Baum, Wien 1995, 115）。

（32）エアハルトの書評からの引用は、『哲学雑誌』原文の頁数を直接本文中に記入する。この書評を再録している *FiR 1* (S. 211-240) にも原文の頁数が記入されているので、当該引用箇所を確認できる。

（33）フィヒテも『道徳論の体系』（一七九八年）では、エアハルトのこの批判を認め、この視点を自らの理論に取り込んでいる。すなわち「共同体が国家の転覆を欲していると私が硬く確信していない場合には、国家を転覆することは良心に反する」。「たとえ、国家の諸制度の大部分が理性に反し、正義に反していると私が確信している場合でさえ」、そうなのである。「なぜならば、私はこの件に関しては、私だけを見て行為するのではなく、共同体を見て行為するのだからである」。後者の確信といえども「やはり個人的確信（Privatüberzeugung）にすぎない。だが、全体にかかわる事柄においては、私は私の個人的確信にしたがって行為することは許されず、共同の確信にしたがって行為しなければならないのである」。「個人的確信」では、「当為（Sollen）」についての確信が問題になっているとすれば、「共同の確信」では、「私自身が社会の成員として共属している現実についての確信が問題になっているのである」（*GA* I/5, 215f.）。

（34）一七九六年六月二四日付のニートハンマーからエアハルト宛の書簡参照。Wilhelm Bauer (hrsg.), op. cit., 180.

（35）Vgl. *FiG 1*, 121f.

（36）『学者の使命』の邦訳としては、宮崎洋三訳『学者の使命・学者の本質』（岩波文庫、一九四二年）と『フィヒテ全集　第22巻』（一九九八年）所収の隈元忠敬訳「学者の使命に関する数回の講義（一七九四年）」があり、後者には *GA* I/3 の頁数が記されている。推定されうる第六講以降の講義の主題については、Reinhard Lauth, Einleitung, in: Joh. Gottl. Fichte. *Von den Pflichten der Gelehrten. Jenaer Vorlesungen 1794/95*. Hamburg 1971 (PhB Bd. 274), XXVIf. を参照。

（37）おそらく、同じテーマで継続された同年冬学期の「公的講義」を聴いたヘルダーリンは、旧友ノイファーにこう書き送っている。「友よ、ごらんのとおり僕は当地〔イェーナ〕に来た。…〔中略〕…フィヒテは今やイェーナの魂だ。…〔中略〕…これほど深く決然とした精神の持ち主を、僕はほかに知らない。人間の知のもっとも深遠な領域にこの知の諸原理を、それとともに正義の諸原理を探求し、規定し、そして精神の同様に強力な思考力をもって、これらの原理に基づいてもっとも深遠で大胆な諸帰結を導き出し、暗黒の暴力に抗して、熱情的に、明確にその諸帰結を書き記し、講義する。この熱情と明確さの結合は、僕のような能力の乏しい者には、この実例がなければ解きがたい謎としか思えなかったであろう。ノイファーよ、これはやはりたいしたことだ。そして、この人物に関しては、いくら褒めても褒めすぎということはない。僕は毎日彼の講義を聴いている」（*StA* VI, 138ff.）。

そしてFr・シュレーゲルも一七九五年八月一七日付の兄宛書簡で、フィヒテを「現代のもっとも偉大な形而上学的思索者」、「今最も人気のある大著述家」と呼び、『フランス革命論』や『学者の使命』を挙げて、人の心を捉えて離さないその断乎とした口調・文体を絶賛している。その傾倒ぶりは、彼をしてこう語らせている。「この男の文体を、シラーの型通りの長口舌と比べてみてください。ハムレットでさえ、この男にはかなわぬとため息をつくことでしょう。彼が公的生活で示す一挙手一挙動が、まるで〈これが男というものだ〉とでも言っているかのようです」（*KFSA* XXIII, 248）。

（38）「哲学における精神と文字について、一連の書簡の形式で」（*GA* I/6, 333-361. 三重野清顕訳「哲学における精神と文字について」『フィヒテ全集第5巻』哲書房　二〇一四年、六五―一一三頁所収）。この論文は、もともとは一七九四年夏学期の公的講義の後半部分の内容をなしていたと推定される（vgl. R. Lauth, op. cit. XXVIf.）。これをフィヒテは当初『ホーレン』に掲載すべくシラーに送ったのだが、シラーはさまざまな理由から掲載を拒否した。突き返された原稿をフィヒテは長い間手元に置いており、その後、あまり重要でない部分の省略と些細な字句修正を施したうえ、『ドイツ学識者協会の哲学雑誌』第九巻、第三・第四号（一八〇〇年初めに公刊）に――原稿不足の穴埋めのために――掲載した。したがって、この雑誌論文は一七九五年に構想されたものと内容上ほぼ同じものとみなすことができる。

（39）本章の注（13）を参照。

（40）Standという語は従来「身分」と訳されてきたが、以下の論述内容、とくに「Standの選択は、自由による選択である」と述べられていることからも、それは封建的身分制社会における「身分」を指しているというよりも、むしろ「職業」上の位置としての「職分」を指していると解したほうがよい。

（41）『新神学雑誌（*Neues Theologisches Journal*）』第四巻第六号（一七九四年）掲載のこの書評は、*FiR 1*, 374-377. に採録されている。

（42）*FiR 1*, 378.

（43）ibid., 381.

（44）ibid., 391.

（45）*ALZ* 1795, Nr. 224, Sp. 359. ; *FiR 1*, 407.

幕間Ⅲ　ザラーナの教授たち

ザクセン-エルネスティ公爵領の複雑な領土分割の結果、ザラーナ（イェーナ大学の伝統的な呼称）は一八世紀を通してチューリンゲンの四つの小さな領邦国家の支配下にあった。すなわち、ザクセン-ワイマール、ザクセン-ゴータ、ザクセン-マイニンゲン、ザクセン-コーブルクがこの大学の「扶養国」の役割を担っていた。とはいえ、年間七〇〇〇ターレルの大学維持費の三分の二はワイマールが負担していた。それに対して、反動的で反知性的傾向のあったマイニンゲンとコーブルクの宮廷は、大学維持のためのわずかな共同出費の負担（前者は全体の一八分の三の、後者は一八分の一の負担割合）さえ出し渋っていた。その結果当然のこととして、ワイマール公国の領地内にあったこの大学に対する支配の主導権は、ワイマール宮廷政府にあった。大学は実質上、その政府によって維持管理されていたと言ってよい。

ところが、皮肉なことに、大学が形式的にはこの四つの小さな領邦国家によって「分散統治」されているという歴史的事情が、かえってこの大学の「学問の自由」とリベラルな学風の担保となっていた。一七八七年八月に初めてイェーナを訪れたシラーは、当地からドレスデンの友人にイェーナの様子を伝える長大な書簡を送っている。そこで、彼はこう述べている。「大学に対する支配力がザクセンの四人の公爵に分散されていることが、この大学を自由で安全な共和国にしているのだ。ここでは容易には抑圧は起こらない。この利点を、僕が話をしたすべての教授が自慢していた。とくにグリースバッハはこのことを非常に強調していた。教授連はイェーナではほぼ独立した人間であり、公爵のことを気にかける必要がまったくない。諸大学のなかでも、イェーナの大学はこの利点をより多く享受している」（*NA* XXIV. 148）。教授の招聘も含めて大学の重要案件は、四つの宮廷すべての同意を必要とした。だが、四つの宮廷がすみやかに共通の決定にいたるのが困難であるような事態はしばしば生じた。そうした場合、大学はずっとほったらかしにされた。逆に言えば、たとえば一人の君主が或る教授を罷免したいと思っても、他の三人の君主が同意しないかぎり、それは実現されなかった。「分散統治」の妙はここにある。員外教授や固定給を払わない他の肩書の教授を任命するときにも、基本的には四つの宮廷の同意を必要としたが、正教授の任命の場合とは少し事情が異なり、たいていはワイマールが独自に俸給を与えるか、その他の優遇措置を講じる意向があるかどうかで実質的に決まった。ラインホルトの招聘も、シラーやフィヒテの招聘も、この形態でのワイマールの枢密院会議の主導によって実現した。たしかに、ワイマールのカール・アウグスト公は比較的開明的な君主であった。だが、イェーナの教授たちが享受していた「学問の自由」は、この君主の気質や思想にというよりも、むしろそのような偶然の歴史的事情にかなり支えられていたと言えるのである。

一七八〇年代から世紀の変わり目頃にかけて、ザラーナには名だたる評判の教授たちが揃っていた。神学部には、新教義派的立場に近い啓蒙主義的、開明的教授たちが名を連ねていた。一七六八年に着任したダノヴィウス（Ernst Jakob Danovius 1741-82）、彼の後任者デッダーライン（Johann Christopf Döderlein 1746-92）、グリースバッハ（Johann Jakob Griesbach 1745-1812）等である。医学部には、一七八四年に正教授に就き、宮廷の侍医でもあったシュタルク（Johann Christian Stark 1753-1811）、ゲーテの科学的実験の協力者で一七八四年来教授のバッチュ（August Johann Georg Karl Batsch 1761-1802）、そして長寿法のための通俗本を書き、評判を呼んだフーフェラント（Christoph Wilhelm Friedrich Hufeland 1762-1836）等が有名であった。哲学部には、ＡＬＺの編集長シュッツが一七七九年以降、詩学・修辞学の正教授として着任しており、一七八九年にはチュービンゲン神学院出身――ニートハンマーやシェリング、ヘーゲルの先輩――のパウルス（Heinrich Eberhard Gottlob Paulus 1761-1851）が東洋言語学の正教授に就いていた。同じ年、シラー（Johann Chrstoph Friedrich Schiller 1759-1805）も歴史学の員外教授に就いている。しかし、〈イェーナの栄光〉に決定的に寄与したのは、哲学部の教員の内でもとりわけ哲学専門プロパーの教師たちであった。以下にとりあげるのは、この多士済々の「哲学の教師たち」である。

1. 教授たちの身分と生活

イェーナでも他の諸大学と同様に、講壇に立つ者の職位は、正教授（ordinarius: ordentlicher Professor）、員外教授（extraordinarius: ausserordentlicher Professor）、助手（Adjunkt）、私講師（Privatdozent）に区分されていた。員外教授も一般に教授と呼ばれ、教授として遇せられていたが、正教授だけから構成されている大学の「評議会」に出席できなかった。つまり、大学運営の中枢からは排除されていた。それればかりか、員外教授には「扶養国」から固定給を得る権利もなかった。ただ、多くの場合ワイマール政府の「格別の計らい」によって、彼らも年間二〇〇ターレルほどの俸給を得ていた。当時、イェーナで学生が一人生活するのに年間二〇〇ターレルほどが必要であった――この額は、他の街の学生の生活費に比べかなり低かった――といわれていることを勘案すれば、二〇〇ターレルがいかほどの額か想像できよう。哲学部の教授たちのなかでは、ラインホルトもシラー（一年目は無給）も、フィヒテも「二〇〇ターレルの員外教授」であった[1]。一七九八年に着任したシェリングもまた員外教授であった。そして彼らはみな、員外教授のままイェーナを去った。彼らが正教授の地位に就くことはなかった。その理由は単純である。哲学プロパーには正教授の席は理論哲学（論理学と形而上学）と実践哲学（道徳学と政治学）の二つしかなく、しかも、われわれが対象としている一七八五年から一八〇三年の全期間を通して、イェーナの哲学の正教授の席は、上記の俊英たちと比べれば格段に凡庸な二人の教授によって占有され続けていたからである。一人はヘニングス（Jusutus Christian Hennings 1731-1815）であり、もう一人はウルリッヒ（Johann August Heinrich Ulrich 1746-1813）である。巻末に挙げた資料**「講義予告一覧」**が示しているように、彼ら二人は非常に長期間にわたって正教授として毎学期多くの講義を行なっている。

すでに一七五八年に私講師になり、一七六四年に員外教授となったヘニングスは、その翌年に実践哲学の正教授に就任して以来（途中で、理論哲学の教授に移籍したのだが）、その死の一八一五年まで、実に驚くべきことに五〇年間正教授の席に居座り続けた。彼より一五歳若いウルリッヒも、一七六九年にはもう員外教授の地位を得て、一七八三年に実践哲学の正教授の席に着いた。彼もまたそれ以降、その死の一八一三年までの三〇年間正教授の地位を確保し続けた[2]。

一七八〇年代後半以降、イェーナの哲学部は、カントによる「哲学の革命」の継承、発展の中心地であった。初期ドイツ観念論的傾向をおびた哲学理論が多くの分野で展開され、観念論哲学は最盛期を迎えていた。この運動の主要な担い手たちはみな、員外教授あるいは私講師という身分でイェーナの講壇からそれぞれ独自の哲学を展開した。その思想運動が急テンポで深化、拡散していくに伴い、員外教授たちは次々と入れ替わった。ラインホルトは一七八七年の冬学期から一七九三年の冬学期まで、フィヒテは一七九四年の夏学期から一七九八年の冬学期まで、そしてシェリングは一七九八年の冬学期から一八〇三年の夏学期まで講壇に立った。そのほかに、シュミートは一七九三年の冬学期から一八〇三年の冬学期まで、ニートハンマーは一七九四年夏学期から一七九六年の冬学期まで、優秀な哲学史家として名を成したテンネマン（Wilhelm Gottlieb Tennemann 1761–1819）は一七九八年の冬学期から一八〇三年の冬学期まで、それぞれ員外教授として多くの講義をした。先の三人はいきなり員外教授として招聘されたのに対して、後の三人はそれぞれかなりの期間私講師を経験してようやく員外教授になった（表Ⅲ—1参照）。イェーナ大学哲学部の「名声」は、この員外教授たちによって支えられていた。さまざまな哲学的立場の展開とせめぎ合いに伴い、そして外的事情もあって員外教授たちがめまぐるしく入れ替わるなかで、ヘニングスとウルリッヒだけが、この哲学思想運動の急速な展開と何の関係もないように、毎年同じような平凡な講義を数十年繰り返していた（表Ⅲ—1を参照）。

さて、その教授たちの生活、とりわけその「懐具合」はどうであったのか。正教授も含めて、先に名前を挙げた名だたる教授たちのそれは概してみじめなものであった。

まず、大学の国庫から「固定給」を得ていたのは、四つの学部全体で一八人の正教授だけであった。それにも格差があった。上位に位置していたのは神学部の教授たちで

表Ⅲ—1　イェーナの哲学部教員たちの講義時の地位と推移

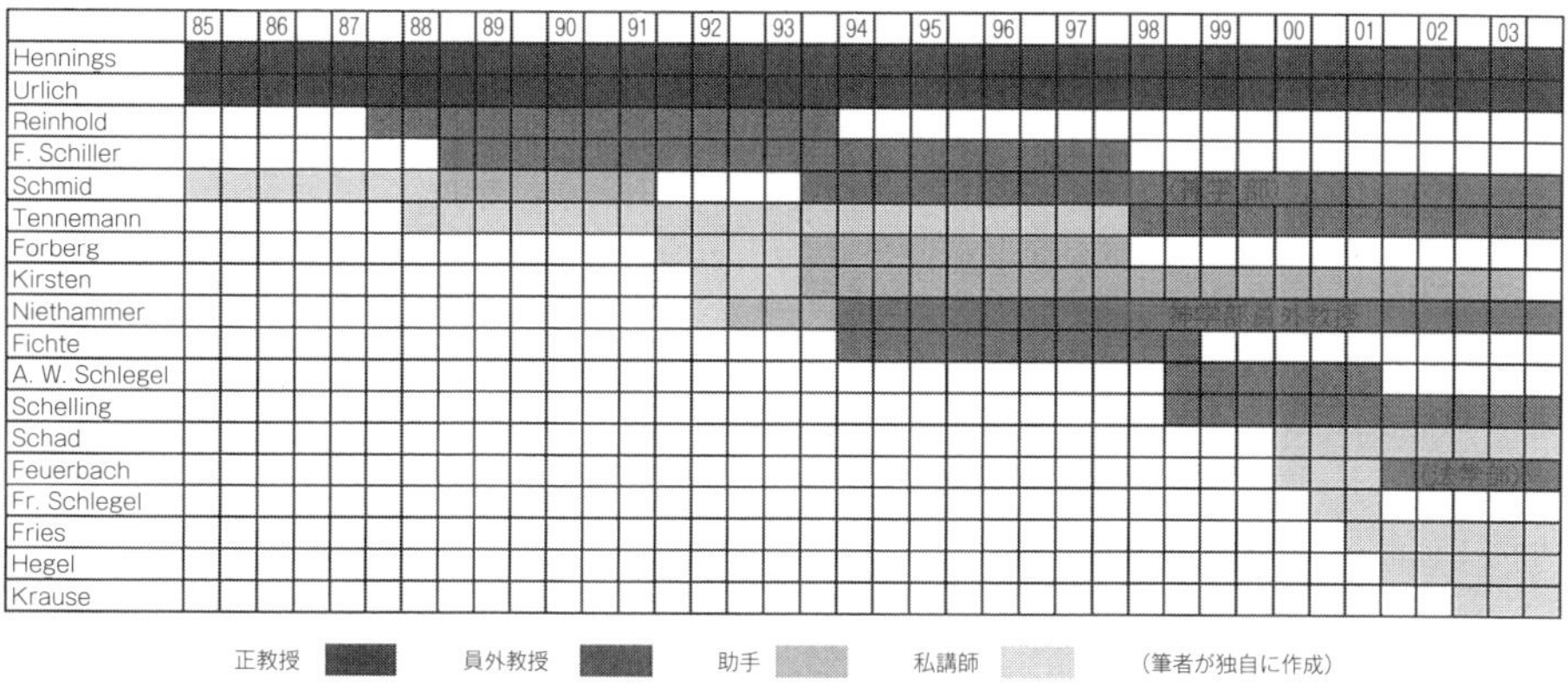

（筆者が独自に作成）

あり、彼らは最高四九〇ターレルの報酬を得ていた。しかも、彼らは、他の学部と比べ人数の多かった神学部の学生からの聴講料もあてにすることができた。それゆえ、著名な神学教授グリースバッハは、イェーナ随一の収容能力のあった講義講堂を私有しており、街中に豪壮な住居を構えていただけでなく、植物園裏に東屋をもつほどの余裕もあった。最下位に位置していたのが、哲学部の教授たちであり、平均して二五〇ターレルほどの俸給しかなかった。(3) 員外教授、私講師の場合は、もっと悲惨であったことは想像に難くない。

だから、多くの教授たちが別の収入源を探し求めたとしてもなんの不思議もない。比較的大きな住居をもっている教授たちは、学生に部屋を賃貸ししたり、昼食の賄さえしていた。なんのことはない、下宿屋をやって収入を補填していたのである。神学部、法学部、医学部の教師たちは、説教者や弁護士、医者として別途稼ぎを得る途もあったが、哲学部の教員は、私講師はもちろん員外教授たちも、もっぱら著述活動（著作の出版、雑誌への寄稿、書評の執筆など）による収入をあてにしなければならなかった。(4) ラインホルトが、すでにドイツ「哲学の中心地」となりつつあったイェーナを去って、キールの正教授に転身したのも、そのような不安定な経済状況から抜け出すためであった。キールの俸給は一〇〇〇ターレルであったと言われている。

2. イェーナの哲学部の講義

巻末に挙げた「**講義予告一覧**」を概観すれば、この当時のイェーナの哲学プロパーの講義(5)の特徴がいくつか明らかになる。まず、理論哲学部門では「論理学および形而上学」が、そして実践哲学部門では「自然法」と「道徳学」がいわば基幹科目であった。これらの基幹科目については毎学期同一名称の科目が複数開設されるのが常態化していた。そのほかには「哲学史」、「美学」、「教育学」などが基本科目のように毎年開講されている。また年度を経るにしたがって「経験的心理学」あるいは「哲学的人間学」が目立ってくる。その他のいわば「特殊（な主題を掲げた）科目」のなかでは、一七九〇年代の中ごろまでは「純粋理性批判」あるいは「批判哲学」が特別扱いされていたことも見てとれる。

講義には「公的講義（officium: öffentliche Vorlesung）」と「私的講義（privatum: private Vorlesung）」があった。前者は「聴講料」を徴収してはならないと定められており、正教授には義務づけられていたが、員外教授には必ずしも義務化されていなかったようである。ラインホルトは初期に数回「公的講義」を告示、開講しているが、その後長きにわたって「私的講義」のみを講じている。フィヒテも着任から六学期はほぼ毎学期「公的講義」を告示しているが、その後の五学期は「私的講義」だけを告示している。だがどうも、講義の最初の部分は「公的（無料）講義」で行われ、途中から「私的（有料）講義」に切り替えるという変則的方式も存在したようである。フィヒテやシェリングの講義のいくつかは、明らかにこの方式で行われた。(6) 前者の部分で、導入的、概論的講義が、そして後者の部分で各論的講義が行われた。この変則的方式の採用は、一面では（聴講料を払う）学生に講義内容を予備的に提示するという「教育的配慮」に基づくとも言えるが、もう一面では明らかに「私的講義」への聴講生を増やすという目的ももっていたのであろう。また、若い新米の私講師たちの場合、「私的講義」でありながら敢えて「聴講料無料」と断った科目も散見される。なによりもまず聴講者を集め、「名前を売る」ためである。実は「私講師」が自分の一存で講義を無料にすることは、厳密には禁止されていた。講義題目が重なった場合、正教授の予定講義に影響を及ぼすからである。したがって「無料講義」をしようとする私講師は、必ずヘニングスやウルリッヒの「許可」を得なければならなかったのである。「聴講料」は通例、一科目につき三ターレルであったから、聴講生の数次第では結構な収入が期待できた。ヘニングスやウルリッヒのような正教授でさえ、毎学期五科目も、六科目もの開講を告示しているのは、学生に対する教育の熱意や義務感からというより、聴講料収入をあてにしてのことである。

開講期間は、夏学期が四月中旬頃から夏休みを挟んで三カ月ほど、冬学期は一〇月中旬頃からクリスマス休暇を挟んで三カ月ほどで、かなり自由に設定されていた。講義開始時間は朝六時からのものもあれば、夕方六時からのものもあり、これもかなり自由に設定されていた。巻末資料「**講義予告一覧**」に確認できるように、講義時間は通常は一時間であった。そして、フィヒテやシェリングの講義から確認できるように、教授たちは土曜・日曜日を除いて、一つの科目を週五回ないし四回講義していたようである。すると、彼らは講義期間中は、ウィークデイにほぼ毎日、しかも一日に二つも三つもの講義をしていたことになる。現代の大学の講義の現状からみれば、驚異的なことである。かくして、大学の講義は現代よりもはるかに intensiv に行われていたのである。

講義は、現在のように大学内の教室で行われたのではない。かつてドミニコ会の修道院であったザラーナには、四つの学部にそれぞれ一つの小さな教室しかなく（図Ⅲ―1）、教授たちが講義を自宅で行うことが二〇〇年来の慣例になっていた。自宅に設備のない教授の講義や大聴衆が集まると予想される講義は、街のなかに点在していた有力教授たちの私有していた「講堂（Auditorium）」を借りておこなわねばならなかった。ラインホルトの就任講義（一七八八年四月二六日）は、神学部のデッダーライン教授の講堂を借りておこなわれた。他の小規模の講義を彼は「ヨハニス通り八番地」の自宅でおこなっていた。フィヒテの講義もまた多くは自宅でおこなわれた。翌一七八九年五月二六日に始まったシラーの就任講義は、ラインホルト講堂（収容人員八〇～一〇〇名）で始まったが（図Ⅲ―2）、聴衆があふれかえり、一

図Ⅲ―1　当時のイェーナ大学

注：4が哲学部の講義室，6が法学部の講義室，7が神学部の講義室の窓，8が大学図書館の窓．

人の聴講者の提案で、急きょ場所をグリースバッハ講堂に変更することになった。そのとき、大量の学生が街を駆け抜けたことによって街中が大混乱に陥ったことは、その後語り草になったほどである（vgl. NA XXV, 256ff.）。

では、全学部合計八〇〇人ほどの学生総数の規模の大学で（「幕間Ⅱ」の2参照）、それぞれの科目にどれほどの聴講生がいたのだろうか。ラインホルトの就任講義は聴講料無料の「公的講義」であったこともあり、初回には優に四〇〇名を超える学生が集まった。すでに幾分か名前の知られた教授たちの「初講義」には、「物珍しさ」も手伝ってかなりの学生が集まったのである。したがって、これは例外的な数値である。それでも、彼は一七九〇年冬学期の「純粋理性批判」講義には九七人、一七九一年夏学期の「論理学および形而上学」講義には一八〇人、「美学」講義には九八人の受講登録者があった。[7] さらに一七九三年一月にカントに宛てた手紙では、彼は一七九〇年、九一年、九二年それぞれの冬学期に開講された「批判哲学」関連講義の聴講者数が九五人、一〇七人、一五八人であったと報告している。[8] 彼のすべての講義がこれほど多数の学生を集めたわけではないが——他の講義の登録者は、一〇〜二〇人ほどであった——、私的講義に毎年、一〇〇人前後もの学生が集まったという事実は、やはりラインホルトがイェーナ退去の時点まで哲学部随一の人気教授であったことを物語っている。

一七九四年五月二三日の夕方六時から始まった、フィヒテの最初の「公的講義」（「学者の使命について」）も、イェーナで最大のグリースバッハの講堂（最大収容人員四〇〇人）があふれかえるほどの聴講生がつめかけた。次の学期の「公的講義」（「学者の使命について」の継続）

図Ⅲ—2　ヨハニス門の隣にあったラインホルト講堂

にも、五〇〇人ほどの聴講生が集まった（GA III/2, 213）。だが、「私的講義」となるとそうはいかなかった。最初の「知識学」講義（「理論哲学」）に聴講料を前払いした学生は二六人しかいなかった。これは彼にとって、（ほとんど収入の見込めない）「時間の無駄づかい」のようにも思えた。フィヒテは「将来も事態がよくならないようなら、わずかの講義しかしないつもりだ」と妻に書き送っている（ibid., 115）。それでも、彼の私的講義の聴講生は徐々にわずかながら増えていった。フィヒテがイェーナを追われた後、学生たちの人気を集めたのはやはりシェリングだった。シェリングは一八〇二／〇三年の冬学期に「思弁哲学の全般的体系」と「美学」を講義しているが（巻末資料「**講義予告一覧**」参照）、一二月六日に父宛ての書簡で、「私は二つの講義を合わせると、二〇〇人以上の聴講生を得ています。一つの講義では、講堂の席が足らず、多くの聴講希望者が教室の後方に立っていなければならなかったほどです」(AA III/2, 1, 516) と報告している。この時期、彼の講義に多くの学生が集まることは、他の教授たちの羨望の的になっていた。

しかし、名前の知られていない新米の私講師の場合、あてにしていた聴講者が見込めず開講にいたらなかったことや、開講できてもごくわずかな聴講生で講義しなければならないことはよくあった。一七九二年の夏学期、「自然神学」の講義を無料で開講した私講師ニートハンマーは、次の学期には「道徳学」の私講義を予定していたが、学生が集まらず開講できなかった。彼は一七九四年の夏学期にも「道徳学」と「宗教哲学」の講義を予定していたが、後者には「ただの一人も聴講者の届け出もなく」、「前者には八人しか届け出がなかった」結果、両方とも開講できない羽目に追い込まれている。[9] 一八〇一年の冬学期のヘーゲルの最初の講義(「論理学および形而上学」)も、一一人の聴講者しか集まらず、[10] その聴講者の一人、(後世にこの講義記録を残すことになった)トロックスラー(Ignaz Paul Vitaris Troxler 1780-1866)が後に伝えているところでは、この講義は「すぐに中止になった」[11]。たしかに、ヘーゲルの講義の聴講生もその後は徐々に増えていたようであるが、それでも、人を魅了するようなところのまったくない朴訥とした口調の彼の講義の聴講生数は、一〇人から三〇人の間を推移し、三〇人を超えることはなかった。[12]

とにかく、若い私講師たちにとって聴講生が集まるかどうかは死活問題であった。ヘーゲルの一年後一八〇二年の冬学期に初めて三つの講義をもった私講師クラウゼ(Karl Christian Friedrich Krause 1781-1832)は、この三つの講義のほかにまったく私的な講義をいくつかもっていた。生活費を稼ぐためである。この二月に彼はこう報告している。「私は今〔正規の講義のほかに〕さらに何時間かの私的講義をもっています。私はこれを断るわけにはいきませんでした。週に合計五時間の私的講義のおかげで、先週から三月の末までに二一ターレル一二グロッシェン稼ぎました。もちろん大した額ではありませんが、それでも生計の足しにはなります。この冬、私は三〇〇ターレル以上の生計費を必要としたのですから」[13]。クラウゼはこのとき結婚したばかりであった。私講師たちは概してこのような悲惨な境遇に置かれていたのである。

3. 講壇への途——「講義資格取得」の手続き

私講師といえども、大学で講義をするには「許可」を必要とした。そしてその「許可」を得るための——形式上は——厳格な手続きが定められていた。まず、哲学部による「学位の認定」(Nostrifikation)が必要であった。イェーナ大学以外の大学での学位取得者に対しては、その「学位」のいわば「読み替え」手続きを申請しなければならなかった。すでにチュービンゲンのマギステルであったニートハンマーは、一七九二年の冬、この「読み替え」申請を経て、学位を承認してもらっている。員外教授として迎えられたフィヒテでさえ、就任直前に宮中伯ラーン(Johann Heinrich Rahn 1749-1812)から授けられていた「博士学位」が要件を満たす「学位」と認められず、改めてイェーナにマギステルの申請をしている(vgl. GA III/2, 115)。

次に、「講義許可」取得のための「資格審査論文(Dissertation)」を提出し、それに基づいて「公開討論(Disputation)」を行うことが義務づけられていた。[14]「公開討論」には反対の立場から論を張る討論相手が複数立てられるのが通例であった。この論文と討論でのテーゼ弁護内容の質が、講義担当者の能力を審査する重要な判断材料であったはずだが、大学の規則というものはつねにそうであるように、この制度もかなり形骸化していたようである。そのことはまず、そのつどの「反対討論者」の顔ぶれを見れば推測できる。たとえば、一七九二年二月二四日に開催されたニートハンマーの「講義許可」取得討論での討論相手はパウルス、ラインホルト、フォアベルクであった。東洋語の教授パウルスは、同郷のよしみでシラーとともに日ごろからニートハンマーを格別ひいきしていた。ラインホルトは言うまでもなく彼の「師匠」であり、フォアベルクは「同門の仲間」であった。彼らは全員がいわば「身内」である。その半年後に持たれたフォアベルクの「超越論的感性論について」の討論も、反対討論者はラインホルト、哲学部私講師キルステン（Johann Friedrich Ernst Kirsten 1768-1821）、そしてチュービンゲンの「補習教師」を務めた後イェーナでラインホルトの講義を聞いていたディーツ（Immanuel Carl Dietz 1766-96）であった。この場合も同じことが言える。ヘーゲルが「公開討論」のために提出した一二箇条の「就職テーゼ」は後世にもよく知られている⑮。一八〇一年八月二七日におこなわれたこの討論でも、味方につく討論者が（当時イェーナの学生であった）シェリングの弟、カールであり、反対討論者は員外教授シェリング、員外教授ニートハンマー、そして無名の学生であった。この時期のシェリングとヘーゲルの関係は改めて語るまでもない。ニートハンマーはチュービンゲン神学院でのヘーゲルの（そして、ヘルダーリン、シェリングの）親しい先輩であった。つまり、これら三つの事例とも、「公開討論」はいわば身内内部での「できレース」であったと言わざるをえないだろう。実は、大学の「規則」では、「公開討論」の討論相手は学部長が指名すると定められていたにもかかわらず、この規則は守られず、討論当事者が相手を選ぶことが通例化していたのである。それで、身内の間の「できレース」が成立する。制度・規則の「形骸化」と言う所以である。

ただし、例外もあった。それは、Fr・シュレーゲルの場合である。彼はヘーゲルの一年前、一八〇〇年の冬学期から「超越論哲学」と（フィヒテの向こうを張ったような）「学者の使命について」を講義している（巻末の「**講義予告一覧**」参照）が、この年の八月二〇日に、「博士」学位の取得を申請すると同時に、「講義許可取得のための討論」を追って行うことを前提に「講義許可」を哲学部に申請している。そして一〇月には法学部の講堂で「熱狂主義あるいは熱狂について」という題目の「試験講義」を行う。ところが、「討論」が実際に開催されたのは、講義も最終日に迫った翌一八〇一年の三月一八日である。「プラトンについて」という八箇条から成るテーゼの討論相手に（学部長ウルリッヒによって）指定されたのは、哲学部で長年助手を務めていたキルステンと神学部の私講師（後に教授）アウグスティ（Johann Christian Wilhelm Augusti 1772-1841）であった。彼らは初期ロマン派の不倶戴天の敵としてよく知られていた。シュレーゲルに好ましからざる感情を抱いていたウルリッヒは、「規則」通りに運用することで、シュレーゲルに意地悪をしたのである。

ところが、これが原因となって大騒動が起こる。アウグスティが、直前に公刊されていたシュレーゲルの小説『ルツィンデ』を引き合いに出してこれを「エロティックな論考」と非難した。これを不当な人身攻撃と感じ激高したシュレーゲルは「黙れ、黙れ」と叫んで、彼を黙らせようとした、そればかりか何度も彼を「この道化師野郎」とののしった。当然、会場は騒然となった。学部長の仲裁でひとまずその場は収まったものの、この件は評議会でも問題にされた[16]。いかなる学校制度にも尊敬の念などもたず、アカデミズムの既存の諸制度に背を向け続けた、生意気で自由奔放な文筆家Fr・シュレーゲルならではの出来事であると言えよう。

上記の諸事例からも分かるように、しばしば「資格審査論文」の提出や「公開討論」の実施に先立って、講義が実際に開始されている（ニートハンマー、フォアベルク、シュレーゲルの場合）。たしかに、規則のうえでは三カ月の猶予、引き伸ばしは認められていたようであるが、それでも「論文」提出や「討論」実施の本来の趣旨からすれば、こういう事態の常態化は明らかに規則の形骸化を表している。形式上厳格に定められているように見える規則が、実は解釈次第で「柔軟に」運用できる制度であったことは、ニートハンマーのもう一つ別の事例にも確認できる。実は、彼は「講義許可」の申請と同時に「助手」のポストも要求していた。これは異例のことである。規則上も問題であった。というのも「講義許可取得のための（pro venia docendi）」討論と「地位取得のための（pro loco）」の討論は、当然原則上別におこなわれねばならず、前者が後者に先行しなければならなかったからである。シュミートもフォアベルクもキルステンもみな、数学期間の私講師としての実績を踏まえて「助手」に昇進している。ところが、この無理難題が（正教授のみを構成員としている）大学「評議会」審議を通ったのである。この件を提案し、強引に推進したのは当時の学部長パウルスであった。まず、「評議会」メンバーでは最長老の自然学教授ズッコウ（Johann Daniel Suckow 1722–1801）が、この提案は異例であり、他の私講師に悪影響を及ぼすことを理由に強く反対した。しかし、そう反対意見を表明しながらも、彼も「落としどころ」を考えていたふしがある。というのも、彼は「討論」を二部に分け、第一部を「講義資格取得のための」討論、第二部を「身分取得のための」討論とみなすことに他の同僚が同意するなら話は別だ、と主張したからである。この手の「妙案」をひねり出すのは、すでにこの当時から、事の目的の正否を「棚上げ」にして、ただ「形式的手続き」の正当性の確保だけに熱心な学者たちの「形式的、道具的理性」の得意技であったようである。なぜか、「うるさがた」で哲学分野の長老教授ヘニングスも、ウルリッヒもこれを問題なしとし、シュッツもまた「討論」の二分化案を支持して、結局「評議会」はこの提案を承認した[17]。かくして、ニートハンマーは一定の条件付きではあるが、一七九二年五月三一日に哲学部の四番目の「助手」に任命されたのである。この事例もまた、厳格な「講義資格」と「身分」取得の手続きが、状況と利害関係に応じて融通無碍に運用されていたことを教えている。

4. 多彩な員外教授、私講師たち

「講義予告一覧」からもうかがえるように、ALZがイェーナで刊行されていた一七八五年から一八〇三年までの一九年間、入れ代わり立ち代わり優に二〇名を超える員外教授、私講師たちがイェーナで哲学の講義をしていた。彼らの哲学的立場は細部に立ち入れば多様であるが、M・ヴント（Max Wundt 1879–1963）は、彼らを大きく三つの思想傾向に分類している[18]。すなわち、カント哲学をもっぱら「（経験）心理学的方向」に展開した者、次に「超越論的方向」へと深化させた者、そして最後に「形而上学的方向」へと進んだ者である。こうした図式的分類は、たしかに個々の哲学者の立場上の差異を一色で塗りつぶし、単純化する危険性を伴っている。それでも、カント哲学を起点にしてポスト・カント期の哲学がそれをどのような方向に発展、深化させてきたのかを見定めるには、そして彼らの哲学的立場をイェーナ在任中の立場に限定するならば、その分類もそれなりに役立つ。ヴントによれば、第一の方向の代表格がラインホルトとシュミートであり、そのほかテンネマン、ホイジンガー（Johann Heinrich Gottlieb Heusinger 1766-1837）、そしてフリース（Jakob Friedrich Fries 1773-1843）がここに数え入れられる。第二の方向の代表がフィヒテであり、さらにニートハンマー、フォアベルク、そしてシャート（Johann Baptist Schad 1758-1834）をこの方向に数え入れている。シュレーゲル兄弟がこの方向に入れられているのは、いささか首を傾げざるをえないのだが。第三の方向に進んだのがシェリングであり、ヘーゲル、クラウゼ、アスト（Friedrich Ast 1778-1841）である。これら三つの思想潮流は、少しずつその展開の時期を異にしているとはいえ、重なっている時期もある。そうなると、当然イェーナの哲学部の内部で、それらの間の思想的確執、対立が表面化してくることもある。そうした確執、対立の典型例が、哲学史上有名な「フィヒテ–シュミート論争」であるのだが、この論争については、後に（第七章第三節）やや詳しく取りあげることにする。

　巻末の「**講義予告一覧**」では、私講師たちの肩書は「学士（Magister）」あるいは「博士（Doktor）」となっている。そのほかに「助手（Adjunkt）」もいた。後に員外教授に昇進した者もいれば、私講師のままで終わった者もいた。後にはそれぞれ名を成すことになるこの私講師たちも、イェーナの哲学部の名声の確立に大いに寄与した。ここで、当時の「哲学の黄金郷」イェーナの哲学部の多彩で充実した陣容を素描するために、――本書ですでに何度か言及してきた、もしくは後にも詳しく触れることになるシュミート（第三章第四節、第四章第三節、さらに第七章第三節参照）とニートハンマー（第七章第一節、第二節参照）以外の――従来あまり光の当てられることのなかった私講師の何人かをとりあげ、着任順にその講義や理論活動を紹介しておこう。

（1）カント-ラインホルト派の哲学史家、テンネマン

　テンネマンはシュミートと並んで、すでに一七八〇年代の後半から私講師であった。シュミートが一七八八年には助手に、一七九三年には員外教授に昇進したのに対して、テンネマンが員外教授になったのはようやく一七九八年である。彼は最初エアフルトで学び、すでにそこでプラトンに関心を寄せるようになっていた。一七八一年には彼はイェーナに転じウルリッヒのもとで学んだ。彼のマギステル学位取得のための討論テーゼ（一七八八年）は、魂の不死性問題に関してカント的見解に反対し、不死の合理論的証明を擁護しようとしていたが、最初の著作『不死性に関するソクラテス派の教説と考え』（一七九一年）では、前の立場を撤回しカント的「批判」の正しさを確信するようになっている。翌一七九二年には、完成までその後四年を要する大著『プラトン哲学の体系』（全四巻）の第一巻を公刊している。彼は、一七八七年の夏学期から三年半、毎学期「魂の不死論」、「論理学および形而上学」、「教育学」などを私講師として講じている。なぜか、その後毎学期ではなく間断的に講義を開講している。一七九四年からは再び毎学期連続して教壇に立ち、そしてこの年以降「哲学史」を講義している。彼の講義はほとんどが他の人の「教本」を使ってなされている（巻末の「**講義予告一覧**」を参照）。

　すでに最初の著書にも、その用語法の点でラインホルトの影響が認

められるが、テンネマンが一七九三年に公刊したヒューム『人性論』の新訳[19]には、同僚であったラインホルトが「哲学的懐疑論について」という序論を寄せている。ラインホルトとの思想的親近性がもっと明瞭に認められるのは、テンネマンの「哲学史」理解である。すでに見たように（第五章第四節参照）、ラインホルトはヒュレボルンの雑誌の創刊号の巻頭論文「哲学史の概念について」、一つの講義」で、従来の無規定的な「哲学史」理解を批判して、独自の「哲学史」観を打ちだしていた。その見解によれば、「哲学」は「学」であり、「経験から独立した、或る連関の学」である以上、「哲学史」は「事物の必然的連関の学がその成立期から現代にまで受けてきた諸変化の総体の記述」でなければならない。したがって、「哲学史」は、「有名な哲学者たちの伝記の寄せ集めや、その哲学者たちの書き物の内容の抜粋、報告」であってはならない。それはまた「人間精神の歴史」一般や「諸学問の歴史」とも区別されねばならない[20]。

テンネマンは、ニートハンマーの『哲学雑誌』第二巻第四分冊（一七九五年刊行）に寄せた或る論文[21]では、哲学史を考察する際の三つの立場を区別している。第一が「出来事をその外面的連関において考察する」「史実的（historisch）観点」であり、第二が「歴史の与件を人間精神の、とりわけ思惟の力の所産として考察し」、その与件を「その真の内的根拠」へと連れ戻す「実際的（pragmatisch）観点」である。第三の観点、「批判的観点」は「これらの哲学理説と体系のすべてを、学としての哲学の理念に関係づけて考察する」。第三の観点こそが、「前の二つの観点を統合し、歴史を連関をもった一つの全体として伝えることを歴史記述者に可能にするのである」（*PJ* II, 329ff.）。「学としての哲学の理念」というキーワードがすでにラインホルトの強い影響を示している。続いて彼はマイネルス、グルリットの哲学史の不十分点に触れ、そしてティーデマンの『思弁哲学の精神』の「序文」における哲学史の概念理解の問題点を論じた後、こう書いている。「したがって、〔哲学史の〕概念を規定することから出発し、この概念のメルクマールを哲学の概念から導出するような人たちのやり方のほうが、より目的に適ったものであるのは疑いの余地はない。この種の最初の試みをわれわれはラインホルトに負っている」（ibid. 335）。続いて、上記のラインホルト論文の意義を説いている。

彼はその後一七九八年に出版された『哲学の歴史』第一巻[22]の「序文」と「序論」でも、ラインホルト的な「哲学史」理解を再び強調している。すなわち、「哲学史」は「哲学者の歴史」でも「哲学的学説の歴史」でもなく、「学としての哲学の形成と発展の叙述[23]」でなければならない。もっと詳しく言えば、それは「自然と自由の究極の根拠や法則についての学の理念を実現しようとする、理性の努力の叙述[24]」でなければならない。それはけして「哲学者の伝記」の羅列であってはならない[25]。とはいえ、こう主張することによって、彼は哲学史叙述の硬直した図式主義に立っているわけではない。むしろ逆に、そのような傾向を強く示していたグローマン（Johann August Grohmann 1769–1847）の『哲学史の概念について』（一七九七年）を次のように批判している。たしかに、グローマンは「学としての哲学史という概念を出発点にとり」、その「概念」、「内容と形式」を規定している。だが彼は、ここから「哲学史は必然的諸体系の体系的叙述でなければならず、そこからは偶然的なものや変化するもの一切が、そして時間継起すら排除されねばならない」という帰結を引き出している。だが、テンネマンによれば、このような「最も厳密な帰結」に従った方法では、

「必然的な諸体系など問題にならず、ただ一つの体系だけが問題になりうるということになってしまうだろう」[26]。それに対してテンネマンは、哲学史は、「偶然的なもの」や「変化するもの」であろうが、それが「学の実質と形式とにかかわっている一切のものを包含していなければならない」と主張する。したがって、哲学史の叙述には、それが「学の実質と形式とにかかわっているかぎり」、「1．哲学者の生涯や運命」、「2．言語」、「3．民族と時代の政治的、宗教的、道徳的状態」、「4．学的文化の性状」なども、そこに引き入れられねばならない[27]。彼はここで、哲学史叙述の目的設定に依拠しながら、いわば哲学史の「直接的」素材と「間接的」素材の関係を規定しているのである[28]。

「哲学史」は長い間「哲学者の伝記」や「学説」の継起的叙述とみなされてきた。ゲッチンゲンの反カント的経験心理学的潮流の一員であり「テンネマンの直接の先行者ティーデマンは、まったくその域を超えることはなかった」。それに比べれば、上述のような哲学史概念と方法論に裏打ちされたテンネマンの『哲学の歴史』は、「近代的精神に基づいて書かれた最初の哲学史と認められねばならない[29]」と言うことができる。たしかに、これは優れて「近代的」な哲学史概念である。「現代」の眼から見れば、歴史的価値を評価する尺度を単一化するこのような「単線的史観」が、哲学史理解に多くの弊害をもたらしてきたことも否定できない。たしかにテンネマンは、古代のさまざまな哲学のうちにカント哲学の精神を読み取ろうとしている。その場合、哲学史はかの「理性の努力」としてのカント的精神の段階的実現の歴史として単純化されかねない。こうした問題点をはらむにもかかわらず、哲学者の伝記的事実や学説の単なる継起的叙述をもって「哲学史」とする非学問的な理解に比べれば、この時期ラインホルト－テンネマンによって確立されたこの「哲学史」概念は、はるかに卓越しており「学的」であると言えよう。

彼は一七八九年には員外教授に昇進し、同年の冬学期以降、「哲学史」（最初は口述で、次にはグルリットに沿って、最後にはゾッヘルに沿って）や「論理学」（マースやシュミートに沿って）を講義している。そして、一八〇四年には、反カント的立場にあった哲学史家ティーデマンの後任としてマールブルグの哲学正教授となって、イェーナを去った。彼はイェーナの員外教授として第一巻から第四巻まで（イオニアの自然哲学からフィロンの懐疑論まで）を公刊していた大著『哲学の歴史』を、マールブルクで（啓蒙主義を論じた）第一一巻（全一二冊）まで書きあげるが、ついに完成を見ないまま一八一九年に亡くなった。

(2) フィヒテとカントの間で揺れるフォアベルク

フォアベルクはシュミートやテンネマンに五年ほど遅れて、一七九一年の冬学期から（実に二一歳で）私講師として、その二年後からは助手として講壇に立ち、一七九六年の夏学期まで「道徳学」、「自然神学」、「哲学的人間学」、「論理学および形而上学」、「批判哲学の根本」そして「哲学史」などを講義した（「**講義予告一覧**」を参照）。彼はまずライプツィヒで神学の研究に取り組んだ。次いで一七八八年のミカエル祭にはイェーナに移り、グリースバッハやデッダーラインの神学の講義を聴講するとともに、ウルリッヒの「哲学史」講義にも出席していた。ラインホルトの着任とともに、彼はニートハンマー、エアハルトらとともに最初期のラインホルト・サークルの一員になり、しばしば親しくラインホルトの家に出入りしていた。彼はまだ私講師になる前に、ラインホルトの『哲学知の基底について』（一七九一年）に、エーベルハルト派のシュヴァープによるラインホルト批判への反批判論文を書いている。[30]

彼はまた同じ年に、すでに論じたように（第五章第四節参照）ヒュレボルンの『哲学史論集』創刊号（一七九一年発行）に、ラインホルトのよく知られた論文「カント哲学のこれまでの運命について」の向こうを張って「表象能力理論のこれまでの運命について」を発表している。だが、批判哲学とラインホルトの表象能力理論の関係を論じたこの論文は実質的には、ラインホルトがすでに『試論』「序文」や『寄稿集Ⅰ』の第四論文で論じていた内容を超えるものではなかった。この時期、彼は明らかにラインホルト信奉者であった。一七九二年九月一二日には彼は講義資格取得のための討論テーゼ「超越論的感性論について」を弁護し、審査にパスした。すでに私講師であった彼は、この成果によって助手に昇進する。

だが、ラインホルトがイェーナを去り、フィヒテと交代すると、彼は強くフィヒテの知識学に引き寄せられていく。フォアベルクは、ラインホルトの親交圏内にいた者のうちでフィヒテとも友好な関係を築いた数少ない一人である。それにもかかわらず、フィヒテ流の「根本命題―哲学」を目の前にして、そこに「新たな独断論」をみてとったフォアベルクは、フィヒテに全面的に傾斜することを避け、カントの批判主義へと舞い戻っていく。この場合、批判主義は、「新たな独断論」に反対して絶対的原理の不可知性を弁護する「防波堤」のような役割を果たすのである。そのことがよく示されているのが、ニートハンマーの『哲学雑誌』に掲載された彼の論文「最近の哲学についての書簡」（一七九七年）である。[31]「最近の哲学」とはフィヒテ―シェリング流の「根本命題―哲学」を指している。

この「第一書簡」の冒頭でフォアベルクは、架空の受信者に興味深い心情告白をしている。すなわち「君は思弁に対する僕の愛好ぶりをよく知っているね。僕はときどき思弁ときっぱりと手を切るのだが、それでも再三再四思弁に戻っていくのだ」（*PJ* VI. 46）。この場合、「思弁」を「哲学の絶対的原理の探求」と読み替えたほうが分かりやすい。この告白には、絶対的原理に対する彼の両義的態度が早くも示唆されている。続いて彼は、「すべての形而上学の体系」を絶対的な第一原理を見いだそうとしている体系と、そうすることを望んでいない体系とを分けることを提唱する。彼によれば、「カントの体系は、後のほうの体系に属する」のに対し、「フィヒテの体系は先のほうの体系に属する」(ibid.)。彼が何を言わんとしているのかは、次のように述べるときおおよそ明らかになる。すなわち「独断論と批判主義との決定的違いは、両体系が見いだしている原理の相違にあるのではけしてなく、むしろ両体系が原理を探求する際に従っている格率の相違にあるにすぎない」(ibid. 47)。独断論はフィヒテも含めて、「一切の事物の絶対的な原理を見いだすことは可能である」(ibid. 48) という信念に基づいて、これを探求する。それに対して、批判主義はこれを見いだすこと、知ることは不可能であるということを前提にしながら、それでもなおそれを「到達不可能な目標」すなわち「統制的理念」として探求する。フォアベルクの立場は当然後者にある。

「絶対的原理」に対する両義的態度は、またこうも表現されている。「私は根源的原理（UrPrinzip）を考察すべきではないかぎりにおいて、これを考察すべきなのである。――根源的原理は、それがけして存在していないかぎりにおいてのみ存在する――それが問題にならないかぎりにおいてのみ、それを問題にすることができる――それは存在しないかぎりで存在し、存在するかぎりで存在する」(ibid. 59)。かくして、彼は「第五書簡」の終わりで、改めてこう問題を提起する。「絶対的な原理を求める探求は、これ以降停止すべきなのか、それとも停止すべきでないのだろうか」。彼の回答はこうである。「絶対的な原理を見いだせると思い込んでいるかぎりは――停止すべきである。なぜならば、見いだされうるものはすべて絶対的なものでないのは確実だからである。だが、絶対的な原理を実現不可能な目標として考察するかぎりでは――停止すべきではない。進むべきところへ進むためには、目標を眺望しなければならないのだから」（ibid., 66）。かくして、ここでは、「絶対的なもの」を単に「実現不可能な目標」あるいは「統制的原理」とみなす批判主義が、その「目標」を「構成的原理」として使用する「新たな独断論」に対抗するための懐疑主義的な自己抑制の根拠となっているのである。

　フォアベルクをはじめ最初期のラインホルト学徒たちが、「根元哲学」からしだいに距離をとるようになったのは、そこに「第一根本命題」が体系の「構成的原理」として後続諸命題の内容や形式面を規定することによって、それらを導出、演繹するという「根本命題―哲学」の構想をみてとったからである。彼らはしだいにこうした体系構想への疑念と批判を強めていた。ラインホルトと入れ代わりにイェーナに登場したフィヒテがひっさげてきた最初期の「知識学」もまた、彼らにの眼には新種の「根本命題―哲学」としか映らなかった。『全知識学の基礎』の第一部の終わりで、フィヒテが「第一根本命題」は――少なくとも、第一部と第二部では――「単に統制的妥当性しかもたない」（*GA* I/2, 282）と断っているとはいえ、[32]三つの根本命題を理論的自我と実践的自我の諸々の働きの展開に先立てているこの体系の外観は、「新たな根本命題哲学」、「新たな独断論」との嫌疑を抱かせるに十分であった。当時広く浸透していたこの疑念を、フォアベルクはこの論文執筆時点でも抱いているのである。

　だが、同誌第七巻第四分冊（一七九七年）の短評「前の論文への事後的注意と後の論文への事前の注意」で、フィヒテはフォアベルクの誤解を正しつつも、この批判者に――フィヒテにしては珍しく――非常に寛容な態度を示した。ことによって、フォアベルクは再び強くフィヒテ的理論に傾斜していく。「前の論文」とは、同じ分冊に掲載された「最近の哲学についての書簡」続編のことであり、「後の論文」とは、同分冊のフォアベルク論文「カテゴリーの演繹の試み」のことである。フォアベルクは後者の論文で、「われわれの理論」は「最高のものとして、存在を出発点としているのではなく」、「知性の活動」を出発点にしているのであり、この活動によって「一切の存在が初めて可能になる」と書いている。「それゆえ、我々の理論では、存在は単純な、解明不能な概念ではなく、或る活動の所産の概念である」（*PJ* VII, 304）。フィヒテは、この論文をまったく自分の精神のもとにあるものとして高く評価している（vgl. ibid., 280f.）。

　同じ年に『哲学雑誌』（第六巻第三分冊）に掲載された「ルター主義の精神について」には、後に「無神論」嫌疑、非難を誘発した「危ない」徴候がもうすでにはっきり見てとれる。彼はここでカントの道徳信仰を愚直に徹底することによって、「宗教」を「道徳」に還元あるいは解消してしまっている。すなわち彼は、信仰による義認というルターの教説については、これを実践的信仰と擁護している反面で、恩寵の教説については、これを受け入れるのを拒否している。彼によれば、人間に人間の義を確認させるのは恩寵への信頼ではなく、人間の徳への信頼であるはずだからである。そして、この論文の結論部はこう公言している。

「宗教の概念がまったく空虚なものであるべきでないとすれば、将来は宗教を、徳を容易にする手段とみなすのでなく、むしろ徳それ自身が或る観点からは宗教とみなさなければならないだろう。すなわち、徳を超感性的諸原理に従って行為する格率とみなすならば、徳は、感官世界にありながら超感性的世界の規則に従ってふるまうことができる可能性に対する信仰を必然的に前提にしているのであり、ただそのかぎりにおいてのみ、この信仰を欠いてはいかなる徳も不可能であるということができるのである」（*PJ* VI, 237）。

　翌年の問題論文「宗教の概念の展開について」も、まったく同じように宗教を道徳に還元しようとする考えに貫かれている。「宗教とは、道徳的な世界統治を実践的に信じることにほかならない」（ibid. VIII, 21）。これが論文の冒頭の一文である。続いて、「危うい」文章が書き連ねられる。

「道徳的な世界統治が存在することを、あるいは道徳的に世界を統治するものとしての神が存在することを信じることが、義務なのではない。そうではなく、あたかもそのことを信じているかのように行動することのみが義務なのである」（ibid. 38）。

「神は存在するか。答え：それは不確実であり、また不確実であり続ける」（ibid. 41）。

「神を信じることなしに、正しい人間であることは可能であるか。答え：可能である。（なぜならば、この問いにおいて問題になっているのは理論的な信仰であることは疑いないからである）」（ibid. 43）。

「無神論者が宗教をもつことはできるか。答え：もちろんできる。（徳をもちあわせている無神論者については、彼は口では神を否認しているが、まさにその神を心では認めているのだ）」（ibid.）。

「真理と正義の国としての神の国はいつか地上に出現するのだろうか。答え：それは不確かである。そしてこれまでの経験にたっていうならば、ありそうにないことである」（ibid. 45）。

　この論文の「危うさ」を幾分でも緩和しようとして、フィヒテは論文「神の世界統治に対する私たちの信仰の根拠について」を急きょ起草して、フォアベルク論文の前に配する防備策をとったのだが、それも功を奏さなかった。結果的には、両論文ともが危険な無神論を主張しているとの宗教的保守派からの扇動を誘発し、ザクセン選帝侯国から無神論と断罪されることになったのである。

　フォアベルクにおいて「批判主義」は、先に挙げた諸論文では、思弁による絶対的な根本原理の措定に対する「防波堤」であったが、ここでは「神」の存在の独断論的主張に対して、それを疑い、それらの認識不可能性を確保する「防波堤」のような役割を果たしている。初期のラインホルト学徒たちの多くは、フォアベルクだけでなく、エアハルト、ニートハンマーもまたそうであるように、フィヒテの「根本命題—哲学」を目の前にしたとき、同じような理由でこれと批判的に距離をとりながら、再びカント的立場に回帰していったのである。フォアベルクは、無神論非難を受けた後は、哲学の世界からも撤退していった。

（3）フィヒテとシェリングの間に立つシャート

シュミートやテンネマンがすでに一七八〇年代後半に、そしてフォアベルクやニートハンマーが一七九〇年代の前半に私講師としてのキャリアを開始していたのに対して、一八〇〇年頃からは新顔の私講師たちが次々にイェーナの講壇に立つようになる。すなわち、シャート、Fr・シュレーゲル、フリース、ヘーゲル、クラウゼ、アストなどである（表Ⅲ―1参照）。彼らは総じて、大なり小なりフィヒテ哲学の、そしてさらにシェリング哲学の影響をうけている点で、それ以前の世代とは大きく異なっている。すなわち、「イェーナの哲学の風景」は、批判哲学の受容・浸透期にあたる一七八〇年代後半、ラインホルトの「根元哲学」の絶頂期にあたる一七九〇年代前半、そしてフィヒテの「知識学」が強烈な影響力をもっていた一七九〇年代後半とは大きく変化し、新世紀の開始とともにいわば第四の時期を迎えつつあった。この世代のうち、以下ではシャート、フリース、クラウゼの講義活動と理論活動を点描してみよう。

シャートは、一七七〇年代前半生まれのヘーゲル、Fr・シュレーゲル、フリースと比べ一回り以上、そしてアストやクラウゼより二〇歳以上も年長である。彼がイェーナの講壇に立ったときには、すでに四〇歳を超えていた。この異例とも言える高年齢での教壇デビューは、比較的若い私講師たちとはかなり異なった彼のキャリアに起因している。彼は一七七二年から六年間、バンベルクのイエズス会のギムナジウムで教育を受けた後、一七七八年（二〇歳）でバンツ（Banz）にあるベネディクト会の修道院に入り、その後二〇年ほど修道院生活を送ることになる。そこで彼は司祭になり、そしてこの修道院の哲学、神学の教授をつとめている。この間、彼はフランス語やラテン語の書物を数多く翻訳するとともに、一七九〇年頃から独習していたカント哲学の研究成果をカトリック系の雑誌のいくつかに匿名で発表している。[33]ところが、彼が匿名で書いた自伝風の修道院精神に対する強烈な批判書のために、彼はヴルツブルクに幽閉され、スペインに送られそうになる。この危機から脱出すべく、ヴィーラントの勧めで――彼は『新ドイツ・メルクーア』誌（一七九七年の第二巻第二号）に或る論文を寄稿していた――修道院から脱走し、イェーナに到着したのは一七九九年初めである。そして、ここで彼はプロテスタントに改宗する。この知的キャリアは、ちょうど一五年前のラインホルトの歩んだそれと瓜二つである。[36]「逃亡劇」にヴィーラントが絡んでいることも奇妙に一致している。しかし、一五年前とイェーナの思想的状況は大きく変わっていた。

すでにバンツで一七九六年頃からフィヒテ信奉者であったシャートは、明白なフィヒテ主義者としてイェーナに登場した。彼は一七九九年の春には当地で「理論哲学と実践哲学の結合」に関する論文によって博士学位を取得し、一八〇〇年三月一五日には講義資格獲得のための公開討論を行い、この年の夏学期から精力的に講義活動を展開している。一八〇三年の冬学期まで、八学期の間に、彼は合計一八の講義をしている。講義題目で目立つのは、彼が単に「論理学および形而上学」という題目よりも、しばしば「超越論的論理学および形而上学」という題目を告示していることである。ここにはフィヒテの思想の影響がはっきり認められる。そして一八〇二年冬学期以降は、明らかにシェリングの影響のもとに「自然哲学」、あるいは「自然哲学と超越論哲学の体系」を告示している（巻末の「**講義予告一覧**」参照）。最初の「論理学および形而上学」こそ「プラットナーに沿って」講義を進めているが、それ以降彼はほとんどの講義に自前の「教本」を使用している。彼はこのために、一八〇〇年から非常に集中的に講義用の「教本」を公刊し続けている。イェーナで講義したわずか四年の期間に、彼はフィヒテ―シェリング的精神に沿った六冊もの「教本」を出版している[37]。

当初、シャートの超越論的観念論は、最初期の「知識学」がそうであったように、かなり強く「根本命題―哲学」の刻印をおびている[38]。彼が「知識学」ではなくしばしば「真の哲学」と呼んでいる体系においては、一切の知は、そして究極的には一切の存在者も、体系の基底としての「第一根本命題」から生じてこなければならず、それらはまた「第一根本命題」に連れ戻されねばならない。この「真の哲学」の体系が、三つの根本命題から演繹される点では、シャートは大枠において最初期の「知識学」を継承しているのだが、それでも彼の「知識学」理解、受容にはいくつかの独自的特徴が認められる。

その特徴は第一に、原理としての「絶対的自我」が「絶対的な働き（Handeln）」、「純粋な活動態（Thätigkeit）」（*Grundriss.* 134）[39]であることをより強調している点に[40]、第二に、「自我」をしばしば「力」（ibid. 228）、すなわち「叡知的な力」（ibid. 135）、「絶対的な力」（ibid. 138. 233）と呼び、その本質を初めから「絶対的な意志の行為（Willensakt）」（ibid. 231）に求めている点に[41]、第三に、さらにこの能動的な力を、（フィヒテより一層明瞭に）超越論的主体の「知的直観」による「自己客体化」、「自己連関づけ作用」と結びつけている点に認められる[42]。そしてなにより興味深いことに、シャートは、超越論的主体の、あるいは「絶対的なもの」の「自己客体化」のプロセスを、哲学的反省を介した「絶対的なもの」の「現象」と結合して、こう述べている。

「理性の要求」という観点からすれば「単に理念的な（ideal）実在」しかもたなかったものが、「一切の反省に先立っているかの根源的要求が反省されると、絶対的な現実的存在として現象し、かくして実在的な（real）実在をもつ」ようになる。この「反省―現象プロセス」を介して「根源的な事行が事実になり、そして超越論的立場に立てば、事実がまた事行なのである」（ibid. 281）。われわれは、フィヒテもまた「新方法による知識学」講義で、同様に「事行」と「事実」の往還的連関づけを究明しようとしていたのを思い起こさねばならないだろう（vgl. *GA* IV/2. 33）。

シャートは、この「哲学的反省」の機能を、別の観点からこれまた興味深い仕方で分節化している。すなわち、われわれが「制限されたもの」を思惟しようとするとき、われわれは結局それを「無制限なもの」に対置し、前者を後者に結びつけねばならない。ここに、上昇の働きが生じる」のだが、この場合には「絶対的なものは、制限されたものの根拠として思惟される」。それに対して、われわれが「無制限なもの」を思惟しようとするとき、われわれは「それを制限されたものに対置し、そのかぎりで前者を後者に結びつけねばならない。ここに、下降の働きが生じる」のだが、この場合には「制限されたものが、絶対的なものの制約として思惟される」。それに対して、われわれが「絶対的なもの」を、それ自体として思惟しようとするとき、われわれは

「絶対的なものをそれ自身と結びつけ、それを主観―客観にしなければならない。その結果、主観は客観以外のなにものでもなく、客観は主観以外のなにものでもなくなる。しかし、これは本来的

な意味では思惟作用、規定作用ではけしてない。というのも、その〔思惟作用、規定作用の〕ためには、けして単に形式的ではなく実在的である対立がつねに必要とされるからである。したがって、絶対的なものはわれわれにとっては、それがまったく思惟不可能なものと考えられるか、それとも実在的な対立との結合を介して思惟可能なものと考えられるかに応じて、ときには理念であり、またときには概念である」（*Grundriss.* 335f. 強調点は引用者）。

すなわち、シャートはこう主張しているのである。「絶対的なもの」が「理念」にとどまっているかぎり、それはいかにしても「思惟不可能」である。それは厳密な意味での「絶対的な働き」、「純粋な活動」であるかぎり、「第一根本命題」の「絶対的自我」もまたそうであるように、そのうちにいかなる「区別」も「対立」も含んでいない。そうであるかぎり、その「絶対的働き」それ自体は思惟不可能なのである。「絶対的なもの」が「思惟可能」になるには、哲学的反省を介して「現象」の地平に措定され、「概念」化されねばならない。しかし、そのためには、絶対的で「純粋な働き」のうちに「実在的対立」が導入されねばならない。フィヒテの「純粋の能動性」が「客観的能動性」を介してしか思惟されないのと同じように、絶対的働きは「実在的な対立と結合されることを介して」初めて思惟可能になる。そして、そのときには「制限されたものが、絶対的なものの制約として思惟され」ねばならないのである。かくして、シャートは「絶対的自我」（あるいは「絶対的なもの」）の根源的、無制約的能動性を強調するにとどまらず、初めから、それの思惟可能性の制約として、「絶対的なもの」の「現象」の構造を、「制限されたもの」から「無制限なもの」への「上昇運動」と逆の「下降運動」との相関関係（あるいは往還運動）を射程にいれて構想しているのだといえよう。

われわれはシャートのこの『要綱』が一八〇一年に、すなわちシェリングの「我が哲学体系の叙述」とヘーゲルの『差異』論文と同じ年に出版されていることに留意しなければならない。『要綱』の叙述は、「絶対的なもの」と「制限されたもの」との区別づけ、連関づけにおいて、あるいは「無差別的同一性」と「差異」の区別と連関において、一八〇一年のシェリングとヘーゲルの一歩先を歩んでいるとさえいえるであろう。

以上述べてきたような彼の（ほぼ一八〇〇年頃までの）思想は、基本的に「知識学」の精神と合致している。しかし、一八〇一年の春頃から、彼は次第にシェリングの同一性哲学に接近し、「知識学」の理論的枠組みから逸れていくようになる。たとえば、一八〇二年に出版された『フィヒテの体系と宗教との絶対的調和』（その「序文」脱稿の日付は一八〇一年四月三〇日である）の末尾での「絶対的なもの」の規定は、シェリングの同一性哲学への接近を明瞭に示している。

「純粋に絶対的なものは、主観的なものと客観的なものとの無差別点である。それゆえ、存在のこの両規定は最高の立場からは、端的に一つである絶対的な根源的力（Urkraft）の反対の両極とみなされねばならない。したがって、〔最高の立場からみれば〕自我と非我（根源的に主観的なものと根源的に客観的なもの）の間には、いかなる質的区別も生じず、ただ量的区別が生じるだけである。この区別でさえ、それを思惟されたもの（Gedanke）のうちに止揚すれば、もはや何一つ区別されえない。主観的なものと客観的なものは無差別点によって撚り合わされている」（*Harmonie*, 353）。

これが用語の上でも理論の上でも、「同一哲学」そのものであることは疑いようがない。そして、一八〇三年には「フィヒテの体系には、この無差別点が欠けている。したがって、この体系では自然と自我性が調和的であることを示すことができず、両者が調和的であるべきだということが要請されるだけである」と語るようになる[43]。しかし、シャートはフィヒテの単なるエピゴーネンではなかったのと同じように、シェリングのエピゴーネンになったわけではない。彼は「同一哲学」の基本構造に対して、以下のような説得力ある――そして、それ自身正しい――異論を提出してもいる。

> 「超越論的なものとは、自然によって規定された自我性と自我性によって規定された自然とが端的に一つであるような絶対的な点のことである。〔……〕両者は一つの絶対的な存在の二つの種にすぎず、したがって互いに並置され、一つの絶対的な存在のもとに置かれている。自然に対抗しているものは超越論的なものではない。したがって、絶対的に一つである哲学の唯一可能な二つの種を、超越論哲学と自然哲学と特質づけることはできない。絶対的に一つの哲学が分離される際の哲学の一方の種が自然哲学（実在的なもの、客観的なものの哲学）であるとすれば、それと並置されるもう一方の種は観念哲学（主観的なもの、意識の哲学）である。かの両方の種が端的に重なり合う絶対的に一つの哲学が、超越論――哲学なのである」（*Harmonie*, 357）。

シャートは一八〇〇年頃から数年間のイェーナの哲学の動向、変化を如実に体現した哲学者であった。彼がイェーナで書いた――ほとんど顧みられてこなかった――いくつかの著作は、初期ドイツ観念論の重要な構成要素の一部をなしている。彼が一七九九年の初めにイェーナにやってきたとき、フィヒテはまだイェーナにとどまっていた。シャートの語るところによれば、彼は一七九九年の復活祭の頃、自分の『平易な叙述』の第一巻の原稿をフィヒテに手渡し、評価を求めた。フィヒテはそれを読んだ後、「自分の見解と完全に一致している」と語ったという。またフィヒテがイェーナを去る際には、シャートを「自分の体系を完全に理解した、イェーナで唯一の人物だと推奨した」[44]。ベルリンへ去るフィヒテが、シャートにイェーナでの自分の思想的後継者を見ていた可能性はある。実際フィヒテは、一八〇〇年夏には、超越論哲学派の代弁紙として期待をかけていたエアランゲンの『学芸新聞（Literatur-Zeitung）』の編集長、メーメル（Gottlieb Ernst August Mehmel 1761-1840）に、「超越論的観念論が問題になる場合、他の多くの人よりずっとよく理解している非常に有能な男」としてシャートを売り込み、同新聞の書評者に推薦した（GA III/4, 280）。その期待に応えてシャートは同紙に多くの哲学書の書評を寄せた。それらのなかには、ラインホルトの『一九世紀初めの哲学の状態を容易に概観するための寄稿集』第一分冊の書評や、ヘーゲルの『フィヒテの哲学体系とシェリングの哲学体系の差異』の書評が含まれている[45]。

シャートがもう「同一哲学」に傾斜していた一八〇一年の暮れ、フィヒテは――そのことを知ってか、知らずか――ベルリンからイェーナのシャートに宛てた書簡で、次のように述べている。

> 「彼〔シェリング〕が、知識学は物についての知から物を導出して

いるのだと思い込んでいること、そして、彼がかつて自分自身の観念論でも実際にそう考えていたこと、だから彼は知識学をFr・ニコライと同じように理解しているのだということ、このことは今やまったく明白です。――貴兄の手になるエアランゲンの『学芸新聞』のいくつかの書評から、私の尊敬すべき友人である貴兄が、今でも広く行き渡っているとみなさねばならないこのような偏見に与していないのを知って、私は大いに満足を覚えました」(*GA* III/5, 101)。

かくして、シャートは、当時哲学の世界におけるフィヒテとシェリングの「綱引き」の真ん中に置かれていたのである。彼は一八〇四年二月に、ゲーテの斡旋によって東ウクライナに新設されたカルコウ(Charkow)大学の正教授として赴任することになる。当地でも彼は非常に多様な哲学系科目を教授し、精力的に数多くの教本を出版した。ところが、一八一六年一二月に突然、彼はその反国家的な自由思想を理由にカルコウからケーニヒスベルクに追放される。一八一七年の冬からは一時ベルリン大学の私講師となるも、ロシア側からのプロイセンへの圧力によって再びイェーナに移住することになる。イェーナでは、ゲーテの助力で員外教授となり多くの講義をしたが、その晩年の生活はけして恵まれたものではなかった。彼のアカデミック・キャリアは、イェーナで華々しいスタートを切りながら、その後長い間の不遇で悲惨な教授活動の果てに、イェーナで終止符を打ったのである。

(4)ヘーゲルの生涯の仇敵、フリース

シャートの名前は、今ではフィヒテ研究者にすらほとんど知られていない。それに比べフリースの名前は、今でもヘーゲル研究者にはよく知られている。それは、何よりもヘーゲルの『法の哲学』(一八二一年)「序文」での有名なフリース非難のためである。この激しい口調の非難はすでに当時からさまざまに取り沙汰され、両者の関係についてそして当時のヘーゲルの政治的立場について、誤った理解を生み出す要因となってきた。すなわち、「自由主義者」フリースvs「体制擁護の保守主義者」ヘーゲル、あるいはブルシェンシャフト運動の擁護者フリースvsその運動の敵対者ヘーゲル、等々。この単純化された図式的理解が事の真実からほど遠いことは、もう今では明らかになっている[46]。

ところで、フリースに対するヘーゲルの「軽蔑と憎しみ」はこのとき突然爆発したのではない。その一〇年前、ヘーゲルはニートハンマーに宛てた手紙でも、激しい口調で――フリースの政治的言動をではなく――彼の哲学的著作を罵倒していた。酷評されている著作は、ヘーゲルの『論理学』に先立つこと一年、フリースが公刊した『論理学の体系』[47]である。その手紙の口調もまた非常に感情的である。「彼の論理学」は「才気のない、まったく浅薄で、中身のない陳腐なもの」であり、「学問的連関の予感すらまったく感じさせない」。それの注釈部分もまた「まったく浅薄で、才気もなく、中身のない陳腐なもの」であり、「ただ馬鹿だけがそれを消化する間に生み出しうる、まったくずさんで、まったく支離滅裂な、講壇の無駄話」にすぎない[48]。

たしかに、両者は最初に出会ったころからすでに、その哲学的立脚点――経験的心理学と思弁的な超越論的観念論――を異にしていた。だが、この哲学上の立場の違いだけでは、かの激しい「軽蔑と憎しみ」の感情は説明できない。それには別の要因が絡んでいる。先の手紙の一節はその要因を示唆してもいる。フリースの『論理学の体系』

を手にしたとき、ヘーゲルは本当に「憂鬱」な気分になったと告白している。そしてこう続けている。「彼のように浅薄な男が、哲学の名において世間であれほど大きな名誉を手にするようになったこと」、そして「彼自身が、自分の稚拙なぐり書きがあたかも何らかの重要性をもっているかのような口調で書くことが許されている」のに比べ、「結婚したばかり」の自分の身上がかくも不遇で、不安定なものにならねばならないのか、とうてい「自分には理解できない」(49)。

フリースとヘーゲルはともに一八〇一年にイェーナで博士学位を取得し、そして両者ともこの年から初めて大学の講義活動を開始した。だが、その一〇年後（かの書簡起草の時点）には、フリースはすでにそれなりに知られた著作を数多く公刊しており(50)、ハイデルベルクの「論理学および形而上学」の正教授の地位にあった。片やヘーゲルは、『精神現象学』（一八〇七年）こそものにしていたものの、それ以外に世間に認められためぼしい業績もなく、数年来ニュルンベルクのギムナジウムの校長を務めていた。皮肉なことに、この五年後にヘーゲルがようやくハイデルベルクの教授職にありついたのは、フリースがイェーナの正教授に転身してそのポストが空いたからであった。つまり、フリースはこれまで、そしてまたこれ以降も、大学のポストを巡る競争においてヘーゲルの「宿縁の仇敵」であったのであり、そしてヘーゲルはいつも彼の後塵を拝する運命に見舞われてきたのであった。この「浅薄な男」が事あるごとに自分の先を行き、カントと肩を並べるかのような表題の大部な『理性の新たな批判』（一八〇七年）を公刊しては世間にもてはやされていることに、ヘーゲルは我慢できなかった。かの激しい感情的反発の背景に、同じ時期に同じ大学でアカデミック・キャリアのスタートを切った両者の身分・境遇上の耐え難い「不当な」格差があったと推測してもそれほど的外れではなかろう。

さて、時間を両者の最初の出会いの頃まで戻そう(51)。フリースは父の強い意向で、まず敬虔主義に基づく、ニースキー（Niesky）のモラヴィア派の神学校で青年期の教育を受けた。神学校時代に、彼はまず、一七九〇年代の哲学青年の多くがそうであるように、ラインホルト経由のカント哲学に触れる。次にカント自身の著作（『プロレゴーメナ』と「懸賞論文」）に向かう。その後の彼の知的キャリアを理解するうえで興味深いのは、彼は（「第一批判」を読む前に）これらの著作を通して、ラインホルトの「総合」的方法と対立するカントの「分析」的方法を見てとり、それを重視したことである。神学校終了後、彼は二二歳で法学を学ぶためにライプツィヒに赴くが、法学の勉強には身が入らず、当地を代表する哲学者、プラットナーやハイデンライヒの哲学の講義を熱心に聴いている。当時哲学の心理学的方向の主唱者であったプラットナーが、その後のフリースの思想に少なからぬ影響を及ぼしたことは疑いない。このライプツィヒで、フリースは後にシュミットの『心理学雑誌』に掲載されることになる五編の論文を書いている(52)。これらの論文には、彼の後の立場、経験的心理学の立場がすでに明瞭に語られている。これらの論文で、彼はカントの超越論哲学を「内的経験に基づく経験的な学」として理解しようとしている。いや、超越論哲学を経験心理学に解消しようとしていると言ってもよい。彼の後の著作の多くは、ここで確立された「心理学主義」の基本的立場をより詳細に肉付けしたものであると言っても過言ではない。彼の主著、三巻本の『理性の新たな批判』ですらそうである。その第二版は、『理性の新たな批判、すなわち人間学的批判』と改題されているが、この表題は、彼が「批判」に代えて「哲学的人間学」すなわち「経験心理学」を哲学体系の基礎学に据えようとしていることをはっきりと示している。

その後、彼がイェーナに来たのが一七九七年秋である。ここでフィヒテの講義も聴くが、彼はすぐにフィヒテの「空虚な諸定式の抽象性と作為性」に失望した。イェーナで彼がシュミートと「精神的同盟」を結ぶようになるのは、両者の思想的立場からして当然のことであった。経済的苦境を脱するために、二年半ほどスイスの小さな町で家庭教師をした後、彼がイェーナに戻ってきたのは一八〇〇年も秋に入った頃である。そして、一八〇一年にはイェーナの哲学部に、フィヒテとシェリングを反駁する学位請求論文『知的直観の哲学』を提出し、この年の夏学期から私講師として教壇に立つことになる。

一八〇一年夏学期に（ヘーゲルの初講義は、同年の年冬学期である）、彼は三つの講義を予告している。すなわち、シュミートの『形而上学要綱』を教本にした「形而上学」講義、「経験心理学と結びついた哲学的人間学」講義、そして「哲学の技法（De arte philosophandi）」である。一八〇二年夏学期には、自前の教本『明証的な学としての哲学の体系』に沿った「論理学および形而上学」講義と、同じく自分の教本『哲学的法理論およびすべての実定的立法の批判』に沿った「自然法」講義を告示している。だが、新米の私講師の場合の例にもれず、これらの講義の聴講者数はまったく期待外れに終わったようである。哲学で身を立てる望みを失ったフリースは、一八〇二年の暮れには一時（いささか腕に覚えのあった）医学や生理学に転身しようとも考えた。その決断には、カントの指針を医学の分野に据えるという狙いとともに、ますます影響力を拡大しつつあったシェリングの哲学に対抗しようという想いもあった。

それでも、一八〇三年の夏学期にも「論理学および形而上学」と「自然法」を予告しているが（巻末の「講義告示一覧」参照）、この最後の両講義は実際には行われなかったと推定される。彼はある友人の提案に応じて、一八〇三年五月から一八〇四年五月まで、南ドイツ、スイス、フランスを巡る大旅行に出かけていたはずであるから。その後イェーナでの講義活動を再開した彼は、一八〇五年にはヘーゲルとともに員外教授に任命される(53)。だが、その直後フリースはハイデルベルクの哲学正教授に招聘され、一八〇五年の復活祭にはこの招聘を受け、イェーナを去ることになるのである。

その一〇年後（一八一五年）にヘニングスが亡くなった。空席となったイェーナの正教授の後任は、なかなか確定しなかった。ワイマール政府がそのポストにハイデルベルクのフリースを指名したのは、一八一六年の秋である。こうしてフリースは今度は正教授として再びイェーナの講壇に立つことになる。彼はこれ以降、当地で「形而上学」、「心理学」、「論理学」、「政治学」、「宗教哲学」、「美学」など、ありとあらゆる哲学関連科目の講義を行っている。そして、この二回目のイェーナ滞在以降、彼はブルシェンシャフトを中心にした学生の自由主義的、愛国主義的運動に深く係るようになる。彼はブルシェンシャフトの一部から「英雄」視されるようになり、学生たちのヴァルトブルクの祝祭集会に参加して演説を行う。だが、この集会で生じたさまざまな言動は、あらゆる種類の自由主義的、愛国主義的運動を弾圧しようとしていた反動的な諸邦政府に都合のよい口実を与えた。少し時を置いて、フリースに対する保守反動勢力の激しい非難、攻撃が始まった。その結果、プロイセンの強い圧力を受けたワイマール政府は、一八一九年にはおそらく不承不承フリースの公務停止を決定せざるを得なくなり、彼は「哲学の教授」の地位をはく奪されることになる。とはいえ、ワイマール政府の寛大なはからいによって、数学や自然学の講義はまだ彼に委ねられ、教授としての俸給はそのままであったようである。

多くの人々にこの「弾圧事件」が知られるようになっていたまさにその時期に、『法の哲学』の「序文」はことさらにフリースの名を挙げ、しかもかの祝祭での演説を引き合いに出して、彼を激しい調子で非難したのである。それゆえ広く世間に、「一方の迫害された高潔な自由主義者と、他方の弾圧ですでにまいっている敵を打つほど卑劣な権力の僕」の対立という解釈図式が広がったのも、状況的には一理あるのである。フリースが再びイェーナで哲学の講義を告示できるようになるのは、一八三八年、実にヘーゲルの死後七年後のことである。

最後に、彼がイェーナで公刊した二つの著作を通して、彼のリベラルな政治思想の基礎と哲学体系構想の根本を簡単に確認しておこう。最初の著作『哲学的法理論』（一八〇三年）は、彼のリベラルな政治思想の根幹をよく表している。[54] それは、本質的にカント的諸原理に従って、「すべての人格の平等」という理念に立脚している。すべての人格が等しく有する尊厳とこれを促進することが、「すべての立法の原理」でなければならない。[55] フリースは国家契約説をはっきりと斥けている。[56] それよりも、君主と人民は相互に強制し合うべきである、君主は法によって、人民は公論によって強制されるべきである。[57] そして両者の法的関係は、誠実と信頼に基づかねばならない。当時、ヘーゲルやロマン主義的傾向の哲学者たちがいわばコミュニタリアンであったとすれば、この時期のフリースはそれと対照的にリベラリストであった。彼はリベラルで国民主義的な政治的思想を堅持しており、一八一〇年代中頃に彼の政治思想のなかに浮上してくる、民族主義、反ユダヤ主義はまだその痕跡すら見いだせない。

二つ目の教本『哲学の体系』（一八〇四年）は、彼の特徴的な体系構想の概略を素描している。哲学の主要両部門である「論理学」（形式的学）と「形而上学」（実質的学）のうち、後者は「思弁哲学」すなわち「自然の形而上学」と「実践哲学」すなわち「人倫の形而上学」および「宗教論」の三つに区分される。「自然の形而上学」はさらに「内的自然の形而上学」と「外的自然の形而上学」に細分される。ところが、彼は「論理学」と「形而上学」との間に、特殊な部門すなわち「理性の批判」を差し込んでいる。したがって、「批判」は形而上学全体の基礎理論として、哲学の実質的諸部門すべてに先置されるのだが、フリースによれば、「批判」が完全なものになるには、それの「人間学的な根拠づけ」を必要としている。すなわち、「経験的心理学」とも呼ばれる「哲学的人間学」を哲学の諸部門の方法論基礎学と位置づけようとする傾向が、ここにははっきりと示されているのである。[58] この傾向は、彼のハイデルベルク時代にもっとはっきりした形をとるようになる。かくして、フリースのその後の多面的な諸理論の骨格は、すでに一回目の彼のイェーナ時代に形づくられていたのである。

フリースは最初のイェーナ時代に、すでに大著『ラインホルト、フィヒテ、シェリング』（一八〇三年）を公刊し、思弁的―超越論的観念論と真っ向から対決する論陣を張っているが、この著については後に詳しくとりあげることにする（第一二章第二節参照）。

（5）クラウゼ――シェリングに刺激され、シェリングに抗して

シャートと同じようにクラウゼもまた、我が国ではあまり知られていない。彼の名は、ドイツ観念論研究者の間で、フィヒテの「新方法

による知識学」講義（一七九八年冬学期）の筆記録（クラウゼ版）の筆記者として、ときたま思い起こされるだけである。しかし、ドイツ初期観念論の展開過程を少し詳しく追うならば、クラウゼもまた欠かすことのできない哲学者であることが明らかになる。後年、実践的領野で世界中に大きな影響を及ぼした彼もまた、イェーナの学生をへて、イェーナで博士学位と教授資格を取得し、フリースやヘーゲルと同時期に当地でアカデミック・キャリアを開始した「イェーナの哲学者」であった。

彼は一七九七年の冬学期に神学部に学生登録をしたが、その関心は次第に哲学に向かい、フィヒテやシェリング、そしてA・W・シュレーゲルの講義を熱心に聴くようになる。学生時代、牧師である父にしばしば彼らの講義の様子を伝えている[59]。その後、彼は一八〇一年一〇月に「素数の考案能力」に関する「数学的探求」の学位論文で博士となり、一八〇二年四月に「数学的観念」と「哲学的観念」の「最初の結合に関する哲学的—数学的論文」を提出して「講義許可」を得る。そして、一八〇二年の冬学期には初めて公式に三つの講義、すなわち「論理学および形而上学」、「自然法」、「純粋数学」を告示している[60]。一八〇三年の夏学期にはこの三科目に加えて「自然哲学」を新たに告示し、この年の冬学期にも「理性の哲学の体系と自然の哲学の体系、口述による」と「純粋数学、教本による」を告示し（巻末の「**講義予告一覧**」を参照）、そしてこれらの講義を実際におこなった。次の二つの学期も、彼は複数の科目の講義を告示しているが、実際にはこれらの講義はおこなわれなかった。というのも、一八〇四年の夏学期中には彼はまだイェーナに居たが、その一〇月にはイェーナの哲学部の状況と自分の講義の将来に見切りをつけ、おそらく確たる展望も持たないまま、まずルドルシュタットへ、そしてさらに翌年にはドレスデンへ向かったからである。実は、彼はこれらの正式告示による講義に先だって、すでに一八〇一年冬学期には正式な告示なしに「純粋数学」を、一八〇二年夏学期には「論理学」、「自然法」、「純粋数学」を私的に講義していた[61]。このとき、彼は二一歳である。これらの講義は、学生の間ではけっこう好評で、聴講生もそれなりの数があった[62]。そして熱心な信奉者もいた。だが、これらの「非公式」の講義を合わせても、彼がイェーナで実際に講義したのは五学期の期間にすぎない。

その後の彼のキャリアを知れば、この「イェーナ退去」は明らかに失敗であったと言わねばならない。ドレスデンでは彼は相変わらず父から財政支援を受けながら、いくつかの私的講義や数学の授業をして糊口をしのいだ。一八一三年にはベルリンに向かう。当地の大学に職を得るためである。彼は一八一四年にベルリンで改めて「教授資格論文」を提出し、私講師として講義活動をする。彼はフィヒテの死（一八一四年）によって空いた教授の席を得ようと努力したが、その願いもかなわず、一八一五年には失意のうちにもう一度ドレスデンに戻っていく。その後のドレスデン生活も貧窮を究めたものであった。それでも彼は一八二三年には今度はゲッチンゲンに移り、そこで三度目の教授資格を獲得した。そして、当地で多くの教本類を出しながらも[63]、大学内では大きな反響も呼ばないまま七年間哲学の私講師として活動した。その後、彼は自分の学生何人かが関与した、学生と市民による騒動事件の同調者の罪を着せられ、ゲッチンゲンからの退去を余儀なくされ、一八三二年一二月にミュンヘンで亡くなった[64]。優秀な才能の持ち主であったこの早熟の逸材は、どこかで人生の歯車を狂わせ、イェーナで、ベルリンで、ゲッチンゲンで三度も「教授資格」を得ながら、ついに一度も教授職に就くことはなかった。

　しかし、不運の連続であったアカデミーでのキャリアとは対照的に、彼の思想が生前から、そしてとくにその没後に与えた多方面にわたる影響、すなわち教育学、国家―社会論等における理論的影響、そして社会思想の諸分野におよぶ実践的影響の大きさを知るならば、クラウゼの理論―思想上の活動が、極めて実り多いものであったことは明らかになる。[65]ドイツ観念論の哲学者のなかで、アカデミーの外で彼ほど強く広い社会的実践的影響を与えた者は他にいない。そして、彼の社会思想が含む多くの観点は今なお現代的で啓発的である。そのリベラルな社会的、実践的思想の起点はドレスデンであった。当地で彼は、すでにイェーナ時代から接触のあったフリーメイソンの運動と深く係った。この時代に彼のフリーメイソン関連の論文が数多く執筆、公表されている。その際、彼の思想の中心にあったのは、「人間の絆」、すなわち道徳的に純化された人間性の理念であり、それは大著『人間の原像（*Das Urbild der Menschheit*）』（ドレスデン、一八一一年）に結実する。これは何度も再版され、後世に最も影響を及ぼした彼の主著である。このヒューマニズムを基礎に彼がゲッチンゲンで展開した「調和主義的リベラリズム」思想は、やがてスペイン語圏で「クラウゼの精神（Kurausismo）」と称されるようになる多様な社会―倫理的実践活動へと具体化され、今なお大きな影響を及ぼしているのである。近年その研究がつとに盛んになっているこのリベラルな社会・政治思想の意義やその影響史に立ち入ることはできない。われわれは「イェーナの哲学者」クラウゼに戻らなければならない。

　クラウゼは、三年ほどのイェーナ私講師時代にもう多くの教本を出版している。[66]それらはみな、大なり小なり、クラウゼの独特の人間観と全一的で調和主義的な「世界・宇宙存在論」を表現しているが、ここでは、それらのうちから『哲学の体系構想、第一部、自然哲学への手引きのほかに全般的哲学を含む』（一八〇四年）だけを紹介しておこう。その「第二部」は出版されることはなかったが、この表題は、彼が「自然哲学」を「哲学の体系」全体の一部として論じようとしていたことを示している。この表題の直後に付されている二番目の扉は「自然哲学への手引き。Ⅰ．自然の演繹、Ⅱ．自然の構成への手引き」と題されている。「Ⅰ．自然の演繹」は「§1．存在論、すなわち諸本質の本質について」から始まり、「§2．世界霊について、すなわち世界の諸々の単一態すべてと調和している、世界の無限な内的生について」、「§3．自然について、すなわち宇宙における単一態としての自然は、無限で永遠の形成作用であること」、「§4．自然の認識の可能性」を含んでいる。「Ⅱ．自然の構成への手引き」（§5～§10）は、自然の内的で永遠のプロセスの構成の概略を含んでいる。「Ⅰ．」では、いわば「自然哲学」以前の基礎的「存在論」―形而上学がスケッチされており、ここにはクラウゼの特徴的な体系的思想が要約されている。各節には「定理」がテーゼ風に表現され、それに「解明」や「証明」が続いているが、いずれも叙述は非常に圧縮されている。クラウゼは講義では、この教科書を基礎に各論述主題をかなり敷衍したものと考えられる。

　冒頭の「最高にして唯一の公理」は、いきなりこう断言している。「世界は、自己同等的で、調和的で、有機的で、端的に無限で、根拠をもたない完成したものであり、その意味で絶対的なものである。世界は唯一絶対的で実在的なものであり、諸本質の本質であり、真なるものそれ自体である」（*Anleitung*. 1）。[67]「この公理」は「真の認識すべての唯一、最高の原理である」ので、これ以上証明することはできない（ibid. 2）。彼の理論の全体は、すでにこの公理のうちに凝縮されている。ここに「挙げられたすべての特性（属性）」が一つずつ、ごく簡潔にではあるが順次解明されていく。だが、無限な単一態としての世界のうちには、同時に無限の多様態が存在している。「第二公理」はその両者の連関を説明しようとしている。すなわち、「世界という単一態、同一態、調和、有機体は、無限に多くの単一態の単一態であり、無限に多くの同一態の同一態であり、無限に多くの調和の調和であり、無限に多くの有機体の有機体である」（ibid. 9f.）。この「無限に多くの単一態」、「同一態」は、それぞれ異なっていながら等しく「単一態」、「同一態」であり、しかもそれぞれが自らのうちに「世界」を映している「モナド」（ibid. 10. 19. 33）であることは、すぐ明らかになる。そして、これら諸々の単一態は、諸々の「圏域（Sphäre）」あるいは「ポテンツ」とも呼び代えられ、それらはほぼ同義語として使用されている。これらの諸「単一態」の多様性が「世界全体」の多様性をなしているのである。「無限に多くの同一態の同一態」としての「世界の本質」を、クラウゼはまた「有限なものと無限なものとの同一態、無区別態（無差別）」（ibid. 15）とも表現している。

「第三公理」は、それら「諸々の単一態」、「諸圏域」の相違が何に由来し、それらと絶対的単一態とがいかなる関係にあるかを明らかにしようとしている。諸々の単一態は「本質に従って」区別されているのではなく、「単に形式のうえで」区別されているにすぎない。だが、その形式上の区別はけして「量的差異」ではなく、「質的差異」であり、その区別は「絶対的な単一態それ自身の内部に存在しなければならない」（ibid. 16f.）――この点では、クラウゼはシェリングと一線を画そうとしているように見える。絶対的なもののうちにあるこの区別、相違を、クラウゼは「無限なものと有限なものとの統一が有限なもののうちに（実在的なもののうちに）在る」場合と、「有限なものと無限なものとの統一が無限なもののうちに（理念的なもののうちに）在る」場合との相違として説明しようとしている（ibid. 18）。「モナド」としての諸々の単一態はどれも、「他の有限な単一態のどれをも自らのうちに受け入れ」、「絶対的なもの自身であろう」と努める（ibid. 21）。その結果「宇宙のうちにある或る圏域、或る単一態は、〔他の〕すべての単一態を自らのうちに入れ込んでおり（in sich einbildet）、永遠なものの完全な摸像である」（ibid. 24）。かくして、「世界」、「宇宙」という「絶対的な単一態」は、自らのうちに無数の異なった単一態を包含し、かつ互いに他を映し合うこれら無数の単一態の調和的統一体として構想されることになる。

「§2. 世界霊について」は、「最高の両圏域」である「実在的なもの」と「理念的なもの」との、それゆえ「自然」と「理性」との「理念と調和」を証示しようとする。両者の調和は二重性をもっている。すなわち、「理性における自然は空想（Phantasie）の世界として開かれる」が、「自然における理性は有機体のうちで開花する」（ibid. 32）。この「空想」と「有機体」との調和が「美」であり、「美」は「絶対的なるものの神的本性のうちにある聖なる第三者」である（ibid. 49）。「自然」が「理性のうちにある」かぎり、「自然」は「理性の法則に従って」自らを形成・展開するのに対して、「理性」が「自然のうちにある」かぎり、「理性」は「自然の法則に従って」自らを形成・展開する（ibid. 33）。そのように、これまた重層的で入れ子式に他方を含む、「自然」と「理性」の調和的構造を、クラウゼは「予定調和」

(ibid. 49, 83) とも表現している。

「§3. 自然について」は、まず「自然」が「永遠の産出活動」を本質とし、この活動は「時間の必然性をともなう個別的なものを、自らの活動に基づいて全体として呈示」しようとする (ibid. 66ff.)。次に、テキストは「諸圏域における自然の内的相互作用の普遍的諸法則」を開示しようとしている (ibid. 73ff.)。「§4. 自然の認識の可能性」への問いは、「調和の最高法則」に基づけて初めて答えられうる。ここでクラウゼは「その理念に適合的な理性は、すべての事物を在るがままに認識」できることを主張している (ibid. 78ff.)。

この非常に思弁的な「世界」存在論とシェリングの同一性理論との類似性は否定できない。だが、クラウゼのシェリングに対する依存性は事柄自身にあるというよりも、むしろ術語使用法の側面にあるとも言える。すでにイェーナの学生時代から、クラウゼはシェリングの自然哲学から刺激を受けながら、他方でシェリングに対する自分の独自性を強く意識し、これと一線を画すべく努めていた。まず、両者の差異は全体として見れば、クラウゼの「自然哲学」は――「最高にして唯一の公理」から始まっているように――シェリングのそれに比べ、はるかに「演繹的」に展開されている点に認められる。さらに、上述の素描だけからでも、シェリングの同一性理論がスピノザ的であるに対して、クラウゼの「諸本質の本質論」はライプニッツ的であることが読み取れる。またクラウゼはシェリングとは違って、「有限なものと無限なもの」との相互貫入的、相互内在的関係を「世界」構成の原理としている。したがって、彼にとって「絶対的なもの」の本質は「無差別的同一性」にあるのではなく、むしろ無限に多様な「有限なもの」と「無限なもの」の相互内在的な調和的関係にある。それゆえ「無限なもの」は自らのうちに差異と区別を内包しているといえる。この点では、クラウゼはシェリングよりもずっとヘーゲルに近い。彼はこの当時、シェリングとヘーゲルの「間」にいるともいえよう。

こうして「イェーナの私講師たち」の知的キャリアを点描し終えた今、理論的立場を異にした彼らの人生が奇妙なまでに或る一点で結びついていることに気づかざるをえない。つまり、彼らはみな或る時期、「政治的理由」で大学を追われた点で一致している。フィヒテとフォアベルクがイェーナを追われたのは、表向きは「宗教的」理由であるが、本質的には「政治的」理由である。シャートは「反国家的自由思想」の廉でカルコウを、フリースは「自由主義的、愛国主義的運動」を先導した廉でイェーナを、そしてクラウゼも市民・学生の起こした政治的事件への同調の廉でゲッチンゲンを追われた。その原因を単純化するのは慎まなければならないだろう。だが、ミネルヴァのふくろうが「たそがれ時」をまたず、「朝方に」あるいは「真昼間に」飛び立ってしまった悲劇とまでは言えないにしても、「時代」はまだ、哲学者の「理性」に政治的警戒心と猜疑心を抱いていたことだけは確かである。

注

(1) ただし、フィヒテの場合名目上は Professor philosophiae ordinarius supernumerarius (定員外の哲学正教授) という特別な肩書で招聘された (vgl. GA III/2, 64f.)。しかし、「員外」であるかぎり、これも厳密な意味での「正教授」ではない。ワイマール政府は、単なる「員外教授」と弁別するためにこの種の特別な名称をしばしば使った。たとえば、一七九三年にギーセンからシュミートを呼び戻すために与えた肩書は、ordentlicher Honorarprofessorであった。また、ラインホルトにも一七九二年からは、フィヒテと同じ肩書が与えられていた。

（2）この二人の正教授のもっと詳しいキャリアと活動は、Max Wundt, *Die Philosophie an der Universität Jena, in ihrem geschichtlichen Verlaufe dargestellt*. Jena 1931. 122-137を参照。

（3）Vgl. Theodore Ziolkowski. *Das Wunderjahr in Jena*. Stuttgart 1998. 20ff. イェーナの教授の給料は、他の大学に比べてたしかに低かったといえるが、それでも極端に低かったわけではなさそうである。

別府昭郎『近代大学の揺籃　一八世紀ドイツ大学史研究』（知泉書館、二〇一四年）は、一七八九年時点でのヴィテンベルク大学の各学部の教師たちの給料を第一次資料に基づいて示している（一三五―一四八頁）が、それによると哲学部の正教授たちが大学から得ていた額は三〇〇～四〇〇ターレルであり、なかには正教授でありながら「一〇〇ターレルのペンジオン」だけという例も認められる。同書によれば、ハレ大学の場合、一七六〇年代後半の哲学部の五人の教授の給料は全員二〇〇ターレル以下であったのに対して、一八〇三年の哲学部の教授の給料はその四、五倍ほどの額になっている（三六―三七頁）から、給与額の評価には時代の推移を考慮しなければならないだろう。

（4）シラーは先に引いた（一七八七年八月の）手紙で、教授たちの生活ぶりをこう伝えている。「ラインホルトは今、おおよそ六〇〇ターレルから七〇〇ターレルで暮らしており、彼がヴィーラントと分けあっている『メルクーア』からの収入、そして彼が寄稿している『一般学芸新聞』からの収入で暮らしている」（*NA* XXIV. 142f.）。『新聞』には、ドイツのもっとも有力な執筆者一二〇人ほどがかかわっており、収入を得ている。シュッツとベルトゥーフは『一般学芸新聞』から、それぞれ二五〇〇ターレルの収入を得ており、寄稿者には一ボーゲンにつき一五ターレルが支払われている」（ibid. 147）。ALZの原稿料は他の誌紙に比べてかなり高かったのである。

（5）「**講義告示一覧**」に挙げた講義科目が「哲学部設置科目」のすべてではない。ALZの当該欄には「神学」、「法学」「医学」と並んで「哲学」の科目群が提示されているが、それに続いて「文献学」や「歴史学」、さらに「数学」、「自然学（Naturwissenschaften）」、「近代語」等の科目群が別項目で挙げられている。これらの科目群もまた「哲学部」の開設科目であった。「哲学部」は同時に「下級学部」としての「教養部」でもあったからである。以下で対象としている「哲学部」の科目とは、これらの科目群を除いた「哲学プロパー」の科目である。シラーは「歴史学」科目を、シュッツやA・W・シュレーゲルは主に「文献学」科目を講義しており、ニートハンマーは（一七九八年冬学期以降）「神学」科目を、P・J・A・フォイエルバッハは（一七九九年冬学期以降）「法学」科目を担当している。

（6）たとえば、一七九五／九六年冬学期のフィヒテの「自然法」講義は一〇月二〇日に始まったが、その三日後、これを聴講したある学生が母に講義の様子をこう報告している。「フィヒテの公的講義は先週の木曜日に始まりましたが、講義は大繁盛で、いつも四、五分前には席を探さねばならないほどです。…〔中略〕…最初の時間には、講堂と廊下は入口まですし詰め状態になり、息もできないほどです。…〔中略〕…この公的講義も来週の中頃には終了し、それ以後私的講義が始まります。こちらではわれわれは指定された座席が占有的に与えられます」（*FiG* 6. 1. 181f.）。

シェリングも最初の講義である一七九八／九九年冬学期の「自然の哲学」講義を次のように告示している。「一〇月一八日以降、午後四時に公的講義、『自然哲学の概念と本質について』を行う。／一〇月二九日からは、同じ時間に週四回、『自然哲学の体系自身』を私の構想にそって」私的講義として継続する。

（7）Vgl. *Aus Jens Baggesen's Briefwechsel mit Karl Leonhard Reinhold und Friedrich Heinrich Jacobi. Erster Theil*. Leipzig 1831. 18 u. 39.

（8） Vgl. *KA* XI. 411.（『カント全集22　書簡Ⅱ』岩波書店、二〇〇五年、一九五頁参照）

（9） 一七九四年六月二日付のニートハンマーからエアハルト宛書簡を参照。Wilhelm Baum (hrsg.), *Friedrich Immanuel Niethammer. Krrepondenz mit dem Klagenfurter Herbert-Kreis*. Wien 1995, 90. Vgl. auch Hans-Peter-Nowitzki. "Geh hin und predige das Neue Evangelium." Friedrich Philipp Niethammers Weg von der Nostrifikation zur Renuntation als außerordentlicher Professor der Philosophie in Jena. in: Friedrich Strack (hrsg.), *Evolution des Geistes: Jena um 1800. Natur und Kunst, Philosophie und Wissenschaft im Spannungsfeld der Geschichte*, Stuttgart 1994, 103 u. 113.

（10） Karl Rosenkranz, *G. W. F. Hegels Leben*, Berlin 1844 (ND: Darmstadt 1972), 161.（中埜肇訳『ヘーゲル伝』みすず書房、一九八三年、一五二頁）。

（11） Kraus Düsing (hrsg.), *Schellings und Hegels erste absolute Metaphysik* (*1801-1802*), Köln 1988, 13.

（12） Vgl. Heinz Kimmerle, Dokumente zu Hegels Jenaer Dozententätigkeit (1801-1807), in: *Hegel-Studien* Bd. 4 (Bonn 1967), 59-64.

（13） Vgl. Enrique M. Ureña, *K. C. F. krause. Philosoph, Freimaurer, Weltbürger. Eine Bibliographie*, Stuttgart-Bad Cannstatt 1991, 85.

（14） Heinz Kimmerle は前掲論文で、一八〇一年八月にヘーゲルが「講義許可」を得るまでの学部内の手続きの経緯を、一次資料に基づいて提示している。それによれば「学位認定（Nostrifikation）」に関しては、ヘーゲルの申し出に従って当時の学部長Ｉ・Ｈ・フォイクトが正教授たちに「回状」を回し、六人の正教授が短い文書で回答を寄せるという手続きで進められている（この方式は慣例であった）。その「回状」には、申し出が許可された場合には一定の「手数料」（この場合、二一ターレル二〇グロッシェン）を支払うこと、「講義目録の印刷前に、講義資格のための討論か試験講義を行わなければならない」ことが記されている。「講義資格認定」に関しても、同じく「回覧板」方式で八月中に認められている（28-44）。

（15） Vgl. K. Rosenkranz, op. cit., 156-159.（前掲邦訳書、一四八―一五一頁。村上恭一訳『ヘーゲル初期哲学論集』平凡社ライブラリー、二〇一三年、四五七―四六五頁）。

（16） この出来事の描写は、*ATHENÄUM. Jahrbuch für Romantik*, 2. Jahrgang 1992 に掲載された「イェーナ大学でのFr・シュレーゲルの教授資格の取得」、「一九世紀冒頭（一八〇〇年）の一人の初期ロマン主義者と大学の代表者たちの間の三幕仕立ての思想的対話」という記事（S. 269-283）に基づいている。この対話はもともと一九八九年に「イェーナの初期ロマン主義者の家」で演じられたものであるが、記事の作者たちはこの出来事を「創作」しているのではなく、当時の学部長ウルリッヒの手になる「学部記録文書」に依拠して、事件を忠実に再現している。

（17） 以上の経緯については、vgl. Hans-Petter-Nowitzki, op. cit., 99f. 参照。

（18） Vgl. Max Wundt, op. cit., 140-314.

（19） ヒュームの『人性論』は、すでにＬ・Ｈ・ヤーコプによって三巻本（ハレ、一七九〇―九二年）で独訳されていた。この独訳は、ラインホルトによって書評されている（*ALZ* 1792, Nr. 174, 175）。さらに、テンネマンはその後ロックの『人間悟性論』も三巻本に独訳している（一七九五―九七年）。

（20） Karl Leonhard Reinhold, Über den Begriff der Geschichte der Philosophie. Eine Akademische Vorlesung. in: G. G. Fülleborn (hrsg.), *Beyträge zur Geschichte der Philosophie*, Züllichau und Freystadt 1791. [Aetas Kantiana 77 (1968)], 12ff. 19f. u. 22ff.

（21） 論文の表題は「一七八〇年以降、哲学史のために書かれたもっとも卓越した作品の概観（Uebersicht des Vorzüglichsten, was für die Geschichte der Philosophie seit 1780 geleistet worden）」であり、『哲学雑誌』第二巻第四分冊に掲載された。これの続編が第三巻第一分冊に掲載されている。

（22） Wilhelm Gottlieb Tennemann. *Geschichte der Philosophie. Erster Band.*

Leipzig 1798［Aetas Kantiana 272 (1969)］. この『哲学の歴史』は、彼の死の年一八一九年に第十二巻が出たが、ついに未完に終わった。その概要、同時代の他の哲学史との関連については、「幕間Ⅳ」の注（10）を参照。

（23）W. G. Tennemann, ibid., Vorrede（頁付なし）。

（24）ibid., Einleitung, XXIX.

（25）ibid., XLVII.

（26）ibid., IX.

（27）ibid., XLVIII.

（28）Vgl. Horst Schöpfer, Der Entwurf zur Erforschung und Darstellung einer evolutionäre Gesichte der Philosophie von Wilhelm Gottlieb Tennemann, in: Friedrich Strack (hrsg.), *Evolution des Geistes: Jena um 1800. Natur und Kunst, Philosophie und Wissenschaft im Spannungsfeld der Geschichte*, Stuttgart 1994, 227.

（29）Max Wundt, op. cit., 195.

（30）「ラインホルトの表象能力理論についてのシュヴァープ顧問官兼教授の考え（Des Herrn Hofrat und Professor Schwab Gedanken über die Reinhold-sche Theorie des Vorstellungsvermögens）」。この論文は、「ラインホルト全集」第四巻（*Gesammelte Schriften. Kommentierte Ausgabe*. Band 4, Basel 2011）に収められている。

（31）この論文は『ドイツ学識者協会の哲学雑誌』第六巻第一分冊（一七九七年）に掲載された。Manfred Frank, *»Unendliche Annäherung«. Die Anfänge der philosophischen Frühromantik*, Frankfurt a. M. 1997. の 23. Vorlesung と 24. Vorlesung（S. 631-653）が、この論文の諸問題を詳細に論じている。

　フォアベルクはかねてからの友人であるニートハンマーの主宰するこの雑誌に、その他にも多くの論文を寄せている（以下、巻数／分冊数、出版年）。すなわち、「言語の起源について」（III/2, 1795）、「魂と肉体の結合について」（IV/3, 1796）、「ルター主義の精神について」（VI/3, 1797）、「カテゴリーの演繹の試み」（VII/4, 1797）、そして「無神論論争」の火種となった「宗教の概念の展開について」（VIII/1, 1798）もまたこの雑誌に掲載されたのである。

（32）すなわち「われわれの知識学の理論的部門は、あとの二つの根本命題（第二、第三根本命題）からだけ展開される。というのも、ここでは第一根本命題は単に統制的妥当性をもつだけだからである。このような理論的部門は実際、そのうちに明らかになるように、体系的スピノザ主義である」。続いてフィヒテが、「実践的部門」が「理論的部門」を「基礎づけ、限定し、それによって学の全体を完成させる」（GA I/2, 282）と述べていることからすると、少なくともフィヒテ自身は、第五章で自我の根源的能動性の「背理法的（apagogisch）」的証明が「生成論的（genetisch）」証明に転換する（vgl. ibid., 404ff.）ことによって、「第一根本命題」が「構成的」妥当性をもつようになると考えていたと想定される。

（33）Vladimir Abaschnik, Johann Baptist Schad, in : Thomasu Bach / Olaf Breidbach (hrsg.), *Naturphilosophie nach Schelling. Schellingiana Bd. 17.* Stuttgart-Bad Cannstatt 2005 に挙げられている文献表によれば、彼はこの間、（匿名）「批判哲学の研究の重要性について」（『カトリック教徒とその友のための学芸雑誌』第二巻第一号一七九六年、第二号一七九七年、第三号一七九八年に掲載）、（匿名）「批判哲学によって道徳は何を失い、何を得るのか」（同上第二巻第二号一七九七年）などを公表している。

（34）（匿名）『誉れ高い（Sincerus）神父の生活と運命。彼の友人によって編集され、異端審問を犠牲にして印刷された』出版地記載なし、一七九八年。

（35）「修道院からの告白」（C・M・ヴィーラント編『新ドイツ・メルクール』一七九七年第二号に掲載）。

（36）ラインホルトのイェーナ到着までの思想的格闘については、拙著『ラインホルト哲学研究序説』（萌書房、二〇一五年）第一章を参照されたい。

（37）それらを出版年順に記せば、『現代の哲学の精神（*Geist der Philosophie*

unserer Zeit)』（イェーナ、一八〇〇年）、『フィヒテの体系の平易な叙述、およびそこから読み取れる宗教理論、第一巻及び第二巻（*Gemeinfaßliche Darstellung des Fichteschen Systems und der daraus hervorgehenden Religionstheorie. Erster Band u. Zweiter Band*)』（エアフルト、一八〇〇年）[Aetas Kantiana 221（1974）]、『知識学要綱、講義用（*Grundriss der Wissenschaftslehre. Zum Behuf seiner Vorlesungen*)』（イェーナ、一八〇〇年）、『知識学の諸原理に従った、超越論的論理学および形而上学の新要綱、第一部（*Neuer Grundriß der transscendentalen Logik und der Metaphysik nach den Principien der Wissenschaftslehre. Erster Theil, enthaltend die Logik*)』（イェーナ・ライプツィヒ、一八〇一年）、『フィヒテの体系と宗教との絶対的調和（*Absolute Harmonie des Fichteschen Systems mit der Religion*)』（エアフルト、一八〇二年）[Aetas Kantiana 221（1974）]、『自然哲学と超越論哲学の結合された体系、第一部（*System der Natur- und Transscendentalphilosophie in Verbindung. Erster Theil*)』（ラントシュート、一八〇三年）である。

なお、近年のシャート研究文献としては、先に挙げたV. Abaschnik, Johann Baptist Schad のほかに、Manfred Hölscher, Fichtes Wissenschaftslehre in der religionsphilosophischen Rezeption J. B. Schads, in: *Fichte-Studien* Bd. 11, Amsterdam-Atlanta 1997. および Vladimir Alekseevic Abaschnik, J. B. Schads und Hegels Positionen um 1800, in: *Hegel-Jahrbuch* 2005, Berlin 2005 などがある。

（38）Vgl. *Gemeinfaßliche Darstellung des Fichteschen Systems und der daraus hervorgehenden Religionstheorie Bd. I*, Jena 1800, 29.「人間の一切の知の最高の根本命題は、それ自身によって確実でなければならない、すなわち根本命題は、他の諸命題のとの結合によって初めて自らの確実性を得るのではなく、一切の結合に先だって、その確実性を他の諸命題からまったく独立にもっていなければならない」。

（39）以下では *Grundriss der Wissenschaftslehre. Zum Behuf seiner Vorlesungen* からの引用は、*Grundriss* と略記して、本文中に直接頁数を記入する。

（40）「自我は根源的に純粋な活動態であり、その特性はこの純粋な活動態が絶対的自発性によって、自らを自己意識へと高めることができるという点にある」（*Grundriss*, 144）。「自体的に真なるものは、自ら自身によって存立している純粋な活動態であり、他の一切のものは、その絶対的働きの現象、反映にすぎない」（ibid., 134）。

（41）「絶対的な意志の行為（Willensakt）は、必然的に自ら自身を客体とする」（ibid., 231）。

（42）「理性は、自ら自身を直観する働き、行為的直観作用（handelndes Anschauen）以外のなにものでもない」（*Grundriss*, 83）。「自我は、自ら自身を直観する根源的に絶対的な働きであり、したがって自らを自ら自身から引き剥がし、自らで自らを自己客体（Selbstobjekt）として呈示する」（*Absolute Harmonie des Fichteschen System mit der Religion*, Erfurt 1802, 165）。この著作は、三巻本の『平易な叙述』の第三巻に相当する。以下の引用では *Harmonie* と略記する。

（43）*System der Natur-und Transscendentalphilosophie in Verbindung. Erster Theil*, 273.

（44）Vgl. Manfred Hölscher, op. cit., 243f. Vgl. auch *Fichte im Gespräch. Bericht der Zeitgenossen*, Bd. 2, 1798-1800, Stuttgart-Bad Cannstatt 1980, 278.

（45）ラインホルトの『概観―寄稿集』書評は、一八〇一年六月二三日付の第一二一号に、ヘーゲルの『差異』論文書評は一八〇二年六月九日付の第四六号に掲載された。当時、シェリングの同一性哲学に強く共感しつつあったシャートは、その書評で『差異』論文を非常に高く評価している。

（46）Jacques D'Hondt, *Hegel en son temps*（*Berlin, 1818-1831*）（ジャック・ドント『ベルリンのヘーゲル』花田圭介監訳／杉山吉弘訳　法政大学出版局、一九八三年）第二部第一章～第四章参照。

（47）注（50）に挙げる『哲学の体系』の第一部として一八一一年に公刊されたこの『論理学の体系』は、ヘーゲルの酷評にもかかわらず、その後第二版（一八一九年）、第三版（一八三七年）と版を重ねた。

（48）Johannes Hoffmeister (hrsg.), *Briefe von und an Hegel, Bd. I: 1785–1812*, Hamburg 1952, 388.

（49）ibid.

（50）彼はすでにイェーナの私講師時代に、著作『ラインホルト、フィヒテ、シェリング（*Reinhold, Fichte und Schelling*）』（一八〇三年）でこれらの哲学者たちとの対立的姿勢を明確にしていたのに加え、教本『哲学的法理論およびすべての実定的立法の批判（*Philosophische Rechtslehre und Kritik aller positiven Gesetzgebung*）』（一八〇三年）、『明証的な学としての哲学の体系（*System der Philosophie als evidente Wissenschaft*）』（一八〇四年）を公刊していた。ハイデルベルク時代には、『論理学の体系』に先だって主著となる三巻本の『理性の新たな批判（*Neue Kritik der Vernunft*）』（一八〇七年）が出ている。

（51）以下に述べるフリースの伝記や思想的立場の進展については、Frederick C. Beiser, *The Genesis of Neo-Kantianismus*, 1796–1880, Oxford UP, 2014. の第一章「ヤーコプ・フリードリッヒ・フリースと心理学主義の誕生」（pp. 23–88）を参照。

（52）『心理学雑誌』第三巻（一七九八年）に掲載された五編の論文の表題は、以下のとおりである。「形而上学に対する経験的心理学の関係」（156–202）、「普遍的経験的心理学の予備学」（203–267）、「合理論的魂論について」（268–293）、「内的自然の形而上学梗概」（294–353）、「心意の経験的認識の一般的展望」（354–402）。

（53）このときヘーゲルは、フリースだけが先に員外教授に起用されるのではないかとの危惧を抱き、大学の人事に力をもっていたゲーテに直談判の手紙を書き（一八〇四年九月二九日付）、実に回りくどい、迂遠な表現で暗に自分の同時登用を訴えている（*Briefe von und an Hegel, Bd. I.*, 84f.）。

（54）『哲学的法理論』に示されている彼の政治思想の全体像については、Frederick C. Beiser, op. cit. 54–63. を参照。

（55）J. F. Fries, *Philosophische Rechtslehre und Kritik aller positiven Gesetzgebung mit Beleuchtung der gewöhnlichen Fehler in der Bearbeitung des Naturrechts*, Jena 1803, 34.

（56）ibid., 76ff.

（57）ibid., 81ff.

（58）J. F. Fries, *System der Philosophie als evidente Wissenschaft*, Leipzig 1804, 33f.

（59）彼は学生時代に大学の様子を度々父に報告している（Vgl. *Fichte im Gespräch. Bericht der Zeitgenossen*, Bd. 1, Stuttgart-Bad Canstatt 1978, 468 und Bd. 2, 145, 188f, 194f. und 256）。一七九九年五月の手紙はこう書いている。「僕はシェリングの哲学にも、彼の講義にも大いに満足しています。彼の講義はたしかに多くの点でフィヒテ教授の講義に及ばないところがありますが、それでもフィヒテの講義に比べ彼の講義の長所を際立たせている点がいくつかあります。シェリングは、自分の諸命題を適切で著しい事例を使って説明する術を知っています。僕は、フィヒテの体系に従って、僕自身の力ですでに到達していたいくつかの命題を、シェリングの自然哲学のうちに見いだしています」（Bd. 2, 188f.）。

（60）「純粋数学」の講義告示だけは、Intelligenzblatt der *ALZ*, Nr. 160, Sonnabends den 11ten September 1802 の（「哲学」の項ではなく）「数学」の項に掲載されている。

（61）ＡＬＺの「講義告示一覧」には掲載されていない、これらの「番外」講義が実在したことについては Vgl. Enrique M. Ureña, op. cit. 82.

（62）彼が実際に講義をした三学期の期間、三つの科目の聴講生総数は五〇人から一〇〇人ほどであった。これは同時期に並行して行われていたヘーゲルの講義の聴講者数より明らかに多い（vgl. ibid., 107f.）。

（63）クラウゼの生涯の各時期の多方面にわたる活動の全体は、上掲の Enrique M. Ureña, *K. C. F. krause. Philosoph, Freimaurer, Weltbürger. Eine Bibliographie.* に詳細に描写されている。

（64）彼はゲッチンゲン時代に、教本として『哲学の体系梗概』、『論理学の体系梗概』、『法の哲学の体系梗概』等を出版している。そのほかに、大著である『哲学の体系についての講義』（一八二八年）と『学の根本真理についての講義』（一八二九年）を公刊している。Vgl. Enrique M. Ureña und Erich Fuchs, Einführung in das Gesamtwerk, in: Thomas Bach und Olaf Breidbach（hrsg.）, *Karl Christian Friedrich Krause. Ausgewählte Schriften Band I*, Stuttgart- Bad Cannstatt 2007, XIX.

（65）その理論—思想的活動の全貌は、公刊中の *Karl Christian Friedrich Krause. Ausgewählte Schriften Band I ~ Band VI*, Stuttgart- Bad Cannstatt 2007ff. に収められている。この第一巻には、Enrique M. Ureña による、もっとも完全なクラウゼ「文献目録」が収められている（XXXVII—LXXII）。この「選集」はテキストとして、第一巻に『哲学の体系構想、第一部』（イェーナ・ライプツィヒ　一八〇四年）を、第二巻に「哲学的—フリーメイソン関連著作（一八〇八～三二年）」を、第三巻には「混成論集」（宗教哲学、歴史哲学、教育学、美学など）を修めており、今後、第四巻は「法哲学と政治学的諸作品」を、第五巻は『人類の原像』（ドレスデン　一八一一年）を、そして第六巻は『哲学の体系についての講義』（ゲッチンゲン、一八二八年）を収めて出版される予定である。

（66）イェーナ時代の教本としては、『自然法の基礎、あるいは法の理想の哲学的要綱（*Grundlage des Naturrechts oder philosophischer Grundriß des Ideals des Rechts*）』第一部（一八〇三年）、『講義のための史実的論理学要綱（*Grundriß der historischen Logik für Vorlesungen*）』（一八〇三年）、『哲学の体系構想、第一部、自然哲学への手引きのほかに全般的哲学を含む（*Entwurf des Systems der Philosophie, Erste Abteilung, enthaltend die allgemeine Philosphie, nebst einer Anleitung zur Naturphilosophie*）』（一八〇四年）、『数学の哲学的体系の基礎（*Grundlage eines philosophischen Systems der Mathematik*）』第一部（一八〇四年）がある。

（67）この教本からの引用は、書名を *Anleitung* と略記して、初版の頁数を本文中に記入する。この著作の最新版は Thomas Bach und Olaf Breidbach（hrsg.）, *Karl Christian Friedrich Krause. Ausgewählte Schriften Band I*, Stuttgart- Bad Cannstatt 2007, 1-177 に収められているが、この版にも初版の頁数が記入されている。

第七章　ニートハンマーの『哲学雑誌』とそのALZ書評（一七九五〜九七年）

一七九〇年代の初め頃特色ある三つの哲学雑誌が創刊され、カント的（あるいはラインホルト的）原則の応用、拡張に寄与してきたことはすでに見てきた（第五章参照）。一七九五年には、もっと注目を集めることになる新しい哲学雑誌が創刊される。ニートハンマーを編集者とする『ドイツ学識者協会の哲学雑誌（*Philosophisches Journal einer Gesellschaft Teutscher Gelehrten*）』である（図7―1）。この雑誌は四分冊を合わせて一巻とし、一七九五年中に最初の三巻が、翌年に第四巻が発行されたが、次第に出版元の財政状況が悪化し、原稿料がほとんど支払われない状態が続いた。ニートハンマーは一時廃刊も考えたものの、一七九七年からはフィヒテを共同編集者に迎え、出版元も変えて再出発する。そして、その年に第五巻から第七巻まで、一七九八年に第八巻、一八〇〇年に第九巻と第一〇巻が発行された[1]。

Philosophisches Journal
einer Gesellschaft
Teutscher Gelehrten.
Herausgegeben
von
Friedrich Immanuel Niethammer
Professor der Philosophie zu Jena.
Erster Band.
1795
bei dem Hofbuchhändler Michaelis in Neu-Strelitz.

図7―1　ニートハンマー編『哲学雑誌』創刊号表紙

　では、表題に謳われている「ドイツ学識者協会」とはいかなる組織なのか。実は、べつにそういう組織があったわけではない。雑誌の創刊にあたって編集者が賛同を募り、それを受諾した学者たちを勝手にそう総称しているだけである。ニートハンマーは雑誌全体への「序文」の最後にこう書いている。

「本雑誌刊行のために、私と一つにまとまっている著作家の名前は以下のとおりである。
ニュルンベルクのエアハルト博士／イェーナのフィヒテ教授／ヴィルテンベルク出身のグロース博士／イェーナのホイジンガー博士／イェーナのフーフェラント教授／ベルリン出身のフォン・フンボルト参事官／ハレのマース教授／ベルリンのマイモン氏／キールのラインホルト教授／イェーナのシラー教授／イェーナのシュミート教授／ヘルムシュテットのシュルツェ教授」（*PJ* I.

Vorbericht, 頁なし)[2]。

だが、この多彩な人物一覧から、この新雑誌の特定の理念や目的を推し量ることはできない。賛同者たちのうち多くの「著名人」は、ありていに言えば雑誌を権威づけるために、ニートハンマーの要望を容れて「名前を貸している」だけなのである。現に、シラーもラインホルトも、そしてフーフェラント、フンボルト、シュルツェもこの雑誌のどの巻にも稿を寄せていない。ニートハンマーは、その協調的な性格、というよりむしろ理論妥協的な性格もあって、思想的立場の異なる多くの著名人とも友好な関係を保っていた。それに、彼にはまたオルガナイザーとしての才能があったようである。当時二九歳の彼が名目上であれこれだけのメンバーを「結集」しえたのも、この才能と幅広い人脈のおかげである。

論文や書評の寄稿者たちの獲得にも、彼の多様な人脈が活かされているように見える。創刊から最初の二年、第四巻までの寄稿者で目立つのは、マイモン、フィヒテを別格とすれば、ニートハンマー自身のほかにエアハルト、ホイジンガー[3]、テンネマン、フォイエルバッハ、フォアベルク、シャウマン（Johann Christian Gottlieb Schaumann 1768-1821）[4]、そしてシェリングである。一七九七年から一八〇〇年の後半期には、毎号のように「最近の哲学文献の概括的摘要」を寄稿しているシェリングの関与が突出している[5]。彼らのうちでも、ニートハンマー、エアハルト、フォアベルク、フォイエルバッハは、数年前から「ラインホルト学徒」として旧知の間柄であった。シェリングはチュービンゲン・シュティフトの後輩という縁で、ニートハンマーの側から寄稿を働きかけている。そして、これらの寄稿者の多くは、雑誌創刊当時、イェーナの哲学部の私講師ないし助手であった。こうした外的事情から推察するに、この『哲学雑誌』は明確で先鋭的な特定の思想的旗印を掲げて出発したというよりも、イェーナの哲学部の若手人脈をベースに、批判主義の精神を共通の基盤にして、その精神を哲学の応用的諸分野に具体化することを緩やかな共通目標としていたと言えよう。その応用分野のなかでもとくに重視されているのが、前半期には法理論（自然法論、立法論、権利論）であり、後半期には教育論、教育学である。とりわけ、ここに掲載された法理論関係諸論文の多様、多彩さは、一七九〇年代前半では批判哲学の諸原則の応用分野の主戦場が道徳論、意志の自由論であったのに対して、一七九五年頃以降その主戦場が、道徳論と区別されるべき法―権利論に移ってきていることを如実に表現している。

そのほか、掲載された諸論文の検討や執筆者の顔ぶれから、若干の寄稿者たちに共通の方法論的意識についてもう少し明確な輪郭が浮かび上がってくる。それは、哲学の根本命題から後続諸命題を直線的に導出することを目指す「根本命題―哲学」への懐疑と批判の精神である。この懐疑と批判の担い手は、ほかでもなく上記の旧「ラインホルト学徒」たちであった。すでに検討した（幕間Ⅲの4の（3）参照）フォアベルクの「最近の哲学についての書簡」（第六巻第一分冊と第七巻第四分冊掲載）に認められたような反「根本命題―哲学」の姿勢は、とくに彼らの掲載論文の随所に確認することができる[6]。

だが、ラインホルトはもう一七九二年の夏以降、直線行程的導出に基づく体系構想（いわゆる「ラインホルトⅠ」）を断念し、「常識」と「哲学的理性」の「相補性」を認めて、「常識の権利要求（Ansprüchen）」を「補助定理」として体系のうちに取り入れて、「常識」と「哲学的理性」の往還行程に基づく体系構想（いわゆる「ラインホルトⅡ」）を構想していた。[7] そのことは、旧「ラインホルト学徒」たちには周知のところであり、ニートハンマーの巻頭論文は、この新たな体系構想に沿って書かれている。すると、当時彼らが批判の対象とした「根本命題―哲学」の代表者と目されていたのは、フィヒテだということになる。彼らは、（この雑誌の初期には）フィヒテの名前を挙げずに、暗に初期「知識学」の思弁的「根本命題―哲学」を批判しているのだと言える。彼らのなかでもフィヒテの体系にもっとも強く反対していたのは、雑誌創刊当時ニートハンマーが最も信頼し頼りにしていたエアハルトであった。[8]

ところで、この雑誌が当時の哲学界で大きな注目を集めただけでなく、後世にもその名がよく知られているのにはいくつかの理由がある。まず第一に、フィヒテが編集に参画して以来、「知識学」の叙述の改訂のための試論をいくつか立て続けにこの雑誌に掲載したことが挙げられる。[9] フィヒテの「新叙述」の動向には専門の哲学者たちだけでなく、ゲーテやノヴァーリスまでもが強い関心を寄せていた。それだけではない。哲学―思想界にこの雑誌を有名にしたのは、二つの「大事件」がこの雑誌を舞台に引き起こされたからである。その一つは、すでに触れた（幕間Ⅲの4参照）フィヒテ（そしてフォアベルク）にかけられた「無神論」嫌疑、告発の誘因となった論文がこの雑誌（第八巻第一分冊）に掲載されたからである。この「事件」は当時のドイツ思想界の誰もが注目せざるをえなかった大事件であった。この無神論告発によってフィヒテはもちろん、ニートハンマー自身も大きな打撃をこうむった。もう一つの「事件」は、すぐ後に（本章第三節）紹介する「フィヒテ―シュミート論争」の最終の決定的局面がこの雑誌を舞台に展開され、ここで宣言されたフィヒテによるシュミート「抹殺宣言」が哲学―思想界でも大いに話題となったからである。

ＡＬＺは、この雑誌の最初の四巻について、一七九七年第九〇号から九三号（三月二一日～二三日付）までを使って書評している。これは最も長大な紙面を割いている書評の一つに数えられる。興味深いことに、その書評者はフリードリッヒ・シュレーゲルであった。彼はすでに一七九五年晩秋にニートハンマーに手紙を書いて、フィヒテの『知識学の概念について』と『全知識学の基礎』と『知識学の特性要綱』を合わせて『哲学雑誌』で書評したい、と売り込んでいた（*KFSA* XXIII, 258）。たしかにこの時点で、これらの著作についていくつかの書評が公にされていたとはいえ、[10] 当時「知識学」の難解さにみなが手を焼いていたことを考慮すれば、この二三歳の若者の提案は、大胆というより向う見ずな申し出であった。さすがに、この申し出は実現しなかった。だが、この間シュレーゲルは他誌でいくつかの書評をものにしている。なかでもヤコービの『ヴォルデマール』に対するブリリアントな書評は、けっこう評判となっていた。[11] それでも哲学の専門分野に関する書評は、このＡＬＺでの『哲学雑誌』書評が最初であった。つまり、この書評はシュレーゲル自身が語っているように、彼の「哲学の舞台へのデビュー」であった」(ibid., 363)。

本章は、フィヒテの「イェーナ登場」直後の哲学世界の多様な動向を透かし彫りにしているこの『哲学雑誌』の（前半期の）いくつかの論文を取りあげ、それに対するシュレーゲルの書評と合せて検討することにする。まず、第一節で、ニートハンマーによる「序文」の精神と、これに連動している彼の巻頭論文「常識」擁護論、およびその書評を検討する。次に、第二節では、ともに第一巻第二分冊に収められたエアハルト論文とマイモン論文、およびその書評を紹介、検討する。エアハルト論文は、「法理論」と「道徳理論」の関係を主題としており、マイモン論文も「自然法」の新たな基礎づけを試みている。これらは、当時の哲学界で最も関心を集めていた主題であった。最後に、第三節で、この雑誌第三巻で浮上した「フィヒテ―シュミート論争」をその歴史的経緯も含めて紹介し、この論争の意義を検討し、あわせてシュレーゲルの書評を紹介する。

第一節 「序文」と巻頭の「常識」論文

ニートハンマーは「序文」で、この間の哲学的世界に生じた状況の変化に触れ、そしてこの変化を踏まえて雑誌が果たすべき「二重の目的」について語っている。まず、状況の変化について、冒頭の一文はこう述べる。「独断論的諸体系の擁護者たちは」もはや「批判哲学に対する彼らの攻撃をほとんど放棄しており」、またその他のつまらない哲学思想もいまや「読者公衆にたいして尊重されていない」。ここには、独断論と批判主義との「哲学的党派闘争」（本書第二章第三節、第四節参照）にはもはや決着がつけられたという状況認識が示されている。だから、「今必要とされているのは、〔批判主義の〕体系の個々の部分をより明確に展開し、それらをより緊密に結合することによって、外見上は確固不動の根拠に依拠している体系に内から連関と支点を与えること以外にはない」(*PJ* Vorbericht)。

とはいえ、体系の「個々の部門を内から関連づけ、余すところなく形成して、哲学を学として完成すること、このことが哲学にとってなされるべきことのすべてではない」。というより、哲学が人間に進むべき方向を指し示し、人間の通常の思惟様式に積極的な影響を及ぼすにためは、「哲学自身を学として完成させるだけでは不十分である」(ibid.)。哲学が「通常の悟性使用に対する影響力を獲得し、公益に資する」ものになるためには、哲学の諸成果が個々の実在的学問分野に「応用」され、しかも「常識」に納得できるような仕方で「応用」されることが必要である。編集者によれば「これが、哲学を大衆向きに (populär) する唯一目的に適ったやりかたである」。かくして、この「序文」によれば『哲学雑誌』は「二重の仕事」を引き受けなければならない。一つには「哲学を学として完成させること」、もう一つは「哲学の成果を目的に適った仕方で応用するよう気を配ること」である (ibid.)。われわれはここに、数年前にアビヒトとボルンの『新哲学雑誌』が掲げた、批判哲学の諸原則の「解明と応用」という二重の課題（第五章第二節参照）が繰り返されているのを見ることができる。

だが、二重の課題は、ここでは同じ比重で並列されているのではない。ニートハンマー自身は明らかに後者に重点を置いている。「序文」の次の文章が、そのことを裏打ちしている。すなわち、批判がもたらした「革命」はこの間「哲学的思惟にある種の一面的方向性を与えた」。この革命は哲学者の注意、関心を「学の根底を強化すること」ばかりに向けさせ、そして「その熱心な企ては、しだいに単なる思弁への圧倒的傾向へと変質していき」、ついには「哲学がその諸根拠を完全に確実なものにするまでは、哲学の諸成果からそれらの可能な利用へと、応用することへと下降することは」、「目的に反することとして断念されねばならないという考え」(ibid.) にまでいたりついた（強調は引用者）。かくして編集長は、哲学の根本命題の思弁的根拠づけを哲学の主たる任務と考える傾向――フィヒテの最初期の知識学には、明らかにこの傾向が認められる（そして『自然法の基礎』も『道徳論の体系』もまだ出版されていない）――にはっきり批判的態度をとっている。それに対して、彼のより強い関心は、「応用」を通して「目的に適った仕方で」哲学を「大衆化（通俗化）」することに向けられている。

彼の手になる巻頭論文「哲学に対する常識の権利要求（Ansprüchen）について」は、この関心と密接に連関している。この論文でニートハンマーは、通常哲学で考えられているよりもはるかに高い地位を「常識」に認めようとしている。彼は、「哲学（的理性）」が「常識」の言い分を馬鹿げたものとして丸ごと却下したり、それを理性の基準に強制的に従属させることに強く反対している。それは、この論文全体の狙いが、かつてラインホルトが試みていたような、「哲学（的理性）」と「常識の権利要求」の相補性を明らかにすることに置かれているからである。そのために、本論文は「哲学に対する常識の権利要求」がどのようにして、そしてどの程度正当化されうるのかを解明しようとする[12]。

この場合、「常識（der gemeine Verstsnd）」は、状況によってその都度変化する支えどころのない私念の総体と理解されてはならない。この語のもとに理解されるべきは、たしかに学問的な裏打ちを欠き、もっぱら「直接的意識」に依拠しているとはいうものの、それでも広く（間主観的に）通用しているような判断を下す「悟性」の能力のことである。つまり、「常識」とは、「健全な悟性（der gesunde Verstand）」が理性的推論を抜きに、直接的に下すような判断や概念の総体のことである。「常識」はその判断の直接性――著者はこれをしばしば「直接的感情」という語で表現している――を盾にとって、あるいは、それが広く世間に通用していることに訴えて、自らの判断や概念が普遍妥当性と必然性をもっていると主張してきた。だが当然ながら、それらが広く通用していることやかの「直接性」は、それらが普遍妥当性を有していることを直ちに保証しない。それゆえ、「常識」のそのような「権利要求」はしばしば「懐疑論」の攻撃の的になってきた。ニートハンマーはそう捉えている。

そこで、常識の権利要求の妥当性に関するこの懐疑を払しょくするために、言い換えれば「われわれの意識に直接的に普遍的で必然的だと告知される判断や概念が普遍妥当性をもっていることを直接的に証示するために」（*PJ* I, 15）、ニートハンマーは「哲学のなしうる試み」の「主たる二つの主要な様式」をもちだし、それらの是非を検討する。著者はこの「二つの様式」について長々と論じているのだが、切り縮めて言えば、その「第一の様式」はいわゆる「帰納法」に基づくプログラムであり、「第二の様式」は「演繹法」によるプログラムである。前者が、「すべての」経験を網羅できないがゆえに、「普遍妥当性」の確証に挫折することは多くの論を必要としない。それに対して、「第二の様式」は、かの普遍妥当性を、経験の対象のほうにではなく「主観の必然的制約」に基づけて確証しようとする（ibid. 21）。後者の「様式」は周知のごとく、「主観」のうちに認められるア・プリオリな諸原理に基づく、「経験」の「超越論的演繹」という方法である。この方法の要点は、経験的命題（判断）が、一切の経験「に先だって」明証的である根本諸原則に根拠づけられることを事後的に立証することによって、経験的諸命題の妥当性の確実性を保証しようとする点にある。著者は、これら「二つの様式」をともに「直接的な証示」の試みと呼んでいる。

だが、ニートハンマーはこの「第二の様式」もまた不十分であるとみなし、これに「かなり独創的な（そして、とくに同時代人に影響を及ぼした）或る異論[13]」を提出する。その異論は以下のごとくである。

「哲学はア・プリオリに始まることはできない。すなわち、それ自体無制約なものとみなされた、ア・プリオリで直接的に確実な或る命題から出発して、ただちに制約されたものの系列を下方に向かって（abwärts）進んでいき、その結果として、哲学がこの系列に結合することのできる一切のものに〔端緒をなす命題と〕同等の無制約な確実性を与えようとしても、それは不可能なことである。むしろ、哲学はその必然的諸制約を見いだすためには、上方に向かって（aufwärts）総合的に進まねばならず、しかる後に初めて（alsdann erst）、この諸制約から下方に向けて、普遍妥当性をもつ或る体系へと歩を進めることができるのである」(ibid., 23)。

「下方に向かって」進む一方的進行とは、ア・プリオリな諸原理による経験の演繹、根拠づけの行程を指している。だがニートハンマーによれば、「常識の権利要求」を十全に満たすためには、哲学の演繹行程は、「根本命題」から「後続諸命題」（「常識」による経験的判断）へと「下方に向かう」運動だけでなく、後者から前者への「上方に向かう」逆方向の運動を必要とし、演繹のどの段階においてもこの両運動の相補的、相互媒介的運動を実現しなければならない。このような体系理解は、いわゆる「ラインホルトⅡ」の体系構想に基づいている。ラインホルトはすでに一七九二年の夏以降、「上から下方に向かう」一方的な直線行程による体系構想の困難性を認め、修正、改良された「根元哲学」の体系を構想していた。そこでは、「常識の権利要求」がその都度「補助定理」として体系内に導入され、これはこれでその妥当性を「哲学的理性」によって確証される必要はあるのだが、逆に、行程の出発点ではつねに暫定的でしかなかった「根本命題」は、この「権利要求」をその都度根拠づけることによって、「根本命題」としての普遍性と必然性を確証していく――このようにして、「常識」と「哲学」が相互補完的に働く体系が構想されていた[14]。ニートハンマーの上記の方法論的主張は、この構想に基づいている、すくなくともこれに連動しているのである。

この「常識」論文をALZで書評することになるシュレーゲルは、それに先立って、別誌でヤコービの『ヴォルデマール』を書評した際に、根本命題からの直線的下降運動としての体系構想に対して、実に興味深い着想を対案として提起していた。すなわち、ヤコービがそこで、フィヒテの体系はたった一本の糸を編み合すことによって存在しているだけなので、この糸をちょっと引っ張るだけで全部ほどけてしまうような「ストッキングの編み物」のようなものだと揶揄したことに対して、つまり「第一根本命題」を唯一の根拠とする「根本命題―哲学」批判に対して、シュレーゲルはこう反論している。「『立証はどれも、すでに立証されたものを前提としている』（スピノザ書、二二五頁）ことに対して、ヤコービがもちだしている批判は、ただ一つの立証を出発点としているような思索者にしか当てはまらない。だが、外部からは制約されていないが、互いに〔他方に〕制約されるとともに〔他方を〕制約するような相互立証（Wechselerweis）が、哲学の根拠であるとしたらどうなのか」（*KFSA* II, 72）。かくして、シュレーゲルもまたここで、根本命題と後続命題との、また後続諸命題間の一方的な制約—被制約関係に基づく直線的論証行程に疑義を呈し、それに対して、諸命題が相互制約の関係にあること、つまり「相互立証」という着想を——したがって、ある種の循環的論証行程を——もちだしているのである。シュレーゲルが（単なる思い付きのように）ここで初めて開陳した「相互立証」という着想は、その後、彼の思想のなかでより重要な方法論的意味をもって登場して来る。[15] たとえば、まだイェーナにとどまっていた一七九六年の或る断片に、彼はこう書きつけている。「私の体系においては、究極の根拠は実際に相互立証である。フィヒテの体系では、〔究極の根拠は〕一つの要請と一つの無制約的な命題である」（*KFSA* XVIII, 521, Nr. 22）。

「相互立証」の着想にさらに次のような斬新な体系構想を重ねあわせるならば、当時のシュレーゲルとこの論文でのニートハンマーの循環的体系構想は注目すべき類似性をもっていると言える。すなわち

「哲学の根底には、単に相互立証だけでなく、相互概念（Wechselbegriff）も存在しなければならない。どんな立証の場合もそうであるように、どんな概念の場合にも、もう一度それの概念や立証を問うことができる。したがって哲学は、叙事詩がそうであるように、中間から始まらなければならない。だから、あたかも最初のものがただそれだけでいきなり完全に根拠づけられ、解明されているかのごとくに哲学を開陳して、しかる後にその一つ一つの部分を順次数えあげていくことなぞ不可能なのである。一つ一つの部分が全体なのであり、それゆえそれを認識する道程は直線ではなく、円環（ein Kreis）なのである」（ibid. 518, Nr. 16）。

哲学が「中間」から始まるとは、「根本命題」からではなく、任意の経験的命題から始まるということであろう。後者はたしかに前者によってその正当性が確証されねばならないが、前者もまた後者によってその妥当性が確証されなければ、言い換えれば「常識の権利要求」と矛盾するならば、十全な「根本命題」たりえないのである。直線的論証行程に対する対案として、シュレーゲルがこのような循環的ないしは「円環」的論証行程に基づく体系構想を諸断片に書き付けたのは、彼がＡＬＺで『哲学雑誌』書評を公表する以前のことである。

さて、先に述べた箇所でニートハンマーは、「常識の権利要求」の正当性を「直接的に証示するため」の「二つの主要な様式」のうち「第二番目の証明様式」を不適として退ける論証過程で、彼が論文終盤に「間接的証明」（ibid. 40）と呼ぶ「証明様式」に意図せず言及してしまっている。「間接的証明」とは、「常識」や「経験」の諸判断の妥当性をそれら自身に即して、あるいはア・プリオリな主観の属性に基づけて証示しようとするのではなく、その諸判断を「体系」構築の過程に適切に組み込むことによって、諸命題の「体系的」連関の全体を通して、それらの妥当性を「間接的に」確証せんとする方法のことである。彼は「常識の権利要求」をこの方法によって救おうとしていると言える。この点に関する、論文の帰結部分の諸文章は、彼がこの「体系」をどのように思い描いているかをよく示している。

「体系の或る命題が、常識の権利要求に適っているだけでなく同時に正しいものと告知されるとき、この権利要求が正しいものと受け入れられうるのは、それが自らの妥当性の決定的な感情を伴って告知されているからではなく（なぜならば、かの感情もまた単なる錯誤でありうるから）、ひとえに、その権利要求がその体系

のうちに含まれているからである。一切の確実性はこの体系に発するのであり、この体系の外には確実なものは何一つないのである」(ibid. 43)。

「逆に言えばこうなる。その体系のうちに根本命題からの帰結としてたてられている命題が、かりになお常識と矛盾し、一切の自然な感情に反しているとしても、このことによって自然な感情の妥当性は少しも奪われることはない。そのとき、反省を通して感情からそれまでの正しくなかった表象を奪い、感情に徐々に反対の正しい表象を押し付けるという任務が悟性に課される」(ibid.)。

著者はこのような体系構想に結びつけて、かの「権利要求」に対して以下のような最終判断を下す。

「〔たしかに〕意識のうちに根源的に現存している諸法則は、常識の権利要求を介して直接的に告知されるのだから、かの権利要求は最高の妥当性を求める権利をもっている」(ibid. 38)。

「〔しかし〕常識は自分が真理の唯一の基準であるとの権利要求を積極的に主張することはできない。むしろ、その権利要求は哲学による確証を必要とする。哲学自身が、われわれの知の普遍妥当性に対する決定権がそれに依存している積極的基準なのである。しかし、それでも常識は消極的基準として、最高の発言権(die oberste Stimme)をもっており、そのようなものとして哲学によって尊重されねばならない」(ibid.)。

さて、この「常識」論文についてのFr・シュレーゲルの書評はどうであったか。結論的に言えば、それは著者の意図を半ば理解しているが、その究極の真意——体系構築における「哲学」と「常識」の関係解明——にまでは届いていない。たしかに、この論文は非常に迂遠でかなり用心深い論の運びに終始しており、それゆえその論旨が分かりづらい。それにしても、「体系」構想について類似的な問題意識を抱いていたはずの書評者は、この論文のポイントとその哲学的背景を十分には理解していないように思える。

書評者によれば「常識」という語は、「思弁を欠いている」が「幅広い教養をもった分別ある人々の健全な思惟様式」と解される場合もあれば、「直接的な要求をするにとどまらず、実際に遍く認められているような私念の総体」と解される場合もある。彼によれば、前者の場合、「哲学」と「常識」とは互いに他方の「領域」には口出しせず、干渉しないという「責務」を負っているだけである。後者の場合、「常識」は「真理の係争」問題においてけして「証人」になることはできず、また「いかなる代弁者ももっていない」。「それでも、この意味では常識は場合によっては、哲学の余すところなきテキスト、哲学の最後の試金石といえるかもしれない。だが、常識はせいぜい哲学者の手のうちにある死せる道具にすぎない」(*ALZ* 1797, Nr. 90, Sp. 714; *KFSA* VIII, 13f.)。たしかに、書評者も「常識」が「哲学のテキスト」、その「試金石と言えるかもしれない」ことは認めている。そして、「常識」と「哲学」の間には「或る循環」があることも認めている(ibid.; ibid. 14)。だが、他方では両者は、それぞれ相手の領域に口出しせず、相互不干渉の「責務」を負っているだけである。したがって、この書評には「常識の権利要求」の再検討がどのような哲学的脈絡において迫られているのかという問題意識が欠けており、「常識の権利要求」と「哲学的原理」との相互的権利づけという論文の主眼を中途半端にしか捉えていない。

　さらに「論文の後半部（二三頁以下）については、書評者は何一つ語ることをもたない。というのも、この著者は今まで、彼の最後の論文が最上の論文であるような著述家の一人であり、そして彼はここでもまた、終盤部分の懐疑論的論証が証明しているように、探求に決して終止符を打とうとしていないからである」（ibid., Sp. 715; ibid.）と、評者が述べるとき、彼が論文の核心的問題に論究することを――あまり説得力のない理由をもちだして――回避していることが分かる。たしかに、かの論文の最終文章はこう結ばれている。「学としての哲学の単なる形式が、求められてきたわれわれの知の必当然的確実性を根拠づけることができるのかどうか、この点については、われわれは別の機会にもっと詳しく説明しよう」（*PJ* I, 45）。しかし、このことをもって、論評することは何もないと言うのは、問題の回避以外のなにものでもないであろう。ほかでもなくこの「後半部」でこそ、論文の核心的問題、すなわち、「常識の権利要求」を正当に取り扱うには二種類の「直接的な証明」が不十分であることを示し、唯一可能な「間接的証明」の骨格が展開されていたのだから。かくして、この書評は期待外れ、あるいは肩すかしに終わっているのである。

第二節　エアハルト論文とマイモン論文
――道徳論と法論の区別と連関の観点から

　エアハルトの「悪魔の弁護論（Apologie des Teufels）」とマイモンの「自然法の第一根拠について」はともに『哲学雑誌』第一巻第二分冊に掲載された。前者は奇妙な表題であるが、従来のカント派によるもっぱら「善き意志」のみに依拠した道徳理論の欠陥を修正、補完することを狙っており、終盤では「法」と「道徳」の区別に論及している。後者は、ちょうどこの頃非常に盛んになっていた「自然法」の基礎づけを主題としており、「法理論」と「道徳理論」の区別の問題を取りあげている。これらの内容を検討する際に考慮しておかねばならないのは、この両論文が公表された翌年一七九六年三月にフィヒテの『自然法の基礎』第一巻が公刊され、その次の年の一月にはカントの『人倫の形而上学、第一部、法論の形而上学的原理』が公にされていることである。注目すべきことに、フィヒテはそこで、「法論」と「道徳論」の根本的な分離に基づいた新たな「自然法」論を構想するうえで参考になったのは、カントの『永遠平和のために』以外には、エアハルトの「最近の多くの論文で[16]」、およびマイモンの「自然法論文」で与えられている「いくつかのすばらしい示唆（einige vortrefflichen Winke）」だけであったと述べている（*GA* I/3, 323）。この両論文はフィヒテにどのような刺激ないしは示唆を与えたのか。フィヒテとカントによる区分論の完成への過渡的位置にあるとみなしうるこの両論文は、それ以前の「法」と「道徳」の曖昧な区別理解に比べれば、それぞれどのような独自の観点を含んでいるのか。以下では、この観点に焦点をあてて両論文の特徴を検討することにする。

1．エアハルトの「悪魔の弁護論」

　エアハルトが「悪魔」という通俗的な用語を使っているのは、おそらく一般の読者公衆に問題の所在を容易に理解させるための配慮であろう。だが、用語使用に関しては、「悪魔」という用語はおそらくカントの『たんなる理性の限界内における宗教』第一篇に由来する。エアハルト自身はこの論文の公表に先だって、論文の狙いを或る書簡でこう語っていた。「この論文は悪魔の弁護論という表題をもっているが、これは徳を道徳法則の作用結果とみなし、法則にしたがって行為しようとする自由な決断〔の結果〕とはみなしていないような連中への反論である[17]」。「この論文の主たる目的は、自由を完全に救いだし、道徳法則をその真の姿でうち立てることにある。道徳性は、不道徳性を積極的（positiv）なものと考えることができるときにだけ、現実的なものになる[18]」。彼は、カント派の道徳論者の一部が道徳的行為の実現を道徳法則の必然的な作用結果とだけみなし、行為に際する「自由な決断」の結果とはみなしていない点に――つまり、カント派の道徳論の予定調和的理性主義に――不満を抱いているのである。彼の考えでは、その「自由な決断」による「徳」は、単に「善意志」だけでなく「不道徳性」をも「積極的なもの」として考慮に入れるとき、初めて成立する。ここに挙げられている「不道徳性」が「悪意」にほかならず、「悪魔」はその「悪意の極致（das Ideal der Bosheit）」（*PJ* II/1, 110, 115, 120, 122, 126ff.）を通俗的に言い表す言葉だと言えよう。

すると、問題はカントの言う「根源悪」の問題とほぼ重なってくる。カントは「宗教論」第一篇で「悪への人間の自然的性癖（Hang）」としての「道徳的悪」について語り（*KA* VI, 29）、人間の心情のうちにある「悪の普遍性」について説いていた。そして、「悪の根拠」を、欲求対象や「自然衝動」のうちにも、「人間の感性」や「理性の腐敗」のうちにも求められてはならず（ibid. 21, 35）、その根拠は、ひとえに人間の「自由な選択」によって起こりうる（道徳法則と主観的格率との間の）「動機の道徳的秩序の転倒」にこそあると主張していた（ibid. 36）。また、そうした転倒された動機を意図的に格率として採用するような心術を「悪魔的（teuflisch）である」とも形容していた（ibid. 37, vgl. auch 35, 79, 87）。エアハルトも同じように、「道徳的悪を〔善の〕無知に還元して」はならず、むしろそれは「善を果たす弱さ」にあると語り（*PJ* II/1, 111f.）、「人間の悪意」は「利己的衝動のために道徳法則を犠牲にしようとする腐敗した性癖」（ibid. 125f.）に起因すると主張している。この「性癖」を人間から根絶することは不可能である。彼によれば、「道徳的善」や「道徳性」は、この「悪意」をはじめから度外視しては説明されず、むしろ「善意志」と「悪意ある意志」との「衝突」を見据えた「自由な決断」の産物とみなされねばならない。それゆえに、彼は「道徳性は最高善の概念には根拠づけられない」（ibid. 115）と繰り返し語る。そもそも「人倫の観念と悪意の観念双方は互いに対抗しており、いずれの一方も他方を抜きには思惟されえない。道徳的善は、その存在者にとって善の反対物が可能であるような存在者においてのみ可能になる」（ibid. 134）のだからである。著者は、ラインホルトが『カント哲学についての書簡　第二巻』（一七九二年）で展開していた「意志の自由論」を継承し、そしてカント「宗教論」に触発されて、道徳的善と悪の成立がひとえに自由な選択的決断にかかっている点を強調しているのである。

論文前半は、こうして「悪意ある意志」の採用する「格率」がどのように現象してくるかを、かなり散漫に叙述している。だが、こうした「悪意の極致」とその現象を考察の射程に組み込むことによって、はたして「道徳性」の概念が従来の取り扱いにましてどのように「現実的なものになる」のか、この肝心要の点を著者は十分説得力あるかたちで示せていない。その代わりに、彼は別の問題――法（権利）の問題――との連関で「最高の悪意の理念を呈示すること」が有用であり、その有用性は「道徳性にとって非常に重要である」（ibid., 135）と語りだす。かくして、論文の終盤の論の重点は、引き続き人間における「悪意」の存在を考慮に入れながらも、それを考慮に入れることが「道徳性」概念の具体化にとってもつ意義を論じているというより、むしろそれが法理論にとってもつ意義へと移っている。

R・ショトキーはその終盤の議論を捉えて、「法」と「道徳」の関係に関するエアハルトとフィヒテとの方法論上の「もっとも深い接点」を以下の三点に要約している。すなわち、「（1）法理論は、学問的な道徳論とは独立に構想されるべき学であり、この学は実践理性の領域にではなく、理論理性の領域に属する。（2）法のもつ要求―性格は、道徳法則に由来するのではなく、論理的「整合性」という理論的原理に、すなわち思惟と行為における矛盾を含まない体系的な統一性に由来する。（3）法（権利）の実在化は、けして善き意志に頼らず、またそれに頼る必要もない。その実在化は人間の思慮ある利己心に（dem verständigen Egoismus）依拠する」[19]。ただし、「接点」はあくまで「接点」であって、これらの論点について両者が同じ考えをもっていたということを意味しない。

まず（1）について。「法理論」と「道徳理論」の区別と連関についてのエアハルトの見解には、一見して大きな振幅が認められる。彼は一方では、「法（権利）は道徳からは導出されず、人間のもろもろの利己的衝動が相互に折り合いがつけられうること（Möglichkeit der wechseiseitigen Verträglichkeit）から導出される」（ibid., 137）と主張する。また「諸権利の認識は、完全に展開された人倫の理念を前提にしていないのだから、諸権利の学としての法理論は道徳学に先行することができる」（ibid.）とも述べる。この文言は、「法―権利」理解の新しいエレメントを含んでいる。この論点は両方とも、フィヒテの法理論のうちに継承されていくエレメントである。だが他方では、彼はこうも言う。

「道徳の諸理論は、人間の社交的状態において人間間の衝突を防止するために唯一可能な行為の仕方として現われてくる。そして、ここから発現してくるのが法（権利）の概念、すなわち、それに従うことが他の人々に完全に許可されねばならないような行為の仕方の概念である。

〔したがって〕法（権利）の概念は、その可能性という面では道徳に依存しているが、その諸徴表の面では理論理性によって完全に規定される」（ibid., 135f.）。

彼によれば「人間間の衝突を防止」し、自由な共同体を設立することは、人間の道徳的任務である。だが、この自由な共同体の現実的確保と維持を保障するのは、諸個人の権利関係の正当な確定であろう。そして、この確定が「権利法則」を、そして「法の概念」を初めて成立させる。この権利関係の画定に、道徳の諸契機が介入する必要はない、あるいは介入してはならない。エアハルトはそう考えているはずである。だが「法（権利）の概念」は、それが必要であることの深源を、あるいはその成立可能性の根拠をかの「道徳的」任務にもっている。その意味で「法（権利）の概念は、その可能性という面では道徳に依存している」。しかし、権利関係の確定、「権利法則」の認識は、道徳理論の所轄するところではなく、それから独立した「法（権利）」論に属し、これは「権利関係」の確定という課題は「理論哲学」の課題である。エアハルトはそう主張している。つまり、「法（権利）」はその成立の「可能性」の面では「道徳」に依存しているが、その「現実態」においては「道徳」から完全に独立している。その意味で「自然法」は「道徳学」から独立した学である。その際、彼が具体的、現実的な「権利関係」の洞察と確定が「理論哲学」の仕事であるというには、それなりの理由がある。

　この主張を根拠づけるためには、ショトキーの挙げている（2）の論点が引き寄せられねばならない。「法は、人間が互いに他の人間に対してなすことがまったく首尾一貫して整合的である（Consequenz）べしという要求に基づいて成立する」（ibid., 136）。「法（権利）理論」は、すべての人間がその行為において、他者と相互的であることだけでなく首尾一貫していることを要求する。そして、この首尾一貫した「整合性」の洞察は、エアハルトによると「実践理性」の所轄事項ではなく、「理論理性」のそれに属する。それゆえ、ここに「実践理性の諸格率に対する理論理性の関心が生起する」（ibid., 135）。エアハルトでは、この「整合性―概念」が「法（権利）理論」の道徳からの自立性を保証する補助的役割を果たしている。興味深いことに、フィヒテもまた『自然法の基礎』でこの「整合性」にたびたび論及し、この概念を単に形式論理学的な論理整合性を超えた、「法―権利」概念に必須である諸個人の行為の相互拘束性を説明するために用いている（vgl. *GA* I/3, 354f., 358, 375, 385）。だが、エアハルトの「整合性」概念は、その機能において多義的である。ショトキーによれば、エアハルトの「整合性」概念は三様の意味と機能をもっている。すなわち、(a)「定言命法に一致する格率の本質に属しているような可能的『普遍性』」、(b)「特定の規範によって規則づけられた行為の仕組みが矛盾を含まないこと」だけではなく、「さまざまな時代に個人が法に対して下す判断が矛盾を含んでいないこと」、(c)「ホッブス的倫理学の言う自己中心的―功利主義的合理性」の三つである。[20] たしかに、フィヒテの「整合性」概念の用法は必ずしもこれらと一致していない。それにもかかわらず、フィヒテがこのあまり一般的でない概念をしばしば使用していることは、彼が「法」概念の確立に際して、「悪魔の弁護」論に刺激されたことを示す間接証拠の一つである。

　（3）の論点、法（権利）の実在化と利己心について、エアハルトは言う。「整合的である振る舞い」は「理論理性と結合された利己的衝動の利害関心とみなされねばならない」。そしてこう続けている。「悪意の極致は理論理性を実践理性の味方に引き入れ、そのことによって道徳的立法の類比物をもたらすのだが、この類比物は、人間をいくらか平和のうちに維持し、人間の陶冶を可能にするに必要な性質をもっている」（*PJ* II/1, 139）。まず、この「類比物」とは、「法理的立法」のことを指しているのであろう。これだけが、すなわち「法（権利）の実在化」だけが、人間が互いに「衝突」なく平和裏に共存することを可能にする。では次に、「理論理性」（と言うより厳密には理論的「悟性」）の関与は、なんのために必要なのか。それは、「利己的衝動」の主体が、「法」が「実在化」され「法―権利関係」が確定されている状態においてこそ、自らの衝動をもっとも確実に実現しうると認識するために必要なのである。この認識は、「善意志」や「実践理性」からは生じず、それには「理論理性（悟性）」を必要とする。

「人倫の極致」も「悪意の極致」もともにあくまで思惟可能なものにすぎず、それ自体は実現不可能なものである。それらの実在化には大きな制約が課される。むしろ「悪意の極致」は、「理論理性」による「整合性」の洞察を介して、「思慮ある利己心」に、あるいはより洗練された「利己的衝動」に変容されうる。その諸々の「利己的衝動」の利害調整が「法の体系」の仕事である。その意味で、「法（権利）」は「道徳」とは違って、「思慮ある利己心」を前提にし、これに依拠して成立するのである。先にエアハルトが「法（権利）は道徳からは導出されず、人間の諸々の利己的衝動が相互に折り合いがつけられうることから導出される」（ibid. 137）と語っていたとき、「法（権利）」が諸々の「利己的衝動」に立脚していることはすでに含意されていたのである。「法の実在化」を説くのに、このようにホッブス的要素を引き入れている点でも、エアハルトとフィヒテには「接点」が認められる。

2. マイモンの「自然法論」

マイモンの論文は、比較的短いいくつかの小節に分けられている。それらには、自然法の「概念の説明」、「道徳性の形式からみた自然法の区分」、「強制権の新たな区分」、「所有権について」、「協定（契約）」、「所有権の根拠」、「市民社会について」等々の表題（見出し）がつけられており、論の運びはいささか非体系的である。

「序論」で著者は、「自然法」を「一面では道徳学と切り離し、もう一面では実定法と切り離して、純粋に論じて」いくと宣言している。続いて、自然法の「概念」をこう「説明」している。「自然法は、道徳法則によってア・プリオリに規定された必然的で普遍妥当的な、道徳法則の外見上の例外（scheinbare Ausnahme）についての学である」（*PJ* I/2. 142）。われわれはすでに、エアハルトが『革命論』書評で「自然法」を「道徳法則」の「必然的な例外」、「市民の法」を「自然法の例外」と規定していたことを知っている（第七章第二節3参照）。だが実は、『哲学雑誌』第一巻第二分冊のマイモン論文の方が第二巻第一分冊のエアハルトの書評に先行しているのである。したがって、重要な含意を含む「例外」という用語についての影響関係が考えうるとしたら、前者の後者への影響であってその逆ではない。いずれにせよ、先の「説明」によれば、「自然法」は「道徳法則」の諸法則がそのまま適用できない「例外」をなしていながら、にもかかわらずこの「例外」は「道徳法則によってア・プリオリに規定され」ている。この両面性は単なる両面の並置ではなく、あきらかに一種の矛盾を含んでいるように思えるが、それはどのように理解されるべきなのか。著者はこの点に関して、以下のように述べる。

> 「この外見上の例外は、道徳法則によって、道徳法則の使用が可能であることの諸制約として規定されるか、それとも道徳法則からの間接的諸帰結として規定されるかのいずれかである。前者は、自然法の諸原則として、ア・プリオリに思惟された（道徳的意味での）自然法則である。それに対して後者は、この諸原則から導出された、自然法全体の諸定理である」（ibid.）。

「自然法」は、或る面では道徳法則の使用可能性の「制約」であり、他の面では道徳法則からの間接的「帰結」である。この「制約」にして「帰結」という逆説的関係を、マイモンは或る具体的事例に即して説明している。それは、まだだれの所有物でもない物件（つまり、無主物）を二人の人間が、自分のものとして占有せんとする係争における「権利」の発生に係る事例である。そのような「権利」は、たしかに「道徳法則からの直接的帰結でもなければ、間接的帰結でもない」。

道徳法則は、一方の「権利主体」Aに「その物件を占有するよう命じることもないし」、「その物件を同時に占有せんとしている」Bに「その権利を禁止することもない」。だが、そのことによって、Aに「間接的な仕方で、或る権利が生じるだろう」とマイモンは言う。その理由は明示されていないが、おそらく彼は当時の「権利」論の通例に倣って、道徳法則が「命令」も「禁止」もしていない事柄は、「許されて」おり、この「許されていること」が、最初に占有を宣言した者にそれを占有する「権利」を発生させると考えているのであろう。そして、こう続けている。「だがそのような権利は、道徳法則が使用可能であることの制約である以上、必然的である」(ibid., 143)。さらに彼はこう言う。もし、そもそもAにそのような「権利」がないとしたら、Bもこの権利を棄損してはならないという「義務」を有さないであろう。「そうすると、道徳はまったく使用不可能になる」。したがって、Bの意志に抗してでも、「物理的な力に訴えて」自分自身の意志を行使せんとするAの「権限は、道徳法則が使用可能であることの制約として、道徳法則の必然的な例外なのである」(ibid., 144)。マイモンは奇妙な理屈をこねているように映る。だが、この場合に想定されうるAのそのような「権利」は――マイモンが少し後に述べているように――「蓋然的な(problematisch)権利」(ibid., 147f.)でしかない。というのも、その「権利」はさしあたり「物理的な力」によって、つまり「力ずく」で決定されるしかないものであり、それゆえ時間と状況の変化によってAとBの力関係が変化すれば、その「権利」の帰属主体も変化するからである(vgl. 145f.)。

これに対して、当の物件の「所有権」がすでにAにあるときには、それを自分も所有せんとするBに対して、Aは力ずくでも対抗する「権限」をもつ。この場合は、Bは「道徳法則のゆえに」(ibid., 144)、Aに対抗することは「許されない」。Aのこの権利は「実然的な(assertorisch)権利」(ibid., 147f.)である。だがマイモンによれば、このときも同じようにAのために「道徳法則の例外がつくられるのだが、しかしこの例外は道徳法則の間接的帰結なのである」。このとき、Bの意志は「道徳法則から間接的に、不当なものと規定され」、そしてこのことを介して、これに対立しているAの意志は「正当なものと規定される」(ibid., 144)のだと言う。

以上のようなマイモンの議論から、第一に、彼の言う「道徳法則の使用が可能であることの諸制約」とは、「無主物」の最初の占有取得による「暫定的権利」の発生という事態を指していることがわかる。マイモンはおそらく、こう考えているのである。「暫定的」であれ、とにかくなんらかの「権利」が成立していないところに、権利―義務関係は成立せず、そこでは「道徳法則」の発動は不可能である。すると、かの「制約」は規定的制約ではなく、先行的前提条件というほどの意味である。第二に、「道徳法則からの帰結」が「間接的」であることの意味は、第二の事例においてもAの「権利」の正当性はそれ自体によって根拠づけられるのではなく、これに対抗せんとするBの意志が不当であることを介して、権利づけられるということを指している。つまり、「暫定的な権利」の成立が道徳法則の発動の「制約」(前提条件)をなしており、「実然的な権利」は「道徳法則」からの「間接的帰結」である。したがって、この場合「制約」と「帰結」は一見、すなわち「外見上」矛盾をはらんでいるように見えるが、占有の権利が「蓋然的」なものから「実然的」なものへと推移していく時間の経緯のうちで解消されることになるのであろう。それゆえ、その「例外」は「外見上の」例外と称されているのである。

この議論は奇妙な、そしてたわいもない理屈を述べているように思える。だが、無主物の「占有」に関する「暫定的権利」の正当性をめぐる問題は当時重大な関心事であったようである。カントも少し後に彼の「法論」でこの問題を論じ、その正当性を根拠づけるために、これまた奇妙に映る論理を展開している。「最初の占有取得」は必然性をもたず偶然的で、「力ずく」であるにもかかわらず、それによって、他のすべての人に対してその取得物の「使用を控えるという拘束を課す権能」が与えられるとカントは言わんとする。だが、どう考えてもそのような「権能」は「法権利一般の諸概念だけからは引きだすことができない」がゆえに、彼はそれを「実践理性の法的要請」だと言い、「許容法則（lex permissiva）」によってその正当性を裏付けようとしている（*KA* VI. 247）。その論証は一種の背理法によっている。この点でもカントの論法はマイモンと共通している。すなわち、「最初の占有」の正当性を認めないと、人間の占有の可能性一般を否認することになるか、すべての人の自由の両立の可能性追求を断念することになるか、どちらかになるとカントは言う。その論証の説得力と正否はさておき、マイモンはこの「許容法則」をすでに「外見上の例外」だと呼んでいる。「例外」や「許容」という概念によって「占有取得」になんらかの「権利」を容認しようとする試みは、そもそも特定の「権利」を初めて保証する「権利関係」の成立に「先立って」、「権利」を容認しようとするという根本的矛盾に最初からまとわりつかれていると言わざるをえないだろう。カントの「許容法則」についても、それが「例外を認める法則」であるのか、その本質は先のような「権能を付与する規範」にあるのかについて、カント研究者の議論の的になってきたが[21]、この問題を剔出し、基本的には同じ論理で先鞭をつけたのはマイモンのこの論文である。

かくしてマイモンの場合、「道徳」と「法―権利」の区別は、極めて特殊な事例（最初の占有権の正当性の問題）に限定して論じているだけである。しかも、本来純粋に「権利問題」として論じられるべきことを、彼は「道徳法則」との関係において論じている。したがって、両者の間に、後にフィヒテがなしとげたような明確な分離が考えられているわけではない。根本的には、一切の権利はあいかわらず道徳法則から導出される。そのことは、マイモンが改めて次のように語るとき、より明白になる。無主物をAとBが同時に我がものとせんとするとき、決定は「道徳法則の外の或るもの」、「すなわち、自然法則が引き起こす物理的な力」によるしかない。「しかしそれでも、この或るものは道徳法則の力（die Kraft eines Moralgesetzes）をもっている」（ibid., 163）。そして「この力」は、「その他の場合には道徳法則のもとに包摂されえないような事例にも、道徳法則が可能性として適用できるということに基づいている」（ibid., 162）。

「法―権利」に対する「道徳法則」のこのような基底性は、マイモンが道徳法則における意志の「普遍妥当性」を、はじめからもっぱら衝突や対立を含まない意志間の一致として理解し、その基礎に道徳的な「意志の共同性」を見ていることに派生しているように思う。この点において、マイモンはフィヒテとよりむしろカントに近く、それゆえかの「占有取得」の問題においてカントの先行者になりえたのだと言えよう。それに対して、エアハルトはカントよりもむしろフィヒテに近く、それゆえ「整合性」論に見られるようにフィヒテの先行者となりえたのだと言えよう。こうした相違にもかかわらず、両者はまたフィヒテに対して同じ関係のもとに位置づけられる。すなわち「エアハルトとマイモンは、『実際的な』自然法を支えうる基礎づけに到達するために、カントの道徳論の法理論的モメントを強調しているのに対して、フィヒテはこの法理論的モメントをまったく独自の法則、まったく独自の思惟形式に高め、その結果一面では『実質をもつ（reell）』法体系のこの基礎づけを整合的に遂行できたのであり、また他面では非法理論的な『純粋な』『より高次な』人倫理論を、一切の法理論上位に確立することができたのである」[22]。かくして、「権利」の根拠をなお、「可能性の面で」あるいは間接的に「道徳法則」に求めているエアハルトとマイモンの「法―権利理論」は、フィヒテとカントによるそれの「道徳法則」からの独立での過渡的位置を占めているといえるのである[23]。

3. ＡＬＺでのシュレーゲルによる書評（ALZ 1797, Nr. 90, 91, 92）

　さて、Fr・シュレーゲルによるＡＬＺ書評は、これらの法理論関係論文をどのように評価しているのであろうか。書評者は、「道徳論」にとっての「悪魔」の存在想定の意義については漠然と捉えているにすぎないが、「道徳論」と「法論」の関係理解については、的確な批判的見解を述べている。前者の問題について、たとえば「悪魔は幻想にすぎないとしても、それでもそれは人間に特有の幻想に違いない」とか、「自由な存在者だけがまったくの悪意をもつことができる」という著者の重要な言葉を紹介しているが、「悪魔」の発生根拠については、すなわちカントが語っていた、人間には避けがたい「自然的性癖」についてはほとんど言及しない。問題の所在については語りながら、その所在の根拠には触れていないと言えよう。書評者によれば、「論文全体においてもっとも卓越している点は、悪魔の諸格率を展開しているところであろう。概して、この著者は含蓄に富んだ着想に欠けるところはないのだが、明快で厳密な方法論に欠けるところがある。したがって、その諸要素を解析して細部にわたる吟味をおこなっても、労多くして益少なしということになろう」（*ALZ* 1797. Nr90. Sp. 720: *KFSA* VIII, 19）。たしかに、この印象批評は半ば当たっている。

　後者の問題については、書評者はこう書いている。「自由をもった存在者だけがまったくの悪意をもつことができるという証明を通して」、著者は「実践理性の諸格率に対する理論理性の関心が生じてくる、という。この諸格率だけがすべての人間に整合的に遵守されうるからである。さらにそこから、その可能性から見れば道徳に依存している権利（法）の概念が生まれてくる、とされている。そうであるとすると、権利（法）論は道徳論の一部であることになる」。権利（法）論の「第一根本命題の諸規定と諸制限のすべてが道徳の圏域内に属しているのだとすれば、そして実定的なものの純然たる制約がいかなる独自の学も根拠づけることができないのだとしたら」、そうならざるをえないであろう。「だから、両方の学の分離は、恣意的にすぎない」（ibid. Nr. 91. Sp. 721: ibid. 20）。この批判は、エアハルトの中途半端な権利論の自立化の試みの要点を衝いている。

　マイモンの「自然法論文」に対しても、書評者はその弱点を的確に衝いている。かの「外見上の例外」という鍵概念を捉えて、書評者はこう批判する。「（一五一頁によれば）いかなる場合にもそれに反して抗することを許さない定言命法である道徳法則に、どのようにして例外が存在しうるというのか、またそれ〔例外の存在〕にもかかわらず、（一四二頁によれば）道徳法則の可能性が、人間のうちにあって人間の意志を普遍妥当的にすることへと向かう或る衝動を想定することに基づけられるというのは、理解できない」(ibid.: ibid.)。さらに、書評者はこう述べている。「それに違反せずには履行されないような実践的法則は、おのずと廃絶されるものであろう。もし権利が、共存している多くの実践的法則の相互制限から導出されうるならば、事態は別様になるであろう」(ibid.: ibid.)。後にフィヒテが、「権利」を理性的存在者たちの自由の相互制限に基づいて導出することを勘案すると、この点ではマイモンよりシュレーゲルのほうがフィヒテの近くにいる。「マイモンはそれゆえ近年の法理論家たちがそうであるように、権利を演繹しなかったのだが、彼はそのことを根拠もなく法理論家たちのせいにしている」。

さらに書評者は、書評対象となっているこの雑誌の最初の四巻（合計一六分冊分）に多種多様な、そして見解の異なる「法理論」、「自然法」関連論文が数多く掲載されていること[24]に注目している。この盛況と多様性は「まさにこの領域が今やどれほど哲学的理性の素晴らしい遊技場（ein vorzüglicher Tummelplatz）になっているかを示している。ほかでもなく、根本概念の演繹や学の限界画定というもっとも学問的で普遍的なことにおいて、活発な活動と意見の不一致が最も強く表に出てくるのはなぜかという理由は、単に学術的欲求一般から、あるいは革命的な時代の支配的な論調からだけでは説明できない。それは、哲学の錯綜しもつれ合った織物の多くの結節点がここに合流していることの兆候であるように見える」(ibid. Sp. 722; ibid. 21)。だが、ここに認められる「さまざまに異なった自然法の限界規定から明らかになってくるのは、少なくともこの学〔自然法〕の自立性と〔他の学との〕相違はいまだに確定されていないということである」(ibid.: ibid.)。実践的諸学の相互境界画定、その分類論はなお未完成である。

書評者は、他の法理論関連掲載論文にも言及した後、次のような総括的な診断書を提出している。

「この雑誌での法理論に関して、すべてのあるいは多数の鋭敏な、しかし非常に見解を異にしている著作者たちが一致している諸特徴の成果は、簡潔に言えば次のようになる。

〈1〉法の原則は道徳から独立したものである。

〈2〉法の原則は、単に技術的に有用であるだけでなく、実践的にかつ絶対的に必要である。

〈3〉法の原則は、或る実定的法則の制約にして制限にすぎない。

〈4〉法の法則の可能性は、自由な存在者たちの共同体という概念に基づいている」(ibid. Sp. 723; ibid. 22)。

これは、当時の「道徳」と「法」の区別と連関を巡る議論状況についての的確なカルテである。ただし、この時点では〈1〉については、議論はその方向に進んでいるが、「道徳」から独立した「法―権利」概念の十分な「根拠づけ」はまだ確定されておらず、〈4〉については、「自由な存在者の共同体」というカント以来の理念が、「法―権利」概念との関係でしばしばもちだされてきてはいるが、その「共同体」と個々人の自由との関係はまだ解明されるにいたっていない。

第三節　シュミート―フィヒテ論争

一七九六年二月に発行された『哲学雑誌』第三巻第二分冊（通算第一〇分冊）に、シュミートの「哲学とその諸原理に関する或る論文から抜粋された断片、暫定的吟味のために」（以下「断片」）が掲載される。この論文で彼は、「経験心理学」をベースとした自らの哲学体系の輪郭を呈示した。その数カ月後の復活祭頃に発行された第三巻第四分冊（通算第一二分冊）に、フィヒテはこの論文を非常に激しい論調で強烈に批判した、「シュミート教授によって樹立された体系と知識学との比較」（以下「比較」）を掲載する。二年半ほど断続的に続いてきた「シュミート－フィヒテ論争」はここにピークを迎える。この論争は根本的には、M・ヴントが述べた、カント哲学の発展方向に関する「心理学的方向」と「超越論的方向」との対立に深源をもっている。それゆえこの論争は、個別的な哲学的主題に関する争いではなく、「哲学」という学の本質と地位をめぐる両「方向」の理解の対立が顕在化したものである。そのことは、最初は一見些細な問題をきっかけに始まった両者の論争が継続、展開されるにしたがって次第に明白になってくる。以下本節では、この論争の経緯に沿って諸々の対立点を確認しながらその全貌を明らかにするとともに、最後にFr・シュレーゲルの手になる、ALZでの『哲学雑誌』最初の四巻の書評を覗いてみよう。

1．論争の前哨戦

足かけ三年に渡るこの論争は、三つの段階に分けることができる。論争の「第一フェーズ」にあたる最初の「鞘当て」は、フィヒテがイェーナに着任する前、まだチューリッヒに滞在していたときから始まっている。この「鞘当て」の舞台を提供したのも、ALZの「知的広報欄」である。すなわち、

①一七九三年一〇月三〇日：フィヒテがいわゆる「クロイツァー書評」でシュミートの叡知的宿命論に批判的に言及する（*ALZ* 1793, Nr. 303）。

②一七九四年二月一五日（起草の日付は一月二〇日）：シュミートがこの書評記事に反論する（Intelligenzblatt der *ALZ* 1794, Nr. 14）。

③一七九四年三月二六日（起草の日付は三月八日）：フィヒテが再批判を載せる（ibid., IB. Nr. 29）。

まず①でフィヒテは、シュミートの叡知的宿命論が「あらゆる道徳性を完全に廃絶してしまう」というクロイツァー（Christian Andreas Leonhard Creuzer 1768-1844）の見解に同意したうえで、いささか不用意に、この宿命論が行為の「帰責や功罪」の問題を廃棄してしまうことは「シュミート氏自身も認めているところ」だと書いた（*ALZ* 1793 Nr. 303, Sp. 204; *GA* I/2, 13）。②でシュミートはフィヒテに対して、それは「私の名誉を傷つけるねつ造（Falsum）」であり、自分はそんなことを認めたことはない、自分の『道徳哲学の試論』はむしろ「帰責や功罪をはっきりと主張している」と反論する（*ALZ* 1794, IB. Nr. 14, Sp. 111）。だがフィヒテは執拗に③で、自分の論評は「シュミートの言葉」を問題にしているのではなく、その言葉の「真意を解明している」のだと反論する（ibid., IB. Nr. 29, Sp. 232; *GA* I/2, 76）。すでにわれわれが見たように、『道徳哲学の試論』（初版、一七九〇年）での叡知的宿命論が「義務の真の問題」や「帰責」の問題を台無しにしてしまうという批判は、その初版公刊直後からALZ紙上でも表明されていた。しかし、シュミート自身はそのことを認めておらず、われわれがすでに見たように、むしろ第二版ではたしかに「帰責の問題」や「功

罪」に関する論述を意識的に付け加えていた（第三章第四節3参照）。それでこの段階では、論争は言葉の上で「認めたか、認めていないか」という表層的問題に終始している。しかし、この応酬は、心情の上では両者の間に深い溝を作り出した[25]。

両者がともにイェーナで講義するようになってからも、心情的、個人的対立は止まなかった。むしろ、この「第二フェーズ」では、両者の対立が単に個人的心情の反感や軋轢に基づくのではなく、哲学的立場自身の対立に根ざしていることが次第に明らかになってくる。

④一七九四年：シュミートが自らの編集する雑誌『道徳、宗教、人間の幸せのための哲学雑誌』第四巻第一分冊で、知識学を「自分には理解不能な理論」だと明言する。

⑤一七九五年：シュミートが『自然法要綱、講義用』の「序文」末尾で、暗にフィヒテを指して「熱にうかされた世界変革者（schwärmerischer Weltreformator）」と揶揄する。

⑥一七九五年一一月一四日（起草の日付は九月一八日）：フィヒテが④と⑤を引き合いに出し、シュミートを嘲笑、非難する（IB der *ALZ* 1795, Nr. 132）。

⑦一七九五年一二月一二日：シュミートが⑥に対して反批判を公表する（IB der *ALZ* 1795, Nr. 145）。

この「第二フェーズ」で、両者の哲学的立場の対立が徐々に浮かび上がってくる。④に挙げた雑誌に掲載された『知識学の概念について』に関する別人による書評中に、シュミートはわざわざ「編者の注」を付し、フィヒテの「原因性ならざる原因性」という術語[26]を理解不能だと批判する。そして、自分は「自分にとって理解不能な理論について、理解できる言葉で語ることはできない」と書く[27]。さらに⑤の『自然法要綱』の「序文」では、彼は暗にフィヒテを指して「創造的な構想力（schaffende Einbildungskraft）によって、悟性の諸法則をはるかに超えた」地点にまで人々を連れて行こうとする「熱にうかされた世界変革者」と形容し、この変革者は「諸国民を解放し、喜ばすための空想的で不法な計画」を抱いているのだと揶揄した[28]。

「創造的な構想力」という術語に関して言えば、「知識学」はたしかに、有限な存在者に「素材を絶対的に創造する能力を与え」ようとしており、この構想力に認識論上重要な位置を指定していた。そしてフィヒテ自身が⑥で述べているように、「明瞭な言葉でそのような能力を想定している」のは、この時点ではフィヒテが「最初で最後の唯一の人物」（IB der *ALZ* 1795, Nr. 132, Sp. 1064; *GA* I/3, 213）であるのだから、かの揶揄がフィヒテを的にしていることは明らかである。シュミートは④で、「自分には知識学は理解できない」と認めているのに、その彼が知識学に「嘲笑的な眼差し」を送り、「陰険なあてこすり」を行っていると、フィヒテは厳しく非難した（ibid.; ibid., 213f.）。

もう一つ、「熱にうかされた世界改革者」という表現については、別の文脈を想い起こさないとシュミートの揶揄の意図が明瞭にならない。われわれがすでに見たように（第七章第二節）、フィヒテは『革命論』で「人民の革命の権利」を毅然として擁護し、「ドイツのジャコバン派」のレッテルが張られていた。その風評の上にさらに一七九四年六月ごろ、フィヒテがイェーナでおこなった最初の講義「学識者の使命」で、彼がきわめて不穏な政治的発言によって学生たちを先導しているという噂がまき散らされていた（第六章第三節参照）。すなわち、彼は講義中に公然と「一〇年か二〇年もすれば、王や諸侯など一人もいなくなるだろう」と語ったという噂である。(29)「諸国民を解放し、喜ばすための空想的で不法な計画」を抱いている「熱にうかされた世界変革者」という表現は、当時イェーナでは誰もが知っていたこの噂話を下敷きにしている。当然フィヒテは、この件が根も葉もない噂話であると反論した。それに対して、シュミートは⑦で、「序文」の「かの箇所は、フィヒテ教授のことを指しているのではない」と言い逃れをしている（IB der *ALZ* 1795, Nr. 132, Sp. 1163; *GA* I/3, 214, Anm. 7）。「第二フェーズ」も表面だけを見れば、論争はあいかわらず「言った、言わない」の非哲学的レベルにとどまっているように見えるが、シュミートはすでに、自ら気づかないまま対立点の核心を突いているとも言える。

「創造的な構想力」の概念と「原因性ならざる原因性」としての「努力」の概念とは、最初期の知識学の体系において共通の基礎的役割を果たしている。理論的自我の場合、その活動の「素材」「質料」を自我自らが産出する働きを担うのが「構想力」であり、実践的自我の場合、同様の機能は「努力」によって遂行される。ここでの問題の核心は、知識学では自我は自らの活動の「質料」を「外部から」与えられるのではなく、自ら自身の「没意識的な」働きによって、すなわち産出的「想像力」と「努力」によって「創造」するという点にある。カントやラインホルトよりもっと「純粋な」超越論哲学者フィヒテは、超越論的自我はその活動の「素材」の所与性を前提にすることはできず、それが与えられることを可能にする根源的能力――いわば能動的自我のうちの根源的受動態――こそ解明せねばならなかった。それが「構想力」と「努力」である。しかし、経験的心理学者シュミートにとっては、そのような「創造的」能力を自我のうちに認めることはとうていできない。この点をめぐる両者の対立は、次の「第三フェーズ」では「絶対的自我」の理解をめぐってもっとはっきりと現われてくる。

2.「断片」vs「比較」

「第三フェーズ」で論争の舞台は、ＡＬＺの「知的広報欄」から『哲学雑誌』に移る。そして双方は、今度は哲学的「論文」でもって応酬しあう。(30)

⑧一七九六年二月：シュミートが『哲学雑誌』第三巻第二分冊（通算第一〇分冊）に「哲学とその諸原理に関する或る論文から抜粋された断片、暫定的吟味のために」を掲載し、知識学の諸原則との論争的対決を公にする。

⑨一七九六年復活祭頃：フィヒテが同誌の第三巻第四分冊（通算第一二分冊）に「シュミート教授によって樹立された体系と知識学との比較」を掲載し、両体系の哲学的立場の根本的相違を明らかにし、有名なシュミート「抹殺宣言」を公にする。

⑩一七九六年六月二三日：シュミートが『国事報知（Reichs=Anzeiger）』で、この件については沈黙を守り、読者公衆に判定を委ねる旨を公表し、論争に終止符を打つ。

シュミートは⑧で、自分の構想している哲学体系を暫定的に提起し、そして初めて哲学の根本命題に対する自らの立場を明らかにする。たしかに、シュミートはここでラインホルト、フィヒテと歩調をそろえるかのように、哲学の第一根本命題を「自己意識」あるいは「自我」のうちに認めている。しかし、彼によれば、この根本命題は意識の経験的諸事実に対して「超越的」であったり「構成的」であったりしてはならない（vgl. *PJ* III, 101）。原理としての自我は、あくまで「多様のうちにある統一を求めて努力するもの」（ibid., 112）にとどまらねばならない。だから彼は、「一切の哲学的思惟の端緒と終局点を合一しようとするような最近の極端な試み」に反対する。彼によれば、この種の試みは

「自己意識のうちに現われてくる認識主観の概念に、観念的な絶対者（ein idealisches Absolutum）をこっそりと押し込み、そして意識に現われてくるものをそこから導き出すために、この創案された無限態の充溢から、いつでも必要と思ったものを必要なだけ引き出してきた。そのようにして哲学は無限な作り話（eine unendliche Dichtung）にされてしまい、哲学者は自らを、すべての事物の総体である世界を自ら自身の力で自ら自身に対して創造する者（Selbstschöpfer）という位へと高めたのである」（ibid., 106）。

これがフィヒテの「絶対的自我」への批判であることは見誤りようがない。「絶対的自我」を、有限な自我の活動の諸形式だけでなく諸内容（素材、質料）をもそこから「必要に応じて」案出できる「無限態の充溢」とみなす、そして知識学はそういう類の案出に従事しているのだという誤った理解は、おそらく、この（「知識学」の最初の公刊からまだ二年もたっていない）時点ではシュミートに特有の理解であったとは言えないだろう。広く浸透していたそのような誤解こそ、フィヒテに「知識学の新しい叙述」、「新方法による」叙述に着手させた誘因であった。

振り返って考えるに、われわれが見てきたように、シュミートはすでにラインホルトの提唱した「第一根本命題」に対して、それが「形式面」でも「内容面」でも「構成的」原理とはなりえず、ただ「規範的」原理、つまり「統制的」原理にとどまるべきだと、それはそれで的確な批判的見解を述べていた（第四章第三節2参照）。その点では、哲学の原理に対する彼の立場は首尾一貫しているのである。ここでも彼は、原理としての「自我」は確定された「構成的」機能を果たすのではなく、ただ「統一を求めて努力するもの」にとどまらなければならないと主張している。四年前と違ってフィヒテの登場によって哲学的思惟の境位が「超越論的方向」へと深化しつつある状況のもとでもなお、彼は哲学の原理を「直接的意識」を超え出た地平に求めることをあくまで拒否しているのである。「経験的心理学者」シュミートはいかなる意味でも「内的経験」に基づく「直接的意識の事実」を超えていく哲学を認めようとしない。それはそれで、カント-ラインホルトから継承された立場である。彼にとって「意識の事実」を超えていくような「純粋哲学」は、「空虚であり、根拠を欠いており、無力な妄想」にすぎない（vgl. ibid., 101）。

シュミートによれば、一切の意識のア・プリオリな制約は、意識の能力として、われわれのうちに「意識の事実」として見いだされる。それは、われわれが直接的にア・プリオリに意識している二つの能力、「悟性」と「意志」である。「悟性が存在するということ、意志が存在するということ、このことは事実であり、…〔中略〕…ア・プリオリに与えられたものである」（ibid., 118）。この「悟性」と「意志」が、何に起因して生じてくるのかは、それ以上には問われない。それらの基底をさらに問うことは、おそらくシュミートにとってはかの「純粋哲学」に転落することなのである。しかし、後に見るように、フィヒ

テにとっては、意識の「諸事実」を「事実」の地平で関連づけたり、整序したりすることは、およそ「哲学」の名に値しない。哲学はさらにその「事実」そのものの可能性の制約を問わねばならない。ここに、「哲学」の課題をめぐる「心理学的方向」と「超越論的方向」との根本的な溝がある。

シュミートによれば、「人間の根本能力」としてのこの両能力に、「理性」が「統一の普遍的原理」を与えるのだが、その場合この原理は両能力にとってそれぞれ二様に表現される。すなわち、「悟性」にとっては、それは「消極的には」「矛盾律」として、「積極的には」「根拠律」として表わされ、「意志」にとっては、「消極的には」「正義の命題」として、「積極的には」「善の命題」として表される（ibid. 118f.）。彼は自らの暫定的体系をこの図式に沿って区分している（ibid. 123ff.）。そして、帰結部においてもう一度フィヒテへのあてこすりが、こう書き付けられる。自分は「これまでのすべての哲学をひっくり返してしまう」おそろしい「革命」を志向しているのではなく、ただ哲学に「静かで穏やかな進展（Evolution）」をもたらそうとしているのだ、と（ibid. 131）。

その数カ月後、フィヒテは⑨に挙げた論文「比較」で、シュミートの「断片」の内容に逐条的な批判を加え、ときに辛辣な言葉を浴びせている。多岐にわたる批判点の中心にあるのは、シュミートが「悟性の能力」と「意志の能力」をア・プリオリに与えられた「意識の事実」として、彼の体系の基底に据えながら、それらが他のより基底的な能力からどのように生じてくるかを一切問わない点にある。シュミートは「事実」の根源を問わない。それゆえ、フィヒテからすれば、「悟性」および「意志」とそれらに統一を付与する「理性」との必然的連関も証示されず、さらにこれらと「根源的自己意識」の関係も「偶然的」なままに放置されている。シュミートは、彼が「意識の諸事実」として「見いだす」ものをただ区分し、秩序づけているだけであり、そうした営為は「技術」とは呼べても、フィヒテからすれば「哲学という名」に値しない（vgl. *PJ* III, 291; *GA* I/3, 250）。「意識の事実」に関して言えば、ラインホルトは「事実の根拠へと上昇していくために、真に哲学的な仕方で意識の事実を使っている」のに対して、シュミートは「事実の帰結へと下降していく」ために、「意識の事実を第一のものとして取り扱っている」（ibid. 316f.; ibid. 264）のである。この判定は、ヴントが考えているようにシュミートを貶めるためにラインホルトをもち上げているのだとは言えない。この比較評価はおおむね正当であると言える[31]。

かくして、「知識学」の任務は、諸事実、諸事物の体系化を試みることではなく、それらを生みだす一連の行為を記述することにあるのだから、「知識学」とシュミートの「体系」の関係は、以下のように表現される。「知識学は、意識の直接的事実であるところのもので終わる」のに対して、シュミートの「体系」は「彼が直接的な事実だとみなしたところから始まる」。「知識学の尽きるところ、それはまさしくシュミート氏が彼の哲学を始めるところなのである」（ibid. 317; ibid.）。興味深いことに、この表現は数年前にラインホルトが自らの哲学の境位をカントのそれと比較するときに使った表現と瓜二つである。ラインホルトもまたカントに対してこう述べていた。『純粋理性批判』で「根拠（Grund）として使用されているものすべて」が、「表象能力の理論」においては「単なる帰結（Folge）として登場してくる」[32]。ラインホルトもフィヒテも、哲学的思惟の境位自身の相違、すなわち「事実」に基づく経験的思惟とその事実の「根拠」を解明しようとする超越論的思惟の相違を言わんとしているのである。両者のこの独特の表現には、カント的な超越論哲学を起点としながらも、その哲学的思惟の対象を先行者よりもさらにメタ的境位に求め、したがって哲学的思惟自身をさらに「純粋に」超越論的に「深化」させようとした初期観念論の段階的歩みが、明瞭に表現されている。

さて、この決定的な相違を踏まえて、フィヒテは結論部で有名な「抹殺宣言」を発する。すなわち、今後シュミートが「知識学」にたいしていかなる批判をしようが、それは「私にはまったく当てはまらないことだ、と宣言する。私は、シュミート氏自身が私に関しては、哲学者としては実在していないものと宣言する」（ibid. 319; ibid. 266）。当然、この過激な「無効宣言（Annihilationsact）」は哲学者たちの間で大いに議論、非難の的になった。たしかに、このようなもの言いには――たとえ哲学的確信に依拠しているとはいえ――フィヒテの傲慢な姿勢が混入していることは否定しがたい。だが、かの宣言は「哲学的テロリズム」と騒ぎ立てるほどのものではなく、理解のしようによっては、根本的に異なる（あるいは、思惟境位の次元を異にする）哲学的立場から発せられる「的外れな批判は受けつけない」と言っているだけだとも受けとれよう。あるいは、「哲学とは何か」に関する根本的理解が異なっているのだから、シュミートは「私にとって」は「哲学者」でない、と語っているだけだとも受けとれよう。

では、この哲学史上の重要な対立点をめぐる論争を、シュレーゲルのＡＬＺ書評はどう論評したか。結論を先に述べれば、われわれの期待はまったく肩すかしに終わる。書評の中ごろにはこう書かれている。シュミートの「断片」とフィヒテの「比較」とに関して言えば、「書評子は何度も吟味した後、フィヒテ氏はシュミート氏を完全に理解したのだと確信していることを率直に明言する。そうすると、次のことはおのずと明白である。すなわち、書評子は、ここで行われうる唯一の配慮である哲学上の配慮において、前者の論文に関して、そしてその反対論文の論争的部分に関しては、なに一つ語るべきことをもたない」（*ALZ* 1797. Nr. 91. Sp. 726; *KFSA* VIII. 25）。彼は別の箇所ではたしかに、こう述べている、「哲学が意識の直接的事実を超えて行くのは許されないというありきたりの異論を抹殺すること（Vernichtung）は、筋の通ったことである」（ibid.: ibid. 29）。明らかにフィヒテに軍配を挙げながら、シュレーゲルはこの問題に深入りしない。シュミート論文とフィヒテ論文の「論争的部分」に一切触れない以上、必然的にそうならざるを得ない。それにしても、思わせぶりな「哲学上の配慮において（in *philosophischer* Rücksicht）」の意味は不明である。そういうわけで、書評は核心的問題に触れないまま、フィヒテの論文中の「知識学の諸原理の通俗的叙述」の部分にだけ、いくつかのコメントを付している。そのコメントの一つの重点はカント哲学とフィヒテの思想との関係に置かれている。たとえば、「カントをその精神に従って解釈すること」と「字句に従って解釈すること」の本質的違いを、フィヒテ自身が明瞭に説明すべきだと、書評者は注文を付けている（ibid.: Sp. 727; ibid. 26）。また、カントの哲学はフィヒテ的諸原理を萌芽的に含んでいたと本当にいえるのか、と疑義を呈したりしている（ibid.: ibid. 27）。しかし、これらのコメントはカント―フィヒテ哲学についてのシュレーゲルの一定の理解を示してはいても、かの両論文に関する、そして「論争」に関する書評としては外縁的なものである。

書評が公になってから一月半ほど後に、ノヴァーリスがシュレーゲル宛書簡でこの書評について論評している。「ニートハンマーの雑誌についての君の書評は、君のものを書くときのいつもの欠陥がでている――それは人を刺激するだけで、満足を与えない――それは、われわれにちょうど最高の準備が整ったところで、論を突然を打ち切る――ほのめかし――無数の約束――人は読むことから我に立ち返る。それは、われわれを刺激して多くのことをわれわれのうちに呼び起こしたようにみえるが、結局は持続的なものを何も残さないまま消え去ってしまうような美しい音楽を聴いているようなものだ」(*KFSA* XXIII, 360)。肝胆相照らす仲であったノヴァーリスの評価には遠慮がない。それは、この書評全体の随所にみられる「欠陥」を手厳しく咎めている。その二日後、シュレーゲルが返信を書く。「僕は書評で僕の内なる狙いを実現した」ので、かの書評に「僕は満足している」。「それは哲学の舞台への僕のデビューだったのだから、それに僕は無数の外的束縛に締めつけられていたのだから、君は、僕がこの軽い形成物(これは、書評としてはそしてその目的から見れば、僕の判断では僕の他の書き物よりはよくできている)を、僕の精神の重要な一つの前進とみなすことを大目に見てくれよ」(ibid., 362f.)。シュレーゲルのこの強弁にもかかわらず、異なった哲学的立場からのに多様な主題を含む『哲学雑誌』全四巻に対する彼の書評は――「法」と「道徳」の連関問題への鋭い洞察を除けば――表面的な書評にとどまっていると言わざるをえない。

注

(1) 第九巻と第一〇巻については、そこに収められた各分冊の扉の出版年と巻全体の表紙に付された出版年がずれている。第九巻の第一分冊は「一七九八年度第五分冊」と表記されており、その第二分冊~第四分冊の扉の出版年も一七九八年になっている。第一〇巻についても、巻の出版年は一八〇〇年とされているのに、その第一分冊の扉の出版年は一七九八年である。これは、各年度三巻、一二分冊発行という当初の計画にもかかわらず実際の各分冊発行が遅滞した結果起こった不整合であると考えられる。

(2) 以下、この『哲学雑誌』からの引用は*PJ*と略記して、巻数(ローマ数字)と頁数を直接本文中に記入する。この雑誌創刊前後のニートハンマーの哲学的活動については、Manfred Frank, *›Unendliche Annäherung‹. Die Anfänge der philosophischen Frühromantik*, Frankfurt a. M. 1997 の 16. Vorlesung の前半部分(428-447)に詳しい。

(3) ホイジンガーは一七八七年からイェーナで哲学を学び、その後家庭教師を経て、一七九四―九七年の間イェーナで私講師であった(巻末の「**講義予告一覧**」を参照)。彼は自分の『教育術の教本』(一七九五年)に沿ってたびたび「教育学」を講じた。また彼は、学生用に書簡の形式で『哲学のエンチクロペディの試論』(全二巻、一七九六年)を著わした。この著作に続いて『美学の教本』(全二巻一七九七年)が出たが、ここでは、個々の芸術ジャンルでの諸作品を論じ、判定するのに、カントの美と崇高に関する諸原則が適用されている。彼の哲学的立場は、シュミート的な経験的心理学にあり、『哲学雑誌』第一巻から第四巻に教育学関連の論文を中心に五篇の論文を寄せている。

(4) ハレの王立教育院の教師であったシャウマンは、早くも一七九四年にはギーセンの哲学正教授に就いている。『霊魂、すなわち魂についての談話』(一七九一年)、『学問的自然法』(一七九二年)、『哲学的法論のための批判的論集』(一七九五年)、『自然権の新たな体系の試み』(一七九六年)等の著作があり、これらの著作すべてが、ALZで書評されている(Vgl. *ALZ* 1792, Nr. 139, 1798, Nr. 245-246, 1799, Nr. 108)。彼は『哲学雑誌』にも道徳理論や自然法に関する論文を寄せている(Vgl. PJ II/1 と III/1)。

（5）シェリングの「概括的摘要（Allgemeine Uebersicht）」は、V/1からV/4まで毎号、さらにVI/1, 2、VII/2およびVIII/2に合計八回掲載された。彼はその他にも「独断論と批判主義についての書簡」（II/3とIII/3）、「自然法の新たな演繹」（IV/4とV/4）、「啓示と国民教育」（VIII/2）を同誌に掲載している。

（6）この姿勢を表題に直截に表現しているのが、フォイエルバッハの「哲学の絶対的な根本命題の不可能性」（II/4掲載）である。M・フランクは、『哲学雑誌』の綱領的立場を反「根本命題―哲学」と同定し、このことを随所で強調している（M. Frank, op. cit. bes. 431）。

（7）「ラインホルトII」とは、Dieter Henrich が *Konstellationen. Probleme und Debatten am Ursprung der idealistischen Philosophie* (*1789–1795*). Stuttgart 1991 で、以前のラインホルトの哲学的立場（「ラインホルトI」）と区別して、一七九二年夏以降の立場――根本命題からの直線的演繹行程ではなく、「哲学」と「常識」との相互循環的行程――を指す略称として使用した用語である。この立場の詳細は、拙著『ラインホルト哲学研究序説』（萌書房、二〇一五年）第六章第五節参照。

（8）一七九四年一〇月二七日付の、ニートハンマーのエアハルト宛書簡、これに対する一一月二日付の返信、そして一七九六年六月一六日付のエアハルトのニートハンマー宛書簡等を参照（Wilhelm Baum (hrsg.). *Friedrich Immanuel Niethammer. Korrespondenz mit dem Klagenfurter Herbert-Kreis.* Wien 1995, S. 108f. 114. 176f.）。最後の書簡でエアハルトは、フィヒテの体系を「自らの制限を誤認した理性の錯誤の観念」と断定している。「真っ向からスピノザに対置された」この体系は「真っ向から汎神論に対置された無神論である」とさえ述べている。エアハルトはフィヒテが『哲学雑誌』の共同編集者になることを契機に、一七九六年以降はこの雑誌に関与しなくなった。

（9）掲載順に挙げれば、「知識学の新叙述の試み（「序文」と「第一序論」）」（V/1［一七九七年二／四月］）、「知識学への第二序論」（V/4［同年八月］とVI/1［同年一一月］）、「知識学の新叙述の試み（第一章）」（VII/1［一七九八年三月］）である。

（10）この時点までに、『知識学の概念について』は、シュミートの『哲学雑誌』（評者はヴァイスフーン）、アビヒトの『哲学雑誌』、チュービンゲンの『学芸報知』、ハレの『哲学年報』（評者はベック）等で書評されており、『全知識学の基礎』は、チュービンゲンの『学芸報知』、ニコライの『新ドイツ百科叢書』（評者はベッティガー）で書評されていた（Vgl. E. Fuchs, W. G. Jacobs und W. Schieche (hrsg.). *Fichte in Rezensionen 1*. Nr. 1-43. Stuttgart-Bad Cannstatt 1995）。

（11）この書評でシュレーゲルは、ヤコービが自分の個人的願望を成就するためなら、理性のあらゆる原理を投げ捨てると批判し、彼は「思考するものだれもが服しており、そして実際の行為によって（市民だれもが国家の一員となることによって、そうしているように）服さねばならない〔思考することの〕憲法」（*KFSA* II, 71）に違反していると批判していた。それゆえ、ヤコービには「真に哲学的に思考すること一切の第一の主観的制約」としての真理への愛たる「論理的熱狂」（ibid. 69）が欠けているという、有名な批判を述べていた。

（12）管見のかぎりでは、この「常識」論文の意義と議論の行程を唯一まともに論じているのは、Manfred Frank, op. cit. 18. Vorlesung und 19. Vorlesung (S. 501-531) である。本書の解釈もこの論考を参考にしている。

（13）Manfred Frank, op. cit. 505.

（14）その詳細については、拙著『ラインホルト哲学研究序説』（萌書房、二〇一五年）第六章第三節、第五節を参照されたい。

（15）この「相互立証」の理論を主題的に論じているのは、Manfred Frank: Wechselgrundsatz. Friedrich Schlegels philosophischer Ausgangspunkt. in: *Zeitschrift für philosophische Forschung* 50 (1996), 26-50; ders: *Unendliche*

Annäherung. Die Anfänge der philosophischen Frühromantik, Frankfurt/M 1997, 858-882; Guido Naschert, 〈Friedrich Schlegel ueber Wechselerweis und Ironie〉 in: *Athenäum. Jahrbuch für Romantik* 6 (1996), 47-91 und 7 (1997), 11-37; Birgit Rehme-Iffert, *Skepsis und Enthusianismus. Friedrich Schlegels philosophischer Grundgedanke zwischen 1796 und 1805*, Würzburg 2001, 31ff. などである。だが、シュレーゲルの思想におけるこの理論の位置づけについて、それぞれの著者の理解は異なっている。

(16) たしかに、この時点までの短い期間にエアハルトは法論関係の多くの論文を集中的に公表している。それらを年代順に列挙すれば以下のとおりである。

①「専制統治(Alleinherschaft)について」(これは、『新ドイツ・メルクーア』の一七九三年度の四つの号に断続的に掲載された四篇の論文の総称である)。

②「人間の権利に関する解明の試論」(シュミート/スネル編『道徳性、宗教、人間の幸せのための哲学雑誌』第四号、一七九三年)。

③『人民の革命権について』(イェーナ、一七九四年)。

④「悪魔の弁護論」(*PJ* I/2, 1795)。

⑤フィヒテ『フランス革命に関する公衆の判断を是正するための寄与』の書評(*PJ* II/1, 1795)。

⑥「一切の立法の原理として考察された正義の理念について」(シラー編『ホーレン』第三巻、一七九五年)。

⑦「立法の理論のための寄稿集、第一論文。法の内容を規定するかぎりでの立法の原理について」(*PJ* II/4, 1795)。

⑧「立法の理論のための寄稿集、第二論文。無罪と無罪の状態について、立法との関係で」(*PJ* III/1, 1795)。

これらのうち、フィヒテに「すばらしい示唆」を与えたのは、おそらく④と⑤(もしかすると、⑥と⑦も)であろう。

(17) 一七九四年一二月一一日付のエアハルトからニートハンマー宛書簡(Wilhelm Baum hrsg. op. cit., 117)。

(18) 同年一二月一六日付のエアハルトからニートハンマー宛書簡(ibid., 118)。

(19) Richard Schottky, *Untersuchungen zur Geschichte der staatsphilosophischen Vertragstheorie im 17. und18. Jahrhundert*, Amsterdam-Atlanta 1995 [Fichte-Studien-Supplementa Bd. 6], 285.

(20) Vgl. R. Schottky, op. cit., 291-299.

(21) カントの「許容法則」について、先行研究のトレースも含めた邦語文献として、石田京子「カント法哲学における許容法則の位置づけ」(日本カント協会編『日本カント研究8 カントと心の哲学』二〇〇七年)、網谷壮介「カントと許容法則の挑戦」(『法と哲学』第一号、二〇一五年)などがある。

(22) R. Schottky, op. cit. 303.

(23) 少し後にフォイエルバッハが『自然な諸権利の学のための予備学としての自然法の批判』で、初期カント学派の「法―権利」論を総批判したとき、彼はこのマイモンの権利論を、道徳法則からの「権利」の「絶対的演繹」と「相対的演繹」の「折衷」だと批判している(本書第八章第二節2を参照)。

(24) 関連論文や書評を挙げれば、以下のとおりである(巻数/分冊数、頁数)。マイモン「自然法の第一根拠について」(I/2, 141-171)、エアハルト『人民の革命権について』に対するグロースの書評(I/4, 373-385)、フィヒテ『フランス革命に関する公衆の判断を是正するための寄稿集』に対するエアハルトの書評(II/1, 44-84)、フォイエルバッハ「権利の概念についての試論」(II/2, 138-162)、ラインハルト「権利概念の演繹」(II/3, 204-233)、エアハルト「立法の理論のための寄稿集、第一論文」(II/4, 263-282)、エアハルト「立法の理論のための寄稿集、第二論文」(III/1, 1-32)、シャウマン「普遍的自然法の諸対象を原理から規定する試み」(III/1, 52-65)、カント『永遠平和のために』に対するフィヒテの書評(IV/1, 81-92)、シェリング「自然法の新たな演繹」(IV/4, 277-301)、シェリング「自然法の新たな演繹、結論部」(V/4, 277-305)。

（25） この「第一フェーズ」の経緯は、両者の言い分も含めて *GA* I/2, 3-5, 71-73 にまとめられている。「クロイツァー書評」の邦訳に三重野清顕訳「クロイツァー書評」（『フィヒテ全集 第10巻』哲書房、二〇一五年所収）がある。

（26） フィヒテは『知識学の概念について』の第八節で、「努力の概念」を「原因性ならぬ原因性」と呼んでいる（*GA* I/2, 151）。『全知識学の基礎』でも同様に「努力の概念は、原因ならざる原因の概念である」と定式化されている（ibid., 417）。

（27） C. Chr. E. Schmid（hrsg.）, *Philosophisches Journal für Moralität, Religion und Menschenwohl*, Vierten Bandes Erstes Stuck, Jena 1794, 156.

（28） C. Chr. E. Schmid, *Grundriß des Naturrechts. Für Vorlesungen*, Frankfurt und Leipzig 1795 [Aetas Kantiana 233（1973）]. 頁付なしの「序文」。

（29） Vgl. *Fichte im Gespräch. Bericht der Zeitgenossen*, Bd. 1: 1762-1798, hrsg. v. E. Fuchs, Stuttgart- Bad Cannstatt 1978, 121, 123, 126. 本書第七章第三節参照。

（30） 「第三フェーズ」の経緯は *GA* I/3, 231-234 の Vorwort に簡潔に要約されている。M. Frank, op. cit., 20. Vorlesung が、この論争と「抹殺宣言」の反応を詳しく論究している。フィヒテの反論である「比較」論文（*GA* I/3, 236-266）の邦訳（栗原隆・阿部ふく子訳）は、上掲の『フィヒテ全集 第10巻』に収められている。

（31） Max Wundt, *Die Philosophie an der Universität Jena, in ihrem geschichtlichen Verlaufe dargestellt*, Jena 1931, 220。

（32） K. L. Reinhold, *Beyträge zur Berichtigung bisheriger Missverstandnisse der Philosophen. Erster Band*, Jena 1790, 294f. 拙著『ラインホルト哲学研究序説』（萌書房 二〇一五年）第五章第一節2を参照。

第八章　「自然法」論の隆盛と「権利」概念の自立的根拠づけの進展（一七九二〜九八年）

ヴォルフ学派の伝統的な学問区分においても、広義の「自然法」すなわち「道徳の自然的な諸法則の総体」の内部で、狭義の「自然法」に関する哲学的法論と、「人間の内的な義務の学」としての道徳学とは区分されていたが、両者の区分と連関の根拠づけは長い間曖昧なままに揺れ動いてきた。一八世紀の最後の四半世紀頃、イェーナ大学哲学部の「理論哲学」部門の基幹科目が「論理学」と「形而上学」であったのに対して、「実践哲学」部門のそれは「道徳学」と「自然法」であった（巻末「講義予告一覧」参照）。「自然法」は、この時期には科目名としては、「法の原理論」ないしは「哲学的法論」というほどの意味で使用されるようになっていたのである。すでに見てきた（本書第三章、第五章第二節参照）ように、『人倫の形而上学の基礎づけ』（一七八五年）、『実践理性批判』（一七八八年）の圧倒的な影響のもと、カントの道徳性の諸原理に基づく意志論や自由論、応用道徳論が八〇年代末から九〇年代初めにかけて非常に盛んになっていた。この思想の流れは、伝統的自然法論とは逆に、狭義の「自然法」をかなり広い意味で理解された道徳論の下位部門として位置づける傾向があった。それに対して、一七九五年頃から狭義の「自然法」、法論を道徳論から独立した一つの学として基礎づけようとする試みが急速に盛んになる。毎年のように新しい「自然法」の教本や著作が出版されるようになる。

この時期、主だった哲学者、法学者たちが、カントの道徳哲学の諸前提に基づきながら、それぞれ独自の観点を加味してさまざまに「自然法」論を展開している[1]。

そうした企ての主眼は、「道徳学」と「自然法」という二つの学問の連関と境界画定に置かれていた。この画定のためには、当然、われわれの行為の内的規範である「道徳」とその外的規範である「法」の連関と区別、そしてさらに「義務」と「権利」の連関と区別などの解明を必要とする。その際、カント派の法学者、哲学者たちは当初、「自然法」を「道徳学」の一部門とみなし、「法」ないし「権利」の根拠を「道徳的理性」あるいは「道徳法則」による「義務づけ」（義務意識）に求めた。そうであるかぎり、「自然法」の独自の境界画定も、「法」ないし「権利」の自立的根拠づけも名目的で不完全なものにとどまらざるをえなかった。しかし、このような動向に対して、間もなく強力な批判が現われた。それが、P・A・フォイエルバッハの『自然な諸権利の学の予備学としての自然法の批判』（以下『自然法の批判』一七九六年）である。彼はこの著で、「自然法」に関する従来のさまざまな定義、境界画定に全面的な批判を加え、「法—権利（Recht）」を「道徳法則」から演繹しようとする一切の試み——彼はそれらを「道徳法則からの絶対的演繹」、「相対的演繹」、さらに「折衷的」演繹と呼んでいる——を断固として斥ける。この『自然法の批判』は、「道徳性」や「義務」から独立した「法―権利（Recht）」の根拠づけを企てて、「道徳学」から完全に独立した「法―権利」論の圏域を確定しようとする。それゆえ、少なくとも「道徳」と「法」の区別づけという論点に関しては、われわれはフォイエルバッハのこの『自然法の批判』を、それ以前のカント派によるさまざまな「自然法」論を査定する際の一つの基準点とみなすことができる。

この『自然法の批判』とほぼ同時に、あるいはその直前にフィヒテの『自然法の基礎』第一巻（一七九六年）が出版され(2)、その翌年の一月にはカントの『人倫の形而上学、第一部、法論の形而上学的定礎』が公刊される。ほとんど同時期に出たこれら三つの著作は、「法―権利」概念が「義務」意識や道徳法則からは導出、演繹できないと主張する点では軌を一にしている。しかし、三者の「権利」概念の導出、演繹の方法はそれぞれに異なっている。フォイエルバッハは実践理性の「法理的能力」を要請し、ここに「権利」の根拠を据えて、実践理性の「法理的」機能から権利を導出しようとする。フィヒテは「知識学の原理にしたがって」、「個体」としての自我の自己意識の可能的制約として「権利」を超越論的に演繹し、「権利」概念をその「実在性」と一体のものとして展開する。カントは、「倫理学的立法」とは区別される「法理学的立法」に基づけて「法―権利」の特性を特質づけるが、それでも「法―権利」論は「義務づけ」論を基底としており、広義の道徳論、「人倫論」の一部分を形成している。

本章では、「法」と「道徳」、「権利」と「義務」の区別づけの問題に焦点をあてて、この四、五年の間に集中的に提起された、一連の「自然法」論を追跡、通覧する。まず第一節では、カント派の法学者、哲学者たちによって一七九二年から九五年に書かれたいくつかの「自然法」論をとりあげ、「法」と「道徳」の分離の企てが順次進展していくさまを確認するとともに、それらに対するALZ書評を紹介する。次に第二節では、フォイエルバッハの『自然法の批判』とそれのALZ書評を少し詳しく検討する。『自然法の基礎』でフィヒテが提出した独自の「権利」の根拠づけの概括、およびその思想史的意義の検討は次章に、それらとの対比を視野にいれたカントの「法―権利」論の検討、およびこの「法論」についてのいくつかの書評の紹介は次々章にまわすことにする。

第一節　カント派の「法―権利」の根拠づけと「自然法」の境界画定

1．シュマルツの『純粋自然法』とそのALZ書評（ALZ 1798, Nr. 242）

「法」と「道徳」の境域画定という観点から、一七九〇年代のカント派の「法―権利」論、「自然法」論の展開を概観するとき、その展開の起点と位置づけられるのは、カントと親しかったケーニヒスベルクの法学教授Th・シュマルツ（Theodor Schmalz 1760-1831）の『純粋自然法』（初版一七九二年、第二版一七九五年(3)）である（図8―1）。彼自身初版「序文」で、わずか一〇〇頁ほどのこの教本をカントの道徳的諸原理を「自然法」の領域に適用した最初のものだと自負している。その初版は、序論に相当する部分で「自由」（§1-6）、「道徳性」（§7-18）、「権利と義務」（§19-30）を定義した後、自然法を「絶対的自然法」、「仮説的自然法」、「社会的法」に区分し、それぞれに属する

「法―権利」に関する諸概念を論じている。それぞれの節（§）は、「教本」らしく短いテーゼ風の文章からなっている。

「義務」と「権利」はあっけないほど単純に定義されている。「§21. 道徳的必然性、すなわち、人間がそうすべき（sollen）である状態が義務と呼ばれる」。「§22. 道徳的可能性、すなわち、人間がそうしてもよい（dürfen）状態が権利、権限（Befugniss）と呼ばれる」。それゆえ「§23. 道徳的諸法則（Moralische Gesetze）は、権利と義務との規定にほかならない」（*Schmalz-1*, 22）。「義務」は、道徳法則が肯定的に「命じる」、あるいは否定的に「禁止する」「必然的なこと」であり、「権利」は、道徳法則が命じも禁止もしていないがゆえに、「そうしてもよい」（そうすることが許されている）という意味で「道徳的に可能なこと」である。「義務」＝「道徳的必然性」、「権利」＝「道徳的可能性」＝「許容」というこの図式的理解は、これ以降のカント派の基本線となる。続いて著者は、カントの『人倫の形而上学の基礎づけ』での「義務」の区分を踏襲して、義務と権利を「内的」と「外的」とに、さらに「完全」と「不完全」とに区分する。その際、彼は「義務」と「権利」をとくに区別せずに、「義務および権利」と表記して両者を一体のものとして論じている。§27～§30に示された「義務および権利」論を、上記の区分徴表にしたがって分解すれば次のようになる。

図８―１　シュマルツ『純粋自然法』（第一版）表紙

「内的な完全義務および権利」の「最高の法則」：「汝の人間性をいつでもけして単なる手段として取り扱うな」。

「内的な不完全義務および権利」の「最高の法則」：「汝の人間性をいつでも目的として取り扱え」。

「外的な完全義務および権利」の「最高の法則」：「他者の人間性をいつでもけして単なる手段として取り扱うな」。

「外的な不完全義務および権利」の「最高の法則」：「他者の人間性をいつでも目的として取り扱え」（vgl. ibid. 23f.）。

この諸定式が、『人倫の形而上学の基礎づけ』での道徳法則の有名な定式、「汝自身の人格ならびに他のだれの人格にも存する人間性を、いつでもまたいかなる場合にも同時に目的として使用しけして単なる手段として使用してはならない」（*KA* IV, 429）を、これまた同著で示されていた四つの義務の区別に即してパラフレーズしたものであるのは明らかである。カントでは「義務」の根拠づけのための定式であったものを、シュマルツはそのまま「義務および権利」の根拠づけのために利用している。ここでは、「自然法」は「外的な完全権利および義務の総体」の学と定義されていることに応じて、「自然法の原則」は、「他者のうちにある人間性をけして単なる手段として取り扱うな」（ibid. §31, 26）となる。では、「外的な完全義務および権利」における「義務」と「権利」はどう区別されるのか。シュマルツはこう答える。「§35. だれか或る人が外的な完全権利をもっているとき、それ以外の人々は外的な完全義務を負う。そして、だれか或る人が外的な完全義務を負っているとき、それ以外の人々はその義務に対応する外的な完全権利をもつ」(ibid., 27f.)。つまり、私の「権利」は他者の「義務」に根ざしており、他者の「権利」は私の「義務」に根ざしている。「権利」概念の根拠は他者の「義務」のうちにあり、それ以上でも以下でもない、つまり両者は「対称性」をなしている。さらに同著第二版では、シュマルツは「権利」の「根拠」が結局は「義務」にあることをもっとはっきりと明言している。

「自然法を権利だけを扱う学であると言い、義務はあたかも道徳学にだけ属しているかのように考えるのは不当である。なぜなら、人間が根源的権利(Urrecht)自身を有するのは、ただひとえに、人間を彼の意志に反して規定しないという根源的義務(Urpflicht)をすべての人が負っていることによるのだから。つまり、義務が権利の根拠である。自然法の原理は許容するのではなく、禁止するのである。それゆえ、自然法は諸々の義務を出発点としているのである」(*Schmalz*-2, 23f.)。

このように「義務が権利の根拠である」かぎり、「義務」に反する行為、あるいは「義務」中立的行為に対する「権利」というものは存在しないことになるだろう。また「自然法の原理は許容するのではなく、禁止するのである」とすれば、「権利」を「許されたこと」として想定することすら不可能になるだろう。つまり、私の「権利」は他者の「義務」に根拠づけられており、前者は後者の外的表出態にすぎないことになろう。かくして、ここでは「自然法」は本質的には、まだ「道徳的義務論」の一部とみなされていると言える。また、シュマルツにとって、「この〔道徳法則の〕命令が、理性的存在者たちが互いに自由のうちに共存しうる唯一の制約であるのだから、他者の自由に反しないことはすべて外的な完全権利であり、他者の自由を制限することはすべて外的な完全義務に反する」(*Schmalz*-1, 27)。諸個人の自由な「共存」が道徳法則の定言命法を「唯一の制約」としているということは、この「共存」がカントの道徳論に言う理性的で「自由な意志」の普遍妥当性を初めから前提として構想されているということを意味する。したがって、その「共存」は諸個人の自由意思(Willkür)間の軋轢、対立を含むことは考慮されておらず、自由の共存のためには諸個人の自由は制限されねばならないという観点はまだ登場していない。

かくして、この『純粋自然法』はその後の多くの類書と比べても、「権利」の源泉を「義務」に求める、権利の義務論的理解の傾向を、それゆえ「自然法」を「道徳学」の一部分に位置づける傾向を最も顕著に示している。この初版以降に出されたカント派の「自然法」論の多くも、カントの義務論の区別に倣って、「権利」を「内的権利」と「外的権利」とに、そして「不完全権利」と「完全権利」とに区分することを踏襲しながらも、シュマルツの見解を部分的に修正して、或る観点では「義務」と「権利」の分離を図り、「自然法」を「外的な完全権利」(のみ)の学と定義していくことになる。それでも「権利」概念をなんらかの仕方で「義務」概念から導出する考えは継承されていく。

さてＡＬＺがこの著を採りあげるのは、第一版公刊から実に六年、第二版公刊から三年もたってからのことである。われわれがＡＬＺの「自然法論特集」と呼ぶ企ての皮切りとなる——そして、シュマルツの四つの教本を合わせて書評している（巻末の「主要書評一覧」一七九八年度を参照）——一七九八年第二四二号の「哲学欄」冒頭は、「自然法」への関心の急速な高まりに注目を促しながらも、いささか驚くべきことに——この年（フィヒテの『自然法の基礎』とカントの『法論の形而上学的定礎』の出版後）になってもまだ——「自然法の第一根本命題に関する錯綜した問題はまだ十分な解決を見ていない」（*ALZ* 1798, Nr. 242, Sp. 313）と、この学の現状を診断している。書評はその冒頭で、シュマルツが「近年における自然法の最初の改訂者の一人」であり、この学の前進に「決定的な功績」をあげてきたと彼を讃えている。だが、この社交辞令的賛辞にもかかわらず、書評の内容は批判的所見に満ちている。曰く、彼の主張には、「奇妙な背理」が多く含まれており、彼が築いた「礎石」は「確固とした完成には程遠く」、まだ「試論としかみなされない」。こう述べた後、書評は『純粋自然法』を査定するときの「基準」を以下のように列挙する。

「道徳学が自然法と区別され、内的に許されていることが外的な権利とは区別されるべきであるとすれば、この学の概念と圏域とを規定する対象は道徳学の対象とは異なっていなければならない。…〔中略〕…それゆえ、自然法の原理は本質的な徴表によって、道徳学の原理と区別されねばならない。…〔中略〕…道徳学の個別的な領域と徴表は、その諸原理が人格の心情を規定することにある。自然法の原理も実践的原理であるに違いないが、この原理は或る心情の可能性を規定するのではなく、単に行為の可能性を規定するのである。それだけでなく、この原理によって可能なものと宣言された諸行為の圏域は、その可能性が道徳的心情から発現するような諸行為の圏域とは異なっていなければならない」（ibid. Sp. 314）。

書評者は、シュマルツがこの「基準」を満たしていないと考えている。それゆえ「彼の提示した原理」は「自然法の根本命題にはならないだろう」。「彼の原理は、正しい（rechtlich）心情の内的法則しか表現しておらず、正当化された（gerecht）行為の外的法則を表現していない」（ibid. Sp. 315）からである。

「シュマルツ氏は、外的法則それ自体をも単に善いことと悪いことを規定する内的立法から演繹している。このようなやり方では、われわれは自然法のためのいかなる原理も見つけることはできない。なぜなら、ここには内的法廷の諸原則しかわれわれに提示されていないからである。…〔中略〕…したがって、シュマルツ氏は、自分の原理をまったく首尾一貫して定言命法として表現しているのである。というのも、内的諸法則はすべて〈べきである（Sollen）〉を共通の特性としているからであり、そして、内的諸法則を通して分析的に規定された（道徳的な）許されていること（Erlaubtseyn）は、つねに〈べきである〉を必然的に前提にしており、したがって、許されていることは〔自然法の〕最高の原則たりえず、ただ定言命法から導出された原則にすぎないからである」（ibid.）。

「自然法」を独立した学として確立しようとするなら、「法—権利」

の根拠を〈べきである（Sollen）〉＝「義務」に基づけることはできない。それだけでなく、〈許されていること〉も〈してよい（Dürfen）〉も、つまり「道徳的可能性」と称されるものはみな、〈べきである〉によって否定的に規定されているかぎり――よって、書評者によればそこから「分析的に」導出されるかぎり――、「法―権利」の根拠をそれらに基づけることは斥けられねばならない。そうした試みはみな、「自然法」を「道徳学」の従属的一学科におとしめ、「権利」それ自身の「根拠」を見失わせることになる。書評者の見るところ、シュマルツは、「道徳学」と「自然法」とを、それゆえまた「義務」と「権利」とを完全に一体化させることも、逆にそれらを完全に分離することも避けようとしたがゆえに、その「中間の途」を進もうとしたのであるが、まさにこの折衷策のゆえに、彼の諸立論や主張には背理や不徹底さが随所に含まれることになったのである。たとえば、シュマルツは私の「外的な完全権利」と他者の「外的な完全義務」とがある行為に関して表裏一体のごとく捉えているが、両者の外延は必ずしも一致しないであろう。

最後に付言しておけば、このALZ書評は――その批評は的をついているが――まったく時を逸しており、その点で公正さを欠いていると言わねばならない。シュマルツは第二版の「序文」で、初版がゴータの「新聞」や「チュービンゲンの新聞とゲッチンゲンの新聞」で書評されていることに触れ(4)、とくに後ろの二つの書評のいくつかの所見には「序文」で反論を加えている。その前の箇所で、彼はこう書いている。「『一般学芸新聞』では、この論文〔の書評〕はおそらくフーフェラント氏かラインホルト氏、あるいはレーベルク氏に割り振られるべきものであろうが、私はこの最高の書評誌に〔自著の〕書評が出ていないのを知った」（*Schmalz*-2, 6）。ALZがこれを採りあげたのは、初版公刊から六年もたった一七九八年のことである。だが、この頃には、「自然法」を巡って急速に展開した学的議論の舞台はすでに一回りしており、その議論に大枠には決着がついていたはずである。すると、この書評は、自然法を巡る議論が紆余曲折を経て辿り着いたゴール地点に立ってスタート地点を批評しているようなものである。その意味で、この書評は時を逸しており、不公平なのである。

2．ハイデンライヒの『批判的諸原理に沿った自然法の体系』とそのALZ書評（ALZ 1798, Nr. 333）

ハイデンライヒの『自然法の体系』は第一部が一七九四年に、第二部が翌年に出版された(5)（図8―2）。著者は第一部の「序文」で、従来の自然法の諸体系に欠けていたのは「人倫的理性と合致した人間の強制権を導出すること」であると述べ、「この導出によって、自然法の真の対象と内容をより明確に規定し、この学と義務論の境界線を正確かつ明証的に」確定できると主張している（*Heydenreich*-1, iii）。彼によれば、「自然法は人間の外的強制権の学であり」、したがって「この学の真の対象にしてその限界は、外的強制という語によって規定されている」（ibid., 4）。ハイデンライヒは「強制権」を「法」の本質的な要素として際立たせることによって、「道徳」と「法」の区別を徹底しようとしている。たしかに、「道徳」はいかなる「強制」とも矛盾するのに対して、「法」はなんらかの「強制」を不可欠なものとして伴う。この点で著者は両者の区別の一端を明確に切り出していると言える。内的「誠実性」を規範とする「倫理」と外的「正義」を規範とする「法」の区分の必要性を最初に説き、「法」は不可避的に「強制」を伴うことを主張したのはトマジウス（Christian Thomasius 1655-1728）であるが、後にはフィヒテも、カントも、「強制権」を「法」の不可欠な構成要素として導出している。

だが、彼の「義務」――「権利」理解もまた伝統的である。「義務」は「道徳的理性によって必然的なこととして要求される」ことと結びつけられ、「権利」は「道徳的理性によって許容され、道徳的に可能である」ことと結びつけられている。そして「強制するとは、他の人間を彼の意志に反して決心するように規定する手段として、その人間の物理的自由に力によって制限を加えること」であり、「強制権」はそのように行為する「権限」である（ibid. 4f.）。

著者によれば、「人間の外的強制権の学」としての「自然法」は、「相互に必然的に連関している二つの実践的命題から成り立っている」。

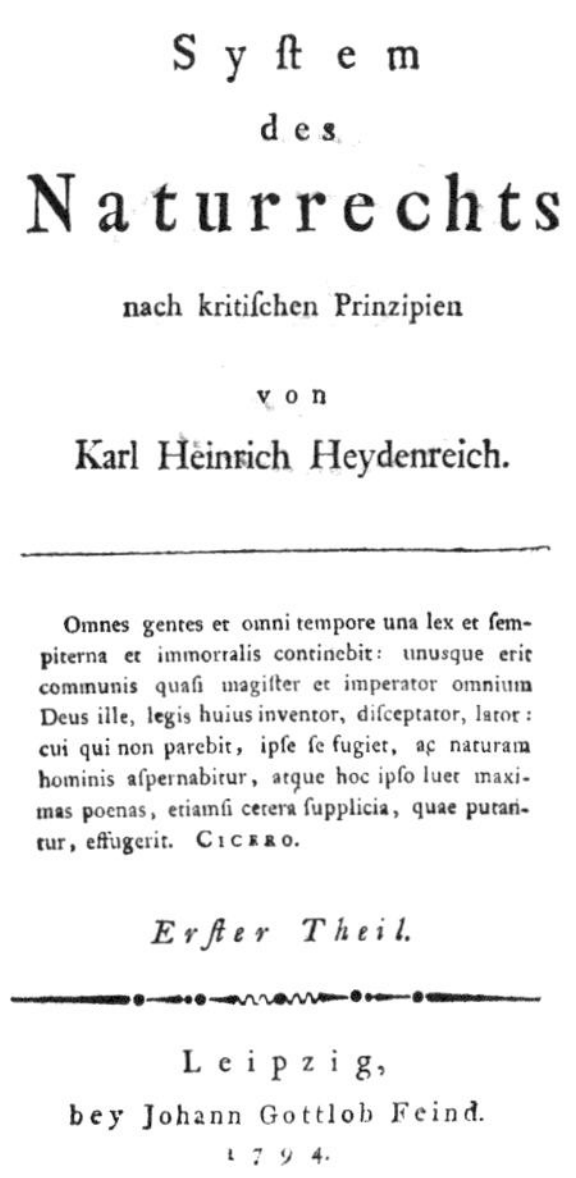
Syſtem
des
Naturrechts
nach kritiſchen Prinzipien
von
Karl Heinrich Heydenreich.

Omnes gentes et omni tempore una lex et ſempiterna et immortalis continebit: unusque erit communis quaſi magiſter et imperator omnium Deus ille, legis huius inventor, diſceptator, lator: cui qui non parebit, ipſe ſe fugiet, ac naturam hominis aſpernabitur, atque hoc ipſo luet maximas poenas, etiamſi cetera ſupplicia, quae putantur, effugerit. CICERO.

Erſter Theil.

Leipzig,
bey Johann Gottlob Feind.
1794.

図８―２　ハイデンライヒ『自然法の体系，第一部』表紙

一つは「人間に対するいっさいの不当な行為（Unrecht）を慎む義務」を表す「禁止命題（Verbothssatz）」であり、もう一つは「いっさいの不当な行為には強制を対置してよい権限」を表す「許容命題（Zulassungssatz）」である（ibid. 84）。「不当な行為」とは、「或る人間が他の人間を、自分自身の任意の目的実現のために単なる手段として用いるような」行為のことに他ならない。すると、この両命題はより正確には次のように表現される。「汝は、或る理性的存在者を汝の任意の目的のための手段として取り扱うような一切の行為を慎め」、そして「他の人間が汝を自分の任意の目的のための手段として取り扱うこといっさいに対しては、力でもって対抗してもよい」。「この両命題は不可分に結合されており、自然法の余すところなき原則を形成している。しかも、二番目の命題から強制権の全体が直接に帰結するかぎり、この命題が自然法という学の直近の原理である」（ibid. 94）。シュマルツやハイデンライヒに見られるように、初期カント派の「自然法」＝「法―権利」論議では、これまたカントの道徳論に由来する「目的」―「手段」という対概念が枢軸的役割を果たしている。ここでも、〈他者を「手段」として取り扱うな〉というカントの道徳的義務を軸に、これから二つの派生態が生みだされている。その一方は、かの内的な（義務としての）「禁止命題」であり、もう一方が、かの外的な（権利としての）「禁止命題」である。

一見すると、ハイデンライヒでもまた「権利」（許されていること）と「義務」（なすべきこと）とは表裏一体であり、前者を後者から説明しており、それゆえ従来の見解と変わりがないようにも見える。だが彼は「権利」概念の自らの導出の独自性を力説している。自分の独自性を際立たせるために、彼は「絶対的自然法」についての「第二章」

への「第二付論」（二〇四―二一六頁）で、フーフェラント、シュミート、シャウマン、ラインホルトらの「権利」概念の導出の仕方を批判したうえで、こう言う。

「称賛に値するこの人々の試みはどれも、避けては通れない次のような問いに答えられていない。すなわち、つねに厳格に命令するはずの道徳的理性が、なぜ許容したり、許したりすることができるのか。そして、この問いは次のような問いに行き着く。理性の立法のもとで、自由であるが、しかし為しても為さなくてもどちらでもよいような行為がなぜ起こりうるのか」（ibid., 109）。

その批判の要点は存外単純である。著者によれば、彼の先行者たちはみな、「私」の「道徳的必然性」（「べきである」）から「私」の「道徳的可能性」（「してもよい」）を演繹しようとしており、よって「私の義務」から「私の権利」を導出しようとしている[6]。それゆえに、先の問いに答えることができないのである。それに対して、ハイデンライヒは、「私の権利」は、私に対抗している「他者の義務（意識）」からしか導出されないと主張する。彼はこう述べている。

「行為する者のうちにある道徳法則との関係においては、いかなる単なる〈許されていること〉も、いかなる〈してもよい〉も存在しない。そこに存在するのは、導出された、しかもまったく必然的に命じる諸法則の連鎖だけである。〈許されていること〉、〈してもよいこと〉はすべて、その行為する者以外の人間の意識のうちにある道徳法則との関係を前提にして、初めて思惟しうるのである。それゆえ、〈私には或ることを為すことが許されている、私は或ることを為してもよい〉と私が言うときには、それは〈私の道徳的理性がそのことを許容している〉ということを直接に意味するのではない。そうではなくて、私以外の人間のうちにある道徳的理性が、その人間に私を妨げることを禁止していることを意味しているのである」（ibid., 110）。

道徳法則は例外なしに無条件的に命令する以上、道徳法則に対する「私」の表象から、「私」が或ることを〈許されている〉とか、それを〈してもよい〉はけして導出できない。「私」の〈してもよい〉、つまり「私」の「権利」は、それを妨げてはならないという「他者」の（道徳法則に基づく）「義務」に根ざしている。それゆえ、ハイデンライヒが「法―権利」論の根幹としてもちだしている「強制権」あるいはその「権限」ですらが、彼の場合究極的には、不正な行為を行う者がこの行為を阻止するために発動される強制には「抵抗しないように予め義務づけられていることから帰結する」のである（ibid., 115）。この書評の筆者であると推定されるフォイエルバッハは後に[7]、「私の義務」から「私の権利」を導出する仕方を「義務」からの「権利」の「絶対的導出（演繹）」と呼び、「他者の義務」から「私の権利」を導出する仕方を「相対的導出（演繹）」と呼び、両方とも「権利」概念の不当な導出であると批判することになる（本章第二節2参照）。すると、先に挙げたシュマルツも「相対的演繹」論者であったのである。

さて、ALZの書評は、この『自然法の体系』をどう評価したのであろうか。書評は、ほぼ第一部だけを採りあげている。書評者は、まず著作の外面的な側面に注文をつけている。多くの「付論」が挿入されて、叙述が非体系的になっている。この著は「体系としては短すぎ、欠けるところが多く、教本としては長すぎ、探求部分が勝ちすぎている」（*ALZ* 1798. Nr. 333. Sp. 309）。そして、批判は内容面に移る。第一に、「自然法」を「強制権の学」とだけ限定することによって、著者はこの学の圏域を狭めすぎている。なぜなら「自然法は完全な諸権利の体系全体を包含しているのであり、したがって単に強制権だけでなく、およそ権利なるもの全般を対象とする」（ibid. Sp. 310）のでなければならないからである。これは、フォイエルバッハがすぐ後に自著で展開している主張である。書評者がただ一点、著者を評価しているのは、「絶対的導出」論者の論拠に対する反論部分である。この点は「非常にうまく説明されている」。書評者は言う。「したがって著者は、相対的な権利演繹の擁護者なのである。…〔中略〕…その他の点では著者は、この理論の他の擁護者たちと次の点で区別される。すなわち、著者は、単に完全義務の法則によって規定された外的に許されていることの命題だけを自然法の原理にしているのではなく、義務法則もいわゆる権利法則も自然法の原理にしている」（ibid.）。ただし、「義務法則」についての説明は、因襲的で無規定的である。そして、書評者はハイデンライヒによる「相対的演繹」をこう批判する。

「ハイデンライヒ氏も義務命題を根本命題として立てている点では、非常に首尾一貫している。というのも、この理論は権利を他者の義務から導出するのだから、そして、権利の根本命題は、他者が私を妨害してはならないことについてだけ私はそれをなす権利をもっているということ以上にはなにも語ることはできないのだから、〔彼の場合にも〕完全義務の命題が自然法の全体を貫いて支配的でなければならないのである。そうして、権利命題を適用する場合にいつも義務命題を隠さなければならないぐらいなら、権利命題を完全に道徳学から引っ張り出すほうがずっとましである」（ibid. Sp. 311）。

書評者は、ハイデンライヒの「相対的導出」論の不徹底さを批判し、「義務」と「権利」のもっと根本的な分離を要求している。第一部の書評の最後は、こう結ばれている。

「ハイデンライヒ氏が諸々の遺言の自然法的妥当性の熱心な擁護者であったのは、よく知られたことである。彼がその遺言のために語られうることすべてを幸運にも利用し、鋭い知性でそれらを分析したことは証言しなければならない。だが、それにもかかわらず、これもまたよく知られているように、彼は後には自分の考えを自ら撤回したのである」（ibid. 312）。

ハイデンライヒはシュマルツより踏み込んで、「義務」と「権利」の区別を、したがって「道徳」と「法」の区別を確定しようとした。だが、この「義務」もまた「道徳的義務」であった。この著作が執筆された一七九四年にはまだそうでもなかったのだが、この書評が執筆された一七九八年の時点では、この種の試みもまた「義務」からの「権利」の導出の変奏曲、つまり（フォイエルバッハの言う）「相対的演繹」にすぎないことはすでに明らかになっていた。その点では、やはりこのALZ書評もまた時を逸していたのである。他の多くの書評誌が一七九五―九六年中には、すでにこの『自然法の体系』を書評していた[8]ことを勘案すれば、なおさらその感が強い。

3．シュミートの『自然法要綱　講義用』とそのＡＬＺ書評
(ALZ 1796, Nr. 85)

シュミートのこの教本も、(9)（図8―3）「権利」を「不完全」と「完全」に――彼は「完全権利」を「厳密な権利」と呼び換えている――、そして「内的」と「外的」とに区分している。シュミートの特徴は、カントやフィヒテと同様に、「権利」の行使をなによりも「自由」の行使と密接に連関づけていることである。「内的に厳密な権利とは、それなしには自由の行使が同一の個人において台無しになるような諸法則と共存しているもののことである。外的な厳密な権利とは、自由が普遍的法則にしたがって、他の人のどんな自由とも共存できるような諸制約へと制限された、自由の行使のことである」(*Schmid-Grundriss*, 9)。この「外的な完全権利」をシュミートはすぐ後に「道徳的権利」と区別して「法理的権利」と呼び、これが「自然法」の対象であることを明らかにしているのだが、その前に彼は、「実践的法則」における「内的法則」と「外的法則」の区別、それに対応して「内的立法」と「外的立法」の区別を説いている。

「実践的法則は、それが自由な存在者を一定の行為へと内面的に強要し、拘束するかぎりでは、内的法則（義務法則、良心の法則）と呼ばれる。それが自由な存在者を外面的に強要し、強制するかぎりでは、外的法則（法理的権利法則）と呼ばれる。それゆえ、内的立法は、自由な諸行為の多様なものにおける実践的に必然的な統一の表象である。…（中略）…外的立法は、たしかに純然たる理性によって規定されているが、しかし物理的力によって効力が現われる（実現される）ような立法である」(ibid., 9f.)。

Grundriß
des
Naturrechts.
Für
Vorlesungen
von
Carl Christian Erhard Schmid,
Professor der Philosophie zu
Jena.
Frankfurt und Leipzig,
1795.

図８―３　シュミート『自然法要綱講義用』表紙

したがって「外的立法」は、行為する者の「(1) 心情や格率とは関係せず、ただ外的行為とだけ関係する」、また「(2) けして道徳法則と矛盾せず、これと一致するような行為とだけ関係する」、そして「(3) 他の人間の自由と関係しているような行為とだけ関係する」(ibid., 10f.)。

「かくして、一切の外的立法の諸原理の学は、他の自由な存在者たちの諸行為を、強制と結合されている諸法則によって規定する実践的可能性の究極の根拠とその範囲および限界を探求する。このとき、諸法則と強制との結合によって、他の自由な存在者たちの自由は制限される。かくして、この学は、
(1) 人間の義務と係ることはなく、正義の義務とも係らず、

（2）内的な諸権利とも係らず、
（3）外的な不完全権利とも係らず、
（4）自由な理性的存在者の外的な完全権利とだけ係わる」（ibid. 11f.）。

「自然法」は「一切の外的立法の必然的で究極の学」であるかぎり、「内的立法」に係る一切の「義務」や「内的な権利」を、そして「外的な不完全権利」もその対象から排除している。「自然法」はそういう学として「外的な完全権利の学」である。ここでシュミートは、――従来必ずしも明瞭でなかった――「道徳的権利」と「法理的権利」の区別を明確にしている。すなわち「権利は、それが内的立法によって規定されているかぎりでは」「道徳的権利」であり、それは「道徳学の対象である」。それに対して、権利が「力と結合された、可能的な外的立法」と関係づけられているかぎりでは、それは「法理的権利」であり、これが「自然法の対象である」。「外的な完全権利」とはこの「法理的な意味での権利」のことである。シュミートにおいては「権利という表現はいつでも法理的意味で用いられており、この語のもとに、権限と結合された外的な完全権利が理解されている」（ibid. 22）。人はこの権利を実際に行使しそれを実現する場合もあれば、そうしない場合もある。その「権利」が「権限」と結合されているかぎり、行使されない場合でも彼は依然としてその「権利」を有している。彼の「法」と「道徳」の分離論は非常にラディカルである。彼が「自然法」の管轄から排除している「正義の義務」とは、カントが後に「法の義務」として「法論」に含める者に相当する。彼は「道徳的権利」なるものも、それが「権利」ではあっても「内的立法」によって規定されているかぎり、「道徳学」の圏域へと送り返している。

さらに、「法理的権利」の行使は、「自由」の、あるいは「権利」の相互性を前提にしている。

「外的な完全権利は、…〔中略〕…他のいかなる理性的存在者も物理的力によってそれを妨げるのを許されないような、私の自由の行使を本質としている。それゆえ、外的な完全権利は、だれにも禁止されている実践的な禁止命令に依存している、すなわち、他の理性的存在者の自由を傷つけるような規則に従って自分の自由を行使することを禁止する命令に依存している。かくして、或る理性的存在者の自由の行使が他の理性的存在者の自由の行使と両立し、矛盾しないときには、いかなる存在者も他の存在者の自由の行使を妨げてはならないのである」（ibid. 43）。

この禁止命令は、「道徳法則」の普遍妥当性要求に基づいている「普遍的規則」とみなされねばならない。「自由の行使はどれも、それが規則に従っており、その規則の普遍的遵守がいかなる理性的存在者の自由も傷つけることがないかぎり、合法的（rechtmäßig）である」（ibid.）。そして、この「普遍的規則」を梃子にして、「外的な完全権利」が「強制権」であることが明らかにされる。すなわち、他者が――かの「普遍的規則」に反して、私の自由の行使の権利を妨害しようとするときには、私がこの妨害を阻止することは普遍的法則に反せず、このとき「外部からの攻撃に対して自分自身の権利を守るために、物理的力を行使することは普遍的法則に反しない――これが強制権である」（ibid. 44）。かくして「外的な完全権利の学」は「強制権の学と一体である」（ibid. 12）。著者は「外的な完全権利はどれも、禁止的である、すなわち強制権である」(ibid. 54) とさえ述べている。

この『自然法要綱』はわずか一三〇頁弱の教本であるが、すでに明らかなように、これは「道徳論」と分離されたカント（やフィヒテ）の法論の核心部のすべてをすでに含んでいる。たとえば、法的「権利」が「普遍的法則にしたがって」各人の自由の共存という制約のもとでの自由の行使にほかならないこと、「内的立法」と「外的立法」の区別が「内的強制」と「外的強制」に基づくこと、両方の「立法」の区別が「法」と「道徳」の区別を基礎づけること、等々。『自然法要綱』はそのほかにも「権利」論に関して新たな考えをいくつか開陳している。たとえば、著者は「普遍的な根源的権利（Urrecht）」を「1. 人格的自由の権利」、「2. 物件への権利」、「3. 人格的平等の権利」に分節化し、まず「1.」について、以下のような興味深い議論を展開している。

> 「私は人格であるかぎり、自由への権利をもっている、すなわち、私の諸目的とこの諸目的に関する私の活動を自ら規定する権利をもっている。／しかし、どの人格も同じ権利をもっている。したがって、人格的自由に対する私の自由は独占的でも無制限でもない。／それゆえ、すべての権利を制限する条件は、どの人格も人格であるかぎり自由に行動することができ、自分の目的を自分で規定でき、この目的のために活動することができるという条件である」(ibid. 61)。

人間の「根源的権利」がだれも侵すことのできない「目的」設定の自由にある点も、後のカントの主張と同一である（第一〇章第二節2を参照）。

次に「2. 物件への権利」について。「人格」と「物件」の対比もまたカント譲りである。「人格は自由の主体であり」、「物件は自由の客体である」。そして、著者はこう述べる。

> 「その権利を欠くならば、私の人格的自由の行使がまったく不可能になってしまうような権利が私に帰属していなければならない。つまり、私自身が規定する自由の客体がなければ、自由な活動は不可能であり、目的を実現する手段を欠けば目的は達成されない。私が本当に人格であり、人格的自由への権利をもっているならば、物件に対する権利もまた私に帰属していなければならない」。そして「物件の総体」が「自然」であるから、「私は自然に対して、自然を支配する権利をもっている、……すなわち、自然を私の目的の手段として利用する権利をもっている」(ibid. 61f.)。

ここで著者は、「私の権利」を「物件」に対する権利として具体化しようとしており、後にフィヒテやカントによって詳しく論じられる「占有」権や「所有」権の根拠問題に踏み込んでいる。ここにもまた、カントの論との奇妙なほどの一致が認められる。まず、「根源的権利」が「物件」を「占有」ないし「所有」の権利として現れるだけでなく、その権利を正当化するためにシュミートが一種の背理法を――すなわち「私自身が規定する自由の客体がなければ、自由な活動は不可能である」――を使っている点も、カントと瓜二つなのである。

最後に「3. 人格的平等の権利」は、「他の諸人格に対する私の自由」からの必然的帰結である。「私の自由は他の諸人格と否定的にだけ関係し、そして相互的に関係している。すなわち、私は、他の人格によって恣意的に私を規定させない権利をもっているが、他のどの人格も同じ権利をもっている。かくして、或る人の自由は、他の人の自由に合法的限界を設定するのである」（ibid., 60）。それゆえ、私は「自由の主体であると同時に客体」（ibid.）なのである。「客体」としての私は、「他者」としての私である。

以上、シュミートの『自然法要綱』は、「道徳」と「法」の、「義務」と「権利」の区別づけという点に関して、従来の諸々の「自然法」論に比べずっと根源的で新しい段階に達している。それはすでにカントに先駆けて、「内的立法」と「外的立法」の区別、これに基づく「道徳的権利」と「法理的権利」の区別を説いているだけでなく、自由な理性的存在者間の相互的共同性が、「法理的権利」としての「私の自由」の、そしてすべての主体の自由の制約であることもすでに明らかにしている。かくして『自然法要綱』のシュミートは、『自然法の基礎』のフィヒテと、そして『法論の形而上学的原理』のカントと共通の地平に立っていると言ってもよい。

この『自然法要綱』も多くの書評誌で書評された[10]。ではALZ書評はこれをどう評定したか。その書評は、なぜか先のシュマルツ書評やハイデンライヒ書評と違って、公刊後間をおかず一七九六年三月一五日付の第八五号に掲載されてはいる。しかし、これまたなぜか、従来の理論に比べ、明らかに多くの革新的論点を示しているこの小著に割かれているスペースは、ごくわずか（一欄にも満たない四〇行）である。この書評も「権利の究極の原理はたしかに今なお係争中であり、自然法の若干の命題は普遍妥当的なかたちではいまなお確定されていない」（ALZ 1796, Nr. 85, Sp. 674）と書いている。だが書評者が「この新しい教本の功績は、それがなにを語っているかよりも、それがどのように語られているかにある」とやや意味不明なことを述べ、その理由を次のように書くとき、書評者の眼はまったく曇っていると言わざるをえない。すなわち「自然法に属する素材の順序やそれの規定に関しては、今や概ね見解の一致をみているのだから」（ibid.）。だが、われわれが見てきたように、一七九六年初め以前の時点では事態の真相はむしろ逆である。「自然法」の対象は何であるのか、「権利」の根拠と本質はどこに在るのか、これらの原理的問題においてすら、この段階では哲学者たちの見解はほとんど一致を見ていなかったのである。そして書評者は、この教本が含んでいる上述したような、「法」と「道徳」のかなり根本的な区別論の意義をまったく理解しておらず、それらに言及していない。

ただ書評者が気に入っているのは、著者が「権利を、権利の主体（人格）、その客体（物件）、主体にしてかつ客体（人間）に従って規定している」（ibid., Sp. 675）点である。「しかし、シュミート氏が従来の法理学的言語使用からの多くの逸脱を許していることには、書評者は不満である」（ibid.）。また、権利を詳述する際に、著者がしばしば「カテゴリー」を援用し、これと結びつけている点は賛成できない、と書評者は批判している。

この書評は、最後のカテゴリーに関する批判を除けば、この著作の革新的諸論点をほとんど見落としている。書評者はシュマルツ書評やハイデンライヒ書評の評者と違って、おそらくこの分野の専門家ではなかったのであろう。

第二節　フォイエルバッハの『自然な諸権利の学のための予備学としての自然法の批判』とそのALZ書評（1798, Nr. 323, 324）

フォイエルバッハの『自然法の批判』[11]は、「第一部　自然法の概念の規定」、「第二部　権利の根拠について」、「第三部　唯一可能な権利概念の演繹」の三部から成っている（図8―4）。著者は「第一部」で、これまでのほとんどの「自然法」の概念、境界画定の試みを批判している。「第二部」では、道徳法則からの権利の「絶対的演繹」、「相対的演繹」、「折衷主義的体系」の権利演繹のそれぞれを批判的に吟味し、それらすべてを斥けている。「第三部」では、著者は従来の演繹方法とは全く異なって、「権利」概念を理性の「法理的能力」自身から演繹しようとしている。

「序言」は著作全体の基本的立場と最終目的を簡潔に宣言している。すなわち、「自然法」の原理や副次的諸命題に関する哲学者たちの見解の「不一致」の源泉は、ひとえに「権利を道徳法則から導出していること」にある。それであるかぎり「学としての自然法はまったく不可能である」。「自然法は、立法的理性とは違った、理性能力の独自の法理的機能から権利を導出することによって、初めて自立した別個の学の尊厳を獲得」できる（*Feuerbach-Kritik*, xif.）。この導出が「第三部」の課題になる。続いて「序論」では、解明されるべき根本的問いとして、そもそも「権利の本質」とは何なのか、「権利の根拠」はどこに在るのか、「権利の根本命題」はどのようなものでなければならないのか、が挙げられている。従来の「権利の導出」方法を巡る対立と混乱を概括している「序論」の次の一節は、問題の所在を改めて理解するうえで有益である。

「或る党派は、権利を認められた（berechtigt）主体自体に根ざした道徳法則[12]から権利を導出するのに対して、別の党派は、権利を認められた主体と対をなす、義務を負わされた（bepflichtet）主体のうちにある道徳法則から権利を導出しなければならないと思い込んでいる。或る体系では、権利は、権利を認められた主体自体のうちの道徳法則によって否定的に規定された〈許されていること（Erlaubtseyn）〉だと説明される。つまり、権利は単なる道徳的可能性だと説明される。別の体系では、権利の本質は、義務を負わされた主体のうちの道徳法則によって、権利を認められた

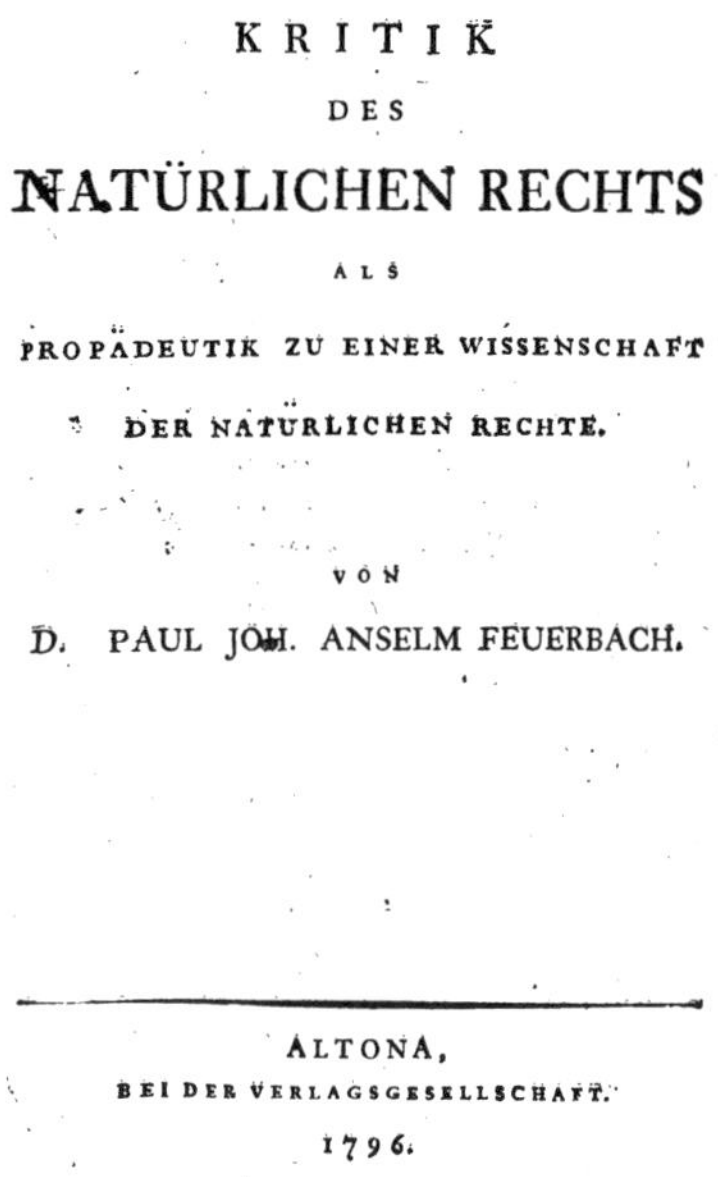
KRITIK
DES
NATÜRLICHEN RECHTS
ALS
PROPÄDEUTIK ZU EINER WISSENSCHAFT
DER NATÜRLICHEN RECHTE.
VON
D. PAUL JOH. ANSELM FEUERBACH.
ALTONA,
BEI DER VERLAGSGESELLSCHAFT.
1796.

図8―4　フォイエルバッハ『自然法の批判』表紙

主体のために規定された可能性において行為することでしかない。第三の体系では、権利の本質は、私のうちの道徳法則によっても、また他者のうちの道徳法則によっても規定された可能性にある、したがって、許されていると同時に或る権限をもっていることにある。――法学者の一部は、すべての権利の根本命題を、権利をもっている者の責務であるかぎりでの道徳法則から演繹するのに対して、別の法学者はそれを、他者にとって義務であるかぎりでの道徳法則から導出する」(ibid., 11f.)。

ここに定式化されているのが、それぞれいわゆる「絶対的演繹」、「相対的演繹」、そして（「第三の体系」での）「折衷主義的」演繹である。

1．自然法の概念の規定

「第一部、第一章」は、「自然法」と「道徳学」、「実定法」、「政治学」との区別を論じているが、われわれにとって重要なのは「道徳学との区別」である。ここで著者は、〈許されていること〉が「権利」の源泉であるとするカント派の基本的理解を全面的に斥けている。著者によれば、そもそも〈許されていること〉は、すでに道徳法則によって否定的に規定されているのであり、それゆえその論究は「道徳学」に属するのであって、「自然法」に属するのではない。よって「道徳学は、（1）自然的諸義務の学であり、かつ（2）道徳法則によって（否定的に）規定された〈許されていること〉の学である」(ibid., 35)。それに対して「自然法は、義務も〈許されていること〉もその対象にしてはならず、権利は道徳法則によって規定された〈許されていること〉とは異なったものでなければならず、法的に可能なことは道徳的に可能なこととは異なったものでなければならない」(ibid., 38)。つまり、「権利」の源泉を〈許されていること〉に求めることは、独立した別個の学としての「自然法」の地位を否認することを意味する。

「第二章」は、以下の四つの問いを小節ごとに立てている。「1．自然法は強制権の学であるのか？」、「2．自然法は外的権利の学であるのか？」、「3．自然法は完全義務と完全権利の学であるのか？」、「4．自然法は（国家によって）可能になる、あるいは必然的になる諸権利の学であるのか？」。「4．」を除けば、これらはみな、われわれがすでにカント派の著者たちの理論に即して検討してきた論点である。著者はこれらの問いすべてに「ノー」と答えている。

「自然法」を「強制権の学」とみなすことは――すでに、ハイデンライヒやシュミートの例に見てきたように――いわば当時の通説となっていた。だが、著者がまず指摘しているように、「こうした自然法の概念は、権利を他者の義務から導出することにその根源を負っている」(ibid., 45)。それだけではない。「強制権」という用語は、ごく自然に「非強制権」（「強制権」と結びつけられていない「権利」）の存在をわれわれに想定させる。すると、権利概念の「種」としてのこれら両権利の上位に、「類」としての「権利一般」が想定されざるをえなくなる。そして、この「種」としての「強制権」だけが「自然法」の対象だとされると、「自然法」は「権利論の非常に小さな部分しか含まないことになってしまう」(ibid., 47)。これに対して、著者は「権利はどれも強制権の根拠であり、権利の現存とともに強制権も措定されているのだ」(ibid., 49) と主張する。ハイデンライヒやシュミートでは「強制」が「法―権利」の根拠であったとすれば、フォイエルバッハでは「法―権利」が「強制」の根拠とみなされていると言えよう。それゆえ、「自然法」を「強制権の学」に局限するのは、いらぬ誤解を誘発しかねない不十分な定式なのである。フォイエルバッハはそう考えている。

次に、「自然法」を「外的な完全権利の学」とみなすのも、当時の自然法論者の支配的見解であった。だが、フォイエルバッハはこの見解も「自然法」の内容と領域を狭めすぎていると異論を述べる。彼にとって、「自然法」はおよそ「権利一般」の学でなければならないからである。彼はこれを主張するためのいくつかの前提を、以下のように列挙している。

「(1) 道徳法則からの権利の演繹はどれも誤りであること、
(2) 権利を認められた主体自体の道徳法則からも、権利は導出できないということ、
(3) 権利の概念は、私のうちの道徳法則によって否定的に規定された自由としての〈許されたこと〉とは異なるということ、また道徳的に可能なことそれ自体は、なんらかの権利の本質をまったくなさないということ、
(4) 一切の権利は、道徳法則とはまったく別の原理に依存しており、権利の本質は、道徳的に許されることの本質とはまったく異なるということ、
(5) 端的に外的な諸権利、すなわち、道徳的に可能なこととは一致しないような諸権利は、道徳的に可能なことと一致している内的な諸権利と同一の原理から演繹されうるということ、
(6) 外的諸権利が内的諸権利とは、原理が異なっているという点で区別されるのではなく、それらの内容の点で、すなわち、外的諸権利が道徳的に可能なことと一致しているのか、一致していないのかによって、区別されるということ」(ibid., 59f.)。

(1) から (4) までの論点は、われわれにとっても議論済みである。「自然法」の対象が「外的な完全権利」に局限されるか否かの論点に直接かかわっているのは、(5) と (6) であるが、ここに主張されている――そして、「自然法」=「外的な完全権利の学」論への反証となる―― (5) の主張の根拠づけは、「第三部」に持ち越される。それゆえ、著者はここでは、「読者がこれらの前提を前提として認めてくれることを要請し」、権利一般の学という自然法の概念を「少なくとも蓋然的に受け入れてくれることを要請し」て終わっている。しかし、著者はここで、「外的」であれ「内的」であれ、また「完全」であれ「不完全」であれ、およそ「権利」なるものを演繹するのは「自然法」の仕事であり、「道徳」の仕事ではない、と主張していることは明らかである。

さて、次に「第二章」の(上記)「3.」の論点を最初に主張したのは、すでに見たシュマルツである。彼は「権利」を「自然法」に、「義務」を「道徳学」に割り振る伝統的見解に反対し、「自然法は外的な完全権利および完全義務の学」であると主張していた(本章第一節1参照)。そして「自然法といえども、完全な諸義務を教えなければならない」と主張していた。だが、彼は「私の権利」を「私の義務」からではなく「他者の義務」から導出している以上、彼もいわゆる「相対的演繹」論者に数えいれられることができる。それで、ここで

もフォイエルバッハの批判は、「相対的演繹」論の欠陥に向けられる。「自然法」が「完全義務」を対象としていないことについて、著者はこう言う。「相対的な権利演繹の擁護者たち」は、「私が一定の行為に対して権利をもっていることを示すためには、他者は、私がこの行為を為すことを妨げてはならないという義務を負っていること」を示さなければならないのに、彼らは「前もって」このことを示すことができない。というのも、「完全な拘束性の原則から出てくる諸々の義務を説明したり提示したりすることは、自然法の境界外に属することであり、別の学の対象をなす」(ibid. 66)ものだからである。さらに、そもそも他者の「義務」から私の「権利」を演繹することが成り立たないことを、改めてこう主張する。

「権利を権利づけられていない者の義務に根拠づけるような理論は、中途半端な理論ではなく、誤った理論なのである。権利は他者の義務からは発現せず、他者の義務を前提にしてもいない…〔中略〕…権利は、権利を認められた者自体のうちに、権利を認められた者によって現存している。以下で証明されるであろうこの主張が、純然たる諸権利の学としての自然法という我々の定義をもっとも確実に正当化する。というのも、この主張は、権利を証明するために強制的義務など不要であることを示し、諸権利の体系の自立性を示すからである」(ibid. 67f.)。

だが、反論の論拠となる「証明」は、ここでも「以下に」つまり「第三部」に持ち越される。最後に「第二章」の「4.」の論点への批判は、この問題について精力的な論を張っていたエアハルト(第七章第二節2参照)に向けられているのだが、われわれの主題からはこの論点は副次的なものにすぎない。

2.「絶対的演繹」と「相対的演繹」への批判

「絶対的演繹」論者は、「権利を認められた主体の道徳法則から、すなわち権利をもっている者自身の責務であるかぎりでの理性法則から」「権利」を演繹しようとするのに対して、「相対的演繹」論者はその演繹の欠陥を認め、「権利を認められた者と対をなしている他の主体の責務であるかぎりでの道徳法則から」「権利」を演繹しようとする(ibid. 92f.)。「絶対的演繹」論者に属すると目されるのは、われわれがすでに検討した『革命論』でのフィヒテのほかに、〈ハイデンライヒの『自然法の体系』が批判の対象にしていた〉『自然法の原則についての試論』でのフーフェラント、『道徳哲学の試論』でのシュミート、『カント哲学についての書簡、第二巻』でのラインホルトなどである。「相対的演繹」論者は、『自然法の体系』でのハイデンライヒ、ホフバウアー(Johann Christoph Hoffbauer 1766–1827)などである[13]。

「絶対的演繹」論への批判の要点は、すでに述べてきたように、一つには、彼らが考えているように私に〈許されていること〉から私の権利は導出できないという点に、そしてもう一つには、そもそも「道徳法則」によっては〈許されていること〉は与えられないという点にある。著者は、第一の点について改めてこう主張する。

「〔自由な権利の場合、拘束力ある権利の場合〕いずれの場合にも、〈許されていること〉は純然たる否定態であり、この否定は、道徳法則の能動性が存在しないことから生じ、道徳法則によって生み出される命令ないし禁止が存在しないことから生じている。したがっていずれの場合も、権利は、それが単に〈許されていること〉のうちに措定されるや否や、無になる。なぜなら、〈許されていること〉によっては、主体のうちに実在的なものは何一つ措定されず、それは単に否認を、禁止されていないということを表現しているだけであるから」(ibid. 109)。

たとえば、フィヒテは『啓示批判』第二版の第二章で「感性的衝動」を「権利づける」ために、こう述べていた(第六章第一節3参照)。「〔道徳〕法則が沈黙していることによって許されることは、このことが法則に関係づけられるかぎりでは、消極的に不当でない(nicht unrecht)と言われるが、それが、法則から生じてくる衝動の合法則性に関係づけられるかぎりでは、積極的に権利(ein Recht)と呼ばれる」。しかし、フォイエルバッハは、このような消極的―否定態から積極的―肯定態への転化は不可能であると批判する。すなわち、「この関係によって、否定は必ずしも実在的なものに転化しない。衝動が合法則的になることは、衝動を満足させることが許されていること、禁止されていないということしか意味していない。それゆえ、否定は相変わらず否定のままであり、その関係は否定に実在性を与えることはない」(ibid. 110)。

二番目の点については、こう批判する。

「道徳法則は義務しか与えることはできず、〈許されていること〉は道徳法則の沈黙から、すなわち道徳法則が(全面的あるいは部分的に)働いていないことから生じる。したがって、〈許されていること〉は、道徳法則によっては与えられず、ただ道徳法則から発現するだけである。道徳法則は〈許されていること〉の作用原因(causa efficiens)ではなく、それの必要条件(conditio sine qua non)なのである」(ibid. 111)。

著者によれば、「正しい(recht)こと」は道徳法則から導出されるが、「権利」は導出されない。「絶対的演繹」論者は「正しいこと」と「権利」を混同し、論理的飛躍によって前者から後者を導き出している。フィヒテと同じように、フーフェラントとヤーコプも同じ誤りを犯している。

さらに、著者はわれわれがすでに検討したシュミートの『自然法要綱』の吟味に特別に一節を割き、これが実は「絶対的演繹」の「技巧的な代理策」であることを暴こうとしている。

「たしかに、この理論は通常の絶対的演繹に比べ大きな長所をもっている。なぜなら、ただ名目上実在するにすぎなかったもの――道徳学とは分離された異なった学としての自然法――が、ここでは現実に存在しているからである。自然法の本来的領域としての外的法廷が、道徳学の本来的領域としての内的法廷と精確に切り離されている。しかし、この理論は権利の概念や強制権の証明に関しては、先に吟味されたものと同じように、満足のいくものではなく、それらと異なるところはまったくない」(ibid. 133)。

なお残存している「権利の概念」の演繹の不十分点は、つまるところ、シュミートが「道徳法則」に代えて「外的法則」として「正義の法則」を持ち出し、「権利」の本質を「正義の法則によって規定された〈許されていること〉」に求めている点にある。それゆえこの場合もまた、「権利」は「否定態」、すなわち「正義の法則と矛盾が存在しないということ」でしかなく、「理性と肯定的に結合されたもの、実在的に理性によって与えられたものでは全くない」（ibid., 133f.）。「強制権の証明」に対する批判もほぼ同様である。その要点は、〈許されていること〉は「強制権」を規定できないという点にある。

「第二部、第三章」が「道徳法則からの相対的演繹の叙述と吟味」に充てられている。著者によれば、「相対的演繹の擁護者たち」は先の「技巧的な代理策」の提唱者と同様に、「絶対的演繹が不十分なもの」であることを認めている。彼らは、次のことを確信している。すなわち「第一に、権利は〈してよい（Dürfen）〉よりも範囲が広いこと、第二に、法的に可能なことは道徳的に可能なことよりも広い圏域をもっていること、最後に、諸権利の体系のうちの法的自由や、分離された学としての自然法の尊厳は、自分たちの先行者たちの方法に沿っては主張されえないこと」（ibid., 139）。フォイエルバッハは、この諸前提はまったく正しく、「相対的演繹」論は「その根拠の確固さやその帰結の正しさという点で、先の理論よりも決定的優位を主張している」（ibid., 140）と判定している。

そして、著者は、この新たな理論を批判的諸原理に従って最初の試みたのは「レーベル（Löbel）博士」であり、一七九四年に公表された彼の主張には、もうすでに「相対的演繹」論の主要契機のほぼすべてが出揃っていたと述べている。[14] 著者によれば、レーベルは以下の諸点を主張していた。

（1）「私のうちなる道徳法則に矛盾しないことはすべて、道徳的に可能であり正当であるが、この〈正当であること〉と権利は区別されねばならない。というのも、権利は〈正当であること〉と、その本質の点でも、その圏域の点でも区別されるからである」。

（2）「権利は自分自身の道徳法則からは導出されえず、ただ他者の道徳法則からのみ導出されうる」。

（3）「人間に課せられている拘束は、完全であるか不完全であるかのどちらかであるが、不完全な義務は、汝の外のどの理性的存在者をも目的として取り扱えを原理としており、完全義務は、汝の外のどんな理性的存在者をも、汝の任意の目的のための手段としてけっして取り扱うな、を原理としている」。

（4）「誰の自由も侵害してはならないという完全な拘束性には、この拘束性の違反に対して他者が対置する強制には抵抗してはならないという完全な拘束性が結合している」。

（5）「したがって、他者が或る行為によって私の自由を制限しないかぎり、完全な拘束性を損傷しないかぎり、他者はあらゆることを為す自由をもっている。なぜならば、この場合他者は、私の強制に反抗しないという拘束性をもっており、私は他者を強制する自由をもっているからである」。

（6）「主体が他の主体の道徳法則に対してもつこうした関係から、権利が発現してくるのであり、その権利の本質は――或る人格に対して他の人格が完全な拘束性をもっているかぎり――、或る人格に帰属するような規定にある」（ibid., 139ff.）。

フォイエルバッハは、ここに定礎された「相対的演繹」論をそれなりに評価している。ここでは「絶対的演繹」では解決不可能であった諸問題が明証的に満足いく解決を得ているように見えるからであり、また「道徳の対象と異なる別個の対象」が獲得され、「法的自由」の可能性や「外的権利の可能性」も明らかにされているように見えるからである。しかし、――著者はこう続ける――それは表面上のことであり、この理論もまた、別の諸理由から、「絶対的演繹」と同様に、満足できるものではない（ibid., 142f.）。その理由は、すでにわれわれが繰り返し語ってきた点にある。つまり、依然として「権利」が、他者の義務意識を介して「否定態」としてしか定式化されていない点にある。すなわち、

「〔相対的演繹論者の見解では〕私が或る権利をもつとされるのは、他者が私のこの行為を妨害してはならないよう拘束をうけているからであり、またこの拘束が他者に課せられた責務であることを私が知っているからである。私が或る権利をもっていると私が言うとき、これは、〈人格Aのうちにある道徳法則が、この人格に私を妨害するのを禁止している〉ということしか意味していない。――しかし、主体Aのうちにあるこの拘束によって、主体Bのうちに何か実在的なものが措定されるのか？　主体Bの可能的あるいは現実的な不当行為は、主体Aの行為の合法則性の根拠となりうるのか？」（ibid., 144）。

「義務を負わされた者は私を妨害しない拘束をもつ、それゆえ彼は私を妨害してはならないのであり、それゆえ私は妨害されてはならないのである。したがって、権利を認められた主体のうちには、実在的なものは何一つ措定されないのであり、主体Bのためのいかなる実在的規定も根拠づけられない。根拠がこのような関係から発現するとされるとき、根拠は単なる無へと沈み込むのである」（ibid., 145）。

フォイエルバッハは「権利」を単なる「消極的―否定的なもの」としてではなく、「積極的―肯定的なもの」として演繹することを要求する。彼は、「権利」を他者の義務意識―拘束性を介した「否定的限定」としてではなく、それを「権利を認められた」主体そのものの「能力」ないし「権限」に基づけて、直接に「肯定的限定」として導出することを求めている。彼は、以下の「第三部、唯一可能な権利概念の演繹」でこの要求に答えようとする。

先の引用文には、もう一つ、これまで明示的には述べられなかった考えが認められるように思える。それは、簡単に言えば、「私の権利（内容）」は対をなす「他者の義務（内容）」と「対称性」をなしていないという考え方である。「相対的演繹」論者が、後者から前者を演繹できると思っているのは、両者が対称的であり、ゆえに後者の「裏返し」がそのまま「前者」に重なると想定しているからである。フォイエルバッハは「否定」の「裏返し」が「肯定」にならないと主張しているのだが、その主張の根底にはこの「対称性」の否認が存在している。このことは、以下の「第三部」で彼が、「私の完全義務」に違反する行為をなす「権利」さえ私にはあると、語っていることと根底で繋がっている。

3．「唯一可能な権利概念の演繹」

さて、最後の「第三部」の課題は、「権利を認められた主体それ自体のうちにあり、道徳法則とは異なる、権利の根拠を見いだすこと」にある。この根拠から「外的諸権利や強制権や法的自由が、実的な諸徴表によって規定され、かつ理性と肯定的に結合されている対象として」も生じてくるのでなければならない（ibid., 238f.）。著者はこの

「権利の存在根拠」を――「道徳的理性」とは異なった――「実践的―法理的理性（praktisch-juridische Vernunft）」の「法理的能力あるいは理性の法理的機能」に求めようとする（ibid., 244）。

では、「道徳的理性」による「権利」の演繹と「法理的理性」による「権利」の演繹は、本質的にどう異なるのか。著者はここでも、前者が「権利」を「否定的に」しか規定できないのに対して、後者は「権利」を「肯定的に」規定するのだと繰り返している。その際、この肯定的―積極的規定の働きを、著者は「理性による裁可（Sanktion）」という術語で表現している。そして、「権利一般」がもとより「強制の可能性」を含んでいるのだと主張している。曰く、「権利は、絶対的演繹では命令や禁止が存在しないこと」のうちに措定されてきたのに対して、「ここでは権利は、理性による行為の裁可」のうちに、しかも「強制の可能性によって規定された、理性による裁可のうちに措定される」。「理性はその活動によって権利を産出し、強制を可能にする」、それゆえ「ここでは権利は、作用原因としての理性と肯定的に結合された形で現われてくる（ibid., 262）。従来「権利は正しいこと（das rechte）と混同され」、それゆえその本質は「或る行為が道徳法則と矛盾しないこと」とされてきたのに対して、「ここでは権利は、正しいことの概念と厳密に区別されて登場しており」、「権利の本質は、法理的理性によって規定された、強制の可能性にある」（ibid.）。また曰く、「従来の理論では、強制の実践的可能性は権利一般の概念から排除されており、権利から出てくる一つの帰結としてようやく演繹されたのに対して、ここでは、強制の可能性は権利の内的かつ必然的徴表として、権利の概念のうちに受け入れられている」（ibid., 262f.）。ただし、「強制の可能性」と「強制権」は混同されてはならない。前者は「どんな権利も（したがって、強制権も）もっている特性」であるのに対して、後者は「特殊な権利、強制の行為をその実質としているような強制の可能性」のことである（ibid., 264）。

しかしながら、「本来、法理的機能の本質はどこにあるのか」、「裁可の内的本質とはいったい何なのか」、また「理性が裁可し、そのことによって――感性的な表現を使うならば――権利を与えるとき、理性はそのことをどのように企てるのか」、これらの問いにわれわれはだれも答えることはできない。著者はそう述べている。なぜならば、これらの問いに答えることは、「理性の制限を踏み越えて、超感性的なものや物自体のうちに入り込み、そこでさ迷い歩くことを意味する」からである（ibid., 265）。「この裁可の内的本質」や「法理的能力それ自体の本性が、いかなる性状にあるのか」をわれわれが知りえないのは、「空間やカテゴリーや〈べきである〉の内的性状が何であるのか」を知りえないのと同じことである（ibid.）。したがって、われわれは「権利それ自体が何であるか」ではなく、「権利がわれわれにどのように現われてくるのか」を、そして「法理的能力の作用結果によって、われわれは何を知りうるのか」を知ろうとするのでなければならないのである（ibid., 265）。

それで、これ以降著者は――「第三章」に「理性の形式に基づいて道徳法則を演繹すること」の必然性についての論及を挟みながら――、「第四章」では、「理性の法理的能力」それ自体や「権利それ自体」のいわば「形而上学的」演繹を回避して、まず「権利の領域」を確定し（「第一節」）、続いて「拘束力をもつ（verbindlich）権利」（「第二節」）、「自由な権利」（「第三節」）、「外的な権利」（「第四節」）、「強制権」（「第六節」）それぞれが、実際に「いかにして可能となるか」について論じている。

まず、「権利の領域」を確定するには、諸行為を区分するための基準が必要であるが、その基準は「道徳法則（Sittengesetz）」をおいて他にはない。「すべての行為は道徳法則のもとにあり、諸行為はこの法則と異なった関係をもつことによって区分されうるのでなければならないからである」（ibid. 284）。この観点から、行為は「道徳的行為」と「非道徳的行為」に区分され、さらに後者は「反道徳的行為」と狭義の「非道徳的行為」に区分される。最後のものを、著者は「自由な行為」と呼んでいる。すると、問題は理性の「法理的能力」がこれらの行為のどの種のものに「権利」を付与できるのか、どのようにして付与できるのか、ということになる（ibid. 284f.）。結論を先に述べれば、「道徳的行為」には「拘束力をもつ権利」が対応し、狭義の「非道徳的行為」=「自由な行為」には「自由な権利」が対応し、そして「反道徳的行為」には「外的な権利」が対応しており、理性の「法理的機能」はそれぞれの行為を異なった仕方で裁可する、つまり「権利」を与える。

さて、「道徳的行為」がその「目的」すなわち「道徳性」を実現しうるには、その行為が妨げられてはならないが、「法理的理性」はまず、その「目的」実現のためにそれが妨げられてはならないような行為を裁可する、と著者は言う。すなわち「法理的理性は道徳的行為の圏域を裁可しなければならない。――私は私の義務を果たす権利をもっており、それゆえ拘束力をもつ権利が存在する。つまり、拘束力をもつ権利とは義務と結合されているような権利である」（ibid. 286）。次に、著者は「自由な行為」として、まずそれ自体は「道徳的」でも「反道徳的」でもない行為として私の単なる身体運動を挙げ、あまり適切とも思えない事例をもちだしている。すなわち、私の窓の下で、一人の男が動物に襲われて泣き叫んでいる。そのとき「私が私の書見台から離れること」（私の自由な身体的行為）は、彼を助けるという私の義務を果たすための「唯一の制約（条件）」である。すると「自由な行為が妨げられないということ」も、「義務を果たすための可能的制約」とみなされねばならない（ibid. 287）。理性は道徳法則の実現を「その全範囲にわたって」意欲するがゆえに、「理性は自由な諸行為を自らの裁可に服従させねばならない。――自由な権利とは、単に許されていることを実質としているような権利のことである」（ibid. 288）。

以上のことからもうすでに分かるように、フォイエルバッハは――「権利」の根拠と概念が「義務」からは絶対に導出できないと強調してきたが――だからといって「権利」と「義務」を全く切断しているわけではない。「権利」は「義務」と直接的あるいは間接的に結合されている。そればかりか、「拘束力をもつ権利」と「自由な権利」は、それぞれ「義務」が遂行されるための「現実的制約」と「可能的制約」とみなされている。だが、諸行為に付与されるべき「権利」が、「義務」遂行による「道徳性」の実現のための「制約」（外的条件）をなすという彼の基本的考えは、それが徹底されると、以下の事例にみるような不合理な主張を誘発することになる。

「反道徳的行為」への「権利付与」に関しては、当然困難が予想される。著者はこの論点に関して、「権利」が「義務」遂行の「制約」（外的条件）であるという理論をさらに徹底しているように見える。すなわち、まず「最高の目的」である「道徳性」実現のための「制約」が、「道徳法則の自由な遵守」であることが強調される。次に、この「自由な遵守」は「反道徳的行為」も含む諸行為が権利づけられていることを「制約」としていると主張される。それゆえ、一見奇妙な主張が展開される。すなわち「道徳法則の自由な遵守が最高の目的〔道徳性〕を達成する制約であるかぎり、理性は、反道徳的諸行為をも自らの裁可に服従させねばならない」（ibid. 289）。つまり「道徳性」の達成のためにその「制約」として、「反道徳的行為」に「権利」が付与されうる場合がある、というのである。だが、「反道徳的行為が理性によって裁可され」、よって「反道徳的諸行為を実質としているような権利」つまり「外的な権利」が存在する（ibid. 289f.）とはいかなる事態を意味し、一体いかにして可能になるのか。それが「難問」であることを著者も認めている。ここで、著者は驚くべき事例をもちだしている。すなわち、著者は、私が私の命を奪うという「反道徳的行為」さえ、法理的理性によって私の「権利」として裁可しうると主張する（vgl. ibid. 290）。しかも、その論拠に、著者は義務を果たす際の私の「自由」をもちだしている。

「ところで、私はなにゆえ、私の生命さえ奪いさる権利をもっているのか？　もしかりに、私が私の生命を奪いさる権利をまったく有していないのだとすれば、私の生命を奪ってはならないという拘束を履行するのに、私は外部から規定されることになるだろう、もっと適切な言い方をすれば、私は私を外部から規定させることになるだろう。…〔中略〕…そのとき、私は義務を自由によって果たしたのでなく、強制によって果たしたことになろう。しかし、理性は義務を果たす際に自由を意欲しなければならない。したがって理性は、義務を果たすのに、私に対する強制を容認しない権利を私に与えなければならないのであり、私が私の生命を奪う権利を私に与えなければならないのである」（ibid. 290f.）。

カントが『人倫の形而上学の基礎づけ』で、いかなる過酷な状況下でも私の生命を維持し続けようと努めることは私の「完全義務」であると主張していたことはよく知られている。だが、フォイエルバッハはそれを認めたうえでなお、この義務に反する反道徳的行為（「自殺」）を自らの意志に基づいてなす「権利」が私にはある、と主張している。しかも奇妙なことに、この種の「権利」付与の理由が、私は「道徳法則に従うよう外部から規定されてはならず」、この法則に「自由に」従うべきだからというのである。実は、フォイエルバッハは著作の終盤でこの主張を突如としてもちだしたわけではない。彼は「第三部」「第四章」での諸行為―諸権利の分類論に先立ち、すでに「第二部」「第一章」で同様の分類論を開陳し、それぞれの行為の権利について論じていた。その際彼は、「道徳的自由」とは異なる「法的自由（die rechtliche Freiheit）」に言及し、この「法的自由」ないし「外的な権利」は、「道徳的に可能な行為」とだけでなく「道徳的に不可能な行為」ともかかわると主張していた。それは「対置され、相互に矛盾している異なった行為に適用され」るがゆえに、「私は矛盾対当的に対置された行為に対する権利をもっている」（ibid. 85）。そして、その具体例として、私には（私に対する「不完全義務」とカントが特質づけていた）「私の才能」を陶冶する権利も、そうしない権利もあると語るにとどまらず、（私に対する「完全義務」と特質づけられていた）「私の生命を維持する権利を私がもっている」と同時に「私の生命を奪うことは、その権利に反しない」（ibid. 87）とも述べていたのである。

だが、彼が後者の「権利」を――「第三部」「第四章」で主張されているように――「道徳性」の実現のための外的、間接的「制約」としてもちだすとき、彼は「道徳性」の実現のためには「反道徳的行為」も正当化されねばならないという逆説的な事態を主張していることになる。[15] ここに、われわれはフォイエルバッハの「法―権利」論の二面性を見ることができる。一面では、「不完全義務」とだけでなく「完全義務」の遂行とさえ矛盾する反道徳的行為にすら「権利」の存在を主張する点で、彼は権利（法）の義務（道徳）からの徹底した分離・独立論者である。だがもう一面では、そうした「権利」すらが「道徳性」という「最高の目的」の実現のための「制約」、外的条件であることを説く点で、彼は依然として道徳の優位論者である、と言える。

ただし、「私の」義務に反する行為とは違って、「他者の」自由や権利にかかわる行為に対しては、どんな行為にも無制限な「権利」が裁可されるわけではない。「諸権利の領野を規定する理性は、その領野の限界も規定する」(ibid., 292)。その限界を規定する原則はこうである。「理性はあらゆる理性的存在者において等しいものであり、したがって理性が或る主体のうちに措定したものを、すべての主体のうちに措定する。理性がある主体に与える権利を、理性はすべての主体に与える」(ibid., 293)。ここから、「他の理性的存在者を（私の）任意の目的のための任意の手段として取り扱うような行為一切に対して、私はいかなる権利ももたず」(ibid., 294f.)、そうでない行為に対してのみ権利をもつという原則が成立する。著者は、「権利」の制限を、したがって行為の「自由」の制限を、（すぐ後にフィヒテが説くように、しかしまだかなり抽象的に）すべての人格における理性の同等性に基づけて説いている。

さて、以上のような権利論は、著者自身が最後に述べているように、たしかにわれわれの「常識」に適っており、独立の学としての「自然法」の「尊厳」を確保していると言える。だが、最後にこう述べられると、いささか腰砕けの感がしないでもない。すなわち「法理的機能に基づく権利の導出は、道徳法則に基づく絶対的導出と相対的導出の中間に位置しており」、「絶対的演繹」論者にも「相対的演繹」論者にも満足を与える (ibid., 303)。

4.『自然法の批判』のＡＬＺ書評 (ALZ 1798, Nr. 323, 324)

いささか竜頭蛇尾の感がしなくもないこの『自然法の批判』を、ＡＬＺはどう書評しているであろうか。書評者（不詳）は、全体としてこの著作の意義を非常に積極的に認めながらも、多くの疑義や異論を呈している。書評者曰く、この著作は、「自然法」をめぐる諸係争のただなかにある現在においてだけでなく、将来この学が確固とした基盤の上に確立された後にも「その重要性を失わない」であろう。個々の論の展開は「非常にうまく」そして「卓越した仕方で」なされており、「われわれは、いたるところに著者の鋭い洞察力を認めることができる」。「序論」、「第一部」、「第二部」、「第三部」すべてを紹介、論評しているこの書評のうち、以下では、われわれは上述してきた諸論点にとって重要な、書評者の批判、異論だけを取りあげることにする。

書評者は――ある意味では当然ながら――上述した「第二部」「第一章」での諸権利の区分論に疑義を呈している。著者は「その実質において道徳法則に矛盾するような諸権利（たとえば、慈善行為をしないという、誰もがもっている権利）」を「外的な権利」と呼び、「道徳的に中立的な行為」への権利を「自由な行為」と呼んでいるが、書評者からすれば、これら両権利は「外的な法的自由という類概念のもとにある〔二つの〕種概念である」。そのうえさらに「道徳的に必然的な行為に対する権利」が「拘束力ある権利」と呼ばれ、前二者の権利と区別されているが、このことは「われわれには不可解である」（*ALZ* 1798. Nr. 323. Sp. 230）。なぜなら、「拘束力ある権利がいかにして可能か」という問いは、「外的な諸権利の可能性への問いのうちに含まれているように、われわれには思える」からである。すなわち、書評者は、「諸権利」の導出に際してもっとも厳しい条件をもつ「外的な権利」の導出のうちには、いわばもっと緩やかな条件の「自由な権利」や「拘束力ある権利」の導出がすでに含まれていると考えているのであろう。だが、著者にとっては、それぞれの権利は異なった仕方で理性によって裁可されることを示すことに重点があった。さらに書評者は、こうも疑義を呈している。「たしかにわれわれは、ア・プリオリに与えられた概念をその概念の具体的使用と切り離すための真に哲学的な論の運びをここに認めることができる。しかし著者は、そのことによって彼の探求が本来向かっていた目標自身に到達しなかったのである」（ibid.）。その「目標」とは、おそらく「権利」概念を純粋な実践理性から演繹するということであろう。

著者が最も力説している「絶対的演繹」と「相対的演繹」への批判についても、書評者は大きな意義を認めていないように見える。すなわち「著者がその批判によって彼の読者に与えている消極的利得がなんの価値もないとは見なせないにしても、書評者は、これら〔両方の演繹論〕の誤りから積極的に得られるものは何一つないと確信している」（ibid.）。

「第三部」で著者が「権利概念」の根拠を「実践理性の法理的機能」から演繹していることについては、書評者は留保付きながら、この試みが「他のすべての演繹に対して大きな長所」をもっていることを認める。その長所は、「権利概念の真の位置」を他の論者たちのように「不問に付していない」点にある。すなわち、「権利」の根拠が人間学的観点から経験的事実のうちに解消されることなく、「権利」の概念があくまで「理性」よって裁可される理性概念として論究されている点を評価している。ただし、書評者はこう付け加えるのを忘れていない。「著者にはまだ曖昧なところが残っているこの概念の側面がさらに解明されるための機会を、この著の直後に出版されたカントの『人倫の形而上学』が与えてくれるであろうことを、書評者は信じて疑わない」（ibid. Nr. 324. Sp. 234）。だが、カントによってより明快に解明された点がどこにあるのかについて、書評者は一言も語っていない。最後に、著者がさまざまな権利とその限界を導出するのに、「多様なものに体系的統一をもたらす能力としての理性の概念から出発している」ことに、書評者は「賛同できない」とも述べられている。その根拠もまた述べられていない。おそらく書評者は、一方でこの著が「権利」を「経験の対象」としてではなく、一貫して理性概念として取り扱っていることを評価しながらも、もう一方でこの「理性概念」の機能が十分に弁別——「純粋理性」と「実践的理性」と「法的理性」（vgl. ibid. 235）——されておらず、あるいはそれが言葉の上でだけ弁別されているだけで、その結果、理性機能を単純化していると批判しているのであろう。総じて、書評はフォイエルバッハの基本的主張と論点を総体的には認めながらも、従来の「法—権利」論との決定的相違がこの著で初めてうちだされたこととその意義を的確に評価していない。

注

（1）一七九五年前後に出版された「自然法」関連の単行本だけを出版年順に拾い上げても、以下のようになる（【 】内はALZで書評された号数）。以下の一覧から、この時期「自然法」の基礎づけに強い関心が寄せられていたことが窺われるであろう。また、ALZの一七九八年後半の「哲学欄」は、この当時の「自然法」関連著作を集中的に採りあげて、「自然法特集」の観を呈している（巻末「**主要書評一覧**」参照）。

【一七九二年】

Theodor Schmalz（ケーニヒスベルクの法学教授）『純粋自然法』第一版【*ALZ* 1798, Nr. 242】

Johann Gottlieb Schaumann（ハレの王立学院の正教師）『学問的自然法』【*ALZ* 1798, Nr. 246】

【一七九三年】

Johann Christoph Hoffbauer（ハレの哲学教授）『法の概念に基づいて展開された自然法』第一版［Aetas Kantiana 109, 4. Aufl.］【*ALZ* 1798, Nr. 331, 332】

【一七九四年】

Wilhelm Gottlieb Tafinger（チュービンゲンの法学教授）『自然法の諸定理』【*ALZ* 1798, Nr. 244】

Karl Heinrich Heydenreich（ライプツィヒの哲学教授）『批判的諸原理に沿った自然法の体系』第一部［Aetas Kantiana 101］【*ALZ* 1798, Nr. 333】

【一七九五年】

Carl Christian Erhard Schmid（イェーナの哲学教授）『自然法要綱、講義用』［Aetas Kantiana 233］【*ALZ* 1796, Nr. 85】

Th. Schmalz『純粋自然法』改定第二版【*ALZ* 1798, Nr. 242】

K. H. Heydenreich『批判的諸原理に沿った自然法の体系』第二部［Aetas Kantiana 101］【*ALZ* 1798, Nr. 333】

Karl Ludwig Pörschke（ケーニヒスベルクの教授）『通俗的自然法のための準備』【*ALZ* 1798, Nr. 244, 245】

J. Chr. Hoffbauer『自然法の最も重要な諸主題に関する探究』［Aetas Kantiana 110］【*ALZ* 1798, Nr. 331】

Ludwig Heinrich Jakob（ハレの哲学教授）『哲学的法論、すなわち自然法』［Aetas Kantiana 132, 2. Aufl.］【*ALZ* 1798, Nr. 335, 336】

J. G. Schaumann（ギーセンの哲学教授）『哲学的法論のための批判的論集』［Aetas Kantiana 225］

Gottlieb Hufeland（イェーナの法学教授）『自然法の諸定理、およびそれらと結合した諸学』第二版

【一七九六年】

Johann Gottlieb Fichte（イェーナの哲学教授）『知識学の原理に沿った自然法の基礎、第一巻』【*ALZ* 1798, Nr. 351, 352】

Paul Johann Anselm Feuerbach（イェーナの法学教授）『自然な諸権利の学の予備学としての自然法の批判』【*ALZ* 1798, Nr. 323, 324】

J. G. Schaumann『自然の法の新たな体系の試論、自然法の基礎　第一部』［Aetas Kantiana 227］【*ALZ* 1798, Nr. 245, 246】

Georg Samuel Albert Mellin（マグデブルクの教師）『法あるいは実定的立法の形而上学の基礎づけ、自然法の第一根拠に関する一試論』【*ALZ* 1798, Nr. 334】

【一七九七年】

Immanuel Kant（ケーニヒスベルクの哲学教授）『法論の形而上学的原理』【*ALZ* 1797, Nr. 169, 170】

Heinrich Stephani（牧師）『法学、いわゆる自然法の概要』【*ALZ* 1798, Nr.

246, 247】
J. G. Fichte『知識学の原理に沿った自然法の基礎、第二巻』【*ALZ* 1798, Nr. 353, 354】
J. Chr. Hoffbauer『法の概念に基づいて展開された自然法』改定第二版［Aetas Kantiana 109, 4. Aufl.］【*ALZ* 1798, Nr. 331, 332】

（2）フォイエルバッハの『自然法の批判』の「序文」脱稿日は「三月一六日」であり、フィヒテの『自然法の基礎』第一部は三月に公刊されている。

（3）Theodor Schmalz, *Das reine Naturrecht*, Königsberg 1792. Zweite, verbesserte Auflage, Königsberg 1795. 以下、この著作からの引用は、初版は*Schmalz*-1、第二版は*Schmalz*-2と略記して、頁数を直接本文中に記入する。

（4）シュマルツが言及しているのは『ゴータ学芸新聞』（1792, S. 813-816）、『チュービンゲン学術報知』（1792, 99. St., S. 788-792）、『ゲッチンゲン学術報知』（1792, Nr. 145, S. 1449-1445）の書評であるが、Diethelm Klippel, *Naturrecht und Rechtsphilosophie im 19. Jahrhundert. Eine Bibliographie. 1780 bis 1850*, Tübingen 2012, S. 39によれば、初版は『上部ドイツ般学芸新聞』（1792, Bd. 2, Sp. 607-618）や『新ドイツ百科叢書』（1794, Bd. 13, S. 18-24）でも採りあげられている。

（5）Karl Heinrich Heydenreich, *System des Naturrechts nach kritischen Prinzipien. Erster Theil*, Leipzig 1794. *Zweiter Theil*, Leipzig 1795［Aetas Kantiana 101（1969）］. 以下、この著第一部からの引用は、書名を*Heydenreich*-1と略記し、頁数を直接本文中に記入する。

（6）ハイデンライヒがその証拠として引き合いに出しているように、フーフェラントはその「自然法」論§77で、こう書いていた。「私が為すべきことを、私はしてもよい、したがって、完全性が減少すること一切を阻止するという義務から、このことを為す権利が生じるのである。よって、完全性の減少が強制によってしか阻止できないときには、強制する権利が生じてくる」（*Heydenreich*, 104）。またシュミートもその『道徳哲学の試論』で「私には道徳的に可能なことをなす権限がある。……私には人倫的に必然的なことをなす権限もある。私がなすべきことを、私はしてもよいからである。道徳的な意味での権利は、人倫的必然性自身によって人倫的に可能なこととして規定されていること、したがって人倫的に必然的な権限として規定されていることである（S. 442）」（ibid., 105）と述べていた。

（7）ハイデンライヒ批判の論拠や書評中に「相対的導出」という術語が使用されていること、さらに（フォイエルバッハの論文や著書での見解と一致して）レーベル博士（D. Löbel）を「相対的演繹」の開拓者として挙げていることなどを勘案すれば、書評者はおそらくフォイエルバッハである。Diethelm Klippel, op. cit., 19も書評者をフォイエルバッハと同定している。

（8）『自然法の体系』は、アビヒトの『哲学雑誌』（1794, Bd. 1, S. 243-256）、『国家学と法理学文献（*Staatswissenschaftliche und juristische Literatur*）』（1794, Bd. 2, S. 321-335 u. 1795, Bd. 2, S. 57-69）、『ゲッチンゲン学術報知』（1795, Bd. 3, S. 2065-2073）、『新ドイツ百科叢書』（1795, Bd. 15, S. 407-418）など、八誌で書評されている（vgl. Diethelm Klippel, op. cit., 19）。

（9）Carl Christian Erhard Schmid, *Grundriß des Naturrechts. Für Vorlesungen*, Frankfurt und Leipzig 1795. この著作からの引用は、*Schmid-Grundriss*と略記して、頁数を直接本文中に記入する。

（10）『自然法要綱』はALZのほかに、注（4）や（8）に挙げた書評誌・紙、九誌で——出版年かその翌年に——書評されている（vgl. Diethelm. Klippel, op. cit., 40）。

（11）Paul Johann Anselm Feuerbach, *Kritik des natürlichen Rechts als Propädeutik zu einer Wissenschaft der natürlichen Rechte*, Altona 1796. 本書からの引用は、*Feuerbach-Kritik*と略記して、頁数を直接本文中に記入する。

（12）著者はこの著作で一貫してSittengesetzという術語を使用しているのだが、この語をMoralgesetzと特段に区別して使用しているわけではないので、以下においても「道徳法則」と訳しておく。

（13） フォイエルバッハは、この著作に先立ってニートハンマーの『哲学雑誌』第二巻第二分冊（一七九五年）に掲載した論文「権利の概念についての試論」（S. 138-162）で、ホフバウアー、ラインホルト、フーフェラント、ハイデンライヒらの「権利概念の定義」を取りあげ、それらでは「権利の本質をなしている内的、必然的メルクマール」がまったく不明なままであると批判していた。その際、彼はすでに「絶対的な権利演繹」および「相対的な権利演繹」という術語を用いてこれらを批判している（S. 141）。

（14） レーベル（Renatus Gotthelf Löbel. 1767-1799）は、シュミート編の『道徳、宗教、人間の幸せのための哲学雑誌（*Philosophisches Journal für Moralität, Religion und Menschenwohl*）』第三巻第二号（一七九四年公刊）に掲載された論文「権利の概念とその主要諸原則について」で、すでに以下の点を指摘していた。すなわち、「権利概念についての従来の一切の探求を挫折させてきた障害」が「この概念を自分自身の道徳法則から導出しよう」（S. 250）としたことにあること、「権利概念」は「或る行為が他者の道徳的理性に対してもつ関係」を表わしており、この概念は「自分自身の行為義務からではなく」、「逆に他者の義務から」導出されねばならないこと（S. 252）、を指摘していた。

（15） Wolfgang Kersting. *Wohlgeordnete Freiheit. Immanuel Kants Recht- und Staatsphilosophie*. 3. Aufl. Paderborn 2007. 131f. はこの事態を、フォイエルバッハの「錯綜した構成」がうみだしている「矛盾や不合理な点」として指摘している。ケアスティングによれば、「反道徳的行為への権利」の主張によって「徳義務」は否定できるが、「法義務」は否定できず、「法義務」を否認するような権利の主張は、自己矛盾に陥る（船場保之・寺田俊郎監訳『自由の秩序』ミネルヴァ書房、二〇一三年、一〇一頁）。

第九章　フィヒテの『自然法の基礎』（一七九五〜九八年）

自然法、国家法に対するフィヒテの強い関心は、非常に早い時期にまで遡る。その関心は、やはりカントに触発されたものであった。一七九三年四月初め、彼は（チューリッヒへ向かう途上）ベルリンからカントに宛てた手紙で、「『純粋理性批判』（第三版）の三七二―三七四頁の課題を解決するという偉大な計画」に燃えていると書き、「生活に不安のない時間」が与えられれば、この義務を果たすことができるだろうと述べていた（GA III/1. 389f.）。引き合いに出されているこの個所こそ、「各人の自由が他の人々の自由と共存しうることを可能にする諸法則にしたがって制定される、人間の最大限の自由からなる憲法体制」という「一つの必然的理念」が提起された箇所である（B 373f.）。その一カ月後、カントは返信で「貴兄の才能と勤勉さ」によって「かの課題を仕上げること」が首尾よくいくことを望み、期待していると書き、「もし貴兄がこの仕事を私に先んじて行い、私の為すことが不要になるならば、それはそれで喜ばしいことです」（GA III/1. 408）とも書き送っている。ここに提起された〈自由な理性的存在者たちの共存〉の可能性の制約を解明すること、これこそが一七八〇年代終盤以降、広義のカント派の法―権利論の共通の課題であった。

六月初めチューリッヒに到着したフィヒテは、当地で『返還要求』と『革命論』を書くが、九月二〇日にはもう一度カントに宛てて、

『人倫の形而上学』の完成、出版を待ちわびていること、そして「自然法、国家法、国家学に関する私の計画をさらに進めるのに」「あなたの来たるべきご著書を利用できればという喜ばしい見通しをつねに抱いている」ことを告げている（ibid. 431）。だが、『革命論』に一部盛り込まれた「自然法、国家法、国家学」は、すでに見たように、あまりにも道徳主義的、個人主義的観点から構想されており、かの目標を達成するには程遠かった。この一七九三年段階の「自然法」構想は、ラインホルトやエアハルトの批判的書評（第六章第二節参照）を承けて、その後おそらく根本的な修正を余儀なくされたはずである。新しい構想は、一七九五年の夏に懐胎される。

第一節　新しい「自然法」構想への刺激

イェーナの講壇に立つようになってからも、彼の「自然法」への関心は持続していた。彼は一七九五年夏学期、一七九五／九六年冬学期、一七九六年夏学期、一七九七年夏学期、そして一七九八／九九年冬学期に「自然法」の講義を告示している（巻末「**講義予告一覧**」参照）。これらの講義のうち最初のものは、彼が「学生結社」廃止をめぐる騒動に巻き込まれ、オスマンシュテットに引きこもった結果（「幕間Ⅱ」

の3参照)、実際には実施されなかった。だが、彼はこのオスマンシュテットでの「休暇」期間を利用して、改めて近年の「自然法」文献の検討、研究に集中的に取り組むことができた。そして、その研究を通して彼は「自然法」の新しい構想を描くことができるようになった。その輪郭を伝える最初の資料は、一七九五年八月二九日付のラインホルト宛て書簡である。この書簡は『自然法の基礎』を支えているフィヒテの問題意識を簡明な表現で伝えている。

「私はこの夏、自然法について研究し、次のことを見いだしました。それは、〔従来の研究には〕いたるところで権利概念の実在性の演繹が欠けていること、権利概念の説明はみな形式的な説明、言葉の上だけの説明にすぎず、それらは、そのような概念がわれわれのうちに事実(Faktum)として現存していることを前提にしており、よってこの概念の意味するところをすでに前提にしているということです。――それらの説明は、権利概念を根本的には道徳法則から演繹してさえいません。私はこの機会にカントの『人倫の形而上学の基礎づけ』を点検し、この点でのカントの諸原理の不十分性、彼自身が気づいていないより高次な前提が、どこかで明白に示されうるということを見いだしました」(GA III/2, 385)。

従来の研究が「権利概念の実在性の演繹」を欠いていることを、『自然法の基礎』「緒論」もこう表現している。「何人かのカント学派の人々がア・プリオリな概念について語るのを耳にすると、ア・プリオリな概念というのは、経験に先だって人間精神のなかにいわば空っぽの引きだしのようなものとしてあり、経験がそのなかに入れられるまで待っているものであるかのように思いたくなるだろう」(GA I/3, 315f.)。そして、先の書簡はカントが暗黙裡に前提視し、究明していない点を次のように批判している。

「理性的存在者の権利の概念が、そして、およそ私の外部の或る理性的存在者の概念が、この概念自身が初めて演繹されるとされているような証明のうちに現われてくることは、けして許されません。したがって、この概念は純然たる自我からしか導くことができず、そのようにしてしか導かれません。すなわち、私の外部に理性的存在者を想定せずには、私自身が私を思惟することができないのです」(GA III/2, 385)。

続いて書簡は、カントの道徳論の難点の一つが、特定の「格率」と「法則」の「普遍妥当性」とを一致させようとしても、一致の努力が無際限にならざるをえない点にあることを指摘したうえで、この難点を超えるために「個体(Individuum)」としての理性的存在者という概念をもちだしている。

「私は私を個体として思惟しなければなりません、すなわち私を、自ら始めることのできない諸事物からなる圏域においては、規定するものとして思惟し(個体性はただ感性においてのみ表現され、純粋で無限な自我は一つである。それは或る自我の個体性であるはずなので、その個体性は能動的に規定するものでありうるのです)、〔だが〕私の外部の理性的存在者たちの圏域では、規定されるものとして、思惟しなければなりません。そのような圏域を措定し、この圏域のうちにあるどんな客体も個体として措定することなくして、私はそういうものたりえないのです。…〔中略〕…――個体であることの諸制約が権利と呼ばれるものです。私は、私の外部の存在者にも権利を帰すことなしに、私に権利を帰すことなどまったく不可能なのです。私は、私の外部の存在者を個体として措定することなしに、私を個体として措定することなど、まったく不可能だからです」（ibid. 387）。

「個体」は孤立した「単独者」のことではなく、むしろは逆に――『自然法の基礎』でも一貫してそうなように――「自分自身の外部に実在していると想定される何人かの理性的存在者のうちの一人」（GA I/3. 319）を指している。この書簡には、半年後の『自然法の基礎』の方法論的トルソーが開陳されている。すなわち「私自身が私を思惟すること」、つまり有限な理性的存在者としての私の自己意識は、私が感性界において「実働性」を発揮する「個体」であることをその制約としている。だが、「私は、私の外部の存在者を個体として措定することなしに、私を個体として措定することはできない」。それゆえ、前者が後者の「制約」をなしている。そして、私と他者とが「個体」であることの制約がほかならぬ「権利」である。かくして、「権利」は、私の自己意識（個別的自我の自己措定）を現実的に可能とする諸制約の連鎖の一項として導出、演繹されるのである。(1) このような「法―権利」の超越論的導出は、カント派のそれとまったく異なるフィヒテに特有で独自なものである。

彼の新しい「自然法」構想の懐胎、彫琢に刺激を与えたいくつかの著作がある。『自然法の基礎』の「序論」は、従来の自然法論の検討の結果を、エアハルトの「最近のいくつかの論文」とマイモンの「自然法論文」を除けば、「自然法の通常の論じ方について不信の念を表明している」ものは一つも見いだせなかったと書き、さらにカントの『永遠平和のために』を読んで「快適な驚愕に襲われた」と記している（ibid. 323）。「自然法の通常の論じ方」とは「法―権利」概念を道徳法則から導出、演繹する従来の方法のことである。フィヒテは、エアハルトとマイモンの諸論文のうちに、「通常の論じ方」と異なって「法―権利」を「道徳」から独立に根拠づけようとする積極的企てを看取し、この企てから「いくつかの卓越した示唆」を得た。彼はマイモンやエアハルトそれぞれの立論をそのまま受け入れているわけではないが、それらから大きな刺激を受けたことは確実である。現に、フィヒテはこの両者の論文についての書評を書こうとしていた。それは完成せず、公表されなかったが、その未刊の草稿は残っている（GA II/3. 395-406）。ラインホルト宛の書簡に先立つこの草稿にはすでに、「権利は、感官的世界において私が個人であることの制約である」（ibid. 396）と書き付けられている。そして、「〈私が権利をもっている〉という私の主張は、それがなければこの主張が不可能であるような制約として、〈君も同じ権利をもっている〉という主張を前提としている」（ibid. 406）と、権利概念の必然的相互対称性も確認されている。さらに、「明らかに権利には、それをなすこともできるし放置することもできるということがある。義務にはそういうことはない。生成的演繹を通して、その〔権利と義務の〕区別の根拠を挙示する」（ibid. 405）必要性を書き留めている。

以上のごとく、フィヒテはすでに一七九五年の春から夏にかけて、『自然法の基礎』の思想と理論の骨格を仕上げていたのである。そして彼は、一〇月二〇日に始まった九五／九六年冬学期の最初の自然法講義を、この新たな構想のもとに展開したはずであり、それが『自然法の基礎』として結実する。

第二節　『自然法の基礎』の「序論」での「実質ある」法―権利論

『自然法の基礎』の「序論」は冒頭で、展開されるべき「法―権利」論が「実質ある（reell）」哲学的学でなければならないというテーゼを提起し、これを「単なる法式―哲学（Formular-Philosophie）」と対比している。「法式哲学者」たちは、ただ「自分がそれを思惟できたという理由に基づいて」ア・プリオリな諸概念を立て、それらの連関を問題にするが、それらの「概念の客体」をまったく考慮に入れない。それゆえ、彼らは「客体を欠いた概念、空虚な思惟を与える」（GA I/3, 316）だけである。それに対して、「実質ある」哲学は、或る「概念」とともに同時にその概念の「客体」を規定する、それゆえ、ここでは「概念とその客体を同時に立て、けして一方を抜きにして他方を扱うことができない」（ibid., 317）。当然ながら、この対比は従来の「法―権利概念」の演繹を念頭において語られている。

すでに半年前フィヒテは、カント学派の自然法論には「権利概念の実在性」の演繹が欠けており、彼らの「法―権利概念」は「みな形式的な説明、言葉の上だけの説明にすぎない」――「経験に先だって人間精神のなかに置かれたいわば空っぽの引きだしのようなもの」――と批判していた。フィヒテは、彼らの「法―権利」概念の演繹のうちにこのような「法式哲学的思考」を見てとり、これと明瞭に異なる「法―権利」論を構想している。

さて、「権利概念」を演繹することによって同時にこの概念の「客体」も規定するということは、権利概念の解明によって同時にこの概念の「適用」をも規定するということを意味する。そしてそのことはまた、権利の純粋な原理論とそれの具体的適用論を分断せず、双方の領域を論理必然的に連結して展開するということを意味する。さらに言えば、このことは、この「法―権利」論が、その「純粋な原理」の住処である叡知界ないし道徳界と、それの具体的適用の場としての感性界ないし経験的世界とを媒介する、両者の中間の途を進み、その意味で「実践哲学と理論哲学の中間の途を進む」（GA IV/2, 264; vgl. auch GA II/2, 405）ということをも示唆している。抽象的「法―権利」論と対比された「実質をもった学」の構想に基づき、「法―権利」「概念」の演繹とその「客体」の規定を、「原理」とその「応用」を一体のものとして展開しようとする点に、この「法―権利」論の革新的特徴と独自性が認められる。

さて「序論」では、「法―権利」概念の導出の根幹がこう定式化されている。「理性的存在者は、自らを個体として措定するのでなければ」「自らを理性的存在者として措定することができない」、このことから「権利の概念が必然的になる」（GA I/3, 319）。このことに対応して、「権利の概念」が「自由な存在者間の必然的な相互関係についての概念」（ibid.）と予備的に定義され、「権利概念の客体」全体が「自由な存在者そのものの間の共同性」と定義されている。この共同性は、「万人が、自分と相互に交互作用しあっている人の自由を妨げてはならない、ということを自分にとっての法則とする」ことによって樹立される（ibid., 320）。そして、フィヒテは「序論」第二節の最後で、改めてこう強調している。「本書では、自己意識の制約としての権利の概念が、その客体と合せて同時に演繹されている。権利概念は、実質ある学に要求されるとおりの仕方で、導き出され、規定され、その適用が保証されている」（ibid. 321）。

第三節　権利概念とその適用可能性との超越論的演繹

「本論」の「第一部」第一節から第四節における「第一定理」から「第三定理」の論証は「権利概念の演繹」に充てられ、「第二部」第五節と第六節における「第四定理」と「第五定理」の論証は「権利概念の適用の可能性の演繹」に充てられている。そして両者は上述した構想に従って、一体のものとして連結されている。『自然法の基礎』のこの方法論的核心部を、われわれは以下に極力切りつめた形で確認しておくにとどめざるをえない。

〈Xが措定されうるには、その必然的条件としてYが措定されねばならない〉ことが証示されたとき、〈YがXの「制約」として演繹された〉、とフィヒテは表現する。そうした「制約」の連続的導出のプロセスの起点をなすのは、「有限な理性的存在者の自己措定（自己意識）」である。ここでは「絶対的自我」の「自己意識」は問題になりえない。そもそも、絶対的自我の自己措定作用にはいかなる差異も区別も含まれておらず、よって厳密な意味での「自己意識」は問題になりえない（せいぜい、「知的直観」による直接的「自己」把持が成立するだけである）。有限な自我だけが、限界づけられたもの、自らに疎遠なものに遭遇し、これを介して自らを意識しうる。かくして「権利概念」は、有限な理性的存在者の自己意識を起点として、これを可能とする一連の「制約」を遡及することによって到達される。その諸制約の論証過程は以下のごとくである。

まず、①〈有限な理性的存在者の自己意識が可能になる制約は、その存在者に「自由な実働性（Wirksamkeit）」が帰属していることである〉（第一定理）。「実働性」とは、自らたてた「目的」に従って、現実的世界の或る「客体」に観念的にではなく、身体的働きを通して働きかけ、その「客体」に或る結果を生み出す能力のことである。この「実働性」を反省することによってしか、主体の自己意識は成立しない。この場合反省するとは、「自由な実働性」（あるいは、目的設定という本源的な行為）に内在する二契機、すなわち、主体の（「自ら自身への還帰の働き」に発現する）自由で自発的な働きかけの契機と、「客体に向かう実働性」には不可避的なその働きの被制限性の（主体が客体によって規定されているという）契機とを媒介的に統合することであり、この反省による両契機の統合によってしか、主体は自らの自己意識に到達しない。かくして、「実働性」が「自己意識」の制約である。そして、「実働性」はなんの「障害」も引き起こさない〈観念的真空地帯〉で作動するわけはないから、②〈「自由な実働性」が可能となるためには、その制約として、理性的存在者の外に感覚的世界が措定され、規定されねばならない〉（第一定理の帰結）。これは、個体の自由の外的表出は、感官的世界を前提にし、そこにおいてしか生起しないということにほかならない。

次に、③〈自由な実働性の可能性の制約として、自らの外に他の理性的存在者を想定しなければならない〉（第二定理）。この「第二定理」は、他者による「促し（Aufforderung）」という独特の理論を援用することで根拠づけられるのだが、これはフィヒテが権利や他者の演繹において人間学的、経験的出来事に訴えていることを意味しない。

「促し」は、上述の「自由な実働性」の二契機が、時間的先後関係において「循環」という事態を呈することを解明したうえで、この逆説的事態を解く鍵として提出されている。すなわち「主体の実働性が客体と同一の瞬間において総合されており、主体の実働性それ自身が知覚され把握された客体であり、その客体は主体のこうした実働性にほかならない」ような、そのような「総合」（ibid. 342）が求められており、この「総合」を可能にするのが「促し」なのである。主体は「促し」を把握することによって、「自ら自身の自由と自己活動についての概念を得る、しかも外から与えられたものとしての自由と自己活動についての概念をもつことになる」、つまり「主体は自らの自由な実働性の概念を得る」（ibid.）。「促し」の主体が「他の理性的存在者」である。かくして、有限な理性的存在者の自己意識を可能とする「制約」として、他の理性的存在者が演繹されるのである。ここに、「権利」概念を可能とするのに不可欠な間主体性のパースペクティヴが開かれる(2)。

「第二定理」からは、「そもそも人間が存在すべきであるならば、幾人かの人間が存在しなければならない」（ibid. 347）という帰結が生じる。だが、ただ複数の人間が単に存在しているだけでは、まだ個体の自己意識は確立されない。それが可能となるには、各人が他者を自由な理性的存在者として互いに「承認すること」を可能とするような関係が確定されねばならない。したがって、求められている関係は、「各人が自分の自由を他人の自由の可能性の概念によって同じように制限する」という関係であり、これが「権利関係（Rechtsverhältnis）と称されるものである」（ibid. 358）。かくして、④〈他の理性的存在者を想定しうるためには、その制約として、自らと他者の「権利関係」が存在していなければならない〉（第三定理）。すなわち、有限な理性的存在者は、自ら自身の自由の外的表出を他の理性的存在者の自由の可能性の概念によって任意に制限することができなければならない。

「第三定理」の論証の後、フィヒテはこれまでの演繹過程が単に〈多数の人間が共存している〉という人間学的事実に依拠しているのではなく、個体の自己意識の可能性の制約を探求するという超越論的演繹であることを改めて強調している（ibid.）。そして、純粋な理性概念であるこの権利概念の「実在性」は、この概念の「適用」を前提とすることを、こう述べる。

「現実的意識のうちでの権利概念の表出は、権利概念の適用事例が与えられることによって制約されているが、この適用事例は、空虚な形式がもともと心のなかにあって、経験が何かをそこに置き入れるのを待っている——幾人かの哲学者たちはア・プリオリな概念についてそのように考えているように思われるのだが——ようには、けして理解されない。…〔中略〕…しかも、権利概念の適用事例が必然的に登場しなければならないことも、同様に証明されている」（ibid. 358）。

こうして「第二部」は、導出された「権利概念の適用可能性」の演繹に移る。当然この演繹は、「権利関係」が実在化しうるための根本的諸前提（諸制約）を解明していくという道筋をとる。その解明は先に言及された「相互承認」の具体的な解明になる（vgl. ibid. 361）。さて、「人格」が——著者はこれ以降、理性的な個体を「人格」と呼び換えている——自由な実働性を確保しうるには、「自ら自身の自由のための領分を自分に帰属させ」（ibid.）なければならないが、この「領分」が、人格の自由意思によって意のままになる物体としての「身体」である。それゆえ、⑤〈主体が「実働する個体」として措定されうる制約は、その主体に「物質的身体」が帰属することである〉（第四定理）。「促し」の導入に際してもそうであったように、ここでもフィヒテは、〈われわれが現に活動するためには身体を必要とする〉といった経験的事実に訴えているのではない。「身体」もまた「知識学」の自我論の根本構造に立脚して導出される。「身体」は「人格のあらゆる可能な自由な行為の圏域」として措定されるが、だがそれは必然的に「空間中に拡がってその空間を充填する制限された物体」として措定される（vgl. ibid. 363）。つまるところ、「身体」も自我の無制限な能動性とそれの必然的被制限性との「総合」として導出されるのである。

そこから次にフィヒテは、サルトルの他者論、身体論を思い起こさせるかのように、こう主張する。⑥〈主体が「物質的身体」を有することの制約は、その身体を他者の影響を受けるものとして措定することである〉（第五定理）。すでに「第二定理」で、感覚的世界で生じる他者からの働きかけである「促し」によって、理性的個体の自己確証は可能となることが示されていた。この働きかけを受けとめることができるためには、「身体」にそれを感受する能力が備わってなければならないのは当然であろう。だがフィヒテはここで、この感受する能力を不必要と思えるほどに細分化し、極めて抽象的な感覚論を詳細に展開している。

すでに「序論」は、「権利概念の客観」の全体を「自由な存在者そのものの間の共同性」と定義していた。だが、この定義はまた抽象的であり、権利概念の「実在性」はまだ明瞭になっていないと言える。それに対して、ここに展開された「権利概念の適用可能性」の演繹は、どのような「自由な存在者」が「権利関係」の担い手たりうるのかという観点から、権利概念の「客観」の全体をより具体的に提示していると言える。フィヒテによれば、権利「概念」は、身体をもった人格相互が感官的世界で実働的影響力をおよぼしあう「権利関係」のうちでのみ、その「実在性」を得る。それ以外の世界、理念的、観念的世界における「権利」を語ることは無意味である、と言うことになろう。

第四節　「道徳」と「法」の分離論

さてフィヒテは「序論」や「第一部」の末尾等で、法―権利論と道徳論の分離、ないしは前者の後者からの独立性を繰り返し力説している。たとえば、

[1]「演繹された〔権利〕概念は道徳法則（Sittengesetz）にはなんの関わりももたず、道徳法則抜きに演繹されている。しかも、…〔中略〕…その概念にはすでに、それが道徳法則からは演繹できないことの事実上の証明が含まれている。またそうした演繹の試みはことごとく完全に破産している。道徳法則から出現する義務の概念は、そのたいていの徴表において権利の概念と真っ向から対置されている。道徳法則は義務を定言的に命じるが、権利法則のほうは、人がその権利を行使することを許可するだけであって、けして命じはしない」（ibid. 359）。

[2]「自然法の領域では善意志は問題にならない。いかなる人間

も善意志をもたない場合ですら、法は強制されねばならないだろう。…〔中略〕…この領域では、物理的力が、しかもそれだけが法に認可を与えるのである」(ibid.)。
[3]「自然法論と道徳論を分けるには、なんの人為的措置も必要でない。…〔中略〕…二つの学問は、われわれが手を下さなくても、もともと理性によって分かたれ、完全に対置されているのである」(ibid., 359f.)。
[4]「理性的存在者は、自分の外なるすべての理性的存在者の自由を欲するように、理性性の特徴によって絶対的に拘束されているわけではない。この命題が自然法と道徳の境界線をなし、ひいては自然法に関する学の純粋な取り扱い方の特徴的な徴表をなしている。道徳においては、これを欲する義務が示される。自然法にあっては、いかなる人に向かっても、君の行為からはかくかくのことが帰結するであろう、と言うことしかできない」(ibid., 386)。

フィヒテは、法―権利論の問題圏から道徳的義務およびその義務に基づく拘束性の諸契機を完全に排除しようとしている。これは、『自然法の基礎』が法的権利を道徳法則や義務から導出しようとしてきたかの「自然法の通常の論じ方」(ibid., 323)への批判という意図に発していることとの当然の帰結である。こうした意図から『自然法の基礎』には「義務」という術語はまったく登場しない。このことは、後に述べるカントの「法論」が法的行為の「義務づけ」を重要な主題とし、「法論」が「義務論」の一部をなしているのとまったく対照的である。

フィヒテにおいては、法―権利法則は道徳法則とは違って「定言的命法」としてではなく、ただ「仮言的命法」として現われてくるにすぎない。たしかに彼の場合も、権利法則は命法として現われてくる。すなわち、「君以外に他者もまた自由であることができるように、君の自由を制限せよ」を、各人は「自分の意志と行為の法則とすべきである」(ibid., 387)。だが、この法則は「仮言的妥当性」しかもたないとフィヒテは言う(vgl. ibid., 387, 391)。なぜならば、その命法は、各人が自らの選択意志に基づいて、「自由な存在者たちの共同体」を欲するかぎりで妥当性をもつにすぎないからである。すなわち「各人は、他者とともに社会のなかに生きようという任意の決意によって、拘束されているにすぎない。そして、自分の自由意思をまったく制限しようとしない人がいるとすれば、自然法の領域では、そういう人に対しては、それなら君はあらゆる人間社会からはじきだされざるをえない、と応戦するほかないのである」(ibid., 322)。それゆえ、権利法則それ自体は、各人だれもがかの命法を自分のものとすべきだという「絶対的根拠を挙示することはとうていできない」(強調、引用者)(ibid., 385)。上記[4]で「絶対的に拘束されているわけではない」と述べられているのも、同じ理由からである。フィヒテは、「理性的存在者であること(理性性)」を理由に、すべての人に対する権利法則の「絶対的」な規範的妥当性、この法則への無条件的被拘束性は演繹できないと考えている。彼にとっては、この点が「自然法と道徳の境界線をなし、ひいては自然法に関する学の純粋な取り扱い方の特徴的な徴表をなしている」(ibid., 386)のである。

上記の点に対応して、フィヒテにあっては、法―権利概念は実践的概念ではあるが、「技術的に実践的」な概念にすぎない(ibid., 320)が、それも同じ理由からである。すなわち、自由の共同性の実現という課題は、「任意のものであり」、「そうした課題が実現されるべきであるということは、この〔法―権利〕概念によってはけして言われていない」(ibid.) からである。そのような法 - 権利法則理解に従えば、「君以外に他者もまた自由であることができるように、君の自由を制限せよ」という法―権利法則は、その妥当性の根拠を、道徳法則にではなく「思惟法則」のうちにもつことになる (ibid. 356)、言い換えれば、その根拠は、実践的理性のうちにではなく理論的理性のうちにあることになる。この場合「思惟法則」は、法―権利関係の全体を首尾一貫して矛盾なく、整合的に思惟するための法則のことである。すると「法―権利法則の妥当性は、各人が整合的であるか否かに依存している」(ibid. 385) ことになる。この理論的「整合性」概念は、フィヒテがエアハルトから引き継いだ概念である (第七章第二節1参照)。

以上のどの問題においても、フィヒテは、権利法則から一切の〈べきである〉を排除し、法から内的義務に基づく拘束を切り離し、法―権利法則を理論的認識の対象である客観的なメカニズムとして提示しようとしていると言える。それは、カントが「厳密な意味での法」と呼ぶものに相当するだろう。カントもこう述べている。「倫理的なものを一切含まない」この「まったく外的な法」は――たしかに、これによってわれわれが拘束されていることを意識せざるをえないのだが――、それでも法は、拘束されているという意識を「動機として」行動することを期待も、要求もしない (*KA* VI, 232)。

フィヒテの「権利」概念について強調しておくべき点がもう一つある。彼は――上述した権利「概念」とその適用範囲の演繹から明らかなことだが――そもそも権利という「概念」が、私と実質的な交互実働の関係にある他の人格と関係においてしか成立しないことをくりかえし主張している。すなわち、

> 「権利概念というのは理性的存在者のあいだの関係の概念である。だから、こうした存在者がその相互関係において考えられるという条件がある場合にかぎって、権利概念が見いだされる。したがって、自然に対する権利、大地に対する権利、動物に対する権利といったものについて語ることは――自然や大地などがただそれだけとして考えられ、またそれらと人間とのあいだの関係しか考えられていない場合には、――空虚である。理性はこれらのものに対しては力を振るうだけであって、権利をもつわけではない。……〔中略〕……私と同時に他の人が同じ物件に関係する場合にかぎって、その物件に対する権利の問いが生じる。しかし、これは本来ならば、この物件の使用に関してその相手を排除するという、他者に対する権利と呼ばれるべきものを短縮した言い回しにすぎない」(ibid. 360)。

> 「権利の概念は感覚界に現われてくるものだけに関係する。感覚界にはいかなる原因性ももたず、心のなかにのみとどまるものは、別の裁判に、すなわち道徳という裁判にかけられる。だから、思考の自由、良心の自由などに対する権利を語るのは空虚である。これらの内的行為の能力とか、これらに対する義務といったものは存在するが、権利は存在しない」(ibid.)。

この「権利」理解もカントのそれと著しい対照をなしているのだが、両者の法―権利理解の対比は、上述の諸点も合わせて、後に少し詳しく論じることにする (第一〇章第四節参照)。

第五節　『自然法の基礎』についてのいくつかの書評

『自然法の基礎』は多くの書評誌・紙で論評された[3]。これらの書評のうち、フィヒテはとくにゲッチンゲンの書評に対しては腹を立て、自ら共同編集者になっていた『哲学雑誌』を使ってこの書評を激しい口調で論難した[4]。フィヒテが（エーネジデムス）シュルツェだと思い込んでいた[5]書評者は、ゲッチンゲンの経験論学派のリーダー、フェーダーであった（図9—1）。

1．フェーダーのゲッチンゲン書評

フェーダーは書評の冒頭で、「権利概念の演繹に際する著者の主たる狙いが、権利概念を義務の概念によってではなく、義務概念とは独立に確定することである」（*FiR* 2, 43）と、この著作の意図を正しく指摘している。そして「権利の根本概念や哲学的法論のいくつかの普遍的根本命題が、義務の概念に頼らずとも演繹されうることは、他でもなく真理、理性、自ら自身との一致などの概念から、その正当性を得ている」（ibid.）と述べ、フィヒテの主張の論拠を一旦承認するような姿勢を示す。しかし、すぐに続けて彼はこう付け加える。「自然法を根拠づけるのに、義務概念を出発点にとっても、あるいは道徳的必然性や道徳法則といったもっと普遍的な概念を出発点にとっても、そのことで道徳学の目的と自然法の目的とが混同されたり、この両方の学の境界線がずらされたりされることは起こりえない、と書評者は確信している」（ibid.）。「それどころか、権利概念をもっと確固として根拠づけるには、権利概念が義務の概念を介して演繹される方がよい、と私は思っている」（ibid. 44）、ともう一歩踏み込む。そして、その論拠を十分に挙げないまま、彼はこう結論づける。「それゆえ、人間が相互にもつ権利を明確かつ確実に確定しうるには、われわれは人間の諸義務についての概念をもたねばならない」（ibid.）。

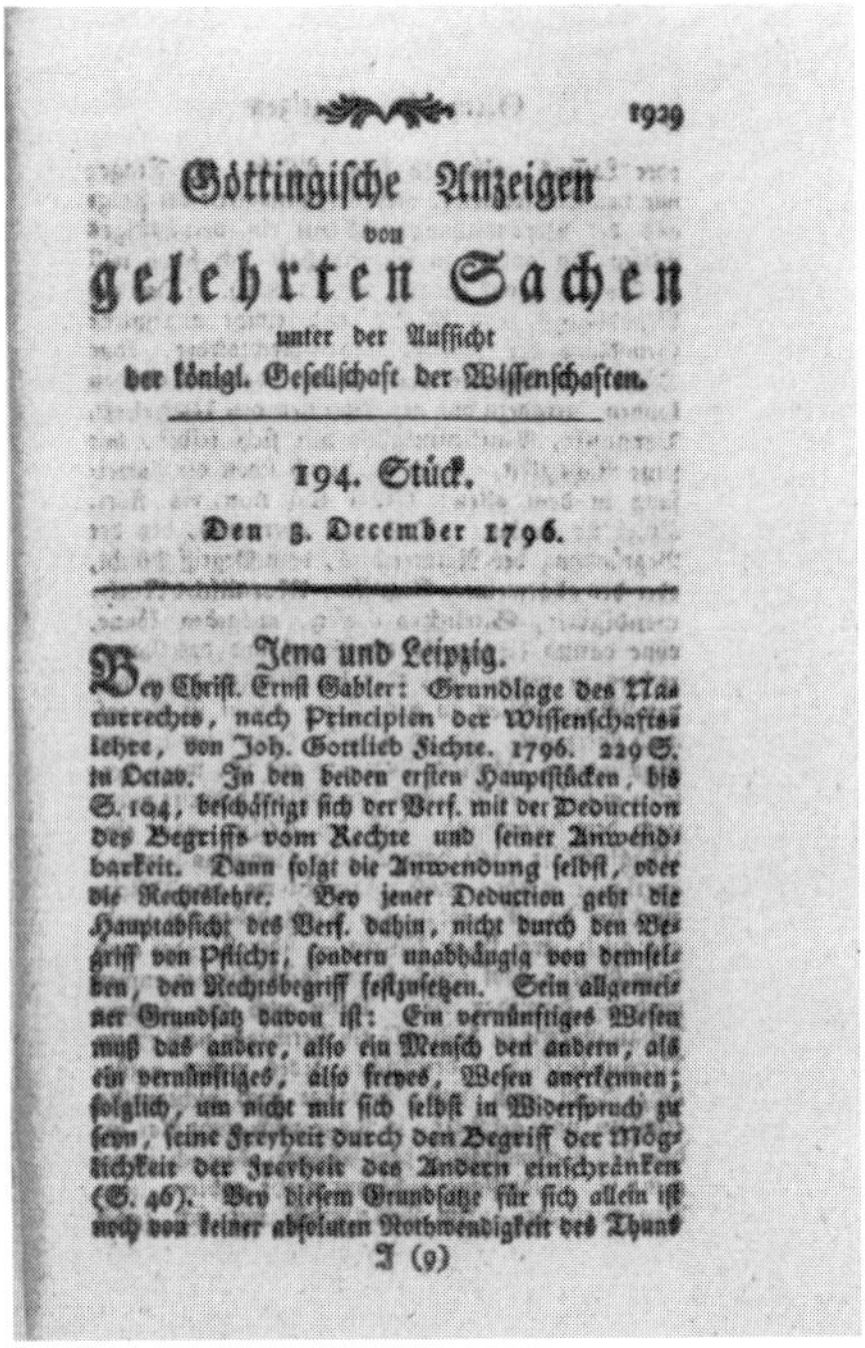

1929

Göttingische Anzeigen
von
gelehrten Sachen
unter der Aufsicht
der königl. Gesellschaft der Wissenschaften.

194. Stück.

Den 3. December 1796.

Jena und Leipzig.

Bey Christ. Ernst Gabler: Grundlage des Naturrechts, nach Principien der Wissenschaftslehre, von Joh. Gottlieb Fichte. 1796. 229 S. in Octav. In den beiden ersten Hauptstücken, bis S. 104, beschäfftigt sich der Verf. mit der Deduction des Begriffs vom Rechte und seiner Anwendbarkeit. Dann folgt die Anwendung selbst, oder die Rechtslehre. Bey jener Deduction geht die Hauptabsicht des Verf. dahin, nicht durch den Begriff von Pflicht, sondern unabhängig von demselben, den Rechtsbegriff festzusetzen. Sein allgemeiner Grundsatz davon ist: Ein vernünftiges Wesen muß das andere, also ein Mensch den andern, als ein vernünftiges, also freyes, Wesen anerkennen; folglich, um nicht mit sich selbst in Widerspruch zu seyn, seine Freyheit durch den Begriff der Möglichkeit der Freyheit des Andern einschränken (S. 46). Bey diesem Grundsatze für sich allein ist noch von keiner absoluten Nothwendigkeit des Thuns

J (9)

図9—1　フェーダーのゲッチンゲン書評

フィヒテはまず、この論法にかみついている。これは、「一六は四の平方数である」ことを認めながら、他方で「一六が一〇の平方数でありうること、このこともわれわれの確信するところである。それどころか、一六を一〇の平方数とみるほうがより望ましい」（*GA* I/4, 301）と言っているようなものである。「書評者の本当の考えは、法—権利概念はもちろん道徳法則から導出されねばならないという考えであり、最初のものはお愛想にすぎない」（ibid. 302）。この数年来、すでに権利の「絶対的導出」も「相対的演繹」にも破産宣告が下されて

いることを、フェーダーはまったく意に介していないようである。

次にフェーダーは、この法―権利論の基礎をなしている、知識学の超越論的自我論の批判に移る。書評者は言う。著者は、他のどんな哲学者も前提にしていること、すなわち、私のほかにも多くの人間が存在していること、彼らはみな身体を有していることなどを、「自我」から演繹しようとしている、感官的世界の存在だけでなく「光」や「空気」の存在まで演繹しようとする、と批判する。そして、このような常識や経験的意識に基づく疑念を提出する者に対しては、著者フィヒテは、少し前に同僚シュミートに対してそうしたように、哲学的無能者として「抹殺宣言」を下す（第七章第三節2参照）に決まっている（*FiR* 2. 46）。彼は実際にシュミートの名を挙げて、そう書いている。「知識学」が外的事物の質料的存在を「自我」から演繹しようとしているというこの手の誤解や批判は、当時そう珍しいものではなかった。シュミートでさえ（フェーダーほど通俗的ではないが）同様の理解をしていたことはすでに見た（第七章第三節参照）。この論難に関しては、フィヒテはけっこうな紙幅を使い（GA I/4. 304-310）、かなり茶化した対応をしながらも、こういう連中はカント哲学の基本概念である「ア・プリオリとア・ポステリオリという表現の意義すら、習得していない」（ibid. 309）と一蹴している。

書評者のもう一つの異論は「所有権の演繹」に向けられている。書評者は言う。普通に考えれば簡単平明であることを、著者はひねくりまわし、かえって問題を難しくしているが、その一例が所有権の演繹にも認められる。書評者は著者の議論の進め方をごく簡単に紹介しながら、それがいつも解決困難な点を生み出していると指摘する。そして、「所有権の根源的で現実的な根拠について、もっと別の――書評者から見れば――もっと適切な考え方をすれば」、そうした困難点は「消失する」と言う。その別の解決策とは、つまるところロック由来の「労働―加工」説、すなわち「物件」に対する「所有権」を、その物件を「造形する」働き（労働）に求める考え方である。『革命論』ではまだこの説を採っていたフィヒテも、この時点ではその立場を放棄している。それは、おそらくこの説が、それ自身が論駁しようとした伝統的自然法の「最初の占有」による権利獲得説と或る点を共有していること、すなわち両テーゼともに「取得」を身体的・自然的条件に基づけているという共通点をもっていることに気づいたからであろう。それで、フィヒテはここで、「最初の占有」論と「労働―加工」論とのこの「旧い論争」に決着をつけるべく（ibid. 407）、対立する両テーゼの根底にまで遡って「所有権の演繹」を試みている。

そのために、彼は「所有権の根拠」を「感覚界のうちで私によく知られており、私の諸目的に――たとえ頭のなかでだけであれ――服している部分」（ibid.）と定義している。この「部分」がなにを意味しているのか、たしかに分かりにくい。だが、それはけしってなんらかの「物」を指しているのではない。それは、かの対立している両テーゼが前提にしている自然的条件に先だって存在しなければならない或る権限、私が或る「物件」を私の「目的」に関係づける私の権限を指している。「〔物件の〕本来的な造形がなんら行われなくとも、〔物件が〕われわれの目的に服属してさえいれば、それはやはりすでに造形である。…〔中略〕…他方、ずっと後で示すように、造形が所有権を付与するのは、それによってなにかがわれわれの目的に服属させられるかぎりにおいてであり、また服属させられ続けるかぎりにおいてのことである。かくして、或る事物の所有の最終根拠は、その事物をわれわれの目的に服属させることである」(ibid., 407f.)。フィヒテが人間の「根源的権利（Urrecht）」とみなしている「全感覚界へわれわれが自由に与える影響の持続を求める権利」(ibid., 409)、つまり「所有権」の最基底層をなしているのは、「目的に服従させる」この権限なのである。[6]

経験論者フェーダーにとっては、これは問題をいたずらに複雑にし、困難にしているだけに映ったに違いない。だが、超越論哲学者フィヒテは事実として成立している「所有権」の可能性の制約を問わざるをえなかったのである。書評の後半は、「公法」部門での「監督官」の提案やフィヒテの民主主義理解にやや散漫な批判的コメントを書き連ねている。

2．ラインホルトによるALZ書評（ALZ 1798, Nr. 351, 352, 353, 354）

一七九八年一一月には、『一般学芸新聞』に四号にわたって合計三一欄におよぶ長大な書評が掲載される。書評者はラインホルトである。彼は前年の春に、自らの「根元哲学」の欠陥を認め、「知識学」の立場を支持することを公にしていた。それで、一七九八年一月には『一般学芸新聞』で、「知識学」関連のフィヒテの四冊を非常に肯定的に書評していた。これもまた、五号連続で三四欄にわたる長大な書評であった[7]。そうした経緯からして、この『自然法の基礎』書評も当然著者に好意的、積極的な調子が基調をなしている。この書評は全編にわたって、原著からの引用文を一切交えず――「緒論」から「第一巻」の主要諸主題をへて「第二巻　応用自然法」の基本的諸概念にいたるまで――書評者自身の言葉で要約、解説されている。その際、書評者自身の考えを反映して、「常識」と超越論的議論とは問題把握の位相をまったく異にしているにもかかわらず、超越論的論究成果・帰結は「常識」の判断と一致していることを評者は強調している。もう一つには書評者は、法―権利の領域での「道徳法則（Sittengesetz）」の役割を著者自身よりも肯定的に評価しているように見える。原著者からすれば、後者の点にはおそらく不満が残ったであろう。

書評はまず全体について、非常に積極的な評価を与えている。この「自然法」論は、「その諸概念の新しさ、多様さ、実り豊かさの点だけでなく、またその表現の明瞭さ、簡潔さ、分かりやすさの点でも、この主題に関する従来の試みすべてを凌駕しており、他のどんな哲学的学問においても、これと同等なものはほとんど」見あたらない（*FiR* 2, 96）。フェーダーの評定となんと対照的なことか。次に「緒論」の簡潔な解説に続いて、「権利概念の演繹」に入る。だが、フィヒテの独創的主張をなしているこの部分を、書評者はかなり圧縮して叙述しており、「自由な実働性」や「促し」という概念にはまったく触れていない。

続く「権利概念の適用可能性の演繹」部分もこれまた極端に圧縮されている。ただ、この部分について書評者は次のような説得力あるコメントを付している。「この〔適用可能性の〕演繹は、多くの書評者たちにとっては躓きの石であった」。これまで人々がこの演繹を「余計なものとみなして」きたのは、次のことを「分かっていないか、あるいは忘れている」からである。すなわち「純粋にしてかつ実質をもった哲学は、経験自身を導出しなければならないのだから、経験に基づくものをなにひとつ前提にしてはならない」ということ、また「厳密な学としての哲学が現実的なものを承認することができるのは、哲学が現実的なものの必然性を証示することができるかぎりでのことである」ということ、さらに「ここで問題になっているのは、不可欠であったのにこれまで満たされてこなかった欲求を満たすことなのである。すなわち、権利という単に抽象的な概念に、感覚界でのこの概念の基底を指定し、この概念が適用可能な排他的で実質をもつ客観を学的に指定するということなのである」(ibid., 100)。書評者は、著者がこの「演繹」において、法―権利論にとって「身体」や「感覚界」が導出されている意味と意義を正しく洞察していると言える。この三五一号の書評は、「所有権」の演繹を部分的に含む「根源的権利」を要約的に解説して終わっている。三五二号以降の書評は、原著の論述主題の主要なものを一つずつ紹介、解説しているが、本章の主題からすれば、もはやこれらに言及する必要はない。

このラインホルト書評は、一七九八年のALZの「自然法特集」で採りあげられた、他の「自然法」関連書評と比べて格段に多くのスペースを割いている(巻末の「**主要書評一覧**」参照)。それはALZ編集部の意向であったとは考えられないから、ここには、この時期フィヒテに同調的であったラインホルトの意志が働いていると見るのが自然であろう。

注

(1) 『自然法の基礎』「緒論」でもこう表現されている。「理性的存在者は、自らを個体として措定するのでなければ、すなわち多くの理性的存在者のうちの一人として自らを措定するのでなければ、自己意識をそなえた理性的存在者として自らを措定することができない。このことによって、権利の概念が必然的になる」(*GA* I/3. 319)。この著作公刊以前に行われた一七九五／九六年冬学期講義でも、彼が同様の権利概念の導出論を展開していたことは、*GA* II/4. 354-356 のメモからも窺い知れる。

(2) ホネットは、この間主観性理論が自己意識の根拠づけ問題にとっても画期的意義をもっていたことを指摘している(Axel Honnet, Die transzendentale Notwendigkeit von Intersubjektivität (Zweiter Lehrsatz: §3. in: Jean-Christophe Merle (hrsg.), *Johann Gottlieb Fichte: Grundlage des Naturrechts*. 2. Auflage. Berlin/Boston 2016, 63ff.)。自己意識の根拠づけ問題は、「循環」や「無限背進」のアポリアにまとわりつかれてきたが、ホネットによればその解決には論理的に可能な三つの「対案」が存在する。一つは、「主体の自由な自己措定は、意のままにできぬいわば匿名の自発性という様態でつねに先行的に遂行される」とみなす案である。第二の案は、「個体の自己覚知」を「(経験的な)反省の在り方の規範にするのでなく」、「前反省的な感情の状態をモデルにして規定し」、「たえず事後的に生じる循環」を突破しようとする解決策である。フィヒテはどちらの案も採らず、「第三の対案」を選んだ。それは「自分自身が主体であることの覚知を、個体に期待するのではなく」、「間主観的に媒介された期待に対する反応として把握する」途であり、そのことによって「自己反省それ自身という逆説を含む課題が消失する」。ホネットによれば、後にヘーゲルやフォイエルバッハが、さらにミードやハーバマスが採ったのは、この第三の途である。

(3) *J. G. Fichte in zeitgenössischen Rezension*, hrsg. v. E. Fuchs, W. G. Jacobs und W. Schieche, Bd. 2. Stuttgart-Bad Cannstatt 1995.(以下、*FiR* 2と略記)は、一七九六―九八年に出た七編の書評すべてを再録している。それによれば、一七九六年中に『上部ドイツ一般学芸新聞』(一三四・一三五号)、『ゲッチンゲン学術報知』(一九四号)[書評者:フェーダー]、ヤーコプ編『哲学と哲学的精神の年代記』(第二年度第三号)[書評者:ベック]がこの著を採りあげ、翌年には上記『年代記』(第三年度第四号)が再論している。一七九八年には、『一般学芸新聞』(三五一―三五四号)[書評者:ラインホルト]、エアフルトの『学術消息』(第七五号)[書評者:ティーフトルンク]、

『刑法および法律学叢書』（第一部第二号）［書評者：グロールマン］が書評している。

（4）『哲学雑誌』の第五巻第一分冊（一七九七年）に掲載された「哲学的語調の年代記（Annalen des philosophischen Tons）」（S. 67-116）のことである（*GA* I/3, 293-321. 三重野清顕訳「哲学的語調の年代記」、邦訳『フィヒテ全集　第10巻』哲書房、二〇一五年、一四三―一九二頁）。

（5）数年前、同じ『新ドイツ百科叢書』で彼の『啓示批判』を酷評していたのがシュルツェであったこと（第六章第一節2を参照）から、フィヒテはそう思い込んだのであろう。

（6）Vgl. Jean-Christophe Merle, Eigentumsrecht（§§18-19）, in: ders（hrsg.）op. cit.

（7）この書評の内容は、拙著『ラインホルト哲学研究序説』（萌書房、二〇一五年）第九章第五節参照。

第一〇章　カントの『人倫の形而上学』第一部「法論の形而上学的定礎」（一七九七～九九年）

『人倫の形而上学』の第一部、「法論の形而上学的定礎」（以下「法論」）はフィヒテの『自然法の基礎』に遅れること数カ月、一七九七年一月に現われ、八月にはその第二部「徳論の形而上学的定礎」（以下「徳論」）と合本のかたちで公刊された。初版への書評を機縁に、「『法論の形而上学的定礎』への注釈的覚書」を「付論」として加えた「法論」の第二版が翌九八年に出版されている。

この公刊の数十年も前から、すなわち批判哲学期以前から、カントは書簡等で繰り返し「人倫の形而上学（Metaphysik der Sitten）」に言及し、それに「今、取り組んでいる」とか「完成させようとしている」とか、語ってきた[1]。その当時から、「人倫の形而上学」は「自然の形而上学」と対をなすものとして構想されており、彼は「純粋理性の批判」が完成したら、次にこの両形而上学に取りかかり、その両方のうち「最初に後者を公刊しようと」思っていた[2]。だが、その出版順序は逆になった。それだけでなく、その後、批判期に入ってからも幾度か「人倫の形而上学」の仕上げに触れながらも（vgl. *KA* X. 406, XI. 49, XXIII. 494）、三批判書等の執筆、公刊によって、「人倫の形而上学」完成計画はそのつど先送りにされてきた。「理性の批判」は「理性の体系」としての「形而上学」への「予備学」だとすれば、たしかに「形而上学」に先立つ「予備学」としての「批判」が完遂されなければならなかったのだ、とも言える。この間三〇年にわたって同一の名称で語られてきたその著作の内実や内的構成は、当然かなり変化したはずである。

最後の批判書、第三批判が公刊された（一七九〇年春）以後にも、カント支持者たちが待望していた著はまだしばらく現われなかった。だが、一七九三／九四年の冬学期に、カントが五年間の中断を置いて道徳哲学の講義を、しかも初めて「人倫の形而上学」という表題で行ったことが、おそらく著作を出版にこぎつける大きな誘因となったことは間違いない。それでも公刊がなおしばらく延期された理由として、著者の高齢化、検閲への配慮などの外的要因のほかに、著作の内容自身に係る内的要因もあったのかもしれない[3]。いずれにせよ、ようやく一七九六年秋になって、カントは久しく待望されてきた著作の「第一部」、「法論」の原稿をライプツィヒの印刷所に送ることができた。そして、翌年一月には公にされた「法論」は、大きな議論を呼び起こすことになる。

以下本節では、本章がこれまで追ってきた主題に沿って、この「法論」において、「法」と「倫理」が、また「法」と「道徳」がどのように区別され、かつ連関づけられているのか、カントの最終期の道徳哲学全体のなかで「法─権利」論がどのような位置を占め、どの程度体系上の自立性をもっているのか、そして、それ以前のいくつかの「自然法」論との相違がどこに在るのか等の論点に焦点を絞って「法論」を検討してみたい。

第一節　「法」と「倫理」の区別

『人倫の形而上学の基礎づけ』（一七八五年）の「序文」は、純粋な実践哲学全体をまだ「倫理学」と呼んでいた。すなわち、「自然の法則にたずさわる学問が自然学（Physik）である」のに対して、「自由の法則にたずさわる学問」の全体が「倫理学（Ethik）」であり、「倫理学」は、その「経験的部門」である「実践的人間学」とその「合理的部門」である「道徳学（Morals）」を含むとされていた（*KA* IV, 387f.）。だが、一七九七年の著作はこの旧い術語使用法を一掃している。「倫理学」はもはや純粋な実践哲学の全体を指すのではなく、「外的な義務」を扱う「法論」と対をなす「内的な義務」を扱う「徳論の体系」だけを指す用語となった[4]。

1.「法理学的立法」と「倫理学的立法」

「人倫の形而上学への序論」はその両部門の関係について、こう述べている。

「自由のこの法則は、自然法則とは違って道徳的（moralisch）と呼ばれる。この自由の法則が、単なる外的行為とその行為の合法則性だけにかかわるかぎりでは、この法則は法理学的（juridisch）と呼ばれる。だが、この法則がまた、それ（法則）自身が行為の規定根拠であるべきだということも要求するならば、この法則は倫理学的（ethisch）である。そしてそのとき、〔行為と〕最初のもの〔法理学的法則〕との一致が行為の適法性（Legalität）であり、第二のもの〔倫理学的法則〕との一致が行為の道徳性（Moralität）である、と言える」（*KA* VI, 214）。

区別論に入る前に、まず、この人倫論全体が「自由」を対象とする自由論であるという点を強調しておかねばならない。とはいえ、それ自体としては無制約な「純粋な理性概念」としての「自由」がただ「エーテル」の境地を漂っているかぎり、自由の概念は「その実在性」を欠いたままである。自由の概念が「実在性」を得るには、自由は或る「制約」のもとに置かれねばならない（vgl. ibid., 221）。すなわち、選択意志を一定の方向へと「義務づける」普遍的法則のもとに、無規定的な自由を制限する制約のもとに考察されねばならない。「自由の概念の実在性」のためのいわば「第一制約」がここに「自由の（普遍的）法則」と呼ばれているのであり、その「自由の法則」の異なる二つの亜種、いいかえれば「第二制約」が、「法理学的」法則と「倫理学的」法則なのである。自由はこの両法則のもとにおいてのみ実在的になる。その意味では、「適法性」も「道徳性」も、異なった（外的あるいは内的）「自由の実在態」なのである。『人倫の形而上学』の体系的統一性の問題、すなわち、研究史上今なお議論を呼んでいる、「人倫」としての「道徳」―「法」―「倫理」の連関的統一性の問題を理解するには、まずこの点を押さえておくことが肝要である。かの体系的統一性の問題は、「第一制約」と「第二制約」との関係問題に帰着するからである。

さて「法理学的」法則と「倫理学的」法則の相違は、それぞれの法則の立てられ方の相違、つまり「立法」の相違に基づく。カントによれば、「立法」はすべて「二つの要素」から成り立っている。一つは、義務内容の客観的（「理論的」）認識を体現する「法則」であり、もう一つは、義務と一致して行為することの主観的（「実践的」）規定根拠を与える「動機」である（ibid. 218）。そして、両法則は異なったタイプの動機を要素とすることによって区別される。「或る行為を義務とし、そしてこの義務を同時に動機とする立法が倫理学的〔立法〕である。しかし、義務の動機を法則のうちに含まず、したがって義務そのものの理念とは別の動機をも認めるような立法は法理学的〔立法〕である」（ibid. 219）。

すなわち、或る行為が「法理学的」法則と合致し、「適法性」を有しているか否かを判定するためには、その行為が「義務」を動機としてなされたか否かを問う必要はない。たとえば、行為が違法行為に対する刑罰への恐怖心から、あるいは名誉欲を動機としてなされようが、その行為が結果としてこの「法理学的」法則に一致しておれば、それは「適法性」をもつ。それに対して、「倫理学的」立法はより多くのことを要求する。行為が単に法則と一致しているだけでなく、その行為が義務に基づいていることを必須の要件としている。この区別づけの論理は、われわれの一般的常識――すなわち、「法」は行為者の「内面（心情・心術）」を裁かず、「倫理（的道徳）」だけが「内面」を問題にする――に適っている。これと似たような区別づけの論理を、われわれは『基礎づけ』で何度も聞かされてきた。すなわち「義務に適った（pflichtmäßig）行為」と「義務に基づく（aus der Pflicht）行為」との区別である（vgl. *KA* IV. 397f.）。前者は行為と法則との単なる一致のみによって保証されるのに対して、後者は格率と法則の一致をも要求していた。さらに『実践理性批判』はすでに、「道徳法則（das moralische Gesetz）」と行為の単なる一致を「適法性」と呼び、意思決定がこの「法則のために」なされる行為を「道徳性」と呼び、この両者の対比をしばしば強調していた（vgl. *KA* V. 71f. 81. 118. 151）。このことを踏まえれば、上記の「適法性」と「道徳性」、「法理学的」行為と「倫理学的」行為の区別は、一七八〇年代のこうした区別づけの論理の延長線上にある。

ここでまず留意すべき点は、カントが上述箇所で明確に区別しているのは「法」と「道徳」の区別ではなく、「法」と「倫理」の区別であるという点である。後者の区別は、いわば「第二制約」同士の関係であるという意味において並列的―水平的区別である。それに対して、前者の区別と連関は、「第一制約」と「第二制約」との関係であるという意味において包摂―垂直的関係において考察されねばならない。だが、この著作では（後に述べるように）「道徳」に関連する諸術語が多義的に使用されていることから、体系的統一の問題はいささか錯綜した様相を呈し、それを一因として体系的統一の問題に関して多くの議論を呼び起こしている。

さて、「立法」のこの相違から、他の派生的なさまざまな概念的区別が導出される。すなわち、「法理学的」立法は「外的立法」であり、「倫理学的」立法は「内的立法」である。前者が「外的行為」に基づく「外的自由」、選択意志による自由の外的使用にかかわるのに対して、後者は「内的行為」（意志の働き）に基づく「内的自由」、その内的使用にかかわる。前者だけが他者による私の行為の「外的強制」を正当化し、「外的義務」（「法の義務」）を規定するのに対して、後者は私による私に対する「内的強制」を可能にし、「内的義務」(「徳の義務」)を規定する。

これらの一連の対比において、「外的」と「内的」の意味は一様でなく、その区別基準も一律的でない。「行為」と「自由」に関しては、「外的」と「内的」の区別は、比較的容易に確認しうる。この場合には、総じて「外的」は、単に感覚的世界における身体運動を必須の要素としているだけでなく、行為がつねに他者に影響を及ぼすという「対他関係」を必然的に含意しているのに対して、「内的」は、それらの「外的」諸要素を抜きにして成立する純粋に「対自関係」としての「内面」の出来事を指している。とくに、「内的自由」は、いかなる外的強制も生じえない行為の「目的」設定の自由であるのに対して、「外的自由」はその目的実現のための行為の自由である。それに対して、「義務」に関しては「外的」と「内的」の区別はそう単純ではない。そもそも、「法理学的」立法が許容する「恐怖心」や「名誉心」といった動機それ自身も、「義務」としての動機と同じように「内面的」なものである。どんな「動機」も「内面的」なものである。すると、両方の立法の相違は、先のような単純な「内」か「外」かの区分にではなく、いわば「内におけるかぎりでの内」か「内におけるかぎりでの外」かの区別に発源していることになる。前者、すなわち純粋な義務意識は純粋な実践理性に内質的、内在的なものであり、後者、たとえば、恐怖心や名誉心はそれに外在的なものであると言えよう。このことは、意志の「他律」が単に欲望の対象である「外的なもの」に規定されて引き起こされるのではなく、私の「内部」にある傾向性に基づいた格率を選択することに基づいているのと同じことである。それだけではない。後に見るように、カントは「外的義務」として規定された「法の義務」それ自身の内部で、さらに「外的」と「内的」を区別している。「義務」に関する「内的」と「外的」は一重の区別ではなく、「観点」の相違に応じて複合的様相を呈することになる。

2. 講義筆記録における「法」と「倫理」の区別づけの進展

公刊されたカントの著作に限れば、法論と徳論の相違を根拠づける「法理学的」立法と「倫理学的」立法の区別は、一七九七年の著作で初めて定式化された区別ではある。だが、「法」と「倫理」の——規範原則としては「正義」と「誠実さ」の——区別それ自体は、近代の自然法の歴史のなかでも、またカント自身の道徳哲学の展開のなかでも、けして新奇なものとは言えない。

そもそもこの区別は、行為の「外的規範」と「内的規範」の区別を初めて定式化した、九〇年以上も前のトマジウスの思想に発する。(5) だが、この区別はヴォルフ学派の自然法論の伝統のなかには継承されてこなかった。そしてまた、一七八〇年代以降のカント自身の批判期のどの著作にも、この両者の原理論的な区別づけの論議は認められない。あたかもカントは実践哲学内部における「法」と「倫理」の基本的区別を無視してきたかのような印象を与える。ところが、彼の批判期の自然法講義や道徳哲学講義の聴講生による筆記録に眼を通して見ると、すでに八〇年代中頃にはカントがヴォルフ学派の伝統的な自然法の内的区分構成の欠陥を明確に意識しており、法の哲学と狭義の道徳学(倫理学)との原理的区別づけに基づいてさまざまな視点から両者の区別を論じてきていたことが分かる。八〇年代中頃にはまだ不明瞭な点を残していた両者の区別論は、しだいに精緻化され始め、『人倫の形而上学』公刊の数年前の一七九三/九四年冬学期の「人倫の形而上学」講義では、公刊された著作に展開された区別論をほぼ完成していることが分かる。このことの間接証拠となる典拠は、以下のような「講義筆記録」である。

Ⅰ．一七八四年夏学期「自然法」講義についての筆記録――ファイアアーベント―筆記録と略称(6)。

Ⅱ．一七八四／八五年冬学期「道徳哲学」講義ノート――コリンズ―筆記録と略称(7)。

Ⅲ．一七九三／九四年冬学期「人倫の形而上学についてのカント教授の講義ノート」――ヴィギランティウス―筆記録と略称(8)。

一七八四年夏学期の「自然法」講義のファイアアーベント―講義筆記録は、もうこう書き留めている。

「自然法が実践哲学のなかで占めるべき位置を原理に基づいて規定することは、まだまったくなされておらず、自然法と道徳学〔後の倫理学―訳者〕との間の境界線を示すことができていない。したがって、さまざまな命題がこの両学問から互いの他方の学問のうちに紛れ込んでくるのである。――それゆえ、このことをやり遂げる〔境界線を画定する〕には、法の諸概念の展開を試みなければならない」（*KA* XXVII 2. 2. 1321）。

コリンズによる「道徳哲学」講義筆記録では、実践哲学内部の構成区分はこう論じられている。

「実定法と自然法において語られているのは、つねに厳格な法であって、公平さの法に関係しているのではない。というのも、公平さの法は倫理学にだけ属するものだからである。強制的義務をも含めて、すべての義務は――それらを果たすための動機となる根拠が内面的性状から引き出されるかぎり――同時に倫理学に属している。というのも、内容上、諸法則は倫理学の属するか、法に属するかであるが、内容によってだけそうであるのではなく、諸法則は、動機となる根拠からしても、法に属するか、倫理に属するかどちらかになるのだから。…〔中略〕…しかし、今や倫理学は善い心術（Gesinnung）から行為をなすことを教える」（*KA* XXVII 1, 273）。

「行為を動機付ける根拠が強制に由来するならば、その行為の必然性は法理学的であるが、その行為の内面的善さに由来するならば、その行為の必然性は倫理学的である。倫理学は行為の内面的善さを取り扱い、法的に正しいことを取り扱う法学は心術にではなく、権限と強制力に注意を向ける。それに対して、倫理学は心術にだけ注意を向ける。倫理学はたしかに法理学的諸法則にまでおよぶのだが、しかし、倫理学は人が強要されうるような行為が強要によってなされるべきことを要求するのではなく、その行為すらが心術の内面的善さからなされるべきであることを要求する」（ibid., 299）。

「倫理学は徳の理論とも呼ばれる。なぜなら、徳の本質は、行為が内的原理に基づいて正しいこと（rectitude actionum ex principio interno）にあるからである。強制の諸法則を遂行する人は、まだ有徳ではない。徳はたしかに、人間の法に対する尊敬とその厳格な遵守を前提にしているが、しかし徳は、法理学的な正しさ

（rectitude juridical）をもっている行為がそこから生じてくる心術に関係している。したがって、法理学的な正しさをもっている外的な行為から心術を推断してはならない。私が法理学的である行為の道徳的必然性を認めるときには、私はその行為を法理学的な意味でも、また倫理学的な意味でもなすことができるのである。法理学的な意味でそれをなす場合には、その行為は法則とだけ適合しており、心術には適合していない。それゆえ、法理学的諸法則は道徳性を欠いているとも言われる。道徳性は倫理学的諸法則についてだけ用いられる、なぜならば、法理学的諸法則が道徳的必然性を有している場合ですら、その諸法則を動機付ける根拠は依然として強制であって、心術ではないからである」（ibid., 300）。

「習俗（Sitte）、習慣は、礼儀正しさを表す概念であるが、道徳性を言い表すのに人倫性（Sittlichkeit）という語が採用されてきた。…〔中略〕…習俗についての学はまだ徳の理論ではなく、徳はまだ道徳性ではない。しかし、われわれは道徳性を言い表すのに他の言葉をもっていないがゆえに、道徳性を意味するのに人倫という語を採用するのである。徳をそのような意味で使うことはできないからである」（ibid.）。

以上の講義筆記録で、「法」と「倫理」の区別づけの基本線はすでに明瞭になっている。すなわち、実践的法則は「法理学的」か「倫理学的」であること、両者の相違は、行為の「動機となる根拠」の相違（外的「強制」か「心術の内面的善さ」か）に基づくこと、そして「法」は行為と法則との適合性を求めるのに対して、「倫理学」は「徳の理論」であること、等々がすでに語られている。術語使用面でなお未完成な点はいくつか認められるが、その反面、『人倫の形而上学』でも解釈上重要なる論点もすでに含まれている。たとえば、「すべての義務は同時に倫理学に属しており」、そのかぎり「倫理学」は「法理学的諸法則にまでおよぶ」ということ、「道徳性」という術語は倫理学的法則にしか適用されず、「人倫性」が「道徳性」と等置されること、などがそうである。

その一〇年後、『人倫の形而上学』公刊の三年前の「人倫の形而上学」講義の筆記録は、「法」と「倫理」の区別づけについてもっと詳しく、こう強調している。

「§3. 古代の人々は、道徳哲学の全体を倫理学という術語のもとにある類概念と理解し、それ〔倫理学〕を道徳と正義の理論の両方をカヴァーするものと捉えていた。この二つは、或る行為の適法性と道徳性として異なるものである。すなわち、行為の動機が強制や法律と結びつけられた刑罰であるのか、それとも法則それ自身であるのかに応じて、異なる…〔中略〕…今日では、われわれは倫理学によって、われわれの行為の道徳性についての学説だけを理解しており、正義の理論にわれわれの行為の適法性を理解している」（*KA* XXVII 2, 1, 481f.）。

「〔§24〕拘束性はすべて自由自身に基づいており、自由が普遍的法則でありうるときの制約のもとに考察されるかぎりでは、拘束性の根拠は自由のうちにある。だから、カント氏はすべての道徳的法則を〈すなわち、或ることが起こるときの制約だけを定める〈自然的、物理的法則〉に対置された、或ることが起こるべきときの制約を定める法則〉、leges libertatis 自由の法則と呼ぶのであり、そしてこの自由の法則のもとに、上述した法の法則（leges justi）と誠実さの法則（leges honesti）（倫理学）を含めている。だが、それら両法則が行為に制限的制約を与えるということを考慮して、すなわち普遍的法則に適合している（Tauglichkeit）という制限的条件を課すかぎりにおいてのみ、〔そう考えられている〕。それで彼は、普遍的法則のもとに、法と倫理、法論と徳論の区別を根拠づけている」（ibid. 523f.）。

「§36. 法学の諸原理（principia juris）は倫理学の諸原理（principia ethicis）ときっぱり分かたれなければならない。バウムガルテンはこれをなすのを怠った。〔両者の〕区別――これ自身、非常に困難なことであるが――の最高の原理を規定することも、今日にいたるまでもたらされてこなかった」（ibid. 539）。

「〔§64〕特に実践哲学ということで、われわれは人倫論（Sittenlehre）だけを、すなわち法則のもとにある自由の理論だけを理解している。ギリシャの哲学者たちは、『倫理学』という語を義務的拘束論（Verbindlichkeitslehre）一般を意味するものと受け取っている。近代の人々は、実践哲学を法の理論と徳の理論とに分割し、後者を特に道徳学（Moral）と呼んでいるが、これによって、古代の人々は倫理という語のもとに両方の部門〔法の理論と徳の理論〕を理解し、それゆえ、われわれが現在、法の諸法則とは厳密な意味で区別しているものを広い意味で受け取っていたのである。とはいえ、われわれは両方の部門の類概念を、すなわち法の法則と誠実さの法則との類概念を言い表す術語をまったく手にしていないのだが」（ibid. 577）。

ここでは、「実践哲学」は「法のもとにある自由」を対象とする「人倫論」であること、そして「法理学的」法則と「倫理学的」法則が「自由の法則」の亜種であり、自由はこの両法則に従って実現されること、この両法則との行為ないし格率の一致が「〔適法性」と「道徳性」であることなどがすでに明確に述べられている。かくして、「法論」公刊の数年前には、両法則の立法の違いに基づく「法」と「倫理」の区別は基本的に達成されているのであり、それが公刊物に現われていなかっただけなのである。

3．術語使用の多義性

直前の引用文§64は、法の法則と倫理の法則との「類概念」をわれわれは「まったく手にしていない」と語っている。では、一七九七年の著作はそれを手にしているのだろうか。この著作に認められる基本的な術語使用法から判断するに、この問いに確定的な答えを与えるのは困難なように思える。

『人倫の形而上学』という書名からすれば、かの「類概念」は「人倫性（Sittlichkeit）」となるのが自然であろう。たしかに著作全体への「序論」では――上記の§64ですでにそう呼ばれていたように――法論と徳論を包括する領野は、しばしば「人倫論（Sittenlehre）」と呼ばれている（*KA* VI. 215, 226, 239）。だが、「人倫性」という術語はほとんど使用されることなく、それが稀に使用される時には、――一〇年間コリンズ講義筆記録で釈明されていた（*KA* XXVII 1. 300）ままに――むしろ「適法性」と対比された「道徳性」の同義語として使用されている（ibid. 219, 225）。つまり、「類概念」として使用されるべき「人倫性」という術語が、その下位概念の一方とだけ等置されているのである。

さらに、「道徳性（Moralität）」という術語が一貫して「適法性」との対比において使用され、「内的行為」の特性を指すのに使用されている（ibid., 214, 219, 304, 392f., 398）のに対して、「道徳的（moralisch）」という形容詞は、「法論」と「徳論」両方の領野にまたがって使われている。また「道徳学（Moral）」も――上記の講義筆記録§64では、実践哲学の一方の部分（「倫理学」）だけを指していたのだが――ここでは「類」的領野を指すものとして、広く「人倫論」の同義語として使われたり（ibid., 226, 239）、また「諸義務の体系一般」を指すものとしても使われている（ibid., 240）。こうした語用法から、『人倫の形而上学』では、Moralは内的行為であれ外的行為であれ、すべての「義務」や「義務づけ」にかかわる一般的な術語であり、それと同様にmoralischという形容詞も、広く「義務」や「義務づけ」に関連づけられた行為や法則を指すのに使用されていると言える。それゆえ、「人倫の形而上学への序論」（*KA* VI, 214）で、最も包括的な「自由の法則」自身がいきなり「道徳的」法則と呼ばれているのであり、したがって、その種概念である「倫理学的法則」はもちろん、「法理学的法則」もまた――それが行為に制限的制約を課し、義務や義務づけにかかわっているかぎり――「道徳的」法則と呼ばれうるのである。それゆえ――これはしばしば誤解されるのだが――「法の概念」でさえ、「これに対応する義務的拘束とかかわっているかぎりでは」、「法の道徳的概念」（強調点、引用者）と呼ばれるのである（*KA* VI, 230）。

かくして、一七九七年の著作における「道徳的法則」の外延は、一七八〇年代の著作における「道徳法則（das moralische Gesetz od. das sittliche Gesetz）」[9]よりはるかに広い。両者は明確に区別されねばならない。八〇年代の用語法にひっぱられて、moralischとethischを混同し、「道徳〔学〕」と「倫理〔学〕」とを同一視してしまうと、「人倫の形而上学」の体系的統一は錯綜したものになり、ひいては「法理学的立法」と「倫理学的立法」の区別さえあいまいなものになるだろう。

第二節　「法理学的義務」と「倫理学的義務」、あるいは「法の義務」と「徳の義務」

『人倫の形而上学』は「自由」論であるとともに「義務」論である。それはさまざまな義務の統一的体系を呈示しようとしている。「自由」の実現の制約である「法理学的」法則と「倫理学的」法則は、有限な理性的存在者であるわれわれを特定の行為へと、「外的」あるいは「内的」に義務づけ、拘束する。われわれは義務づけられた行為を果たすことで、自由を実現する。したがって、法則による義務づけ―拘束（obligation, Verbindlichkeit）の様式の相違が、義務の区分根拠となる。法則を通した義務的拘束の相違と義務の区別の連関を、ヴィギランティウス―講義筆記録はこう定式化していた。

「§33. 法則は行為への義務的拘束を厳格に（stricte）規定しもすれば、緩やかに（lade）規定しもする。厳格に規定する法則（leges stricte determinantes）は拘束の本性を規定するだけでなく、その程度をも規定する。たとえば、売買〔契約〕の場合のように、それが何時、どのくらい果たされるべきかなどを規定する。法の法則はすべてこの種の法則に属している。…〔中略〕…それに対して、緩やかに規定する法則は、行為への拘束の本性だけを規定し、その程度については規定しない。…〔中略〕…倫理学的義務は、それが純粋に倫理学的であるかぎり、すべてこの種のものである」（*KA* XXVII 2. 1. 536）。

1．義務を区別する三つの視点

これではまだ、両方の義務の相違は、拘束の「程度」の差だけとして理解されかねない。そこで、同講義筆記録は、〈厳格な完全義務〉と〈緩やかな不完全義務〉の区別が、義務の「形式による」ものであるのに対して、「実質による」区分に基づけば、諸々の義務は〈自ら自身に対する義務〉と〈他の人に対する義務〉とに区分される、と述べている（ibid. 579）。これら両方の区別の対は、すでに『基礎づけ』以降われわれによく知られたものである。この対をなす区別の基準によって、〈自分自身に対する完全義務〉、〈自分自身に対する不完全義務〉、〈他の人に対する完全義務〉、〈他の人に対する不完全義務〉が成立する。『基礎づけ』はその事例として、それぞれ、〈いかなる状況下でも自分の生命を維持する〉義務（自殺の禁止）、〈自分の才能や心術を開発・陶冶する〉義務、〈いかなる状況でも他人に嘘をつかない〉義務、〈困窮状態にある他人を助ける〉義務を挙げていた（*KA* IV. 421ff. 429f.）。

〈厳格な義務〉と〈緩やかな義務〉の区別は、近代の自然法のなかでも伝統的な区別であった。またカントが講義の教本として使っていたバウムガルテンの『哲学的倫理学』は、義務の大区分として〈自分自身に対する義務〉と〈他の人に対する義務〉、そして〈神に対する義務〉を設定していた。カントの義務の区分はこれらの伝統を継承している。ところが、「法」と「倫理」の区別づけの必要上、「義務論」のうちに〈法理学的義務〉と〈倫理学的義務〉という区別がさらに導入されることになる。一七九三／九四年の講義筆記録§65（この節は、義務の区分論を非常に詳細に展開している）は、こう書き留めている。

「法理学的義務（officium juridicum）は、それのためには外的立法が可能であるような義務づけによる拘束（これは、強要する法によって選択意志を制限する規定であって、義務の行為のことではない）である。――それは、いつも厳格な義務を含んでいるので、つねに法に関係づけられている法的な拘束である。それに対して、倫理学的義務（officium ethicum）は、それのためには外的立法が不可能であるような拘束である。法はつねに、外的立法が可能であるような諸規則の総体であり、この制約のもとでのみ強制すらが可能になるのである。そのうえ、倫理学的義務の場合のように、道徳的強制への依存を法の定義のなかには持ち込むことができない。強制権は自由の根本法則に根ざしている、すなわち、普遍的自由の法則を通して、かつこの法則に従って、他者の選択意志を強要する自由の根本法則に根ざしている」（*KA* XXVII 2. 1. 584）。

続いて、§65は「法の義務」を「完全義務」、「徳の義務」を「不完全義務」と呼んでいる（ibid. 585）。かくして、諸々の義務を区別する三つの基準原理が出揃う。すなわち、〈厳格な完全義務〉／〈緩やかな不完全義務〉、〈自ら自身に対する（内的）義務〉／〈他の人に対する（外的）義務〉、そして〈法理学的義務あるいは法の義務〉／〈倫理学的義務あるいは徳の義務〉[10]である。〈自ら自身に対する義務〉と〈他の人に対する義務〉は、義務づけられた行為が向かう対象によって区別される。それに対して、〈徳の義務〉と〈法の義務〉は、義務づけを生み出す「立法」の様式の相違によって区別される。ここでは、「内的」と「外的」の区別が異なった観点からなされている。それゆえ、〈法の義務〉と〈徳の義務〉それぞれのうちに、〈自ら自身に対する義務〉と〈他の人に対する義務〉が存在することになる。「法論への序論」はその最終部分で、以上のような義務の区分論の展開を総括して、「法則と義務との客観的関係に基づく区分」を簡潔に図示している。その図表を「法の義務」と「徳の義務」を基軸にして組み替えれば、以下のようになる。(11)

[A]「法の義務」(「完全義務」)
　[A1]「自ら自身に対する義務」
　「1. われわれ自身の人格のうちにある人間性の権利」〔に基づく義務〕
　[A2]「他の人に対する義務」
　「2. 人間たちの権利」〔に基づく義務〕
[B]「徳の義務」(「不完全義務」)
　[B1]「自ら自身に対する義務」
　「3. われわれの人格のうちにある人間性の目的」〔に基づく義務〕
　[B2]「他の人に対する義務」
　「4. 人間たちの目的」〔に基づく義務〕(*KA* VI, 240)。

2. 「人間性の目的」と「人間性の権利」

この図表は一見これまでの区分論を総括的に要約したもののように映る。だが、ここには上に語られてこなかった「新たな」区分原理が二組導入されている。「人間性(Menschheit)」と「人間たち(Menschen)」の対概念、そして「目的」と「権利(Recht)」の対概念である。この二組の対概念の組み合わせから、上記のような「1. 人間性の権利」、「2. 人間たちの権利」、「3. 人間性の目的」、「4. 人間たちの目的」が成立する。そして、上記の図表は、異なったさまざまな義務の根底に、これら四つの概念が据えられていることを示唆している。

(1) 「人間性」と「人間」

「人間性」という術語は「物理的諸規定から独立した人格性(叡知的人間 homo noumenon)」を意味し、複数形で使われている「人間」は「物理的諸規定を受けている主体、すなわち人間(現象としての人間 homo phaenomenon)」を意味している(ibid., 239)(12)。「人間性」とは、「われわれの感覚的存在者」に対抗している「われわれの叡知的自己」(*KA* XXVII 2, 1, 579)である。公刊された「徳論」では、とくに「自ら自身に対する完全義務」を説明する際に、「叡知的人間」と「現象としての人間」の対比を頻繁に援用しており(ibid., 418, 423, 430, 434, 439)、そして「自ら自身に対する徳の義務」の根底には「人格のうちにある人間性の尊厳」(ibid., 423, 425, 429)が据えられなければならないことを、強調している。カントはここで、諸義務を区別する基準の一つとして、おなじみの叡知的―現象的、理性的―感性的という人間存在の二重的性格を持ち出しているのだが、そのことによって、すべての義務は――そして、すべての権利さえも――究極的には、その「根拠」を究極的には叡知的理性のうちにもつことを説こうとしている。

(2) 「人間性の目的」

では次に、「目的」と「権利」の概念はなにを指しており、この義務の区分論でいかなる役割を果たしているのか。上記の表では当然ながら、「目的」は「徳の義務」の根底に置かれ、「権利」は「法の義務」の根底に置かれている。このことからしても、「徳論」は第一義的には「目的論」であり、「法論」は「権利論」であるはずである。

　まず、「目的」について。われわれは、「目的それ自体としてわれわれの人格のうちにある人間性」という用語についても、これがすでに『人倫の形而上学の基礎づけ』で使用され（*KA* IV, 430f.）、重要な役割を演じていたことをわれわれは知っている[13]。そこでは「人間性の目的」は、「自分自身に対する完全義務」（自殺の禁止）と「自分自身に対する不完全義務」（才能の陶冶）を正当化するためにもちだされていた。そして「人間性のうちには、より大きな完全性に向かおうとする素質があり」、われわれの義務に適った行為はこの素質と合致する、少なくとも両立するものでなければならないことがすでに説かれていた（ibid., 430）。ヴィギランティウス―講義筆記録はもっと明快に述べている。

> 「私自身の人格のうちにある人間性の目的は私の完全性であり、この目的と関係している義務は、私のうちに見いだせるような才能を陶冶すべきであるという義務である。このことが義務であるのは、この義務が感覚的衝動の抵抗なしには達成されないため、〔その衝動を克服すべしという〕強要に基づいているからである。他の人に関する人間性の〔正確には「人間の」とすべき――訳者〕の目的は、他の人々の幸福である。このこともまた、普遍的な権利にしたがうわれわれの外的関係の義務である」（*KA* XXVII 2, 1, 543f. Vgl. auch 584）。

　そして、後に公刊された「徳論への序論」も、「同時に義務である目的」が「自らの完全性」と「他の人の幸福」にあると宣言している（*KA* VI, 385）。前者が「3. 人間性の目的」に、後者が「4. 人間たちの目的」に属するだろう。

　カントは「完全性」というスコラ的伝統に由来する旧い用語をまだ使用しているが、「人間性の目的」や「人間たちの目的」が言わんとしている内実は、それほど不可解なことではない。たとえば、生活の現実のなかでも、われわれは「人間として恥ずかしくない振る舞いを」とか、「人間として許せない」とか言う表現を使う。この「人間として」は、カント流に表現すれば、叡知的、道徳的存在者たる「人間性」の「理念に照らし合わせれば」という意味である。われわれは行為において、この「人間性の目的」をいわば「統制的理念」として根底に見据え、それを維持、促進することを義務として行為すべきである。「人間たちの目的」はこの「理念」から派生してくる。そう解釈すれば、「徳の義務」の「根拠」に「3. 人間性の目的」と「4. 人間たちの目的」が据えられていることは、それほど理解しがたいものではない。それどころかむしろ、そのことによって、一七八〇年代中頃のカントの義務論的道徳理論が浴びていた「形式主義」という批判を退けることができる、「実質をもった」倫理学の成立が可能になっている、とも言えるだろう。

（3）「人間性の権利」

　では、「1. 人間性の権利」と「2. 人間たちの権利」についてはどうか。「2.」は十分了解可能であろう。それは、感覚的世界における「人間たち」の現実的諸権利に他ならず、それをめぐる対立やいさかいは「法の普遍的法則」に従って解決されるべきものである。「法の義務」が遵守されねばならないのは、この「人間たちの権利」を、したがって人間たちの外的自由を確保し、拡大するためである。それに比して、「1.」は了解困難な多くの点を含んでいる。そもそも上記の図表において、①「法の義務」の一部に、［A1］「自分自身に対する義務」が、つまり「内的義務」が配置されていることが問題含みなのである。というのも、「法の義務」は総じて対他関係を基礎にした「外的な義務」(ibid. 219f.) であるはずなのに、そのうちに「内的義務」が存在することになるからである。さらに、②この特殊な義務の根底に、叡知的理念としての「人間性の権利」が据えられていることはそのように理解すればよいのか。すなわち、原理上いかなる「他者」も存在せず、「選択意志」も存在しないはずの叡知的世界において、いかにして「権利」という概念が成立しうるのか、が問題になるであろう。

①について、カントは従来から、「徳の義務」との対比においては「外的」である「法の義務」のうちで、さらに「私自身に対する内的な法の義務」と「他の人々に対する外的な法の義務」が分けられると考えていた (vgl *KA* XXVII 2. 1. 585)。そして、その講義筆記録は少し後の箇所ではこう書いている。「法の諸義務の第一節は、(より緩やかな拘束をもつ義務とは反対に) 自ら自身への義務、すなわち法の内的な義務にかかわる。この義務は自ら自身の人格における人間性と呼ばれる」(ibid. 592)。ここで「法の内的な義務」は「人格のうちにある人間性［の権利］」に基づけられている。続いて、「人間性」が「叡知的人間」と呼び換えられ、それと「現象としての人間」との関係が、「実体性」の関係、「因果性」の関係、「相互性」の関係に従って説明されている (ibid. 593f.)。さらに「徳論への準備稿」もまた、「法の義務」を「内的」と「外的」に区分している。すなわち、「そのようにして、そしてその義務づけが厳格であるのか、緩やかであるのかという義務づけの形式だけが問題であるかぎりでは、内的な (たしかに外的でもあるのだが) 法の義務も存在しうるのである。両者とも法の義務とは呼ばれるであろうが、最初のものは内的な法の義務 (official iuris interni) であり、二番目のものは外的な法の義務すなわち法理学的義務 (official iuris externi sive juridica) である」(*KA* XXIII. 395)。

公刊された「法論」では、この「内的な法の義務」という概念は、上述の図表の直前に置かれた「A 法の義務の一般的区分」におけるウルピアヌスの三つの教訓的定式――〈誠実に生きよ (honeste vire)〉、〈だれにも危害を加えるな (neminem laede)〉、〈だれにでもその人のものを帰属させよ (suum cuique tribue)〉――のうちの第一定式のかなり強引な解釈によって準備されている。すなわち、その第一定式をカントはここでは「法的な誠実さ (honestas iuridica)」と呼び、これを「汝を他の人々にとって単に手段とすることなく、他の人々にとって目的であれ」と命じる義務だと解釈する。そして、この義務が「われわれ自身の人格のうちにある人間性の権利に基づく拘束」であり、それゆえ第一定式は「法の義務の体系」内部における「内的な義務」を基礎づけているのだと主張する (*KA* VI. 236)。この義務は、「対他関係」における自由の外的使用にかかわるものであるがゆえに「法の義務」であるが、さらにその外的使用の内的制約に眼を向ければ、それはまた「自分自身に対する」義務であるから「内的な」義務だと、言わんとしているのであろう。しかし、これは説得力を欠いている。そもそも、カントは以前の講義で二度ほどこのウルピアヌスの定式に言及しているが、その際二度とも、第二、第三定式が「法の原理」をなすのに対して、第一定式を「倫理学の原理」だと断言していた[14]。また、「法の義務」と対比して「徳の義務」を「誠実さの義務（official honesty）」と呼んできたはずである（*KA* XXVII 2, 1, 582）。

おそらく公刊までそれほど遠くない時期に書かれた「徳論への準備稿」でさえ、この「内的な法の義務」の体系論上の帰属に関するカントの見解は微妙に揺れている。すなわち、その或る箇所ではこう述べられている。「われわれ自身の人格のうちにある人間性の権利は、まだ徳論の一部をなさない。というのも、それは、自ら自身に対する義務の理念が行為の動機であることを要求しないからである。それでも、この権利はすべての義務法則の最高の制約である」（*KA* XXIII, 390）。しかしまた、他の箇所ではこうも述べている。「法論は（規定された法則のもとにある）厳格な義務の理論として見れば、内的な権利の理論であるか、それとも外的な権利の理論であるか、どちらかである。…〔中略〕…前者はそれ自身としては内容上倫理学に属するが、しかし、それでもそれは制限を付す最高の制約であるかぎり、道徳（Moral）一般に属しており、それゆえ法にも属する」（ibid., 385）。カントがこの動揺を断ち切って、公刊された「法論への序論」ではかの義務を「法の義務」の一部に割り当てているのは、かの図表の厳格な形式的対称性にこだわっているからだという見方も成立する[15]。だが、それはいささか表層的な解釈であろう。むしろ、この「カントの揺れ」は、「一般にそう思われているように、術語上の区別に基づいているというよりも、カントがその都度とっているパースペクティヴの交換に帰されるべきであろう[16]」。「パースペクティヴの交換」とは、おそらく、「人間性の権利」を現実の法―権利関係の根底にあるものとみなすか（この場合、それは法論に属する）、あるいは「人間性の権利」を「自ら自身に対する義務」の根底にあるものとみなすか（この場合、それは倫理学に属する）かの観点の違いのことであろう。そして、この術語使用上の変更の意義を積極的にとらえることも可能である。すなわち、カントはここで、法理的であると同時に倫理的であった「人間性の権利」に含まれていた二重性を解消し、「自己自身に対する内的な完全義務という複合的な領域を法理的部分と倫理的部分とに半々に分割し」、「人間性の権利」を「内的法義務の根拠として法の原理論を拡張」しようとしているとも解釈できる[17]。

では②について、すなわち「権利」が「叡知的人間」、「叡知的自己」に属するとはどういうことか。これについても、また「人間性の権利」と「人間たちの権利」の関係についても、カントは詳しくは論じていないが、②についても、カントに好意的な解釈は可能であろう。端的に言えば、「人間性の権利」の内実は、われわれの言う「人権」に、すなわち、人間であるかぎりだれにも帰属する根源的・理念的「権利」に相当すると言えるだろう。われわれは自分の行動や物件について、あれこれの「権利」を現に有している。だが、あれこれの「権利」の所有者である前に、われわれはおよそ「権利」なるものをもつことができるもの（「法的人格」）と考えられねばならない。私が特定の事物について特定の権利をもっていることは偶然であるが、私が「権利」をもつ存在であることは必然的でなければならない。カントはそう考えている。彼はこの「権利」それ自身が「唯一の根源的で」「生得の権利」であると主張し、その内実が「自由への権利」、すなわち「他のだれの自由とも普遍的法則にしたがって両立できるかぎり」「他の人が〔私に〕強制するいかなる選択意志からも独立である」自由にほかならないと考えている（*KA* VI, 237f.）。人間の根源的権利が「自由への権利」であるという点にカントの真骨頂がある。「根源的権利」としてのこの「自由への権利」こそが、唯一「内的な」したがって「生得的」権利であり、その他の一切の権利は「外的な」権利、「獲得された」権利なのである。なお「消極的」に表現されているこの規定をより「積極的」に規定するならば、この「人間性の権利」こそ、すべての合法的行為を正当化する最高の根拠であり、また他の人に対する道徳的な行為すべてを正当化する必然的根拠であると言える。したがって、法論の両部門「私法」と「公法」の根底には、この「人間性の権利」が据えられていると考えてよい。

　フィヒテもまた、そのような「各々の人格そのものに絶対的に属すべき権利」を「根源的権利（Urrecht）」と呼んでいた（GA I/3, 404）。だがフィヒテによれば、この概念は「たしかに（思考に対して）観念的可能性をもつにしても、実在的意義はもたない」。このことに留意しないと「ひたすら形式的なだけの法―権利論しか得られない羽目に陥る」。そして、彼はこう断言する。「根源的権利の状態、人間の根源的権利なるものは存在しない。人間は他の人間との共同関係のうちでだけ、実際に権利を有する」のだからである。かくして、「根源的権利というのは純然たる仮構物（Fiktion）である」。しかし、フィヒテもこう続けている。「それでも、それは学問のために必然的に考えられねばならない」（ibid., 403f.）[18]。それに対してカントにとっては、「根源的権利」たる「人間性の権利」は「実在的意義」をもつものであったに違いない。獲得された外的な諸権利がその根拠を唯一の根源的生得的権利に基礎づけられるべきであるのと同じように、彼にとっては、「人間たちの諸権利」は「他の人間との共同関係」によって、それを通して初めてその実在性を得るというよりも、それ以前に人格のうちにある叡知的「権利」に根拠づけられるべきものであった。彼は、外的な諸権利の「実在性」はその「超越論的」根拠を叡知的「権利」のうちにもつと考えていたに違いない。だが、「権利の理念」から現実の個々の権利の特性を演繹することはできない以上、「人間性の権利」から「人間たちの権利」を導出するには困難を伴う。その困難は、たとえばカントによる「占有権」―「所有権」の演繹に現われてくるであろう。

3.「法理学的義務」は「倫理的義務」に包摂されるか

カントは「法理学的義務」と「倫理学的義務」をこのように明確に区別した。だが、彼は他方でこの区別づけの論理をないがしろにし、結局前者を後者に吸収、包摂しようとしているのではないかという疑念をもたらしかねない表現が随所に散見される。彼は全体への「序論」にこう書いている。

> 「倫理学的立法は、なるほど内的な行為を義務とするのではあるが、それでも外的な行為を除外することなく、むしろ義務のすべてに関係する」（*KA* VI, 219）。
>
> 「すべての義務は、それが義務であるというそれだけの理由で、倫理学に属する」（ibid.）。
>
> 「たしかに数多くの直接的＝倫理的義務が存在するのであるが、内的立法は、その他すべての義務をまとめて、間接的＝倫理的義務とする」〔強調点―引用者〕（ibid., 220f.）。

たしかに、これらの（とくに二番目の）表現は誤解をひき起こしかねない。「法理学的義務」の概念が結局のところ「倫理学的義務」の概念に解消されるかのような印象を受ける。だが、それは誤読だと言わねばならない。ここで主張されているのは二つのことである。一つには、たとえ何らかの理由で私の「法理学的義務」が無効になり解消された場合にさえ、それでも「倫理学的義務」は依然として残るということであり、もう一つには、外部からは「法理学的義務」を果たすとみなされる行為を、人は道徳的義務を動機としてなすこともありうるということなのである。彼が挙げている事例がそのことを示している。たとえば、私はだれかに借金して借用書を書いた。しかし、その後相手が何らかの理由で自発的に借金の返済を免除し、借用書も破棄してくれた。すると、借金を返済すべしという私の法的義務はなくなる。それでも、私は「人間として」は、いつか借金を返済すべきだという倫理的義務意識は消え去らないであろう。あるいは、借金を返済するという私の行為を、その行為の動機に注目すれば、法理学的にも、倫理学的にも考察することができる。すでにコリンズ―筆記録が述べていたように、「私が法理学的である行為の道徳的必然性を認めるときには、私はその行為を法理学的な意味でも、また倫理学的な意味でもなすことができるのである」（*KA* XXVII 1. 300）。「法理学的行為」が同時に「倫理学のもとにも含まれる」のは、その「行為を動機づけている根拠が倫理学的であるかぎり」でのことである（ibid. 299）。そうであるかぎり、「法理学的義務」と「倫理学的義務」とが（行為としてではなく）概念として重ね合わされることはありえない。したがって、カント自身は後者の義務のほうがより根底的だとカントが考えていたのは確実だとしても、前者が概念として後者に包摂されることはありえず、また実際の行為の評価において、後者の意義が前者を基準にして無効にされることはありえないし、あってはならない。その意味で、「法理学的義務」は依然として「倫理学的義務」から独立している。ところが、カントが次のように述べるとき、彼はもう一歩踏み込んでいるように思える。

「外的義務づけ（äußere Obligationes）は内的義務づけより広大である。なぜなら、外的義務づけは同時に内的義務づけであるが、内的義務づけが同時に外的義務づけであることはないからである。外的義務づけ（obligation externa）はすでに、およそ行為一般が道徳性のもとにあるべきだということを前提にしており、それゆえそれは内的なのである。というのも、外的義務づけが義務づけであるのは、内的行為がすでに一つの義務づけであるからである」（ibid., 270）。

「さて、徳の義務の本質は、いかなる外的立法も不可能なような行為を外的になすことにある。それにもかかわらず、その行為がたとえ強制された義務ではない場合にすら、われわれはその行為をなすことを義務として拘束されうるし、拘束されねばならない。そのことから、いかなる種類の義務的拘束（Verbindlichkeit）もみな、法理学的なものも倫理学的なものも、その本性においては倫理学的であることが帰結する」（*KA* XXVII 2. 1. 584）。

果たされるべき「行為」としての「義務」と「義務づけ（obligation, Verpflichtung）」は弁別されねばならない。「義務」を果たす同一の「行為」を、その動機にしたがって二様に考えることはできる。だが、そのことから、「外的義務づけは同時に内的義務づけである」ことも、「いかなる種類の義務的拘束も……その本性においては倫理学的である」ことも帰結しないであろう。これは、根拠と説明を欠いたテーゼである。にもかかわらず、カントがこう主張するのは、「外的義務づけ」は根本的には「内的義務づけ」に根拠づけられると考えているからである。すなわち、「他者の意志」も含む「普遍的意志」による私に対する義務づけ-拘束は、実は、私の意志による私に対する義務づけ-拘束にほかならず、したがって「法的義務づけそのものが、ただ道徳的義務づけ、内的義務づけを外的に模写しているにすぎない[19]」と考えているからである。この場合「法的に義務づけられる者は、彼を義務づける他者のうちで、常に自分自身の理性と出くわすのである。〔かくして〕他者の法的義務づけはすべて、常に可能的な自己による義務づけである[20]」。たしかに、カントの超越論的観念論を義務づけ理論一般の基底に挿し込めば、こういう解釈が成立する、あるいはこういう解釈しか成立しないであろう。その意味で、これはカントの理性主義的法理論の根底を明るみに出しているとも言えよう。だが他方では、こうした主張は、真の理性的関係は超越論的主体の「自己関係」（義務づけるものと義務づけられるものの同一性）のうちにしか存在せず、「人間たち」の織りなす「理性的」関係は――したがって、いわゆる「普遍的意志」も――その「自己関係」の二次的派生態にすぎないという信念を前提としている。ひいてはそれは、法的世界と法的行為の存立それ自身にとって決定的である「他者」の存在ないしは「外部」を「自己の仮象」としてフェードアウトさせ、「法の世界」を他者のいない「徳の世界」に解消しかねない危険性をはらんでいる、と言わざるをえない。このようなカントの主張は、「法の世界」を――カント自身が別の文脈で警告している――「徳の支配」の「専制政治」に変えてしまいかねない（*KA* VI, 409）、と言えるだろう。

かくして、われわれは〈すべての義務は倫理的義務でありうる〉というテーゼは了解可能であるにせよ、〈すべての義務づけは倫理的である〉というテーゼは了解不可能だと言わざるをえない。

第三節　「体系」内部での「法」の位置と「法」の自立性

「人倫論」としての「人倫の形而上学」全体の内部における「法論」の相対的自立性をめぐっても、近年まで研究者たちの間で議論が続いている。幾人かのカント研究者は、「法論」をカントの――とくに『基礎づけ』や第二批判に基づく――（狭義の）「道徳論」とその原理の「適用」、あるいはそれの特殊なヴァージョンとみなすことを拒否して、道徳に対する法の「自立性」を主張している。その際、彼らは「人倫論の最上の原理」からは「法の普遍的原理」は導出、演繹できないことを、「法の普遍的原理」の自立性の論拠としている。それに対して、「正統派」解釈者たちは、それが導出、演繹可能だと主張する。

さて、「法の概念」は「或る人の選択意志が他の人の選択意志と自由の普遍的法則に従って統合されることを可能にする諸制約の総体である」（*KA* VI, 230）。したがって、「法の普遍的法則」は命法として表記されると、「汝の選択意志の自由な行使が、だれの自由とも普遍的な法則に従って一致するように、外的に行為せよ」（ibid., 231）となる。そして、或る行為が法的に正当であるか、不当であるかの判定基準となる（Y）「法の普遍的原理」はこう定式化される。「どのような行為でも、その行為が普遍的法則に従ってだれの自由とも共存できるものならば、あるいは、その行為の格率から見て、各人の選択意志の自由が普遍的法則に従ってだれの自由とも共存できるならば、その行為は正しい〔法的に正当である〕」（ibid., 230）。これが、われわれが自由の外的使用の際に従うべき「普遍的原理」である。その核心が、私の自由の外的行使と他のすべての人のそれとの――偶然的ではなく、「普遍的法則に従った」――両立、共存可能性要求にあるのは明瞭である。法的世界はこれを根本制約として成立している。それに対して、「法論」と「徳論」の両方をカヴァーするはずの（X）「人倫論の最上の原則」は、「同時に普遍的法則として妥当しうる格率に従って行為せよ」と定式化されていた。「こうした資格をもたない格率はすべて、道徳（Moral）に反している」（ibid., 226）。これは、自由の外的および内的使用がともに従うべき、より普遍的な「最上原則」である。ちなみに、（Z）「徳論の最上の原理は、それをもつことが各人にとって普遍的法則であるような目的の格率にしたがって行為せよ、である」（ibid., 395）。これが、自由の内的使用の際の「最上の原理」である。

　体系論的に見れば、「人倫論」がその下位部門として「法論」と「徳論」を包摂している以上、上記の（X）は（Y）と（Z）を包摂しており、（Y）と（Z）は、（X）のより特殊な限定態であるとみなすのが自然であろう。ところが、「法の自立性」論者[21]は、それぞれ重点と狙いに差異はあるものの、これら「原理」間の関係に関しては、この包摂関係が論証されえないと主張する。すなわち、「自立性」論者は、「定言命法」からは、あるいは「道徳性の原理」からは、（Y）「法の普遍的原理」は演繹できないと主張する。（X）「人倫の最上原則」はたしかに「定言命法」の表現ではあるが（vgl. ibid., 225）、しかし、（X）には「自立性」論者がおそらく想定しているような「意志の自律」も「自己立法」も含まれていないと言わねばならない[22]。したがってまた、（X）は、これらの概念を核としたような「道徳性の原理」を言い表しているのではない。そもそも――『人倫の形而上学』での術語使用法に鑑みれば――「道徳性」は（Y）や（X）の原理となりえないのである。

　それに対して、「正統派」の反論もあまり説得的ではないように思える。というのも、彼らは、（Y）は「定言命法」からは演繹できないが、「自由の概念」、「自由の構想と自由の価値」からは導出できるとか[23]、「定言命法」に「人間の本性に関する付加的な経験的諸前提」を接合すれば、導出できるとか[24]主張しているからである。だが、そもそも（X）はもとより、（Y）も（Z）も「自由の〔実現のための〕法則」であり、それぞれ選択意志による自由の内的行使と外的行使の諸制約を表現しているのだから、（Y）のみならず（X）も（Z）も「自由の概念」から導出されることは論を待たないであろう。

　そしてまた、（X）は自由の実現の「第一次制約」として普遍態であり、（Y）はその「第二次制約」として特殊態であるとするならば、普遍態からその特殊態に固有の特性を分析的に導出することなど論理的に不可能である以上、（X）から（Y）を分析的に演繹することははじめから問題になりえないであろう。問題になりうるのは、（X）から（Y）への限定的特殊化の論理だけである。かくして、「法の普遍的原理」が「定言命法」や「道徳性の原理」から分析的に演繹可能であるか、不可能であるかに焦点をあてた、「法の自立性」をめぐる論争的議論は、非生産的なように思える。

　カントにおいては、広義の「道徳」からの「法の自立性」は問題になりえない。後者は前者の部分的領域を形成しているのだから。問題になるのは「倫理」からの「法の自立性」、「法」と「倫理」の厳格な区別である。カントはこの区別を「厳密な意味での法」という術語で語っている。「厳密な法」は、義務による拘束意識や動機を完全に捨象した、自然法則にも似た客観的なメカニズムとして、「万人の自由と調和する全般的相互強制の可能性」として提示される（ibid. 232）。

（Y）「法の普遍的原理」は、われわれの行為が、あるいは、行為の格率から見てわれわれの選択意志の自由が、他のだれの自由の行使とも一致することを求めていた。しかし、カントはすぐ続けてこうも述べている。「すべての格率のこの原理がそのまま私の格率であることを要求することはできない、すなわち、私がこの原理を私の行為の格率にするよう要求することはできない。…〔中略〕…法的に正しく行為することを私の格率にせよというのは、倫理学が私に要求することである」（ibid. 231）。彼は、外的行為に際しても、その格率の選択は意志による「内的自由」にかかわることであり、法の法則の管轄外にあることを改めて述べているのである。それで、重ねるようにこう強調する。

「法の普遍的法則は、たしかに或る拘束を私に課す法則であるが、しかしこの法則は、私がまさにこの拘束のゆえに、私の自由を自らそうした諸条件に制限すべきだということをまったく期待していないし、ましてや要求していない。理性が語っているのは、私の自由がその理念において、そうした諸条件に制限されているということ、そして他者によって力ずくで制限される必要もあるということ、このことだけである。理性はこのことを、これ以上どんな証明もできない一つの要請として語っている」（ibid.）。

「法の普遍的法則」は、私に義務的拘束を課しながら、私の自由の外的行使に際して、私がこの「拘束されているという意識」を行為の動機とすべきことを要求しない。[25] Sollen を求めず、ただ Sein であるこの「厳密な意味での法」、「純粋な法」には「倫理的なものが一切含まれておらず」、そこに「徳の指示を混入させて」はならない（ibid. 232）。「厳密な法」は道徳的主観性を排除したところに成立する。カントはここで義務の理論的認識とそれの実践的遵守とを、あるいは義務の「評定原理」と「執行原理」とを区分し、[26] 前者（Sein）の側面を強調しているのである。「倫理学的法則」においては、この両原理を分離することは不可能である。ここに、「法」と「倫理」の根本的相違がある。義務の理論的認識や評定それ自身は「義務に基づく」行為の執行を要求することはなく、その評定は理論的理性の仕事であるという点では、先に言及したフィヒテの見解と通底するところがあるのである。

だが、そうすると改めて別のシリアスな問いが浮上してくる。それは、それでも「法の普遍的法則」はわれわれに対して義務的拘束力をもつのだとしたら、この拘束力の根拠は、言い換えればその法則の「規範的妥当性」の根拠はどこに在るのかという問いである。カントの答えはおそらくこうなるであろう。法においても倫理においても、法則の拘束力の根拠はそれが自己立法による点にある。そして「法の普遍的法則」がもつ拘束力の根拠は、その法則が――「われ」の自己立法によるのではなく――「われわれ」の自己立法、すなわち、「他の人の意志でもありうる意志一般」（ibid. 389）つまり「普遍的意志」の自己立法によるものである点にある。[27] だが、この「意志一般」は「互いに実践的に関係し合うことになりうるすべての人の選択意志の統合によって」（ibid. 263）しか成立しない。では、この統合はいかにして可能になるのか。それは説明も論証もできない類のものであろう。これこそ「実践理性の要請から直接に帰結することである」（ibid.）と言わざるをえない。カントはこう続けている。

「拘束を課すには、全般的な（allseitig）意志が、すなわち偶然にではなくア・プリオリに、したがって必然的に統合された意志、それゆえ唯一立法する意志が必要である。というのも、そうした意志の原理に従ってのみ、どの人の自由な選択意志もすべての人の自由と調和することが可能になり、したがってそもそも権利というものが、それゆえまた外的な私のもの・あなたのものが可能になるのだからである」（ibid.）。

（経験的）「選択意志」の自由の実現は、「選択意志」間の偶然的関係を通してではなく、（理性的）「意志の原理」によって立法される普遍的法則を通してしか可能にならない。ここでカントは、「選択意志」と「意志」を慎重に区別しながらも、だが両者を一気に関連づけている。「法の普遍的法則」はあくまで「選択意志」の外的使用を対象としているのだが、「選択意志」に義務的拘束を課す「立法者」は「意志」なのである。この「意志」をカントは「純粋に法的立法的理性」（ibid. 335）とも呼んでいる。ただし、もう一度言えば、法は「選択意志」がこの拘束意識を自らが選択する行為の動機とすることを要求しないし、期待もしていないのである。

第四節　書評誌の反応

待望されてきた『法の形而上学的定礎』の出版はすぐに大きな反響をよんだようである。公刊後二、三年の間に、同書に対する注釈書、解説書の類が一〇篇近く出版されたことがそれを物語っている。[28] 主要な書評誌・紙の反応も迅速であった。「法論」初版だけに限って見ても、早くも二月にはバウターヴェック（Friedrich Bouterweck 1766–1828）による『ゲッチンゲン学術報知』の書評が出たのを皮切りに、三月には『新ニュルンベルク学術新聞』が、五月には『チュービンゲン学術報知』とイェーナの『一般学芸新聞』がこの著を採りあげた。さらに、六月にはザルツブルクの『上部ドイツ一般学芸新聞』と『ゴータ学術新聞』が書評を掲載している。公刊後、半年足らずのうちにドイツの主要書評誌・紙ほぼすべてが、この著を採りあげたことになる。しかも、それらのほとんどが複数号にわたって、一〇頁〜三〇頁の紙幅を割いている。[29] 冊子体の書評誌としては、ヤーコプの『哲学と哲学的精神の年代記』が一七九七年中に、また『新ドイツ百科叢書』（書評者ティーデマン）も一七九九年にはこの著にかなりの紙数を割いて論評している。

カント哲学全般に対する従来からのスタンスの違いに応じて、各書評誌・紙の「法論」評価は分かれている。ヤーコプが積極的な評価を下すのは当然として、チュービンゲンやゴータの書評者も肯定的評価を下しているのに対して、バウターヴェック[30] の評価はかなり批判的であり、ティーデマンの評価は極めて否定的である（図10―1）。

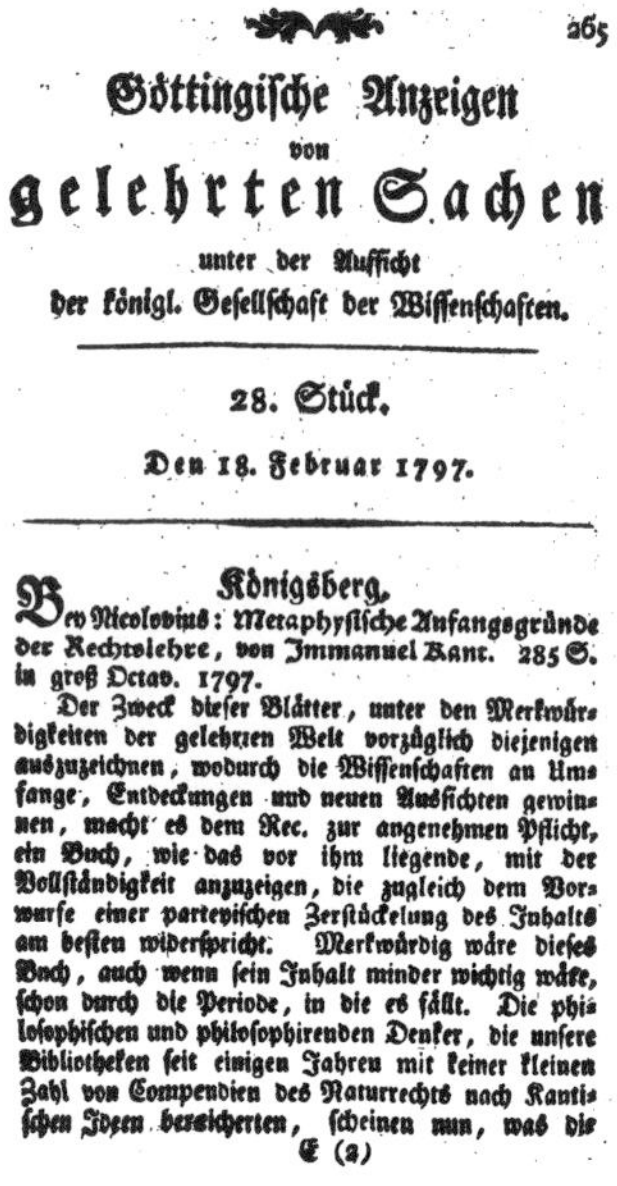

265

Göttingische Anzeigen
von
gelehrten Sachen
unter der Aufsicht
der königl. Gesellschaft der Wissenschaften.

28. Stück.

Den 18. Februar 1797.

Königsberg.

Bey Nicolovius: Metaphysische Anfangsgründe der Rechtslehre, von Immanuel Kant. 285 S. in groß Octav. 1797.

Der Zweck dieser Blätter, unter den Merkwürdigkeiten der gelehrten Welt vorzüglich diejenigen auszuzeichnen, wodurch die Wissenschaften an Umfange, Entdeckungen und neuen Aussichten gewinnen, macht es dem Rec. zur angenehmen Pflicht, ein Buch, wie das vor ihm liegende, mit der Vollständigkeit anzuzeigen, die zugleich dem Vorwurfe einer parteyischen Zerstückelung des Inhalts am besten widerspricht. Merkwürdig wäre dieses Buch, auch wenn sein Inhalt minder wichtig wäre, schon durch die Periode, in die es fällt. Die philosophischen und philosophirenden Denker, die unsere Bibliotheken seit einigen Jahren mit keiner kleinen Zahl von Compendien des Naturrechts nach Kantischen Ideen bereicherten, scheinen nun, was die

E (2)

図 10―1　バウダーヴェックによる
ゲッチンゲン書評

1．バウターヴェックによるゲッチンゲン書評

「法論」だけを対象にしたこの書評の前半部は——数多くのこまかな疑問・疑念を差し挟みながらも——原著の主要主題と主要概念を要約的に紹介している。「権利の法理的概念」、「法の普遍的原理」、「法の普遍的法則」、「厳密な意味での法」と「二義的な法」、そして「私法」の各論、「公法」の各論——これら「法論」のすべての主題に適切な目配りをして、論評している。カントは一七九七年一〇月の或る書簡で、自著がゲッチンゲンの書評者によって好意的に受け入れられたと述べている[31]。だが、カントのこの楽観的理解にはやや首を傾げざるをえない。それは、書評に眼を通せば明らかになるだろう。

たしかに書評者はいくつかの点で、著者の卓見を評価している。たとえば、「占有」についての考え方は「自然法の最も困難な問題にまったく新しい光を投げかけている」とか、「書評者は、この〔「債権についての〕考えを、実践的真理についてカント氏が見いだした最も素晴らしい財産の一つに数えいれる」とか評している（*G. Anzeigen*, 28. St. 270, 272; *KA* XX, 448, 449）[32]。しかし、バウターヴェックはそれ以上にずっと多くの異論や疑念を並べ立てているのである。たとえば、「望むらくは、カント氏は自由の理念を外的正義との関係においてもっと精確に論究すべきであった」と注文をつけたり、「法理的侵害という概念がもうすでに〈私のものや君のもの〉という概念を前提にしているのではないか」との疑念を呈したりしている（ibid., 267, 269; ibid., 447, 448）。とくに、カントが妻に対する夫の権利を「親権」や「家長権」と並んで「物件に対する仕方で人格に対する権利[33]」とみなしていることに対しては強く反発している。書評者は言う。「〔カントのこの〕仮説的前提を、したがってそのカントの結論を、法理的世界の大部分は、そしてもちろん書評者も否認する」。カントが言うように、性的関係において夫が妻を一方的に「物件として享受」することは許されない。両者の関係は「相互奉仕」の関係と考えられねばならない。というのも「道徳的人格はけっして物件となることはありえず、けして享受されることはありえない」からであり、「身体的奉仕は、それがどのような在り方であれ、対人権に属するもの」だからである（ibid., 272f.; ibid., 450）。

「法論」では「外的な権利」は、その取得の様式の相違に応じて「物権（ein Sachenrecht）」「対人権（ein persönliches Recht）」「物的—対人権（ein dinglich-persönliches Recht）」に区分されるのだが、カントは最後のものを「物件に対する仕方で人格に対する権利（物権的債権）」と表現している。最後のものはさらに、妻に対する夫の権利（「婚姻権」）、子に対する親の権利（「親権」）、奉公人に対する家長の権

利（「家長権」）に細分されている。バウターヴェックは、とくにこの「婚姻権」について、「人格」であるはずのものが「物件」にされることに、そして夫と妻との非対称的不平等にクレームをつけているのである。だが、これは評者の誤解に基づいている。カントも夫と妻の関係では「一方の人格が他方に人格によってあたかも物件のように取得されながらも」、取得が相互取得となることによって、取得された側も「自分を再び人格とする」と語り、両性に或る種の相互的対称性を認めているからである（Vg. *KA* VI. 278）。

だが、決定的に否定的評価が下されているのは、その次の箇所である。すなわち「打ち立てられた諸真理が、両義的な考え方がまぜこぜになったような諸々の主張より優勢であるという確信をもって、書評者がカント氏についていける限界は、ここまでである。一二〇頁〔*KA* VI. 290〕から巻末までは、終始逆説に次ぐ逆説である」（ibid. 274; ibid., 451）。

このような酷評を眼の前にすると、この書評に関するカントの先述のような評価は不可解に思える。その楽観的評価の一因は、バウターヴェックが数年前まで熱心なカント信奉者であったことにあるのかもしれない。いずれにせよ、一旦は批判哲学の門をくぐった者の手になるこの書評は、当然議論の対象となりうる多くの論点を剔出する「批判的」精神が随所に認められ、次に言及するティーデマンによる書評と比べれば、学問的に生産的な書評であったと言える。

2．ティーデマンによる『新ドイツ百科叢書』書評

『（新）ドイツ百科叢書』の常連寄稿者であり、マールブルクの有名な哲学史家であったティーデマンは、批判哲学の成立当初からこの哲学に異論を述べ続けてきた（第一章第五節参照）。この『人倫の形而上学』書評は、前半で第一部「法論」を、後半で第二部「徳論」を論評しており、二五ページにも及ぶ。彼はここでも経験論的立場から、原著に対するかなり素朴な疑念、異論、反論を次々に繰り出している。

最初に提出される「少なからぬ疑念」は、経験論者らしい疑念である。それは、著者が「法論全体をア・プリオリな学」とみなし、それを「純然たる諸概念からなるア・プリオリな体系」として構築しようとしたことに向けられている。ティーデマンはさまざまな種類の権利について、「ア・プリオリには何一つ規定することはできず、したがって、純然たる諸概念からなるこのような法論の体系を樹立することなどできない」（*NADB* 42. Bd., 1. St., 29）[34]と考えている。その論拠として、彼はまったく的外れな異論を書き連ねている。「私が存在していることを、私はけしてア・プリオリに知ることはない。私と並んで他の理性的存在者が現存していることを、私はア・プリオリに知ることはない。私が彼らと時間、空間的に一定の近い関係にあることを、私はア・プリオリに知ることはない。私や彼らが一定の生命なき事物を必要としていること、われわれがそのうちの或るものを占有しなければならないことを、私はア・プリオリに知ることはない」（ibid.）。この経験論者は、当該の著作が「法論の形而上学的定礎」の試みであることをまったく理解していない。

二番目の異論もまた経験論的である。そこで、書評者は（X）「人倫論の最上の原則」と（Y）「法の普遍的原理」の関係を問題にしている。カントは前者から後者が導出されるはずだと考えているが、しかし「われわれの考えでは、この命題〔「法の普遍的原理」を定式化した命題〕は先に与えられた命題からはでてこない」（ibid., 30）。

「というのは、一つには、ここ〔(Y)についての命題〕では選択意志の自由が問題になっているのに、それはそこ〔(X)についての命題〕では言及されていないからである。そしてもう一つには、前者の命題は、後者の命題では問題になりえないような或ることを、つまり強制の使用を語っているからである。まさにそれゆえに、著者はこの点を特別に証示することを余儀なくされているのである。さらに、このことからわれわれには、自然法と徳論とが一つの最上の原則のもとに存立するのは不可能なように思える」(ibid.)。

理由はこれ以上詳しくはのべられていないが、おそらく書評者は、最も普遍的なそれゆえ最も抽象的な(X)からは、(Y)に盛り込まれているより具体的、経験的な事象(「選択意志の自由」)は導出できない、と批判しているのである。その際、彼は(X)に「選択意志」という言葉がないのに、(Y)ではその語が登場してくることを問題にしているようである。だが、こうした批判もまったくの的外れである。(X)で「格率」が主題とされている以上、ここでも「選択意志」が問題になっているのである。「法則」は「意志」から生じるのに対して、「格率」は「選択意志」から生じるものだからである(*KA* VI, 226)。書評者は、(X)でも(Y)でも実は「選択意志の自由」が主題になっていることをまったく理解していない。経験論者ティーデマンは、その批判をこの点に向けるよりもむしろ、カントにおいてはこの経験的な「選択意志」の規定根拠がつまるところ超経験的な「純粋理性」、「純粋意志」であること(vgl. ibid., 221)に向けるべきであっただろう。

また、(Y)「法の普遍的原理」それ自身も書評者にとっては抽象的すぎるのである。それを彼は、法の「根本命題自身が狭隘すぎる」と表現する。「このように根本命題があまりにも狭隘すぎるために」、そこに経験的事象を盛り込むために「著者は数多くの無駄な労苦を引き受けている」(*NADB*, ibid., 32)のだと言う。このことを読者に明らかにするため、評者は、カントの述べている「原理」や「根本命題」に抵触する、あるいはそこに包摂できない(と彼が考えている)さまざまな事例を、次々に挙げている。

「強制権」、「占有―所有権」についても(ibid., 31-35)、さらに「私法」の各主題(ibid., 36-38)、「公法」の各主題についても(ibid., 38-42)、ほぼ同じような調子の疑念、異論が続いている。書評者の論調をもう少し知るために、それらのうち「物件の取得」に関する理論への異論だけを紹介しておこう。

「彼〔カント〕は彼の自然法の根本命題においては、だれもが自分自身を、自分の生命を、自分の身体を維持する権利を有しているということをまったく顧慮しておらず、また、この維持のためにはだれもが一定の物件の所有を必要としていることをまったく顧慮していない。それゆえ彼は、把捉(Apprehension)と先占(Occupation)を通常の源泉から導出できなかったのである。……〔中略〕…その際彼は、感覚的占有や叡知的占有についての事細かで抽象的な議論にふけっており、すくなくともわれわれは彼に従うことができなかった。…〔中略〕…彼はこうして、われわれの眼には矛盾にしか映らないようなことに巻き込まれているのである」(ibid., 34)。

「かくして、著者の根本命題の不十分性が改めて明らかになる。著者のこの理論と、自然状態において現実的であるが暫定的であるにすぎない外的な〈私のもの〉や〈君のもの〉が生じうるという主張は、いったいどのようにすれば両立しうるのか、このことはわれわれにはとくに理解できない。……〔中略〕……著者が彼に独特の事細かい議論にますます巻き込まれていき、それで単なる名目的定義によって自分自身と他の人を欺いてまやかしを信じさせようとしているのである」(ibid., 35)。

たしかに、カントにとって「占有—所有」権の根拠づけは難問であったはずである。この問題に関して、彼がロックの経験論的な「労働投下」—「形態付与」説を退け、(フィヒテがすでに試みていたように)その超越論的根拠づけを試みたことはもっともであった。だが、彼はその根拠を、「人間性の権利」に基づけて、他者の同意も承認も存在しない、それ以前の「感覚的占有」に求め、それを「叡知的占有」に、つまり法による「確定的占有」に転化させようとしている。その際、彼は「感覚的占有」を、「自然状態」から「法的状態」への展開を展望して、「暫定的に法的な占有」と呼んでいる(*KA* VI, 257)。かくして、「法的状態」の成立以前に、「暫定的」とはいえ「法的な占有」が成立すること、いかなる他者との関係も抜きに、それ以前に「占有」権が(「人間性の権利」に基づいて)成立すること等々の点で、彼の「占有—所有」権の根拠づけは問題含みなのである。ただ、ティーデマンの批判はとうていそこにまで届いていない。彼はただ所有権をもっと「通常の源泉」から、つまり経験的な事実に基づけて根拠づけるべきだと言っているにすぎない。

3. フーヘラントによるALZ書評(*ALZ* 1797, Nr. 169, 170)

では、カント派の機関誌であったALZは「法論」をどのように書評したのか。それは、読者を失望させるものであったと言える。

書評者フーヘラントはまず冒頭で、この数年来出版されてきた数多くの「哲学的法論」に関する著作をALZは「偶然的な理由により」まだ書評していない、と述べている。たしかに、ALZがこの数年来の自然法—哲学的法論の諸著作を集中的に書評するのは、一七九八年度になってからである(巻末の「主要書評一覧」参照)。そして、遅れていたそれらの諸著作の書評のスタートを「一つの傑作を告示すること」から始めることができるのは、この上もない喜びであると述べる。書評者によれば、「すべての外的立法の根本理念」はすでにカントの以前の批判的諸著作に暗示されていたのだが、それらはまだ「萌芽」状態にとどまっていた。「しかし、暫定的に語られたこの理念は、今日に至るまで見落とされてきたのも同然であった。形式的法概念のこの貴重な萌芽を自分の力で純粋に展開し、その萌芽を法の純粋な形而上学にまで育て上げようと試みた者は、だれ一人としていなかった」(*ALZ* 1797, Nr. 169, Sp. 529)。書評者によれば、その後に現われたのは「幸福論的な」自然法論や「経験的な世界市民主義的」自然法論だけであった。

フーヘラントのこの診断はまったく不当であり、誤りである。彼はカントの著作の意義をもち上げるために、事実を捻じ曲げている。すなわち、彼にとってはわれわれがすでに見てきたような(第八章参照)ハイデンライヒやシュミートやフォイエルバッハの努力、企てはまるで存在しなかったかのようである。フィヒテもまた、カントのかの「理念」を導きの糸として、だがカントに先駆けて哲学的「自然法」

論を展開したことは、この書評紙の多くの読者には周知のことであったはずである。たしかに、ＡＬＺがこれらの「先行者」の自然法論を採りあげるのは、翌年になってからである。だが、フーヘラントは彼らの名前を一人として挙げることなく、そのような試みを企てた者は「誰一人としていなかった」と言い放っている。それは、ただかの「傑作」がいかに画期的なものであるかを強調せんがためでしかない。

このような〈ひいきの引き倒し〉にもまして、この書評がまったく期待外れに終わっているのは、書評者の次のような姿勢のゆえである。

「このような著作にあっては、それをただ告示し推奨するには時が経ちすぎているのだが、かといってこの著作に詳細な批判的吟味を加えるには、時期が早すぎると言えよう…〔中略〕…。それで、書評子は、非常に適切で実り多いその他の副次的な思想には目をつむって、著者の思想の連なりの本質的な節々を圧縮して呈示することによって、カントの法論のこれまでの読者およびこれからの読者に自分の責務を果たそうと思う」(ibid., 530)。

つまり、画期的なこの著作を肯定的あるいは批判的に検討するには時期尚早である、それゆえ、以下の書評は、著作の重点主題に絞って、疑問も評価も差し挟まずその内容を要約的に叙述することにする、と言っているのである。この態度は一二年前のシュッツの『人倫の形而上学の基礎づけ』商標の態度とまったく同じである。シュッツはそこで「この種の著作の場合すぐには評価を与えることはできないので、今回は評価抜きに、ただ著作の予告だけにとどめたい」と述べ、『基礎づけ』の「序文」の引用だけをもって書評に代えていた（第一章第四節参照）。フーフェラントはここで尾暗示ことをやっている。実際、二号にわたるこの書評は、首尾一貫して抜粋的要約に終始している。書評者の注解的見解はおろか、印象批評の類さえ一行も差し挟まれていない。ただただ、抜粋的要約の連続なのである。それゆえ、これは本来的な意味では「書評」だとさえ言えない。

ＡＬＺの共同編集者であったフーヘラントはイェーナの法学部の教授であり、この分野の専門家である。したがって彼は、実践哲学全体の内部での「法論」が占めるべき位置について、「道徳」と「法」の関係、「義務」と「権利」の関係について、数年来かなりの議論が積み重ねられてきたことをよく知っていたはずである。また、「純粋に法的立法的理性」による立法を根幹とするこの法—権利論には、経験論者から多くの疑念や批判が投げかけられるであろうことを予想できたはずである。さらに、彼は専門家として、この「法論」の各論には、それ以前の自然法論とは異なったいくつかの新たな論点と論拠が——たとえば、「生得の権利」と「獲得される権利」の区別、「外的なもの」を「自分のものとしてもつ」ことのできる根拠、「自然状態」における経験的・物理的・暫定的「占有」から「法的状態」における叡知的・法的・確定的「占有」への転化の論理、「外的権利」の三分法、論等々——含まれており、これらの点が当然論争の的になることも予想できたはずである。しかし、これらの点について彼は一言も論評しない。議論の対象となる論点の背景も、その問題の所在も、その意義についてもまったく触れないまま、書評は抜粋的要約に終始している。それゆえ、われわれはこの書評をこれ以上紹介する必要はない。

カントの著作に対するＡＬＺの書評は、創刊当初からしばしばそうであったように、「弟子」たちが「師」の教説をひたすら金科玉条のごとく繰り返すことに終始している傾向が強い。フーヘラントの手になるものはとりわけその傾向が強い。批判的注釈はおろか、書評者が独自の観点から批判哲学の優位点を積極的に解明することさえ、慎むべきことであるかのように映る。そのようなやり方では、この「哲学論」の目的、すなわち批判哲学の意義を宣揚、普及し、他の哲学的潮流に対するこの哲学の優位を確定させるという目的に寄与することさえおぼつかないであろう。ALZ「哲学欄」の書評は創刊後十数年を経て、そのような理論的「退潮」をはっきり示しつつある。フーヘラントの書評は、そのことを典型的に示すものであった。

第五節　フィヒテの『自然法の基礎』とカントの「法論の形而上学的定礎」

時を置かず公刊されたこの両著が基本的な視座を共有していることは明白である。

まず第一に、両者においてともに、法—権利概念それ自体は「純粋な実践理性」に根ざしている、というよりも、それは「純粋な理性概念」そのものである。すなわち「法—権利の概念は純粋理性の根源的概念であり」(*GA* I/3. 319)、「法—権利は、自由の法則のもとにある選択意志という純粋な実践的理性概念である」(*KA* VI. 249)。それゆえに、彼らの「法—権利」論はともに、伝統的な自然法論者の考え方とは一線を画し、一切の「人間学」的諸仮定とは独立に展開されている。

次に、彼らの法—権利概念はともに、その対象・客観を「自由な存在者間の共同性」(*GA* I/3. 320) とみなしている。「法—権利という概念は自由な存在者の間での必然的な相互関係についての概念であり」(ibid., 319)、それは「或る人の選択意志が他の人の選択意志と自由の普遍的法則に従って統合されることを可能にする諸制約の総体である」(*KA* VI. 230)。この「必然的な相互関係」が、具体的には各人が自分の自由を実現するためには他の人の自由によって自分の自由を制限しなければならないという自由の相互制限を、言い換えれば権利の対称的平等性を含意している点も両者に共通である。

第三に、(フィヒテの場合)「法と道徳」が、あるいは(カントの場合)「法と倫理」が区別されねばならない点にも共通性がある。ここから、「法」の非(倫理)道徳的特性が出てくる。フィヒテの場合も、カントの場合も「法の(普遍的)法則」それ自体は、倫理的—道徳的法則の場合とは違って、行為者に法則による義務的拘束自身を動機として行為することを要求しない。ここに、法の法たる所以がある。そして、両者はともに法の法則が拘束力をもつことを認めているが、それでもこのSeinとしての拘束性の認識それ自身は実践的理性の仕事ではなく、理論理性の仕事であるとしている。

以上のような共通性にもかかわらず、両者の法—権利理解には重大な差異が認められる。

まず第一に、フィヒテはその法—権利論から義務論をまったく排除しているのに対して、カントのそれは「法の義務」論をその不可欠な構成要素としている。フィヒテの自然法論は「権利論」に焦点をあてているのに対して、カントの法論は「義務論」に重点を置いていると言ってもよいだろう。この相違は、フィヒテがカントの言う「厳密な意味での法」、「純粋な法」だけを「法」に数えいれているのに対して、カントの場合「法」は、この「客観的」側面とともに、その「主観的」側面を、すなわち、法則が課す外的な義務の遂行根拠の側面を併せ持っていることに起因している。カントは、「法論」と「徳論」を含む「道徳学」全体がなによりもまず「義務論」として論じられねばならないかの理由を、或る箇所でこう語っている。

「しかし、人倫論（Sittenlehre）（道徳学（Moral））が、通常（わけてもキケロによって）義務論と題され、権利論とも題されないのはなぜなのか。一方は他方と関連し合っているのに。——その理由は次のことにある。すなわち、われわれは、われわれ自身が自由であること（この自由から、すべての道徳的諸法則（alle moralischen Gesetze）が生じ、したがってすべての権利と義務が生じるのだが）を知るのは、義務を命じる道徳的命法を介する（durch den moralischen Imperativ）しかないからである。しかる後に、この命法に基づいて、他者を義務づける能力が、つまり権利の概念が展開されうるのである」（*KA* VI, 239）。

この誤解を招きかねない文章によって、カントは「義務」概念から「権利」概念を導出しようとしているのでも、「法の義務」を「徳の義務」の派生態と位置づけようとしているのでもない。ここに複数形で語られている「道徳的諸法則」を、『基礎づけ』や『実践理性批判』での「道徳法則」と混同してはならない。「義務を命じる道徳的命法」もまたそうである。すでに述べた（本章第一節3）ように、一七九七年の著作では「法論」と「徳論」を問わず、義務や拘束性にかかわる「法則」や「命法」を広く「道徳的」と呼んでいることを思い出さねばならない。ここで問題になっているのは、「法」と「倫理」両方を包含している「人倫論」＝「道徳学」全般に共通することなのであり、「自由の法則」、すなわち「法理学的法則」と「倫理学的法則」のいずれもがわれわれには「義務を命じる道徳的命法」として現われるということ、そして、われわれはこの「命法」による義務的拘束の意識を通してのみ自分たちが自由であることを自覚するということなのである。そうすると、かつて「自由」は「道徳法則」の「存在根拠」であり、「道徳法則」は「自由」の「認識根拠」であると定式化されていたことに倣うならば、ここでは「自由」は「倫理的法則」と「法理的法則」両方の「存在根拠」であり、この両法則はともに「自由」の「認識根拠」であると言わねばならないだろう。かくして、義務的拘束の意識を介して初めて自由の自覚が可能になるという点で、「人倫論」全体における「義務論」の「優位」が語られているのである。

フィヒテは権利の「絶対的—相対的演繹論」を拒否する観点から、「法—権利」の圏域から「義務」論を追放し、義務の「執行」原理と機能を彼の『道徳論』に移した。それに対してカントは、自由の自覚のための唯一の媒介を「義務」意識に認め、「自由の法則」たる「法の普遍的法則」のうちに「義務」論を不可欠な構成肢として組み込んでいるのである。

「義務」論を欠いたフィヒテの「法—権利」論は、「法」から「規範的妥当性」の根拠を奪い去るものだと、カント研究者たちからしばしば批判されてきた。それは、権利概念を「単に技術的—実践的なもの」におとしめ、「法の法則」の命法を「仮言命法」に変えてしまうと批判されてきた[35]。だが、この種の批判は限定的に理解されねばならないように思う。たしかに、カントにおいては「厳密な法」は義務を動機とすることは排除しながらも、それでも「法の法則」はわれわれに「義務」を課す「規範的妥当性」をもっていた。その根拠は、その法則が「われわれ」の自己立法によることにあった。だが、この「われわれ」のなかには「他者」はいない。「われ」は無媒介に、かつシームレスに「われわれ」へと拡張されているだけである。それに対して、フィヒテにとって「他者の他者性」は法と権利の本来的地盤をなすものとして、もっとシリアスな問題であったように思える。彼に従えば、私は理性的存在者であっても、他の「理性的存在者の自由を欲するように、絶対的に拘束されているわけではなく」（GA I/3, 386）、「法の法則」への無条件的拘束を他者に要求できない。「われ」はシームレスに「われわれ」に連接されないからである。

さて、両者の法―権利論の二つ目の大きな相違は、「権利」概念が他者の承認や同意抜きに成立するか否かについての見解の相違である。この問いに、フィヒテは全面的に否定的な回答を与えた（第九章第四節参照）。それゆえ彼は「占有―所有」権についても、こう述べている。「排他的占有の権利は、相互承認によって完遂され、相互承認によって制約されており、この制約なくしては生じない」（ibid., 417）。「人間が他の人間といっしょに措定されるや否や、彼の占有は、他者によって承認されるかぎりでのみ、権利にかなったものである。…〔中略〕…このことによって初めて、占有は所有となる」（ibid., 418）。

カントの場合は、そうではない。たしかに、彼の場合も「占有」が法的占有として、「所有」権として確定され保証されるのは、「法的状態」、市民状態においてである。だが彼は、この「所有」権の成立に不可欠な論理的前提である「占有」を、「身体による感性的占有」・「現象的占有（possesio phanomenon）」と「法による占有」・「叡知的占有（possesio noumenon）」という二つの局面に分け、後者が「法的状態」において成立するのに対して、前者はそれに先行する「自然状態」で可能になると言う。当然、前者は他者の同意も承認もなく成立する。にもかかわらず、それは「暫定的に法的な占有」あるいは「相対的には法による占有」（*KA* VI, 257）と呼ばれている。こう呼ぶことを可能にしているのは、実践理性の「許容法則」（ibid., 247, 267）なのである。「この許容がおよぶのは、そうした〔市民〕状態の設立に他の（関与する）人たちが同意するまでのことである」（ibid., 247）。前「法的状態」における行為をそのように「暫定的に法的」と裁可せざるをえないのは、カントの理説ではつまるところ、そのようにしてしか自由に基づいた諸個人間の法的関係は実現できないからである。

ひるがえって考えるに、彼の「占有―所有」論がこのような難問を抱え込まざるをえないのは、結局「権利」概念の最基層が「自由への権利」としての「人間性の権利」一般に求められているからである。この「根源的権利」はもとより「他者」の存在をその存在境位としておらず、これに基づく最初の権利である「身体による占有」権は、人格と人格との間にではなく、人格と物件との直接的関係において成立しうるのである。つまるところ、「他者」を容れることのない実践的「理性」概念によって、「他者」の存在を不可欠のエレメントとしている「法的関係」を理性的の根拠づけようとする点に、上記のアポリアの源泉はあると言えよう。

注

（1）たとえば、一七六八年五月九日付のヘルダー宛書簡でカントは、「私は現在、人倫の形而上学に取り組んでいます〔…〕今年中にはそれを完成できるものと思っています」と書き（*KA* X, 73）、一七七〇年九月二日付のランベルト宛書簡では、「純粋な道徳哲学〔…〕言うなれば人倫の形而上学をまとめ、完成し」たいと語っている（ibid., 97）。この著作の成立略史については、

Bernd Ludwig, Einleitung, in: Immanuel Kant, *Metaphysische Anfangsgründe der Rechtslehre*, Hamburg 1986（PhB 360）を参照。

（2） 一七七三年末のM・ヘルツ宛書簡（*KA* X, 145）参照。

（3） たとえば、シラーは一七九四年一〇月二六日付のエアハルト宛書簡でこう報告している。「当今、所有権の導出が非常に多くの思索者たちの関心の的となっていますが、私がカント自身から聞いたところでは、彼の人倫の形而上学ではこの点についてなにがしかの見解が示されるのをわれわれは期待できるはずです。しかしまた、彼はこの点についての自分の考えに満足しておらず、それゆえその出版をしばらく控えているのだとも聞いています」（*NA* 26, 72）。これは、カントがロックの唱えた「労働投入」による「所有権」の確立説に疑念を抱き、この経験論的テーゼに対する超越論的対案を模索していたことを示唆している。

（4） 「徳論への序論」冒頭はこう記している。「古代においては、倫理学は人倫論（道徳哲学 philosophia moralis）全般を意味し、これは義務論とも呼ばれていた。後世において、この倫理学という名称を、人倫論の一部に、すなわち、外的法則のもとには現れない義務についての教説にだけ留保するのが適切であると思われるようになった（ドイツ語では、それを徳論と呼ぶことがふさわしかったのだが）。したがって、全般的義務論の体系は今日、外的法則によって与えられうる義務を取り扱う法論の体系（ius 法学）と、そのようには与えられえない義務を取り扱う徳論の体系（ethica 倫理学）とに区分されており、こうした区分を踏襲してもよいであろう」（*KA* VI, 379）。

（5） トマジウスは『自然法と国際法の基礎論（Fundamenta juris naturae et gentium）』（一七〇五年、ドイツ語訳は一七〇九年）で、広義の自然法のうちにある行為の規範として「正義（Gerechtigkeit, justus）」と「誠実性（Ehrlichkeit, honestum）」を（さらにその中間としての「礼節（Anständigkeit, decorum）」を）区分づけている。「正義」と「礼節」は外的規範であるが、前者はその実現のための「強制」を伴うが、後者は「強制」を伴わない。「誠実性」は内的規範である。「誠実性」は「内的な平安」を確保し、「礼節」は「外的な平安」を促進し、「正義」は「外的な平安」が他者によって損なわれることを防ぐ。かくして、「正義」と「誠実性」の対比が「法」と「道徳」の区別を基礎づけている。以上については、福田喜一郎「行為の規範としての礼節（decorum）の意義：クリスチャン・トマジウスにおける法・道徳・礼節の区別」（『近世哲学研究』第一〇号、二〇〇四年）を参照。トマジウスは、外的規範としての法が複数の人間の間でしか成立しえず、個人の自分自身に対する「不正」は成立しないことや、「法」が不可避的に「強制」を伴うことを説き、後世の「自然法」思想に重要な示唆を与えているのだが、この区別づけの論理は継承されず、カント自身もトマジウスにはほとんど言及していない。

（6） ファイアアーベント（Gottfried Feyerabend）は一七八三年五月に学生登録している。当該のカント講義はアッヘンヴァールの『自然法』を教本に使って為された。In: *KA* XXVII 2, 2, 1317-1394.

（7） コリンズ（Georg Ludwig Collins, 1763-1814）は一七八四／八五年の冬学期からケーニヒスベルクの学生になった。この筆記録はこの冬学期の講義のノートという体裁をもっているが、内容は必ずしもその講義の忠実な再現とは言えない。彼の筆記録は、すでに学生たちの間で出回っていたそれ以前のカントの講義のノートの写しであることが確実視されているからである。In: *KA* XXVII 1, 237-473.

（8） この講義に出席してノートをとったヴィギランティウス（Johann Friedrich Vigilantius, 1757-1823）は、当時学生ではなく政府の役人であり、カントの法律関係の助言者であるとともに彼の社交仲間の一人であった。この筆記録は、『人倫の形而上学』公刊の三／四年前に作成されており、最終期のカントの道徳哲学の内容を伝える信頼できる典拠になっている。In: *KA* XXVII 2, 1, 475-732.

（9） 『基礎づけ』では、das moralische Gesetz と das sittliche Gesetz が同じく

らいの頻度で併用されており、しかも両方とも単数形でも複数形でも使用されている。それに対して、『実践理性批判』では das moralische Gesetz が五五の使用例のうち一例を除きすべて単数形で使用されており、das sittliche Gesetz の使用はごくまれになっている。

(10) 厳密には、「法の義務（official juris）」と「法理的義務（official juridica）」は同一ではない。カントは「私自身に対する法の内的義務（interni juris Pflichten gegen mich selbst）」と「他の人に対する法の外的義務（externi juris gegen andere）」を区別したうえで、後者だけを、外的立法が可能な「法理学的義務」と呼んでいる（*KA* XXVII 2. 1. 585. vgl. auch XXIII. 395）。また「徳の義務」と「倫理学的義務」も同一ではない。「倫理学的義務」は「単に人倫的な意志規定の形式性」とだけかかわっているのに対して、「徳の義務」はさらに「同時に義務である目的」を内実としている。したがって「必ずしもすべての倫理学的義務が徳の義務であるわけではない」のである（*KA* VI. 383）。

(11) すでに一七九三／九四年のヴィギランティウス―講義筆記録§65は、「法論への序論」の最終部に掲げられている図表と内容上同じ分類図表を挙げている（*KA* XXVII 2. 1. 583）。そこでは、義務が「法の義務」と「徳の義務」に分けられ、さらにそれぞれが「内的」であるか「外的」であるかに応じて、それぞれの義務が依拠する「根拠」が、公刊された「法論への序論」の場合とほぼ同じ言葉を使って示されている。そして、以下のように要約されている。

「したがって、すべての義務は次のように分けられる。

(1) われわれ自身の人格のうちにある人間性の権利〔に基づく義務〕と、他の人々に対して人間が有する権利〔に基づく義務〕とに分けられる。これら両方は、厳密な法の諸義務〔完全義務〕を含んでいる。

(2) われわれ自身の人格のうちにある人間性の目的――これは、自分自身の完全性のことである――に基づく義務と、他の人々の目的――これは、他の人々の幸福である――に基づく諸義務とに分けられる。これら両方は、緩やかな徳の諸義務〔不完全義務〕を含んでいる」（ibid.）。

(12) ヴィギランティウス講義筆記録もこの対概念に言及している。それによれば、「人間性」は「人間に付与された、自由と帰責の能力に関する純粋な叡知と考えられ」、「人間」は「その人間性の現象態であり、したがって類としての人間性に従属している」（*KA* XXVII 2. 1. 580）。

(13) 『実践理性批判』も、しばしば「人格のうちにある人間性（の尊厳）」（*KA* V. 87f.）に言及している。

(14) 「〈誠実に生きよ〉、〈だれにも危害を加えるな〉、〈だれにでもその人のものを帰属させよ〉は、ウルピアヌスの定式であり、実践哲学の古典的戒めでもある。〈誠実に生きよ〉は倫理学の原理であり、〈誰にも危害を加えるな〉は自然状態における法の原理であり、〈だれにもその人のものを帰属させよ〉は市民状態における法の原理である」（*KA* XXIX. 631）。ヴィギランティウス―講義筆記録も、第一定式が「倫理学の原理」であり、第二、第三定式は「法に帰属する」と述べている（*KA* XXVII 2. 1. 527）。

(15) Vgl. Mary Gregor, Kants System der Pflichten in der Metphysik der Sitten. in: Bernd Ludwig (hersg.), *Metaphysische Anfangsgründe der Tugendlehre* (PhB 430). Hamburg 1990, LXI.

(16) Georg Geismann, Recht und Moral in der Philosophie Kants, in: *Jahrbuch für Recht und Ethik*, Bd. 14 (2006), 115. ガイスマンはこの長大な論文のⅧの「7. われわれ自身の人格における人間性の権利に基づく義務」の項で、この問題を詳細に論じている。

(17) Vgl. Wolfgang Kersting, *Wohlgeordnete Freiheit. Immanuel Kants Recht- und Staatsphilosophie*, 3. Aufl. Paderborn 2007, 170f. Vgl. auch Anm. 225.（W・ケアスティング『自由の秩序――カントの法および国家の哲学――』舟場保之・寺田俊郎監訳、ミネルヴァ書房、二〇一三年、一五六頁、一五九頁以下）。ケアスティングはこの「分割」が「人間性の権利の法制化」の企

てによって引き起こされていると解釈している。注の部分は、それが「カントにとって極めて重要であった」ことを説いている。

(18) それでも第二巻『応用自然法』の末尾では、フィヒテも、人間には「あらゆる権利契約に先行し、それのみが権利契約を可能にするような、根源的人権というもの」があり、これだけが「人間としての人間に備わる本来的な人権であり、自ら権利を獲得する可能性である」と述べている（GA I/4, 163）。

(19) W. Kersting, op. cit. 146.（邦訳、一二六頁）。ケアスティングにとっては「法的義務づけは、相互主観性へと転位された自己義務づけである」（ibid.）。

(20) W. Kersting, op. cit. 156.（邦訳、一四一頁）。同じことはこうも表現されている。「法的義務づけ関係においては、義務づけられる者に対しては、その者自身の理性が、その者を義務づける他者という形態で現われるのである」(op. cit. 145. 邦訳、一二五頁)。

(21) 「自立性」論者とみなされるのは、旧くはJulius Ebbinghausであり、近年では Thomas W. Pogge、Arthur Ripstein、Allen Wood そして Marcus Willaschek である。エビングハウスはさまざまな論文で、カントの法論それ自体は彼の道徳理論の核心をなしている意志の自律論から全く独立している点を主張した。ポッゲは、(法の概念と一体である) 他者に対する外的強制の権限は定言命法や自律の概念に基づいて正当化されず、行為者の特殊な利害関心に基づいて正当化されうると主張している（Thomas W. Pogge, Is Kant's Rechtslehre a "Comprehensive Liberalism"? in: Mark Timmons (ed.) *Kant's Metaphysics of Morals: Interpretative Essays*, Oxford 2002, pp. 148-49.）。

ポッゲやリプシュタインが、カントの法の哲学の中心的教義が彼の道徳理論にまったく訴えることなく展開されうることを示そうとしたのに対して、ウッドやヴィラシェックは、「正統派」の伝統的な法理論解釈がカント自身のテキストと一致しないことを示そうとしてきた。ウッドは「法の原理が道徳性の根本的原理から導出されるだろうという考え全体をカントが非常にはっきりと疑っているのは、彼が法の原理が道徳性の原理と違って分析的であると宣言していることから明らかである」と主張した。そして、カントは『人倫の形而上学』では彼の「道徳的原理」の重点を、「普遍性の方式」から「人間性の方式」に移しているのだとも述べている（A. Wood, The Final Form of Kant's Practical Philosophy, in: Mark Timmons (ed.), op. cit., p. 7, 9-13.）。かつて「法論はなぜ『人倫の形而上学』に属さないのか」という過激な表題の論文（in: *Jahrbuch für Recht und Ethik* 5, 205-27）を著し、法的権利や義務は定言命法からは導出されないと主張したヴィラシェックは、近年にも、上記の「独立性」論者の所説を紹介しながら、カントの法についての構想が彼の道徳理論、とくに定言命法から独立していることを繰り返している（M. Willaschek, Right and Coercion: Can Kant's Conception of Right be Derived from his Moral Theory? in: *International Journal of Philosophical Studies*, 17: 1 (2009), 49-70.）。

なお、ケアスティングは、「超越論的自由」が「法の法則の存在根拠および妥当根拠である」という観点から、エビングハウスの「独立性テーゼ」を批判するのに、その大著の一項を割いている（W. Kersting, op. cit. 109-114. 邦訳、八六―八九頁）。また、ガイスマンも上記の独立論者たちおよびケアスティングの主張をかなり詳しく批判的に検討している（G. Geismann, op. cit. 43-48, 64-88）。

(22) ガイスマンはこの点に関して、次のように述べている。「エビングハウス-テーゼを拒否しようとする最も根底的な理由は、『人倫の形而上学の基礎づけ』におけるいわゆる『自律性の定式』が定言命法のさまざまな定式の一つであるという想定にある、したがってまた、法理的命法に対しても、それが定言命法であるかぎり、必然的に意志の自律が前提にされねばならないという想定にある。しかし、自律の原理は定言命法の（より進んだ）特殊な定式ではない。〔……〕この定言命法は周知のごとく、人が行為に際して従う格率がいつでも普遍的法則として思惟できることを要求しているが、これによって、その法則の創始者については一言も述べられていないのである。自律性の定式はこの命法に内容上はなに一つ付け加えることはない。自律性の定式においても、問題になっているのは、格率が普遍的立法に適合していることなのである」（G. Geismann, op. cit., 87）。だが、この批判的所見はむしろ「自立性」論者の立論にあてはまるように思える。

（23） Vgl. Paul Guyer, Kant's Deductions of the Principles of Right, in: Mark Timmons (ed.), op. cit., 26.

（24） Vgl. Micael Nance, Kantian Right and Categorical Imperative: Response to Willaschek, in: *International Journal of Philosophical Studies*, vol. 20 (4) 2012.

（25） ヴィラシェックはこの点を捉えて、「法理的命法」「指令的性格」と「非指令的性格」の「パラドックス」と呼んでいる（M. Willaschek, Which Imperatives for Right? On the Non-Prescritive Character of Juridical Laws in Kant's Metaphysics of Morals, in: Mark Timmons (ed.), op. cit., 65-87.）。

（26） ケアスティングは「或る行為を客観的に必然的であると表象するだけ」の「判定機能」と「この表象を通じて行為の執行をも強要する」「執行機能」の区別に言及し、まさに第二番目の機能を「断念することが、法に固有の事柄なのである」と語っている（W. Kersting, op. cit., 84. 邦訳六二頁）。ガイスマンも「カントは『道徳哲学講義』で、『拘束性の評定原理』と『拘束性の執行ないし遂行原理』とを、行為の『規範』と『動機』、行為の客観的根拠と主観的根拠とを区別している」と注記している（G. Geismann, op. cit., 75f. Anm. 404）。コリンズ―講義筆記録でも、カントは「義務による拘束の評定の原理」と「それの遂行ないし執行の原理」とを区分して論じている（*KA* XXVII, 274）。

（27） Vgl. G. Geismann, op. cit., 81ff.

（28） PhB版（Bd. 360）のテキストに付された、「文献一覧」の「単著」の項（S. LIf.）は、一七九七‐九八年に出版されたこの類の著作を九篇挙げている。

（29） 右記の「文献一覧」はその一部に、「同時代の書評」の一覧（S. IL–LI）が挙げられている。ただし、この一覧には多くの不備が認められる。まず、Jenalische Allgemeine Literaturzeitung という表記は、正しくは Allgemeine Literatur-Zeitung であり、また同紙での「法論初版」の書評者が記名されていないが、書評者はフーヘラントである。また、同紙での「第二版」の書評の号数が不明となっているが、その号数は Nr. 233 であり、その書評者はシュッツである。さらに、掲載頁数の誤記も目立つ。ゲッチンゲンの書評誌の掲載頁は S. 65-76 ではなく、S. 265-276 であり、『新ドイツ百科叢書』のそれは S. 28-42 ではなく、S. 28-53 であり、『最新神学年報』のそれは S. 563-564 ではなく、S. 363-364 である。

（30） バウターヴェック（Friedrich Bouterwek 1766–1828）はゲッチンゲンで法学と哲学を学んだ後、私講師として批判哲学を講じていた。しばらく大学を離れた後、ふたたびゲッチンゲンに戻り、一七九七年には哲学の員外教授、一八〇二年には正教授になった。この間、彼は①『カントの学説にしたがって批判哲学の支持者たちに提示された箴言集』（一七九三年、ゲッチンゲン）、②『パウルス・ゼプチミウス、あるいはエロイジスの神官の最後の秘密』（一七九五年、ハレ）、③『論証法（Apodiktik）の理念』（一七九九年、ゲッチンゲン）、④『思弁哲学の初歩、或る教本の試み』（一八〇〇年、ゲッチンゲン）、⑤『論証法の理念から見た理性の諸段階』（一八〇二年、ゲッチンゲン）などを著わし、そのほかに⑥『ゲッチンゲン哲学ムゼーウム』（一七九八年以降、ゲッチンゲン）や⑦『哲学と文芸の新ムゼーウム』一八〇三年、ライプツィヒ）の編集もした。①では彼は完全にカントの信奉者であり、②もカント哲学の根本思想を土台にしている。けっこう厳しい彼の書評に対してカントの評価が甘いのは、このような事情も与っていたのかもしれない。なおALZは、①を1795, Nr. 298で、②を1797, Nr. 56で、⑥を1800, Nr. 259で、⑤を1803, Nr. 118で、⑦を1803, Nr. 340で取りあげている（巻末「主要書評一覧」参照）。

（31） 一七九七年一〇月一三日付け、ティーフトルンク宛書簡参照（*KA* XII,

207.『カント全集22 書簡Ⅱ』三四一頁)。「『ゲッチンゲン学術報知』第二八号の書評は、全体としてみると、私の体系にとって不利なものではないので、それは増補版において多くの誤解を解き、いろいろ手を加えて体系を完璧なものにするきっかけになるでしょう」。その増補版への「付論」でも、「この書評は洞察と鋭い吟味をともなっているが、それでもまた『かの定礎は学にとって依然として得るところがあるだろうという希望』と関心をもって書かれている」(*KA* VI, 356)と評価している。

(32) *Göttingische Anzeigen von gelehrten Sachen*, 1797, 28. St. からの引用は、以下 *G. Anzeigen* と略記して頁数を本文中に記入する。この書評は *KA* XX, 445-453 にも収められているので、併せてこの頁数も示しておく。

(33)「この権利は、外的対象を物件として占有し、人格として使用する権利である。…〔中略〕…この権利は或る物件における権利ではなく、単に或る人格に対する権利でもなく、同時にその人格の占有であるあるのだから、どんな物権や債権〔人格に対する権利〕をも超える権利、すなわち私たち自身の人格における人間性の権利でなくてはならない。〔……〕この法則に従う取得は、その対象に即して三つに分かれる。すなわち、夫は妻を取得し、夫婦は子を取得し、家族は奉公人を取得する」(*KA* VI, 276f.)。この点について、カントも少しは気にかけていたようで、第二版に付した「付論」でこの権利概念を再論しているが、考えを変えてはいない。「『私は父を私のものとしてもつ』と言うことはできない。ところが私の妻と言うとき、それは特別な関係を意味する、すなわち物件としての或る対象(それが人格であっても)に対する占有者という法的関係を意味する」(ibid., 358)。

(34) *Neue Allgemeine Deutsche Bibliothek*, 42. Bd., 1. St., 1799 からの引用は、NADBと略記して頁数を本文中に記入する。

(35) たとえば、ケアスティングはこう批判している。「法(権利)を道徳から解放するためにフィヒテが支払わねばならなかった代償は、非常に大きい。というのも、権利の道徳的自立性は、理性実践的な法―権利概念を合理理論的な概念に転換するというコストを払ってのみ、達成されうるからである。たしかに、フィヒテは〔ホッブスのように〕権利を自己維持の目的論に従って解釈しているわけではないが、それでも、権利のうちに自らを分節化する理性は、利害関心を合理的に追及するという打算的計算という性格を帯びている」(W. Kersting, Die Unabhangigkeit des Rechts von der Moral, in: Jean-Christophe Merle (hrsg.), *Johann Gottrieb Fichte: Grundlage des Naturrechts*, 2. Aufl., Berlin/Boston 2016, 33)。かくして、フィヒテの法―権利論は「法実証主義」に屈服せざるをえないものになると批判される。

第一一章　ＡＬＺ編集部と超越論的観念論および初期ロマン派との対立の先鋭化
（一七九九〜一八〇〇年）

一八世紀の終末になると、あくまでカント批判主義の哲学的立場を固く守ろうとするＡＬＺ編集部と、批判主義が設定した知の「限界」を踏み越えていこうとする新しい思想の諸潮流――フィヒテ-シェリングの「より純粋な」超越論的観念論や初期ロマン主義の「詩的」思惟――との対立が、次第に顕在化してくる。そして、その対立から生み出される軋轢と衝突がＡＬＺの紙面で公然化してくる。その舞台となったのが、書評本紙とは独立に出されていた「知的広報欄（Intelligenzblatt）」である。本章では、期せずして一七九九年に集中的に起こった、この対立の先鋭化を体現した三つの「事件」をとりあげ、終盤期に入ったころの『一般学芸新聞』の思想的立場を巡る対立状況を概観することにする。

第一節　カントの「知識学」無効宣言とフィヒテ、シェリングの反撃（IB der *ALZ* 1799, Nr. 109, u. 122）

ＡＬＺの「知的広報欄」（第一〇九号、一七九九年八月二八日付）内の「声明（Erklärung）」欄で、カントが突如として、知識学が「支持しがたい体系」であるとの声明を発表する。その声明曰く「純粋な知識学は、単なる論理学以上でも以下でもない。単なる論理学というものは、その諸原理によって思い上がって認識の質料に達することはない。それは純粋な論理学である以上、認識の内容を捨象するものである、だから、純粋論理学から実在的な客観を拾い出す（herausklauben）などというのは、無駄な仕事であり、したがってまた、そんなことは一度も企てられなかった仕事である」[1]。「声明」は、「実質的制約」を欠いた認識の「形式的制約」は「空虚」であり、「認識の実質」を埒外に置き、認識の実在性の一切を「純粋な自我」から導出しようとする「知識学」は、「純粋論理学」にすぎず、したがって、いかにしても実在の認識には到達しえないと断定している。カントは、フィヒテの超越論的主観が「実質」、「内容」を欠いた、単なる「形式」の自己回転にすぎないと考えている。

この種の「知識学」批判は、特段目新しいものではない。それよりもむしろ、カントによるこの「知識学」批判が、ほぼ一〇年前レーベルクが『実践理性批判』に向けた批判（第三章第二節参照）とその趣旨において基本的に同じであることのほうが興味深い。また、カントのこの「声明」の三年ほど前、シュミートが「知識学」に同様の批判を浴びせていたことを、われわれはすでに知っている（第八章第三節参照）。シュミートは、フィヒテの「絶対的自我」を有限な自我の活動の諸形式だけを案出するにとどまらず、その諸内容（素材、質料）をもそこから「必要に応じて」恣意的に案出する「無限態の充溢」とみなし、これを批判していた。つまり、哲学の問題地平が、超越論哲学としての批判哲学へと、そしてさらに「より純粋な」超越論哲学へと深化していくたびに、そのつど位相を異にしながら同種の知と認識の「実在性」への根拠への批判的問いが浮上してきたのである。

1 カントによる「知識学無効宣言」の背景

これは、カントによる初めての公然たるフィヒテ――「知識学」批判であった。ではなぜ、カントは突如としてこのような「声明」を発表したのか。その誘因は、「声明」の冒頭に言及されている、或る書評者による「促し」にあった。すなわち、エアランゲンの『学芸新聞（Litteratur-Zeitung）』が創刊間もない第八号（一七九九年一月一一日付）で、ゲッチンゲンの哲学教授ブーレ（Johann Gottlieb Buhle 1763–1821）の著『超越論-哲学の構想』（一七九八年）を書評した際、その書評の最終部分で、書評者はカントに挑発的とも言えるような「促し」を発していた（図11―1）。すなわち、

「カントは超越論―哲学の最初の教師であり、ラインホルトは批判理論の優れた普及者である。しかし、最初の超越論―哲学者自身はまちがいなくフィヒテである。フィヒテは、『批判』で構想された計画を実現し、カントによって予示された超越論的観念論を体系的に仕上げたのである。したがって、批判の創始者が、最も評価するに値する彼の門下生のこの企てについて、超越論―哲学の創始者について、見解を公にしてほしいと読者公衆が願うのは至極当然のことである。この要望が強くそそられるのは、カント自身が（たとえば、『一般学芸新聞』の「知的広報欄」や彼の最近の書き物で）フィヒテ哲学の精神について、これを拒むような示唆を与えてきたからであり、そして、先生に認められ褒められてきた多くのカント学徒たちが（たとえば、ヤーコプの『年報』やその他で）フィヒテの書いたものや方法をしかるべき仕方で論じてこなかったからである。したがって、書評子は尊敬すべき読者公衆の大多数の人々を代表して、超越論―哲学の先生が知識学について学問にとって非常に興味深い判断を伝えてくれるようお願いすることは許されると思っている。かの偉大な人は、（エーベル

57 Nro. 8. 58

LITTERATUR-ZEITUNG.

Erlangen, Freytags, am 11. Jan. 1799.

Entwurf der Transscendental-Philosophie von *Johann Gottlieb Buhle*, öffentl. ordentl. Prof. der Philos. in Göttingen. Gött. b. Schröder 1798. 13 Bogen gr. 8. (1 Thl. 4 Gr.)

Wenn irgend etwas unwidersprechlich bezeugt, dass das *Streben nach Aufklärung Geist des gelehrten Publicums in Teutschland* sey; so ist es der, jetzt schon sehr ausgebreitete und täglich mehr Köpfe gewinnende, *Sinn* für *reine, alles umfassende, unbedingte* und eben darum *wahre Wissenschaft.* Es ist jetzt nicht mehr etwa nur *Ein Mann*, den der Geist des Skepticismus aus dem "dogmatischen Schlummer" aufgestöhrt und sein eigner Genius, weit über seine Zeitgenossen hinaus, auf einen Standpunct erhoben hat, wo er als ein wunderbares Phänomen blos angestaunt, aber nicht begriffen wird; nein, *viele* Männer, und unter diesen die Gelehrten des ersten Ranges, insonderheit aber die geistreichen *Jünglinge*, die in den Kreis der Repräsentanten des gelehrten Publicums einzutreten im Begriff sind, erkennen, *dass das sogenannte* Gründliche unsres *bisherigen* Wissens nur ein *Schein-Gründliches* war, werden beseelt von dem Streben nach *entscheidender Gewissheit*, haben die *Methode* derselben theils erfunden, theils begriffen — und *Teutschland fängt an, sie zu verstehen.* Die, lange Zeit hindurch beliebte, Manier, aus *hypothetischen Begriffen* über *Sach-Erkenntnisse* abzusprechen, hat alles Ansehen (obgleich noch nicht allen Anhang) verlohren und man fodert von denen, die sich als Lehrer *reeller* Wahrheit ankündigen, dass sie ihre Lehre durch *reelle* und *in sich selbst gegründete* Principien *beurkunden*; man hält nicht mehr dafür, dass das *Wesen der Philosophie* in *überschwenglichen* Ideen und *unverständlichen* Wörtern bestehe, sondern man ist überzeugt, dass die philosophischen Ideen mit den Vorstellungen des gemeinen Menschenverstandes *zusammenhängen* müssen, wie der Grund mit seinem Begründeten, und dass, obgleich den *Philosophen* untereinander zum *Schulgebrauch* eine terminologische Sprache zu verstatten ist, die Hauptbestimmung der Philosophie *Anwendung aufs Leben* sey und sie selbst daher in allen ihren *Resultaten* jedem lebendigen und verständigen Menschen verständlich seyn müsse; endlich, die Zeit ist vorüber, wo die Philosophie als ein *Aggregat* der, dem gemeinen Menschenverstande oft gänzlich widersprechenden, *Meynungen ihrer Lehrer* (opiniones doctorum) auftreten durfte, man fodert vielmehr von ihr, dass sie das, was gesunde Sinnen und ein gesunder Verstand als *wirklich* anerkennen, aber nicht zu erklären wissen, aus *absoluten Grundsätzen deducire*; dass sie zeige, *warum* wir das, was wir so und nicht anders zu denken uns gedrungen fühlen, *auf diese Weise zu denken genöthigt sind*, kurz, dass sie das *empirische* Bewusstseyn des gesunden Menschenverstandes zu *wahrhaft wissenschaftlicher, durch und in sich selbst begründeter Einsicht* erhebe, mithin eine *wahre Wissenschaftslehre* sey.

Dieserwegen wird nun auch von jedem *Philosophen* unbedingt gefodert, *erstlich* dass er *gesunden* und *unbefangenen* Menschenverstand besitze (nicht von Vorurtheilen oder irgend einer Auctorität beherrscht werde) und *zweytens*, dass er sich *über* das *empirische* Bewusstseyn hinaus auf einen Standpunkt erhoben habe, von welchem er dasselbe seinem ganzen Umfang nach übersehen, die Quelle (Möglichkeit) desselben erforschen und die reale Nothwendigkeit seines Inhalts deduciren könne. Nur von *diesem* Standpunkt aus vermag man, den Grundriss des gesammten Wissens zu entwerfen, das in sich selbst fest gegründete, keiner künstlichen Stützen und Unterlagen bedürfende Fundament desselben zu entdecken und die menschliche Wissenschaft darzustellen, als ein in sich selbst vollendetes Ganze.

Der Verfasser des vorliegenden Entwurfs gehört zu der grossen Menge unsrer philosophischen Schriftsteller, welche sich aus der Lecture der *Kantischen* Schriften überzeugt haben, dass der *hypothetische* und *transscendente* Standpunkt der meisten, älteren und neueren, Philosophen schlecht gewählt sey und dass von diesem aus die Philosophie nie zu einer wahren Wissenschaft erhoben werden könne. Er glaubt mit *Kant*, dass der Standpunkt des Philosophen ein *absoluter* und *transscendentaler* seyn müsse, aber hat es nicht versucht, sich selbst desselben zu bemächtigen, und meynt sogar, dieser Arbeit überhoben seyn zu können, weil er nach S. 49 "gar keine Schwierigkeit hat zu begreifen, dass *Kant*, als Erfinder der Idee einer Transscendental-Philosophie, sie auch in ihrem ganzen Umfange realisirte." Sonderbar! dass der Verfasser, wie die meisten Kantianer, es dem Urheber der Kritik durchaus nicht glauben wollen, dass es blos eine *Propaedeutia* zur Transscendental-Philosophie, nicht aber das System dieser Philosophie selbst, geliefert habe. Ein solches System erwartete Rec. von dem V. und der *Titel* dieser Schrift berechtigte

Erster Band. 1799. 8

図11―1　エアランゲンの『学芸新聞』一七九九年第八号のブーレ書批評

ハルトの『哲学文庫』に載った〉はるかにつまらない諸論文についても仰々しく見解を表明することを無駄とも思ってこなかったのだから、書評子はそれだけにより強い確信をもって、この願いがきっとかなえられるだろうと思っている」(2)。

このものの言い方には、哲学者たちの間で別格視されてきた「ケーニヒスベルクの哲人」をものともしない、挑発的な姿勢が認められる。これは、〈エーベルハルトのつまらない論文に反論する暇があるくらいなら、フィヒテ哲学に対する自分の見解を公表したらどうか〉と迫っているようなものである。だが、カントが『発見』を著しエーベルハルトを論駁したのは、もう一〇年も前のことである（本書第二章第四節2参照）。書評者はカントに対して不遜なもの言いをしているだけではない。彼は「批判哲学」の釈義に明け暮れている哲学界の非生産的現状を批判し、「超越論哲学」による批判の精神の創造的発展に強い期待を表明している。書評者はこう書いている。「読者公衆と若い研究者たちは、もう十分長い間カントの諸著作の釈義に悪戦苦闘してきたのであり、カント主義者たちは、もう十分長い間『批判』の補習教師の役割を果たしてきたのだ、そして、アリストテレスの場合もそうであるように、カントの字句に拘泥することがその精神を殺してしまうことを、もう十分に証明してきた。今やようやく、とくにフィヒテやラインホルトによって呼び起された自立的に思考することの創造的精神に敬意を表し、法式―哲学の足枷を断ち切り、自由な精神を実在的思惟へと導く時代が到来しているのである」(3)。そして書評者は、自分は「〈厳格なカント主義者の学説ではなく〉フィヒテの哲学の学説こそ真の批判主義の精神において思惟されているものだと確信している」(4)と断言したうえで、カントに見解表明を促しているのである。

この書評に促されて、カントは「声明」を発表した。そしてＡＬＺ編集部は、哲学の世界でますます強い影響力を持ちつつあったフィヒテ‐シェリング流の超越論的観念論に対抗し、自らの正統派カント主義を正当化すべくカントの「声明」を掲載した。「声明」は冒頭の宣言に続いて、次のようなフィヒテとの以前のやりとりを紹介している。かつてカントは、フィヒテへの或る返書で、彼の「優れた叙述の才能」を「実りのない些事」に費やさず、それを『純粋理性批判』に適用したほうが有益であろうと忠告したことがある。それに対してフィヒテは「自分はそれでもスコラ的な些事へのこだわりを捨てることはないだろう」との返事を寄せ、自分の忠告を拒絶した。「それゆえ、私が、フィヒテ哲学の精神を正真正銘の批判主義とみなしているかどうかという問いには、彼自身によって答えが与えられているのであって、私が彼の哲学に価値があるかないかに見解を述べるに及ばないのである」(5)。

カントはこの種の問題に対してはしばしばそうであったように、ここでも彼の態度は老獪である、というよりむしろ詭弁的である。批判哲学と知識学の関係について正面から語ることを回避して、〈相手が批判哲学の精神を認めていないのだから、自分が敢えてそれに答えるまでもない〉というわけである。だが、これは事実に反する。シェリングと違って、フィヒテは――この「声明」以前にも、以後にも――批判哲学の「精神」の正しさを確信し続けていたことは明らかである。ただ、その「精神」の内実理解がカントの理解とは異なっているだけである。この問題回避的な言説にとどまらず、カントは「声明」の最終段落に、老齢のなせる業か、猜疑心に満ちた不穏当な言葉を書き付けている。

「或るイタリアのことわざは次のように述べている。『神よ、われわれをただわれわれの友人からのみ守りたまえ』。すなわち、友人と称されている人たちのなかには、人がよくて好意的であるのだが、しかし、われわれの意図を促進する手段を選択する際に逆の態度をとってしまう不器用な人もいれば、また他方で、ときに欺瞞的で腹黒く、われわれの破壊をめざしているくせに、それでもその際にも好意的な言葉を用いる（口に出すことと腹の中が別である）ので、そうした人や彼らの仕掛けた罠にはいくら用心してもしすぎることはないような、そんな人もいるのである[6]」。

このような「声明」を発表したにもかかわらず、実はカントは——シェリングが推測しているように——『全知識学の基礎』をはじめとする「知識学」関連の著作をまともに読んでいなかった。かの「声明」発表の一年ほど前、カントは若い友人にこう書き送っている。

「あなたはフィヒテ氏の『一般知識学』をどうお考えですか。同氏はそれをずっと以前に私に送ってくれたのですが、それは浩瀚で、（それを読むと）私は仕事を相当中断することになると思いましたので、その通読を敬遠していました。それでこの度『一般学芸新聞』紙上の書評ではじめてその内容について知った次第です。目下のところ、私にはこの本を手にとってみる余裕がありません。しかし、フィヒテ氏に対するこの書評は（この書評は相当なひいき目で書いています）、私には一種の幻影のように見えます。すなわち、捕えたと思っても何もなく、いつも自分自身だけを見ており、しかも捕えようとしていた自分自身の手だけを見ているといった類のものです。——単なる自己意識、しかも素材を欠いた思想形式だけの自己意識、それゆえ自己意識について反省しようにも、自己意識が適用されうるようなものがないので、その反省が論理学さえ超え出ていくような自己意識は、読む者に奇妙な印象を与えます[7]」。

カントはALZ紙上の書評——一七九八年一月四日から八日まで五号連続で掲載された、『基礎』とその他の関連著作についての膨大な書評——を通して、フィヒテ哲学の概要を知った。その書評者はラインホルトであった[8]。その前年の二月、ラインホルトは自分の「根元哲学」の立場を捨てて、フィヒテの「知識学」を支持することを公にしていた。したがって、その書評は当然「知識学」の精神と方法を積極的に評価する——カントの眼には「相当ひいき目」に映る——ものであった[9]。

2. フィヒテ—シェリング側の反論

さて、この「声明」にさっそく反応したのはシェリングである。彼は九月一二日にフィヒテに手紙を書き、この「声明」を激しく批判する。すなわち、カントは「知識学」を読んだこともなく、ただ人づてに聞きかじったことを、「自分ではけして理解してもいなければ、知りもしないことをけなしている」にすぎない。カントは「時代が、まさに一〇年前にそうであったときのままの状態、つまり人々がいまだに〈批判〉を受け売りする状態にあるという、幸福な想像に頼って生きているのだ」。そしてシェリングは、もはや時代についていけなくなり「哲学的には死んでしまっている」老カントとの「曖昧な関係」を清算し、「カントの代わりに、彼自身が理解しているより、もっとうまく彼を理解する次の代がすでに登場していること」を宣言すべきだ、とフィヒテをけしかけた[10]。フィヒテはさっそく返信を送り、やんわりと抑制のきいた口調でカントのやり口を批判した。ところが、このフィヒテの「返信」がそのまま、九月二八日付の「知的広報欄」（一二二号）の「雑報」欄に、「声明」への反論として（シェリングの名前を添えて）掲載されることになるのである[11]。

シェリング宛の私信で——そして、ALZにそのまま公表された文書で——、フィヒテは、かの「声明」が言及しているカントの手紙で、カント自身が老衰を理由に「理論的思弁の緻密な事柄については」、「よろこんで他の人にお任せし」、自分はもっぱら「実践的な部門」に専念したほうがよいと思っていると書いていたことを公表している。そして、「声明」も同じことを言っているのだとフィヒテは解釈している。すなわち「声明」が述べているのは、「彼が新しい研究には参与する気がないだけであり、彼が新しい研究の成果に関与すること一切から身を引いているだけあり、したがって、ここでもいたるところで話題にされているのは、判定される客体ではなく、判定する主体だけであるということなのである」。フィヒテは直接的な批判を避けている。ただし、「知識学」は「論理学」などではなく、「超越論哲学すなわち形而上学そのものである」ことを明言し、反論している[12]。

「新しい超越論哲学」派の怒りは、カントに対してはなお抑制されているぶん、いきおいそれはALZ編集部に向かう。フィヒテは一一月一九日のシェリング宛書簡では、友人の話として『一般学芸新聞』が没落の一途をたどり「破滅」の危機にあると語り、次のように書いている。ラインホルトも「『一般学芸新聞』ではもう、カント主義に厳格に服従するような信奉者しか発言権をもたなくなるだろう」と述べている。今や「シュッツは老人ぼけで無駄口だけを叩く、しぼり糟のような過去の人になっており、フーフェラントは後光を横領するだけの、生来頭の鈍い男なのだ」[13]。こうして、カント—ALZ編集部とフィヒテ—シェリングの新しい哲学的立場との軋轢、対立は、カントのこの「声明」を契機に公然化し、激化していくのである。

両サイドの感情的、心情的対立がエスカレートしていくのは事の自然な成り行きである。だが、その対立の根底にあったのは、当然のことながら、「超越論哲学」の基本課題の理解をめぐる対立であった。カントにとって、その課題は「経験の可能性の制約」の解明にあった。外的世界の実在態に由来する認識の「素材」と認識のア・プリオリな「形式」との結合を解明することにあった。そのためには、まずはそのア・プリオリな「形式」を「見いだす」ことが肝要であった。だがフィヒテにとって、「哲学」の問題はもはやそこにはなかった。彼にとって問題は、その諸「形式」を「見いだす」ことではなく、それらの「生成」を、純粋な超越論的主観の根源的、能動的働き自身から演繹することにあった。その意味で、彼にとって哲学の課題は、カントの言う「可能性の制約」のさらにその「制約」の究明にあったとも言える。当然、問いの境位は、もう一段メタレベル化されることになる。その企てが、カントには「素材を欠いた思想形式だけの自己意識」の究明にすぎないと映っている。「素材」を欠いたままの「形式」の自己究明、自己根拠づけのごとく映っている。

たしかに、この「根源的、能動的働き」それ自体——すなわち、『全知識学の基礎』の「第一根本命題」に表された、絶対的自我の端的な自己措定作用——は、内容をもたない。そこには一切の否定も区別も差異も含まれていない。それはまさに純粋な能動（活動）性そのものである。フィヒテも『全知識学の基礎』第五章第二定理でこう述べている。「神性にとっては、すなわち、自我が純粋に措定されていることによって一切が措定されているかのような意識（ただ、このような意識の概念はわれわれにとっては思惟不能であるのだが）にとっては、われわれの知識学はいかなる内実をもたないであろう。というのも、そのような意識には、自我の措定作用以外のいかなる措定作用も生じないであろうから」（GA I/2, 390f.）。この意味において、知識学の第一原理それ自身はもとより特定の内実を欠いている。だが、カントの批判はここにあったわけではない。

　純粋な能動的働きは、理論的自我の場合にも、実践的自我の場合にも、つねに或る受動的制約のもとでしか発動しない。この制約が「非我」、「障害（Anstoß）」であり、実践的自我ではそれは「感情」や「自然衝動」として現れてくる。そして、これが「形式」としての自我の働きに対する「内容」とみなされる。この「内容」は、もとよりカントの「声明」が「認識の質料」とか「認識の内容」と呼んでいるものとは異なる。それは、自我の「外部」から与えられた「質料」ではなく、自我の「内部」で自我によって生み出されたものであるが、しかし、それとしては意識されないような、自我の働きの被制限的、受動的契機にほかならない。するとここでは、カントでは一重の関係でしかなかった「内」（形式）と「外」（素材）の関係それ自体が、超越論的主観という「内」に移されているわけである。かくして「内におけるかぎりでの外」と「内におけるかぎりでの内」が成立し、この「内」における〈「内」と「外」〉との関係が、すなわち自我自身の内部における、自我の能動的契機と受動的契機との関係の究明が――『基礎』の理論的部門においても、実践的部門においても――知識学の課題となっている。カントの「声明」は、この「内容」としての「内におけるかぎりの外」が、内実なき「形式」にすぎないと批判しているのである。

　この観点から眺めれば、カントの「声明」を契機に顕在化した対立の本質は、超越論的思惟のこうしたメタレベル化を認めるか認めないかという点に行き着く。具体的に言えば、この「内におけるかぎりでの外」を「実質」を欠いた（「経験の大地」を離脱した）空虚な「形式」と見るか、超越論的主観の「実質」とみなすかの相違にある。

　最後に、この事件に付随して、興味深い事実を付け加えておく必要がある。この事件からほぼ一年後、今度はシェリングとフィヒテの哲学的立場の違いが顕在化してくると、シェリング自身がフィヒテに向かって「知識学」は実質・実在性を欠いた「論理学」のようなものだとの批判を向けるようになるのである。そのとき、シェリングはこう書き送る。フィヒテ流の「純粋な知識学」は「観念論の形式的証明」にすぎず、「ただまったく論理学的に働いているだけであり、およそ実在性とは何のかかわりももっていない」。だが「哲学」は「観念論の実質的証明」でなければならない[14]。ここで、シェリングはある種の実在論的観点からフィヒテ自我論の観念性に異論を呈しているのだが、それは、一年前にカントが「経験的実在論」の観点からフィヒテの「超越論的観念論」を批判したのと構図は同じである。

　すなわち、一〇年前のレーベルクのカント批判（第三章第二節参照）、三年前のシュミートの「知識学」批判（第八章第三節参照）、「声明」でのカントのフィヒテ批判、そしてその一年後のシェリングのフィヒテ批判、これらはみな、異口同音に、知あるいは認識における「実在性」（実質）の契機の欠如を批判しているのである。ただ、問題の位相が一段深化しているだけである。いずれの場合も論点は、「知」あるいは「認識の実在性」をどう理解し、その根拠をなにに求めるかである。この問題の深源は、「認識の実在性」を究極的に realitas objectiva（「表象的実在」）に求めるか、それとも realitas folmalis（「形相的実在」）に求めるかにまで遡る。[15] それは、「物自体」をめぐる論争以来、「超越論的観念論」という型の哲学的思惟には不可避的な問題であった。

第二節　『自然の哲学の考案』書評に端を発するシェリングとＡＬＺ編集部の激突（*ALZ* 1799, Nr. 316, 317, und IB. Nr. 142; 1800, IB. Nr. 56, 57, 62, 77, 104, 117）

カントの「声明」発表から約三カ月後、今度はシェリングとＡＬＺ編集部とのもっと激しい対立が勃発する。その契機を与えたのは、弱冠二二歳のシェリングの最初の自然哲学的著作『自然の哲学の考案』（以下、『考案』と略記）（一七九七年）についてのＡＬＺ書評であった。両者の対立は、書評の内容についての見解の対立の枠内にとどまらず、しだいにＡＬＺそのものの基本的立場や書評姿勢全般をめぐる論争に発展し、そして双方サイドからの人格攻撃をも交えた「全面戦争」にエスカレートしていった。この場合もまた、その根底には時代が要請している哲学の在り方をめぐる根本的な意見対立が横たわっていた。

シェリングは一七九五年の秋、ヘーゲルとヘルダーリンより二年遅れてチュービンゲン・シュティフトの課程を修了した後、先輩たちと同じように、まずシュツットガルトで家庭教師の職に就いた。翌年三月末には彼は自らの研究を継続する意図をもって、二人の教え子とともにライプツィヒに向かう。四月の末、当地の大学に学生登録をしたシェリングは、ライプツィヒで本格的に自然哲学の研究に取り組むことになる。彼は当地の自然科学系の教授たちの講義[16]を聴講し、そこから強い刺激を受けるとともに、この領域に関する独自の研究を深めていく。そして、一七九七年の冬には「自然の哲学の考案、第一部」という著作を復活祭には出版する予定だと父に報告している（*AA* III/1, 111）。実際、その著作は予定通りこの年の復活祭には出版された。この時期、彼は家庭教師としての任務をこなしながら、同時にニートハンマーとフィヒテの編集する『哲学雑誌』第五巻、第六巻の各号に「最近の哲学文献の概括摘要」論文を八回にわたり連載している。こうした外的事情を勘案すると、『考案』は非常に限られた時間に、出版期日に迫られながら執筆されたと推定される。この『考案』と翌年春の『世界霊について』で、シェリングの「自然哲学期」が始まり、その自然哲学研究はイェーナの講義へと引き継がれていくのである。

本節では、シェリングとＡＬＺ編集部との間に生じたこの対立の経緯を追いながら、その背景や意義を概括してみよう。

1.『自然の哲学の考案』

『考案』は「前文」の後、本論部分が「序説」、「第一篇」、「第二篇」から構成されている。頁数がローマ数字でふられている「前文」と「序説」は、その内容から見ても、「第一篇」「第二篇」の後に書かれたと推定される。著者自身が「第一篇」を「経験的部門」、「第二篇」を「哲学的部門」と特質づけている。「第一篇」の論述主題は、「物体の燃焼」過程（第一章）、「光」と「熱」の本性（第二章）、「空気」や諸々の「気体」の現象（第三章）、「電気」的現象（第四章）、「磁気」

の現象（第五章）であり、最後にこれらに関する考察から導き出された「一般的な考察」が提示されている（第六章）。これらの主題を論じるのに、シェリングは当時最新の自然科学の諸理論や諸発見に立ち入って論究している。「第一篇」末尾は、その検討の成果を「自然はその諸現象の大小のまったき多様性を、引きつける力と反発する力という対立した両力を通して実現することができるのだ」（AA I/5, 179）と要約している。ここに、磁気的過程、電気的過程、化学的過程すべてを貫いて持続する双極性が強調されている。

この「経験的部門」とは違って、「第二篇」は物質の本質に関する哲学的理論の批判的検討に向けられている。まず、前章を承けて「牽引」と「反発」、あるいは「引力」と「斥力」が、さまざまな形式で現象する「物質」を構成していること、したがってこの「根本両力」が「自然の体系の原理」であることが確認され（第一章）、次いで「これら両原理の誤用について」（第二章）言及される。第三章では、ジュネーヴの自然哲学者ルサージュ（Georges Louis Lesage 1724-1803）によって唱えられた自然の原子論的モデルが批判的に検討され、原子論が自然の原理としては欠陥をもっていることが明らかにされる。そして、著者は第四章で、「物質概念の第一の起原」の探求にかかる。すなわち、対立する根本両力としての「かの原理の誕生地と誕生の現場を探し求める」（ibid. 208）ことに向かう。そして、その誕生地を「直観」に指定する。すなわち「かの両力が必然的に物質に帰属しなければならない根拠は、直観自身のうちにあるに違いないだろう。この直観の客体であるものが物質として、すなわち引きつける力と反発する力との産物として直観されねばならないことは、われわれの外的直観の性状から明らかにされうるに違いないであろう」（ibid. 210）。シェリングによれば、「直観」は「相互に制限し合う絶対的に対置された〔二つの〕活動を統合する」（ibid. 215）働きであり、この働きの構造的特質ゆえに、この働きに基づいて「客体」が「物質として、すなわち引きつける力と反発する力との産物として」構成されるのである。こう主張する点で、この自然哲学者は疑いもなく超越論的観念論者である。それゆえ彼は、「われわれの探求は、物質一般の概念の超越論的究明（eine transzendentale Erörterung）である」（ibid. 208）とも述べているのである。続いて「動力学の第一諸原理」が説かれ（第五章）、第七章から第九章では、「物質の質的なもの」を対象としている「化学の哲学」が説かれ、自然科学の力動的な構想全体における「化学」の位置が明らかにされる。

さて、上記のような「物質の原理」の理解において、シェリングがカントの『自然科学の形而上学的原理』（一七八六年）の「動力学」での「引力」と「斥力」の概念から、さらに『判断力批判』における目的論的―有機体論的自然観から強い刺激を承けていることは明白である。だが、二つの「本篇」よりもっと広いパースペクティヴから叙述されている「序説」から窺い知れるのは、シェリングがカントのみならず、プラトンやスピノザそしてライプニッツからも大きな刺激を受け、彼らの方法論的視座を「思弁的自然学」の形成に援用しようとしていることである。これ以降の彼の自然哲学研究の展開から明らかになるように、彼はスピノザからは「所産的自然」（「客体としての自然」）に対する「能産的自然」（「主体としての自然」）の着想を継承し（vgl. AA I/8, 41f., 45, 52）、ライプニッツのモナド論からは自然諸現象の連続的展開を可能にする概念、すなわち「その端緒においてすでに無限であり、系列の全体を貫流する一つの無限な量の進展（Evolution)」という概念（vgl. AA I/7. 80, 153）を引き入れていく。

　シェリングの自然哲学に対するこのようなカントやライプニッツの影響は、従来からつとに指摘されてきたところである。だがわれわれは、方法論的観点から見れば、この領域でも彼は――あまり強調されてこなかったことだが――フィヒテの決定的影響下にあることを強調しておかねばならない。「第二篇」「第四章」で彼はこう述べている。

「われわれのうちにある一切の思惟の働きと表象作用には、必然的に或る根源的能動性が先行している。この能動性は一切の思惟の働きに先行しているのだから、そうであるかぎり端的に――無規定的でかつ制限されざるものである。それに対置されたものが現存するようになって初めて、その根源的能動性が制限された能動性になり、そして、まさにそれゆえに規定された（思惟可能な）能動性になるのである。もし仮に、われわれの精神のこの能動性が根源的に制約されているとすれば、…〔中略〕…精神は自らが制限されていると感じることはできないであろう。精神は自分の根源的無制限性を同時に感じるかぎりでのみ、自分の被制限性を感じるのである。

　この根源的能動性に対して働きかけるのが、…〔中略〕…この能動性に対置されており、今までは同じようにまったく無規定的であった能動性である。それゆえわれわれは、これら相互に矛盾する二つの能動性を直観の可能性の必然的制約としてもっているのである」（AA I/5. 212）。

「心意のうちでは能動と受動が統合されているが、一方は、根源的に自由で、そしてそうであるかぎり外部からは制限されない活動であり、もう一方は、心意に強要された（反省された）、自ら自身に向かう活動である」（ibid. 213）。

　これはフィヒテ的自我論の方法論的核心そのものであり、それをシェリングはここでは「物質」を構成する「直観」の働きの解釈に援用している。先に述べたように、対置された両力の対立と総合を原理とする「物質」概念を成立させるのは「直観」であった。ここでは、その「直観の可能性の必然的制約」が、超越論的自我に内在する、対置されかつ総合される二つの能動性であると理解されている。この二つの能動性とは、フィヒテの術語で言えば「純粋能動性」と「客観的能動性」にほかならない。すると、シェリングの「物質」概念の演繹は、その根底において、フィヒテの超越論的自我論に依拠していることは明らかである。少なくともこの点においては、『考案』の著者は決定的にフィヒテ主義者であった[17]。

　さて、けっこう長い「序説」の結論はこう締めくくられている。

「われわれが主張せんとしているのは、自然がわれわれの精神の諸法則と偶然に（たとえば、第三のものを介して）合致するということではなく、自然自身が必然的かつ根源的にわれわれの精神の諸法則を――表現するにとどまらず、それらを自ら実在化するということである。そして、自然がこのことをなすかぎりでのみ、自然は自然なのであり、自然と呼ばれるのである。

　自然は眼に見える精神であり、精神は眼に見えない自然であるはずである。この点に、すなわち、われわれの内なる精神とわれわれの外なる自然との絶対的同一性においてこそ、われわれの外なる自然がいかにして可能となるのかという問題が解かれねばならないのである。したがって、われわれの今後の自然探求の究極目標は、こうした自然の理念なのである」(ibid. 107)。

ここにすでに「精神」と「自然」との「絶対的同一性」が語られている。自然は単に精神を「表現している」だけでなく、その長い進展を通して「精神の諸法則」を「自ら実在化する」。その意味では、両者の「絶対的同一性」というより「根源的同一性」という術語のほうが適切であろうが、とにかく、ここに謳われたテーゼこそシェリングの自然哲学の神髄であり、これ以降の彼の自然哲学の体系化の企ては、これをより精緻に説得力あるかたちで解明することにあったと言える。

2. 二つのALZ書評(*ALZ* 1799, Nr. 316, 317)

この野心的で新しい自然哲学の超越論的構想は、思想界にかなりの反響を呼び起こした。一七九七年の暮れから翌年末までの一年間に、有名なゲッチンゲンやチューービンゲンの「学術報知」、そして各種の自然科学系雑誌合計五誌が、『考案』を採りあげ書評している[18]。だがALZが『考案』を採りあげたのは、ようやく一七九九年一〇月になってからである。すでにこの時点では、著者の第二の自然哲学書『世界霊について』だけでなく、イェーナでの講義用に書かれた『自然哲学体系の第一草案―講義用』(一七九九年五月)や『自然哲学体系草案への序説』(一七九九年九月)も公刊され、シェリングの思弁的自然学はかなり体系化されつつあった。にもかかわらず、ALZはその最初のトルソーだけを取りあげた。しかも異例なことに、ほぼ同時に二種類の書評記事を掲載した。

一つ目は、『考案』の自然科学的側面に重点を置いた書評であり、一〇月三日の第三一六号に掲載され、もう一つは、その哲学的側面に重点を置いており、翌日の一〇月四日の第三一七号に掲載された。ALZ編集部の二重書評という措置については、それ自体として悪意のあるものではなかっただろう。『考案』自体が、多様でいささか雑多な自然科学上の知見を盛り込んだ「経験的部門」と、「物質」概念の哲学的構成を目的とした「哲学的部門」から成っている以上、この両部門それぞれに焦点を当てた書評を掲載することはむしろ理に適っているとも言える。編集部はおそらくこの点を勘案して、「第一書評」には「わが国のもっとも著名な数学者にして自然学者」を書評者に配し、「第二書評」には「カント哲学に精通しているとともに、多くの分野での経験的諸知識の豊富な学者」を配したことさらに注記を施している(*ALZ* 1799, Nr. 316, Sp. 25)。

「第一書評」の論調は非常に厳しく、全面否定的である。書評者は経験的自然学の立場に立って、「序説」で提起されているような自然に関する超越論的問いに根本的異義を唱えている。彼は、著者が自然の哲学に経験的自然学より「高次な傾向」を与えようとしていることに疑義を呈し、「自然の可能性を、すなわち経験世界総体の可能性を諸原理から導出しよう」とするような企てを疑っている(*ALZ* 1799, Nr. 316, Sp. 25)。書評者にとっては、そのような企ては余計なものと思われる。というのも「われわれは、〔自然の〕諸性状、諸々の力、諸作用や諸関係を研究するだけで十分なのであり、それらについて事物の可能性や事物の諸表象の可能性をたぶんなしで済ますことができるであろう」(ibid. Sp. 27)から。つまり、この経験的自然学者は「思弁的自然学」そのものの意義をまったく認めていない。

続いて書評者は、「第一篇」に含まれているシェリングの多くの主張や推定――たとえば、燃焼可能性をもった一つの根本素材が存在するという主張、彗星は単なる星雲にすぎないという推定、光のオイラー的理論の叙述等々――を批判している。書評者の考えでは、それらはみな証明されていないか、あるいは誤っている（ibid. Sp. 27-29）。さらに、著者は「重さ」と「重力」の違いさえ分かっていないと、著者を自然科学の初学者扱いしている（ibid. Sp. 30）。「第二篇」については、われわれが先に引用した、「直観の可能性の必然的制約」としての「二つの能動性」の関係個所を長く引用した後、こう皮肉っている。「これは、まさに胡桃の殻の中に二つの世界を認識すること（historia utriusque cosmi in nuce）だ。かくも深く自ら自身の内奥と事物の内奥とを覗き見ることのできる者は、幸せなるかな」（ibid.）。

「第二書評」のほうは冒頭で、この著作には「自分自身の力でその目標を追求する精神が息づいており、その論述の途上で周辺の諸対象に多くの明晰な眼差しを投げかけているが、その眼差しは根本的というよりしばしば独創的である」と評価している（ibid. Nr. 317. Sp. 33）。この評価は微妙である。著者の洞察力は「明晰である」が、「根本的」というよりもむしろ「独創的」、独自的であると評価しているからである。この場合「独創的」は「恣意的」というニュアンスを含んでいよう。洞察が「根本的」な地平にまでいたっていないという批判的視点は、以下の異論に示される。

著者は「序説」で、「事物における継起」と「われわれの表象における継起」の関係の解明にかなりの頁を割き、「継起」は「表象」のうちでのみ可能となるのであり、要請された「物自体」のうちでは不可能であると結論づけていた（AA I/5. 85-88）。書評者はこの主張を詳しく分析して、シェリングのこのテーゼが十分に根拠づけられていないことを示そうとしている。彼はこの主張が「証明されずに」、単に「前提にされている」だけであるか、あるいは「論点先取」の誤りを犯していることを論証しようとしている（ALZ ibid. Sp. 35）。書評者はこの主張の結論自体に反対しているわけではない。彼はおそらく批判主義の立場からその結論には同意しながらも、シェリングの論証が荒っぽすぎると言わんとしているようである。書評の前半部がこの論点に割かれている。後半部は『考案』の各章の内容を要約的に紹介している。そのなかで書評者は、シェリングの自然科学上の仮説や主張にいくつか批判的コメントを挟みながらも、またいくつかには同意を示している。

シェリングは、超越論的視点をまったく欠いたこの「第一書評」に憤慨し、その匿名の書評者を割り出そうとしていたが、しばらくはその正体は判明しなかった。現在では、その書評者はハレ大学の数学および自然学教授クリューゲル（Georg Simon Klügel 1739-1812）だと同定されている。[19] なるほど「わが国のもっとも著名な数学者にして自然学者」と言える。「第二書評」の著者は、「第一書評」の場合ほど確定的ではないが、おそらくニュルンベルクのエアハルトである。エアハルトについては、われわれはすでに何度か言及してきた。彼はＡＬＺでのフィヒテの『革命論』や『学者の使命』の書評者であったし（本書第六章第二節、第三節参照）、シェリング『自我』論文の書評者でもあった。法理論関連の多くの論文を著していた彼は（第七章注（16）参照）、医師でもあり、当然多くの自然科学的知見も持ち合わせていた。彼のこのキャリアは「カント哲学に精通しているとともに、多くの分野での経験的諸知識の豊富な学者」という編集部の注記が誇張でないことを示している。

3. シェリングとＡＬＺ編集部の対立の激化（IB. der ALZ 1799, Nr. 142; IB. 1800, Nr. 57, 62, 77, 104, 117）

この二つの書評の評価をめぐって、シェリングとＡＬＺ編集部の対立が公然化し、それは時とともに激化していく。まず、時系列にしたがってＡＬＺ紙上での論争の推移を確認しておこう。[20]

一七九九年

① 一〇月三日：ＡＬＺ三一六号、『考案』の自然科学的側面に重点を置いた第一書評（Sp. 25-30）を掲載。

② 一〇月四日：同三一七号、哲学的側面に重点を置いた第二書評（Sp. 33-38）を掲載。

③ 一〇月二六～二八日：これに対するシェリングの抗議とシュッツの返答が連日の書簡で交わされる。

④ 一一月二日：ＡＬＺ「知的広報欄」一四二号の「雑報」欄に、シェリングの「ＡＬＺ編集者への申し入れ」（一〇月六日の日付）とそれに対する「編集者の回答」が掲載される（Sp. 1150-1153.）。

一八〇〇年

⑤ 四月二二日：シェリングが『思弁的自然学雑誌』第一巻第一分冊に掲載された「前掲論文への付録、二つの自然哲学書評とイェーナの一般学芸新聞に関して」を別刷りにして、独立の冊子『イェーナの一般学芸新聞について、イェーナの教授シェリングによる解説』（出版社、イェーナのガプラー）として出版する。

⑥ 四月二四日：上記の『解説』でシュッツが講義中にフィヒテを嘲笑したと書かれたことに対して、シュッツが「名誉棄損」の廉で大学法廷にシェリングを訴える。シェリングもこれに反訴。

⑦ 四月三〇日：ＡＬＺ「知的広報欄」五七号に、シュッツによる長大な「ＡＬＺについてのシェリング教授の非常に不公正な解説に対する弁明」（Sp. 465-480）が掲載される。

⑧ 五月一〇日：「知的広報欄」六二号に、上記「弁明」の続き（Sp. 513-520）が掲載される。

⑨ 六月一一日：同上七七号に、ＡＬＺ副編集長フーフェラントの「釈明」（Sp. 639f.）が掲載される。これは、シェリングのその後の自然哲学的諸著作をシュテフェンスがＡＬＺで書評することを、フーフェラントがいったん認めながら、これを拒否したとされることへの「釈明」である。

⑩ 七月一九日：同上一〇四号に、上記の件に関するシュテフェンスの見解（Sp. 891-894）と、それへのフーフェラントの「回答」（Sp. 894ff.）が掲載される。

⑪ 八月六日：同上一一七号に、上記のシェリングの『解説』が全国の書店に行き渡っていないのはガプラーのせいだと噂されていることに対する、ガプラーの釈明とシュッツの見解が「雑報」欄（Sp. 1007f.）に載る

⑫ 一二月一三日：大学法廷は、シェリングに一〇ターレル、

シュッツに五ターレルの罰金刑を下す。

④の「申し入れ」で、シェリングは「著名な数学者、自然学者」とされている「第一書評」の書評者を「哲学の初歩的概念すらわかっていない」とやり返し、「第二書評」の書評者を「自然学については非常に貧弱な知識しか持ち合わせていないが、それでもカント的な哲学においてはひとかどのことをなしてきたようである」と評している（IB der *ALZ* 1799, Nr. 142, Sp. 1150f.）。そして、ＡＬＺ編集部に「第三の書評」の掲載を要求し、この書評の著者は「単に自然学者であるだけでも、単に思弁哲学者であるだけでもだめで、同時に両者を兼ねており、両分野に等しい活力をもっている」者でなければならない、と注文をつけている。そして彼はこともあろうに、この書評者に自分がなることを申し出ている（ibid. Sp. 1151）。自分の著作を自分が書評するというわけである。この常識はずれの申し出には、自然の諸現象全体を思弁哲学的に考察できる――「同時に両者を兼ねる」ことができる――のは、自分を置いて他にないという過剰な自負心が表されている。だが続けて彼は、重要なのは「ばらばらの着想を並べているだけだとの思いを抱かせる最初期の企て」（すなわち『考案』）であるよりも、「それ以降に出版され、初めてより高次な学的要求を掲げている、思弁的自然学の実際の体系の第一草案」の方だとも述べている（ibid.）。この点を勘案すると、シェリングは自ら申し出た「第三の書評」で、自らのこの二年半の歩みを踏まえて、『考案』を批判的に相対化しようという想いをもっていたのかもしれない。

これに対して、同時に掲載された「編集者の回答」は、まず二重書評の異例措置は「シェリング教授の才能を顧慮してのこと」だと釈明している。そして、「哲学の初歩的概念すらわかっていない」という言い方に抗議している。編集部は「第三の書評」要求についてはこれを拒否する一方で、「第一草案」等の近著の書評については、「自然学者と思弁的哲学者を同時に兼ね、両分野に等しい活力をもっている二、三の人物」をシェリングが提案することを喜んで受け入れ、「彼らのなかから一人の書評者を選べば」よいとしている（ibid. Sp. 1152）。

『考案』書評をめぐるいさかいは、これで終止符を打ったかに見えた。しかし、これから五カ月後、シェリングは⑤によって突如として大規模な反撃に出る。⑤の雑誌論文「付録」＝『解説』パンフレットは、もはや一著作の書評内容への非難の枠を大きく超えて、ＡＬＺ編集部に「全面戦争」を仕掛けている。それは、Ａ・Ｗ・シュレーゲルが漏らしているように、ＡＬＺそのものに致命的打撃を与えることを狙った「クーデター」的攻撃のように映る。

シェリングはここで、論点をあちこちに飛ばしながら、脈絡を欠いた編集部批判を延々と五〇頁近く書き連ねている。最初は五カ月前の話、すなわち編集部の提案を承けてシェリングが自分の最近の著作の書評者に（当時彼の講義に列席していたシェリング信奉者）シュテフェンスを推薦したのに、編集部がこれを拒否した不当性を非難している。次に、二つの書評を掲載したことへの編集部の釈明にかみつき、さらに「第一書評」の評者の批判的コメントに逐一反論している。「第一書評」の末尾の批判に対しては、ここに「ライプニッツ以来、真に思弁的な哲学において、すなわち観念論の体系において生じてきたことすべてについて、書評者がまったく無知であることが白日の下にさらけ出されているのだ」（*AA* I/8, 249）と反撃している。

そして話は、ＡＬＺ編集部の「書評原則」がまったく時代遅れなものになっており、近年の諸学問の急速な発展にそぐわないばかりか、その阻害物になっているという根本的批判に移っていく。曰く「最高の成果を生みだすためには、すべての学問がもっとも精密かつ緊密に同盟関係を結ばなければならない時代が到来している。今や、芸術とポエジーの関心が学の関心と絶対的に同一のものになり始めている」。それゆえ「哲学と自然学を分離し、この両学とポエジーや芸術を分離することに慣れきっているような」(ibid., 250) 姿勢は、もはや時代遅れになっており、諸学の進展の妨げとなっている。もちろん、シェリングはここで、現代風の「学際的関心」一般の重要性というよりも、自分自身の「思弁的―超越論的」自然学の、そして初期ロマン派の「詩的思惟」の「現代的」意義を強調しているのである。そして、時代についてこれなくなっているALZは、今や「一切の逆行的傾向の代弁者、学問上の反啓蒙主義のセンター、老朽化した因襲の支柱、平凡陳腐さと無知を熱望する者たちの最後の希望」(ibid., 251) になりはてていると断罪するにいたる。

そのことを証示するために、シェリングは次から次へとさまざまな事例を挙げている。まず、二重書評問題の直後に起こった、ALZからのA・W・シュレーゲルの「離脱」宣言とこれに対する編集部の対応の不誠実さを長々と論難する。この「離脱」問題については、次節に紹介する。次に、批判哲学の「精神」をでなく、その「字句」を金科玉条のごとく奉っているALZ編集部がフィヒテの新しい哲学を無視し続けてきたこと。それにとどまらず、「当地では広く知られているように、シュッツ自身が彼の講義で最新の哲学を侮辱しただけでなく、フィヒテを個人的に嘲笑して、鬱屈した自分の感情の憂さ晴らしをしようとした」(ibid., 260) と漏らし、この発言が告訴の種となる。

さらに、編集部は自然科学の最新の動向に無知であるがゆえに、新しい「医学のブラウン的体系」を無視する (ibid., 261) 一方で、愚劣な通俗的評論家F・ニコライに宥和的な姿勢をとり (ibid., 264)、さらには「文筆家の世界のなかでも最も軽蔑すべき輩」である通俗的人気作家コッツェブー (August von Kotzebue 1761-1819) とさえ手を組もうとしている (ibid., 266) ――この両者との癒着非難は、次節でのA・W・シュレーゲルのALZとの決裂問題に密接に関連している。また、こうも述べている。ALZは、バーダー (Franz Xaver von Baader 1765-1841) やエッシェンマイヤー (Adolph Carl August Eschenmayer 1768-1852) の近年の重要な著作や、リッター (Johann Wilhelm Ritter 1776-1810) のガルヴァーニ電池に関する重要な実験成果を無視する一方で、もはや学問の前進に何の寄与もしないシュミートの『哲学的に考察された心理学』などを大々的に採りあげ、膨大なスペースを浪費している[21]。このように、新しい時代に即応したしかるべき書評を生みだせないのは、ひとえに編集部が「無能である」からである。

そして、シェリングは決定的な発言に踏み込んでいく。「しかし、事態がこうであるのに、両編集者はなぜ書評活動を停止しないのか、あるいは、なにゆえ諸学問を網羅する学芸新聞 (allgemeine L. Z.) という看板を掲げて人を欺き続けるのか?」(ibid., 268)。そして、彼はALZにこう「死亡宣告」を告げる。「最終的に、そして私が今でも両編集者の友人であることを表明するためにも、私は両編集者が任務を完全に知的広報欄にだけ限定し、これを洗練されたものに仕上げることに専念し、無益な書評活動を手放したほうがよいと善意の忠告をおくる」(ibid., 269)。ALZは確かにその最盛期を過ぎ、その正統派カント主義的立場も一因となってその紙面はますます精彩を欠きつつあった。とはいえ、なおドイツ全土の指導的書評紙の面目を保っていた同紙に、「書評活動を停止せよ」との「忠告」を外部から発することができるのは、傲慢不遜で才気ばしった二五歳の若者だけがなせる業であろう。

当然、編集部の側も黙っていなかった。⑦と⑧と⑨は、この⑤のパンフレットに対する反撃である。シュッツは⑦の「弁明」において、前年の書評掲載直後の一〇月二六～二八日に両者間で交わされた書簡五通の全文を証拠として公開して、書評に関する⑤でのシェリングの主張すべてに事細かく反論している。彼は、シェリングが事実を「曲解し」たり、「でっち上げたり」しており、また時には「嘘」をついていることを証示しようとしている。そしてＡＬＺが「公正無私」という「書評原則」を逸脱している、あるいは時代についていけなくなっているという批判に対しても、逐一事実を挙げて――たとえば、フィヒテの諸著作を初期から数多く書評しており、ブラウンの体系についてもしかるべく対応してきたことなど――反論している。そして、シュッツはこう反撃している。

「ＡＬＺが一体どこで逆行的傾向の代弁者になったというのか？
（……）
ＡＬＺによって一体どこで学問上の反啓蒙主義が促進されたというのか？　どこで？　どこで？
ＡＬＺが一体どこで老朽化した因習を支柱として支えてきたというのか？　どこで？　どこで？」（*IB der ALZ* 1800, Nr. 57. Sp. 469f.）。

「眼力のある人々にとっては、ＡＬＺがなんの価値ももたないことはずっと以前からよく知られていたことだ」というシェリングの暴言には、こうやり返している。「この日の下には、シェリング氏とＡ・Ｗ・シュレーゲル氏とＦ・シュレーゲル氏というただ三人の眼力のある人間しか存在しないのだということをよく考えてみれば、この逆説は消失する」（ibid. Sp. 470）。ＡＬＺの「文芸」欄での書評に多大な貢献をしたＡ・Ｗ・シュレーゲルの著作を編集部が不当に扱ってきたことが、彼の「離脱」宣言を招いたというシェリングの批判に対しては、シュッツは⑧では今度はシュレーゲルとの（一〇月二〇日以降の）往復書簡三通を公開して、そうした批判が当たらないことを確証しようとしている。そして、「離脱」宣言の「本当の理由」は、「ＡＬＺを激しく傷つけようとする意図」にあるが、そのことによって「傷つくのはただシュレーゲル一人である」（ibid. Nr. 62. Sp. 513）とやり返している。

われわれは、これ以上細部に踏み入り両者の言い分に付き合う必要はないであろう。もはや明らかなように、シェリングとＡ・Ｗ・シュレーゲルは連携しながらＡＬＺの権威に決定的打撃を与えることをもくろんでいる。新しい精神と学問を切り開いていると自負している彼らにとって、これを理解する能力をもたないＡＬＺ編集部の旧態依然たる「書評原則」とその実践が妨害物になっているという想いは強烈である。この『考案』書評論争は、旧世代の正統派カント主義と新世代の思弁的観念論―ロマン主義との決定的対立を象徴的に示す事件となった。

第三節　A・W・シュレーゲルのALZ「離脱」宣言（IB. der *ALZ* 1799, Nr. 145 : *ALZ* 1799, Nr. 343, 372, 415）

『考案』の二つの書評からほぼひと月後、「知的広報欄」の第一四五号（一一月一三日付）にA・W・シュレーゲルの「ALZからの離脱」宣言（起草の日付は一〇月三〇日）と、これについての編集部の「釈明」が掲載される。「離脱」宣言は簡潔にこう書いている。私は「一七九六年の中頃から最近にいたるまで」ALZの書評活動に従事してきた。この間の「文学の分野での多少とも意義のある書評のほとんどすべてが私の筆になるものである」。それゆえ、「私がALZの寄稿者から降りること」を読者にお知らせすることは私の義務であると思っている。ALZでは「内容のない書評」の数がますます膨大に膨れ上がっているだけでなく、「とくに昨今では、いくつかの書評は、批評の現状を三〇年も過去に押し戻そうとするような熱心な努力を露呈している。だが、私はそのこと以上に、（ALZの）編集を主導している考慮や意図がまぎれもなく私の原則と両立しないものだと思っている」。このようなALZの「精神」を間近で思い知らされた以上、「もはやこれ以上ALZにはかかわらないという、文筆家としての私の行動の仕方を遠慮なく公にすることは私に許されている」（IB der *ALZ* 1799, Nr. 145, Sp. 1179）。

A・W・シュレーゲルは、シラーの招きに応じて一七九五年一二月、『ホーレン』とALZの寄稿者になるべくイェーナにやってきた。翌年の四月には講義資格を取得して哲学部の講壇に立っている。シェリングのイェーナ登場はその二年後のことである。この年の夏には、弟フリードリッヒも兄の後を追うように、イェーナにやってきた。そして、一七九八年五月には兄弟の編集による文芸批評雑誌『アテネウム』が創刊される。この間、たしかにA・W・シュレーゲルは「文学」批評の面でALZに多大な貢献をしてきた。この活動には彼の博識がいかんなく発揮された。その貢献を証示するために、彼はこの四年足らずの期間に自分が手がけた一四五点の書評の一覧を『アテネウム』第三巻第一号の末尾に公表している[22]。これらの本格的書評以外に短い短評、告知文を加えれば、二八五点をくだらない書評文を書いてきたとも伝えられている（*AA* I/8, 218）。その彼がなぜALZとの絶縁を宣言するにいたったのか。その誘因を「離脱」宣言は、「私の原則と両立しない」編集部の編集上の「考慮や意図」だと語っている。すなわち、ALZ編集部がこの間、文芸批評の面でますます強く反ロマン派的傾向を強め、その姿勢を明確にするような書評を掲載してきたこと、このことが「離脱」の誘因であった。そこで、シュレーゲルは、シェリングと連携しながらこの「離脱」宣言によってALZに打撃を与えようとしたのである[23]。

シュレーゲルを怒らせた書評は、ALZ一七九九年一〇月二六日付の三四三号（「離脱」宣言の直前）に掲載された『アーデルハイトからその女友達への親書』という匿名の文芸的作品の書評であった。その匿名の著者がF・ニコライであることはすぐ知れ渡っていた。作品の筋立て自体はたわいもないものである。夫を失った女性アーデルハイトがその義理の弟グスタフを――彼は、若きロマン派の面々を暗示するような反社会的で、傲慢なエゴイストのごとく描かれている――、献身的、自己犠牲的に教導し、「一人前の男」に育て上げるという筋立てである。だがこの作品には、ロマン派の「解放された」女性像へのあてこすりや『アテネウム』第一巻の諸断章のパロディーが盛り込まれていた。ＡＬＺがこの作品より前に出版されていた『アテネウム』第一巻には沈黙したまま、この愚劣な作品を早々と採りあげたことにシュレーゲルは怒っているのである。しかも、その書評はその『親書』の意図を積極的に肯定し、反ロマン派的論調に同調していた。書評の冒頭はこう書きだされている。「若い哲学者たちの唯我独尊ぶり（Alleinweisheit）、学者ぶったエゴイズム、社会事情や慣わしを無視する傲慢さ」、折に触れこうしたことに腹立たしく思ってきた人なら「このサチュロス劇を賞賛することだろう。この作品は…〔中略〕…機知と気まぐれに満ちたそのような愚かな行為をせっかんしているのだ。たしかに、書評者はこの作品には多くの誇張が見いだされることを認めないわけではない。また、最近の哲学の多くの命題が誤解されていることを認めないわけではない、――だが、おそらくそれらは意図的に誤解されているのである」（ALZ 1799. Nr. 343. Sp. 246）。その書評者は、これ以降もＡＬＺでいくつかの反ロマン主義的書評を執筆しているフーバー（Ludwig Ferdinand Huber 1764-1804）であった。シュレーゲルからすれば、自分を「文学」欄の書評者として最大限重用、利用していながら、他方で自分たちを揶揄、嘲笑するこのような書評を掲載する編集部の態度にもはや我慢できなかった。

　彼の怒りに火をつけたもう一つの事件がある。この書評の少し前、編集長のシュッツが自宅で芝居愛好家による素人劇を催したとき、シュレーゲル兄弟を揶揄した或る文芸作品を模したプロローグを上演させた。このことを耳にしたシュレーゲルはシュッツに強く抗議した。これも、編集部への不信を増大させた一つの要因である。

「離脱」宣言の一週間後、編集部の公平さを装うかのように『アテネウム』第一号〜第四号の書評がＡＬＺに掲載された。その書評記事の冒頭に、編集部はことさらに次のような注記を施している。すなわち、シュレーゲルから編集部に『アテネウム』の書評を直ちに掲載するよう再三再四要望があったので、この要望に応えるべく編集部は「すでに二、三カ月前に、その書評を或るよく知られた文筆家に依頼していた」のだが、ここに掲載した書評原稿が届いたのは、一一月一三日のこと――まさに「離脱」宣言の掲載日――であった。「その際われわれは、われわれの知るかぎり、少なくともシュレーゲル兄弟と対立関係にない人物を書評者に慎重に選択していた」。この書評が「離脱」宣言公表による編集部との対立の影響を承けて出されたと読者が考えないように、「この事情をわれわれの読者にお知らせしておく必要がある」（ibid. Nr. 372. Sp. 473）。シュッツの言が事実であるかどうかはわからない。だが、「ばつの悪いタイミング」でこの書評が出されたことは否めない。そして、この書評も『アテネウム』各号に対してはっきり否定的態度を表明している。同誌に掲載された若干の論文に対しては――付け足したように、根拠も挙げずに――評価に値すると述べているものの、書評はこの雑誌のスタイルと「精神」にはまったく敵対的である。書評者によれば「『アテネウム』が打ち立てることができた最大の功績とは、頭のなかで独創性や党派根性を追い求めることがどんな馬鹿げたことを産み出すかについて、ぎょっとするような事例として役立つことぐらいだろう」（ibid. Sp. 475）。この書評者もフーバーである。

　編集部の反ロマン派的姿勢を示す証拠として、ぜひとももう一つの書評を挙げておかなければならない。それは、この年の年末（かの

「離脱宣言」の後）の第四一五号に掲載された『極北のロバ、あるいは今日の教養』と題された一幕仕立ての「若者向けの喜劇」に関する書評である。書評自体はごく短いもの（ibid. 415. Sp. 822-824）であるが、シュレーゲルからすれば、この「きわもの」作品を取りあげること自体がＡＬＺの反ロマン派宣言なのである。そもそも「極北のロバ」という表題がアテネウム断章一九七に対するパロディーである。その断章に、Ａ・Ｗ・シュレーゲルはこう書き付けていた。「とにかく、われわれ以外の文学が、独創性欲求の産物を数多く提示するのは難しい。この点にも、われわれがヒュペルボレイオス人〔極北に住む神話上の民族〕であることが示されている。ヒュペルボレイオス人のもとでは、ロバがアポロに犠牲に捧げられ、アポロはロバの奇妙な跳躍を面白がった」[24]。若きロマン主義者たちは、自らの文芸をこの世界の「極北」に定位せんとしている。この或る種のラディカリズムからすれば、穏健な中庸の途をいく「大家」たちの哲学や文芸に彼らは我慢ができなかった。よって「ガルヴェは凡庸な哲学者であり」、「ヴィーラントの作品の最高のものは他人からの借り物である」（IB der *ALZ* 1800. Nr. 62. Sp. 516）という言葉も飛び出す。ところで『極北のロバ』は、その台詞の大半がFr・シュレーゲルの『ルツィンデ』と『アテネウム』からの引用でなっており、ここにはシュレーゲル兄弟とロマン派の思想に対する痛烈な揶揄、風刺がくりひろげられていた。シュレーゲル兄弟は「今日の教養」に典型的な「あつかましい思い上がり、誇張だらけのたわごと、まったくの無益さ」の体現者と描かれていた。

匿名で出版された作品の著者は、一八一九年三月にブルシェンシャフトの急進派学生カール・ザント（Karl Ludwig Sand 1795–1820）によって保守反動家として殺害された通俗的劇作家のコッツェブーである。現代のわれわれにはこの事件によってその名を知られている彼は、一八世紀終わり頃から一九世紀にかけてドイツでもっとも多くの観客を惹きつける劇作家であり、その圧倒的人気は「コッツェブー現象」とさえ呼ばれるほどであった。だから当然、この風刺劇も広範な読者に広く受け入れられていたと考えられる。かくして、初期ロマン派がニコライやコッツェブーだけでなく、その他の通俗的文筆家たちから集中砲火のような批判を浴びたのが、まさに一七九九年であった。この文芸批評の通俗化傾向にＡＬＺも与していると判断したシュレーゲルが、哲学の分野で同じ不満を抱いていたシェリングと共同して、批評世界の権威ＡＬＺ編集部に反撃の一打を加えようとしたのが、「離脱」宣言であった。そして両者は、エアランゲンの『学芸新聞』を利用してこの反撃を継続しようとした。これが、次節の主題である。

第四節　イェーナの「新聞」とエアランゲンの「新聞」

カントの「声明」公表を促したかの書評がエアランゲンの『学芸新聞』（以下ＥＬＺ）に掲載されたこと、そしてその書評で、今やカント哲学の釈義を超えた超越論哲学の新たな展開が求められていると主張されたことは、書評者本人の個性がもたらした偶然ではなかった。イェーナの「新聞」が正統派カント主義者の諸著作を依然として厚遇し続け、フィヒテ－シェリング流の「純粋な」超越論哲学とロマン派を冷遇しているのと対照的に、エアランゲンの「新聞」は――創刊当初はそうでもなかったが――しだいにＡＬＺへの対抗意識から、超越論的観念論派あるいは初期ロマン派の諸著作を積極的に採りあげるようになり、世紀の転換直後にはこの新たな思想潮流の代弁紙的役割を果たすようになっていた。つまり、この時期、両「新聞」は、依拠する哲学的立場において対抗関係にあった。すると、かのカントの「声明」発表を促した書評は、その後本格化するこの対抗関係の予兆であったともみなせる。そして、両紙の対照的、対抗的な姿勢は、世紀の転換を境に鮮明になっていく。

ＥＬＺは——当地で発刊されていた『エアランゲン学術新聞（*Erlangische gelehrte Zeitung*）』（一七九〇〜九八年）の終刊を承けて——一七九九年一月に創刊され、一八〇二年六月まで三年半存続した。この「新聞」は、一七九九〜一八〇一年の三年間は土曜日と日曜日を除く毎日発行されたが、一八〇二年には月曜日、水曜日、金曜日にしか発行されなくなった。この「新聞」は紙面のレイアウトの点ではまったくＡＬＺを模倣しているが、後者のように学問ジャンル別の欄を設けておらず、毎号四頁（八欄）立てで、さまざまな学術領域の著作を書評している。この短い存続期間に、「批評」本体部分と書籍諸情報の告示部分との割合等についてかなり頻繁に改変が試みられた。編集者も頻繁に交代した。創刊当初はエアランゲンの歴史学教授モイゼル（Johann Georg Meusel, 1743- 1820）が単独で編集の任にあった。一八〇〇年七月から、同大学の哲学教授メーメル（Gottlieb Ernst August Mehmel 1761-1840）が共同編集者に就く。だが、一八〇一年二月にモイゼルが突然編集者を降りることになる。その降板には、以下に述べるような、シェリングが起草した或る書評の掲載が関係していた。それ以降メーメルの単独編集となり、一八〇二年初めにはエアランゲンの数学・機械工学教授ラングスドルフ（Karl Christian Langsdorf 1757-1834）を共同編集者に引き入れるが、その後ＥＬＺは半年しかもたなかった。

メーメルは編集者になると有力な寄稿者（書評執筆者）を集めるべく精力的に動いた。彼はフィヒテやシェリングに、そしてＡ・Ｗ・シュレーゲルやシュライエルマッヘルにも寄稿の「招聘状」を出した[25]。フィヒテは一八〇〇年八月—九月に、バルディリの『要綱』批判なら できるが、他の書評は時間上無理であると返事を書いている。この返書で彼は有能な書評候補者としてシャートを売り込んでいる（*GA* III/4, 279-281）。そのバルディリ書評は、一〇月末にＥＬＺに掲載され、彼とラインホルトの決裂の決定的原因となった。その後もフィヒテはメーメルと連絡を取り合っており、その後「無神論論争」期のフィヒテのほとんどの著作がこのＥＬＺで書評されることになる。フィヒテのほうもＥＬＺに掲載された幾つかの書評を褒め、この事業の推進を激励している（vgl. ibid., 369-371）。シェリングも八月五日にはメーメルに返書を送り、「お誘い」をありがたく思っていると告げ、書評の起草については確たる約束はできないが、協力する旨を伝えている（*AA* III/2, 1, 215）。結局、彼はＥＬＺに二編の書評を起草することになる。一八〇一年七月四日の書簡では、彼は依頼されたバウターヴェックの『思弁哲学原理』（一八〇〇年、ゲッチンゲン）の書評者にヘーゲルを推薦し、自分の『思弁的自然学雑誌』の書評者としてシュテフェンスとエッシェンマイヤーを推薦したりしている（ibid., 356f.）。かくして、バウターヴェック書評（vgl. GW 4, 95-104）は、フィヒテからシェリングへ、そして最終的にヘーゲルにお鉢が回ることになったのである。

ところで、シェリングが書評に採りあげるように推し、自ら書評者となることを買って出た著作は、匿名で出版された『フォン・コッツェブー座長が望まれて郷土に帰還したときの凱旋門』（一八〇〇年、ブラウンシュヴァイク）という文芸的風刺作品である。実は、その著者はA・W・シュレーゲルであった。シェリングはこの作品を「この種のものではもっとも機知に富み、もっとも着想力豊かな作品の一つ」だとメーメルに推奨している。その表題からも窺い知れるように、この『凱旋門』で風刺の対象となっているのはあのコッツェブーである。つまり『凱旋門』は『極北のロバ』に対する「意趣返し」であり、シェリングとシュレーゲルは、ALZの『極北のロバ』書評に対抗して、『凱旋門』書評をELZに掲載させることで反撃しようとしたのである。シェリングは、市民的美徳や教養にもとる反道徳的楽しみを称揚しているかのようなコッツェブーの一連の作品を罵倒し「私には、コッツェブーの言うポエジーなるものはこの世の真正のペストに思える」と書き送っている（AA III/2, 1, 307）。シェリングの手になるこの書評（vgl. AA I/10, 213-238）は、提案から間もなく一八〇一年二月一九日にはELZに掲載された。

ところが、この書評の掲載は小さな事件を引き起こした。この掲載は、それを事前に知らされていなかったモイゼルが編集から手を引く一つのきっかけとなる。その結果、この年の二月からはELZはメーメルの単独編集となったのである。一地方紙の編集長の去就それ自体は「小さな事件」にすぎないだろう。だが、それが大きな意味をもつ出来事として広まっていった背景には、新しい思想潮流に対する既存の学術メディアの強い反感があった。その反感が、「小さな事件」を思想上の「大事件」に仕立て上げた。たとえば、それから間もなく、ニコライの『新ドイツ百科叢書』（以下NADB）第五八号第一号第四分冊の「知的広報欄」に、以下のような記事が掲載される。執筆者はニコライ本人である。

「この学芸新聞に、きっとこの新聞の利益にはならないであろう変化が生じた。すなわち、かの著名な宮廷顧問官モイゼル氏が新聞の編集に関与するのを突如として放棄したのである。それで今や、この新聞はメーメル教授一人に委ねられている。かなり注意深いモイゼル氏が職務を離れるには、おそらく幾多の原因があったのだろう。…〔中略〕…しかし、その直近の誘因が、第三五号に載せられた、見るも無残な或る誹謗文書をまったく愚劣にも称賛した書評にあったことは確実である。その作品は『コッツェブー座長の凱旋門』というタイトルで知られている。私は確実に断言できるのだが、その書評は宮廷顧問官モイゼル氏の意志に反して、かつ彼が事前に知らないままに掲載された。…〔中略〕…しかし、エアランゲンのメーメル教授は、フィヒテ、シェリング、シュレーゲルおよびその一味に盲目的に従属しているように思える。メーメル教授がこの誹謗文書の書評を受け入れたこと、このことは、理性の声にまったく耳を貸さないような眼識のなさからしか説明がつかない。この文書に対しては、名誉を重んじ思慮深い学者ならだれもが――彼がどのような党派に属していようが、また彼がフォン・コッツェブー氏を称賛しようがしまいが――恥じ入るにちがいない。かくして今や、フィヒテ氏、シェリング氏、シュレーゲル氏、ティーク氏、ベルンハルディ氏、シュライエルマッヘル氏およびその一味に、エアランゲンの学芸新聞に活躍の舞台が開設されたようである。この舞台のうえで、彼らはこれまでもそうしてきたように、派手に自分のことをほめそやすことができるのであり、また彼らがドイツの第一級の哲学者、第一級の美学者とみなしたくないどんな学者に対しても悪態をつくことができるのである」[26]。

フィヒテ、シェリングらの超越論哲学派がメーメルを抱き込み、ＥＬＺを自分たちの活動拠点にしようとしているという評判は、当時けっこう広がっていたようである。これらの思想潮流の頑迷強固な反対者ニコライの悪意ある表現は差し引くにしても、彼らおよびロマン派とＥＬＺとの意識的な連携、結合関係は否定できない。それは、この「新聞」に掲載された以下の関連書評記事の一覧を見れば明らかである[27]。

【一七九九年】

三〇号および同号補遺（二月一二日付）：フィヒテ『公衆に訴える』書評

二一一号（一〇月二四日付）：フィヒテ『無神論告発に対する答弁書』書評

【一八〇〇年】

二五・二六号（二月五・六日）シャート『フィヒテの体系とそこに発する宗教理論の平易な叙述』書評

九七・九八号（五月一九・二〇日付）：フィヒテ『人間の使命』書評

一二七号（六月一日）：Ch・F・ミカエリス『知識学の予備学としてのより高次な哲学への導入』書評

Ch・F・ミカエリス『フィヒテの自然法の基礎の解明のための哲学的法理論』書評

二一四・二一五号（一〇月三〇・三一日付）：フィヒテによるバルディリ『第一論理学要綱』書評

二二六号（一一月七日付）：シェリング『思弁的自然学雑誌』第一巻第一号書評

【一八〇一年】

三五号（二月一九日付）：シェリングによるA・W・シュレーゲル（匿名）『凱旋門』書評

五四・五五号（三月一八・一九日付）：シェリング『思弁的自然学雑誌』第一巻第二号書評

六七・六八号（四月七・八日付）：エッシェンマイヤーによるシェリング『自然哲学の第一草案』書評

八二・八三号（四月二八・二九日付）：シュテフェンスによるシェリング『超越論的観念論の体系』書評

八六・八七号（五月四・五日付）：フィヒテ『封鎖的商業国家』書評

一二一号（六月二三日付）：シャートによるラインホルト『概観―寄稿集』第一分冊書評

一三五号（七月一三日付）：シェリングによるユッフ（Juch）『動物科学』書評

一三九号（七月一七日付）：フィヒテ『最近の哲学の真の本質に関する公衆への明々白々な報告』書評

一八一号（九月一五・一六日付）：ヘーゲルによるバウターヴェック『思弁哲学原理』書評

一九〇号（九月二五日付）：A・W・シュレーゲル／F・シュレーゲル『性格描写と批評』書評

二五〇・二五一号（一二月二一・二二日付）：フィヒテ『ラインホルト教授に対するフィヒテの返答書』書評

【一八〇二年】

二四号（三月二二日付）：シェリング／ヘーゲル編集『哲学批判雑誌』第一巻第一号書評

三四・三五号（四月二六・二八日付）：ティーク編『詩的雑誌』書評

三五号（四月二八日付）：ヘーゲルによるゲルシュテッカー『法の原理の演繹』書評

四二号（五月二四日付）：A．W．シュレーゲル／ティーク編『一八〇二年用文芸年鑑』書評

四六・四七・四八号（六月九・一一・一四日付）：シャートによるヘーゲル『フィヒテの哲学体系とシェリングの哲学体系の差異』書評

五三号および補遺（六月三〇日付）：フィヒテ『フリードリッヒ・ニコライの生涯と奇妙な考え』書評

ＡＬＺと決裂した超越論哲学者たちとシュレーゲル兄弟が、ＥＬＺとの協力関係を築こうとしていたのは明らかである。だが、ニコライが述べているようにＥＬＺだけを主たる活動拠点にしようとしていたわけではない。ちょうどこの時期、彼らはこぞって新しい思想潮流の代弁誌として自分たちの書評機関誌を創刊することを企て、そのための協力・共同作業について相談をし、いくつかの出版社とも出版交渉をしていた。しかし、その企ては、彼らの強い個性と自己主張から生まれるさまざまな不和、軋轢のために最終的には不調に終わった[28]。そして、ＥＬＺも一八〇二年六月には短い活動の幕を閉じたのである。そして長年ドイツの書評界をリードし、圧倒的な権威を誇ってきたＡＬＺも、その一年半後にはその発行地をイェーナからハレに移し、急速にその影響力を失っていく。

われわれは本書第一章と第二章で、誕生したばかりの批判哲学の理解をめぐって、立場を異にする書評誌と雑誌を舞台に思想的「党派闘争」が繰り広げられてきたことを見てきた。その一五年後、今度は新たな超越論的哲学とロマン主義思想の意義をめぐって、同じように、思想的立場を異にする書評誌紙を舞台に、それらを利用しながら、論戦が繰り広げられたのである。

注

（1）Intelligenzblatt der *ALZ.* 1799 Nr. 109. Sp. 876ff.（*KA* XII, 370）.「声明」の文末の日付は、八月七日である。この「声明」の邦訳は、『カント全集13 批判期論集』岩波書店、二〇〇二年、二三一二五頁に、北尾宏之訳「フィヒテの知識学に関する声明」として収められている。訳者による「解説」も参照。

（2）*Litteratur-Zeitung* Erlangen 1799, Nr. 8, Sp. 61f.

（3）ibid., Sp. 59.

（4）ibid., Sp. 62.

（5）Intelligenzblatt der *ALZ*, op. cit., Sp. 876.（*KA* XII, 370）. 前掲邦訳書、二四頁。

（6）ibid., Sp. 876f.（*KA* XII, 371）. 前掲邦訳書、二五頁。

（7）一七九八年四月五日付のティーフトルンク宛ての書簡（*KA* XII, 241）。『カント全集22　書簡Ⅱ』岩波書店、二〇〇五年、三七一頁。

（8）アカデミー版カント全集の「書簡への注」は、この書評の著者を「おそらくエアハルト」だと推定している（*KA* XIII, 481）。だがこの推定は、エアハルトが当時計画していた『哲学雑誌』誌上での『自然法の基礎』書評とＡＬＺ書評とを混同している結果生じた誤認である。上掲『カント全集22　書

簡Ⅱ』の「訳注・校訂注」もアカデミー版の誤りをそのまま踏襲している。そもそも、書評内容を勘案すれば、――この時点でラインホルトはフィヒテ支持者になっていたが、エアハルトは一貫して反フィヒテ的立場を採っていたのだから――エアハルトがフィヒテについてこのような肯定的、積極的書評を草すことはありえないのである。

（9）ラインホルトの「知識学」支持声明、およびＡＬＺでの「知識学」書評の詳細については、拙著『ラインホルト哲学研究序説』（萌書房、二〇一五年）、第九章第三節第四節および第五節を参照されたい。

（10）*GA* III/4. 68-71.（ワルター・シュルツ解説、座小田豊・後藤嘉也訳『フィヒテ―シェリング往復書簡』法政大学出版局　一九九〇年、六二頁―六六頁）。この書簡でシェリングは、この突然の「声明」公表が、フィヒテに対する「無神論」弾劾と関連しており、カントは自分に禍がおよぶのを避けるために、自分の「潔白」を間接的に公にしているのだと邪推している。

（11）Intelligenzblatt der *ALZ* 1799. Nr. 122. Sp. 990ff.（*GA* III/4. 71-73）. 前掲邦訳書、六六―六九頁。

（12）ibid. Sp. 991.（*GA* III/4. 72）. 前掲邦訳書、六八頁。

（13）*GA* III/4. 158-159. 前掲邦訳書、七七頁―七八頁。

（14）一八〇〇年一一月一九日付のシェリングからフィヒテ宛書簡（*GA* III/4. 363）。前掲邦訳書、一二六頁。

（15）筆者は拙著『ラインホルト哲学研究序説』第一二章第一節3でこの問題に論究した。

（16）シェリングの在籍した一七九六年夏学期、一七九六／九七年冬学期には、数学の領域でも功績のある自然学の正教授ヒンデンブルク（Carl Friedrich Hindenburg 1741-1808）が「実験自然学」講義を開講していた。シェリングは彼の自宅に出入りするほど親しい交友関係を結んでいた。医学部の病理学の正教授であり、哲学部では員外教授として博物学を担当していたルードヴィッヒ（Christian Friedrich Ludwig 1757-1823）は、ブルーメンバッハの教本に沿った「一般博物学」や「森林学」「鉱物学」を講じていた。化学の分野では、医学部のエッシェンバッハ（Christian Gotthold Eschenbach 1753-1831）が、「実験化学」、「実験薬物学」、「化学的薬物学」を講じていた。その他に、シェリングは、医学部の員外教授ヘドヴィッヒ（Johann Hedwig 1730-1799）の植物学関連の諸講義、哲学部の員外教授リュディガー（Christian Friedrich Rüdiger 1760-1809）の天文学講義にも出席していた可能性がある。

　また、ライプツィヒには、当時さまざまな大学の哲学講義の教本に使われた『哲学的箴言集』の著者、プラットナーがおり、彼は上記の両学期に医学部で生理学を講じてもいた。シェリングは彼とも個人的交わりがあった（vgl. *AA* III/1. 65f. 92）。以上の点は、『考案』を収めている*AA* I/5の「編者の報告」（bes. S. 18-25）を参照。

（17）『考案』は、しばしば名前をあげないままフィヒテの理論に言及している（vgl. *AA* I/5. 69. 74. 84f. 103f. 249）。或る箇所の注では、著者は「批判哲学の自立的解釈者」に触れ、この解釈者は「批判哲学の精神を叙述することを最初に企てたことによって、この哲学の第二の創始者になった」（ibid. 215）と書いている。それがフィヒテを指していることは明らかである。

（18）*AA* I/5の「編者の報告」によれば、まず『ゲッチンゲン学術報知』一七九七年の第一九二号が全体的に肯定的な論調で『考案』を論評した。だが一七九八年四月の『チュービンゲン学術報知』第三三号は、とくにその「経験的部門」を未熟な仕事とみなし、シェリングの諸々の仮説に多くの異論を述べている。同年六月の『エアランゲン学術新聞』第四四号は、細かい論点には異論を述べながら、全体としては著者の「鋭敏な理解力」を褒め、とくに自然現象を理解するための方法論的試みを積極的に評価している。

（19）この点については、Manfred Durner, Georg Simon Klügel als Rezensent von Schellings *Ideen zu einer Philosophie der Natur*（1797）. in: *Archiv für Geschichte der Philosophie*, Bd. 81, Berlin/New York 1999, 78-94、および

Durner による *AA* I/8 の「編者の報告」S. 131 を参照。

(20) この論争にかかわる全テクストは、関連書簡も含めて Oscar Fambach, *Ein Jahrhundert Deutscher Literaturkritik (1750–1850), Bd. IV. Das Grosse Jahrzehnt (1796–1805)* Berlin 1958. 338-450 に収録されている。本文以下の②と④の「編集者の回答」は *AA* I/8 の「付録」(443-452) にも収められている。

(21) たしかに、ALZはシュミートのこの著作を「哲学欄」ではなく「医学欄」で、一七九九年九月一二日の第二九二号から第二九四号にわたって二〇欄以上を費やして書評している。

(22) *Athenaeum*. hrsg. v. A. W. Schlegel und F. Schlegel. Bd. 3. St. 1. Berlin 1800. への付録(頁付なし)。この一覧表によれば、シュレーゲルはALZ紙上でシラーの『ホーレン』第一〇号(一七九六年第四号)を皮切りに、ティークの翻訳『ドンキホーテ』(一七九九年第二三〇号、二三一号)まで、合計一四五篇の書評を手がけている。

(23) この対立顕在化の経緯に関する全テクストも Oscar Fambach, op. cit., 451-503 に収録されている。

(24) Atheaeum Fragment 197. In: *KFSA* II, 196.

(25) メーメル自身の哲学的立場は、もともとカント‐ラインホルト的であった。彼が一七九七年に公刊している『哲学の根本的基礎としての表象能力の完全な理論の試論』はそのことを暗示している。その彼がフィヒテ、シェリングを寄稿者としても、書評対象としても極めて重用しているのは、ALZと競合関係にあったエアランゲンの「新聞」の経営戦略的意図も一つの要因であったと推測される。

(26) *Neue allgemeine deutsche Bibliothek*, Bd. 58. St. 1. Berlin u. Stettin 1801. H. 4. Intelligenzblatt. Sp. 278-279. シェリングによる書評、このNADBの中傷記事、そしてこれへのメーメルの反論記事、さらに *NADB*, Bd. 63, St. 2 の再反論記事など、この事件に関するすべてのテクストも、Oscar Fambach, op. cit., 541-563 に収録されている。

(27) そのほかに、「無神論論争」に関連してELZで採りあげられている非常に多くの著作の書評(一七九九年 Nr. 20, Nr. 72, Nr. 100, Nr. 102, Nr. 106, Nr. 114, Nr. 225, 一八〇〇年 Nr. 15)からは、この「論争」に関してもELZが明確にフィヒテの言い分を支持していることも分かる。

(28) Hermut Buchner, Hegel und das Kritische Journal der Philosophie, in: *Hegel-Studien Bd. 3*. Bonn 1965. の 98-107 頁、および *GW* 4 に所収の「付録」内の『哲学批判雑誌』の「成立史」(五三三—五三六頁)の項も、新たな思想潮流による機関誌創設のための錯綜した歴史を紹介しているが、*AA* III/2, 1 に収められている「編者の報告」の「雑誌計画」(二九—六六頁)が、この複雑な経緯を最も詳しく紹介している。

幕間Ⅳ　ＡＬＺ「哲学欄」の総括的特徴

『一般学芸新聞』は一七八五年一月三日付を創刊号とし、一八〇三年三月三一日付の第三五四号をもって、ひとまずイェーナでの発行体制を終えた。この書評紙全体の外面的、形式的特徴、および他の書評誌との比較などはすでに「幕間Ⅰ」に紹介した。ここでは、その「哲学欄」に限ってその内容面での外面的特徴を、いくつかの観点から概観してみよう。

1．最重要視されている著作

創刊以降一九年間に採りあげられてきた主要な書評の一覧は、巻末の【資料2】の「**主要書評一覧**」を参照されたい。ただし、巻末の「**主要書評一覧**」は、採りあげられた全書評のうち比較的重要なものだけを挙げており、各年度とも総点数の半分強をピックアップしているにすぎない。実際に「哲学欄」で採りあげられた書評の数は、各年度ともおおよそ四〇〜六〇点におよび、一九年間の総点数は優に八〇〇点を超えている。つまり、毎年、五〇冊前後の新刊「哲学書」、「哲学雑誌」が、一九年間にわたって書評され続けてきたのである。現代の哲学書評の実情に鑑みれば、それはまさに驚異的なことである。書評記事には十数行で済まされているものもあれば、複数の号にわたって四つ折り版で一五頁（三〇欄）以上の紙面を費やしているものもある。

まず、ＡＬＺの編集部が哲学の分野でどのような著作を重視していたのかを知るために、五頁（一〇欄）以上の紙幅が割かれている特に長い書評に着目し、それらの年度別一覧を示せば、以下のようになる。ここから、この「哲学欄」が全体としてどのような哲学的潮流を最重要視していたかが読みとれるはずである（太字は本書で詳しく採りあげた書評である）。書評者がほぼ確実に推定できるものについては《　》内に記す。

【一七八五年】

ヘルダー『人類史の哲学のための構想』（Nr. 4, 4b）《カント》

シュルツ『カント教授の純粋理性批判の解明』（Nr. 162, 164, 178, 179, 179b）（『純粋理性批判』『プロレゴーメナ』との抱き合わせ書評）《シュッツ》

【一七八六年】

メンデルスゾーン『朝の講義時間』（Nr. 1, 7）《シュッツ》。

匿名（ヴィッツェンマン）『或る自発的志願者によって批判的に探究された、ヤコービの哲学とメンデルスゾーンの哲学の帰結』（Nr. 125, 126）

カント『道徳形而上学の基礎づけ』（ティテルの『カント氏の道徳の改善について』と抱き合わせ）（Nr. 259, 260a, 267）《シュッツ》

【一七八七年】

マイネルス『哲学史要綱』（Nr. 82, 83, 84a）《Chr・J・クラウス》

【一七八八年】

シュロッサー『小品集』第四部、第五部（Nr. 179a, 179b）

カント『実践理性批判』（Nr. 188a, 188b）《レーベルク》

【一七八九年】

エーベルハルト編『哲学雑誌』第一巻第三、四号（Nr. 174, 175, 176）《ラインホルト》

カント『自然科学の形而上学的原理』第一版、第二版（Nr. 261, 262）《シュッツ》

ラインホルト『人間の表象能力の新理論試論』（Nr. 357, 358）《レーベルク》

【一七九〇年】

ヤーコプ『一般論理学要綱および一般形而上学の根拠の批判』（Nr. 11, 12）《ラインホルト》

フェーダー／マイネルス編『哲学叢書』第一巻～第三巻（Nr. 210, 234）

エーベルハルト編『哲学雑誌』第二巻第一～四号（Nr. 281～284）《シュルツ》

【一七九一年】

ラインホルト『哲学者たちのこれまでの誤解を是正するための寄稿集』第一巻（Nr. 26, 27）《レーベルク》

カント『純粋理性批判』第二版、第三版（Nr. 54, 55）《ラインホルト》

【一七九二年】

C・Chr・E・シュミート『経験心理学』第一巻（Nr. 86, 87）《ラインホルト》

ラインホルト『哲学知の基底について』（Nr. 92, 93）《シュミート》

翻訳『デイヴィッド・ヒューム、人性論』第一巻～第三巻（Nr. 174, 175）《ラインホルト》

匿名（フィヒテ）『あらゆる啓示の批判の試み』（Nr. 190, 191）《フーフェラント》

ティーデマン『思弁哲学の精神』第一巻と第二巻（Nr. 325, 326, 327）

【一七九三年】

カント『判断力批判』（Nr. 191, 192, 193, 194）《ラインホルト》

テンネマン『プラトン哲学の体系』（Nr. 326, 327）

【一七九四年】

匿名（シュルツェ）『エーネジデムス』（Nr. 47, 48, 49）《フィヒテ》

カント『単なる理性の限界内における宗教』（Nr. 86, 87, 88, 89, 90）《ラインホルト》

匿名（フィヒテ）『フランス革命に関する公衆の判断を是正するための寄与』（Nr. 153, 154）《ラインホルト》――「国家欄」に掲載

ティーデマン『思弁哲学の精神』第三巻（Nr. 300, 301）《ラインホルト》

ヤコービ『ヴォルデマール』（Nr. 315, 316, 317）

プラットナー『哲学的箴言集』第一巻（Nr. 379, 380）

【一七九五年】
該当作品ナシ

【一七九六年】
ティーデマン『思弁哲学の精神』第四巻（Nr. 204, 205）

【一七九七年】
ガルヴェ『道徳、文学、社会生活のさまざまな主題に関する試論』（Nr. 21, 22, 23）
ニートハンマー編『哲学雑誌』第一～第四巻（Nr. 90, 91, 92）《Fr. シュレーゲル》
カント『人倫の形而上学第一部、法論の形而上学的原理』（Nr. 169, 170）《フーフェラント》

【一七九八年】
フィヒテ『知識学の概念について』『全知識学の基礎』『知識学要綱』『哲学雑誌』、以上四点合わせて書評（Nr. 5, 6, 7 8, 9）《ラインホルト》
フィヒテ『自然法の基礎』（Nr. 352, 353, 354）《ラインホルト》

【一七九九年】
J・E・Chr・シュミート『道徳論教本』（Nr. 412, 413）

【一八〇〇年】
バルディリ『第一論理学要綱』（Nr. 127, 128, 129）《ラインホルト》
シェリング『超越論的観念論の体系』（Nr. 231, 232）《ラインホルト》
ブーレ／バウターヴェック編『ゲッチンゲン哲学ムゼーウム』（Nr. 259, 260）

【一八〇一年】
該当作品ナシ

【一八〇二年】
プラットナー『哲学的箴言集』改定新版（Nr. 170, 171）
シュヴァーブ『カント的道徳原理とライプニッツ－ヴォルフ的道徳原理の比較』（Nr. 207, 208, 209）
ラインホルト『十九世紀初頭の哲学の状態を概観するための寄稿集』（Nr. 235, 236, 237）

【一八〇三年】
ガルヴェ翻訳・註解『アリストテレスの倫理学』（Nr. 287, 288）
フリース『ラインホルト、フィヒテ、シェリング』（Nr. 320, 321）
ケッペン『シェリングの理論、あるいは絶対無の哲学の全貌』（Nr. 322, 323）

上記の一覧を眺めれば、この「哲学欄」が創刊後の数年間だけでなく、存続期間一九年間にわたって広義のカント派の機関紙でありつづけたことがわかる。なるほど、初期には、反カント派の代表的機関誌であったエーベルハルトの『哲学雑誌』やフェーダーとマイネルス編『哲学叢書』の各巻各号にも長大な紙幅が割かれているが、しかし、それらはあくまで批判の対象として取り上げられているのである。本書第二章で示したように、一七八八年以降執拗にカント哲学批判を繰り返していた両雑誌に反批判を加え、批判哲学の優位を論証するために、多くの紙幅が割かれているのである。『哲学雑誌』（およびその後継誌『哲学論叢』）は、一七九〇年代にはその批判の矛先をラインホルトに向け、同様の執拗な批判を繰り返していた。そのほか、上記のリストのほかにも、シュタットラー（Benedikt Stattler 1728-97）の有名な『反カント』書（1789 Nr. 180）や、Ａ・ヴァイスハウプトの一連の反カント的諸著作（1787. Nr. 186b; 1788 Nr. 158a ; 1789 Nr. 15, 168）などが採りあげられているのも、同じ理由からである。また最終局面で、フリースとケッペンが採りあげられているのも、第一二章に見るように、彼らのフィヒテ―シェリング批判を援用して間接的にカントの立場を擁護するという目的のためである。その他、長大な書評では、ティーデマン、ヤコービ、プラットナーなどが採りあげられているが、彼らはいわば当時の思想界の「大物」であり、これらを無視することはできなかったからであろう。

2. 著者別にみた「哲学論」の特徴

まずカントについては、上記の諸著作のほかに、比較的に短い書評として『自然科学の形而上学的定礎』初版（1786 Nr. 110）《シュッツ》、『永遠平和のために』（1796 Nr. 112）、『人倫の形而上学第一部、法論の形而上学的定礎』第二版（1799 Nr. 233）《シュッツ》なども採りあげられており、批判期以降のカントの著作はほぼすべてが採りあげられている。

ラインホルトについても、上記の諸著作のほかに小冊子版『カント哲学のこれまでの運命について』（1789 Nr. 186）《レーベルク》や、『カント哲学についての書簡　第一巻』（1791 Nr. 175）が採りあげられているが、『寄稿集Ⅱ』（一七九四年）や『混成論文選集』第一部（一七九六年）、第二部（一七九七年）は――とくにこの第二部は、フィヒテの知識学支持への転向を公にした哲学史上重要な文献であるにもかかわらず――書評されていない。それ以上に興味深いのは、ラインホルトがカント派の「自由」論との根本的対決の論陣を張っている『カント哲学についての書簡　第二巻』（一七九二年）が採りあげられていないことである。『書簡』第二巻は当時大いに注目を集め、当然ながら他の書評誌では数多く論評されている[1]。ＡＬＺの編集者シュッツとフーフェラントは、明らかにカントへの配慮からこれを採りあげることを控えたのだと考えられる。

フィヒテについては、上記の諸著作のほかに『あらゆる啓示の批判の試み』第二版（1794, Nr. 3）《フーフェラント》、『学者の使命に関するいくつかの講義』（1795 Nr. 224）、『人間の使命』（1802 Nr. 161）、『ラインホルト教授への返答書』（1802 Nr. 237）が採りあげられているが、単著としては『知識学の原理による道徳論の体系』（一七九八年）が採りあげられていない。ともに匿名で公刊された初期の著作『これまで思想の自由を抑圧してきたヨーロッパの君主たちからその回復を要求する』（1793 Nr. 199）《ケンツェルマン》と『フランス革命に関する公衆の判断を是正するための寄稿集』（1794 Nr. 153, 154）《ラインホルト》は、「哲学欄」ではなく「国家学欄」で採りあげられている。しかし、「無神論論争」に関連してフィヒテが公表した『公衆に訴える』等や、その関連公刊物（ヤコービの『フィヒテ宛書簡』やラインホルトの公開書簡）については、他の書評誌が事の重大性に鑑み積極的に採りあげているにもかかわらず[2]、問題のおひざ元でもあるＡＬＺは沈黙を守っているのは特徴的である。

シェリングについては、「哲学欄」では上記の『超越論的観念論の体系』のほかには、最初期の『哲学の原理としての自我について』（1796 Nr. 319）《エアハルト》だけが採りあげられており、その他の著作は採りあげられていない。ただし『自然哲学のための考案』は「自然学（Physik）」欄で採りあげられていた。だが、これについては異例なことに二つの異なった書評が掲載され（1799 Nr. 316 u. Nr. 317）、この両方を不満として、新たな書評を要求したシェリングとＡＬＺ編集部の間に軋轢、激しい対立が生じ、双方の対立は決定的になっていった（第一一章第二節参照）。

　以上のような初期観念論の「一等星」のほかに、非常に頻繁に書評対象として取り上げられている著者たちがいる。一七八九年にハレの哲学員外教授、一七九一年以降正教授であったＬ・Ｈ・ヤーコプ、一七八九年から一〇年間ライプチィヒの哲学教授であったＫ・Ｈ・ハイデンライヒ、一七八五年冬学期に私講師としてイェーナで最初のカント講義をし、一七九一年にギーセンの哲学教授、一七九三年からはイェーナの教授に返り咲いていたＣ・Chr・Ｅ・シュミート、そして一七九〇年にエアランゲンの哲学部助手、後に教授になったＪ・Ｈ・アビヒトらである。彼らの知的キャリアについてはすでにいくつかの章で紹介してきた。一七九〇年の時点でその多くが三〇歳前であったこれらの少壮教授たちはみな、当時の思想的配置関係のなかでは広義のカント派と目されており、「批判哲学」をベースに論理学や形而上学、道徳論や意志論、自然法や美学などの領域で多くの著作を公刊している。ＡＬＺの「哲学欄」は、彼らの著作が出るたびに（改定再版本も含めて）熱心に書評対象に採りあげている。一九年間を通して、（巻末の「**主要書評一覧**」に掲載した分だけでも）ヤーコプの著作は合計一一点[3]、ハイデンライヒの著作は一四点[4]、シュミートは一三点[5]、アビヒトは一五点[6]が書評対象にのぼっている。これらの点数はその他の著者たちと比べ群を抜いている。

　これら新進気鋭の親カント派哲学者たちの新刊書を次々と精力的に採りあげることによって、編集長シュッツは、ＡＬＺをカント哲学の宣揚と普及の場にするという目的を効果的に実現してきたのである。

3．書評者別に見た「哲学欄」の特徴

　書評は当時の原則に則ってすべて匿名で起草された。だが、重要な書評のいくつかは他の資料等から書評者が確実に推定されている。上記の「長大な」書評一覧および巻末に挙げた「**主要書評一覧**」を眺めれば、「書評者」としてのラインホルトの存在感が圧倒的である。彼はイェーナを離れキールに転進した（一七九四年）以降も、「哲学欄」の最も有力な書評者であり続けていた。しかも、彼が書評しているのはみな哲学史上第一級の著作で、「長大な」書評が多い。たとえば、カントの『純粋理性批判』（第二版）、『判断力批判』、『単なる理性の限界内における宗教』書評は彼の手になるものである。さらに、フィヒテの『全知識学の基礎』とその他の「知識学」関連論文、『自然法の基礎』、そしてシェリングの『超越論的観念論の体系』書評も彼の筆になるものである。たしかに、編集長シュッツは「哲学欄」よりも、自らの専門分野でもある文献学関連の欄に、そして副編集長フーフェラントは「法学欄」にもっと多くの書評を起草していたと推定される。Ａ・Ｗ・シュレーゲルなどは文芸分野でＡＬＺに二五〇点を超す書評を寄稿していた。だが、こと「哲学欄」に限っていえば、ラインホルトの書評者としての関与が圧倒的であるのは明白である。

　フィヒテに関しては、彼がまだイェーナに着任する以前の一七九三年秋と翌年の二月に、三篇の書評（「クロイツァー書評」、「ゲープハルト書評」、「エーネジデムス書評」）（1793 Nr. 303, 304; 1794 Nr. 47-49）を寄

稿しただけで、それ以降まったく書評者としては登場していない。シュッツも、イェーナ着任以前からフィヒテを有力な書評者として期待していたはずである。それゆえ、彼はフィヒテに多数の書評対象候補作品のリストをチューリッヒに送っていた。これに対して、フィヒテは予定していた仕事の遅滞のゆえにそれらのいくつかは引き受けられないと回答しながらも、かなり多くの重要な著作の書評は引き受けると、この時点では伝えていた。(7) にもかかわらず、イェーナ着任後これらの書評は一篇もALZに掲載されなかった。このことは、ALZ編集部の哲学的立場と、その後次第に明瞭になったフィヒテの立場の乖離を示している。フィヒテはイェーナを離れる頃には、もうALZには見切りをつけ、書評誌としてはエアランゲンの『学芸新聞』に期待を寄せ、その編集長メーメルに積極的な働きかけをしている(第一一章第四節参照)。

ALZ編集部の哲学的立場は終始、狭義のカント批判哲学に、すなわち経験的実在論と両立しうる超越論的観念論の立場であり、経験的実在論を容れない「純粋な」超越論的観念論、つまりフィヒテ、シェリング的な思弁的観念論とは一線を画し続けたことはたびたび論じてきた。このことを考え合わせれば、一七九七年以降フィヒテの「純粋な」超越論哲学の支持に転じ、さらに一八〇〇年頃からは「理性的実在論」の立場に立ったラインホルトを、「哲学欄」が一八〇〇年にもまだ書評者として重用しているのは——しかも、そのバルディリ書評は彼の実在論を全面的に支持しており(8)、シェリング書評も実在論の立場からなされている——いささか解せないところもある。知識学関連書の書評は、おそらくラインホルトみずからが「買って出た」のだろう。シュッツはこれを拒否できなかった、そしておそらく書評内容には不満であったが、もはや「大家」になっていたラインホルトに内容の修正を求めることができなかったのであろう。その結果、その後の他の書評論調とは異なる、フィヒテの超越論的観念論を積極的に評価する書評が例外的に掲載されたのだと考えられる。

創刊以降七〜八年間に「哲学欄」の書評者として活躍しているのは、ラインホルトのほかには、シュッツであり、フーフェラントであり、シュルツであり、そしてレーベルクである(上記「長大な」書評一覧を参照)。彼らは、さしずめ「第一次カント派」とも呼べよう。九〇年代になると、判明している書評者にシュミート、ハイデンライヒ、エアハルトらの名前が見受けられるようになる(巻末の「主要書評一覧」参照)。このいわば「第二次カント派」メンバーも、ALZで——現時点では資料によって明確に同定されていないだけで——もっと多くの書評を手掛けていた可能性がある。そのことを考慮すれば、書評者の陣容という点からも、この「哲学欄」は一七九〇年代以降も、広義のカント派の機関誌であり続けたと言える。

4. 分野別に見た「哲学欄」の特徴

分野別の特徴を探る前に、最初に改めて強調しておくべきことは次の点である。すなわち、「哲学欄」の一九年を通覧してみると、書評対象となった著作、雑誌のタイトル、サブタイトルに「カント」の名前、あるいは「批判哲学」や「理性批判」という語が認められるものがかなりの数に上るということである。それらの数は、親カント派、反カント派両方を含めると、巻末の「主要書評一覧」に掲載した四百数十点の著作のうち約七〇点にのぼる。この事実は、単にALZ編集部による書評対象の「選択の党派的意図」に起因するのではなく、やり「批判哲学」の「精神」が、ＡＬＺの発行期間全体にわたって哲学的世界全体に「肯定的に」あるいは「否定的に」規定的影響を及ぼし続けていたことを示している。

さて、哲学の分野別、ジャンル別の観点から「哲学欄」を眺めれば、以下の諸特徴が浮かび上がる。

第一の特徴は、講義用教科書にあたる「教本（Lehrbuch）」の類が数多く採りあげられている点である。初期のものを挙げれば、プラットナーの『哲学的箴言集』（1785 Nr. 208b; 1794 Nr. 379, 380; 1802 Nr. 170, 171）、ウルリッヒの『論理学および形而上学教程』（1785 Nr. 295）や『自由論』（1788, Nr. 100）、エーベルハルトの『思惟作用と感覚作用の一般理論』（1787 Nr. 294b）、『芸術と学問の理論、講義用』（1790, Nr. 384, 385）、『一般哲学史』（1788 Nr. 5b; 1797 Nr. 179）などが、その代表的著作である。これらの著作は、それぞれ非カント的あるいは反カント的であるとはいえ、当時の哲学的世界においては大きな影響力をもっており無視できないものであった。また、先に言及したヤーコプ、ハイデンライヒ、シュミート、アビヒトらのカント派の諸著作も、その多くは講義用の教本として出版されていたものである。また、巻末資料「**講義予告一覧**」に施した注からも、イェーナの哲学関連科目講義の「教本」の多くがＡＬＺの書評対象になっていることが確認できる。さらに「**主要書評一覧**」を眺めれば、イェーナ以外の各大学の教授たちの哲学関連諸分野（論理学、形而上学、自然法、道徳学など）の「教本」もかなり頻繁にフォローしていることも分かる。かくして、この「哲学欄」は、イェーナをはじめ各大学の哲学関連科目の講義にかなり留意していたと推測される。

第二の特徴は、哲学史関係の著作・定期刊行物が――とくに一七九〇年代以降――重視されていることである。当該刊行物を（複数巻のものは初巻の）発行年順に列挙すれば、以下のごとくである。（　）内はＡＬＺでの書評の号、［　］内は当該書の（初巻の）発行年である。

Ｃ・マイネルス『哲学史要綱』（1787 Nr. 82, 83, 84a）［一七八六年］

Ｊ・Ｇ・グルリット『哲学史概説、講義用』（1788 Nr. 173a）［一七八六年］

Ｊ・Ａ・エーベルハルト『一般哲学史、大学の講義用』（1788 Nr. 5b ; 1797 Nr. 179）［一七八八年］

Ｇ・Ｇ・ヒュレボルン編『哲学史論集』第一号（1792 Nr. 257）、第二号（1792 Nr. 307）、第四号（1795 Nr. 119）、第五号（1796 Nr. 25）、第一・二号の改訂新版（1796 Nr. 322）、第八号（1798 Nr. 232）、第九号（1799 Nr. 7）、第十号（1799 Nr. 244）、第十一・十二号（1800 Nr. 309）［一七九一年以降］

Ｄ・ティーデマン『思弁哲学の精神』第一巻、第二巻（1792 Nr. 325, 326, 327）、第三巻（1794 Nr. 300, 301）、第四巻（1796 Nr. 204, 205）、第五巻（1796 Nr. 357）、第六巻と第一〜六巻の索引（1799 Nr. 67）［一七九一年以降］

Ｗ・Ｇ・テンネマン『プラトン哲学の体系』第一巻（1793 Nr. 326, 327）［一七九二年］

Ｊ・Ｇ・ブーレ『哲学史教本』第一部（1796, Nr. 282）、第二部（1798, Nr. 16）、第三部（1799 Nr. 5）、第四部（1799 Nr. 341）、第五部、第六部第一分冊（1801, Nr. 65）、第六部第二分冊・第七

部（1803, Nr. 253）［一七九六年以降］

J・C・A・グローマン『哲学史の概念について』（1798 Nr. 118）［一七九七年］

J・C・A・グローマン『批判哲学とりわけ哲学史のための新寄稿集』（1799 Nr. 174）［一七九七年］

W・G・テンネマン『哲学の歴史』第一巻、第二巻（1799 Nr. 244）［一七九八年］

J・A・エーベルハルト編『ドイツにおける哲学の進歩の歴史試論、前世紀の終わりから現代まで』第2部（1799 Nr. 340）［一七九九年］

J・G・ブーレ『諸学の再興以降の近代哲学の歴史』第一巻・第二巻前半（1801 Nr. 66）、第二巻後半（1802 Nr. 196）［一八〇〇年］

J・ゾヒェル『ギリシャからカントまでの哲学諸体系の歴史の概要』（1803 Nr. 14）［一八〇二年］

これらの哲学史関連著作は、講義用「教本」として用いられた単行本と、何巻にもわたる非常に大部な哲学史とに大別できる。前者に属するもののうち、マイネルス、グルリット、ゾヒェルのものはイェーナの諸講義でもたびたび「教本」として使用されていた（巻末の「**講義予告一覧**」参照）。後者の部類では、ティーデマンのものが一七九一年から一七九七年にかけて全六巻で刊行されている。テンネマンの哲学史は一七九八年に第一巻が出され、一八一九年までに一一部、全一二巻が出版されている。ブーレの『近代哲学の歴史』は一八〇〇年から一八〇五年にかけて七部、全六巻が刊行されている。[9] ほぼ同時期に出たこれらの「大哲学史」は、その論述主題の重点の置き方にそれぞれ特徴がある。[10] とりわけ、ブーレの哲学史は、特徴的ないくつかの精神史的主題[11]にかなりの紙幅を割いていることから、狭義の「哲学史」というよりも「近代精神史」という色合いが濃い。

ALZが哲学史関連著作を集中的に採りあげているのは、すでに何度か触れたように（第五章第四節1および幕間Ⅲの3の（2））、まさにこの時期に、哲学史の「概念」と「目的」、哲学史叙述の「方法」等をめぐる議論がきわめて活発に展開されていたことの反映である。この議論を経てドイツにおける「近代的な哲学史」の輪郭が確定されていくのである。テンネマンは『哲学の歴史』第一巻で、三部に分かれた長い「序論」において、哲学史の「概念、内容、形式、目的」（第一部）、哲学史の「方法論」（第二部）を特別に論じ、さらに哲学史のかなり詳細な「文献」一覧（第三部）を付しているが、[12] ここには、そのような哲学史研究の隆盛期の時代状況が色濃く反映している。

第三の特徴は、批判哲学の実践的諸原則の適用―応用分野が、一七九〇年代中頃を境に、急速に「道徳」の領域から「（自然）法」の領域に重点移動していったことが「哲学欄」から読み取れることである。一七九〇年代初頭には道徳の原則論、徳論、道徳的自由論等に関する著作、論文が目立つのに対して、一七九五年頃からは自然法の基礎づけ論、権利論、立法権に関する著作が一気に増加する（本書第八章参照）。その動向を「哲学欄」に掲載されたものだけにかぎって、発行年順に示せば以下のようになる。（ ）内はALZ書評の年度、号数であり、［ ］内は当該書の出版年である。

○【道徳論関連】

J・A・アビヒト『意志の事柄に関する批判的探求の試論』（1789 Nr. 303）［一七八八年］

J・A・アビヒト『カントの諸原則に沿った満足の形而上学の試論、体系的な主意説と道徳を基礎づけるために』（1789 Nr. 303）［一七八九年］

J・H・アビヒト／F・G・ボルン編『新哲学雑誌　カントの体系の解明にと応用のために』第一巻第一号（1789 Nr. 304）［一七八九年］

Chr・W・D・スネル『個人及び国家全体の幸福と結合した道徳、カントの道徳哲学を考慮に入れて』（1791 Nr. 27）［一七九〇年］

C・Chr・E・シュミート『道徳哲学試論』初版（1791 Nr. 108）［一七九〇年］

K・H・ハイデンライヒ『自然宗教の哲学に関する考察　第二巻』（1791 Nr. 199）［一七九一年］

J・H・アビヒト／F・G・ボルン編『新哲学雑誌　カントの体系の解明にと応用のために』第二巻第一～三号（1791 Nr. 256）［一七九〇年、一七九一年］

G・C・キーゼヴェッター『道徳哲学の第一原則について』第二版（1791 Nr. 348）［1791年］

○【法―自然法論関連】

Th・シュマルツ『純粋自然法』第一版（1798 Nr. 242）［一七九二年］

J・G・シャウマン『学問的自然法』（1798 Nr. 245, 246）［一七九二年］

J・Ch・ホフバウアー『法の概念に基づいて展開された自然法』（1798 Nr. 331, 332）［一七九三年］

W・G・タフィンガー『自然法の諸定理』（1798 Nr. 244）［一七九四年］

K・H・ハイデンライヒ『批判的諸原理から見た自然法の体系』第一部と第二部（1798 Nr. 333）［一七九四年、一七九五年］

C・Chr・E・シュミート『自然法要綱　講義用』（1796 Nr. 85）［一七九五年］

Th・シュマルツ『純粋自然法』第二版（1798, Nr. 242）［一七九五年］

K・L・ペルシュケ『通俗的自然法のための準備』（1798 Nr. 244, 245）［一七九五年］

J・Chr・ホフバウアー『自然法の最も重要な諸主題に関する探究』（1798 Nr. 331, 332）［一七九五年］

L・H・ヤーコプ『哲学的法論、すなわち自然法』（1798 Nr. 335）［一七九五年］

P・J・A・フォイエルバッハ『自然法の学の予備学としての自然法の批判』（1798 Nr. 325, 326）［一七九六年］

J・G・フィヒテ『知識学の原理に沿った自然法の基礎』第一巻と第二巻（1798 Nr. 351, 352, 353, 354）［一七九六年、一七九七年］

J・G・シャウマン『自然権の新たな体系の試論、自然法の基礎第一部』（1798 Nr. 245, 246）［一七九六年］

G・S・A・メーリン『法あるいは実定的立法の形而上学の基礎づけ、自然法の第一根拠に関する一試論』（1798 Nr. 334）［一七

九六年〕

I・カント『法論の形而上学的定礎』（1797 Nr. 169, 170）〔一七九七年〕

H・シュテファーニ『法学、いわゆる自然法の概要』（1798 Nr. 246, 247）〔一七九七年〕

H・シュテファーニ『カントの法論の形而上学的基礎づけに対する註解』（1798 Nr. 246, 247）〔一七九七年〕

J・Chr・ホフバウアー『法の概念に基づいて展開された自然法』改定第二版（1798 Nr. 331, 332）〔一七九八年〕

この一覧は、「道徳」と区別された「法」の基礎づけへの関心の強まりに基づいて、一七九二年～九七年頃に集中的に「自然法」関連の著作が出版されたことを如実に表している。これらのほとんどを集中的に掲載した一七九八年のALZ「哲学欄」は、まるで「自然法特集」を組んでいるかのような観を呈している。そして、それらのほとんどがフォイエルバッハによる書評であることも[13]際立って目を引く（巻末の「**主要書評一覧**」参照）。もう一つ興味深いのは、他の諸著作が出版後二年ほど経ってから書評されているのに対して、カントのものだけは出版の年に書評されている点である。やはりALZ編集部には、カントは別格の存在なのである。そもそも、編集部はカントの「法論」の公刊を承けて、ようやくそれを評価の基準点にして過去数年の自然法関係著作をまとめて書評した、あるいは書評することができたというのが実情であるのかもしれない。いずれにせよ、「道徳」に関しても「自然法」に関しても、上記の著者はほとんどが親カント的立場にあった。

最後に、「経験心理学」関連の著作・雑誌が重用され、数多く採りあげられていることが目を引く。

K・P・モーリッツ／C・F・ポッケルス編『経験心理学雑誌』第四巻（1788 Nr. 68a）、第五巻第一号～第三号（1788 Nr. 70）、第六巻第一号～第三号（1789 Nr. 8; 1790 Nr. 234）、補遺（1790 Nr. 152）。

C・Chr・E・シュミート『経験心理学』（1792 Nr. 86, 87）。

K・P・モーリッツ／S・マイモン編『経験的心霊論雑誌』第十巻第一号～第三号（1795 Nr. 35）。

L・H・ヤーコプ『経験―心理論の要綱』全面改定第二版（1796 Nr. 376）

I・D・マウチャルト編『経験心理学と応用諸学のための全般的便覧』第二巻（1800 Nr. 177）、第三巻（1802 Nr. 100）。

Chr・W・スネル／Fr・W・スネル『愛好者のための哲学ハンドブック』第一部「経験的心理論」（1803 Nr. 76）、などがその例である。

カントの認識批判理論は、一方で認識諸能力の「超越論的」解明の企ての深化を促すとともに、もう一方で人間の心的諸能力（認識諸能力や意志作用）の具体的「経験論的」究明の企てを活性化させた。その結果、この時期「経験心理学」（あるいは「哲学的人間学」）的領域の研究が盛んになり、この方向は哲学―思想界でも新しい思潮として重要視されていた。「哲学欄」もこうした動向を反映しているのである。一七九三年晩秋から三年にわたって続いた、フィヒテとシュミートの間の激しい論争（第七章第三節参照）の根底にあったのも、また次に

(第一二章第二節)見るフリースの大々的なフィヒテ—シェリング批判の背景にも、カントの批判哲学の基本的発展方向をめぐる「心理学的方向」と「超越論的方向」の対立にあった。

注

(1) 『カント哲学についての書簡　第二巻』は、『ゲッチンゲン学術報知』(一七九三年三月二三日、第四七号)や『チュービンゲン学術報知』(一七九三年一二月二日、第九七号)など、有力書評誌紙七誌に採りあげられている。Vgl. Martin Bondeli, Einleitung, in: *Briefe über die Kantische Philosophie. Zweiter Band*, hrsg. von Martin Bondeli. Basel 2008. *K. L. Reinhold, Gesammelte Schriften*. Band 2/2. XCIIIf.

(2) フィヒテの『公衆に訴える』は八誌が、『無神論の告訴に対する哲学雑誌の編集者の法的弁明書』も六誌が書評している。Vgl. *J. G. Fichte in zeitgenössischen Rezensionen*. Bd. 2, Stuttgart-Bad Cannstatt 1995, 352-454.

(3) Vgl. *ALZ* 1787, Nr. 42a ; 1790, Nr. 11-12 ; 1791, Nr. 161 ; 1792, Nr. 136, 174 ; 1793, Nr. 30-31 ; 1796, Nr. 159, 376 ; 1797, Nr. 92 ; 1798, Nr. 9, 335.

(4) Vgl. *ALZ* 1789, Nr. 72 ; 1791, Nr. 163, 199 ; 1793, Nr. 355 ; 1795, Nr. 155 ; 1796, Nr. 217, 268, 322 ; 1798, Nr. 333 ; 1800, Nr. 49, 105 ; 1801, Nr. 296, 348 ; 1803, Nr. 92.

(5) Vgl. *ALZ* 1786, Nr. 119 ; 1788, Nr. 253 ; 1789, Nr. 274 ; 1791, Nr. 108 ; 1792, Nr. 86-87 ; 1794, Nr. 187 ; 1795, Nr. 134 ; 1796, Nr. 85, 315 ; 1798, Nr. 26 ; 1799, Nr. 59 ; 1801, Nr. 149 ; 1803, Nr. 5.

(6) Vgl. *ALZ* 1789, Nr. 303-304 ; 1791, Nr. 259 ; 1792, Nr. 215 ; 1795, Nr. 334 ; 1796, Nr. 25, 127, 159, 184, 354 ; 1798, Nr. 301 ; 1799, Nr. 67 ; 1800, Nr. 301 ; 1802, Nr. 58, 194, 335.

(7) 一七九三年一二月一四日付のフィヒテからシュッツ宛書簡参照。この書簡でフィヒテは「ラインホルト、バウターヴェック、フォン・ダルベルク、エアランゲンのハイデンライヒ、リーム」の著作の書評を引き受けると書いていた(GA III/2, 26)。

(8) 詳細は、拙著『ラインホルト哲学研究序説』(萌書房　二〇一五年)の第十一章を参照されたい。

(9) これら三種類の哲学史はすべて、全巻が Aetas Kantiana 274, 272, 52 に採録されている。ティーデマンのそれは(第一巻を除き)各巻六〇〇—七五〇頁、テンネマンのそれは各巻四〇〇—五五〇頁、ブーレにいたっては七五〇—一〇〇〇頁の分量の大著である。

(10) ティーデマンの『思弁哲学の精神』は、ソクラテス以前の哲学を第一巻に充て、ソクラテス、プラトン、アリストテレスから新アカデメイア派までを第二巻に詰め込んでいるのに対して、古代の懐疑派からアラビアの哲学を第三巻、ドゥンス・スコトゥスまでのスコラ哲学全般を第四巻に割いている。特徴的なのは第五巻で、ここにはライムンドゥス・ルルスからポンポナッツィまで、現代ではほとんど取りあげられることのない思想家の名前が並んでいる。近代哲学を扱っている第六巻は、ホッブスに始まりバークリーで終わっている。

　テンネマンの『哲学の歴史』は、もっと古代哲学に重点が置かれている。すなわち、ソクラテス以前(第一巻)、ソクラテスとプラトン(第二巻)、アリストテレスとエピクロス(第三巻)、ゼノンからフィロンまで(第四巻)、古代懐疑論の展開(第五巻)、プロチノス以降の新プラトン派(第六巻)という具合で、全体の半分が、古代哲学に割かれていることになる。その後、キリスト教の宗教思想、スコラ哲学などを経て、最終巻は啓蒙思想で終わっている。

　それに対して、ブーレの哲学史は「近代哲学の歴史」を謳っている以上、古代と中世の哲学の概観を第一巻に配された二つの「序論」で論じた後、ただちにルネッサンスの思想から説き始めている(第二巻)。注目すべきことは、最終巻の後半部分では、「カント哲学の歴史的叙述」に約一五〇頁が割かれており、「フィヒテの知識学の歴史的概括」（三〇頁）で終わっていることである。つまり、カント―フィヒテ哲学が、おそらくここで初めて本格的な哲学史の論述主題に組み込まれたのである。

(11) たとえば「一四、一五世紀に文芸復興が起こった一般的原因」（第一部第一章）、「一四、一五世紀のイタリアの文芸復興の歴史」（同第二章）、「一五、一六世紀西洋でのプラトン―アリストテレス研究の歴史」（同第五章）、「一五世紀と一六世紀前半のカバラ哲学の歴史」（同第六章）、「イエズス会の道徳哲学」（第三部第一章4）、「一七世紀の霊魂論への注釈」（第三部第七章）、「イギリスでの唯物論と決定論に関する論争」（第五部第一七章）、「イギリスでの国政論」（同第一八章）などがそうである。

(12) この文献一覧は、七項目に分類されて示されている。「Ⅰ．哲学史の概念、形式、方法に関する著作」が八篇、「Ⅱ．哲学史に関する個別的探求、解明、所見が述べられている著作」が六篇、「Ⅲ．哲学史のための混成的論集」が六篇、「Ⅳ．哲学史に関して詳述された諸作品」（実際の哲学史）が八篇、「Ⅴ．ハンドブックと小作品」が一七篇、「Ⅵ．哲学の個々の部門の一般史」が三三篇、「Ⅶ．哲学史一般に関する混成的論集」が四篇挙げられている。

(13) 自然法分野の書評者の同定に関しては、この分野の詳細を究める文献資料集 Diethelm Klippel. *Naturrecht und Rechtsphilosophie im 19. Jahrhundert. Eine Bibliographie. 1780 bis 1850.* Tübingen 2012. に依拠している。

第一二章　ＡＬＺ最終局面でのラインホルト批判、フィヒテ批判、シェリング批判（一八〇一〜〇三年）

新しい世紀への転換以後、ＡＬＺ「哲学欄」の紙面は次第に精彩を失っていく。一八〇〇年には、バルディリの『第一論理学要綱』（*ALZ* 1800, Nr. 127-129）やシェリングの『超越論的観念論の体系』（*ALZ* 1800, Nr. 231-232）を採りあげ[1]、まだ哲学の「最前線」にコミットする姿勢を示してはいるが、一八〇一年以降は、ブーレの哲学史を継続的に書評しているほかは、常識的「通俗哲学者」クルークやバウターヴェックのいくつかの著作が採りあげられているのが目につく程度である（巻末の「**主要書評一覧**」参照）。それでも、当時の哲学の状況を勘案すれば、この最終局面の紙面のうちにも注目に値する書評がいくつか掲載されている。一つは、ラインホルト編『一九世紀初頭の哲学の状態を簡便に概観するための寄稿集』（以下、『概観―寄稿集』と略記）書評（*ALZ* 1802, Nr. 235-237）であり、もう一つは、フリースの『ラインホルト、フィヒテ、シェリング』についての書評（*ALZ* 1803, Nr. 320-321）、最後はケッペンの『シェリングの教説、あるいは絶対無の哲学の全体』についての書評（*ALZ* 1803, Nr. 322-323）である。

　これらの書評に注目するのは、その書評内容自体が秀逸であるからではなく――むしろ、これらの書評は総じて、当該著作の表層的批判・論評にとどまっており、問題の核心を摘出するまでにいたっていない――、これらの著作が当時の哲学の「最前線」にあったラインホルトの「理性的実在論」、フィヒテの「知識学」、シェリングの「同一性哲学」を主題的に論じているからであり、なによりも、ＡＬＺがこの最終局面でこうした最新の哲学的潮流にどのように対応したかが、書評を通して窺い知れるからである。この観点から、以下本章ではこれらの書評を掲載順に検討していくことにする。

第一節　ラインホルト『概観―寄稿集』とそのＡＬＺ書評（*ALZ* 1802, Nr. 235-237）

1.『概観―寄稿集』について

ラインホルトは、本書第四章で概論したように、批判哲学理論の批判的検討からまず「表象能力理論」をうち立て、そこから典型的な「根本命題―哲学」である「根元哲学」へと歩みを進めた（一七九一年）。だが、一七九六年暮れ頃には自らの「根元哲学」に体系構成法上の欠陥があることに気づき、フィヒテの「知識学」がその欠陥を克服していることを自ら認めるにいたる。そして、彼はこのことを自らの著作で公然と認め、「知識学」の立場を支持することを公表した

（一七九七年四月）。「知識学」の哲学的立場に同調的であったこの時期、彼はALZ紙上にフィヒテの『知識学の概念について』や『全知識学の基礎』などを、そしてさらに『自然法の基礎』を書評し、これらの著作に積極的な評価を与えている（*ALZ* 1798, Nr. 5-9 u. Nr. 351-354）。

しかし、フィヒテの「無神論告発」事件（一七九九年）を契機に交わされたヤコービ-フィヒテ「論争」に裏から深くコミットした彼は、ヤコービ（「信と生の立場」）とフィヒテ（「知と思弁の立場」）との「間の立場」に立つと宣言し、次第に思弁的観念論への批判を強めていく。そして、ラインホルトとフィヒテは一八〇〇年晩秋、バルディリの『第一論理学要綱』の評価を巡って決定的に袂を分かつことになる。前者がこれを非常に積極的に評価した（*ALZ* 1800, Nr. 127-129）のに対して、その半年後、後者はこれに全面的批判の書評を公にし、それに反撃した（*ELZ* 1800, Nr. 214-215）。こうして、ラインホルトはこの時期には「理性的実在論（der rationale Realismus）」的立場に立つようになっていた。[2]

この立場に立って彼は一八〇一～一八〇三年の間に、上記の『概観―寄稿集』第一分冊から第六分冊を編集・公刊する[3]（図12―1）。これは各分冊とも五～六編の論文を掲載した雑誌の形態をとっているが、ほとんどの著者がラインホルト自身であり、実質上彼の「個人雑誌」である。[4]『概観―寄稿集』各分冊の全体を通して、ラインホルトは一方で、「根源的に真なるもの（das Urwahre）」と「真なるもの（das Wahre）」との相関関係の認識を枢要としている「理性的実在論」の理論的構成を開示、展開している。その目的は、なによりも彼が「哲学の第一課題」と呼ぶ「認識の実在性」の根拠を実在論的に究明することにある。それとともに、彼はもう一方で、フィヒテ-シェリング流の超越論的観念論の基本原理の根本的批判を展開している。彼によれば、かの「基本原理」は、主観を絶対化することによって生じる「根源的仮象」を真理産出の原理と錯誤した結果生じた「臆見偏愛（Philodoxie）」にほかならない。

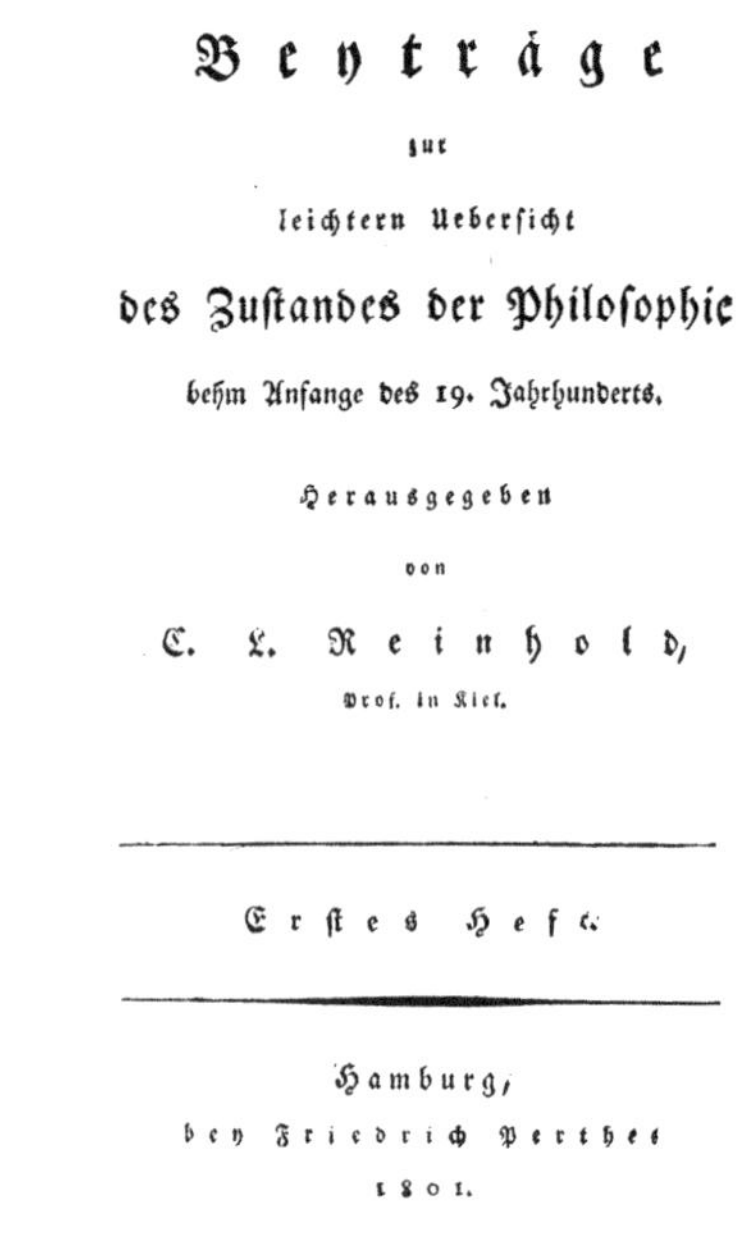
Beyträge
zur
leichtern Uebersicht
des Zustandes der Philosophie
beym Anfange des 19. Jahrhunderts.
Herausgegeben
von
C. L. Reinhold,
Prof. in Kiel.
Erstes Heft.
Hamburg,
bey Friedrich Perthes
1801.

図12―1　『概観―寄稿集』第一分冊表紙

『概観―寄稿集』の主題と論点は多岐にわたっているが、以下ではその内容を上記の二点に絞って概観しておく。

2. 「認識の実在性」の「実在論的」根拠究明

ラインホルトは一八〇〇年頃から、「認識の実在性の根拠」究明という問題に執拗にこだわっている。われわれはこの問題のさまざまなヴァリエーションをめぐる論争に、もう何度も遭遇してきた。すでに一七八八年にはレーベルクがその書評（*ALZ* 1788, Nr. 188a, b）で、『実践理性批判』では「感性的世界における純粋理性の実在性」が証示されておらず、実践理性は感性や経験から切断された「形式」の自己回転に終始していると、カントを批判していた（第三章第二節参照）。その一〇年後、カント自身が「知識学」は「認識の質料」を欠いているがゆえに「単なる論理学にすぎない」との「声明」を発表した（第一一章第一節参照）。さらにその一年後、今度はシェリングが、「純粋な知識学」は「観念論の形式的証明」にすぎず、「およそ実在性とは何のかかわりももっていない」単なる「論理学」のようなものであると論難し、それに「観念論の実質的証明」を対置した。このように、くりかえし超越論的「知」や「認識」における「実在性」の欠如が指摘され、その都度その「実在性の根拠」の解明が深刻な課題に浮上してきたのである。これは経験論的哲学にとってはなんら深刻な課題とはならないが、「超越論哲学」という型の哲学的思惟にとっては、それはその本質上宿命的課題であった。

　ラインホルトはこの課題に関するカントの解決法も、フィヒテのそれも実在性の根拠解明に値しないと考えている。まず、カントにおいては「実在的認識の実在性は、相対的なものでしかない。すなわち、その実在性の本質は、主観それ自身に根拠をもつ概念と直観の諸形式（経験の形式的制約）と、諸感覚（経験の実質的制約）との相互関係にあるにすぎず、それゆえその実在性は絶対的なものに帰されることはけしてありえない。それゆえ認識は…〔中略〕…経験的に実在的であり、超越論的に観念的でしかありえないのである」（*Beyträge-U*. H. 1. 79）[5]。フィヒテの場合は、かの実在性の根拠は彼が「必然性の感情」と呼ぶものに求められる。この「感情」は、純粋な自我の無制約な能動的働きの「産物」であるが、自我の被制限性のゆえに自我の「受動態」として生じてくる。すると、フィヒテは結局のところ、それ自体は「純然たる観念性」である「純粋な自我」の「自由」と「無制限態」とに「観念性」を割り当て、それに対して、その「必然性と被制限態」とに「実在性」を割り振っていることになる。よって、「純粋な自我」は「無制限であるかぎりで、純然たる観念性をもち、制限されたものであるかぎりでのみ、実在性をもつ」にすぎない（ibid., 85）。かくして、ラインホルトによれば、そのように根拠づけられた「実在性」はあくまで「主観的な実在性」にすぎず、その根拠はカントの場合と同様に「相対的」であり、絶対的な根拠には届いていない。

　ラインホルトはこの「哲学の第一課題」を解くに、「観念論者」とは違って――バルディリとヤコービの実在論的立場に与して――、一切の実在性の根源たる「根源的に真なるもの」、「他の一切の真なるものに先立って存在している根源的に真なるもの」を想定する（ibid., 70）。それはしばしば「勝義の第一のもの」とも呼び換えられている。それは、ヤコービが一切の超越論的知をも超越している「真なるもの」と呼んだもの、つまり「神」の別名にほかならない。これが、「一切の実在性」の根源にして根拠である。「知」や「認識」は、これと関係しこれを自らのうちに含んでいることによってしか、「実在性」を得ることはできない。ラインホルトはそう考えている。ヤコービでは「知」を超えているがゆえに「信」のうちに「予感」されるほかなかったこの「根源的に真なるもの」は、ここでは「知」のうちに引き入れられる。ヤコービでは「知」と切り離された「純然たる信」のうちにしか存在しない一切の実在性の根源は、ラインホルトでは「知」のうちに引き入れられるのである。

　それを可能にしているのが、独創的な「根源的に真なるもの」と

「真なるもの」の「相関関係」論である。たしかに「根源的に真なるもの」それ自体は、直接的には思惟することも、認識することもできない。しかし、それを「真なるものとの相関関係のうちに」置くならば、「根源的に真なるもの」も「哲学的思惟のうちに、哲学的思惟によって探求する」ことができる（ibid. 73）。この探求を可能にするには、「根源的に真なるものが真なるものに即して（an dem Wahren）認識され、「かつ、真なるものが根源的に真なるものを介して（durch das Urwahre）認識されうるような知」（ibid. 72）を主題化しなければならない。ラインホルトは、第一分冊の第二論文で初めて提起したこの「相関関係」をこれ以降も繰り返し強調している（*Beyträge-U.* H. 1. 91, 101; H. 2. 140; H. 3. 135, 159, 169, 174 u. H. 4. 223）。これは、一般的な用語で言えば、有限なものに即して無限なものを認識し、無限なものを介して有限なものを認識しようとする企てにほかならない。

　この企てが有限なものに即して無限なものの「現象」を捉えようとしている「現象学的」企てであるのは明らかである。それゆえ、ラインホルトは第三分冊ではこう述べる。そのような「純粋に理性的な認識は、その本質上、自然における神の顕現（Manifestation）〔の認識〕にほかならない」（ibid. H. 3. 159）。そして、第四分冊では、こう述べるのである。神の自然への「顕現を勝義の第一のもの〔の顕現〕と認識することによって、理性的実在論は初めて認識と認識可能なものの実在性の根拠を解明したのであり、そして、自ら自身をこの実在性の学として根拠づけ、哲学の第一課題の解決が成就されたことを確証したのである」（ibid. H. 4. 221）。ここに、彼の「理性的実在論」の核心がある。

3．超越論的観念論における思惟の「主観化」批判

では、超越論的観念論の原理的批判のほうはどうか。この主題は、主に第一分冊の第六論文と第三分冊の第三論文で論じられている。前者の論文でラインホルトは、超越論的観念論において主観の絶対化を可能にしている「秘められた奥義」が、「純粋な自我」の「自ら自身のうちに還帰する行（das in sich selbst zurückgehende Thun）」の実体化にあると見立てて、この絶対化の歴史的・論理的「生成」過程を明らかにすることで、その不当性を暴こうとしている。

　彼の叙述によれば、この絶対化の途は、まずカントによる「実践理性」あるいは「純粋意志」の「発見」によって切り開かれた。カントにおいて理論理性は「現象とだけ係っている経験的諸概念を規則づけ、秩序づけ、組織化することに制限されているかぎりでのみ」実在性を有していたのに対して、実践理性は一切の「経験的意志の動機を純粋な意志活動から排除し、またそれが純粋な意志であるかぎり、一切の経験的なものから独立している」。そして道徳法則が要求しているのは、「意志活動における主観と客観」が「純粋な絶対的行為」でなければならず、「絶対的な行為」は「意志活動における主観と客観」でなければならないということである（ibid. H. 1. 137）。

　こうして「純粋な知」と「純粋な行為」を自らのうちで合一した「純粋な理性」は、フィヒテとシェリングでは「純粋に哲学的に思惟する理性」、「純粋に思弁的な理性」として登場してくる。そして、「純粋な理性」を「絶対的な主観性あるいは純粋な自我性」へと転化する「奥義」が、かの自己内還帰の働きなのである（ibid. 141）。この働きは、主体のなんらかの運動に付随する性状や属性ではなく、逆に一切の主体的運動の源泉であり、その運動を根底において規定してい

る実体的なものである。だが、この自己内還帰の働きは、この行（為）を自ら遂行しようと決意する「哲学者」にとってだけ開示されるにすぎず、その意味で「秘教的」性格を帯びている。ラインホルトは、超越論的観念論の原理のこの「秘教的」性格をかなり執拗に論難している。さらに、この「奥義」のうちには、或る者が「哲学者として純粋な理性を措定したこと」と「純粋な理性が彼を哲学者として措定したこと」、さらに「この両方が同一の措定作用であること」、この三者の「不可解な同一視」が含まれているのだが（ibid. 143）、ラインホルト曰く、このような「同一視」は、かの還帰の行（為）への「哲学者」の参入が「彼の個人的自我の行為」であり、「恣意に基づく行為」であったことを「忘れる」ことによって可能になっているにすぎない（ibid. 149）。著者は、「知識学」では超越論的知が経験的知の根拠づけを超えて、自らの働きだけを客観とする「純粋知」に純化していく過程を、そしてこの純化の過程に「哲学者」の反省が「不可思議なかたちで」一体化されていく「秘密」を平易な言葉で暴露していると言える。

第二分冊の第三論文は、主観の絶対化のもう一つの源泉を超越論的主体の「自律」の思想に見定め、これが「ごく単純な心理学的錯覚」（ibid. H. 2. 113）に基づいていることを暴こうとしている。この場合もまた、「自律」を思弁的「原理」へと純化する過程は、その端緒をカントによって切り開かれた。カントでは、まだ経験的意志の「当為」として表現された「自律」の思想は、「フィヒテとシェリングによって初めて、真にして本来の意味での自律」そのものに仕立て上げられた（ibid. 112）。ここに「自律」は「自ら自身によって根拠づけ、根拠づけられるもの」、「端的に根源的なもの」になる（ibid. 108）。ラインホルトが「自律」のこうした思弁的原理化が「心理学的錯覚」に起因していると批判するとき、それは以下のような解釈に基づいている。彼の言うところでは、「思弁的に働く選択意志」といえども、実は究極のところ「特殊な独特の快と不快を動機としている」のであり、その動機をなしているのは「思い込みであっても自律していることを快く思い、依存していることを不快に思うという、人間に共通な」傾向（ibid. 115）である。つまり、他のなにものにも根拠づけられず、ただ自ら自身によって根拠づけられるとされる「自律」という思弁的原理は、ラインホルトによれば、実はこの「特殊な独特の快と不快」――通常の「自愛にとっては測りがたい、自愛の深淵」（ibid. 131）――に根ざしているのであり、それゆえ、「自律」の原理の帯びている「超越論性」は「仮象」にすぎない。

この批判もたしかに平易で分かりやすい。しかし、この「心理学的錯覚」だという批判自身が「哲学的」批判たりえず、それこそ「心理学的」批判にすぎないという反批判は免れえないように思える。

4．『概観―寄稿集』のＡＬＺ書評

ＡＬＺの『概観―寄稿集』書評は、三号にわたり合計二四欄を使っている。この時期のＡＬＺ書評としては最大のものである。この書評は第一分冊から第四分冊までを取り扱っているのだが、各分冊に掲載されたすべての論文をまんべんなく論評しようとしている結果、各々の論点についての紹介と批評は核心を突けないまま、すべてが中途半端に終わっている。そういう次第で、われわれは以下において、すべての部分を検討することを止め、上述した第一分冊の第二論文と第六論文、第二分冊の第三論文に関する部分だけを検討することにする。

その前にまず、原著に対する書評者の基本的姿勢を確認しておかねばならない。おそらく忠実なカント主義者である書評者〔不詳〕の姿勢は、書評冒頭の「総論」部分の最後の文章に如実に表されている。

「これらの寄稿論文のいくつかには、超越論的観念論と戦っている――もちろん、それは別種の独断論を主張するためなのだが――という消極的な功績があるものの、総じてこれら諸論文には本来的な意味では学問的価値はない。それでも諸論文は、確かに一定の側面から哲学の状態の概観を与えてはいる、少なくとも、ここで理性的実在論が観念論との戦いにおいて自らを主張しようとしているかぎりでは、そう言えるのである」（*ALZ* 1802, Nr. 235, Sp. 402）。

書評者の基本的姿勢はこうである。まず、「理性的実在論」は新たな「独断論」である。次に、それゆえその独断論的主張はそれ自体としては価値のないものであるが、それらがフィヒテ-シェリング流の「超越論的観念論」と対決し、これを批判しているかぎりでは、それなりの意義と価値をもっている。このような基本姿勢は、各論文に対する批評の随所に認められる。

さて、「根源的に真なるもの」と「真なるもの」との「相関関係」論を介して、「認識の実在性」の根拠解明を試みている第一分冊第二論文についての批評は、いかなるものか。書評者は原著の言葉を使って「真なるもの」と「根源的に真なるもの」という概念を一応説明している。だが、その説明の最後にこう述べている。「根源的に真なるものがそれに即して啓示される可能態と現実態との関係の外では、その根源的に真なるものは、まったく不可解なものであり、説明不可能で名状しがたいものである」。そして、こう続く。「このような極限的知（Hypersophie）に付き合わされるのは、もうたくさんだ」（ibid. 405）。書評者は、この重要論点についてこれ以上一言の批評も加えないまま、次の主題の説明に移っていく。そして最後に、「プラトンによって導入され、ライプニッツによってさらに進展を見た認識の実在性の探求は、根源的に真なるものを真なるものに即して、真なるものを根源的に真なるものを介して露わにすることによって、認識の実在性は知のうちで、かつ知を通して真に確証される」と述べられている重要な箇所を引きながら、これまたなんの批評、批判も加えないまま、第二論文の書評は終わっている。

明らかに書評者は、かの「相関関係」の意義について語る術をもっていない。「即して」と「介して」の意味を理解しておらず、それがなぜ「認識の実在性」の「確証」となるのかをまったく理解していない。それゆえ、先に「理性的実在論」を「別種の独断論」と断罪しながら、この「相関関係」の実在論的見解に一言も異論を挟むことができないでいる。

次に、第六論文と第二分冊第三論文についての批評はどうか。ここで書評者は、かの「秘教的」「奥義」と「不可思議な同一視」にかかわる箇所を引用した後、それをこう評している。

「ここには、超越論的観念論の機械仕掛け装置（Spielwerk）に関する当を得た多くの所見が認められる、ただ論調はあまりにも単調で冗長ではあるが。もし著者が、超越論的観念論が超越的であること（das Transcendente）をもっと際立たせていれば、超越論的観念論の本当の性質をもっと適切に叙述できたであろう。しかし、そうすれば著者は自分自身の体系の欠陥も見いださねばならなかったであろう」(ibid., Nr. 236, Sp. 410)。

書評者が「実在論」にも「超越論的観念論」にも反対であることだけはわかる。だが、それは何故なのかは、これではまったくわからない。「超越論的観念論」がなぜ「機械仕掛け装置」なのか、「超越的であること」がどこに現われているのか、著者自身の「体系の欠陥」はどこにあるのか、書評者はそれについて自分で語る言葉をもっていない。ただ、カントの理説には忠実でありたいという書評者の願望だけははっきりしている。それは、上記の文章に続けて、著者によるカント実践哲学理解には同意できないと述べ、『実践理性批判』の一節を長々と引用していることからもわかる。第六論文書評は、このカントからの引用で終わっている。

第二分冊第三論文についても、同様に書評者は語る言葉をもっていない。というより、これは本来的な意味では「書評」だとさえ言えない。というのも、この部分に費やされている全七五行のうちほぼ九割が「引用」で埋められているからである。しかも、その引用は、断りもないまま中間の段落を省略したり、引用符が抜けていたり、また誤記も見られるような杜撰な引用である。したがって、われわれは書評者による引用の意図さえ、ほとんど理解できない。

かくして、長大なスペースを費やしたこの書評は、『概観―寄稿集』各論文が投げかけているシリアスな問題地平の一知半解的な理解にとどまっており、また書評者が反対しているはずの「理性的実在論」に対しても「超越論的観念論」に対しても、説得力ある批判的論拠をなに一つ提示できていない、きわめて表層的な批評であると言わざるをえない。

第二節　フリース『ラインホルト、フィヒテ、シェリング』とそのＡＬＺ書評（ALZ 1803, Nr. 320-321）

フリースの知的キャリアについては、われわれはすでに見てきた（幕間Ⅲ、4の（4）参照）。彼はイェーナの私講師になって間もなく、いくつかの教本の出版に先駆けて『ラインホルト、フィヒテ、シェリング』を公刊している。興味深い表題を冠したこの作品はけっこう大部なもの（本文三二四頁）であるが、その内的構成は、いくぶん体系的統一性を欠いている（図12―2）。

全体は「第一篇」と「第二篇」に分かれ、「第一篇」の「第一章」はフィヒテ批判を、「第二章」はシェリング批判に充てられている。「第一章」でフィヒテ「知識学」の理念と原理を批判するのに、フ

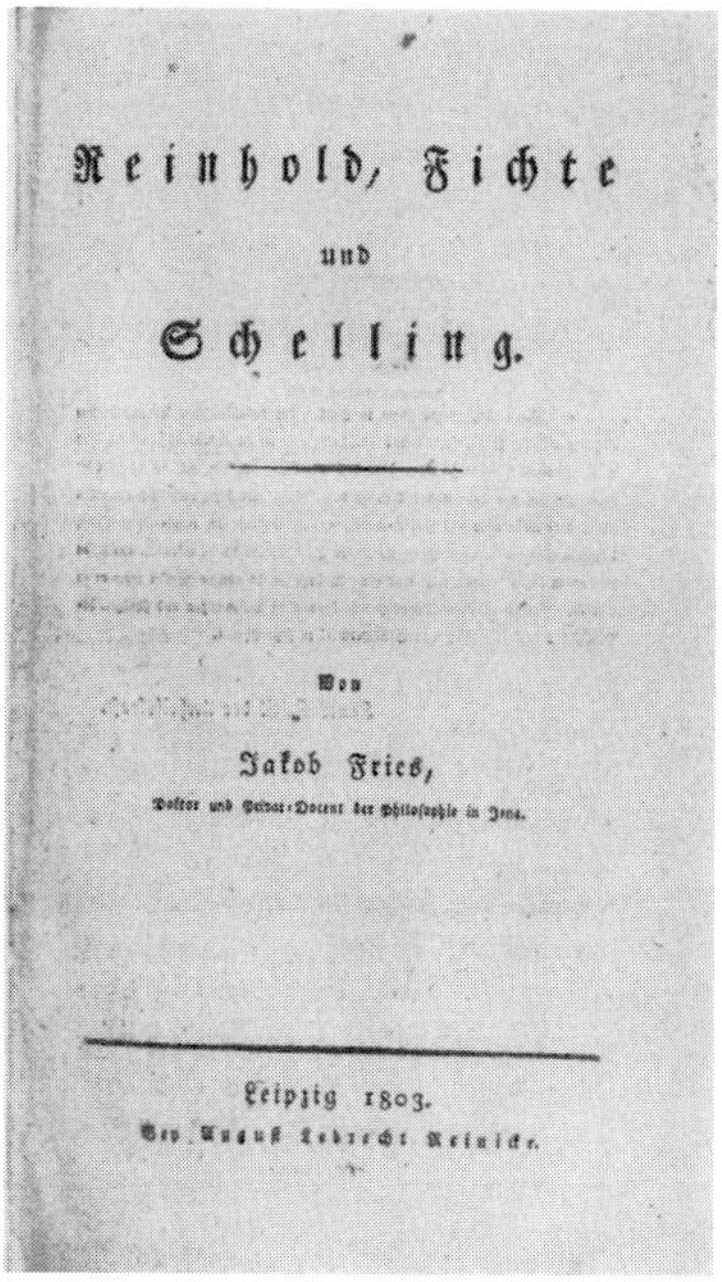

図 12―2　『ラインホルト, フィヒテ, シエリング』の表紙

リースは『知識学の概念について』、『人間の使命』、『全知識学の基礎』、『明々白々な報告』を（この順序で）取り上げ、それぞれの著作を批判的に検討している。「第二章」は、「超越論的観念論の原理について」の論究を序論的部分として、その後に『超越論的観念論の体系』と「我が哲学体系の叙述」を取り上げ、さまざまな角度からシェリングの思弁的哲学の原理と方法を批判している。そのなかでも、「自然哲学の理念」に関する紹介と批判は非常に詳細である。著者がこの部分の各小節の表題として掲げている文章は、彼の批判的検討の結論を明瞭にわれわれに伝えているので、ここに挙げておく。すなわち「（1）シェリングが自然哲学についての彼の推論において出発点としている第一の根本諸概念は、彼がフィヒテから受け入れた誤った抽象に依存している」。「（2）自然のア・プリオリな構成は、シェリングの体系では空虚な中身のない言葉にすぎない」。「（3）シェリングの自然哲学での諸構成が哲学から出発する場合、それらはまったく空虚で、形態なき形式を規定しているにすぎない」。「（4）質料のア・プリオリな構築については、カントがその『自然学の形而上学的定礎』で全体としては正しく打ち立てたような哲学的―数学的構成以外のいかなる構成も不可能である」。

「第二篇」では、ラインホルト、フィヒテ、シェリングの哲学的思惟の連続性を論じ、彼らがカント批判主義を共通の源泉としながらも、ますますカント哲学の精神から逸脱していく過程が叙述される。その「第二篇」は以下の四つの章からなっている。「第一章、ラインホルト、フィヒテ、シェリングにおける哲学の歴史」、「第二章、理性の直接的認識、あるいは反省と知的直観」、「第三章、アリストテレス的抽象とプラトン的抽象、あるいはカントとシェリング」、「第四章、批判的方法」。

ここにかなり拡散的に展開されている広範な諸論点、諸論議のなかから、以下では三つの主題を検討することで、この著作の特徴を明らかにしよう。第一に、表題に挙げられた三人の哲学者たちの「血統」的つながりについてのフリースの理解およびフリース自身の「経験的人間学」の立場からの観念論理解の特徴、第二に、この立場からの独自のカント読解、そして最後に、かなりのスペースが割かれているシェリング同一性哲学の方法論的批判、である。

1．「内的経験」からの離脱による超越論的認識の思弁化

まず第一に、フリースは、かの三人の哲学者たちの哲学的思惟の精神と特性の連続性をかなり単純化して強調している。彼らはみな批判主義を共通の源泉としながらも、批判主義が立っていた「経験の大地」から離陸し、「思弁」の大空へと飛び立っていった。ラインホルトからフィヒテへ、フィヒテからシェリングへと歩みが重ねられるにつれ、「高度」はますます上がり、哲学の課題と方法はますます思弁化されていく。その行き着いた果てが、空虚な「絶対的同一性の知的直観」である。この「上昇」過程に並行して、再び「合理論」が忍び込み、シェリングではそれは「独断論的合理論」にまで純化されている。フリースは、非常に明瞭ではあるがかなり単純化されたこの解釈図式のもとに、「ラインホルト、フィヒテ、シェリングのもとでの哲学の歴史」を説こうとしている。「第二篇」「第一章」はこの「歴史」を集約的に叙述している。すなわち、

「彼らの哲学の歴史は、批判と哲学の体系とを混同したことから

始まっている。このことによって、彼らは知の形式と学の形式をきちんと区別しないことへと誘われた、それと同時に、再び合理論の原理が付け加わってくるのだが、この原理は〈批判〉によってはほとんど排除されてこなかったのである。ラインホルトとフィヒテのもとで進行したことは、〈批判〉から身を振りほどくためのこの合理論の戦いにほかならない。その合理論は、ついにシェリングのもとで純粋な独断論として自由に再登場してくるのである」(*Fries*, 199)[6]。

「フィヒテは当初は、ラインホルトが示していたのと同じ途をさらに突き進んだだけである。彼はラインホルトの規則に従った結果、もっと深くその途の欠陥に巻き込まれた」(ibid., 214)。

「その〔知識学の〕理念がさらに先へと形成されると、〈批判〉と独断的合理論という相対立する要素がますます分離され始めた。そして、一般的には…〔中略〕…フィヒテの知識学の理念では〈批判〉がますます優位を占めるとはいえ、それでも、その形成過程で独断論が浸透した。それは、ラインホルトのもとでは無規定的に哲学とだけ関係づけられていた最高の根本命題が、ここではははっきりとすべての人間的知の原理とみなされることによるのであり、またラインホルト流の直接的意識がますます知的直観へと作り変えられることによる。このようにして、フィヒテの体系はついに、批判主義と経験的人間学によって規定された本物の合理論になった」(ibid., 215f.)。

「最後にシェリングは知的直観の理念を完成させることによって、この合理論を批判的、経験的関心から完全に解放した。したがって、一面では、彼の体系を最初のラインホルト的な理念の完成と見ることもできよう。その完成は、彼がこの理念の人間学的部分と彼のより高次な思弁とを絶対的理性の理念のうちに統合したことによって可能になった。…〔中略〕…しかし、他面では、彼が論理的形式と知の形式との混同から自らを解放し、反省一般と知的直観との対立を完成させるようになると、彼はこの血縁関係から完全に自分を引剥がす。かくして、シェリングの体系はさらに純粋な独断論になったのであり、ラインホルトによって開始された批判主義からの後退は、この独断論において完成されたのである」(ibid., 216)。

たしかに、ラインホルトの「表象能力理論」でかの最初の「離陸」は始まった。そして、彼の「根元哲学」は——フリースの表現では——「知の形式」と「学の形式」の「混同」を誘発したと言えるかもしれない。ここにおいて、「知」の最高の形式が「学」の「第一根本命題」でなければならないことが宣言されたのだから。そして、「感性的」な「内的直観」と区別して、「表象の形式」それ自身を直観する働きを最初に「知的直観」と呼んだのもラインホルトであり[7]、フィヒテの「知的直観」もシェリングの「知的直観」も、これを起点としている。またたしかに、フィヒテは「根元哲学」の批判的検討を通して「自我の端的な自己措定」の思想を手にする一方で、『全知識学の基礎』の体系構成は「根元哲学」の特性である「根本命題—哲学」という体系構想と「学としての哲学」の理念を継承したのも事実である。さらに、「自我の端的な自己措定」と一体のもと捉えられていたフィヒテ的「知的直観」が、シェリングでは「主観」から剥離されて、主観と客観の「絶対的同一性」によるその同一性自身の「知的直観」へと思弁化、存在論化され、「独断論的」色彩を帯びるようになったこともたしかに否定できない。とはいえ、これは事後的に通時的に再構成され、単純化された「歴史」にすぎないこともまた事実である。ラインホルトとフィヒテとシェリングが一つの時点で同じ精神、同じ哲学的立場に立ったことは一度もなかった。この著作が執筆された一八〇三年の時点で、この三者はそれぞれに対して最も鋭く対立していたことも忘れてはならない。それはともかく、現代のわれわれになじみとなっている、初期ドイツ観念論の図式化された「単線的発展史観」が、すでに一八〇三年に定式化されていることは興味深い。

さて、留意しておかねばならないもう一つの点は、著者フリースの哲学上の立場である。この時期フリースは、すでに述べたように「経験的心理学」に依拠した「哲学的人間学」に立脚していた。この立場は、人間の知の真理性と確実性の決定的基準を「内的経験」に置く。この「内的経験」を離れて語られる知はすべて虚偽か錯誤か妄想である。したがって、フリースにとっては、かの偉大な哲学者たちの「経験の大地」からの離陸とは、なによりも「内的経験」からの離反にほかならず、その離反にこそ彼らの「欠陥」と「誤り」の源泉がある。彼らの哲学の理念は本来はこの「内的経験」に基づく「人間学」にあったはずなのに、彼らはここから離脱してしまった。このことをフリースは随所で縷々強調している。

たとえば「ラインホルトは経験的霊魂論の一部分を、根元哲学として哲学の体系の先端に立てねばならなかったのであり、この経験的な学をア・プリオリな学の方法に従って論じようと試みなければならなかった」(ibid., 209. 強調点は訳者による。以下同じ)。フィヒテも「内的経験に根ざす人間学的な学問に、かの理念によって哲学的な学の論理的形式を与えようと試みた」(ibid., 58) のだが、それに失敗したのは「広大な人間学的探求」(ibid., 52) を欠いていたからである。フィヒテは「自我の内的諸活動の直接的意識を感性的なものとみなさず、直接的な知的直観とみなすことによって、感性的である内的直観と知的直観を混同しているのである。そのために彼にとっては、経験の学であるはずの人間学の多くの対象が必然的に純粋に思弁的なものという形態をとらねばならなかったのである」(ibid., 180)。シェリングにおいてさえ、その「演繹と構成は、〔自分のうちに〕見つけ出された諸経験を特別な言葉で再現したものにほかならず」(ibid., 86)、「この超越論的観念論の基礎は、認識の働きと意志の働きの諸活動にそって、知性を内的経験にしたがって記述することにほかならない」(ibid., 87)。だが、シェリングの自然哲学の「原理そのものは、まったく何の役にも立たない。それは、〔自分のうちに〕見つけ出された経験の諸段階に新しい名前を与えるのに役立つだけである。それゆえ、その叙述全体は本来経験科学に属するものであり、その叙述の哲学的形式は単なる言葉の遊びであり、叙述の必然性は錯覚にすぎない」(ibid., 101)。

ともに批判哲学から発した「経験論的人間学」と純粋な「超越論的観念論」は、それぞれ「批判主義の精神」の正当な継承者たることを標榜しながら、当時の哲学の状況下で相対立する潮流を形成していた。その対立がはっきりと顕在化したのが、シュミート‐フィヒテ論争であったことをわれわれは確認してきた(第七章第三節参照)。シュミートがそうであったように、フリースもここで、超越論哲学者たちの「批判主義の精神」からの離反にクレームをつけると同時に、哲学的思惟の本来的境地であるはずの「内的経験」からの離脱を批判している。

2．批判主義に内在せる思弁化の誘因

だが、それよりもっと興味深いのは、超越論的思弁の「離陸」の誘因はカント自身にもある、とフリースが考えていることである。その誘因は、彼によれば二つの問題点に確認できる。

一つは、カントが理性の「批判」と理性の「体系」との「区別を十分に明確にしなかった」ことである。カント自身は「超越論的批判という理念」を、理性は体系を構築するに先立って「自ら自身と自らの能力を知らねばならないという側面」に見ていた（ibid., 200）。「しかし、彼はこの理性の自己認識がわれわれを経験学としての人間学の見地に立たせるのだということを一度も詳しく注解しなかった」、というよりむしろ、かの区別は「カント自身によっても見逃されてきた」（ibid.）のである。おそらくフリースは、カントがこの区別をあいまいにしたことが、超越論哲学者たちによる〈批判〉に属すはずの「知の形式」と〈体系〉に属すはずの「学の形式」の「混同」の誘因となったと考えているのであろう。

もう一つの誘因は、カントの術語使用法における「超越論的という概念の両義性」にある。フリースは『純粋理性批判』と『判断力批判』でのこの語の三つの使用例（B25, B80, KA V, 181）を順に検討したうえ、次のようにその「両義性」を指摘する。

「この語の意味の第一の用例と第三の用例は、われわれのア・プリオリな認識の内的知覚を引き合いに出しており、それゆえ単に〈批判〉に属している。しかし、第二の用例では、ア・プリオリな認識が、すなわちア・プリオリで純粋な認識の諸原理が超越論的と呼ばれる。この語の異なった意味は、もしカントが第二番目の箇所で、〈批判〉の内容をなしている超越論的認識自身をア・プリオリな認識とみなしていなければ、互いに適切に共存しうるだろう。それゆえ、私は次のことに注意を喚起しておく。すなわち、超越論的（批判的）認識とは、カントの場合にはそう映るのだが、特別な様式のア・プリオリな認識のことではなく、われわれの認識の本性と性状とが内的経験に基づいてア・プリオリに認識されるときの認識である。そうである以上、それ先のようなア・プリオリな認識に対置されるものである」（ibid., 202f.）。

フリースは結論的所見をこう続けている。

「かくして、超越論的認識とは内的経験に基づく真に哲学的――批判的認識のことであろう。ア・プリオリな純粋な認識はそれ以外の枠組みをなんら必要としないのに、それでも純粋な認識の諸原理を超越論的と呼ぶことができるのは、ただ、この概念が前に述べた概念と混同されてはならないかぎりでのことである」（ibid., 203）。

フリースによれば、純粋理性批判が超越論的と呼ばれるのは、それがア・プリオリな認識の可能性とその認識を対象に適用することの可能性を、「内的経験」から導出するからである。ア・プリオリな純粋な認識の体系が超越論的ないしは批判的と呼ばれるのは、その体系が、内的経験を通してそのようなものとして確証され、可能的経験の対象

に適用可能なものとして確証されるような純粋な認識だけを含んでいるからである。「経験主義者」フリースは、「内的知覚」や「内的経験」を介さない認識を超越論的認識とは認めない。しかし、カント自身がこの境界線をあいまいにして、ときに単にア・プリオリな認識や原理を超越論的と呼ぶ傾向がある。フリースはカント自身に含まれていたこの「あいまいさ」が、超越論哲学者たちによる認識や原理の思弁化に途を開いたのではないかと疑っているのである。

カントに対するこうしたクレームと関連して、もう一つ重要な論点解釈を紹介しておかねばならない。それは、「われわれの認識一切の実在性の根拠」と「知的直観」との関係、さらにそれと「超越論的統覚」との関係にかかわっている。フリースはこの論点についてこう述べている。

「自由な思弁の最高の課題は、われわれの認識一切の実在性の根拠を示すことである。この課題は、われわれの認識における統一性と必然性の源泉を見つけ出す課題と重なっている。経験のうちに認識の内容が開示されるのは、一時的な感性的直観が与えられ、この直観に間接的な認識にすぎない反省が付け加わることによるしかない。だが反省を介してわれわれが意識するのは、すでに我々の認識のうちにあるものでしかなく、反省それ自身の形式自体はまったく空虚である。すると、この統一と必然性の直接的な源泉はどこに在るのか」(ibid., 226)。

「思弁の支持者」である「独断論者たち」はこの課題を解こうとさまざまな試みをしたが、満足いく説明を与えることができなかった。「思弁の敵対者」である「懐疑論者」は、「認識の内的源泉」を否認し、「かの統一と必然性が反省を介して通常の経験にもたらされる」という考えを退けた。かくして、統一と反省が何に由来するのかは、未決の問題のままにとどまっていたのである。それに対して「フィヒテとシェリングは、この課題を解決するための最近の企てを知的直観によって遂行したのである」(ibid.)。フリースはこの企ての背後をこう説明している。

「感性的直観と反省との間には、いわばその真ん中に、産出的構想力の数学的直観が存在しているのだが、この直観はその形式的本質と必然性とを反省の諸形式と共有している一方で、その直観性を感性的認識と共有している。実はフィヒテとシェリングはこの〔数学的〕直観との類比性に依拠して、彼らの言う統一の絶対的直観を理解させようとしているのである。しかし、彼らは次のことを考えなかった。かの数学的直観はそれ自体では空虚な形式にすぎないということ、そしてこの形式の肯定的な諸規定でさえ、与えられた偶然的素材によってしか示されないのだということを考えなかったのである。シェリングは確かに最高度の抽象を駆使して…〔中略〕…統一の根本意識にまで到達したのだが、しかし、彼の合理論的なものの見方のゆえに、このまったく形式的でそれ自体空虚な統一と必然性の意識を、一切の実在性総体の意識でもあるとみなし、一つの直観とみなすことになったのである」(ibid., 226f.)。

「超越論的統覚」へのクレームは、この解釈と関連している。そのクレームの要点を先取りすれば、それは、カントの「超越論的統覚」の説明には、「理性の直接的認識」が、すなわち感性的直観も反省も介さない、直接的で超時間的認識が成立するかのような誤解を誘発する側面があるという点にある。

「さて、かの最高の課題に関して批判はどのような決定を下しているのか？　カントの批判では、根源的な超越論的統覚が一切の統一と必然性の源泉であることはよく知られている。しかし、カントがこの超越論的統覚によって、彼の大抵の弟子たちに非常に不可解なことを語ったことも、同じほどよく知られている。私はこの事柄をもう一つ別の側面から思い描いてみることにする」(ibid., 227)。

フリースは以下において、統覚における自己知が無媒介的に、超時間的に成立するのではなく、感性的直観と反省を不可欠なものとしており、かつこれらを捨象するところに成立することを縷々説いている。彼は明確にはそう語っていないが、「超越論的統覚」における直接的な自己知がかの思弁化の途の誘因となったと考えているのである。

以上述べてきたごとく、この著作は純粋な超越論哲学で思弁化された原理を「経験的人間学」の立場から批判するにとどまらず、カントにさえその責任の一端があると主張している点で独自の見解を表明しているのである。

3. フリースのシェリング批判

著者は「第一篇」「第二章」の後半部で、シェリングの「同一性哲学」を代表する論文「我が哲学体系の叙述」を採りあげかなり詳細な論を展開している。その検討の結論は、本節冒頭の（1）〜（4）に示したとおりである。ここでは、その批判の論拠の一部を少しだけ紹介しておく。フリースは「叙述」第二五節までのテーゼを簡単に紹介したうえで、まずこう疑問を発している。「さて、およそいかなる差別も、いかなる多様性も思惟不可能であるというこの不条理な主張によって、われわれにどうしろというのか？」(ibid., 91)。著者によれば、「絶対的同一性」は「自体的なものであるかぎり、自体的でないものとしてのわれわれの知と何の関係ももっておらず、知にとってはなんの意義も意味ももたない」(ibid., 91f.)。「自体的でないものが或るものたりうるのは、それが自体的なものの実在性に関与するかぎりでのことにすぎないが、それが自体的なものと比較されるや否や、それはただちに純然たる否定態に、……〔中略〕…実在性一般の否定態に、純然たる無になる」(ibid., 92)。かくして、「自体的存在」と「非自体的存在」とが、「実在態」とその「純然たる否定態」とが、「無差別」と「差別」とが、さらに言えば「知的直観」と「反省的思惟」とが、媒介されないまま対置関係を保ち続けていることを、フリースはさまざまな視点から批判している。そして、存在の境位を異にし、関係づけられないものを関係づけるために、シェリングの哲学では「「絶対的同一性のうちに、絶対的同一性とともに、すでにある種の二重性が措定される、二重性どころか無限の多様性が措定される」(ibid.)のであり、しかも――フリースが言うには――「差別」は「絶対的同一性と等根源的なものとして」(ibid., 94)措定されているのだ、と言う。

そして、「第二篇」「第一章」の総括的な所見はこうである。

「第一に、絶対的同一性の知的直観からのみ出発することなど不可能である。なぜなら、絶対的同一性は、それ自身が思惟されうるためにはそれとは独立の差別の原理を、多様性の原理を必要とするからである。しかし第二に、われわれの理性が絶対的なものの認識を出発点とすることはもっと不可能である。なぜならば、絶対的なものの認識は、否定を通して、対立を通して初めて生じてくるものだからである。絶対的なものの認識は、われわれの認識のうちで完全に媒介されたものであり、反省のもっとも純粋な所有物である。かくして、絶対的なものと絶対的な単一性から出発するというシェリング的思弁の第一前提に、その根本的欠陥がもうすでに含まれているのである」(ibid., 191)。

シェリング哲学の方法に対するこうした批判は、当時において一般的なものであり、取り立てて独創的といえるほどのものではない。ただ、「絶対的なものの認識は、否定を通して、対立を通して初めて生じてくる」と言う批判は、後のヘーゲルのシェリング批判を思い起こさせるもので、興味深い。「知的直観」に訴えるだけでは、「知的直観」を唯一の秘教的通路とするだけでは、「絶対的なもの」の把握は不可能である。「直観」は「反省」と媒介されねばならない。「直観」と「反省」の何重もの「媒介」過程を経て、ようやく「絶対的なもの」が「われわれの認識のうちで完全に媒介されたもの」として、「反省のもっとも純粋な所有物」として「生成」してくる。この「生成」過程こそ、「自体的存在」と「非自体的存在」との、肯定としての「実在態」とその「否定態」との、そしてもっと一般的に言えば、「無差別」と「差別」との「媒介」過程にほかならないだろう。

4．ALZのフリース書評

さて、ALZはこの著作をどのように批評したのか。この書評も二号分、一二欄にわたるけっこう長い書評である。書評は冒頭で、「この著作は、最近の哲学の出来事〔歴史〕のなかで第一級のものに値し、かつ最近の哲学の出来事〔歴史〕自身にとっても非常に重要な作品である」(ALZ 1803, Nr. 320, Sp. 353) と非常に積極的評価の姿勢を示している。書評者は、著作の内容構成をかなり詳細に説明した後、もう一度この著を賞賛している。

「書評子は、自分が愛着を抱いている学派に味方するという偏見をもたずに、以上の章の一つ一つを余すところなく読み通した。そしてそれらの論述に、自分が長い間思弁的—哲学的著作からは得られなかったほどの完全な満足を見いだした。批評されている三つの体系の主要契機の叙述およびこれらの体系が従っている哲学的思惟の方法の叙述は、テキストに忠実であり厳密であり、その批評は根本的で、創造的で、納得のいくものである」(ibid., Sp. 355)。

さらに書評の最終部分でも、「第二篇、第四章、批判的方法」でのカント哲学についての重要な方法論的諸問題(8)に関する叙述を「卓越したもの」であると褒めている。ALZの書評で、カントの著作以外でこのような手放しの肯定的評価は珍しい。こうした評価の背景にあるのは、先に触れたようなに両潮流間の対立である。正統派カント主義の立場にあったALZ編集部は、経験的人間学とは立場を異にしていたとはいえ、「純粋な」超越論的観念論とはもっと激しく対立していた。それゆえ、前者による後者の本格的な批判さえ歓迎しているのである。

とはいえ、書評者は著者によるフィヒテ—シェリング批判に賛同し、随所でこれを評価しているにとどまらず、フリースが本書でいくつか指摘している、批判主義の方法論的「落ち度」や「足らざるところ」にも暗に同意している。たとえば、著者は「物質」の哲学的「構成」に関して、シェリングの「構成」理論を全面的に退けたうえで、この点に関してはカントが打ち立てた方法以外にいかなる「構成」も不可能であると断定する一方で、カントの「構成」にも「落ち度（Fehler）」や「欠けるところ（Mangel）」がある、とクレームをつけている。「落ち度」は——物体の重力は物体の「度量」とは必ずしも相関的に関係していないのに——「カントがニュートンといっしょになって、根本的吸引力が度量と必然的な相関関係にあると想定している点にある」。「欠けるところ」は「カントが形態化の原理をまったく示せてない点」にある（ibid. 356）。このクレームに対して書評者は、著者にこの問題を「もっと具体的、個別的に論述し」てほしい、「われわれは、著者が経験的自然学を自ら自身で詳述し、今日まで経験的知識の単なる集積体にすぎなかった自然学を本来の学的形式にまで高めるのを見たいものである」（ibid. 357）と注文をつけながらも、実質的には著者の批判を容認しているように見える。

先述した「超越論的」という語の両義的使用に関しても、書評者は著者の主張をかなり詳細に紹介しながら、この問題に関する批判を認めている（ibid. 358ff.）。ただ、最後の「超越論的統覚」に対するクレームには、こう付け加える。「彼〔フリース〕が述べていることは適切で、正しい。しかし、カントの考え方には不可解なところがあると嘆いている者たちが、著者の考え方のほうがより理解しやすいとみなすかどうかについては、われわれは疑わしく思っている」（ibid. 360）。

総じて、この書評が示しているように、この時期ＡＬＺ「哲学欄」は、敵対していたフィヒテ—シェリング哲学それ自身を対象に批判の論陣を張る代わりに、この哲学に批判的な著作を書評に採りあげ、これらの著作での批判を評価、支持することで、間接的に純粋な超越論哲学への反対を表明するという「う回路」をとっていると言える。そのことは、以下のような他の書評にも認められる。

たとえば、一八〇一年に掲載されたフィッシュハーバー（Gottlob Christian Friedrich Fischhaber 1779–1829）著『フィヒテの体系の原理と根本問題について、それの新しい解決のための腹案を付して』の書評（*ALZ* 1801. Nr. 224）、クルーク（Wilhelm Traugott Krug 1770–1842）著『知識学についての書簡、知識学によって試みられた、宗教的信仰の規定に関する一論文を付して』の書評（*ALZ* 1801. Nr. 286）、そして一八〇三年に掲載されたベーメ（Christian Friedrich Böhme）『フィヒテの知識学の第一根本命題に関する、そしてそれに反対する注解。フィヒテの観念論的体系を反駁するエピローグを付して』の書評（*ALZ* 1803. Nr. 253）がそうである。最初の著作について、書評は「これまで上述の体系に関して、そしてこれへの反論として出版されてきた諸著作の中で、本書は卓越した地位を確保している。本書は囚われのない自由な精神で書かれており、問題になっている事柄に通暁し、深い理解力をもって書かれている」（*ALZ* 1801. Nr. 224, Sp. 281）と高く評価している。二番目の著作については、もっと高く評価している。「クルーク氏のこの企ては、フィッシュハーバー氏の著作と並んで、よりいっそう功績あるものである」。「この書簡の著者は、ただ真理だけを重視する哲学的吟味者に求められることすべてを果たしている。彼は知識学を論じるに、それにふさわしい尊敬の念をもって論じており、知識学の考案者の功績を公平に扱っている。悪意に満ちた要求を知識学に突きつけるのではなく、また自分自身の信念の体系に基づくような諸々の論拠を対置するのではなく、真正の懐疑の狙いがそうであるように、吟味された体系それ自身に基づいて、諸々の論拠を対置している。探求の冷静さと落ち着いた論のすすめ方は、著者が純粋な真理愛に満ちて、この吟味を引き受けたことを反論の余地なく証明している」(*ALZ* 1801, Nr. 286, Sp. 41)。

クルークの著はたしかに内在的批判の姿勢を保っているが、フィッシュハーバーの著はまったく見当違いの外在的批判である。しかも、両著とも一〇〇頁程度の小著なのである。それを発行から間をおかず早々に採りあげ、非常に積極的に評価しているところに編集部の姿勢がよく表われていると言える。ちなみに、後者の著をエアランゲンの『学芸新聞』で書評しようとしていた――実際は掲載されず、書評の原稿は失われている――ヘーゲルは、この書評を「響きはよいが内容空疎な書評」だと批判している(*GW* 4, 517)。また、クルークの著についても、これまたヘーゲルが『哲学批判雑誌』第一巻第一号で(クルークの他の著作とともに)俎上に挙げ、この通俗的、常識哲学的論調をこっぴどくやっつけており(vgl. *GW* 4, 174-177)、その評価においてALZの書評と著しい対照をなしている。

これに対して、フィヒテの哲学的精神と「知識学」を積極的に評価、支持している著作、シャートの『現代の哲学の精神』や『知識学の諸原理に従った超越論的論理学と形而上学の新たな要綱』を採りあげるときには(vgl. *ALZ* 1802, Nr. 58; *ALZ* 1802, Nr. 192)、ALZの評価は冷淡であり、著者の言葉尻を捉えては事細かなクレームをつけている。これらの点にも、ALZが創刊当初に謳い揚げた「公平無私たること(Unpartheylichkeit)」という書評の第一原則(序章第三節参照)とははやほど遠いところにいることがはっきり表れているのである。

第三節 ケッペン『シェリングの教説、あるいは絶対無の哲学の全貌』とそのALZ書評(*ALZ* 1803, Nr. 322-323)

ケッペン(Friedrich Köppen, 1775-1858)はシェリングと同い歳である。彼は一七九三年から数年間イェーナの神学部で学び、フィヒテの講義を聴いたこともあるが、その後ゲッチンゲンに転じ、一七九七年にはそこで神学の学位を得た。牧師候補者として生まれ故郷のルーベックに戻った彼は、当地からほど近いオイチンに住んでいたヤコービの知遇を得て、ヤコービの信奉者になった。そして、一八〇七年にはヤコービの斡旋によって、ラントシュート大学の哲学教授の地位を得て、多くの哲学著作を書いた。

1. ケッペンのシェリング批判

このシェリング批判書は(図12―3)、互いに関連しているが独立した六編の論文からなっているが、それらとともに、最後に付録のように付された(一八〇二年の夏にヤコービがケッペンに宛てた)三通の書簡が収められている。各論文の表題は、「I. ドイツ講壇哲学の意欲と能力」、「II. シェリング体系の主要諸命題の判定」、「III. シェリング体系の論争的使用」、「IV. シェリングとヘーゲルの『哲学批判雑誌』第二巻第一号での信と知についての論文の演繹」、「V. シェリング哲学の諸原理に従った、前の諸節の反駁」、「VI. 帰結」である。

短い「第一論文」(S. 1-21)は、おそらく全体への「序論」のような役割を担っており、詳細な議論を抜きにして「ドイツ講壇哲学」の方法論的特質を断定して、その最終形態がシェリングの極めて抽象的、思弁的な方法であることを説こうとしている。その議論の道筋はかなり荒っぽく、その論調はおおよそ以下のごとくである。「講壇哲学」は「反省と抽象による概念的把握と認識活動」に基づいている。「抽象作用」がより高次な領域での「上昇」を意味しているのに対して、「下降」の働きを担うのが「演繹、論証」である（*Köppen*, 2f.）[9]。その際、「抽象」はヤコービにとってそうであったように、ケッペンにとって実在的な「特殊なもの」の廃棄、抹殺にほかならない。より普遍的なものへの上昇をめぐって、「講壇哲学の克服しがたい傾向」から「言葉の争い（Wortkriege）」が生じてくるが、その普遍的なものを言い表す、講壇哲学お好みのスローガン、「魔術的な力を備えた」言葉が「自我であり、思惟としての思惟であり、絶対的理性」である（ibid., 6）。フィヒテは「純粋自我、純粋意識、自ら自身を規定する能動性から」出発し、「実在的な知をその理念的な能動性の否定、止揚、

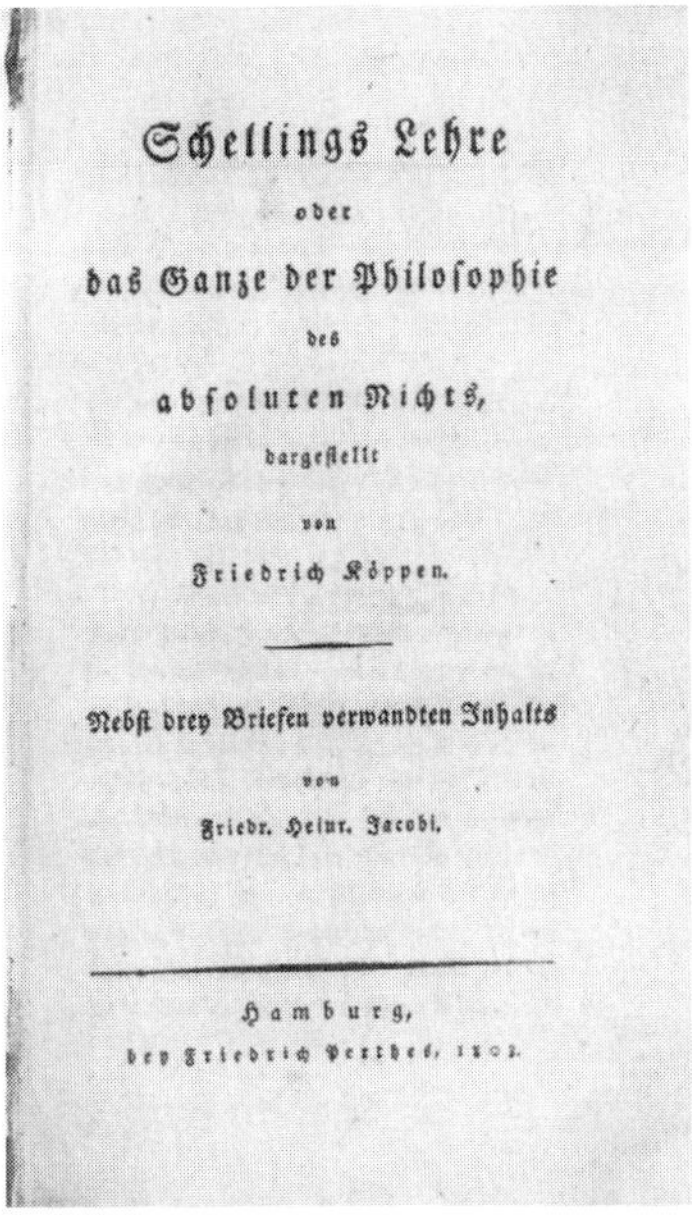
Schellings Lehre
oder
das Ganze der Philosophie
des
absoluten Nichts,
dargestellt
von
Friedrich Köppen.
Nebst drey Briefen verwandten Inhalts
von
Friedr. Heinr. Jacobi.
Hamburg,
bey Friedrich Perthes, 1803.
図 12—3　『シェリングの教説，あるいは絶対無の哲学の全貌』表紙

制限に転化した」がゆえに、けして「肯定としての実在性」に達することはなかった。シェリングはこの「失敗」を勘案して、「観念態からも実在態からも出発せず、純粋な構成を出発点とした」。「この構成だけが絶対的である。その産物、主観的なものも客観的なものもすべて、自体的に同一的である絶対的な構成の現象である」（ibid., 10）。「絶対的な構成のうちには、始まりも終わりもなく、度量も時間も空間もなく、運動も静止もない。およそいかなる差異性（Diversität）もなく、ただ絶対的同一性のみがある。ところが、絶対的な構成の諸々の否定態すべてが、現象のうちに肯定的なものとして出現してくるのである」（ibid., 15）。したがって「シェリング哲学のこのような生成の本質は、正真正銘の暗闇の跳躍（Salto mortale）にある、すなわち構成それ自体の領域から現象可能なものにすぎない有限な構成への飛躍にある」（ibid.）。この飛躍を見えないように隠しているのが、「知的直観」とA＝Aのような定式的表現なのである。

　このいささか粗雑な議論に比べれば、「第二論文」（S. 22-127）はシェリング哲学の諸原理についてかなり詳細な論駁を試みている。その際著者は、シェリングの最初期の論文から最近の「我が哲学体系の叙述」（以下「叙述」）にいたるまでのほぼすべての論文からのさまざまな引用を交えながら批判を展開している。論文の前半のかなりの部分（S. 41-88）は、「叙述」の「第一節」から「第五二節」までの各テーゼを逐条的に紹介、批判することに割かれており、後半部は、シェリングの「空間」、「時間」、「運動」概念の検討に充てられている。

　さて、シェリングは自らの『思弁的自然学雑誌』第二巻第一分冊に掲載された「叙述」で、彼の「絶対的同一性」の哲学を確立した。ケッペンがこの著で批判の対象としている「叙述」各節の主要テーゼ

だけを列記しておけば、以下のごとくである。

「私が理性と呼ぶのは、絶対的理性である。すなわち、主観的なものと客観的なものとの全面的無差別と考えられるかぎりでの理性である」（第一節）。

「理性の外には何も存在せず、理性のうちにいっさいが存在する」（第二節）。

「理性は端的に一つであり、端的に自ら自身に等しい」（第三節）。

「唯一の無制約的な認識は、絶対的同一性の認識である」（第七節）。

「理性は絶対的同一性と一つである」（第九節）。

「存在するいっさいのものは絶対的同一性そのものである」（第一二節）。

「絶対的同一性は、ただA＝Aという命題の形式のもとにのみ存在する」（第一五節）。

「絶対的同一性の根源的認識というものが存在する。そしてこの認識は、命題A＝Aとともに直接に措定されている」（第一七節）。

「絶対的同一性は、ただ絶対的同一性が自ら自身との同一性を認識する働きという形式のもとでのみ存在する」（第一九節）。

「主観と客観の間には、量的差別以外の差別は不可能である」（第二三節）。

「絶対的同一性については、量的差別はけして思惟できない。…〔中略〕…量的差別はただ絶対的同一性の外部でのみ可能である」（第二五節）。

「絶対的同一性は絶対的統体である。…〔中略〕…量的差別は絶対的統体の外部でのみ可能である。私はこの点で、統体の外部に属するものを個別的な存在あるいは個別的な物と呼ぶ」（第二六・二七節）。

「量的差別は個別的なものを顧慮すれば現実に生じるが、この場合、存在するかぎりにおける絶対的同一性のほうは、主観性と客観性との量的無差別として表示されうる」（第三〇節）。

「主観的なものと客観的なものとの量的差別は、一切の有限性の根拠である」（第三七節）。

「主観性および客観性は、ただ対立する二方向に向かってのみ優勢に措定されうる」（第四五節）。

　ケッペンはこれらのテーゼ一つずつに疑念を呈し、異論を述べている。それを二、三挙げてみよう。まず「第二節」のテーゼに関しては、いささか形式的と思えるような反論を試みている。すなわち、「理性」が「全面的無差別」であり、そこにはいっさいの「差別」も「区別」もないとするなら、理性の「外」とか「内」とかいう区別もまた無意味である。「外」と「内」の「このような分離は、差異の立場に立つことによってしか可能にならない、まさにそれゆえに、或るものは理性のうちにも、外にも存在しえない」（ibid., 43）と言わねばならない。第二六・二七節については、ケッペンはここでは二つの疑問――すなわち「個別的な物は統体からどのようにして出現してくるのか？」、「かりにそれが〔統体から〕出てくるにしても、どのようにして〔統体に〕入り込むのか？」――が答えられないままであると批判したうえで、結局「哲学は個別的な物をなに一つ認識できず、個別的な物はシャボン玉のようにはじけ飛んでしまう」とクレームをつけている

(ibid. 68)。前段の問いは一定の正当性をもっている。「自体的には存在しない」個別的な物と唯一「自体的に存在する」絶対的な同一性としての統体とはまったく存在の位相を異にしているのだが、単に両者の存在位相を峻別するだけでなく、その連関もより詳細に説明されるべきであるからである。だが、後段のクレームは的外れであろう。第三〇節については、著者は「差別」と「無差別」=「絶対的同一性」との関係を批判している。「同一性がつねに自ら自身と同等なままであるのは、その同一性の形式の特殊な差異を通して、同時に或る特殊な無差別すなわち量的無差別が反射されるからにすぎない。差異は同一性を止揚してしまう、それゆえ、同一性は無差別によって救済されねばならない。しかし、無差別は再度差別を台なしにする、それゆえ、われわれは一方をもつか、もう一方をもつか、それとも両者のいずれももたないか、いずれかでしかないのである」(ibid. 70)。

たしかに「全面的無差別」としての「絶対的同一性」理論の方法論的問題は、つまるところ「無差別」と「差別」の関係理解にある。シェリングは「叙述」第一節でこう述べていた。「全面的無差別」に到達するには、「思惟するもの」と「思惟されるもの」とが捨象されねばならず、無差別的であるものを「反省」しなければならない。だが、この両者を捨象するだけでは、「無差別的なもの」が「反省」の対象として浮上してくることにはならないだろう。それは、通常の思惟作用というスイッチを切っても、ただそれだけでは、事の真相どころか「闇」しか、つまり「無(Nichts)」しか見えないのと同じであろう。本当は、「無差別」を開示するのは「知的直観」のはずである。

この点をラインホルトはすでに一八〇一年に批判していた。すなわち、かの両者を捨象するとは、それらを「無いものと考えること(Wegdenken)」であり、実際にはそれは「およそ思惟しないということ(Nichtdenken)」である」が、そのように「思惟するものと思惟されるものとを思惟しないということによっては、まったくなに一つ思惟されないであろう」(*Beyträge-U*. H. 3. 180)。そしてまた、「知的直観」によってであれ、「絶対的理性を主観的なものと客観的なものとの全面的無差別と考えるためには、その両者を必要としてもいる」のだから、シェリングは無差別を直観するために、主観的なものと客観的なものを「思惟することと同時にまた思惟しないこと」を要求しているのであり、「このように思惟すると同時に思惟しないことに、シェリングの新しい根本原理の主たる秘密がある」(ibid. 181)。「叙述」第三〇節についての上記のケッペンの批判も、これとほぼ同じ点をついているのである。

シェリングから言わせれば、「思惟すること」と「思惟しないこと」=「超越論的直観」とは同じ位相にあるのではない、それゆえ両者は同一の位相で表裏一体をなしているのではなく、融通無碍に切り替えられるスウィッチのONとOFFのごときものではない。両者は位相を異にしながら両立しうるのであり、形式論的な矛盾という批判は的外れである、ということになろう。しかし、シェリングがこの両者の「媒介」過程を説得力あるかたちで示していないのも事実であり、そうであるかぎり、そこから上述したような批判が出てくるのもまた必然的である。

さて、ケッペンはこの前半部の最終部で、結論的評定をこう要約している。

「本当のところでは、シェリングの体系は実在論でも観念論でもなく、これに関する問いはまったく意味をもたない。しかし、まさにそれゆえに、シェリングの体系はニヒリズムなのである」(ibid. 85)。

「この無のうちで或るものが形態化され、無差別から差別が出現し、自体的理性から現象、反理性が出現し、同一性から二重性が出現しうるということ、このことが公理として、この絶対的ニヒリズムに生来のものであるに違いない」(ibid. 85f.)。

「絶対的同一性」の哲学がニヒリズムだという批判もまたラインホルト譲りである。彼は一八〇一年にすでにこう批判していた。シェリングは無差別点に「純粋に絶対的なもの、すなわちまったくの無を認めているだけである。というよりむしろ、無を純粋に絶対的なものと認め、純粋に絶対的なものを無と認めているだけである」(*Beyträge-U.* H. 3. 183)。そのような無差別点には「無」しかない。シェリングは「いっさいのもの」は無差別としての絶対的同一性、絶対的理性のうちにあると言う。ラインホルトとケッペンは、無差別のうちにはなにもない、そこには「無」しかないと言う。ここでも「差別的」存在と「無差別的」存在はその位相を異にしているのだが、両法の側はそれぞれが立脚している一方の「存在」だけを盾にして、他方の「存在」の「非在」を難じていると言えよう。両「存在」は媒介されないままにとどまっている。

2. ALZのケッペン書評

さて、書評はいきなり、この著作と著者に対する長い異例とも言える絶賛の言葉から始まっている。

「今まで、シェリング哲学を本気で、的確に、そして詳細に論駁しようと企てたのは、有能で思慮深い二人の若者だけであった。その一人がイェーナの哲学私講師、ヤーコプ・フリース氏であり、彼の著作(『ラインホルト、フィヒテ、シェリング』ライプツィヒ、一八〇三年)は、最近の哲学諸体系に関する根本的で率直な、しかし抑制のきいた探求の傑作である。もう一人がこの著者である。彼はカント、フィヒテ、ヤコービ学派のなかで自分の哲学的才能を育成し、自分で判断するための精神の自由と自立性を数多くの危険から適切に救いだしてきたし、すでに多くの精神の産物によって自立的思索力のある趣味のよい著作家として読者公衆の良質の部分に紹介されてきたが、今回の著作によって、尊敬すべきヤコービと連携して、現代の哲学的精神の理解について非常に重要な功績を手にすることになった。この著作は…〔中略〕…まったく独特な弁証的技法で編み上げられ、多様で絶えず変化する新たな講壇用語で叙述され、またその傾向と方法においてともに独創的である、一人の男〔シェリング〕の体系的学説を、…〔中略〕…根本から、そして重要な構成要素すべてにわたって探求しており、その基礎の正しさと、非論理的で自ら自身を滅ぼしてしまうようなその構成の仕方とを、注意深く囚われのない読者に一歩一歩わかりやすく解き明かしている」(*ALZ* 1803. Nr. 322. Sp. 369)。

書評本論の大部分は「第二論文」の批評に充てられている。書評者はとくに「第二論文」を「或る体系の厳密に論理的な吟味の傑作」であると評価し、シェリングの支持者たちぜひこの論文を読むよう推奨している。これを読めば、彼らの信念は揺らぐことだろうと述べている。

る（*ALZ* 1803. Nr. 322. Sp. 372）。だが、この書評にも書評者自身の批判的見解はほとんど認められない。興味深い論点が詳説されることもない。書評者はたしかに、原著からの引用に頼らず自分自身の言葉で内容を要約してはいるが、それでも書評全体は原著の要点的紹介の域を出るものではない。

だが、その論調を紹介するために、二、三の批判点だけを挙げておこう。まず、「理性を主観的なものと客観的なものとの全面的無差別として思惟せよというシェリングの要求」が意味しているのは、「理性は思惟されると同時に思惟されない」ということにほかならず、まったくの不条理である。次に、シェリングが「絶対的同一性」をＡ＝Ａの公式で著わしていることについての批判。この公式は、まったく「論理的な」等置を示す記号であり、「論理的な」主語と述語からは、けして実在的、現実的な主観や客観は生まれてこない。それなのに「シェリングは、有限性を構成できるようにするために、論理的主語を実在的主観に、論理的述語を実在的客観に転化しているのである。しかも、この転化は単なる名称の取り替えによって引き起こされている」（ibid.）。さらに「純粋なコプラ」が「存在」と「錯覚されることによって、主語と述語の間に差し込まれた結合に独立の存在が付与され、こうした同一性の公式を通してシェリングは二重性に到達するのである」（ibid., Sp. 373）。そして、「シェリングの体系は実在論でも観念論でもなく、ニヒリズムである」（ibid., 374）という批判をつけ加えることも忘れてはいない。

内容としては平凡なこの書評も、読者公衆にシェリングの思弁哲学への疑念と不信感を抱かせるのに一定の貢献をしたことであろう。

本章の三つの節で紹介したＡＬＺ書評を通して、「新しい」哲学的潮流に対するＡＬＺの基本姿勢は明らかになったはずである。編集部は、フィッシュハーバー、クルーク、フリース、ケッペンなどいずれをとってももはやこの時期カント主義者とは言えない哲学者たちの著作を積極的に採りあげ、彼らの「超越論哲学」批判を最大限利用しているのである。敵の敵は味方だ、というわけである。

注

（1）この両書評の執筆者はラインホルトである。それらについては、拙著『ラインホルト哲学序説』第一一章第二節と第一三章第二節で、少し詳しく採りあげたのでここで細論することは控える。

（2）以上に略述したラインホルトの哲学的発展や転換の詳細は、前掲拙著、第四章～第六層および第九章～第一一章を参照されたい。

（3）ヘーゲルのデビュー作『フィヒテ哲学体系とシェリング哲学体系の差異について』が、この『概観―寄稿集』を誘因として執筆されたことはよく知られている。「差異論文」の副題は「ラインホルト『一九世紀初頭の哲学の状態を簡単に概観するための寄稿集』第一分冊に関連して」である。

（4）各分冊に収められた論文題名（頁数）を挙げれば、以下のとおりである。論文の著者がラインホルト以外である場合は、〈　〉内に著者名を示す。

【第一分冊】（1801）

Ⅰ.「哲学の第一課題、諸学問の復興以降のそのもっとも注目すべき解決」（次号Ⅰ．に続く）（S. 1-65）

Ⅱ.「哲学的に思惟するとは何であるか、それは何であったか、何であるべきか」（S. 66-89）

Ⅲ.「哲学を本来の理性理論に暫定的に連れ戻すこと」（S. 90-99）

Ⅳ.「思惟としての思惟とは何であるか」（S. 100-112）

Ⅴ.「エアランゲン学芸新聞第二一四号、第二一五号でのバルディリの『要綱』の二番目の書評に関するフィヒテ教授への書状」(S. 113-134)

Ⅵ.「純粋理性と言われている純粋な自我性の生成論、あるいはその自然史の考案」(S. 135-154)

Ⅶ.「フィヒテへの書状の補遺」(S. 155-164)

【第二分冊】(1801)

N. I.「哲学の第一課題、諸学問の復興以降のそのもっとも注目すべき解決」(前号Ⅰ. からの続き)(S. 1-71)

N. II.「バルディリの第一論理学――カントの超越論的論理学――従来の一般論理学について、編集者へのバルディリの書状」(S. 72-103)〈バルディリ〉

N. III.「カント学派の実践哲学の――そしてフィヒテ―シェリング学派の哲学全体の原理としての自律について」(S. 104-140)

N.IV.「哲学の体系一般についての、とりわけ知識学についてのいくつかの考え」(S. 141-178)〈ケッペン〉

N. V.「合理的実在論の諸原理、あるいは哲学的分析の諸原理」(S. 179-205)(次分冊のⅢ. に続く)

N. VI.「カントの純粋理性批判についての二〇年前の、しかし未刊行の書評」(S. 206-212)〈ハーマン〉

【第三分冊】(1801)

Ⅰ.「理性を悟性に変え、哲学一般に新たな意図を与えようとする批判主義の企て」(S. 1-110)〈ヤコービ〉

Ⅱ.「哲学の低下しつつある威信について――バルディリの書状」(S. 111-127)

Ⅲ.「合理的実在論の諸原理の新叙述」(S. 128-162)(前分冊Ⅴ. の続き、第四分冊のⅡ. へ続く)

Ⅳ.「絶対的な同一性体系について、あるいはシェリング氏の最新の純粋な合理論、およびそれの合理的実在論に対する関係について」(S. 163-184)(第四分冊のⅢ. に続く)

Ⅴ.「私の書状(第一分冊のN. V.)に対するフィヒテの返書」(S. 185-209)

Ⅵ.「哲学の第一課題、諸学問の復興以降のそのもっとも注目すべき解決」(S. 210-236)(第二分冊Ⅰ. の続き)

【第四分冊】(1802)

Ⅰ.「誠実さに対する悟性の関係について」(S. 1-103)〈バルディリ〉

Ⅱ.「合理的実在論の現象論の諸原理、あるいは合理的実在論を現象に適用することによる、合理的実在論の解明」(S. 104-185)(第三分冊のⅢ. の続き)

Ⅲ.「Philodoxie 一般の鍵、とくにいわゆる思弁的なるものの鍵」(S. 186-201)(第三分冊のⅣ. の続き)

Ⅳ.「批判雑誌第一分冊でのシェリング氏の対話への註解」(S. 202-211)

Ⅴ.「Philodoxie の二重性と対立する哲学の一重性」(S. 212-218)

Ⅵ.「合理的実在論は一つ以上の原理をもつか?」(S. 219-224)

【第五分冊】(1803)

Ⅰ.「合理的実在論の通俗的叙述」(S. 1-22)(第六分冊のⅠ. に続く)

Ⅱ.「私の体系的転換に関する釈明」(S. 23-46)

Ⅲ.「自然と神との混同および統合について。シェリングの『ブルーノ』に触発された二つの対話」(S. 47- 68)

Ⅳ.「F. H. ヤコービへの書簡。ヤコービの哲学、フィヒテの哲学、シェリングの哲学、バルディリの哲学の本質について」(S. 69-104)

Ⅴ.「キリスト教の教義、イェーナの『一般学芸新聞』の哲学の書評者たちのための信仰と告白の定式の腹案として」(S. 115-126)

Ⅵ.「思惟と表象の混同にまとわりつかれてきたこれまでの哲学すべての通俗的叙述の草案、ゾヒェル(Socher)教授の哲学の諸体系の歴史の要綱への付録として」(S. 127-148)

Ⅶ.「哲学を信仰論に論証的に転換することについて。バウターヴェックの『新ムゼウム』の第一分冊に触発されて」(S. 149-160)

Ⅷ.「哲学におけるいわゆる実践的実在論について」(S. 161-169)

Ⅸ.「すでに原理的には宗教であるような哲学について」(S. 170–179)

【第六分冊】(1803)

Ⅰ.「哲学の旧来の諸課題の新たな解決」(S. 1–117)（第五分冊Ⅰ．の続き）

Ⅱ.「対話。フランスの論理学とドイツの論理学。国立研究所によって提起された懸賞課題『認識能力の分析について』に触発されて」(S. 118–140)

Ⅲ.「哲学的諸文献の概観、一八〇一年から一八〇三年まで」(S. 141–222)

Ⅳ.「日常的悟性および思弁的理性に対する、健全な悟性および哲学的理性の関係について」(S. 223–250)

（5）*Beyträge zur leichtern Uebersicht des Zustandes der Philosophie beym Anfange des 19. Jahrhunderts* からの引用は、*Beyträge-U* と略記して、分冊数（H.）と頁数を直接本文中に記入する。

（6）Jakob Fries, *Reinhold, Fichte und Schelling*, Leipzig 1803 からの引用は、Fries と略記して頁数を本文中に記入する。

（7）Vgl. K. L. Reinhold, *Beyträge zur Berichtigung bisheriger Missverständnisse der Philosophie. Erster Band, das Fundament der Elementarphilosophie*, Jena 1790, 249f.

（8）書評が挙げている重要論点とは、以下のようなものである。「哲学における批判主義が、われわれの実証的認識に関して、どのようにして経験的実在論と超越論的観念論にいたるのか」、「批判はなぜこれまで哲学に確固とした形態を与えることに成功してこなかったのか」、「独断論的方法に変えて批判的方法を想定することによって、いったい何が起こったのか」、「独断論的方法に対する批判的方法の優位はどの点にあるのか」等々（*ALZ* 1803, Nr. 321, Sp. 363）。

（9）Friedrich Köppen, *Schellings Lehre oder das Ganze der Philosophie des absoluten Nichts*, Hamburg 1803. からの引用は、書名を *Köppen* と略記して頁数を本文中に記入する。

おわりに ——『一般学芸新聞』のハレ移転とイェーナの哲学部の凋落

世紀の境目の前後、ＡＬＺ「哲学」欄は新しい思想的潮流についていけず、これに背を向け、この潮流と敵対していた。このことを原因に一七九九年に起こった、シェリングとＡ・Ｗ・シュレーゲルの遠慮会釈のない激しい編集部批判は、なおかなりの販売部数と評判を維持していたこの書評紙の権威を少なからずおとしめた。新しい思想動向が台頭するなかで、相変わらずカント批判哲学の一言一句を「金科玉条」のごとく遵守しようとする「哲学欄」の紙面はますます精彩を欠き、ＡＬＺの全般的退潮の兆しがあちこちに認められるようになっていた。そして、長らくドイツ随一の書評紙として書評界に君臨してきたＡＬＺにも、ついにその終焉の時が迫っていた（図1）。

一八〇三年夏、共同編集者シュッツとフーフェラントは、彼らが共にハレ大学に移ることにともない、一八〇四年からはＡＬＺの編集地をイェーナからハレに移すことを決心した。このニュースは、たちまち街全体に広がり、人々に衝撃を与えた。一七九〇年代中頃、「ドイツにおける知と学問の中軸都市」とまで評された〈イェーナの栄光〉のかなりの部分を支えていたのは、ＡＬＺの存在であることを街のだれもが知っていたからである。ＡＬＺのハレ移転は、実は、その基盤となっていたイェーナ大学、とくに哲学部の多くの教授連中の他大学への転出という出来事と連動して起こった。イェーナは、一八〇三年にＡＬＺと哲学部の（また他学部の）有力教授たちを同時に失うことで、その栄光に終止符を打つことになるのである。

625 Num. 354. 626

ALLGEMEINE LITERATUR - ZEITUNG

Sonnabends, den 31. December 1803.

ERDBESCHREIBUNG.

Wien, b. Cameſina: *Beyträge zur Topographie des Königreichs Ungarn*, herausgegeben von *Samuel Bredetzky*. Mit (2) Kupfern und einer Karte (einem Kärtchen). 1803. 163 S. 8.

Der Vf., jetzt Vicar oder dritter Geiſtlicher bey der evangeliſchen Gemeinde A. Conf. zu Wien, führt fort, den Eifer, den er ſchon in ſeinem topographiſchen Taſchenbuch auf das Jahr 1802 für das ungariſch-geographiſche Fach gezeigt hat, durch neue Beweiſe an den Tag zu legen. Ob nun gleich Rec. an den aus der Feder des Herausgebers gefloſſenen Aufſätzen eine gewiſſe Eile bemerkt, die gründlich und erſchöpfend etwas darzuſtellen, ſich nicht die Zeit und die Mühe nimmt, ob er gleich ferner die Darſtellung und den Stil des Vfs. hier und da zu ſchwülſtig, zu romantiſch und zu geſpannt findet, ob er gleich endlich mit den häufigen Druckfehlern höchſt unzufrieden iſt, die zum Nachtheil ausländiſcher Leſer von dem im Druckort anweſenden Herausgeber nicht einmal hinten verbeſſert worden: — ſo verſpricht ſich dennoch Rec. viel von dem ſein Fach mit Enthuſiasmus umfaſſenden Herausgeber, wenn er ſich nach guten Muſtern und Rathſchlägen weiter bilden, und durch Mittheilung ſeines Eifers ſich noch mehrere geſchickte Mitarbeiter verſchaffen wird. Rec. verkennt auch keineswegs den Werth mancher hier gelieferten Aufſätze; vielmehr wird es ſeine Pflicht ſeyn, denſelben hier genauer durch kurze Angabe des Inhalts zu beſtimmen.

Hr. B. giebt in der Vorrede die Foderungen an, die man an einen guten ungariſchen Geographen in den heutigen Zeiten macht. Er muſs alle verſchiedenen Nationen Ungarns kennen, ohne ſelbſt durch Nationalismus verblendet zu ſeyn, — er muſs die Landesſprachen verſtehen, — die Naturgeſchichte ſtudirt haben, um die ſich vorfindenden Naturproducte zu erkennen und zu beſtimmen — er muſs das Land durchaus bereiſet, und nicht, wie die meiſten Ausländer bloſs Presburg, Ofen und Peſt geſehen haben, — er muſs die ſchon vorhandenen geographiſchen Hülfsmittel kennen, ſie einer kritiſchen Durchſicht unterwerfen, und das Fehlende ergänzen. — „Dieſes Bedürfnis (erklärt ſich der Herausgeber S. XXI.) recht ſtark „fühlbar zu machen, den Geſchmack an dieſer Art „Kenntniſſe zu vermehren, und hier und da mitunter „auch zur Erreichung des höchſten Zieles mitzuwir„ken, wird immer der unverrückte Zweck meiner „Bemühungen und die Tendenz gegenwärtiger Bey„träge bleiben." — Der Vf. hat das Ideal eines guten Geographen — (wiewohl auch dieſes nicht mit vollendetem Umriſs, da z. B. aus ſeiner Skizze die aſtronomiſch-mathematiſchen Kenntniſſe ausgeſchloſſen ſind) — ſich ſelbſt vorgezeichnet; ſeine Sache ſey es, demſelben nachzuſtreben. Die einzelnen Aufſätze ſind folgende: I. *Ueber die Salzſiederey zu Sóvár* vom dortigen Königl. Hütten-Adjuncten *Patzowsky*. Ein intereſſanter Aufſatz eines Sachkenners. Die Sóvárer Salzſohle befindet ſich am Fuſse jener Bergkette, die ſich vom Carpath bis an die Tokayer Weingebirge zieht; ſie giebt 27 vom Hundert; ſie wird nicht gradirt, ſondern man läſst ſie nur einige Tage in Ciſternen abliegen. Im J. 1800 ward hier eine merkwürdige Verbeſſerung durch den Gmündner Oberamtsrath Joſeph von Edlersperg angebracht, die der Vf. beſchreibt. Nicht nur die Flamme des Schierherds, ſondern auch der Rauch und die von den abfallenden Kohlen erzeugte Hitze werden ſämmtlich nach Rumfordiſchen Grundſätzen durch wohl verſchloſſene Kanäle im ganzen Südwerke herumgeleitet, um, nebſt Bewirkung des Sudes, erſtlich die Sohle zu wärmen, und dann auch noch das erſottene Salz zu trocknen. So erſpart man 2000 Kubikklaftern an Holz; ſo hält man die Arbeiter frey vom Rauch, ſo erzielt man bey einer gemäſsigten Abdünſtung, eine von Kalk und Aſche reinere ſchöne groſse Cryſtalliſation; zumal da durch den Hn. *Rotter* bey den Dörren, ſtatt der Eiſenbleche, Steinplatten, mit groſser Erſparniſs und mit Erzielung gröſserer Reinlichkeit angebracht worden. — Der Herausgeber hat zweckmäſsig an das Senfiſche Sonnenſalz erinnert, welches ſich vielleicht bey der ſüdlichen Lage von Sóvár durch verbeſſerte Gradiranſtalten erzielen lieſse, und zu einer Aushülfe dienen könnte, ob ſchon ſchwerlich das ganze Erfoderniſs, das jährlich auf 160,000 Centn. ſich belaufen mag, dadurch gedeckt werden könnte. Auf dem Sóvárer Salzkammergut in den Bergen Simonka, Dubova, Jedlovez u. ſ. w. bricht edler Opal. II. *Die Felſen von Szulyo* von T. v. A. (*Thereſe v. Artner*) Sie werden mehr beſungen als beſchrieben. Der Aufſatz iſt ſchön und macht ſeiner Vfn. beſonders als Dichterin Ehre — aber er gehört mit mehr Recht in einen Muſenalmanach, als hierher. III. *Etwas von den Lebensumſtänden des ungariſchen Topographen Hn. Joh. Matthias Korabinsky*, vom *Herausgeber* nach einem eigenhändigen Aufſatz des Hn. *Korabinsky* bearbeitet. — Dieſer Aufſatz hat viel Intereſſe; aber man muſs doch bey manchen Stellen nicht vergeſſen, daſs der gekränkte Korabinsky ſelbſt ſpreche, und daſs nicht *alle* Umſtände erzählt werden. So z. B. iſt es freylich auffal-

A. L. Z. 1803. *Vierter Band.* Kkkk

図１　ALZ最終号

有力教授たちの転出は五月雨式に起こっていた。それが、一八〇三～〇四年には大量転出になった。

まず一八〇一年には、医学部のフーフェラント（Christoph Wilhelm Friedrich Hufeland 1762-1836）がプロイセン王の侍医としてベルリンに去った。一八〇三年には、解剖学教授ローダー（Julius Christian Loder 1753-1832）と地理学教授エルシュ（Johann Samuel Ersch 1766-1828）がハレ大学に引き抜かれた。一八〇四年には、哲学部のシュッツと法学部のフーフェラントがハレ大学に、神学部のパウルスとニートハンマー、それに哲学部のシェリングがヴュルツブルク大学に転出する。法学部のフォイエルバッハもランシュート大学に移った。翌一八〇五年には、員外教授に任命されたばかりのフリースがハイデルベルク大学の哲学正教授に、哲学部の私講師アストもランシュート大学の古典文献学教授に栄転する。

このような状況を嘆き、シラーは一八〇三年八月一八日にA・W・フンボルトにこう書き送っている。

「残念ながら、今やわがイェーナ大学の命運は尽きかけています。ローダーはハレに移るし、グリースバッハはこの冬までもたないでしょう。フーフェラントが、そしてシュッツまでもが『学芸新聞』と一緒に〔ハレに移り〕、パウルスはヴュルツブルクに招聘されました。…〔中略〕…哲学はシェリングとともに根こそぎ他の地へ移住してしまいました。他の大学がイェーナの崩壊を助長しているのですから、それらの大学からひとかどの人物がやってくることなど残念ながら期待できません」(NA XXXII, 63)。

有力教授たちの主たる転出先が、バイエルンのヴュルツブルク大学とプロイセンのハレ大学であったのには理由がある。以前は司教区領であったヴュルツブルクは、レーゲンスブルクでのドイツ帝国代表者会議の決議にしたがって、一八〇二年からはバイエルン領になり、一八〇三年には信教の自由と検閲からの自由が保証されるようになった。こうした新しい環境のもと、この大学は優秀な人気のある教授たちを求めていた。ハレの場合も事情は似ている。ハレ大学は、一八〇二年と一八〇三年のプロイセンの改革を通して、大幅に増額された予算を獲得できるようになった。恵まれた国家予算に支えられたこれら両大学は、教授たちにイェーナではとても手が届かないような仕事の条件や生活水準を提示することができた[1]。相変わらず弱小の領邦国家ザクセン―ワイマールの貧乏大学イェーナから、「大学改革」によって新たな財政的基盤と教学体制を整えたこれら両大学へと人材が流出するのも自然の流れであった。もはやイェーナには、かつてのごとく有能な人材を引きとどめるだけの魅力が残っていなかったのである。

その結果、「哲学部」の被った損失は重大なものであった。一八〇三年に前後する数年間の「人材喪失」を振り返ってみれば、「哲学部」の状況は惨憺たるものであることははっきりするだろう。フィヒテはすでに一八〇〇年にはイェーナを追われてベルリンに去った。シラーもその前年の一二月にはイェーナを引き払い、ワイマールに移って詩と戯曲の制作に戻っていった。シュレーゲル兄弟もイェーナに愛想をつかし、ベルリンへ去っていった。さらに、上述の「引き抜き」・「栄転」組に加えて、優秀な私講師たちもそれぞれの事情からなぜか一八〇四年に一斉にイェーナを去っている。テンネマンはマールブルクの正教授に転進し、シャートはこの年の二月に東ウクライナの大学に転出し、クラウゼも一〇月にはあてもないままルドルシュタットへと旅立っている。われわれがこれまで言及してきたイェーナの優秀な員外教授、私講師達のすべてがイェーナを見捨てたのである。イェーナにはもう誰も残っていなかった。ただ一人の例外がヘーゲルであった。彼だけが、一八〇五年からはようやく員外教授となったものの、引き抜き先も栄転先もないまま、一八〇七年までイェーナの哲学部の講壇に立ち続けたのである。

ＡＬＺのハレへの移転がもたらす損失を最も強く意識していたのは、ワイマール宮廷政府の中枢で長く大学行政に携わってきたゲーテである。この動きがもはや止められないと悟ったとき、彼は或る対抗措置に打って出る。それは、イェーナで同種の日刊書評紙を、しかも『イェーナ一般学芸新聞（*Jenalische Allgemeine Literatur-Zeitung*）』という表題で創刊するという措置であった。彼はその人脈を駆使して、半年ほどこの計画実現のために奔走している。そして、実際にこの「新聞」は刊行された。よって、『一般学芸新聞』と『イェーナ一般学芸新聞』はまったく別の書評紙として、かなりの期間ハレとイェーナでそれぞれ独立に発行され続けるのである。ＡＬＺのほうは予定通り一八〇四年からはハレに拠点を移し、以前と同じ体裁で「新聞」を発行し続けるが、イェーナの「新聞」もそうであったように、もはやかつての栄光を取り戻すことはなかった。それでもＡＬＺは一八四九年に廃刊になるまで、ハレでその後四五年間発行を継続したのである。

一八〇三年の時点に立って、過去を振り返って見れば、時代が一回りした感は否めない。『ゲッチンゲン学術報知』の後継誌も『新ドイツ百科叢書』もまだその刊行をしばらくは継続しているが、こと「哲学分野」にかぎっていえば、「書評の全盛期」は終わったのだと言えよう。批判哲学を軸に、書評誌・紙上で批判の応酬や活発な学術的論争が展開される時代は終わったのである。こうして、もはや任務を終えたイェーナでのＡＬＺの終刊とイェーナの「哲学部の崩壊」とともに、〈イェーナの栄光〉はその幕を降ろしたのである。

注

（1）Vgl. Andreas Wistoff, *Die deutsche Romantik in der öffentlichen Literaturkritik*, Bonn u. Berlin 1992, 139ff.

あとがき

前著の「あとがき」で触れた〈一七八五年〜一八〇三年のイェーナの精神史〉の構想も一本にまとまらず、またまた分裂してしまった。本書はいわばその「資料篇」ということになろうか。

筆者は哲学の研究を始めたころから、D・ヘンリッヒが提起していたKonstellation論あるいはKontext論に惹かれてきた。わが国の哲学研究の長所がTextの緻密な内在的研究にあることはよく承知している。だが、そうした研究方法に頼るだけでは、Textが書かれたKontextを無視し、ひいては哲学研究をTextの単なる「釈義学」に変えてしまいかねない。それを避けるには、Textをさまざまなのなかに置いてみる必要がある。そのための格好の有力なKontextが、筆者にとっては書評誌であった。そして、〈イェーナの精神史〉を視野に入れれば、ターゲットは当然ALZということになる。

この分野の研究者のだれもがそうであるように、筆者も研究を始めたころから、数多くの文献のなかでALZという文字に出くわしてきた。当初はこの書評紙の位置も、特性も、ましてやその全貌も分からず、しばらくはそのまま放置してきた。ただ、数々の重要な哲学論争の舞台になっていたことだけはわかった。しかしあるとき、思い切ってOlmsから出ているALZ全頁のマイクロフィッシュを研究公費で購入し、その「哲学欄」を最初から読み始めることにした。それは二五年以上も前のことである。それはけっこう楽しかった。先行研究文献に盛られている興味深い諸事実の第一次典拠がここにあることが分かってきた。しばらく、マイクロフィッシュの画面と「にらめっこ」の日々が続いた。或る事情から、その作業は一〇年ほど中断し、残りの部分を読み始めたのは七、八年前からである。

そういう経緯で、本書の初めのいくつかの章は、かなり昔の調査探究に基づいて紀要などに発表した原稿がもとになっている。本書のいくつかの章と既に発表したことのある論文との対応関係は以下のとおりである。もちろん、初出時の原稿にはかなり加筆、修正が施されている。

第一章：「『一般文芸新聞』における最初期のカント哲学の普及活動」（『人文学』第一五九号、一九九六年三月）
幕間Ⅰ：【研究ノート】「『一般文芸新聞』の最初の十年（『哲学論究』第一二号、一九九六年三月）
「十八世紀後半のドイツにおける『読書革命』と雑誌・学術メディアの隆盛」（『文化学年報』第五七輯、二〇〇八年三月）
第二章：「初期カント学派によるロック主義、ヴォルフ主義との対決」（『人文学』第一六四号、一九九八年一一月）

「幕間」や巻末「資料」に「哲学」研究にはややそぐわない事項、いわば「文化的インフラ」に関する事柄を書き込んだのは、次のような思いからである。これらの事柄は、たしかにText研究に直接寄与することはないとはいえ、それぞれのTextの背景を形成しているものとして、TextのKontextの一部として、この分野の研究者が知悉しておくべき事柄である。だが、とくに若い研究者たちには、結構手間ひまがかかるこのような一次資料を探索している時間的余裕などはない。ドイツでさえ、『ドイツ百科叢書』についてはモノグラフィーが存在するのに、ALZに関してはそれが存在しないというのが現状であるのだから、その種の探索には時間がかかる。それゆえ、日本語で眼を通すことのできる「この手の関連資料集」がぜひ必要だと思った次第である。

もう一つ、この出版に関する私的な事情を述べておきたい。私が所属してきた大学の哲学科には、カント哲学、初期ドイツ観念論関連の資料が豊富にそろっている。たとえばAetas Kantiana叢書全三百数十巻のほか、ニートハンマーの『哲学雑誌』、シェリングの『思弁的自然学雑誌』、シェリング・ヘーゲルの『哲学批判雑誌』などの復刻版も揃っている。それにALZや『ドイツ・メルクーア』、その他いくつかの哲学関連雑誌のマイクロフィッシュが備わっている。本書の作成にはこれらの一次資料すべてを活用した。というより、これらの資料が万全でなければ「この手のもの」は出来上がらなかった。筆者の退職の時が迫るとともに、これらの第一級の資料を「秘蔵」、「死蔵」したままにせず、世間に出し「陽の目を見させてやりたい」という想いがますます強くなってきた。それが本書執筆の最大の動機だとも言える。

最後に、この類の著作を出版するとなると、どうしてもいまだに気にかかっていることがある。それは、まだ本書の初めの部分を書く以前の頃のことである。当時、故川島秀一教授は筆者をつかまえてよくこう言っていたものである。「田端君、ま〜た歴史をやってるな。哲学は思弁をやらにゃー」。その言葉はまるで昨日のことのように耳元に残っている。もちろん、筆者はいつもそれに「口答え」していたのだが、ここにはその「口答え」の中味は書かないでおこう。

二〇一八年一一月　今出川の研究室にて

田端信廣

《著者紹介》

田 端 信 廣 （たばた　のぶひろ）
1948 年　三重県伊勢市生まれ
1982 年　同志社大学文学研究科博士後期課程中退
現　在　同志社大学文学部教授

主要業績

著書

『ラインホルト哲学研究序説』（萌書房，2015 年）

共編著

『〈思考〉の作法』（萌書房，2004 年）

著作論文

「ヘルマン・シュミッツのヘーゲル解釈の特徴」（小川・梶谷編『新現象学運動』世界書院，1999 年）

「思想としての戦後──『近代』と『現代』の相克──」（茅野・藤田編『転換期としての日本近代』ミネルヴァ書房，1999 年）

「戦後思想のゆくえ──丸山眞男と鶴見俊輔の〈欲望〉否定／肯定論を超えて──」（藤田正勝編『知の座標軸』晃洋書房，2000 年）

雑誌論文

「精神の究極的な自己知としての絶対知」（『同志社哲学年報』第 14 号，1992 年）

「感情と反省──ノヴァーリスの『フィヒテ－研究』に寄せて──」（『文化学年報』第 65 輯，2016 年）

「コンテクストの中の『差異』論文──ヘーゲルのラインホルト批判、シャートの『差異』論文書評との関係から」（『ヘーゲル哲学研究』第 24 号，2018 年）

書評誌に見る批判哲学―初期ドイツ観念論の展相──『一般学芸新聞』「哲学欄」の一九年──

2019 年 2 月 28 日　初版第 1 刷発行　　＊定価はカバーに表示してあります

著者の了解により検印省略

著　者　田　端　信　廣©
発行者　植　田　　実
印刷者　藤　森　英　夫

発行所　株式会社　晃　洋　書　房

〒615-0026　京都市右京区西院北矢掛町 7 番地
電　話　075(312)0788 番(代)
振 替 口 座　01040-6-32280

装丁　野田　和浩　　　印刷・製本　亜細亜印刷(株)

ISBN978-4-7710-3158-6

人　名　索　引（カントを除く—本文のみ）

ア　行

アウグスティ（Johann Christian wilhelm Augusti, 1772-1841）　204，205

アスト（Friedrich Ast, 1778-1841）　206，212，394

アビヒト（Johann Heinrich Abicht, 1762-1816）　60，64，125-129，141，234，361，365

ヴァイスハウプト（Adam Weishaupt, 1748-1830）　59，61，63，66，67，360

ヴィギランティウス（Johann Friedrich Vigilantius, 1757-1823）　305，308，311

ヴィーラント（Christoph Martin Wieland, 1733-1813）　1-6，15，18，41，42，44-46，212，350

ヴォルフ（Christian Wolff, 1679-1754）　14，16，19，25，61，67，73，76，78，118，140，259，304

ウルピアヌス（Domitius Ulpianus, 170-227）　312

ウルリッヒ（Johann August Heinrich Ulrich, 1746-1813）　15，26-30，63，96，98-100，198，199，201，204，206，208，363

ヴント（Max Wund, 1879-1963）　205，252

エアハルト（Johann Benjamin Erhard, 1766-1827）　141，152，158，177，180-185，208，211，231-234，239-243，246，287，289，295，343，360，362

エーベルハルト（Johann August Eberhard, 1739-1809）　15，59，61-64，68-78，128，131，137，209，334，335，358，363，364

エッシェンマイヤー（Adolph Carl August Eschenmayer, 1768-1852）　346，351，353

エピクロス（Epikouros, 341-270 BC）　89

エルシュ（Johann Samuel Ersch, 1766-1828）　393

カ　行

カール・アウグスト（Karl August, 1757-1828）　197

ガルヴェ（Christian Garve, 1742-98）　12，15，59，63，350，359

キーゼヴェッター（Johann Gottfried Karl Christian Kiesewetter, 1766-1819）　89-93，127，136，365

キルステン（Friedrich Ernst Kirsten, 1768-1820）　205-205

キルヒナー（Joachim Kirchner, 1890-1978）　i，52

クラウゼ（Johann Gottlieb Krause, 1648-1736）　41

クラウゼ（Christian Friedrich Krause, 1781-1832）　152，203，206，212，219-223，394

クラウス（Christian Jakob Kraus, 1753-1807）　100

グリースバッハ（Johann Jakob Griesbach, 1745-1812）　197，198，200，202，208，394

クリューゲル（Georg Simon Klügel, 1739-1812）　343

クルジウス（Christian August Crusius, 1715-75）　89

グルリット（Johann Gottfried Gurlitt, 1754-1827）　137，207，208，363

グローマン（Johann August Grohmann, 1769-1847）　207，364

ゲーテ（Johann Wolfgang von Goethe, 1749-1832）　i，46，151，157，185，233，395

ケストナー（Abraham Gotthelf Kästner, 1719-1800）　15，48，60

ケッペン（Friedrich Köppen, 1775-1858）　359，360，369，384-389

ゲルシュテッカー（Karl Friedrich Wilhelm Gerstäcker, 1773-1852）　354

コスマン（Johann Wilhelm Andreas Kosmann, 1761-1804）　125-127，133-136

コッツェブー（August vvon Kotzebue, 1761-1819）　346，350-352

コリンズ（Georg Ludwig Collins, 1763-1814）　305

サ　行

ザント（Karl Ludwig Sand, 1795-1820）　350

シェリング（Friedrich Wilhelm Joseph Schelling, 1775-1814）　i，ii，20，198-203，206，212-216，218-220，223，232，335-338，339-347，352-354，360-362，369-373，375-389，393

シャート（Johann Baptist Schad, 1758-1834）　152，206，212-216，351，353，354，389，394

シャウマン（Johann Christian Gottlieb Schaumann, 1768-

1821）　232，266，365

シュヴァーブ（Johann Christof Schwab, 1743-1821）　59，208，359

シュタットラー（Benedikt Stattler, 1728-97）　63，363

シュタルク（Johann Christian Stark, 1753-1811）　198

シュッツ（Christian Gottfried Schütz, 1747-1832）　1-5，11-16，21-30，49，54，55，59，60，85，198，205，324，337，344-347，349，357，358，360，362，393-394

シュテファーニ（Heinrich Stephani, 1761-1850）　366

シュテフェンス（Heinrich Steffens, 1773-1845）　151，344，351，353

シュマルツ（Theodor von Schmalz, 1760-1831）　260-264，266，267，271，274，365

シュミート（Carl Christian Erhard Schmid, 1761-1812）　16，23，63，64，77，85，94-99，101-104，119-121，136，199，205，206，217，218，231-233，247-253，266，268-272，275，297，323，333，334，338，346，358-363，365，378

シュライエルマッヘル（Friedrich Ernst Daniel Schleiermacher, 1768-1834）　351，352

シュルツ（Johann Friedrich Schulz, 1735-1805）　12，16，21-23，28，60，64，357，358

シュルツェ（Gottlob Ernst Schulze, 1761-1833）　163-167，231，232，296

シュレーゲル（Friedrich Schlegel, 1772-1829）　204-206，212，233，236-239，246-248，253，254，347，349，350，394

シュレーゲル（August Wilhelm Schlegel, 1767-1845）　20，206，220，345-353，354，361，393，394

シュレツァー（August Ludwig Schlözer, 1735-1809）　40

シュロッサー（Johann Georg Schlosser, 1739-99）　358

シラー（Friedrich von Schiller, 1759-1805）　46，54，150，151，197，198，201，204，231，232，294，348

ジンクレーア（Isaac von Sinclair, 1775-1815）　155

ズッコウ（Johann Daniel Suckow, 1722-1801）　205

スネル（Christian Wilhelm Snell, 1755-1834）　132，365，366

スネル（Friedrich Wilhelm Daniel Snell, 1761-1827）　132，366

スピノザ（Baruch de Spinoza, 1632-77）　340

ゼムラー（Johann Salomo Semler, 1725-94）　14

ゼレ（Christian Gottlieb Selle, 1748-1800）　59，63

ゾヒェル（Joseph Socher, 1755-1834）　208，364

タ　行

ダノヴィウス（Ernst Jakob Danovius, 1741-82）　12，198

タフィンガー（Wilhelm Gottlieb Tafinger, 1760-1813）　365

ダン（Otto Dann, 1937-2014）　148

ティーク（Ludwig Tieck, 1773-1853）　352，354

ディーツ（Immanuel Carl Dietz, 1766-96）　204

ティーデマン（Dietrich Tiedemann, 1748-1803）　15，24，29，48，137，138，208，319，321-323，358，360，363

ティテル（Gottlob August Tittel, 1739-1816）　21，22，30，59，63，65，67，83，358

テーテンス（Yohann Nikolaus Tetens, 1736-1807）　12

デカルト（Renè Descartes, 1596-1650）　66，67

デッダーライン（Johann Christoph Döderlein, 1746-92）　198，208

デュヴァル（Valentin Jameray Duval, 1695-1775）　5

テンネマン（Wilhelm Gottlieb Tennemann, 1761-1819）　131，137，138，199，206-208，232，358，363，364，394

トマジウス（Christian Thomasius, 1655-1728）　265

ナ　行

ニコライ（Christoph Friedrich Nicolai, 1733-1811）　41，46-49，60，61，346，348，353，354

ニートハンマー（Friedrich Immanuel Niethammer, 1766-1848）　152，180，185，198，199，203，204，206，207，212，231-237，359，393

ノヴァーリス（Novalis : Friedrich von Hardenberg, 1772-1801）　152，233，253

ハ　行

バークリー（George Berkeley, 1685-1753）　13，66

ハーマン（Johann Georg Hamann, 1730-88）　12

ハイデンライヒ（Karl Heinrich Heydenreich, 1764-1801）　60，77，115-117，119，128，129，137，140，

217, 264-267, 271, 273, 275, 323, 361-363, 365
ハイネ（Christian Gottlob Heyne, 1729-1812） 48, 60
バウターヴェック（Friedrich Bouterwek, 1766-1828） 319-321, 351, 353, 359, 369
バウムガルテン（Alexander Gottlieb Baumgarten, 1714-62） 73, 131, 309
パウルス（Heinrich Eberhard Gottlob Paulis, 1761-1851） 198, 204, 393, 394
バゲッセン（Jens Immanuel Baggesen, 1764-1826） 177
ハチソン（Francis Hutcheson, 1694-1746） 89
バッチュ（August Johann Georg Karl Batsch, 1761-1802） 198
バルディリ（Christoph Gottfried Bardili, 1761-1808） 77, 351, 353, 359, 362, 369, 371
ハルトクノッホ（Johann Friedrich Hartknoch, 1740-89） 12, 29
ピストリウス（Hermann Andreas Pistorius, 1730-98） 30, 48, 83
ヒスマン（Michael Hißmann, 1752-84） 15
ヒューム（David Hume, 1711-76） 207
ヒュレボルン（Georg Gustav Fülleborn, 1769-1803） 125-127, 131, 136-142, 207, 209, 362
ファイアアーベント（Gottfried Feyerabend 生没年？） 305
フィッシュハーバー（Gottlob Christian Friedrich Fischhaber, 1779-1829） 141, 383, 384, 389
フィスベック（Johann Christian Karl Visveck, 1766-1841） 141
フィヒテ（Johann Gottlieb Fichte, 1762-1814） i, ii, 20, 121, 141, 142, 149, 157-191, 197-202, 204, 206, 209-216, 218-220, 231-233, 239, 243-253, 260, 263, 265, 238-271, 275, 276, 287-295, 301, 314, 323-327, 333-338, 341, 351-353, 358-362, 365, 369-371, 375-380, 394
フーバー（Ludwig Ferdinand Huber, 1764-1804） 349
フーフェラント（Gottlieb Hufeland, 1760-1817） 20, 49, 158, 162-164, 167-170, 231, 264, 266, 275, 276, 323-325, 337, 344, 358, 361, 362, 393, 394
フーフェラント（Christoph Wilhelm Friedrich Hufeland, 1762-1836） 198, 393
ブーレ（Johann Gottlieb Buhle, 1763-1821） 137, 138, 359, 363, 364, 369
フェーダー（Johann Georg Heinrich Feder, 1740-1821） 12-15, 59-66, 83, 137, 296-298, 358, 359
フォアベルク（Friedrich Carl Forberg, 1770-1848） 127, 138-142, 152, 204, 205, 208-212, 232, 233
フォイエルバッハ（Paul Johann Anselm Feuerbach, 1775-1833） 152, 232, 259, 260, 266, 267, 272-283, 322, 365, 366, 393
フラット（Johann Friedrich Flatt, 1759-1821） 60-64, 115-117
プラットナー（Ernst Plattner, 1744-1818） 15, 25-27, 29, 137, 217, 359, 360, 363
プラトン（Platon, 427-347 BC） 129-131, 340, 374
フリース（Jakob Fiedrich Fries, 1773-1843） 152, 206, 212, 216-220, 359, 360, 363, 367
フンボルト（Wilhelm von Humboldt, 1767-1835） 231, 394
ヘーゲル（Georg Wilhelm Friedrich Hegel, 1770-1831） i, 77, 78, 198, 203, 204, 206, 212, 214-217, 219, 220, 223, 351, 353, 354, 389, 394
ベック（Johann Jacob Sigismund Beck, 1761-1840） 77, 112, 190191
ベッティガー（Karl August Böttiger, 1760-1835） 45
ヘニングス（Justus Christian Heninngs, 1731-1815） 15, 24, 198, 199, 201, 218
ヘルダー（Johann Gottfried Herder, 1744-1803） 12, 16-20, 46, 357
ヘルツ（Marcus Herz, 1747-1803） 12
ベルトゥーフ（Friedrich Justin Bertuch, 1747-1822） 1-5, 11, 15, 38, 40, 41, 55
ホイジンガー（Johann Heinrich Gottlieb Heusinger, 1766-1837） 206, 231, 232
ポッケルス（Karl Friedrich Pockels, 1757-1814） 366
ホフバウアー（Johann Christoph Hoffbauer, 1766-1827） 275, 365, 366
ボルン（Friedrich Gottlob Born, 1743-1807） 60, 125-128, 131, 234, 365

マ 行

マース（Johann Gebhard Maaß, 1766-1823） 59, 75,

208，231
マイアー（Georg Friedrich Meier, 1718-77）　14
マイネルス（Christoph Martin Meiners, 1747-1810）　15，59，61，64，137，207，358，359，363
マイモン（Salomon Maimon, 1753-1800）　231，232，234，239，243-247，289
マウチャルト（Immanuel David Mauchart, 1764-1826）　366
マンデヴィル（Bernard de Mandeville, 1670-1733）　89
メーメル（Gottlob Ernst August Mehmel, 1761-1840）　215，351，352，362
メーリン（Georg Samuel Albert Mellin, 1755-1825）　365
メルク（Johann Heinrich Merck, 1741-91）　42
メンデルスゾーン（Moses Mendelssohn, 1729-86）　12，15，25，28，29，41，357
モイゼル（Johann Georg Meusel, 1743-1820）　351，352
モーリッツ（Karl Philipp Moritz, 1756-93）　366
モンテーニュ（Michel de Montaigne, 1533-92）　89

ヤ　行

ヤーコプ（Ludwig Heinrich Jakob, 1759-1827）　60，64，77，89，127，133-136，190，276，319，334，358-361，363，365，384
ヤコービ（Friedrich Heinrich Jacobi, 1743-1819）　25，29，44，133，233，236，358，360，370，371

ラ　行

ライプニッツ（Gottfried Wilhelm von Leipniz, 1646-1716）　16，25，69，71，77，78，85，118，340，341，345，374
ラインホルト（Karl Leonhard Reinhold, 1751-1823）　i，4，5，18，46，60，64，73-77，83-85，88，89，109-121，127，136-139，149，150，158，168，177-180，188，197-202，204，206-212，217，231-233，240，252，264，266，275，287-289，298，299，334-336，353，358-362，369-377，387，388
ラファーター（Johann Caspar Lavater, 1741-1801）　133
ラングスドルフ（Karl Christian Langsdorf, 1757-1834）　351
ルーデヴィッヒ（Johann Peter von Ludewig, 1668-1743）　52
ルサージュ（Georg Louis Lesage, 1724-1803）　340
ルソー（Jean Jaque Rousseau, 1712-78）　176，177
レーベルク（August Wilhelm Rehberg, 1753-1836）　60，73，74，83-89，113-115，117-119，140，264，338，360，362，370
レッシング（Gotthold Ephraim Lessing, 1729-81）　14，41，42
ローダー（Julius Christian Loder, 1753-1832）　393-394
ロシウス（Kaspar Friedrich Lossius, 1753-1817）　15
ロック（John Locke, 1632-1704）　13，65，67

文献一覧

1．以下の文献表記では，次のような略号を用いる．

○全集

AA：*Friedrich Wilhelm Joseph Schelling, Historische-Kritische Ausgabe.* In Auftrag der Schelling-Kommission der Bayerischen Akademie der Wissenschaften, Stuttgart-Bad Cannstatt 1976ff.（系列数：ローマ数字，巻数：算用数字．例：*AA* I/10, 288）

GA：*J. G. Fichte-Gesamtausgabe der Beyerischen Akademie der Wissenschaften*, Stuttgart-Bad Cannstatt 1962ff.（系列数：ローマ数字，巻数：算用数字．例：*GA* III/7, 288）

GW：*Georg Wilhelm Friedrich Hegel, Gesammelte Werke.* Herausgegeben im Auftrag der Deutschen Forshungsgemeischaft, Hamburg 1968ff.（巻数：算用数字．例：*GW* 4, 288)）

KA：*Kant's Gesammelte Schriften.* Hrsg. v. Koniglich Preusslichen Akademie der Wissenschaften, Berlin 1900ff.（巻数：ローマ数字．例：*KA* VII, 288）

KFSA：*Kritische Friedrich-Schlegel-Ausgabe*, hrsg. v. Ernst Behler. Paderborn 1959ff.（巻数：ローマ数字）

NA：*Schillers Werke, Nationalausgabe*, Weimar 1943ff.（巻数：ローマ数字）

○書評誌・紙，書評集，雑誌など

ALZ：*Allgemeine Literatur-Zeitung.* Jena u. Leipzig 1785-1803.（年度，号［Nr..］，欄［Sp.］）

ELZ：*Litteratur Zeitung.* Erlangen 1799-1802.（年度，号［Nr.］，欄）［Sp.］

Fambach：Oscar Fambach, *Ein Jahrhundert Deutscher Literaturkritik（1750-1850）, Bd. IV. Das Grosse Jahrzehnt（1796-1805）* Berlin 1958.

FiR：*Fichte in Rezensionen*, hrsg. v. E.Fuchs, W. G. Jacobs u. W.Schieche, Stuttgart-Bad Cannstatt 1795.（巻数：算用数字．例：*FiR* 1）

PJ：*Philosophisches Journal einer Gesellschaft Teutscher Gelehrten.* Hrsg. v. Friedrich Imamnuel Niethammer (/ J. G. Fichte), Neu-Strelitz (Jena und Leipzig) 1795-1800.（巻数：ローマ数字，号数：算用数字．例：*PJ* III/1, 288）

2．各章ごとの文献は〔一次文献〕，〔二次文献とも〕出版年順に表記する．邦語文献は単著に限っている．

序章　『一般学芸新聞』創刊前夜

〔一次文献〕

Martin Wieland (hrsg.), *Der Teutsche Merkur.* Weimar 1784.

Karl Leonhard Reinhold,Korrespondenzausgabe, hrsg. von Reinhard Lauth, Eberhard Heller und Kurt Hiller, Bd.1：*KORRESPONDENZ 1773-1788*, Stuttgart-Bad Cannstatt 1983.

Karl August Böttiger, *Literarische Zustände und Zeitgenossen. Begegnungen und Gespräche im klassischen Weimar*, 2.Auflage, hrsg. v. K. Gerlach und R.Sternke, Berlin 1998.

〔二次文献〕

Joachim Kirchner, *Das deutsche Zeitschriftenwesen. Seine Geschichte und seine Probleme*, Teil, I, 2. Auflage, Wiesbaden 1958.

Walter Horace Bruford, *Cultur and Society in classical Weimar 1775-1806*, Cambridge 1962.

Kurt Röttgers, Die Kritik der reinen Vernunft und K.L.Reinhold.—Fallstudie zur Theoriepragmatik in

Schulbildungsprozessen, in: *Akten des 4.Internationalen Kant-Kongresses*, vol.II, pt.2, Berlin 1974.

Giesela Schwarz, *Literarisches Leben und Sozialstrukturen um 1800*, Frankfurt a.M. 1991.

Andreas Wistoff, *Die deutsche Romantik in der öffentlichen Literaturkritik*, Bonn/Berlin 1992.

Horst Schröpfer, "……zum besten der Teutschen Gelehrsamkeit und Litteratur……". Die "Allgemeine Literatur-Zeitung" im Dienst der Verbreitung der Philosophie Kants, in: N.Hinske, E. Lange und H. Schröpfer (hrsg.), *Der Aufbruch in den Kantianismus*, Stuttgart-Bad Cannstatt 1995（以下 *Aufbruch*）.

G. R. Kaiser und S. Seifert (hrsg.) *Friedrich Justin Bertuch (1747-1822). Verleger, Schriftsteller und Unternehmer im klassischen Weimar*, Tübingen 2000.

第一章　最初期の『一般学芸新聞』哲学欄のカント哲学普及活動

〔一次文献〕

Immanuel Kant, *Kritik der reinen Vernunft*, Riga 1781. [*KA* IV, 1-252].

Johann Gottfried Herder, *Ideen zur Philosophie der Geschichte der Menschheit*. Erster Theil, Liga und Leipzig 1784.

Immanuel Kant, *Grundlegung zur Metaphysik der Sitten*, Riga 1785. [*KA* IV, 385-464].

Immanuel Kant, Recensionen von J. G. Herders *Ideen zur Philosophie der Geschichte der Menschheit*, in: *ALZ* Nr.4, 4b, 271 [*KA* VIII, 43-66].

〔Christian Gottfried Schütz〕 Rezensionen von *Grundlegung zur Metaphysik der Sitten* von I.Kant, usw., in: *ALZ* 1785, Nr.80, 162, 164, 178-179, 208b, 295 ; *ALZ* 1786, Nr.1, 7, 36, 259, 260a, 267.

Johann August Heinrich Ulrich, *Institutiones logicae et metaphysicae*, Jena 1785.

Friedrich Heinrich Jacobi, *Über die Lehre des Spinoza, in Briefen an den Hern. Moses Mendelssohn*, Breslau 1785. [Aetas Kantiana 116 (1968)].

Moses Mendelssohn, *Morgenstunden oder Vorlesungen uber das Daseyn Gottes,*. Erster Theil, Berlin 1785. [Aetas Kantiana 182 (1968)].

Ernst Plattner, *Philosophische Aphorismen nebst einigen Anleitung zur philosophischen Geschichte*, Erster Theil, 2.Aufl., Leipzig 1784. [3 Aufl. Aetas Kantiana 203 (1970)].

Carl Christian Erhard Schmid, *Critik der reinen Vernunft im Grundrisse zu Vorlesungen, nebst einem Wörterbuch zum leichtern Gebrauch der Kantischen Schriften*, Jena 1786. [3 Aufl. Aetas Kantiana 234 (1974)].

Gottlob August Tittel, *Ueber Herrn Kant's Moralreform*, Frankfurt u. Leipzig 1786 [Aetas Kantiana 285 (1969)].

Johann Schulz, *Erläuterungen über des Herrn Professor Kant Critiki der reinen Vernunft*, Königsberg 1791 (1.Aufl, 1784). [Aetas Kantiana 247 (1968)].

Albert Landau (hrsg.), *Rezensionen zur Kantischen Philosophie 1781-87*, Bebra 1991.

〔二次文献〕

Johann Eduard Erdmann, *Die Entwicklung der deutschen Spekulation seit Kant*. Erster Band, Stuttgart 1931.

Frederick C. Beiser, *The Fate of Reason*. Harvard UP 1987.

Siegfried Seifert, „Eine vollständige Uebersicht der Kantischen Grundsätz". Die Jenaer „Allgemeine Literatur-Zeitung" und ihr Beitrag zur Kritik in einer Zeit des Umbruchs und Aufbruchs, in: Friedrich Strack (hrsg.), *Evolution des Geistes :Jena um 1800*, Stuttgart 1994.

Ute Schneider, *Friedrich Nicolais Allgemeine Deutsche Bibliothek als Integrationsmedium der Gelehrtenrepublik*, Wiesbaden 1995.

Nobert Hinske, Das erste Auftauchen der Kantischen Philosophie im Lehrangebot der Universität Jena, in: *Aufbruch*. Stuttgart 1995.

Nobert Hinske, Ausblick : Der Jenaer Frühkantianismus als Forschungsaufgabe, in: *Aufbruch*.

Horst Schröpfer, Christian Gottfried Schütz——Initiator einer wirkungsvollen Verbreitung der Philosophie Kants, in:*Aufbruch*, Stuttgart 1995.

Horst Schröpfer, *Kants Weg in die Öffentlichkeit. Christian Gottfried Schütz als Wegbreiter der kritischen Philosophie*, Stuttgart-Bad Cannstatt 2003.

幕間Ⅰ　一八世紀後半のドイツにおける雑誌・学術メディアの隆盛とＡＬＺの位置

〔二次文献〕

Joachim Kirchner, *Das deutschen Zeitschriftenwesen. Seine Geschichte und seine Probleme*, Teil 1, 2.Aufl., Wiesbaden 1958.

Jürgen Wilke, *Literarische Zeitschriften des 18.Jahrhunderts（1688-1789）*,Teil I u.II, Stuttgart 1978.

Wolfgang von Ungern-Sternberg, Schriftsteller und literalischer Markt, in: *Hansers Sozialgeschichte der deutschen Literatur vom 16. Jahrhundert bis zur Gegenwart*, hrsg. v. Rolf Grimminger. Bd. 3, München/Wien 1980.

Giesela Schwart, *Literarisches Leben und Sozialstrukturen um 1800*, Frankfurt a.M. 1991.

戸叶勝也『ドイツ出版の社会史－グーテンベルクから現代まで』三修社，一九九二年．

Thomas C. Starnes, *Der Teutsche Merkur. Ein Repertorium*, Sigmaringen 1994.

Ute Schneider, *Friedrich Nicolais Allgemeine Deutsche Bibliothek als Integrationsmedium der Gelehrtenrepublik*, Wiesbaden 1995.

Margarete Mildenberger, Bertuch und “Allgemeine Literatur-Zeitung”. Zu den Briefen von Christian Gottfried Schütz im Weimar Bertuch-Nachlaß, in: Gerhard Kaiser u. Sigfried Seifert（hrsg.）, *Friedrich Justin Bertuch（1747-1822）*. Tübingen 2000.

戸叶勝也『ドイツ啓蒙主義の巨人――フリードリヒ・ニコライ――』朝文社，二〇〇一年．

第二章　初期カント学派によるロック主義，ヴォルフ主義との対決

〔一次文献〕

Gottlob August Tittel, *Kantische Denkformen, oder Kategorien*. Frankfurt a.M. 1787.［Aetas Kantiana 284（1968）］.

Johann Georg Heinrich Feder, *Ueber Raum und Causalität zur Prüfung der Kantischen Philosophie*. Göttingen 1787.［Aetas Kantiana 70（1968）］.

Christian Gottlieb Selle, *Grundsätze der reinen Philosophie*. Berlin 1788［Aetas Kantiana 254（1969）］.

Adam Weishaupt, *Ueber die Gründe und Gewißheit der menschlichen Erkenntniß*. Nürnberg 1788.［Aetas Kantiana 300（1969）］.

Johann Georg Heinrich Feder u. Meiners（hrsg.）, *Philosophische Bibliothek*, Bd.I-IV, Göttingen 1788-1791.［Aetas Kantiana 71（1968）］.

Johann August Eberhard（hrsg.）, *Philosophisches Magazin*, Bd.I-IV, Halle 1788-1792.［Aetas Kantiana 63（1968）］.

Immanuel Kant, Über eine Entdeckung, nach der alle neue Kritik der reinen Vernunft durch eine ältere entbehlich gemacht werden soll,［*KA* VIII, 185-252］.

〔Anonymus〕Rezension von *Ueber Raum und Caussalität zur Prüfung der Kantischen Philosophie*, von J. G.

H. Feder, in: *ALZ* 1788, Nr.24, Sp.249-254.

〔Karl Leonhard Reinhold〕 Rezension von *Zweifel über die Kantischen Begriffe von Raum und Zeit* von A. Weishaupt, in: *ALZ* 1788, Nr.158a, Sp.9-16.

〔Anonymus〕, Rezension von *Philosopnisches Magazin*, 1.St., in: *ALZ* 1789, Nr.10, Sp.77-80.

〔August Wilhelm Reberg〕, Rezension von *Philosopnisches Magazin*, 2.St., in: *ALZ* 1789, Nr.90, Sp.713-716.

〔Anonymus〕 Rezension von *Ueber die Gründe und Gewißheit der menschlichen Erkentniss*, von A. Weishaupt, in: *ALZ* 1789, Nr.168, Sp.529-534.

〔Karl Leonhard Reinhold〕 Rezension von *Philosopnisches Magazin*, 3.u.4.St., in: *ALZ* 1789, Nr.174-176, Sp. 577-597.

Albert Landau (hrsg.), *Rezensionen zur Kantischen Philosophie 1781-87*, Bebra 1991.

〔二次文献〕

Frederick C. Beiser, *The Fate of Reason. German Philosophy from Kant to Fichte*, Harvard UP 1987.

Manfred Gawlina, *Das Medusenhaupt der Kritik. Die Kontroverse zwischen Immanuel Kant und Johann August Eberhard.* (Kantstudien: Ergänzungshafte 128), Berlin/New York 1996.

第三章　カント的道徳の諸原則と実践的自由をめぐる議論の広がり

〔一次文献〕

Immanuel Kant, *Kritik der praktischen Vernunft*, Riga 1788 [*KA* V, 1-164].

Johann August Heinrich Urlich, *Eleutheriologie, oder über Freiheit und Nothwendigkeit. Zum Gebrauch der Vorlesungen in Michaelisferien*, Jena 1788 [facto 1787].

〔August Wilhelm Reberg,〕 Rezension von *Kritik der praktischen Vernunft*, von I.Kant, in: *ALZ* 1788, Nr.188a, 188b, Sp.345-7360.

Johann G. K. Chr. Kiesewetter, *Ueber den ersten Grundsatz der Moralphilosophie. Erster Theil, welcher die Prüfung der bisherigen Systeme der Moral enthält, nebst einer Abhandlung von Hn.Prof. Jacob, über die Freyheit des Willens.* Zweite vollig umgearbeitete Auflage. Berlin 1790. *Zweyter Thei, welcher die Darstellung und Prüfung des Kantischen Moralprinzips enthält*, Berlin 1791.

Carl Christian Erhard Schmid, *Versuch einer Moralphilosophie*, Jena 1790. Zweite verm.Ausgabe, Jena 1792. Dritte verm. Ausgabe, Jena 1795. Vierte verm. Ausgabe, Jena 1802. [4 Aufl. Aetas Kantiana 235 (1981)].

〔Karl Heinrich Heydenreich,〕 Rezension von *Versuch einer Moralphilosophie*, von C. Ch. E. Schmid, in: *ALZ* 1791, Nr.108, Sp.57-64.

〔Anonymus〕 Rezension von *Über den ersten Grundsatz der Moralphilosophie* von J. G. C. Kiesewetter, 2. Aufl., in: *ALZ* 1791, Nr.348, Sp.668-670.

Karl Leonhard Reinhold, *Briefe über die Kantische Philosophie. Zweiter Band.* Leipzig:bey Georg Joachim Göschen 1792. [in:Martin Bondeli (hrsg.), K. L. Reinhold, Gesammelte Schriften. Band 2/2. Basel 2008].

〔Johann Benjamin Erhard,〕 Rezension von *Versuch einer Moralphilosophie*, von C.Ch.E.Schmid, 2, Aufl, in: *ALZ* 1795, Nr.134, Sp.305-310.

Rüdiger Bittner u. Konrad Cramer (hrsg.), *Materialien zu Kants > Kritik der praktischen Vernunft <* Frankfurt am Main 1975.

〔二次文献〕

Eberhard Günter Schulz, *Rehbergs Opposition gegen Kants Etik. Eine Untersuchung ihrer Grundlagen, ihrer Berücksichtigung durch Kant und ihrer Wirkungen auf Reinhold, Schiller und Fichte.* Köln 1975.

Angelica Nuzzo, Metamorphosen der Freiheit in der Jenenser Kant-Rezeption (1785-1794), in: Friedrich Strack (hrsg.), *Evolution des Geistes : Jena um 1800. Natur und Kunst, Philosophie und Wissenschaft im Spannungsfeld der Geschichte*, Stuttgart 1994.

Horst Schöpfer, Carl Christisan Erhard Schmid—der „bedeutendste Kantianer" an der Universität Jena im 18. Jahrhundert, in: *Aufbruch*, Stuttgart-Bad Cannstatt 1995.

Alexander v.Schönborn, < Intelligibler Fatalismus >: Reinhold mit und gegen Kant über Freiheit, in : Pierluigi Valenza (hrsg.), *K. L. Reinhold. Am Vorhof des Idealismus*. Biblioteca dell' < Archivo di Filosofia > 35, Pisa/Roma 2006.

Günter Zöller, Von Reinhold zu Kant.Zur Grunlegung der Moralphilosophie zwischen Vernunft und Willkür, in : Pierluigi Valenza (hrsg.), *K. L. Reinhold. Am Vorhof des Idealismus. Biblioteca dell' < Archivo di Filosofia > 35*, Pisa/Roma 2006.

Daniel Breazeale, The fate of Kantian freedom:One cheer (more) for Reinhold, in: Violetta Stolz/ Marion Heinz/Martin Bondeli (hrsg.), *Wille, Willkür, Freiheit. Reinholds Freiheitskonzeption im Kontext der Philosophie des 18. Jahrhunderts*, Berlin/Boston 2012.

第四章 「表象能力理論」と哲学の「第一根本命題」をめぐる諸論争

〔一次文献〕

Karl Leonhard Reinhold, *Versuch einer neuen Theorie des menschlichen Vorstellungsvermögens*. Mit Churfürstl. Sächs. gnädigsten Privilegio, Prag und Jena 1789. (ND: Ernst-Otto Onnasch, (hrsg.), PhB. 559a, Hamburg 2010 u. PhB. 559b, Hamburg 2012 ; Martin Bondeli (hrsg.), K. L. Reinhold, Gesammelte Schriften. Bd.1, Basel 2013).

〔August Wilhelm Reberg,〕 Rezension von *Versuch einer neuen Theorie des Vorstellungsvermögens*, von K. L. Reinhold, in: *ALZ* 1789, Nr.357-358, Sp.417-429.

Karl Leonhard Reinhold, *Beyträge zur Berichtigung bisheriger Missverständnisse der Philosophen. Erster Band, das Fundament der Elementarphilosophie betreffend*, Jena 1790. (ND: Faustino Fabbianelli (hrsg.) PhB. 554a, Hamburug 2003).

Karl Leonhard Reinhold, *Ueber das Fundament des philosophischen Wissens, nebst einigen Erläuterungen über die Theorie des Vorstellungsvermögens*, Jena 1790. (ND: Wolfgang H. Schrader (hrsg.), PhB. 229, Hamburg 1978.; Martin Bondeli (hrsg.), *K. L. Reinhold, Gesammelte Schriften*. Band 4. Basel 2011).

〔August Wilhelm Reberg,〕 Rezension von *Beyträge zur Berichtigung bisheriger Mißverstandnisse der Philosophen*, 1.Bd. von K. L. Reinhold, in: *ALZ* 1791, Nr.26-27, Sp.201-214.

〔Carl Christian Erhard Schmid,〕 Rezension von *Ueber das Fundament der philosophischen Wissens*, von K. L. Reinhold, in: *ALZ* 1792, Nr.92-93, Sp.49-60.

〔二次文献〕

Martin Bondeli, *Das Anfangsproblem bei Karl Leonhard Reinhold. Eine systematische und entwicklungsgeschichtliche Untersuchung zur Philosophie Reinholds in der Zeit von 1789 bis 1803*, Frankfurt am Main 1995.

Faustino Fabbianelli, Einleitung, in: derselben (hrsg.), *Die zeitgenössischen Rezensionen der Elementarphilosophie K. L. Reinholds*, Hildesheim 2003.

Faustino Fabbianelli, Einleitung, in : Karl Leonhard Reinhold, *Beiträge zur Berichtigung bisheriger Mißverständnisse der Philosophen. Erster Band, das Fundament der Elementarphilosophie*, Hamburg 2003 [PhB 554a].

Martin Bondeli, Reinholds Kant-Kritik in der Phase der Elementarphilosophie, in : Bondeli, Martin /Schrader, Wolfgang H. (hrsg.), *Die Philosophie Karl Leonhard Reinholds. Fichte-Studien- Supplementa Bd.16*, Amsterdam-New York 2003.

Alessandro Lazzari, Zur Genese von Reinholds < Satz des Bewusstseins >, in : M.Bondeli/ A.Lazzari (hrsg.), *Philosophie ohne Beynamen, System, Freiheit und Geschichte im Denken Karl Leonhard Reinholds.* Basel 2004.

Faustino Fabbianelli, Von der Theorie des Vorstellungsvermögens zur Elementarphilosophie. Reinholds Satz des Bewußtseins und die Auseinandersetzung über das Ding an sich, in : M. Bondeli / A.Lazzari (hrsg.), *Philosophie ohne Beynamen, System, Freiheit und Geschichte im Denken Karl Leonhard Reinholds.* Basel 2004.

Martin Bondeli, Das «Band» von Vorstellung und Gegenstand. Zur Reinhold-Kritik von Jacob Sigismund Beck, in : Martin Bondeli/ Alessandro Lazzari (hrsg.), *Philosophie ohne Beynamen. System, Freiheit und Geschichte im Denken Karl Leonhard Reiholds*, Basel 2004.

Martin Bondeli, Reinholds Kant-Phase. Ihre.Entwicklungslinien, ihre Wirkung und Bedeutung, in : Wolfgang Kersting/Dirk Westerkamp (hrsg.), *Am Rande des Idealismus. Studien zur Philosophie Karl Leonhard Reinholds.* Paderborn 2008.

Daniel Breazeale, Zwischen Kant und Fichte. Karl Leonhard Reinholds "Elementarphilosophie ", in : Wolfgang Kersting / Dirk Westerkamp (hrsg.), *Am Rande des Idealismus. Studien zur Philosophie Karl Leonhard Reinholds.* Paderborn 2008.

Martin Bondeli, Einleitung, in: derselben (hrsg.) : *Karl Leonhard Reinhold, Gesammelte Schriften.* Kommenteirte Ausgabe. Bd.2/2. *Briefe über die Kantische Philosophie. Zweyter Band*, Basel 2008.

Paola Rumore, Reinholds ursprüngliche Einsicht. Die Theorie des Vorstellungs- vermögens und ihre zeitgenössische Kritiker, in: :Wolfgang Kersting / Dirk Westerkamp (hrsg.), *Am Rande des Idealismus. Studien zur Philosophie Karl Leonhard Reinholds*, Paderborn 2008.

Ernst-Otto Onnasch, Einleitung, in : Reinhold, Karl Leonhart, *Versuch einer neuen Theorie des menschlichen Vorstellungsvermögens.* Theilband 1: Vorrede. Erstes Buch. (hrsg.), Ernst-Otto Onnasch, Hamburg 2010. [PhB Bd.599a].

Martin Bondeli, Einleitung, in : derselben (hrsg.) : Karl Leonhard Reinhold, Gesammelte Schriften. Kommenteirte Ausgabe. Bd. 4. *Ueber das Fundament des philosophischen Wissens, nebst einigen Erläuterungen über die Theorie des Vorstellungsvermögens*, Basel 2011.

Martin Bondeli, Einleitung, in: *Versuch einer neuen Theorie des menschlichen Vorstellungsvermögens*, hrsg. von Martin Bondeli, Basel 2013. K. L. Reinhold, Gesammelte Schriften. Band 1.

田端信廣『ラインホルト哲学研究序説』萌書房，二〇一五年.

第五章　新たな哲学雑誌の登場——カント-ラインホルト関係の理解をめぐって

〔一次文献〕

Ludwig Heinrich Jakob, *Grundriß der allgemeinen Logik und kritische Anfangsgründe der allgemeinen Metaphysik*, Halle 1788. [4, Aufl.Aetas Kantiana 130 (1981)].

Johann Heinrich Abicht u. Friedrich Gottlieb Born (hrsg.), *Neues philosophisches Magazin, Erläuterungen und Anwendungen des Kantischen Systems bestimmt*, Leipzig 1789-91. [2. Aufl. Aetas Kantiana 5 (1970)].

〔Anonymus〕 Rezension von *Neues philosophisches Magazin, Erläuterungen und Anwendungen des*

Kantischen Systems bestimmt, hrsg.v. J.H.Abicht u. F.G.Born, 1.Bd.1.St.; 2.Bd.1,2.St.; 2.Bd. 4.St., in: *ALZ* 1789, Nr.304, Sp.882-885 ; 1791, Nr.259, Sp.645-647 ; 1792, Nr.215, Sp.345-348.

Johann Wilhelm Andreas Kosmann (hrsg.), *Allgemeines Magazin für kritische und populaire Philosophie*, Breslau und Brieg 1791-94.

〔Anonymus〕 Rezension von *Allgemeines Magazin für kritische und populaire Philosophie*, hrsg. von J. W. A. Kosmann, in: *ALZ* 1792, Nr.136, Sp.403-405.

Georg Gustav Fülleborn (hrsg.), *Beyträge zur Geschichte der Philosophie*, Züllichau und Freystadt 1791-99. [2.Aufl. Aetas Kantian77 (1968)].

Karl Heinrich Heydenreich, Einige Ideen über die Revolution in der Philosophie, bewirkt durch Immanuel Kant, und besonders über den Einfluß derselben auf die Behandelung der Geschichte der Philosophie, in : Agatapisto Cromaziano, *Kritische Geschichte der Revolutionen der Philosophie in den drey letzten Jahrhunderten. Aus dem Italienischen mit prüfenden Anmerkungen und einem Anhange über die Kantische Revolution verstehen.* 2 Teile, Leipzig 1791, [Aetas Kantiana 95 (1968)].

〔Anonymus〕 Rezension von *Beyträge zur Geschichte der Philosophie*, hrsg.von G. G. Fülleborn, 1.St., 2.St., 3. St., 4St., in: *ALZ* 1792, Nr.257, Sp.683-685. ; Nr.307, Sp.385-389. ; 1794, Nr.49, Sp.389 -392. ; 1795, Nr.119. Sp.188-190.

Karl Leonhard Reinhold, Ueber den Begrif der Geschichte der Philosophie. Eine akademische Vorlesung, in : *Beyträge zur Geschichte der Philosophie*, Bd. 1. St. 1 (neue überarbeitete Auflage). Züllichau und Freystadt 1796. [Aetas Kantiana 77 (1968)].

Friedrich Carl Forberg, Ueber das bisherige Schicksal der Theorie des Vorstellungs-Vermögens, in : *Beyträge zur Geschichte der Philosophie*, Bd. 1. St. 1 (neue überarbeitete Auflage). Züllichau und Freystadt 1796. [Aetas Kantiana 77 (1968)].

Georg Gustav Fülleborn, Anhang zur vorhergehenden Abhandlung: Eine kurze Vergleichung der Kritik der reinen Vernunft und der Theorie des Vorstellungs- Vermögens nach ihren Hauptmomenten, in *Beyträge zur Geschichte der Philosophie*, Bd.1.St.1. (neue überarbeitete Auflage). Züllichau und Freystadt 1796. [Aetas Kantiana 77 (1968)].

〔二次文献〕

柴田　隆行『哲学史成立の現場』弘文堂，一九九七年.

Faustino Fabbianelli, Einleitung, in : ders. (hrsg.), *Die zeitgenössichen Rezensionen der Elementarphilosophie K. L. Reinholds*, Hildesheim 2003.

幕間Ⅱ　ザラーナの学生たち——学生数，学生気質と生活，学生団体

〔二次文献〕

Helmut Henne u. Georg Objartel, *Historische Deutsche Studentensprache*, Berlin/ New York 1982.

Theodore Ziolkowski, *German Romanticism and Its Institutions*, Princeton UP 1990.

Ursula Brauer, *Isaac von Sinclair*, Stuttgart 1993.

Otto Dann, Jena in der Epoche der Revolution, in : Friedrich Strack (hrsg.), *Evolution des Geistes : Jena um 1800. Natur und Kunst,Philosophie und Wissenschaft im Spannungsfeld der Geschichte*, Stuttgart 1994.

Joachim Bauer, Studentische Verbindungen zwischen Revolution und Restauration. Von der Landsmannschaften zur Burschenschaft.,in : *Evolution des Geistes : Jena um 1800*, Stuttgart 1994.

Theodore Ziolkowski, *Das Wunderjahr in Jena*, Stuttgart 1998.

菅野瑞治也『ブルシェンシャフト成立史——ドイツ「学生結社」の歴史と意義』春風社，二〇一二年.

第六章　フィヒテの初期作品書評

〔一次文献〕

〔Johann Gottlieb Fichte,〕 *Versuch einer Critik aller Offenbarung*, Königsberg 1792.（ND: PhB. Bd.354, 1998）［*GA* I/1, 1-123］.

〔Gottlieb Hufeland,〕 Rezension von *Versuch einer Critik aller Offenbarung*, in: *ALZ* 1792, Nr.190-191, Sp. 145-160. ［*FiR* 1, 1-19］

〔Johann Gottlieb Fichte,〕 *Versuch einer Critik aller Offenbarung*, 2.Auflage, Königsberg 1793.（ND: PhB. Bd. 354, 1998）［*GA* I/1, 124-161］.

〔Johann Gottlieb Fichte,〕 *Beitrag zur Berichtung der Urteile des Publicum über die französische Revolution*, 1.Theil, 1.Heft, o. O. 1793.（ND: PhB.Bd.282, 1973）［*GA* I/1, 203-296］.

〔Gottlieb Hufeland,〕 Rezension von *Versuch einer Critik aller Offenbarung*, 2.Aufl.in: *ALZ* 1794, Nr.3, Sp. 17-24. ［*FiR* 1, 41-151］

〔Karl Leonhard Reinhold,〕 Rezension von *Beitrag zur Berichtung der Urteile des Publicum über die französische Revolution*, in: *ALZ* 1794, Nr.153-154, Sp.345-360. ［*FiR* 1,165-184］

Johann Gottlieb Fichte, *Einige Vorlesungen über die Bestimmung des Gelehrten*, Jena und Leipzig 1794.（PhB. Bd.274, 1971）［*GA* I/3, 23-68］.

〔Anonymus,〕 Rezensionen von *Einige Vorlesungen über die Bestimmung des Gelehrten*, von J. G. Fichte, in: *Annalen der Philosophie und des philosophischen Geistes* hrsg.v. L. H. Jakob, St.37, Sp.289-296 und St. 46-47Sp.361-374. ［*FiR* 1, 377-394］

〔Johann Benjamin Erhard,〕 Rezension von *Einige Vorlesungen über die Bestimmung des Gelehrten*, in: *ALZ* 1795, Nr.224, Sp.353-360. ［*FiR* 1, 399-408］

Wilhelm Baum（hrsg.）, *Friedrich Immanuel Niethammer. Korrespondenz mit Klagenfurter Herbert-Kreis*, Wien 1995.

E. Fuchs, W. G. Jacobs und W. Scheche（hrsg.）, *Fichte in Rezensionen* 1, Stuttgart-Bad Cannstatt 1995.

〔二次文献〕

Reinhard Lauth, Einleitung, in : Joh. Gottl. Fichte, *Von den Pflichten der Gelehreten. Jenaer Vorlesungen 1794/95*, Hamburg 1971（PhB. Bd.274）.

Richard Schottky, Einleitung des Herausgebers, in : Joh. Gttl. Fichte, *Beitrag zur Berichtigung der Urteile des Publikums über die französische Revolution*, Hamburg 1973（PhB. Bd.282）.

Hansjürgen Verweyen, Einleitung, in: J. G. Fichte, *Versuch einer Kritik aller Offenbarung*, Hamburg 1998（PhB. Bd.354）.

Dietheim Klippel, *Naturrecht und Rechtsphilosophie im 19. Jahrhundert,1780 bis 1850*, Tübingen 2012.

幕間Ⅲ　ザラーナの教授たち

〔一次文献〕

Karl Leonhard Reinhold, Über den Begriff der Geschichte der Philosophie. Eine Akademische Vorlesung, in : G.G.Fülleborn（hrsg.）, *Beyträge zur Geschichte der Philosophie*, Züllichau und Freystadt 1791. ［Aetas Kantiana 77（1968）］.

Wilhelm Gottlieb Tennemann, Uebersicht des Vorzüglichsten, was für die Gescichte der Philosophie seit 1780 geleistet worden, in : *PJ*, hrsg.v. Friedrich Immanuel Niethammer, Bd.II. Heft.4 u.Bd.III. Heft.1, Neu-Strelitz 1795.（ND:Hildesheim 1969）.

Friedrich Carl Forberg, Briefe über die neueste Philosophie, in : *PJ*, Bd.VI. Heft.1. u. Bd.VII. Heft.4 , Jena und

Leipzig 1797. (ND:Hildesheim 1969).

Friedrich Carl Forberg, Ueber den Geist des Lutheranismus, in : *PJ*, Bd.VI. Heft.3, Jena und Leipzig 1797. (ND: Hildesheim 1969).

Friedrich Carl Forberg, Entwickelung des Begriffs der Religion, in : *PJ*, Bd.VIII. Heft.1, Jena und Leipzig 1798. (ND:Hildesheim 1969).

Johann Gottlieb Fichte, Ueber den Grund unseres Glaubens an eine göttliche WeltRegierung, in : *PJ*, Bd.VIII. Heft.1, Jena und Leipzig 1798. (ND: Hildesheim 1969).

Wilhelm Gottlieb Tennemann, *Geschichte der Philosophie. Erster Band*, Leipzig 1798 [Aetas Kantiana 272 (1969)].

Johann Baptist Schad, *Gemeinfaßliche Darstellung des Fichteschen Systems und der daraus hervorgehenden Religionstheorie.Erster Band u.Zweiter Band*, Erfurt 1800 [Aetas Kantiana 221 (1974)].

Johann Baptist Schad, *Grundriss der Wissenschaftslehre. Zum Behuf seiner Vorlesungen*, Jena 1800.

Johann Baptist Schad, *Neuer Grundriß der transscendentalen Logik und der Metaphysik nach den Principien der Wissenschaftslehre. Erster Theil,enthaltend die Logik*, Jena/Leipzig 1801.

Johann Baptist Schad, *Absolute Harmonie des Fichteschen Systems mit der Religion*, Erfurt 1802.

Jacob Friedrich Fries, *Philosophische Rechtslehre und Kritik aller positiven Gesetzgebung mit Beleuchtung der gewöhnlichen Fehler in der Bearbeitung des Naturrechts*, Jena 1803.

Jacob Friedrich Fries, *System der Philosophie als evidente Wissenschaft*, Leipzig 1804.

Karl Christian Friedrich Krause, *Entwurf des Systems der Philosophie, Erste Abteilung, enthaltend die allgemeine Philospphie,nebst einer Anleitung zur Naturphilosophie*, Jena und Leipzig 1804.

〔二次文献〕

Karl Rosenkranz, *G. W. F. Hegels Leben*, Berlin 1844 (ND: Darmstadt 1972).

Max Wundt, *Die Philosophie an der Universität Jena, in ihrem geschichtlichen Verlaufe dargestellt*. Jena 1931.

Heinz Kimmerle, Dokumente zu Hegels Jenaer Dozententätigkeit (1801-1807), in: *Hegel- Studien* Bd.4, Bonn 1967.

Jacques D'Hondt, *Hegel en son temps* (*Berlin,1818-1831*) Paris 1968. (ジャック・ドント『ベルリンのヘーゲル』花田圭介監訳/杉山吉弘訳，法政大学出版局，一九八三年).

Kraus Düsing (hrsg.), *Schellings und Hegels erste absolute Metaphysik* (*1801-1802*), Köln 1988.

Enrique M. Ureña, *K.C.F.krause. Philosoph, Freimauerer, Weltbürger. Eine Bibliographie*, Stuttgart-Bad Cannststatt 1991.

Hans-Peter-Nowitzki, "Geh hin und predige das Neue Evangelium." Friedrich Philipp Niethammers Weg von der Nostrifikation zur Renuntation als außerordentlicher Professor der Philosophie in Jena, in : Friedrich Strack (hrsg.), *Evolution des Geistes : Jena um 1800. Natur und Kunst,Philosophie und Wissenschaft im Spannungsfeld der Geschichte*, Stuttgart 1994.

Horst Schöpfer, Der Entwurf zur Erforschung und Darstellung einer evolutionäre Gesichte der Philosophie von Wilhelm Gottlieb Tennnemann, in : Friedrich Strack (hrsg.), *Evolution des Geistes : Jena um 1800. Natur und Kunst,Philosophie und Wissenschaft im Spannungsfeld der Geschichte*, Stuttgart 1994.

Manfred Frank, »*Unendliche Annäherung*«. *Die Anfänge der philosophischen Frühromantik*, Frankfurt a.M. 1997.

Manfred Hölscher, Fichtes Wissenschaftslehre in der religionsphilosophischen Rezeption J.B. Schads, in : *Fichte-Studien* Bd.11, Amsterdam-Atlanta 1997.

Vladimir Alekseevic Abaschnik, J. B. Schads und Hegels Positionen um 1800, in : *Hegel-Jahrbuch* 2005, Berlin

2005.
Vladimir Abaschnik, Johann Baptist Schad, in : Thomasu Bach / Olaf Breidbach (hrsg.), *Naturphilosophie nach Schelling, Schellingiana Bd.17*, Stuttgart-Bad Cannstatt 2005.
Enrique M.Ureña und Erich Fuchs, Einführung in das Gesamtwerk, in:Thomas Bach und Olaf Breidbach (hrsg.), *Karl Christian Friedrich Krause. Ausgewählte Schriften Band I*, Stuttgart- Bad Cannstatt 2007.
Frederick C. Beiser, *The Genesis of Neo-Kantianismus, 1796-1880*, Oxford UP. 2014.
別府昭郎『近代大学の揺籃　一八世紀ドイツ大学史研究』知泉書館，二〇一四年.

第七章　ニートハンマーの『哲学雑誌』とそのALZ書評

〔一次文献〕

Friedrich Immanuel Niethammer, Von den Ansprüchen des gemeinen Verstandes an die Philosophie, in : *PJ*, Bd.I. Heft.1, Neu-Strelitz 1795. (ND:Hildesheim 1969).
Johann Benjamin Erhard, Apologie des Teufels, in : *PJ*, Bd.I. St.2,1795. (ND:Hildesheim 1969).
Salomon Maimon, Ueber die ersten Gründe des Naturrechts, in : *PJ*, Bd.I. Heft.2, Neu-Strelitz 1795. (ND: Hildesheim 1969).
Carl Christian Erhard Schmid, *Grundriß des Naturrechts. Für Vorlesungen*, Frankfurt und Leipzig 1795 [Aetas Kantiana 233 (1973)].
Carl Christian Erhard Schmid, Bruchstücke aus einer Schrift über die Philosophie und ihre Principien, in : *PJ*, Bd.III. Heft.2, Neu-Strelitz 1795. (ND:Hildesheim 1969).
Johann Gottlieb Fichte, Vergleichung des vom Hrn. Prof. Schmid aufgestellten Systems mit der Wissenschaftslehre, in : *PJ*, Bd.III. Heft.4, Neu-Strelitz 1796. (ND: Hildesheim 1969). [*GA* I/3, 235-271]
〔Friedrich Schlegel,〕 Rezensionen von *Philosophisches Journal*, hrsg.v. F.I.Niethammer, in: *ALZ* 1797, Nr. 90-92, Sp.713-733. [*KFSA* Ⅷ, 12-32]
Wilhelm Baum (hrsg.), *Friedrich Immanuel Niethammer. Korresponndennz mit dem Klagenfurter Herbert-Kreis*, Wien 1995.

〔二次文献〕

Richard Schottky, *Untersuchungen zur Geschichte der staatsphilosophischen Vertragstheorie im 17.und18. Jahrhundert*, Amsterdam-Atlanta 1995 (Fichte-Studien-Supplementa Bd.6).
Manfred Frank, Wechselgrundsatz.Friedrich Schlegeks philosophischer Ausgangspunkt, in : *Zeitschrift für philosophische Forschung* 50 (1996).
Guido Naschert, ‹Friedrich Schlegel ueber Wechselerweis und Ironie› in : *Athenäum. Jahrbuch für Romantik* 6 (1996) und 7 (1997).
Manfred Frank, ›*Unendliche Annäheung*‹. *Die Anfänge der philosophischen Frühromantik*, (bes.16.Vorlesung) Frankfurt a.M. 1997.
Birgit Rehme-Iffert, *Skepsis und Enthusianismus. Friedrich Schlegels philosophischer Grundgedanke zwischen 1796 und 1805*, Würzburg 2001.
Gunther Wenz, *Hegels Freund und Schillers Beistand. Friedrich Immanuel Niethammer*, Göttingen 2008.

第八章　「自然法」論の隆盛と「権利」概念の自立的根拠づけの進展

〔一次文献〕

Theodor Schmalz, *Das reine Naturrecht*, Königsberg 1792. Zweite, verbesserte Auflage, 1795.
Renatus Gotthelf Löbel, Ueber den Begriff und die Hauptgrundsätze des Rechts, in : *Philosophisches Journal*

für Moralität, Religion und Menschenwohl, 1793, Bd.3. St.2.

Karl Heinrich Heydenreich, *System des Naturrechts nach kritischen Prinzipien.Erster Theil*, Leipzig 1794. *Zweiter Theil*, Leipzig 1795 ［Aetas Kantiana 101 (1969)］.

Carl Christian Erhard Schmid, *Grundriß des Naturrechts. Für Vorlesungen*, Frankfurt und Leipzig 1795. ［Aetas Kantiana 233 (1973)］.

Paul Johann Anselm Feuerbach, Versuch uber den Begriff des Rechts, in: *PJ*, Bd.II. Heft.2, Neu-Streilitz 1795. ［ND:Hildesheim 1969］.

Paul Johann Anselm Feuerbach, *Kritik des natürlichen Rechts als Propädeutik zu einer Wissenschaft der natürlichen Rechte*, Altona 1796.

〔二次文献〕

Wolfgang Kersting, Die Unabhängigkeit des Rechts von der Moral (Einleitung), in: Jean- Christophe Merle (hrsg.), *Johann Gottlieb Fichte: Grundlage des Naturrechts* (Klassiker Auslegen 24), Berlin 2001, 2.Aufl. 2016.

第九章　フィヒテの『自然法の基礎』

〔一次文献〕

Johann Gottlieb Fichte, *Grundlage des Naturrechts nach Principien der Wissenschaftslehre*, Jena u. Leipzig 1796. (ND: PhB 256, 1979) ［*GA* I/3, 311-460］.

〔Johann Georg Heinrich Feder,〕 Rezension von *Grundlage des Naturrechts*,von J.G.Fichte,in: *Göttingische Anzeigen von gelehrten Sachen*. St.194, S.1929-1940. ［*FiR* 2, 43-51］

Johann Gottlieb Fichte, Annalen des philosophischen Tons, in:*PJ*, Bd.5, 1797, S.67-116 ［*GA* I/4, 283-322］.

〔Karl Leonhard Reinhold,〕 Rezension von *Grundlage des Naturrechts*, von J. G. Fichte, in: *ALZ* 1798, Nr. 351-354, Sp.449-480. ［*FiR* 2, 95-128］

〔二次文献〕

Rainer Zaczyk, Die Struktur des Rechtsverhältnisses (§§ 1-4) im Naturrecht Fichtes, in: M. Kahlo, E. A. Wolff und R. Zaczyk (hrsg.), *Fichtes Lehre vom Rechtsverhältnis. Die Deduktion der §§1-4 der Grundlage des Naturrechts und ihre Stellung in der Rechtsphilosophie*, Frankfurt a.M. 1992.

Michael Köhler, Zur Begründung des Rechtszwangs im Anschluß an Kant und Fichte, in: M.Kahlo, E. A. Wolff und R.Zaczyk (hrsg.), *Fichtes Lehre vom Rechtsverhältnis*, Frankfurt a.M. 1992.

Wolfgang Bartuschat, Zur Deduktion des Recht aus Vernunft bei Kant und Fichte, in: M. Kahlo, E. A. Wolff und R.Zaczyk (hrsg.), *Fichtes Lehre vom Rechtsverhältnis*, Frankfurt a.M. 1992.

Faustino Oncina Coves, Wahlverwandtschaften zwischen Fichtes, Maimons und Erhards Rechtslehre, in: *Fichte-Studien* Bd.11, Amsterdam-Atlanta 1997.

Jean-Christophe Merle (hrsg.), *Johann Gottlieb Fichte: Grundlage des Naturrechts* (Klassiker Auslegen 24), Berlin 2001, 2.Aufl. 2016.

Hansjürgen Verweyen, Rechtslehre und Ethik bei Fichte. Grundzüge und Aktualität, in :Hans Georg von Manz und Gunter Zöller (hrsg.), *Fichtes praktische Philosophie. Eine systematische Einführung*, Hildesheim・Zürich・New York 2006.

清水　満『フィヒテの社会哲学』九州大学出版会，二〇一三年.

高田　純『現代に生きるフィヒテ，フィヒテ実践哲学研究』行路社，二〇一七年.

第一〇章　カントの『人倫の形而上学』第一部「法論の形而上学的定礎」

〔一次文献〕

Immanuel Kant, *Grundlegung zur Metaphysik der Sitten*, Königsberg 1785 ［*KA* IV, 385-464］.

Immanuel Kant, *Kritik der praktischen Vernunft*, Königsberg 1788 ［*KA* V, 1-164］.

Immanuel Kant, *Metaphischische Anfangsgründe der Rechtslehre*, Königsberg 1797.（ND: Neu hrsg.v.Bernd Ludwig, PhB.Bd.360, 1986）［*KA* VI, 203-372］

〔Friedrich Bouterwek,〕Rezension von *Metaphischische Anfangsgründe der Rechtslehre*, von I. Kant, in: *Göttingische Anzeigen von gelehrten Sachen*, 28. St., S.265-276. ［*KA* XX, 445-453］.

〔Gottlieb Hufeland,〕Rezension von *Metaphischische Anfangsgründe der Rechtslehre*, von I. Kant, in: *ALZ* 1797, Nr.169-170, Sp.529-544.

〔Georg Ludwig Collins,〕Moralphilosophie nach den akad:Vorlesungen des Herrn Prof.Kant. ［*KA* XXVII,1, 237-473］

〔Johann Friedrich Vigilantius,〕Bemerkungen aus dem Vortrage des Herren Kant über Metaphysic der Sitten（Metaphysik der Sitten Vigilantius）. ［*KA* XXVII, 2.1, 475-732］

Peter Heath/J.B.Schneewind（ed.）, *Immanuel Kant. Lectures on ethics*, Cambridge UP 1997.

〔二次文献〕

Otfried Höffe（hrsg.）, *Immanuel Kant : Metaphysische Anfangsgrunde der Rechtslehre*（Klassiker Auslegen 19）, Berlin 1999.

Allen Wood, The Final Form of Kant's Practical Philosophy, in:Mark Timmons（ed.）, *Kant's Metaphysics of Morals. Interpretative Essays*, Oxford UP. 2002.

Paul Guyer, Kant's Deductions of the Principles of Right, in:Mark Timmons（ed.）, *Kant's Metaphysics of Morals. Interpretative Essays*, Oxford UP. 2002.

Marcus Willaschek, Which Imperatives for Right? On the Non-Prescriptive Character of Juridical Laws in Kant's Metaphysics of Morals, in:Mark Timmons（ed.）, *Kant's Metaphysics of Morals. Interpretative Essays*, Oxford UP. 2002.

Georg Geismann, Recht und Moral in der Philosophie Kants, in: *Jahrbuch für Recht und Ethik*, Bd. 14, Berlin 2006.

Hans Friedrich Fulda, Notwendigkeit des Rechts unter Voraussetzung des Kategorischen Imperatives der Sittlichkeit, in: *Jahrbuch für Recht und Ethik*, Bd. 14, Berlin 2006.

Regina Halzer, Über die Bedeutsamkeit des Kategorischen Imperativs für die Rechtslehre Kants, in: *Jahrbuch für Recht und Ethik*, Bd. 14, Berlin 2006.

Kristian Kühl, Zur Abgrenzung des Rechts von Sittlichkeit, guten Sitten und Tugend, in: *Jahrbuch für Recht und Ethik*, Bd. 14, Berlin 2006.

Reiner Zaczyk, Einheit des Grundes, Grund der Differenz von Moralität und Legalität, in: *Jahrbuch für Recht und Ethik*, Bd. 14, Berlin 2006.

Manfred Baum, Recht und Ethik in Kants praktischer Philosophie, in:Jürgen Stolzenberg（hrsg.）, *Kant in der Gegenwart*, Berlin 2007.

Wolfgang Kersting, *Wohlgeordenete Freiheit. Immanuel Kants Recht- und Staatsphilosophie*, 3. Aufl. Paderborn 2007.（船場保之・寺田俊郎監訳『自由の秩序』ミネルヴァ書房，二〇一三年）.

Wolfgang Bartuschat, Der moralische Begriff des Rechts in Kants Rechtstheorie, in: *Jahrbuch für Recht und Ethik*, Bd.16, Berlin 2008.

Marcus Willaschek, Right and Coercion : Can Kant's Conception of Right be Derived from his Moral Theory?

In: *International Journal of Philosophical Studies*, vol.17(1) 2009.

Lara Denis (ed.), *Kant's Metaphysics of Morals. A Critical Guide*, Cambridge UP 2010.

Micael Nance, Kantian Right and Categorical Imperative : Response to Willaschek, in: *International Journal of Philosophical Studies*, vol.20(4) 2012.

Marcus Willaschek, The Non-Derivability of Kantian Right from the Categorical Imperative : A Response to Nance, in: *International Journal of Philosophical Studies*, vol.20(4) 2012.

Lara Denis and Oliver Sensen (ed.), *Kant's Lectures on Ethics. A Critical Guide*, Cambridge UP 2015.

第一一章　ALZ 編集部と超越論的観念論および初期ロマン派との対立の先鋭化

〔一次文献〕

〔Anonymus,〕 Rezension von *Entwurf der Transzendental-Philosophie*, von J.G.Buhle, in: *Litteratur-Zeitung*, Erlangen 1799, Nr.8, Sp.57-62.

Immanuel Kant, Erklärung von 7ten August 1799, in: Intelligenzblatt der *ALZ* 1799, Nr.109, Sp. 876-878.

Friedrich Wilhelm Josef Schelling, Aus einem Privatschreiben Fichte's, betreffend Kant's Erklärung im Int.Bl. der A,L.Z d.J.No.109., in: Intelligenzblatt der *ALZ* 1799, Nr.122, Sp. 990- 992.

Friedrich Wilhelm Josef Schelling, *Ideen zu einer Philosophie der Natur*, Leipzig 1797. [*AA* I/5, 67-306].

〔Georg Simon Klugel,〕 Rezension von *Ideen zu einer Philosophie der Natur*, v.F.W.J.Schelling, in: *ALZ* 1799, Nr.316, Sp.25-30. [*Fambach*, 338-342]

〔Johann Benjamin Erhard,〕 Rezension von *Ideen zu einer Philosophie der Natur*, v.F.W.J.Schelling, in: *ALZ* 1799, Nr.317, Sp.33-38. . [*Fambach*, 342-346]

Friedrich Wilhelm Josef Schelling, Bitte an die Herausg. der A.L.Z., in: Intelligenzblatt der *ALZ*, 1799, Nr.142, Sp.1150-1151. [*Fambach*,350], [*AA* I/8, 139-142]

Christian Gottfried Schütz, Antwort der Herausgeber, in: Intelligenzblatt der *ALZ*, 1799, Nr. 142, Sp. 1151-1152. [*Fambach*, 351]

〔Ludwig Ferdinand Huber,〕 Rezension von *Vertraute Briefe von Adelheit B** an ihre Freudin Julie S***, in: *ALZ* 1799,Nr.343,Sp.246-248. [*Fambach*, 451-454]

August Wilhelm Schlegel, Abschied von die Alg.Lit.Zeitung, in:Intelligenzblatt der *ALZ*, 1799, Nr.145, Sp.1179. [*Fambach*, 454]

Christian Gottfried Schütz, Erlauterungen uber vorstehenden Abschied, in:Intelligenzblatt der *ALZ*, 1799, Nr. 145, Sp.1179-1184.

〔Ludwig Ferdinand Huber,〕 Rezension von *Athenaum*, hrsg.v. A. W. Schlegel u. F.Schlegel, in: *ALZ* 1799, Nr. 372, Sp.473-477. [*Fambach*, 471-475]

〔Ludwig Ferdinand Huber,〕 Rezension von Der hyperboreeischte Esel, oder die heutige Bildung, von A.v. Kotzebue, in: *ALZ* 1799, Nr.415, Sp.822-824.

Friedrich Wilhelm Josef Schelling, Anhang zu dem voranstehenden Aufsatz, betereffend zwei naturphilosophische Recensionen und die Jenaische Allgemeine Literaturzeitung vom Herausgeber, in: *Zeitschrift fur spekulative Physik*, Bd.1, H.1, Jena u. Leipzig 1800, 49-99. [*Fambach*, 352-370] , [*AA* I/8, 241-271].

Christian Gottfried Schütz, Vertheidigubg gegen Hn.Prof.Schellings sehr unlautere Erklärungen über die A.L. Z., in: Intelligenzblatt der *ALZ*, 17800, Nr.57, Sp.465-480.und Nr.62, Sp.513-520. [*Fambach*, 371-384, 385-391]

Oscar Fambach, *Ein Jahrhundert Deutscher Literaturkritik* (*1750-1850*), *Bd. IV. Das Grosse Jahrzehnt* (*1796-1805*) Berlin 1958.

〔二次文献〕

Manfred Durner, Editorischer Bericht, in:M.Durner (hrsg.), *AA* I/5 (3-58), Stuttgart 1994.

Manfred Durner, Georg Simon Klügel als Rezensent von Schellings *Ideen zu einer Philosophie der Natur* (1797), in: *Archiv für Gesichte der Philosophie*, Bd.81, Berlin/New York 1999.

Manfred Durner, Editorischer Bericht , in: *AA* I/8 (129-137 u. 213-237), Stuttgart 2004.

幕間Ⅳ　ALZ「哲学欄」の総括的特徴

Diethelm Klippel, *Naturrecht und Rechtsphilosophie im 19. Jahrhundert. Eine Bibliographie, 1780 bis 1850*, Tübingen 2012.

第一二章　ALZ 最終局面でのラインホルト批判，フィヒテ批判，シェリング批判

〔一次文献〕

Karl Leonhard Reinhold (hrsg.), *Beyträge zur leichtern Uebersicht des Zustandes der Philosophie beym Anfange des 19. Jahrhunderts*, Heft 1.～4., Hamburg 1801f.

Friedrich Wilhelm Josef Schelling, Darstellung meines Systems der Philosophie, in: *Zeiitschrift für spekulative Physik*, Zweiten Bandes Zweites Heft, Jena und Leipzig 1801. [*AA* I/10,109-211].

〔Anonymus,〕 Rezension von *Beyträge zur leichtern Uebersicht des Zustandes der Philosophie beym Anfange des 19.Jahrhunderts*, in: *ALZ* 1802, Nr.235-237, Sp.401-424.

Jakob Fries, *Reinhold, Fichte und Schelling*, Leipzig 1803.

〔Anonymus,〕 Rezension von *Reinhold, Fichte und Schelling*, von J.Fries, in: *ALZ* 1803, Nr.320-321, Sp. 353-364.

Friedrich Köppen, *Schellings Lehre, oder das Ganze der Philosophie des absoluten Nichts*, Hamburg 1803.

〔Anonymus,〕 Rezension von *Schellings Lehre, oder das Ganze der Philosophie des absoluten Nichts*, von F. Köppen, in: *ALZ* 1803, Nr.322-323, Sp. 369-378.

〔二次文献〕

Manfred Durner, Editorischer Bericht, in: M.Durner (hrsg.), *AA* I/10 (3-76), Stuttgart 2009.

Xavier Tilliette, Untersuchungen uber die intellektuelle Anschauung von Kant bis Hegel, Stuttgart- Bad Cannstatt 2015.

資料

資料１　ALZ に掲載されたイェーナ大学の哲学関連講義予告一覧（1788～1803 年）

【凡例】

① 下記の講義予告は，正式の講義予告（これはラテン語で書かれ，もっと記述が豊富である）を ALZ の編集部が簡略化して，以下に表記した Intelligenzblatt の各号に掲載したものである．

② 講義者の大学内の身分は，「私講師（Privatdozent）」，「助手（Adjunkt）」，「員外教授（ausserordentlicher Professor）」，「正教授（ordentlicher Professor）」であるが，ALZ の記事では，「学士（Magister）」，「博士（Doktor）」，「助手」，「教授」，「宮廷顧問官（Hofrat）」等の肩書で記載されている．

③ 講義一覧の記事は，1788 年度では「神学」，「法学」，「医学」，「哲学」のほか，「数学」，「博物学」，「歴史と地理」，「文献学」，「近代語」，「自由学芸」に分類されていたが，その分類が年度を追って細分化されていく．以下に掲載しているのは，それらのうちの「哲学」の項に掲載された記事だけである．

④ 以下に挙げた科目がすべて実際に行われた保証はない．聴講者が集まらない等の理由で，予告されただけで実施されなかった講義もあるからである．

⑤ ＊や（　）内に数字を記した注記，および〔　〕内の表記は原文にはなく，訳者が補ったものである．

⑥【　】内の記入事項は，各「教本」が ALZ の指示された号で書評されていることを示している．

○ 1788 夏学期〔Intelligenzblatt der ALZ, 1788, Nr.16, 17 に掲載〕

純粋理性批判：ラインホルト教授（1）（私的講義）

カント哲学全般：ウルリッヒ宮廷顧問官（2）（毎週３時間，夕方６時に）

論理学および形而上学：ヘニングス宮廷顧問官（3）（彼の教本（4）に沿って，３時に）

論理学および形而上学：ウルリッヒ宮廷顧問官（彼の教本（5）に沿って）

論理学および形而上学：ラインホルト教授（プラットナーの「箴言集（6）」に沿って）

実践的論理学：テンネマン学士（7）（口述による）〔後の号に追加記載〕

美学：ウルリッヒ宮廷顧問官（エッシェンブルク（8）に沿って）

美学：ラインホルト教授（エーベルハルトの教本（9）に沿って，４時に）

自然法および国際法：ヘニングス宮廷顧問官（ヘプナーの教本（10）に沿って 10 時に）

自然法および国際法：ウルリッヒ宮廷顧問官（彼の教本（11）に沿って）

哲学的道徳学：ヘニングス宮廷顧問官（彼の教本（12）に沿って）

哲学的道徳学：ウルリッヒ宮廷顧問官（自然学と結び付けて，彼の教本（13）に沿って）

道徳学の第一根本命題：シュミート学士（14）

人間学および自然神学：ヘニングス宮廷顧問官（公的講義）〔後の号に追加記載〕

哲学史序論：ウルリッヒ宮廷顧問官（火曜日と木曜日，６－７時）〔追加記載〕

教育学：シュッツ教授（15）

討論演習：ウルリッヒ宮廷顧問官（土曜日，２－３時）〔後の号に追加記載〕

（１） Karl Leonhard Reinhold（1757-1823）．1787 年冬学期から 1793 年冬学期までの 13 学期の間，員外教授として「批判哲学」，「論理学および形而上学」，「美学」，「哲学史」などを講じる．1794 年にキールの哲学正教授に転進．その「後任」がフィヒテである．

（２） Justus Christian Hennings（1731-1815）．1764 年に員外教授，1765 年から実践哲学部門の正教授，1782 年以降は理論哲学部門の正教授に移る．彼は亡くなった年まで 50 年間正教授の地位を占め続けた．1783 年以降，ザクセン-コーブルクの宮廷顧問官．

（3） Johann August Heinrich Ulrich（1746-1813）. 1776年から特別な肩書の員外教授，1783年から亡くなった年まで実践哲学部門の正教授. ザクセン-コーブルク，ザクセン-マイニンゲンの宮廷顧問官.

（4） おそらく『理論哲学の批判的—歴史的教本（Kritische-Historische Lehrbuch der theoretischen Philosophie)』（Leipzig 初版 1774）のいずれかの重版のこと.

（5）『論理学および形而上学教程（Instituones Logicae et Metaphysicae)』初版（Jena 1785）【vgl. ALZ 1785, Nr.295】.

（6） Ernst Plattner『哲学的箴言集（Philosophische Aphorismen)』第1巻の改訂新版（Leipzig 1784—初版は 1776）【vgl. ALZ 1785 Nr.208b ; 1794 Nr.379, 380 ; 1802 Nr.170, 171)】.

（7） Wilhelm Gottlieb Tennemann（1761-1819）. 1790年夏学期まで私講師，1798年には員外教授になる. 同年から大著『哲学の歴史』を公刊し始め，1804年からは，ティーデマンの後任としてマールブルクの正教授となる.「幕間Ⅲの4の（1）」参照.

（8） Johann Joachim Eschenburg『美的諸学の理論と文献の構想（Entwurf einer Theorie und Literatur der schönen Wissenschaften)』（Berlin 1783）.

（9） Johann August Eberhard『思惟と感覚の一般理論（Allgemeine Theorie des Denkens und Empfindens)』（改訂新版：Berlin 1786，初版：1776）【vgl. ALZ 1787, Nr.294b】.

（10） Ludwig Julius Friedrich Höpfner（1743-1797）. 1771年以降ギーセンの自然法・法制史の正教授.「教本」とはおそらく『個人と社会と諸国民の自然法（Naturrecht des einzelnen Menschen, der Gesellschaften und der Völker』（改定第三版，Giessen 1787）のこと【vgl. ALZ 1788, Nr.197a】.

（11）『法の哲学の基礎，すなわち自然法，社会法，万民法（Initia philosophiae justi seu iuris naturaesocialis et gentium)』（初版 1781），あるいはそのいずれかの重版.

（12） おそらく『理性の道徳論（Sittenlehre der Vernunft)』（Altenburg 1782）のこと.

（13）『道徳学入門，講義用（Einleitung zur Moral, zum Gebrauch der Vorlesungen)』（Jena 1789）のことか.

（14） Karl Christian Erhard Schmid（1761-1812）. 彼は1785年からイェーナで私講師として講義を始め，この年の冬学期にドイツでも最初の本格的な「カント講義」をおこなった. その後助手になったが，1791年にはギーセンの哲学正教授に招かれた. 1793年には員外教授としてイェーナにもどり，1798年以降は神学部の教授となる. この間彼は，哲学部，神学部で多数の講義をし，数多くの教本を書いた. Schmid については，本書の第三章第四節，第四章第三節2，第七章第三節参照.

（15） Christian Gottfried Schütz（1742-1832）. 1779年にハレからイェーナの詩学・修辞学の教授に転進. 主として「文献学」に分類されている科目を講じた. ALZ の共同発起人にして編集長としての彼の功績については，本書の第一章第二節を参照.

○ 1788/89 冬学期〔Intelligenzblatt der ALZ, 1788, Nr.52 に掲載〕

エンツィクロペディ全般：シュッツ教授（彼が編纂した教本（1）に沿って，5時に）

純粋理性批判：ラインホルト顧問官（私的講義）

論理学および形而上学：ヘニングス宮廷顧問官（彼の教本に沿って，3時に）

論理学および形而上学：ウルリッヒ宮廷顧問官（彼の教本に沿って）

論理学および形而上学：ラインホルト顧問官（口述による）

論理学：グロッシュ助手（2）（3時に）

形而上学：グロッシュ助手（ベーム（3）に沿って，6時に）

形而上学：経済顧問官シュトゥンプ（4）

自然神学：ヘニングス宮廷顧問官

自然神学：ウルリッヒ宮廷顧問官（公的講義）

魂の不死論について：テンネマン学士（無料講義）

自由と奇跡について：ウルリッヒ宮廷顧問官（公的講義，休暇中に）

自然法：ヘニングス宮廷顧問官（ヘプナーに沿って，10時頃）

自然法：ウルリッヒ宮廷顧問官（彼の教本に沿って）

自然法：フーフェラント教授(5)（口述による）

ヴォルフについて：グロッシュ助手

道徳と怜悧一般の理論：ヘニングス宮廷顧問官（彼の教本に沿って，4時に）

実践哲学一般と政治学：ウルリッヒ宮廷顧問官（前者は彼の教本に沿って，8時に）

経験的霊魂論：シュミート助手（自分の原則に沿って，5時に）

哲学的人間学：ウルリッヒ宮廷顧問官（週3時間，6時に）

美学：ラインホルト顧問官（4時頃，エーベルハルトに沿って）

哲学史：ウルリッヒ宮廷顧問官（マイネルス(6)に沿って，4時頃）

文学史：シュッツ教授（公的講義，6時頃）

哲学討論演習：ウルリッヒ宮廷顧問官（毎週土曜日，2時）

（1） カント哲学に準拠して編まれ，学生用に千部発行された『哲学部に属する諸学問，それらの最終目的，重要性，研究に関する指導書（Anweisung die zur philosophischen Facultat gehörigen Wissenschaften und deren Entzweck, Wichtigkeit und Studium betreffend)』（Jena 1785）のことか．

（2） Johann Andreas Grosch（1717-1796）．この時点でかなり高齢であるが，カント哲学に関する講義を何度か告示している．

（3） 不詳．

（4） 不詳．

（5） Gottlieb Hufeland（1760-1817）．1788年からイェーナの法学部の員外教授，1793年から正教授．カント派の法学者であり，シュッツとともにALZの共同編集者．彼のほとんどの講義は法学部でおこなわれている．

（6） Christop Meiners（1747-1818）．1775年以降ゲッチンゲンの哲学正教授．彼とフェーダーが編集した『哲学叢書』は経験論的な通俗哲学派の機関誌である．教本として使用されたのはおそらく『哲学史要綱（Grundriß der Geschichte der Weltweisheit)』（Lemgo 1786）【vgl. ALZ 1787, Nr73, 74, 74b】.

○1789夏学期〔Intelligenzblatt der ALZ, 1789, Nr.56に掲載〕

純粋理性批判：ラインホルト顧問官（『人間の表象能力の新理論試論(1)』に沿って）

論理学および形而上学：ウルリッヒ宮廷顧問官

論理学および形而上学：ラインホルト顧問官

論理学および形而上学：テンネマン学士

心理学：ヘニングス宮廷顧問官（公的講義）

自然法および国際法：ヘニングス宮廷顧問官（ヘプナーに沿って）

自然法および国際法：ウルリッヒ宮廷顧問官（彼の教本に沿って）

自然法および国際法：フーフェラント教授（口述）

哲学的道徳学：ヘニングス宮廷顧問官

哲学的道徳学：ウルリッヒ宮廷顧問官

哲学的道徳学：シュミート助手

美学：ラインホルト顧問官（エーベルハルトに沿って）

（1） Versuch einer neuen Theorie des menschlichen Vorstellungsvermögens（Prag u.Jena 1789）

○ 1789/90 冬学期〔Intelligenzblatt der ALZ, 1789, Nr.117. Sonnabends den 3 .October に掲載〕

純粋理性批判：ラインホルト顧問官（彼の『人間の表象能力の新理論試論』に沿って）

論理学および形而上学：ヘニングス宮廷顧問官

論理学および形而上学：ウルリッヒ宮廷顧問官（彼の教本に沿って）

論理学および形而上学：ラインホルト顧問官（口述）

道徳学：ヘニングス宮廷顧問官（彼の教本に沿って）

道徳学，政治学と結びつけて：ウルリッヒ宮廷顧問官（彼の教本（1）に沿って）

道徳学：シュミート助手（彼の教本（2）に沿って）

教育学：テンネマン学士（トラップ（3）に沿って）

自然法：ヘニングス宮廷顧問官（ヘプナーに沿って）

自然法：ウルリッヒ宮廷顧問官（彼のハンドブックに沿って）

自然法：フーフェラント教授（口述）

自然神学：ウルリッヒ宮廷顧官（公的講義）

物理学：官房顧問官ズッコウ（4）（彼の教本について）

経験的心理学：シュミート助手（彼自身の教本（5）に沿って）

哲学的人間学：ウルリッヒ宮廷顧官（口述に沿って）

哲学史：ウルリッヒ宮廷顧官（マイネルスに沿って）

哲学史：ラインホルト顧問官（自分自身の諸命題に沿って）

古代哲学史：パウルス教授（6）（ゲディッケ（7）に沿って）

哲学討論演習：ウルリッヒ宮廷顧問官

（1）『道徳学入門，講義用（Einleitung zur Moral, zum Gebrauch der Vorlesungen)』(Jena 1789).

（2） おそらく『純粋理性批判要綱，講義用（Critik der reinen Vernunft im Grundriß zu Vorlesungen)』第二版（Jena 1788）のこと【vgl. ALZ 1788, Nr.253】. この第二版は，表題にもかかわらず，『実践理性批判』も取り入れ，援用している.

（3） Ernst Christian Trapp（1745-1818）. 1778 年からハレの教育学の初代教授. ニコライの『ドイツ百科叢書』の有力な書評者でもあった. 教本として使われたのは，おそらく『教育学試論（Versuch einer Pädagogik)』(1780).

（4） Lorenz Johann Daniel Suckow（1722-1801）. 1756 年からイェーナ大学哲学部の物理学・数学正教授. 生年から分るように，哲学部では長い間最長老の正教授であった.

（5）『経験的心理学（Empirische Psychologie)』初版（Jena 1791）【vgl. ALZ 1792, Nr.86-87】の元になった原稿のことか.

（6） Heinrich Eberhard Gottlob Paulus（1761-1851）. 1789 年からイェーナ大学哲学部の東洋語の正教授，1793 年には神学部正教授になる. 彼の講義の多くは当然神学部の科目であった.

（7） Friedrich Gedike（1754-1803）. 神学者，教育学者. 1783 年以降，ビースターとともに『ベルリン月報』の編集に携わる. ラテン語の教本類を多く書いているが，「古代哲学史」の教本として使用されたものは不詳.

○ 1790 夏学期〔Intelligenzblatt der ALZ, 1790, Nr.45.Sonnabends den 10.April に掲載〕

論理学および形而上学：ヘニングス宮廷顧問官（彼の教本に沿って）

論理学および形而上学：ウルリッヒ宮廷顧問官（彼の教本に沿って）

論理学および形而上学：ラインホルト顧問官（口述）

自著『自由論（Eleutheriologie（1））』について：ウルリッヒ宮廷顧問官（休暇中に）

道徳学，政治学と結びつけて：ヘニングス宮廷顧問官

道徳学，キケロの友情論と結びつけて：ウルリッヒ宮廷顧問官（公的講義）

道徳学：シュミート助手（彼の教本（2）に沿って）

自然法：ヘニングス宮廷顧問官（ヘプナーに沿って）

自然法：ウルリッヒ宮廷顧問官（彼の教本に沿って）

自然法：フーフェラント教授（彼の教本（3）に沿って）

哲学的人間学，すなわち心理学：ヘニングス宮廷顧問官

国政学：フーフェラント教授

美学：ウルリッヒ宮廷顧問（エッシェンブルクに沿って）

美学：ラインホルト顧問官（エーベルハルトに沿って）

悲劇論：シラー宮廷顧問官

自然神学：シュミート助手（公的講義）

討論演習：ウルリッヒ宮廷顧問官

教育学：シュッツ宮廷顧問官

教育学：テンネマン学士（トラップに沿って）

（1）『自由論，すなわち自由と必然性について（Eleutheriologie oder über Freyheit und Notwendigkeit）』（Jena 1788）【vgl. ALZ 1788, Nr.100】．ウルリッヒはこの著で「意志決定論」の立場から，ライプニッツ的決定論とカントの自由論が両立しうることを主張している．第三章第四節 2 参照．

（2） 前掲の『純粋理性批判要綱，講義用』第二版か，あるいは『道徳哲学の試論（Versuch einer Moral-philosophie』初版（Jena 1790）【vgl. ALZ 1791, Nr.108】．

（3）『自然法の原則についての試論（Versuch über den Grundsatz des Naturrechts）』（Leipzig 1785）【vgl. ALZ 1786, Nr.92】か，あるいは『自然法の諸定理およびそれと結合した諸学問の諸定理（Lehrsätze des Naturrechts und der damit verbundenen Wissenschaften）』（Jena 1790）【vgl. ALZ 1792, Nr. 236-237】．

○ 1790/91 冬学期〔Intelligenzblatt der ALZ, 1790, Nr.121. Sonnabends den 25.September に掲載〕

純粋理性批判*：ラインホルト顧問官（彼の『人間の表象能力の新論試論』に沿って）

論理学および形而上学：ヘニングス宮廷顧問官（彼の教本に沿って）

論理学および形而上学：ウルリッヒ宮廷顧問官（彼の教本に沿って）

論理学および形而上学：ラインホルト顧問官（口述）

道徳学，政治学と結びつけて：ヘニングス宮廷顧問官（彼の教本に沿って）

道徳学，政治学と結びつけて：ウルリッヒ宮廷顧問官（彼の教本（1）に沿って）

道徳学：シュミート助手（彼の教本（2）に沿って）

自然法：ヘニングス宮廷顧問官（ヘプナーに沿って）

自然法：ウルリッヒ宮廷顧問官（彼の教本に沿って）

自然法：フーフェラント教授（彼の教本に沿って）

経験的心理学：シュミート助手

哲学的人間学：ヘニングス宮廷顧問官

哲学的人間学：ウルリッヒ宮廷顧問官

自然神学：ウルリッヒ宮廷顧問官（公的講義）

哲学史：ラインホルト顧問官（自分自身の諸命題に沿って）

討論演習：ウルリッヒ宮廷顧問官

＊ ラインホルトがバーゲッセンに報告しているところでは，この講義の聴講者は97人であった（1791年4月15日付書簡）．カントへの報告では95人（*KA* XI, 411）．

（1）『道徳学序論，講義用（Einleitung zur Moral, zum Gebrauch der Vorlesungen』（Jena 1789）．

（2） 教本として編まれた『道徳学要綱（Grundriss der Maralphilosophie)』（Jena 1793）はこの時点ではまだ出版されていないから，『道徳哲学試論（Versuch einer Moralphilosophie)』初版（Jena 1790）のことか．

○ 1791 夏学期〔Intelligenzblatt der ALZ, 1791, Nr.48.Mittwochs den 13. April に掲載〕

論理学および形而上学：ヘニングス宮廷顧問官（彼の教本に沿って）

論理学および形而上学：ウルリッヒ宮廷顧問官（彼の教本に沿って）

論理学および形而上学*：ラインホルト顧問官（口述）

批判哲学の最重要な対象について：ウルリッヒ宮廷顧問官

道徳学，政治学と結びつけて：ヘニングス宮廷顧問官（彼の教本に沿って）

道徳学，政治学と結びつけて：ウルリッヒ宮廷顧問官（彼の教本に沿って）

道徳学：シュミート助手（彼の教本に沿って）

自然法：ヘニングス宮廷顧問官（彼の教本に沿って）

自然法：ウルリッヒ宮廷顧問官（彼の教本に沿って）

自然法：フーフェラント教授（彼の教本に沿って）

人間学，すなわち経験的心理学：シュミート助手（教本(1)に沿って）

美学：ウルリッヒ宮廷顧問官（エッシェンブルクに沿って）

美学**：ラインホルト顧問官（自分自身の諸命題に沿って）

笑うべきことについて：シュッツ宮廷顧問官（キケロの「弁論家について」L. II.c.54-72を手引きとして）

自然神学：シュミート助手

哲学史：ウルリッヒ宮廷顧問官（マイネルスに沿って）

抗弁のための術：ウルリッヒ宮廷顧問官（休暇中に）

討論演習：ウルリッヒ宮廷顧問官

＊ ラインホルトがバーゲッセンに報告しているところでは，この講義の聴講者は180人であった（1791年6月4日付書簡）．

＊＊ 同上の書簡での報告によれば，この講義の聴講者は98人であった．

（1）『経験的心理学（Empirische Psychologie)』初版（Jena 1791）【vgl. ALZ 1792, Nr.86-87】．

○ 1791/92 冬学期〔Intelligenzblatt der ALZ, 1791, Nr.116.Sonnabends den 24. September に掲載〕

批判的根元哲学*：ラインホルト顧問官（彼の『人間の表象能力の新理論試論』およびカントの『純粋理性批判』に沿って）

論理学および形而上学：ヘニングス宮廷顧問官（彼の教本に沿って）

論理学および形而上学：ウルリッヒ宮廷顧問官（彼の教本に沿って）

論理学および形而上学：ラインホルト顧問官（口述）

道徳学および政治学：ヘニングス宮廷顧問官（彼の教本に沿って）

道徳学および政治学：ウルリッヒ宮廷顧問官（彼の教本に沿って）

道徳学：テンネマン学士

道徳学：フォアベルク学士[(1)]（シュミート[(2)]に沿って）
自然法：ヘニングス宮廷顧問官（ヘプナーに沿って）
自然法：ウルリッヒ宮廷顧問官（彼の教本に沿って）
自然法：フーフェラント教授（彼の教本に沿って）
哲学的人間学：ヘニングス宮廷顧問官
哲学的人間学，自然神学とともに：ウルリッヒ宮廷顧問官（彼の教本[(3)]に沿って）
哲学史：ラインホルト顧問官
討論演習：ウルリッヒ宮廷顧問官
討論演習：テンネマン学士

＊　ラインホルトからカント宛の書簡（1793年1月21日付書簡）での報告によれば，この講義の聴講者は107人.

（1）　Friedrich Carl Vorberg（1770-1848）. 1791年冬学期から私講師として，1793年冬学期からは助手として講義をする．彼はこの当時，ラインホルト学徒であったが，1794年，フィヒテの登場とともにフィヒテの立場に接近した．彼の論文「宗教の概念の発展」（1798）は，間接的にフィヒテに対する「無神論論争」をひき起こすことになる．「幕間IIIの4の（2）」参照.

（2）『道徳哲学試論（Versuch einer Moralphilosophie)』初版（Jena 1790）

（3）　おそらく『神的本性についての哲学的原理，すなわち合理的神学の原理（Initia Philosophiae de Natura Devina s. Theologicae Rationalis)』（Jena 1788）.

○1792夏学期〔Intelligenzblatt der ALZ, 1792, Nr.48. Mittwochs den 18. April に掲載〕

哲学のエンツィクロペディ：キルステン学士[(1)]
論理学および形而上学：ヘニングス宮廷大顧問官（彼の教本に沿って）
論理学および形而上学：ウルリッヒ宮廷顧問官（彼の教本に沿って）
論理学および形而上学：ラインホルト顧問官（口述）
道徳学，政治学と結びつけて：ヘニングス宮廷大顧問官
道徳学，政治学と結びつけて：ウルリッヒ宮廷顧問官
道徳学：フォアベルク学士（シュミートに沿って）
自然法：ヘニングス宮廷顧問官（ヘプナーに沿って）
自然法：ウルリッヒ宮廷顧問官（彼の要約に沿って）
自然法：フーフェラント教授（彼の教本に沿って）
哲学的人間学あるいは心理学および霊魂論：ヘニングス宮廷顧問官（公的講義）
美学：ラインホルト顧問官
自然神学：フォアベルク学士
自然神学：ニートハンマー学士[(2)]〔無料講義〕
自由論：ウルリッヒ宮廷顧問官（休暇中に彼の教本に沿って）
討論演習：ウルリッヒ宮廷顧問官
討論演習：フォアベルク学士

（1）　Johann Friedrich Ernst Kirsten（1768-1821）. 1792年夏学期から5学期を私講師として，1794年冬学期から18学期を助手として，さまざまな興味深いテーマを長きにわたって講義した．彼の立場は，いくつかの講義科目名が示しているように懐疑論に近かったといわれている.

（2）　Friedrich Immanuel Niethammer（1766-1848）. 彼は1790年の春，ラインホルトのもとでカント哲学を学ぶために，チュービンゲンからイェーナに来た．この時期，彼はラインホルトサークルの中心人

物であったが，少し後には，ラインホルトの「根本命題―哲学」への懐疑，批判的サークルの中心でもあった．1792年に私講師，次の学期からは助手として4学期間講義をし，1793年には員外教授になった．彼はまた，1795年から『ドイツ学識者協会の哲学雑誌』を創刊・編集した（本書第七章第一節参照）．1798年から神学部の員外教授となってからも，哲学部の講義も続け，1804年にヴュルツベルクの神学正教授に迎えられイェーナを去るまで，12年間24学期にわたってイェーナで講義した．

○ 1792/93冬学期〔Intelligenzblatt der ALZ, 1792, Nr.117. Sonnabends den 29ten September に掲載〕

哲学のエンツィクロペディ：キルステン学士
純粋理性批判*：ラインホルト顧問官（彼の『表象能力の新理論試論』とカントの『純粋理性批判』に沿って）
論理学および形而上学：ヘニングス宮廷大顧問官
論理学および形而上学：ウルリッヒ宮廷顧問官
論理学および形而上学：ラインホルト顧問官
実践理性批判：ニートハンマー助手（カントに沿って）
道徳学：フォアベルク学士（シュミートに沿って）
自然神学と人間学：ウルリッヒ宮廷顧問官
自然神学と人間学：フォアベルク学士
神と世界についてのスピノザの教説：キルステン学士（公的講義）
自然法：ヘニングス宮廷大顧問官（彼の教本に沿って）
自然法：ウルリッヒ宮廷顧問官（彼の要約に沿って）
自然法：フーフェラント教授（彼の教本に沿って）
経験的心理学：ヘニングス宮廷大顧問官（公的講義）
経験的心理学：テンネマン学士
経験的心理学：キルステン学士（シュミート(1)に沿って）
美学：シラー宮廷顧問官（私的講義）
哲学史：ウルリッヒ宮廷顧問官
哲学史：ラインホルト顧問官
討論演習：フォアベルク学士
討論演習：ツォルベ（Czolbe）学士(2)
教育学：シュッツ宮廷顧問官
大学で学ぶための心構え：シュッツ宮廷顧問官（公的講義）

* ラインホルトからカント宛の書簡（1793年1月21日付書簡）での報告によれば，この講義の聴講者は158人であった．

（1）『経験的心理学（Empirische Psychologie）』（Jena 1791）【vgl. ALZ 1792, Nr.86-87】.

（2） 不詳.

○ 1793夏学期〔Intelligenzblatt der ALZ, 1793, Nr.28. Mittwochs den 27ten März に掲載〕

哲学のエンツィクロペディ：キルステン学士
論理学および形而上学：ヘニングス宮廷顧問官（彼の教本に沿って）
論理学および形而上学：ウルリッヒ宮廷顧問官（彼の教本に沿って）
論理学および形而上学：ラインホルト顧問官（口述）

道徳学，政治学と結びつけて：ウルリッヒ宮廷顧問官（彼の教本に沿って）
道徳学：ニートハンマー助手（シュミートに沿って）
経験的心理学：キルステン学士（シュミートに沿って）
自然法：ヘニングス宮廷顧問官
自然法：ウルリッヒ宮廷顧問官
美学：ウルリッヒ宮廷顧問官（彼の諸命題に沿って）
美学：ラインホルト顧問官（口述）
美学：シラー宮廷顧問官
「判断力批判」の最も重要な教説:フォアベルク学士（公的講義）
自然神学：フォアベルク学士（カントに沿って）
デカルト，ライプニッツ，カント哲学の歴史：シュッツ宮廷顧問官（公的講義）
奇跡と予言について：ウルリッヒ宮廷顧問官（休暇中に）
討論演習：ウルリッヒ宮廷顧問官

○ 1793/94 冬学期〔Intelligenzblatt der ALZ, 1793, Nr.92. Mittwochs 4ten September に掲載〕
哲学のエンツィクロペディ：キルステン助手
純粋理性批判：ラインホルト顧問官（彼の「表象能力の新理論試論」とカントの「純粋理性批判」に沿って）
論理学および形而上学：ヘニングス宮廷顧問官
論理学および形而上学：ウルリッヒ宮廷顧問官
論理学および形而上学：ラインホルト顧問官
自由論：ウルリッヒ宮廷顧問官（休暇中に）
純粋論理学と応用論理学：シュミート教授（1）
実践理性批判：ニートハンマー助手（カントに沿って）
哲学的道徳学：シュミート教授（彼の教本（2）に沿って）
哲学的道徳学：ニートハンマー助手（彼の口述に沿って）
自然神学：ウルリッヒ宮廷顧問官（公的講義）
哲学的人間学：ウルリッヒ宮廷顧問官
哲学的人間学：フォアベルク助手
自然法：ヘニングス宮廷顧問官（ヘプナーに沿って）
自然法：ウルリッヒ宮廷顧問官（彼の要約に沿って）
自然法：フーフェラント教授（彼の教本に沿って）
経験的心理学：ヘニングス宮廷顧問官
経験的心理学：シュミート教授（彼の教本に沿って）
哲学史：ウルリッヒ宮廷顧問官
哲学史：ラインホルト顧問官
教育学：シュッツ宮廷顧問官
討論演習：ウルリッヒ宮廷顧問官

（1） ギーセンの正教授であったシュミートは当地で或る論文のために無神論の嫌疑をかけられ，ギーセンにとどまることが困難になった．ワイマール宮廷のお気に入りであった彼は，フォイクトなどの尽力で特別な正教授（Extra ordinarius）として，イェーナに戻った．

（2）『道徳哲学要綱（Grundriß der Moralphilosophie）』（Jena 1793）【vgl. ALZ 1794, Nr.187】．これは，大著に膨れ上がった『道徳哲学試論』【vgl. ALZ 1791, Nr.108;1795, Nr.134; 1796, Nr.315;1803, Nr.5】を改め

て講義用に，抜粋・編纂したものである．

○ 1794 夏学期〔Intelligenzblatt der ALZ, 1794, Nr.34. Sonnabends 12ten April に掲載〕

哲学のエンツィクロペディ：キルステン助手（口述による）

理論哲学*：フィヒテ教授（1）

論理学：シュミート教授（口述による）

論理学：ホイジンガー学士（2）（口述による）

論理学および形而上学：ヘニングス宮廷顧問官（彼の教本に沿って）

論理学および形而上学：ウルリッヒ宮廷顧問官（彼の教本に沿って）

論理学および形而上学：ニートハンマー教授（口述による）

論理学および形而上学：フォアベルク助手（口述による）

形而上学：シュミート教授（口述による）

経験的心理学：ヘニングス宮廷顧問官

実践哲学一般：フィヒテ教授

学者の義務（3）：フィヒテ教授（公的講義）

哲学的道徳学，政治学と結びつけて：ウルリッヒ宮廷顧問官（彼の教本に沿って）

哲学的道徳学**：ニートハンマー教授

道徳と自然法：ヘーデリッヒ学士（4）

意思の自由論：フォアベルク助手（無料講義）

自然法：ヘニングス宮廷顧問官（ヘプナーに沿って）

自然法：ウルリッヒ宮廷顧問官（彼の教本に沿って）

自然法：シュミート教授（ホフバウアー（5）に沿って）

政治学：フーフェラント教授（口述による）

教育学：キルステン助手

ギリシャ哲学史：テンネマン助手（口述による）

美学：ウルリッヒ宮廷顧問官（エッシェンブルク（6）に沿って）

美学：ホイジンガー学士（口述による）

カントに特有の諸命題について：ウルリッヒ宮廷顧問官（公的講義）

カントの「単なる理性の限界内における宗教」について：ヘーデリッヒ学士とホイジンガー学士（無料講義）

討論演習：ウルリッヒ宮廷顧問官

*　この講義の聴講予約者が 26 人であったことをフィヒテは嘆いている

**　この講義の聴講予約者は 8 人にすぎず，開講できなかった．

（1）　フィヒテは，キールに去ったラインホルトの後任として，この学期からイェーナで講義を始めた．この「理論哲学」講義は，『全知識学の基礎』の印刷全紙を配布して（6 月 14 日から）行われた．これ以降，「無神論事件」でイェーナを追われるまで，10 学期間講義をした．

（2）　Johann Heinrich Gottlieb Heusinger（1766-1837）．1787 年からイェーナで最初は神学を，次に哲学を学び，その後一時各地で家庭教師をしていたが，1794 年夏学期から私講師として「論理学」，「美学」，「教育学」講義をしている．彼がイェーナの哲学部で講義資格を得たのは 1795 年である．1796 年には員外教授の申請をするがかなわなかった．

（3）　この講義で，フィヒテが政治的に不穏当な発言をしているとの噂が大きな問題になり，この嫌疑を晴らすために，彼は講義中の言葉を「一言一句変えず」1794 年中に，その最初の五講分を『学者の使命に関するいくつかの講義』【vgl. ALZ 1795, Nr.224】として出版した．この講義の最初の部分の内容は，

本書の第六章第三節参照.

（4） Friedrich Leberecht Hederich（1772-1797）. なぜか，彼はこの学期しか講義していない.

（5） Johann Christoph Hoffbauer（1766-1827）. 1794年にハレの哲学員外教授，1799年から1827年まで正教授を務める．教本に使われたのは，おそらく『法の概念に基づいて展開された自然法（Naturrecht aus dem Begriffe des Rechts entwickelt）』（Merseburg 1793，改定第二版：1798）【vgl. ALZ 1798, Nr. 331】.

（6） Johann Joachim Eschenburg（1743-1820）. 1773年にブラウンシュヴァイクの大学の文学と哲学の員外教授，1777年から正教授．シェークスピアの独訳者として有名．教本として使われたのは，おそらく1783年の初版から1836年の第五版まで版を重ねた『芸術についての学問の理論と文献の構想（Entwurf einer Theorie und Litteratur der schönen Wissenschaften）』のいずれかの版.

○ 1794/95冬学期〔Intelligenzblatt der ALZ, 1794, Nr.104. Sonnabends 13ten September に掲載〕

批判哲学の根本：フォアベルク助手

カント「純粋理性批判」について：ホイジンガー博士

理論哲学，すなわち知識学：フィヒテ教授（彼の教本(1)に沿って）〔Ⅲ-Ⅳ時〕

論理学：シュミート教授（彼の教本(2)に沿って）

論理学および形而上学：ヘニングス宮廷顧問官（彼の教本に沿って）

論理学および形而上学：ウルリッヒ宮廷顧問官（彼の教本に沿って）

超越論哲学への導入としての論理学および形而上学：フィヒテ教授（プラットナーの「箴言集(3)」に沿って）〔午後Ⅵ-Ⅶ時〕

経験的心理学，すなわち哲学的人間学：ウルリッヒ宮廷顧問官

経験的心理学，すなわち哲学的人間学：ニートハンマー教授

経験的心理学，すなわち哲学的人間学：フォアベルク助手

実践哲学，すなわち知識学：フィヒテ教授（彼の教本(4)に沿って）〔Ⅴ-Ⅵ時〕

自然法：ヘニングス宮廷顧問官（ヘプナーに沿って）

自然法：ウルリッヒ宮廷顧問官（彼の教本に沿って）

自然法：シュミート教授（彼自身の諸命題に沿って）

自然法：フーフェラント教授（彼の教本に沿って）

自然法の第一原則を探し出す際の新たなことの努力：ウルリッヒ宮廷顧問官（休暇中に，公的講義）

哲学的道徳学：シュミート教授（彼の教本(5)に沿って）

自然神学：ウルリッヒ宮廷顧問官（彼の教本に沿って，公的講義）

自然神学：シュミート教授（彼の教本に沿って）

神の道徳的認識根拠：ニートハンマー教授（公的講義）

あらゆる啓示の批判：メーリス博士(6)（フィヒテに沿って）

美学：シュッツ宮廷顧問官

美学：シラー宮廷顧問官

哲学史：ウルリッヒ宮廷顧問官（彼の教本(7)に沿って）

哲学史：テンネマン博士（口述による）

教育学：ホイジンガー博士（彼の教本(8)に沿って）

朗読の理論的，実践的手引き：ビールフェルト博士

スピノザの独断論とヒュームの懐疑論について：キルステン助手（口述による）

学者の義務について：フィヒテ教授［公的講義］

哲学の諸対象についての相談のために：フィヒテ教授（土曜日の午後）

討論演習：ウルリッヒ宮廷顧問官

（1） 1794 夏学期の（1）参照.『全知識学の基礎』の第一章から第四章（公理的部門と理論的自我の部門）は，1794 年 9 月末には製本，出版されていた.

（2）『論理学要綱（Grundriß der Logik）』（Jena 1797）【vgl. ALZ 1798 Nr.26】は，この時点ではまだ出版されていないので，「教本」に何を使ったのかは不詳.

（3） フィヒテが「教本」に使ったのは 1793 年に出た改定第三版である．これ以降もフィヒテは毎年のようにこの『哲学的箴言集』を「論理学および形而上学」講義の教本に使っている.

（4）『全知識学の基礎』の実践的部門（第四章）が製本，出版されたのは 1795 年 7 月末であるので，「実践哲学」の教本としてはそれの印刷全紙状態のものを使ったのかもしれない.

（5）『道徳哲学要綱（Grundriß der Moralphilosophie）』初版（Jena 1793）【vgl. ALZ 1794, Nr.187】.

（6） 不詳.

（7） 哲学史に関する彼の「教本」は不詳.

（8）『教育術教本（Lehrbuch der Erziehungskunst）』（Leipzig 1795）.

○ 1795 夏学期〔Intelligenzblatt der ALZ, 1795, Nr.39. Mittwochs den 15ten April に掲載〕

哲学のエンツィクロペディ：キルステン助手（公的講義）

批判哲学の根本：フォアベルク助手（ラインホルトとベックに沿って）

論理学：シュミート教授（彼のハンドブックに沿って）

論理学および形而上学：ウルリッヒ宮廷顧問官（彼の教本に沿って）

論理学および形而上学*：フィヒテ教授（プラットナーに沿って）

カント哲学：ウルリッヒ宮廷顧問官（私的講義，ドイツ語に弱い人にラテン語で）

心理学：ヘニングス宮廷顧問官（公的講義）

心理学：シュミート教授（私的講義）

心理学：ニートハンマー教授

道徳学，政治学と結びつけて：ウルリッヒ宮廷顧問官（彼のハンドブックに沿って）

学者の義務について*：フィヒテ教授（公的講義）

自然法：ヘニングス宮廷顧問官

自然法：ウルリッヒ宮廷顧問官

自然法：シュミート教授

自然法*：フィヒテ教授（口述による）〔XI-XII 時〕

実際的宗教哲学*：フィヒテ教授〔VI-VII時〕

哲学的教義神学：シュミート教授

美学：ウルリッヒ宮廷顧問官（エッシェンブルクに沿って）

美と崇高について：ウルリッヒ宮廷顧問官（公的講義，休暇中に）

美学講義：シラー宮廷顧問官（私的講義）

教育学およびそのための実践的演習：キルステン助手

哲学史：テンネマン博士（口述による）

討論演習：ウルリッヒ宮廷顧問官

討論演習：シュミート教授

哲学面談*：フィヒテ教授

＊ これらの講義は，フィヒテが「学生結社」を巡る騒動に巻き込まれて（幕間Ⅱ 3 を参照），イェーナ近

郊の寒村オスマンシュテットに引きこもったため，実際には開講されなかった．

○ 1795/96 冬学期〔Intelligenzblatt der ALZ, 1795, Nr.100. Mittwochs den 9ten September に掲載〕

純粋理性批判：ニートハンマー教授（カントに沿って）

純粋理性批判：ケルナー助手(1)（公的講義）

カント哲学全体：ウルリッヒ宮廷顧問官

論理学：ヘニングス宮廷顧問官

論理学：シュミート教授

論理学および形而上学：ウルリッヒ宮廷顧問官（彼のハンドブックに沿って）

論理学および形而上学：フィヒテ教授（プラットナーに沿って）［夕方Ⅵ-Ⅶ時］

論理学および形而上学：フォアベルク助手（口述による）

形而上学：シュミート教授（彼のハンドブックに沿って）

哲学的人間学：ウルリッヒ宮廷顧問官

哲学的人間学：フォアベルク助手

実践理性批判：ニートハンマー教授

自然法：フーフェラント教授（彼のハンドブックに沿って）

自然法：ヘニングス宮廷顧問官（ヘプナーに沿って）

自然法：ウルリッヒ宮廷顧問官（彼のハンドブックに沿って）

自然法*：フィヒテ教授（口述による）［午後Ⅲ-Ⅳ時］

自然法：ニートハンマー教授

自然神学：ウルリッヒ宮廷顧問官

道徳学：シュミート教授（彼のハンドブックに沿って）

教育学，実践的演習と結びつけて：キルステン助手

美学：シラー宮廷顧問官

哲学史：ウルリッヒ宮廷顧問官

哲学史：フォアベルク助手（グルリット(2)に沿って）

哲学史：ケルナー助手

哲学史：テンネマン博士（グルリットに沿って）

朗読について：ビーフェルト博士

哲学面談**：フィヒテ教授

討論演習：ウルリッヒ宮廷顧問官

*　10 月 20 日に始まったこの講義は，最初の数回が「公的講義」であったので 140～200 人の聴講者があったが，途中から「私的講義」に切り替わったので当然聴講者数はかなり減った（GW II/3, 54ff.）．フィヒテによる最初の「自然法」講義であり，『自然法の基礎』のもとになった．

**　土曜日に，あらかじめ時間を定めずおこなわれたようである．

（1）　Johannes Koellner（生没年不詳）．彼はこの学期から三学期私講師であった．

（2）　Johann Gottfried Gurlitt（1754-1827）『哲学史概要（Abriß der Geschichte der Philosophie）』（Leipzig 1786）【vgl. ALZ 1788, Nr.173a】．ラインホルトもこれを「哲学史」講義の教本に使用していた．

○ 1796 夏学期〔Intelligenzblatt der ALZ, 1796, Nr.46. Mittwochs den 13ten April に掲載〕

哲学のエンツィクロペディ：キルステン助手（口述による）

知識学*：フィヒテ教授

カント哲学，他人の見解をつけ加えずに：ウルリッヒ宮廷顧問官（口述による）
論理学：ヘニングス宮廷顧問官（彼のハンドブックに沿って）
論理学：シュミート教授（彼のハンドブックに沿って）
論理学，哲学全体への導入と一緒に：ホイジンガー博士
論理学および形而上学：ウルリッヒ宮廷顧問官（彼の教本に沿って）
論理学および形而上学：フィヒテ教授（プラットナーに沿って）
論理学および形而上学：フォアベルク助手（口述による）
論理学および形而上学：ケルナー助手
実践理性批判：ケルナー助手（公的講義）
自然法：ヘニングス宮廷顧問官（ヘプナーに沿って）
自然法：ウルリッヒ宮廷顧問官（彼のハンドブックに沿って）
自然法：シュミート教授（彼のハンドブック（1）に沿って）
自然法：フィヒテ教授（彼のハンドブック（2）に沿って）
自然神学：ウルリッヒ宮廷顧問官
道徳学：シュミート教授（彼のハンドブックに沿って）
道徳学：フィヒテ教授（口述による）
道徳学：ニートハンマー教授
道徳学の方法論＊＊：フィヒテ教授（休暇中に，公的講義）
「あらゆる啓示の批判」：メーリス助手（公的講義）
政治学：ウルリッヒ宮廷顧問官（彼のハンドブックに沿って，公的講義）
政治学：フーフェラント教授（口述にて）
政治学：ガスパーリ教授
公然性とそれの限界について：ウルリッヒ宮廷顧問官（公的講義）
美学：ウルリッヒ宮廷顧問官（エッシェンブルクに沿って）
美学：シラー宮廷顧問官
美学：ホイジンガー博士
哲学史：イルゲン教授（3）
哲学史：フォアベルク助手
哲学史：テンネマン博士（グルリットに沿って）
教育学：シュッツ宮廷顧問官
教育学：ホイジンガー博士（彼の教本（4）に沿って）
面談：フィヒテ教授

＊　ラテン語で書かれた『講義目録』では「超越論哲学ノ基礎（自分ノ知識学）」．

＊＊　『講義目録』では「公的講義トシテ休日ニ，マズ，カントノ著作『永遠平和のために』ニテ説カレタ講義ヲ継続シ，次イデ熟考スベキ倫理学ノ方法ニツイテ若干論究スル」．

（1）『自然法要綱，講義用（Grundriß des Naturrechts für Vorlesungen）』（Frankfurt/Leipzig 1795）【vgl. ALZ 1796, Nr.85】．

（2）『知識学の諸原理に従った自然法の基礎（Grundlage des Naturrechts nach Prinzipien der Wissenschaftslehre）』第一部（Jena/Leipzig 1796）【vgl. ALZ 1798, Nr.352-354】．

（3） Karl David Ilgen（1763-1834），1789年からナウンブルクのギムナジウムの校長，1794年から神学部の東洋語の教授．1802年にはシュール・プフォルタの校長になる．当然，彼の担当した科目の多くは神学部の科目であった．

（4）『教育術教本（Lehrbuch der Erziehungskunst』（Leipzig 1795）.

○ 1796/97 冬学期〔Intelligenzblatt der ALZ, 1796, Nr.134. Mittwochs den 28ten September に掲載〕

哲学のエンツィクロペディ：ホイジンガー博士
知識学*：フィヒテ教授〔午後Ⅲ-Ⅳ時〕
カント哲学：ウルリッヒ宮廷顧問官
純粋理性批判：ケルナー助手
論理学：シュミート教授（彼のハンドブック(1)に沿って）
論理学および形而上学：ヘニングス宮廷顧問官（彼のハンドブックに沿って）
論理学および形而上学：ウルリッヒ宮廷顧問官（彼の教本に沿って）
論理学および形而上学：フィヒテ教授（プラットナーに沿って）〔午後Ⅵ-Ⅶ時〕
論理学および形而上学：ケルナー助手
形而上学：シュミート教授
実践哲学一般：ウルリッヒ宮廷顧問官（公的講義）
道徳学：フィヒテ教授（口述による）〔午後Ⅴ-Ⅵ時〕
道徳学：シュミート教授
道徳学：ケルナー助手（シュミートに沿って）
自然法：ヘニングス宮廷顧問官（ヘプナーに沿って）
自然法：ウルリッヒ宮廷顧問官（彼のハンドブックに沿って）
自然法：シュミート教授
経験的心理学：シュミート教授（彼のハンドブック(2)に沿って）
宗教哲学：シュミート教授（彼のハンドブック(3)に沿って）
自然宗教の教義批判：ニートハンマー教授
美学：シュッツ宮廷顧問官
美学：シラー宮廷顧問官
哲学史：ウルリッヒ宮廷顧問官（彼のハンドブックに沿って）
哲学史：イルゲン教授（グルリットに沿って）
哲学史：ケルナー助手（口述による）
スピノザの独断論とヒュームの懐疑論：キルステン助手
哲学史入門：ウルリッヒ宮廷顧問官（休暇中に）
教育学：ホイジンガー博士（彼のハンドブックに沿って）
面談：フィヒテ教授

＊『講義目録』では，「新シイ方法ニヨル，ズット容易ナ様式デノ超越論哲学ノ基礎．口述ニヨルガ，自著モ利用シテ．…休暇中ニ，超越論哲学ノ講義ノ計画ヲ告示スル予定デアル」と書かれている．この講義の内容が「ハレ手稿」として残されている．この講義の聴講者は24人であった（*FiG*, 6.1, 185）

（1）『論理学要綱（Grundriß der Logik）』（Jena 1797）【vgl. ALZ 1798 Nr.26】
（2）『経験的心理学（Empirische Psychologie）』第二版（Jena 1796）.
（3）『講義用要綱，哲学的教義学（Philosophische Dogmatik, im Grundriß für Vorlesungen）』（Jena 1796）.

○ 1797 夏学期〔Intelligenzblatt der ALZ, 1797, Nr.50; Mittwochs den 19ten April に掲載〕

哲学のエンツィクロペディ(1)：ホイジンガー博士

純粋理性批判：ホイジンガー博士
論理学および形而上学：ヘニングス宮廷顧問官
論理学および形而上学：ウルリッヒ宮廷顧問官
論理学および形而上学：フィヒテ教授［プラットナーに沿って］〔午後Ⅵ-Ⅶ時〕
自然法：ヘニングス宮廷顧問官（彼のハンドブックに沿って）
自然法：ウルリッヒ宮廷顧問官
自然法：フィヒテ教授［自著に基づいて］〔午後Ⅴ-Ⅵ時〕
哲学的教義論：シュミート教授（彼のハンドブックに沿って）
自然神学：ホイジンガー博士（カントに沿って，公的講義）
あらゆる啓示の批判：メーリス博士
哲学的人間学：ウルリッヒ宮廷顧問官
道徳講義：ウルリッヒ宮廷顧問官（公的講義）
美学：シュッツ宮廷顧問官
美学：ウルリッヒ宮廷顧問官
美学：シラー宮廷顧問官
美学：ホイジンガー博士
教育学：ホイジンガー博士
カント哲学全体：キルステン助手
哲学史：テンネマン博士

（1） 教本は『哲学のエンツィクロペディ試論（Versuch einer Encyklopädie der Philosophie)』（全二巻 1797）．

○ 1797/98 冬学期〔Intelligenzblatt der ALZ, 1797, Nr.116. Mittwochs den 20ten September に掲載〕

論理学および形而上学：ヘニングス宮廷顧問官（彼の教本に沿って）
論理学および形而上学：ウルリッヒ宮廷顧問官（彼の教本に沿って）
論理学および形而上学：フィヒテ教授（プラットナーに沿って）〔午後Ⅵ-Ⅶ時〕
論理学：シュミート教授（彼の教本(1)に沿って）
超越論哲学の諸原理*：フィヒテ教授（彼の教本(2)に沿って）〔午後Ⅲ-Ⅳ時〕
カント哲学のエンツィクロペディ：ウルリッヒ宮廷顧問官
自然法：ヘニングス宮廷顧問官（ヘフナーに沿って）
自然法：ウルリッヒ宮廷顧問官（彼の教本に沿って）
自然法：シュミート教授（彼の教本に沿って）
道徳学：フィヒテ教授（［最初の講義の頃には出版される］彼のハンドブック(3)に沿って）〔午後Ⅴ-Ⅵ時〕
心理学講義：ヘニングス宮廷顧問官（公的講義）
経験的心理学：シュミート教授（彼の教本に沿って）
美学：シラー教授
スピノザの哲学と無神論の歴史：キルステン助手
哲学史：ウルリッヒ宮廷顧問官

＊ 講義目録では，「超越論哲学ノ諸原理，自著（『知識学の基礎』オヨビ『特性要綱ナド』ニ基ヅイテ）」と記されている．

（1）『論理学要綱（Grundriß der Logik)』（Jena 1797）【vgl. ALZ 1798, Nr.26】．

（2） 上述のようにこの「教本」とは『全知識学の基礎』および『知識学の特性要綱』である．

（3） おそらく，公刊（1798年6月）以前に印刷全紙状態で学生に配布された『知識学の諸原理に従った道徳論の体系（Das System der Sittenlehre nach den Prinzipien der Wissenschaftslehre）』（Jena und Leipzig 1798）が使われたのであろう．

○1798夏学期〔Intelligenzblatt der ALZ, 1798, Nr.59. Mittwochs den 18ten April に掲載〕

哲学全体への導入：シュミート教授
哲学のエンツィクロペディ：キルステン助手（彼自身の諸命題に沿って）
論理学および形而上学：ヘニングス宮廷顧問官
論理学および形而上学：ウルリッヒ宮廷顧問官
論理学および形而上学*：フィヒテ教授
自然法および国際法：ヘニングス宮廷顧問官（彼のハンドブックに沿って）
自然法および国際法：ウルリッヒ宮廷顧問官
自然法および国際法：シュミート教授
哲学的教義学：シュミート教授（彼の教本に沿って）
道徳哲学：シュミート教授（彼の教本（1）に沿って）
道徳学および政治学：ウルリッヒ宮廷顧問官
美学：ウルリッヒ宮廷顧問官（彼のハンドブックに沿って）
美学：シラー宮廷顧問官
美について：ウルリッヒ宮廷顧問官（休暇中に）
教育学：アイヒシュテット教授
哲学史：イルゲン教授（グルリットに沿って）
哲学面談：フィヒテ教授

＊ 『講義目録』では「哲学全体ヘノ予備学，スナワチ論理学ト形而上学，プラットナー著『哲学箴言集』第一部ニ沿ッテ説述スル．五月，六月，九月ニ，毎日Ⅵ-Ⅶ時トⅩⅧ-ⅩⅨ時」．

（1）『道徳哲学要綱（Grundriß der Moralphilosophie）』第二版（Jena 1797）．

○1798/99冬学期〔Intelligenzblatt der ALZ, 1798, Nr.137; Mittwochs den 26ten September に掲載〕

無神論の歴史：キルステン助手
哲学史：ウルリッヒ宮廷顧問官
哲学史：テンネマン教授（1）
論理学および形而上学：ヘニングス宮廷顧問官
論理学および形而上学：ウルリッヒ宮廷顧問官
論理学および形而上学*：フィヒテ教授（哲学全体への予備学として）〔午後Ⅵ-Ⅶ時〕
論理学および形而上学：テンネマン教授（シュミートに沿って）
自然法および国際法：ヘニングス宮廷顧問官
自然法および国際法：ウルリッヒ宮廷顧問官
自然法および道徳学：フィヒテ教授（彼の著書（2）に沿って）〔午後Ⅴ-Ⅵ時〕
自然神学：ウルリッヒ宮廷顧問官
自然の哲学**：シェリング教授（3）〔Ⅳ時-Ⅴ時，週四回〕
知識学***：フィヒテ教授〔午後Ⅲ-Ⅳ時〕

超越論的観念論の諸原理：シェリング教授
哲学的人間学：ウルリッヒ宮廷顧問官（彼の著書に沿って）
美学：シラー宮廷顧問官
美学：シュレーゲル教授（4）
教育学：シュッツ宮廷顧問官
討論：ウルリッヒ宮廷顧問官
哲学的会話：フィヒテ教授

＊『講義目録』では「哲学全体ヘノ予備学，スナワチ論理学オヨビ形而上学，プラットナーニ沿ッテ説述スル」．

＊＊ 大学文書庫に残されている記録によれば，10月18日に始まったこの講義は，10月29日までは「公的講義」，それ以降は「私的講義」としておこわれたようである．グリースバッハ講堂での「公的講義」では「自然哲学の概念と本質について」講じ，「私的講義」では「自然哲学の体系自身」を講じた．この講義に出席していたシュテフェンスは「シェリングは，印刷されボーゲン状態で知らせられた或る構想に沿って，自然哲学を講義した」と伝えている（Spiegel 31）．シェリングは私的講義の聴講生が40人であったと両親に報告している（*AA* III/1, 194）．

＊＊＊『講義目録』では，「新方法ニヨル超越論的観念論ノ諸原理（知識学）ヲ説明スルガ，自著モ利用シテ」．この講義の内容が「クラウゼ手稿」として残されている．

（1） テンネマンはこの学期から，員外教授として講義に復帰している．

（2）『知識学の諸原理に従った自然法の基礎（Grundlage des Naturrechts nach Prinzipien der Wissenschaftslehre)』第一部（Jena/Leipzig 1796）【vgl. ALZ 1798, Nr.352-354】，および『知識学の諸原理に従った道徳論の体系（Das System der Sittenlehre nach den Prinzipien der Wissenschaftslehre)』(Jena/Leipzig 1798)．

（3） Friedrich Wilhelm Joseph Schelling（1775-1854）は，この学期から員外教授として教壇に立ち，1803年夏学期まで「自然哲学」，「超越論哲学の体系」，「芸術哲学」などを講じる．イェーナの哲学部で「自然の哲学」が科目として講じられたのは，これが最初である．

（4） August Wilhelm Schlegel（1767-1845）も，この学期から員外教授として講壇に立った．彼の講じた科目の多くは，「文献学」に分類されている科目である．

○1799夏学期〔Intelligenzblatt der ALZ, 1799, Nr.34. Mittwochs den 20ten März に掲載〕

哲学全体への導入：キルステン助手
哲学史：ウルリッヒ宮廷顧問官
哲学史：イルゲン教授（グルリットに沿って）
哲学史：テンネマン教授
論理学および形而上学：ヘニングス宮廷顧問官
論理学および形而上学：ウルリッヒ宮廷顧問官
論理学および形而上学＊：フィヒテ教授（プラットナーに沿って）〔夕方のVI時〕
論理学：テンネマン教授（マースに沿って）
自然法および国際法：ヘニングス宮廷顧問官（彼の教本に沿って）
自然法および国際法：ウルリッヒ宮廷顧問官
道徳哲学および政治学：ウルリッヒ宮廷顧問官（彼の教本に沿って）
実際的宗教哲学＊：フィヒテ教授（近々出版される彼の著書（1）に沿って）〔朝のVI時〕
自然の哲学：シェリング教授（私の構想に沿って）〔朝のVI時-VII時，週四時間〕

超越論哲学の体系全般：シェリング教授〔口述〕〔朝のⅦ時-Ⅷ時，週五時間〕
経験的心理学：シュミート教授（彼の教本に沿って）
経験的心理学：ヘニングス宮廷顧問官
美学：シラー宮廷顧問官
美学：シュレーゲル教授
教育学：シュッツ宮廷顧問官
諸学年の目的に適った利用のための指導：ウルリッヒ宮廷顧問官
討論：ウルリッヒ宮廷顧問官
哲学的会話*：フィヒテ教授
読書指導，抜粋と抜粋の順序：ウルリッヒ宮廷顧問官

＊　これらの講義は行われなかった．学期が始まる前の3月29日にワイマールの枢密院会議でフィヒテの解雇が決定されたからである．

（1）　1800年3月に出版された『人間の使命（Die Bestimmung des Menschen)』【vgl. ALZ 1802, Nr.161】のことであろう．

○ 1799/1800 冬学期〔Intelligenzblatt der ALZ, 1799, Nr.120. Sonnabends den 28ten September に掲載〕

哲学史：テンネマン教授
論理学および形而上学：ヘニングス宮廷顧問官
論理学および形而上学：ウルリッヒ宮廷顧問官（彼のハンドブックに沿って）
自然法：フーフェラント法律顧問官（彼の教本に沿って）
自然法：ヘニングス宮廷顧問官
自然法：ウルリッヒ宮廷顧問官（彼のハンドブックに沿って）
自然法および道徳学：シュミート教授（彼のハンドブックに沿って）
自然神学：ウルリッヒ宮廷顧問官
神の本性に関する最近の哲学的諸見解，スピノザの体系と比較して：キルステン助手
哲学的人間学：ウルリッヒ宮廷顧問官
芸術の哲学の最も卓越した諸原則：シェリング教授

○ 1800 夏学期〔Intelligenzblatt der ALZ, 1800, Nr.44;Sonnabends den 29ten März に掲載〕

論理学：ヘニングス宮廷顧問官（彼の教本に沿って）
論理学：テンネマン教授
論理学および形而上学：ウルリッヒ宮廷顧問官
論理学および形而上学：シュミート博士（1）（プラットナーに沿って）
論理学および形而上学：シャート博士（2）
知識学：シャート博士（彼の教本（3）に沿って）
自然法および国際法：ヘニングス宮廷顧問官（ヘフナーに沿って）
自然法および国際法：ウルリッヒ宮廷顧問官
自然法：フォイエルバッハ博士（4）（口述）
道徳学：ウルリッヒ宮廷顧問官
美学：ウルリッヒ宮廷顧問官
美学：シュレーゲル教授

美の理論：ウルリッヒ宮廷顧問官（公的講義）
政治学：フーフェラント法律顧問官
哲学史：ウルリッヒ宮廷顧問官
哲学討論：イルゲン教授

（1） シュミートは1800年2月22日に学位論文「ヨハネ神学について」によって，「神学博士」の学位を得たので，この肩書になっているのだろう.

（2） Johann Baptist Schad（1758-1834）．1800年から1803年まで私講師．当初は明白なフィヒテ信奉者，1801年頃からはシェリング的同一哲学に近づくようになる．彼は3年ほどの短い間に，以下の注に挙げるようなフィヒテ―シェリング的な多くの教本を著した．「幕間IIIの4の（3）」参照.

（3） おそらく『知識学要綱，講義用（Grundriß der Wissenschaftslehre. Zum Behuf seiner Vorlesungen）』（Jena 1800）.

（4） Paul Johann Anselm Feuerbach（1775-1833）．彼は1792年からイェーナで哲学，法学を学んだ．最初期は「ラインホルト学徒」であったが，その後「根本命題―哲学」の批判者となる．1795年に哲学博士，1799年には法学博士になり，すでに1799年の夏学期から法学部の私講師として「法学」科目の講義をしている．1801年には法学部の員外教授，そして正教授になるが，1802年にはキールに招聘され，1804年にはラントシュート大学に移る．バイエルンの刑法典の草案作成にもかかわった．唯物論哲学者Ludwigの父，画家Anselmの祖父にあたる．本書第八章第二節参照.

○ 1800/01 冬学期〔Intelligenzblatt der ALZ, 1800, Nr.149. Sonnabends den 13ten September に掲載〕

哲学のエンツィクロペディと哲学方法論：ウルリッヒ宮廷顧問官（休暇中に，公的講義）
哲学のエンツィクロペディと哲学方法論：キルステン助手（口述）
論理学：シュミート博士（彼の「要綱」に沿って，方法論的付録として，フィヒテの著書『人間の使命』の論理的説明と判定）
論理学：テンネマン教授
論理学および形而上学：ヘニングス宮廷顧問官（彼のハンドブックに沿って）
論理学および形而上学：ウルリッヒ宮廷顧問官（彼のハンドブックに沿って）
論理学および形而上学：シャート博士（彼のハンドブック（1）に沿って）
論理学および形而上学：フェアメーレン（Vermehren）博士（2）（プラットナーに沿って，「哲学全体への導入」付き）
自然法および国際法：ヘニングス宮廷顧問官（ヘフナーに沿って）
自然法および国際法：ウルリッヒ宮廷顧問官（彼の教本に沿って）
道徳哲学および政治学：ウルリッヒ宮廷顧問官
道徳および自然法：シャート博士（超越論哲学の諸原理に沿って）
哲学の諸原理：ニートハンマー博士（3）
超越論哲学：シェリング教授
超越論哲学：シャート博士（彼の「知識学要綱（4）」に沿って）
超越論哲学：シュレーゲル博士（5）
宗教哲学：ウルリッヒ宮廷顧問官（公的講義）
哲学的人間学：ウルリッヒ宮廷顧問官
美学：シュレーゲル教授
芸術の哲学：シェリング教授

自然の哲学：シェリング教授
哲学の内的必然性と哲学の目的に関して：フェアメーレン博士
学者の使命について：シュレーゲル博士

（1） おそらく『知識学の諸原理に従った，超越論的論理学および形而上学の新要綱，第一部（Neuer Grundriß der transscendentalen Logik und der Metaphysik nach den Principien der Wissenschaftslehre. Erster Theil, enthaltend die Logik)』（Jena u. Leipzig 1801）.【vgl. ALZ 1802, Nr.192】

（2） Johann Bernhard Vermehren（1774-1803）. 1799 年にイェーナの哲学部で学位を得て，1800 年に講義資格を獲得し，この学期以降私講師として講義するが，1803 年には病気で亡くなる．彼は初期ロマン派に属す詩人でもあった．

（3） ニートハンマーの肩書が「博士」に変わっているのは，彼が 1797 年 10 月 28 日に神学博士の取得のための学位論文の弁論にパスして，神学博士の学位を得たことによっている．ラテン語で書かれた学位論文は，後に独訳され『理性に適った啓示信仰を根拠づける試論（Versuch einer Begründung des Vernunftmäßigen Offenbarungs-Glaubens)』（Jena u. Leipzig 1798）として出版された．

（4） 『知識学要綱，講義用（Grundriß der Wissenschaftslehre. Zum Behuf seiner Vorlesungen)』（Jena 1800）．

（5） Friedrich Schlegel（1772-1829）は，1800 年冬学期と 1801 年夏学期だけ講義告示をしている．「超越論哲学」についての講義には，無名の聴講者による筆記録が残されており，それが *KFSA* XII 巻と「哲学文庫（PhB)」版 416 巻に採録されている（邦訳，酒田健一訳・註解『イェーナ大学講義「超越論哲学」』御茶ノ水書房，2013 年）．

○ 1801 夏学期〔Intelligenzblatt der ALZ, 1801, Nr.54. Sonnabends den 21ten März に掲載〕

哲学全体への導入：キルステン助手（口述，無料講義）
最近の哲学全体のエンツィクロペディ：ウルリッヒ宮廷顧問官
哲学史：ウルリッヒ宮廷顧問官
哲学予備学：シェリング教授（彼の教本(1)に沿って）
哲学全般の体系：シェリング教授
論理学および形而上学：ヘニングス宮廷顧問官
論理学および形而上学：ウルリッヒ宮廷顧問官（彼のハンドブックに沿って）
論理学および形而上学：シャート博士（彼の「要綱(2)」に沿って）
形而上学：フリース博士(3)（シュミート(4)に沿って）
超越論的観念論の体系：シャート博士（彼のハンドブックに沿って）
哲学の諸原理：シュレーゲル博士（彼のハンドブック(5)に沿って）
自然法および国際法：ヘニングス宮廷顧問官
自然法および国際法：ウルリッヒ宮廷顧問官（彼の教本に沿って）
道徳哲学：シュミート博士
道徳学および政治学：ウルリッヒ宮廷顧問官
美学：シュッツ宮廷顧問官
美学：シュレーゲル教授
ポエジーについて：シュレーゲル博士（無料講義）
教育学：シュッツ宮廷顧問官
教育学：キルステン助手（ニーマイヤー(6)に沿って）
ソクラテス的思考法：ダンツ（Danz）校長(7)（実践的演習付き）

人間学：フリース博士（経験的心理学と結びつけて）

骨相学：ウルリッヒ宮廷顧問官（人間学的諸原則に引き戻して，休暇中に，公的講義）

芸術の哲学：シェリング教授

哲学の技法：フリース博士（無料講義）

哲学の内的必然性と哲学の目的に関して：フェアメーレン博士（無料講義）

哲学討論：ウルリッヒ宮廷顧問官

哲学対話：シェリング教授

（1） 不詳.

（2）『知識学の諸原理に従った超越論的論理学と形而上学の新たな要綱（Neuer Grundriß der transcendentalen Logik und der Metaphysik nach den Principien der Wissenschaftslehre)』（Jeena und Leipzig 1801）【vgl. ALZ 1802, Nr.192】.

（3） Jakob Friedrich Fries（1773-1843）は，1795年からライプツィヒで哲学，法学を学び，1797年にイェーナに移り，フィヒテの講義も聴いたが彼の立場とは距離を置いていた．その後一時（1798-1800年）スイスで家庭教師をしたのち，1801年にはイェーナで教授資格を得て，この学期から私講師になる．1805年にはヘーゲルとともに員外教授に昇進するが，その直後にハイデルベルクの哲学の哲学正教授に転進する．ヘーゲルとは思想面で対立しただけでなく，大学のポストをめぐっても因縁のライバルであり続けた．「幕間Ⅲの4の（4）」参照.

（4） シュミートの『形而上学要綱（Grundriss der Metaphysik)』（Jena 1799).

（5） 前の学期に使った「超越論哲学」のことか.

（6） August Hermann Niemeyer（1754-1828），プロテスタント神学者，教育学者．「教本」として使用されたのは，おそらく『両親，家庭教師，教師のための教育と授業の諸原則（Grundsätze der Erziehung und des Unterrichts für Eltern, Hauslehrer und Schulmänner)』（1796）．ニーマイヤーはその他にも多数の教育書，宗教書を書いている.

（7） Johann Traugott Leberecht Danz（1769-1851）．1787年にイェーナの学生になったダンツは，1791年にはゲッチンゲンに移った．1797年にギムナジウムの教師になった彼は，翌年にはヘルダーの斡旋によって，イェーナの市立学校の校長になると同時に哲学のマギスターの学位を獲得して，この学期から私講師として講義した.

○ 1801/02冬学期〔Intelligenzblatt der ALZ, 1801, Nr.175. Sonnabends den 19ten September に掲載〕

真の哲学の理念と限界に関する入門：シェリング教授

真の哲学の理念と限界に関する入門*：ヘーゲル博士(1)（無料講義）〔Ⅵ-Ⅶ時〕

哲学史：ウルリッヒ宮廷顧問官

論理学：シュミート博士（彼の教本に沿って）

論理学：テンネマン教授（シュミートに沿って）

論理学および形而上学：ヘニングス宮廷顧問官

論理学および形而上学：ウルリッヒ宮廷顧問官（彼のハンドブックに沿って）

論理学および形而上学**：ヘーゲル博士

超越論的論理学および形而上学：シャート博士（彼の「要綱」に沿って）

哲学の全般的体系：シェリング教授（彼の教本に沿って）

超越論哲学の体系：シャート博士（彼の「知識学要綱」に沿って）

懐疑主義者の哲学：キルステン助手

自然法：フーフェラント法律顧問官（彼のハンドブックにに沿って）
自然法：フォイエルバッハ教授（口述）
自然法および国際法：ヘニングス宮廷顧問官
自然法および国際法：ウルリッヒ宮廷顧問官（彼の教本に沿って）
自然神学：ウルリッヒ宮廷顧問官（公的講義）
哲学的人間学：ヘニングス宮廷顧問官
哲学的人間学：ウルリッヒ宮廷顧問官
教育学：ダンツ校長（ニーマイヤーに沿って）
哲学討論：ウルリッヒ宮廷顧問官
哲学討論：シェリング教授，ヘーゲル博士と共同で

＊　2つの別の講義がおこわれたのではなく，ヘーゲルの告示原本では「シェリング氏ト共同デ哲学討論ヲオコナウ」となっている．シェリングの『講義目録』では「真ノ哲学ノ理念ト限界ニツイテ論ジル導入ニヨッテ，初メテ哲学ノ研究ニ入ラントスル諸氏ニ初歩的教示ヲ与エントス」（Rosenkranz 160）．

＊＊　この講義は，（後に講義記録を残した）トロックスラー（I.P.V. Troxler）やゲーテの甥シュロッサー（Fr. Schlosser）など11名の登録者しかいなかった（Rosenkranz 161）．それで中止になったという記録もある．

（1）　Georg Wilhelm Friedrich Hegel（1770-1831）は，この学期から私講師として講義をはじめ，シェリングと共同の討論・演習科目も担当した．1805年からは員外教授となり，1807/08年冬学期まで，6年間12学期の間イェーナで講義した（vgl. H. Kimmerle, Dokumente zu Hegels Jenaer Dozententätigkeit, in: *Hegel-Studien 4*）．

○ 1802夏学期〔Intelligenzblatt der ALZ, 1802, Nr.40. Mittwochss den 17ten März に掲載〕

学問的方法論全般＊：シェリング教授　［公的講義］〔「学問全般」の項に記載〕
論理学および形而上学：ヘニングス宮廷顧問官
論理学および形而上学：ウルリッヒ宮廷顧問官
論理学および形而上学：シャート博士
論理学および形而上学＊＊：ヘーゲル博士〔V-VI時〕
論理学および形而上学：フリース博士（彼の教本（1）に沿って）
論理学：キルステン助手（マースに沿って）
懐疑主義について：キルステン助手（自身の教本に沿って）
真に人間的な自足の体系：ウルリッヒ宮廷顧問官（彼自身の哲学全体の新たな体系を単に実践的観点からだけでなく，理論的観点からも講じる）
思弁哲学の全体：シェリング教授
自然と自我性の絶対的調和：シャート博士（彼自身の教本（2）に沿って）
理性の限界内の宗教の理論：シャート博士
経験的心理学，すなわち人間学：シュミート博士
教育学：ダンツ校長
笑うべきことの理論：シュッツ宮廷顧問官（芸術分野でのその作用に関して，公的講義）
自然法および国際法：ヘニングス宮廷顧問官
自然法および国際法：ウルリッヒ宮廷顧問官（彼の教本に沿って）
自然法および国際法：ヘーゲル博士〔III-IV時〕
自然法：フリース博士（すべての実定的立法の批判を付して）

道徳哲学：テンネマン教授（シュミートに沿って）

道徳学および政治学：ウルリッヒ宮廷顧問官

政治学：フーフェラント法律顧問官

哲学討論：ウルリッヒ宮廷顧問官

＊『講義目録』では「公的講義ニヨリ，大学ニオケル学問研究ヲ正シク遂行スルタメノ方法ヲ講ズ．モシ事情ガ許セバ，私的講義ニヨリ哲学全般ノ体系モ講述スル」(Rosenkranz 160).

＊＊『講義目録』では「論理学オヨビ形而上学，スナワチ反省ノ体系オヨビ理性ノ体系，同ジ表題デ出版サレル著書ニソッテ」とあるが，この教本は出版されなかった．

（1）『明証的学としての哲学の体系（System der Philosophie als evidente Wissenschaft）』(Leipzig 1804）の印刷全紙版のことか．

（2）『フィヒテの体系と宗教との絶対的な調和（Absolute Harmonie des Fichteschen Systems mit der Religion）』(Erfurt 1802).

○ 1802/03 冬学期〔Intelligenzblatt der ALZ, 1802, Nr.160. Sonnabends den 11ten September に掲載〕

哲学史：ウルリッヒ宮廷顧問官

学全体のエンツィクロペディ：ウルリッヒ宮廷顧問官（彼の「自足の体系(1)」に沿って）

思弁哲学の全般的体系＊：シェリング教授（彼の「新雑誌」でのその構想(2)に沿って）

論理学：テンネマン教授（マースに沿って）

論理学：キルステン助手

論理学および形而上学：ヘニングス宮廷顧問官

論理学および形而上学：ウルリッヒ宮廷顧問官（彼のハンドブックに沿って）

論理学および形而上学：ヘーゲル博士（彼の教本(3)に沿って）〔VI-VII時〕

論理学および形而上学：クラウゼ博士(4)（彼の要綱(5)に沿って）

超越論的論理学および形而上学：シャート博士（彼の要綱に沿って）

超越論哲学と並ぶ自然哲学：シャート博士（彼の教本(6)に沿って）

懐疑主義者の哲学：キルステン助手（最近の懐疑論の根本特徴に沿って，無料講義）

自然法および国際法：ヘニングス宮廷顧問官

自然法および国際法：ウルリッヒ宮廷顧問官（彼の教本に沿って）

自然法：ヘーゲル博士〔X-XI時〕

自然法：クラウゼ博士（フィヒテに沿って）

自然神学：ウルリッヒ宮廷顧問官（公的講義）

宗教論：シャート博士（最近の哲学の諸原則に沿って）

哲学一般について：フェアメーレン博士

美学＊＊：シェリング教授

美学：アスト（Ast）博士(7)

哲学討論：ウルリッヒ宮廷顧問官

＊『講義目録』では「思弁哲学ノ全般的理説ヲ，以下ノ書ニ含マレタ自分ノ体系ノ梗概ニソッテ講ジル．『新思弁的自然学雑誌』第一，第二分冊」(Rosenkranz 160).

＊＊『講義目録』では「芸術哲学，スナワチ美学ヲ，哲学全般ノ構成ノナカデ決定サレル理論ト方法ニヨッテ講ジル」(Rosenkranz 160)．シェリングは12月6日に父宛ての書簡で，「私は2つの講義を合わせると，200人以上の聴講生を得ています．1つの講義では，講堂の席が足らず，多くの聴講希望者が

教室の後方に立っていなければならなかったのです」(*AA* III/2, 1, 516) と報告している.

(1) 不詳.

(2) 『新思弁的自然学雑誌』第1巻第1号と第2号に掲載された「哲学体系の詳述」.

(3) 『講義目録』では, この教本が「次ノ見本市ニ出版サレル予定デアル」と記されているが, これも出版されなかった.

(4) Karl Christian Friedrich Krause (1781-1832). 1797年からイェーナで最初は神学を, 次に哲学と数学を学ぶ. フィヒテやシェリングの講義を聴き, フィヒテの「新方法による知識学」講義の筆記者としても知られている (クラウゼ版). 1801年10月に哲学博士の学位, 1802年3月には「教授資格」を得て, この学期から私講師として講義する (実は彼は, その二学期まえから「非公式に」私的講義をもっていた). 「哲学」科目のほか「純粋数学」も講義している. 彼は1804年10月には将来の展望に見切りをつけ, イェーナを去る. 「幕間 III の4の (5)」参照.

(5) おそらく, 1803年に出版されることになる『講義用, 史実的な論理学要綱 (Grundriss der historischen Logik für Vorlesungen)』(Jena 1803) の印刷原稿が使われた可能性がある.

(6) 『自然哲学と超越論哲学を結合した体系 (System der Natur- und Transscendental- Philosophie in Verbindung)』第一部 (Landshut 1803).

(7) 文献学者としてかなり知られた Friedrich Ast (1778-1841) は, 1798年以来イェーナで学び, 1804年には員外教授の地位を得ようと申請したが, 学部が反対し実現しなかった. 彼は1805年にはラントシュート (Landschut) の古典文献学の教授に招聘された.

○ 1803 夏学期〔Intelligenzblatt der ALZ, 1803, Nr.81. Mittwochss den 20ten April に掲載〕

哲学史：テンネマン教授 (ゾヒェル(1) に沿って)

哲学史：アスト博士

哲学のエンツィクロペディ：キルステン助手

哲学のエンツィクロペディ*：ヘーゲル博士 (彼の教本(2) に沿って)

論理学および形而上学：ヘニングス宮廷顧問官

論理学および形而上学：ウルリッヒ宮廷顧問官 (彼のハンドブックに沿って)

論理学および形而上学：シャート博士 (彼の概説に沿って)

論理学および形而上学：フリース博士 (彼のハンドブックに沿って)

論理学および形而上学：フェアメーレン博士 (口述)

論理学および形而上学：クラウゼ博士 (彼の「要綱(3)」に沿って)

自己節制の体系：ウルリッヒ宮廷顧問官

自然哲学と超越論哲学の体系：シャート博士 (彼のハンドブック(4) に沿って)

自然哲学：クラウゼ博士

スピノザの理論哲学, 懐疑論との比較において：キルステン助手 (彼の要綱に沿って)

自然法および国際法：ヘニングス宮廷顧問官

自然法および国際法：ウルリッヒ宮廷顧問官

自然法：ヘーゲル博士

自然法：フリース博士 (すべての実定的立法の批判を付して(5))

自然法：クラウゼ博士 (彼の概説(6) に沿って)

道徳学および政治学：ウルリッヒ宮廷顧問官

宗教哲学：フェアメーレン博士

経験的心理学, すなわち人間学：シャート博士

美学：シュッツ博士
教育学：シュッツ宮廷顧問官

＊『講義目録』原文は「普遍哲学ノ概要」である．

（1） Joseph Socher（1755-1834）の『ギリシャ人からカントまでの哲学諸体系の歴史の要綱（Grundriß der Geschichte der philosophischen Systemen von der Griechen bis auf Kant）』（München1802）【vgl. ALZ 183, Nr.14】．テンネマンはこの時点までに，大著『哲学の歴史』の第四巻までを出版しているが，第一巻（1798）から第四巻（1803）まではまだ古代哲学を論じており，「哲学史」全般の講義には教本として利用できないので，上記の教本を利用したのだと考えられる．

（2） この教本も，ラテン語の『講義目録』では「チュービンゲンノ書肆コッタカラ出版サレル要綱」と記されているが，これも出版されなかった．

（3）『講義用，史実的な論理学要綱（Grundriß der historischen Logik für Vorlesungen）』（Jena 1803）．

（4）『自然哲学と超越論哲学を結合した体系（System der Natur- und Transscendental- Philosophie in Verbindung）』第一部（Landshut 1803）．

（5）『哲学的法理論とすべての実定的立法の批判（Philosophische Rechtslehre und Kritik aller positive Gesetzgebung）』（Jena 1803）．

（6）『自然法の基礎，あるいは法の理想の哲学的要綱（Grundlage des Naturrechts, oder philosophischer Grundriß des Ideales des Rechts）』（Jena 1803）．

○ 1803/04 冬学期〔Intelligenzblatt der ALZ, 1803, Nr.160. Sonnabends den 15ten October に掲載〕

哲学および哲学者の歴史：ウルリッヒ宮廷顧問官
哲学史：テンネマン教授（ゾヒェルの要綱に沿って）
哲学史：フェアメーレン博士（口述）
哲学史：アスト博士
論理学および形而上学：ヘニングス宮廷顧問官
論理学および形而上学：ウルリッヒ宮廷顧問官
論理学および形而上学：シャート博士（彼の教本に沿って）
思弁哲学の体系：ヘーゲル博士（論理学および形而上学，自然哲学，精神哲学（霊魂論）を含む，口述）〔Ⅵ-Ⅶ時〕
哲学全体：グルーバー（Gruber）博士[(1)]（口述）
自然哲学：シャート博士（彼のハンドブックに沿って）
自然哲学と超越論哲学の体系[(2)]：クラウゼ博士（口述）
懐疑主義について：キルステン博士（彼の著「最近の懐疑論の根本特徴」に沿って）
自然法および国際法：ヘニングス宮廷顧問官
自然法および国際法：ウルリッヒ宮廷顧問官
自然法および国際法：フェアメーレン博士
自然法：ヘーゲル博士〔Ⅲ-Ⅳ時〕
哲学的人間学，すなわち心理学：ヘニングス宮廷顧問官（彼の人間学的箴言集に沿って）
哲学的人間学，すなわち心理学：ウルリッヒ宮廷顧問官（必要な解剖学的，生理学的諸命題を前置きにして）
実際的人間学：グルーバー博士
実践的心理学：シュミート博士
教育学：ダンツ校長代理（口述）
教育学：グルーバー博士

自然神学：ウルリッヒ宮廷顧問官（公的講義）

〔シェリング教授は不在のため，講義告示をせず.〕

（1） Johann Gottfried Gruber（1774-1851）. 1792年以来ライプツィヒで哲学，古典文献学などを学び，当地でマギスターの学位を得た後，1803年にイェーナに移り，11月に教授資格を得て，この学期から私講師として哲学や美学の講義をした．1805年には，文筆業に専念するためワイマールに移住した．彼は後に，1818年から1889年まで全168巻を公刊した『アルファベット順に並べられた，諸学問と芸術の網羅的エンツィクロペディ（Allgemeine Encyclopädie der Wissenschaften und Künste, in alphabetischer Folge)』の共同創刊者として有名になった.

（2） この講義題目はALZの誤記である．ラテン語で書かれた大学の正式の講義告示カタログには，この講義は「理性の哲学の体系と自然の哲学の体系．口述による（Systema Philosophiae, Rationis et Naturae; ek dictatis)」と記されている．ALZは前学期のシャートの講義題目とこの学期のクラウゼの講義題目を取り違えたものと考えられる.

資料2　ALZ 各年の「哲学」欄の主要書評一覧

【凡例】

1. Allgemeine Literatur-Zeitung（ALZ）全般の書誌的情報は，「幕間Ｉ」の「7．『一般学芸新聞』」の項を参照されたい．
2. 「哲学」欄は不定期に，概ね月2～3回設定されている．1回の「哲学」欄に，3～4冊の著書が採りあげられることもあれば，欄の全体が1冊の著作に割かれることもある．また，重要と見なされた著作は，3～4号分を費やして書評されることも珍しくない．
3. 1785年から1803年までの19年間に「哲学」欄で取り上げられた書物の各年度別の総数は，以下の表に示したように，30点から60点ほどである．
4. 以下に掲げた各年の「主要書評一覧」は，各年に採り上げられた総点数のほぼ4～6割程である（太字で表記したものは，本書の本文および注，巻末資料の「講義予告一覧」で言及した著者ないし著作，雑誌である）．
5. 書評対象の「見出し」に相当する部分は，原文では，①「発行地名（大文字）」，②「出版社（者）名」，③「書名」（しばしば，長い副題や，付論の内容紹介が付されている），④「著者・編者名」（ときに不必要と思われるほどの詳細な職位名や肩書が付されている場合がかなりある，また著者名が記載されてない場合もある），⑤「出版年」，⑥「頁数」，⑦「版型」（ほとんどが「8折り版」），⑧「販売価格」（省略されている場合がかなりある）の順に記載されている（最初の数年は⑤⑥⑦の順序が不統一である）．「8折り版」はほぼ縦20cm×横12cmの大きさである．1ライヒスターレル（Rthlr. と表記）は24グロッシェン（gr. と表記）に相当する．
6. 以下に挙げた「主要書評一覧」では，③と④の記載の順番を入れ替え，かつ煩雑になるのを避けるために，③と④の記載内容を簡略化している場合が多い．【　】内の数字は，その書評に充てられている「欄（Spalte)」の数字である．(1785年分だけが，縦2段構成の1つの紙面に1つの欄数が振られているのに対して，1786年以降は同じく縦2段構成の1つの紙面に，2つの欄数が振られている）
7. 以下の一覧では，著者名は初出時だけフルネームで記し，それ以降は略記している．
8. 欄の数字は年間の通し番号ではなく，1月～3月，4月～6月，7月～9月，10月～12月を単位として，欄数がふられている．
9. 当時書評は匿名でなされるのが一般的であり，ALZの書評もすべて匿名であるが，当時の書簡や研究諸論文やなどの資料から書評者が確定できるものは，訳者の判断で最後の≪　≫内に記した
10. 〔　〕内は，原文にはない訳者の補遺である
11. ALZ各年度の書評のうち以下の「主要書評一覧」に採録した点数（斜字体）と各年度の「哲学」欄の書評総点数を示せば，以下のようになる．

年度	1785	86	87	88	89	90	91	92	93	94	95	96	97	98	99	00	01	02	03
A	*23*	*21*	*19*	*37*	*32*	*24*	*23*	*22*	*15*	*18*	*20*	*32*	*16*	*40*	*27*	*14*	*19*	*25*	*23*
B	52	45	36	59	55	39	38	42	25	34	36	67	33	61	45	43	37	35	42

注：A：下記の「主要書評一覧」に掲載した点数．B：各年度にALZ哲学欄に掲載された書評の点数．

1785年「哲学」欄　主要書評一覧

[Nr. 1 −312（しばしばBeylageあり），その他にSupplement:Nr. 1 −71：頁付は1面1 Spalte]

（月/日）〈号数〉

（1/6）〈4〉RIGA u. LEIPZIG, bey Hartknoch: Johann Gottfried Herder『人類史の哲学のための構想』第1部318頁，4折り版，1784年（1 Rthlr.12gr.）【Sp.17-20】≪Kant≫

（1/6）〈4b〉『人類史の哲学のための構想』（続き）【S.21-22】≪Kant≫

（2/15）〈38〉LONDON, b. den Gebrüdern Rivington：David Hume『霊魂の不死についてのエッセー』45頁，8折り版（1シリング）【Sp.162】

（4/7）〈80〉RIGA, b. Hartknoch: Immanuel Kant『人倫の形而上学の基礎づけ』8ボーゲン，8折り版【Sp.21-23】≪Schütz≫

（5/3）〈102〉LEIPZIG, b. Weidmanns Erben und Reich: Johann Georg Zimmermann（イギリス連合王国宮廷顧問およびハノーヴァーの侍医）『孤独について』第1部1784年，392頁，8折り版【Sp.113-116】

（6/28）〈149〉LEIPZIG, b. Weidmanns Erben und Reich: J. G. Zimmermann『孤独について』第1部392頁，第2部520頁，第3部518頁，最終第4部500頁，1784年，1785年，8折り版，【Sp.301-304】

（6/29）〈150〉『孤独について』（続き）【Sp.305-307】

（7/12）〈162〉KÖNIGSBERG, b. Dengel: Johann Schulz（プロイセンの宮廷説教師）『カント教授の純粋理性批判の解明』200頁，8折り版（16gr.）——I・Kantの『純粋理性批判』〔RIGA bey Hartknoch 1781年，856頁，8折り版（2 Rthlr. 8 gr.）〕および『将来の形而上学に対するプロレゴーメナ』[1783年，222頁8折り大版（16 gr.）]と関連づけて【Sp.41-44】≪Schütz≫

（7/14）〈164〉『カント教授の純粋理性批判の解明』（続き）【Sp.53-56】≪Schütz≫

（7/29）〈178〉『カント教授の純粋理性批判の解明』（続き）【Sp.117-118】≪Schütz≫

（7/30）〈179〉『カント教授の純粋理性批判の解明』（続き）【Sp.121-124】≪Schütz≫

（7/30）〈179b〉『カント教授の純粋理性批判の解明』（続き）【Sp.125-128】≪Schütz≫

（9/2）〈208b〉LEIPZIG, im Schwickertschen Verlag: Ernst Platner『哲学的箴言集，哲学史への若干の手引きを付して』第1部，改定新版550頁，8折り版【Sp.265-267】≪Schütz≫

（9/3）〈209〉FRANKFURT am Mayn, b. Garbe: Gottlob August Tittel（バーデンの教会顧問およびカールスルーエの哲学正教授）『フェーダー氏の分類に沿った理論哲学および実践哲学の解明，一般実践哲学』305頁【Sp.269-270】

（10/12）〈242〉BRESLAU, b. Löwe:［Johann Loachim Spaldung］『宗教に関する信書』増補改定第2版298頁，8折り版（20 gr.）【Sp.37-39】

（10/14）〈244〉『宗教に関する信書』（続き）【Sp.45-48】

（10/17）〈246〉LAUSANNE, b. Jules Henri Pott et Comp:『社会道徳の指導について』（フランス語）
1784年，337頁，【Sp.53-55】

（11/15）〈271〉RIGA u. LEIPZIG, b. Hartknoch: J. G. Herder『人類史の哲学のための構想』第2部344頁，8折り版，1785年【Sp.153-156】≪Kant≫

（12/6）〈289〉LEIPZIG, in der Weygandschen Buchhandlung: Ludwig Anton Muratori『人間の構想力について』(Georg Hermann Richerz（ゲッチンゲンの大学牧師）による多くの補遺付)，第1部1785年，374頁，8折り版【Sp.255-256】

（12/13）〈295〉JENA, im Crökerischen Verlage: Johann August Heinrich Ulrich（ザクセン−コーブルク宮廷顧問官，道徳・政治学正教授）『論理学および形而上学教程』1785年，8折り大版，426頁および153頁，（序文と索引なし）【Sp.297-299】≪Schulz≫

(12/30)〈310〉GIESSEN und MARBURG, b. Krieger: Heinrich Martin Gottfried Köster（ギーセンの正教授）『上級・下級学校のための哲学的道徳教本』，1785 年，284 頁，8 折り版（16gr.）【Sp.373】

〈Suppl. 21〉HILDBURGHAUSEN, bey Hanisch:『道徳の諸原則』（H. Abt のフランス語版の Mably による翻訳），8 折り版，240 頁，【Sp.83】

〈Suppl. 22〉FRANKFURT am Mayn, b. Garbe: G. A. Tittel（バーデンの教会顧問およびカールスルーエの哲学正教授）『フェーダー氏の分類に従った，理論哲学および実践哲学の解明』1785 年，358 頁，8 折り版【Sp.87】

〈Suppl. 45〉LEIPZIG, in der von Schönfeldschen Handlung: Schack Hermann Ewald（ザクセン－ゴータ公国書記官）編および序文『ベネディクト・フォン・スピノザ：人間知性の改善について，および貴族制と民主制についての二論文』1785 年，XVI＋96 頁および 248 頁，8 折り版【Sp.177】

〈Suppl. 52〉LEIPZIG, b. Crusius:『アンチ・パイドン，あるいは人間霊魂の単純性と不死性についてのいくつかの証明の吟味，書簡形式で』1785 年，286 頁，8 折り小版【Sp.208】

〈Suppl. 53〉WIEN, b. Hartl: Moses Mendelssohn『人間の魂の非物体性についての論文』1785 年，79 頁，8 折り小版【Sp.209–210】

ERFURTH, b. Schlegel: Sch.H.Ewald『人間の心について，人間性の特性描写への寄稿』，1784 年，3 巻本，第 1 部 399 頁，第 2 部 574 頁，第 3 部 312 頁【Sp.210–212】

〈Suppl. 57〉NÜRNBERG, b. Felsecker: Johannes Kern（ウルムのギムナジウム形而上学教授兼牧師）『人間，多種多様な人々のための講義』第 1 巻，1785 年，440 頁，8 折り版（20gr.）【Sp.226–228】

1786 年「哲学」欄　主要掲載一覧

［体裁上の変更点 1．新たに「説法」「精神修養書」「児童書」「女性書」「大衆書」の区分欄を設ける．
2．この年以降，1 面に，右段と左段に 2 つの Spalte が記される．
3．各月の終わりにその月に取り挙げた著作の（アルファベット順）索引を添付する．
4．Beylage 方式を a, b,方式に変更する．］
［Nr. 1 －Nr.312b, および Supplement: Nr. 1 －Nr.91］

（月/日）〈号数〉

（1/2）〈1〉BERLIN, bey Voss und Sohn: M. Mendelssohn『朝の講義時間，神の存在についての講義』第 1 部，1785 年，330 頁，8 折り版（1 Rthlr.）【Sp. 1－6】≪ Schütz ≫

（1/9）〈7〉『朝の講義時間』（続き）【Sp.49–56】≪ Schütz ≫

（2/11）〈36〉BRESLAU, b. Löwe: ［Friedrich Heinrich Jacobi］『モーゼス・メンデルスゾーン氏宛の書簡形式でのスピノザの教説について』1785 年，215 頁，8 折り版【Sp.292–296】≪ Schütz（?）≫

（4/18）〈92〉LEIPZIG, b. G. J. Göschen: Gottlieb Hufeland『自然法の原則についての試論，付録付』1785 年，(12gr.)【Sp.113–116】≪ Kant ≫

（4/25）〈98〉LEIPZIG, in der Müllerschen Buchhandlung: Karl Adolphi Cäser（ライプツッヒの哲学教授）編『哲学界の回顧録』第 1 季から第 3 季まで，1785 年，XXVIII＋592 頁，8 折り版【Sp.161–163】

（4/27）〈100〉EDINBURGH: Thomas Reid（グラスゴー大学の道徳哲学教授）『人間の知性の力についてのエッセー』1785 年，4 折り版【Sp.181–183】

（5/9）〈110〉RIGA, b. Hartknoch: I. Kant『自然科学の形而上学的原理』158 頁，8 折り大版，1786 年 (12gr.)【Sp.261–264】≪ Schütz ≫

（5/19）〈119〉JENA, in der Crökerschen Buchhandlung: Carl Christian Erhard Schmid『講義要綱，純粋理性批判要綱，カントの諸著作を簡便に利用するための用語集付』1786 年，284 頁，8 折り版（12 gr.）【Sp.329–330】

（5/26）〈125〉 LEIPZIG, b. Göschen: ［匿名：Thomas Wizenmann］『或る自発的志願者によって批判的に探求された，ヤコービの哲学とメンデルスゾーンの哲学の帰結』1786年，255頁，8折り版（16 gr.）【Sp.377-384】≪ Schütz（?）≫

（5/27）〈126〉『或る自発的志願者によって批判的に探求された，ヤコービの哲学とメンデルスゾーンの哲学の帰結』（続き）【Sp.385-392】≪ Schütz（?）≫

（6/10）〈138〉 FRANKFURT am MAIN, b. Garbe: G. A. Tittel『フェーダー氏の分類に沿った理論哲学および実践哲学の解明，自然法と国際法』1786年，480頁，8折り版（1 Rthlr. 8 gr.）【Sp.481-484】

（8/17）〈196〉 LEIPZIG, b. Weygand: Johann Friedrich Dufour『人間の知性の働きと病気についての試論』（フランス語からの翻訳，ヒポコンデリーについてのエルンスト・プラットナー氏の若干の考察を付して）1786年，338頁，8折り大版（22gr.）【Sp.321-325】

（9/7）〈214〉 RIGA: J. G. Herder『人類史の哲学のための構想』（Hartknochから出版された小型廉価版）第1巻346頁，第2巻416頁，8折り版（1 Rthlr. 16gr.）【Sp.474】

（10/30）〈259〉 RIGA, b. Hartknoch: I. Kant『人倫の形而上学の基礎づけ』1785年，128頁，8折り版≪Schütz ≫

FRANKFURT und LEIPZIG: G. A. Tittel『カント氏の道徳の改善について』1786年，93頁，8折り版【以上2点合わせてSp.193-198】≪ Schütz ≫

（10/31）〈260a〉『人倫の形而上学の基礎づけ』と『カント氏の道徳の改善について』（続き）【以上2点合わせてSp.201-207】≪ Schütz ≫

（11/4）〈264〉 PARIS, b. Wittwe Defaint: Ricard 神父（トゥルーズの科学・文学アカデミー会員）による仏訳『プルタルコスの道徳的著作』第5巻，1786年，459頁，12折り大版（18gr.）【Sp.246-248】

（11/8）〈267〉『人倫の形而上学の基礎づけ』と『カント氏の道徳の改善について』（続き）【Sp.265-272】≪Schütz ≫

〈Suppl. 6〉 GÖTTINGEN, b. Joh. Christian Dietrich: Johann Georg Heinrich Feder（宮廷顧問官および哲学教授）『法を維持することの人間の意志と自然の法則の知見のための基礎理論』第2版，1785年，397頁，8折り版【Sp.43-48】

〈Suppl.16〉 ULM, b. Johann Conrad Wohler: J. Kern『思想の自由，信仰の自由，言論の自由および出版の自由についての書簡』1786年，139頁，8折り版【Sp.121-123】

〈Suppl.44〉 DRESDEN, in der Hofbuchdruckrey: Otto Bernhard von Borcke『物質と精神，人間の霊魂の不死性の証明についての考察』1785年，（6 gr.）【Sp.345-346】

〈Suppl.66〉 RIGA, b. Hartknoch: Anquetil du Perron『アベスタ経典，ゾロアスターの生きた言葉．神，世界，自然，人間についての教説と考え』第1部，［Johann Friedrich Kleukerによるフランス語版からの翻訳］，改定増補第2版，1786年，268頁，4折り版【Sp.525-526】

BERLIN, b. Nicolai: Johann August Eberhard『講義用，理性の道徳論』改訂版1786年，236頁，8折り版【Sp.526】

〈Suppl. 76〉 WINTERTHUR, b. Steiner: Heinrich Korrodi『哲学論文集，哲学対話』1786年，309頁，8折り版（16gr.）【Sp.601-605】

〈Suppl.77〉 SALZBURG, in der Hof-und Akademischen Waisenhausbuchh.: Augustin Schelle（テーゲルンゼーのベネディクト会修道士，ザルツブルク大学実践哲学および普遍史の教授）『実践哲学，大学での講義用』一般実践哲学と道徳学を含む第1部，1785年，456頁，8折り版（1 Rthlr.）【Sp. 622-623】

1787年「哲学」欄　主要書評一覧

［Nr. 1 －Nr.312（a, b, 方式）, Supplement: Nr. 1 －Nr.37, Intelligenzblatt: Nr. 1 －Nr.54］

（この年から，Intelligenzblatt 欄が創設される）

（月/日）〈号数〉

（1/13）〈12b〉LEIPZIG, bey Weygand: Ludwig Anton Muratori『人間の構想力について』［編集者 Georg Hermann Richerz（ゲッチンゲン大学の説教者）による多くの補足を付して］第2部，330頁，1786年，8折り版（8 gr.）【Sp.105-110】

（1/15）〈13〉LEIPZIG, b. Junius:『愛好者のための哲学史』第1巻，1786年，554頁，8折り版（1 Rthlr. 4 gr.）【Sp.113-114】

（1/16）〈14〉GÖTTINGEN und LEMGO, in der Meyerschen Buchhandlung：J. G. H. Feder『人間の意志についての探求，その本能，差異，徳と至福に対する関係，および人間の心情を認識し，統御する基本的規則』第1部，改定第2版1785年，8折り版，480頁（1 Rthlr.12gr.）【Sp.121-126】

（1/26）〈23〉LEIPZIG, b. Crusius: Villaume『悪の起源とその諸見解』第1巻464頁，1784年（1 Rthlr.）第2巻510頁，1785年，8折り版（1 Rthlr.），【Sp.201-208】

（1/27）〈24a〉『悪の起源とその諸見解』（続き）【Sp.209-211】

（2/17）〈42a〉LEIPZIG, b. Heinsius: Ludwig Heinrich Jakob（ハレの哲学博士）『メンデルスゾーンの朝の講義時間，神の存在の思弁的証明講義の吟味』（カント教授の一論文を付して）1786年，394頁，8折り版（1 Rthlr.）【Sp.389-392】

（3/20）〈68〉BASEL, b. Serini: Johann Georg Schlosser『シャフツベリーについて』1785年，（10gr.）【Sp. 641-646】

（3/22）〈70〉WIEN, b. Hörling: Martin Budislawsky（教区司祭）『道徳哲学，あるいは理性の諸原則を通して至福に到達する術』1785年，第1部364頁（16gr.），第2部412頁（20gr.）【Sp.660-662】

（3/24）〈72b〉HALLE, b. Gebauer: J. A. Eberhard『感受性の価値について，特に小説との関連で』（感受性の道徳的価値についての一報告を付して）1786年，8折り版（8 gr.）【Sp.681-685】

（4/5）〈82〉LEMGO in der Meyerschen Buchhandlung：Christoph Meiners（ゲッチンゲンの哲学教授）『哲学史要綱』1786年，302頁，8折り版【Sp.25-32】≪ Chr. J. Kraus ≫

（4/6）〈83〉『哲学史要綱』（続き）【Sp.33-40】≪ Chr. J. Kraus ≫

（4/7）〈84a〉『哲学史要綱』（続き）【Sp.41-48】≪ Chr. J. Kraus ≫

（8/4）〈186b〉NÜRNBERG, b. Grattenauer: Adam Weishaupt（ザクセン－ゴータ公国宮廷顧問官）『唯物論と観念論についての哲学的断片』1787年，125頁，8折り版【Sp.313-319】≪ Reinhold ≫

（9/19）〈225b〉FRANKFURT u. LEIPZIG: A. Weishaupt『悪と不満の弁明』1787年，XVI頁および136頁，第2話182頁，第3話252頁，8折り版【Sp.730-734】

（11/8）〈268〉BERLIN u. LEIPZIG, b. Decker: Dalberg『自然-知の奥義の洞察，ヘルダー，カントに捧ぐ』1787年，156頁，8折り版（10gr.）【Sp.353-358】

（11/28）〈285b〉LEIPZIG, im Schwickertschen Verlag: Joh. Friedrich Häseler『自然宗教についての考察』1787年，434頁，8折り版（1 Rthlr.）【Sp.537-538】

（11/29）〈286〉Ohne Druckort: Adam Sigismund Fleisscher『道徳的徳と道徳的欠陥の源泉として働く，人間の魂の三つの根本特性の記述』1786年，504頁，8折り版（1 Rthlr.）【Sp.548-549】

（12/3）〈289〉BERLIN u. LIBAU, b. Lagarde und Friedrich : Villaume『勉強したがらない若者たちのための実践的論理』1787年，S.344頁，8折り版，序文なし（18gr.）【Sp.585-588】

（12/8）〈294b〉BERLIN, b. Voss und Sohn: J. A. Eberhard『思惟作用と感覚作用の一般理論』改訂新版，1786年，245頁，8折り版【Sp.643】

(12/10)〈295〉WOLFENBÜTTEL, in der Schulbuchhandlung:Villaume『魂の諸力，魂の精神性およびその不死性についての論集』第1部，1786年，295頁，8折り版（18gr.）【Sp.649-652】

〈Suppl. 35〉LEMGO, bey Meyer: Chr. Meiners（ゲッチンゲンの哲学教授）『霊魂論要綱』（出版年なし），200頁，8折り版（14gr.）【Sp.276-280】

〈Suppl. 37〉LEIPZIG, b. Weygand: Fr. V. L. Plessing（哲学博士）『Memnorium，すなわち古代の秘儀を暴く試論』1787年，564頁，8折り大版，第2巻（同著者『古代の秘儀を暴く試論の帰結』）1787年，694頁，8折り大版【Sp.289-291】

1788年「哲学」欄　主要書評一覧

[この年からSupplement方式を廃止，Nr. 1 －Nr.313（a, b,），Intelligenzblatt: Nr. 1 －Nr.66]

（月/日）〈号数〉

（1/2）〈2a〉GOTA, bey Ettiger: J. G. Herder『神－いくつかの対話』1787年，VIII＋252頁，8折り版【Sp. 9 -16】≪ Rehberg ≫

（1/5）〈5b〉HALLE, in der Hemmerdeschen Buchhandl.: J.A.Eberhard『一般哲学史，大学での講義用』1788年，308頁，8折り版（20gr.）【Sp.49-52】

（1/28）〈24〉GÖTTINGEN, b. Dietrich: J. G. H. Feder『空間および因果性について，カント哲学の吟味のために』1787年，268頁，8折り版（12gr.）【Sp.249-254】

（2/29）〈52a〉MÜNSTER, b. Theissing: Ferdinand Ueberwasser（経験心理学および論理学教授）『経験心理学を秩序立って勉学するための助言』第1部1787年，268頁，8折り版（16gr.）【Sp.554-555】

（3/11）〈61〉LEIPZIG, b. Weidmanns E. u. Reich: M. Payley『道徳と政治学の原則』（英語からの翻訳．C. Garveによる若干の注釈と補遺付），第1巻445頁，第2巻584頁，1787年，8折り大版（2 Rthlr.16gr.）【Sp.658-660】

（3/14）〈64〉FRANKFURT a. M., b. Varrentrap Sohn und Wenner：『ヘッセン学芸論集』第1巻第1－第4分冊，1785年，695頁，第2巻第5－第7分冊，1786年，531頁，8折り版【Sp.691-696】≪Reinhold ≫

（3/19）〈68a〉BERLIN, b. Mylius: C. P. Moritz編『経験的心理学雑誌，学識者および学識のない人ための読本』第4巻，1786年，8折り版（15gr.）【Sp.729-732】

（3/21）〈70〉BERLIN, b. Mylius: C. P. MoritzおよびC. F. Pockels編『経験的心理学雑誌』第5巻，第1，2，3号，1787年，127頁および123頁，8折り版【Sp.753-758】

（3/28）〈76〉LEMGO, im Verlag der Meyerschen Buchhandlung: J. G. H. Feder『人間の意志に関する探求』第3部，1786年，574頁，8折り版【Sp.817-824】

（4/2）〈80〉WEISSENFELS u. LEIPZIG, b. Severin: Mably神父『望ましい人間の責務についての話し合い』（Josef Millbillerによるフランス語からの翻訳および注釈付）1787年，240頁，8折り版（15gr.）【Sp.12-14】

（4/9）〈86〉PRAG und WIEN, in der Schönfeldischen Handlung: ジュネーブの市民Joh. Jac. Rousseau『哲学的著作』第5巻（フランス語からの翻訳），1787年，408頁，8折り版（22gr.）【Sp.62】

（4/16）〈92〉BRESLAU, b. Löwe: F. H. Jacobi『デイヴィッド・ヒューム，信仰について．あるいは観念論と実在論，ひとつの対話』1787年，X＋230頁，（18gr.）【Sp.105-112】

（4/21）〈96〉LONDON und PARIS: Necker『宗教的考えの重要性について』（フランス語），1788年，542頁，8折り大版【Sp.137-143】

（4/25）〈100〉JENA, in der Grökerschen Buchh.: J. A. H. Ulrich『自由論，あるいは自由と必然性について，ミカエル祭の休暇中の講義用』1788年，7と1/2ボーゲン，8折り版（6 gr.）【Sp.177-184】

≪ Chr. J. Kraus ≫

(5/15)〈117〉HANNOVER, b. Schmid: von Knigge 男爵『人との交際について』第1部1788年，Ⅷ+270頁，第2部336頁，(1 Rthlr. 16gr.)【Sp.321-326】

(6/12)〈141〉LEIPZIG, b. Crusius: Karl Traugott Thieme（メルセンブルクの神学校長）『ドイツにおいて自立的に思考することの障害について，懸賞当選論文』XVI+403頁，8折り版（1 Rthlr.)【Sp.553-560】

(6/13)〈142〉『ドイツにおいて自立的に思考することの障害について，懸賞当選論文』（続き）【Sp.561-566】

(6/16)〈144〉WITTENBERG u. ZERBST, b. Zimmermann: Gottlob Ernst Schulze（哲学博士）『哲学的諸学の要綱』第1巻1788年，413頁，8折り大版（20gr.)【S.585-586】

(6/19)〈147〉BERLIN, b. Mylius: August Willhelm Rehberg（ハノーファーの枢密官房長）『宗教に対する形而上学の関係について』1787年，185頁，8折り版（12gr.)【Sp.617-621】≪ Schultz ≫
BERLIN u. LIBAU: Villaume『愛神，すなわち宗教の第一教説』1788年，第1部216頁，第2部130頁，第3部246頁，第5部244頁，8折り版（合計2 Rthlr.)【Sp.621-623】

(6/26)〈153b〉BERLIN, b. August Mylius: A. W. Rehberg『宗教に対する形而上学の関係について』1787年，185頁，大8折り版〔二度目の書評〕【Sp.689-696】≪ Reinhold ?≫

(7/2)〈158a〉NÜRNBERG, b. Grattenauer: A. Weishaupt『時間と空間のカント的概念についての疑念』120頁，8折り版（8 gr.)【Sp. 9-16】≪ Reinhold ≫

(7/19)〈173a〉LEIPZIG, in der Müllerschen Buchh.: Johann Gottfried Gurlitt『哲学史概説，講義用』1786年，280頁，8折り版【Sp.177-179】

(7/21)〈174〉LEIPZIG, b. Hertel:『カントの純粋理性批判の詳細なメモと批判，最近の学界の出来事に対する批判的論考』1788年，106頁，8折り版（5 gr.)【S.193-195】
GÖTTINGEN, b. Dietrich：J. G. H. Feder『論理学および形而上学教程』1787年，320頁，8折り版（16gr.)【Sp.195-197】

(7/26)〈179a〉BASEL, b. Serini: Johann Georg Schlosser『小品集』第4部，1785年，323頁，8折り版，第5部，1787年，287頁，8折り版（いずれも16gr.)【Sp.241-248】

(7/26)〈179b〉『小品集』（続き）【Sp.249-253】

(7/30)〈182a〉FRANKFURT u. LEIPZIG, b. Grattenauer: A. Weishaupt『人類の完成に向けた歴史』第1部1788年，8折り版（16gr.)【S.281-285】

(8/6)〈188a〉RIGA, b. Hartknoch: I. Kant『実践理性批判』1788年，292頁，8折り版【Sp.345-352】≪Rehberg ≫

(8/6)〈188b〉『実践理性批判』（続き）【Sp.353-360】≪ Rehberg ≫

(8/9)〈191b〉EDINBURG, b. Bell, und LONDON, b. G. G. J. & Robinson: Thomas Reid（グラスゴー大学道徳哲学教授）『人間の能動的力についてのエッセー』1788年，493頁，4折り版【Sp.385-390】

(8/13)〈194b〉BERLIN, in Commission der Königl. Preussl. akadem. Kunst-und Buchhandlung:『啓蒙について―啓蒙は国家や宗教にとって危険である可能性があるのか否かについての断章』1788年，72頁，8折り版【Sp.417-421】

(8/16)〈197a〉GIESSEN, b. Krieger d. j.: Ludwig Julius Friedrich Höpfner『個人と社会と諸国民の自然法』改訂第3版1787年，300頁，8折り版（18gr.)【Sp.441-442】

(8/30)〈209a〉FRANKFURT, b. Gebhard: G. A. Tittel『フェーダー氏の分類に沿った理論哲学および実践哲学の解明，形而上学』改訂増補版，1788年，774頁，8折り版【Sp.571-573】

(9/3)〈212b〉BERLIN, b. Himburg: Christian Gottlob Selle（ベルリン科学アカデミー会員）『純粋哲学の諸原則』1788年，180頁，8折り版（12gr.)【Sp.609-616】

（9/19）〈226a〉STUTTGART, b. Mezler: Jacob Friedrich Abel（シュツットガルトのカール学院の心理学・道徳学教師）『人間の表象の起源について』1786年，294頁，8折り版（20gr.）

FRANKFURT u. LEIPZIG : J. F. Abel『思弁的理性の本性についての試論，カントの体系の吟味のために』1787年，174頁（10gr.）

STUTTGART, b. Erhard: J. F. Abel『体系的形而上学のプラン』1787年，232頁および12頁の補遺，8折り版（14gr.）【以上3点合わせてSp.753-760】

（9/19）〈226b〉『人間の表象の起源について』，『思弁的理性の本性についての試論，カントの体系の吟味のために』，『体系的形而上学のプラン』（続き）【Sp.761-766】

（10/21）〈253〉JENA, in der Crökerschen Buchh: C. Chr. E. Schmid『純粋理性批判要綱』改訂第2版，1788年，202頁，8折り版【Sp.219-220】≪ Reinhold（?）≫

（12/29）〈311a〉HAMBURG, b. Bohn: Johann Albrecht Heinrich Reimarus『人間の認識と自然宗教の諸根拠について』1787年，172頁，8折り版（10gr.）【Sp.881-886】

1789年「哲学」欄　主要書評一覧

［この年から，号数付けは，a, b方式を廃止して通しナンバーに変更

Nr. 1 －Nr.402；Intelligenzblatt: Nr. 1 －Nr.150］

（月/日）〈号数〉

（1/3）〈3〉LEIPZIG, bey Crusius: Johann Friedrich Flatt（チュービンゲンの哲学教授）『因果性諸念の規定と演繹および自然神学の基礎づけのための断章，カント哲学との関係において』1788年，190頁，8折り版（12gr.）【Sp.18- 22】≪ Reinhold ≫

（1/8）〈8〉BERLIN, b. Mylius: C. P. Moritz und C. F. Pockels 編『経験心理学雑誌』第6巻の第1号から第3号，1788年，135頁，8折り大版（1 Rthlr. 6 gr.）【Sp.57-58】

（1/10）〈10〉FRANKFURT, in der Gebhardischen Buchhanl.: G. A. Tittel『カントの思惟形式，すなわちカテゴリー』111頁，大8折り版（8 gr.）【Sp.73-76】≪ Reinhold ≫ HALLE, b. Gebauer: J. A. Eberhard 編『哲学雑誌』第1巻第1号，1789年，XII頁および116頁，8折り版（8 gr.）【Sp.77-80】≪ Rehberg ≫

（1/15）〈15〉LEIPZIG, b. Müller : K. A. Cäsar 編『哲学界の回想録』第3巻1786年，306頁，第4巻1787年，300頁，第5巻1787年，243頁，第6巻1788年，274頁，8折り版（各巻18 gr.）【Sp. 113-115】

NÜRNBERG, bey Grattenauer: A. Weishaupt『唯物論と観念論について』完全改訂第2版，1788年，216頁，8折り版【Sp.115】≪ Reinhold ≫

（2/20）〈57〉HALLE, b. Gebauer: Christoph Gottfried Bardili（哲学士）『もっとも主要な哲学的諸概念の時期：第一部，精神，神，人間の魂の理念の時期』1788年，198頁，8折り版（12gr.）【Sp. 449-454】

（3/4）〈69〉LEIPZIG, b. Sommer: Joh. Gottlieb Stoll『懐疑と不確実性に抗していくつかの真理をより明らかにするための哲学談話，カントの純粋理性批判を機縁にして』1788年，322頁，（15gr.）【Sp. 545-548】

ZÜLLICHAU, b. Frommans Erben:『哲学の第一原則，および趣味，諸学問，歴史への第一原則の適用，大学での講義のために』（John Bruce の英語版からの Carl Gottfried Schreiter（ライプチッヒ大学の哲学教師）による翻訳），1788年，213頁，8折り版（12gr.）【Sp.548-550】

（3/7）〈72〉LEIPZIG, in der Müllerschen Buchhandl: Karl Heinrich Heydenreich『スピノザから見た自然と神』第1巻，1789年，224頁，8折り版（16gr.）【Sp.569－572】

LEIPZIG, b. Crusius: Friedr. Victor Lebrecht Plessing（哲学博士およびデュイスブルクの正教授）『太古の時代の哲学を解明するための試論』1788 年，470 頁，8 折り版（1 Rthlr. 6 gr.）【Sp.572-576】

（3 /22）〈90〉 HALLE, b. Gebauer: J. A. Eberhard 編『哲学雑誌』第 1 巻第 2 号，112 頁から 241 頁まで（9 gr.）【Sp.713-716】≪ Rehberg ≫

（4 / 6 ）〈107〉 BERLIN, b. Vieweg d.ä.:Villaume『満足について』第 2 部，1788 年，158 頁および 233 頁，8 折り版（1 Rthlr.）【Sp.41-46】

（4 /22）〈123〉 LEIPZIG, b. Junius:『愛好者のための哲学史』第 2 巻 1786 年，498 頁，第 3 巻 1787 年，519 頁，8 折り版【Sp.169-172】

（5 /22）〈154〉 BRAUNSCHWEIG, in der Schulbuchh.: Karl Philipp Moritz『美の造形的模倣について』1788 年，52 頁，8 折り大版（3 gr.）【Sp.417-421】

（6 / 5 ）〈168〉 NÜRNBERG, b. Grattenauer: A. Weishaupt『人間の認識の根拠と確実性について，カントの純粋理性批判の吟味のために』1788 年，204 頁，8 折り版（16gr.），A. Weishaupt『カントの直観と現象について』1788 年，267 頁，8 折り版（20gr.）【Sp.529-534】

LEIPZIG, b. Crusius:『悪の起源と悪についての諸見解』第 3 巻，1787 年，308 頁，8 折り版【Sp.534-536】

（6 /11）〈174〉 HALLE, b. Gebauer: J. A. Eberhard 編『哲学雑誌』第 1 巻第 3 号および第 4 号，1789 年，8 折り版（16gr.）【Sp.577-584】≪ Reinhold ≫

（6 /12）〈175〉『哲学雑誌』（続き）【Sp.585-592】≪ Reinhold ≫

（6 /13）〈176〉『哲学雑誌』（続き）【Sp.593-597】≪ Reinhold ≫

（6 /17）〈180〉 MÜNCHEN, b. Lentner: Benedikt Stattler（バイエルン選帝侯領司教座聖堂参事会員）『反カント』第 1 巻，1788 年，482 頁，第 2 巻（カントの道徳の形而上学への反論を付録として），332 頁（1 Rthlr. 8 gr.）【Sp.625-632】

（6 /23）〈186〉 JENA, b. Mauke: Karl Leonhard Reinhold『カント哲学のこれまでの運命について』6 頁，8 折り大版【Sp.673-676】≪ Rehberg ≫

HALLE, b. Gebauer: Jakob Harris『ヘルメス，あるいは普遍文法についての哲学的考察』（C. G. Ewerbeck による翻訳，F. A. Wolf と翻訳者による注解と論文を付して）第 1 部，1788 年，350 頁，8 折り版（1 Rthlr. 6 gr.）【Sp.676-678】

（6 /27）〈190〉 HANNOVER, b. Schmid : J. C. F. Bornträger『神の存在について：カント哲学とメンデルスゾーン哲学の関係から見て』1788 年，156 頁，8 折り版（8 gr.）【Sp.705-709】

（7 /12）〈205〉 BERLIN u. STETTIN, b. Nicolai: Ernst Ferdinand Klein『ガルヴェ教授への書状，強制の義務と良心の義務について，また国家の統治における好意と正義の本質的区別について』1789 年，100 頁，8 折り版【Sp.89-94】

（7 /21）〈214〉 PARIS, b. Pankouke: Lacartelle『方法論の百科全書，論理学と形而上学』（フランス語版）第 2 巻，1788 年，336 頁，4 折り版【Sp.166-167】

（8 /24）〈261〉 RIGA, b. Hartknoch: I. Kant『自然科学の形而上学的原理』1786 年，24 頁＋158 頁，第 2 版 1787 年，同頁数，8 折り大版（8 gr.）【Sp.537-544】≪ Schütz ≫

（8 /25）〈262〉『自然科学の形而上学的原理』（続き）【Sp.545-552】≪ Schütz ≫

（9 / 2 ）〈274〉 FRYBERG u. LEIPZUIG, b. der Crazischen Buchh.: Georg Niklas Brehm（ライプチッヒの哲学教授）『真の法の根本学として考察された自然法の真の本質について．一つの哲学的試論』1789 年，135 頁，8 折り版【Sp.641-643】

JENA, in der Cröckerschen Buch: C. Chr. E. Schmidt『カントの諸著作を簡便に利用するための

用語集』増補第二版 1788 年，52 頁＋363 頁，8 折り版，16gr.)【Sp.646-647】

（9 /29）〈303〉FRANKFURT am MAIN, b. Jäger: Johann Heinrich Abicht（エアランゲンの哲学博士）『意志の事柄に関する批判的探求の試論』1788 年，370 頁，8 折り版（14gr.)【S.873-877】≪ Reinhold（?）≫

LEIPZIG, b. Haugs Wittwe: J. H. Abicht『カントの諸原則に沿った満足の形而上学の試論，体系的な主意説と道徳を基礎づけるために』1789 年，302 頁，8 折り版（14gr.)【Sp.877-880】≪ Reinhold（?）≫

（9 /30）〈304〉『カントの諸原則に沿った満足の形而上学の試論，体系的な主意説と道徳を基礎づけるために』（続き）【Sp.881-882】≪ Reinhold（?）≫

LEIPZIG, b. Haugs u. Wittwe: J. H. Abicht und Friedrich Gottlob Born 編『新哲学雑誌，カントの体系の解明と応用のために』第 1 巻，第 1 号 1789 年，136 頁，8 折り版（9 gr.)【Sp.882-885】≪ Reinhold（?）≫

（11/ 8 ）〈346〉LONDON, b. Payne u.Sohn etc.:『ユークリッドの原論第一巻に対するプロクロスの哲学的，数学的注釈とプロクロスの生涯』Marinus によるギリシャ語からの翻訳，Thomas Taylor によるプラトンのイデア論等についての序論的論文を付して．1788 年，4 折り版 183 頁【Sp. 332-335】

（11/19）〈357〉PRAG, b. Widtmann und JENA, b. Mauke: K. L. Reinhold『人間の表象能力の新理論の試論』1789 年，68 頁＋579 頁，8 折り大版【Sp.417-424】≪ Rehberg ≫

（11/20）〈358〉『人間の表象能力の新理論の試論』（続き）【Sp.425-429】≪ Rehberg ≫

1790 年「哲学」欄　主要書評一覧

［Nr. 1 －Nr.390；Intelligenzblatt: Nr. 1 －Nr.174］

（月/日）〈号数〉

（1 /11）〈11〉HALLE, in Commiss.bey Franke u. Bispink: L. H. Jacob（ハレの哲学博士・教授）『一般論理学要綱および一般形而上学の批判的基礎』1788 年，第 1 巻 246 頁，第 2 巻 21 頁＋450 頁，【Sp. 81-88】≪ Reinhold ≫

（1 /12）〈12〉『一般論理学要綱および一般形而上学の批判的基礎』（続き）【Sp.89-91】≪ Reinhold ≫

MANNHEIM, in d. neuen Hof-und akad. Buchh.: Friedrich Wilhelm Daniel Snell（ギーセンのギムナジウム教師）『メノン，あるいはカント教授の実践理性批判から解明される最も重要な点についての会話』1789 年，392 頁，8 折り版（1 Rthlr. 4 gr.)【Sp. 94-96】

（4 /16）〈106〉LEIPZIG, bey Büschels Wwe.: Christian Gottfried Tilling『カントの道徳形而上の基礎づけ吟味のための所見，自然法の最高原則の根拠づけという意図に基づいて』1789 年，330 頁，8 折り大版【Sp.121-128】

（5 /21）〈141〉BRESLAU, b. Löwe: J. H. Jacobi『スピノザの教説について，モーゼス・メンデルスゾーン氏宛ての書簡の形式で』増補新版，1789 年，440 頁，8 折り版（1 Rthlr.16gr.)【Sp.401-407】

NÜRNBERG, b. Felsseckers sel. Söhnen: Johann Christian König（アルトドルフの形而上学正教授）『理性の宗教と道徳論，平易な講義』第 1 部，1789 年，XIV＋269 頁，8 折り版（20gr.)【Sp.407-408】

（6 / 1 ）〈152〉STUTTGART, b. Erhard u. Löfflund: Immanuel Daniel Mauchart（哲学修士）『人間の心の諸現象．経験心理学の将来的教育のための素材集』1789 年，368 頁，8 折り版【Sp.490-494】

OFFENBACH, b. Weiss u. Brede:〔C. W. Snell〕『意思決定論と道徳的自由について』1789 年，8 折り版【Sp.494-495】

STUTTGART, b. Erhard u. Löflund:『経験心理学雑誌の最初の 6 巻への補遺．この雑誌の編集

者宛の書状の形式で』1789 年，150 頁，8 折り版（9 gr.）【Sp.495-496】

（6 /13）〈164〉LEIPZIG, b. Göschen: C. M. Wieland『信仰の対象について哲学的に思惟する自由の思想』改訂新版，1789 年，174 頁，8 折り版（12gr.）【Sp.585-588】

BERLIN, b. Mauer: Joh. Friedr. Zöllner『思弁哲学について，哲学の愛好者と初心者のために』1789 年，215 頁，8 折り版（14gr.）【Sp.588-592】

（6 /15）〈166〉MAINZ u. FRANKFURT, in der Hermannschen Buchh.: Anton Joseph Darsch（マインツの哲学教授）『哲学研究のための寄稿集』第 1 号から第 6 号まで，各 8 ボーゲン，1788 年-90 年（2 Rthlr.）【Sp.601-608】

（6 /16）〈167〉『哲学研究のための寄稿集』（続き）【Sp.609-610】

（6 /18）〈169〉TÜBINGEN, b. Cotta: J. F. Flatt（チュービンゲンの哲学教授）『宗教一般の道徳的認識根拠についての書簡，特にカント哲学との関係において』1789 年，110 頁，8 折り版（9 gr.）【Sp. 625-629】

（7 /22）〈210〉GÖTTINGEN, b. Dietrich: J. G. H. Feder und Chr.Meiners 編『哲学叢書』第 1 巻 1788 年，232 頁，第 2 巻，1789 年，256 頁，8 折り版（1 Rthlr.）【Sp.217-224】

（7 /26）〈215〉BERLIN u. STETTIN, b. Nicolai: E.F.Klein（ベルリン科学アカデミー正会員）『自由と所有』（フランスの国会決定に関して八つの会話形式で論じられた）1790 年，184 頁，8 折り版【Sp. 257-260】

（8 /10）〈234〉GÖTTINGEN, b. Dietrich: J. G. H. Feder und Chr. Meiners 編『哲学叢書』第 3 巻，1790 年，252 頁，8 折り版（12gr.）【Sp.412-414】

BERLIN, b. Mylius: C.P.Moritz/C.E.Pockels 編『経験心理学雑誌』第 6 巻第 1 号 128 頁，第 2 号 128 頁，第 3 号 126 頁，8 . 1789 年（1 Rthlr. 6 gr.）【Sp.414-416】

（9 /24）〈281〉HALLE, b. Gebauer: J. A. Eberhard 編『哲学雑誌』第 2 巻第 1 号，1789 年，124 頁，第 2 号，126 頁，第 3 号，140 頁，第 4 号，124 頁，1790 年，8 折り版（1 Rthlr. 8 gr.）【Sp.785-792】

（9 /25）〈282〉『哲学雑誌』（続き）【Sp.793-800】

（9 /26）〈283〉『哲学雑誌』（続き）【Sp.801-808】

（9 /27）〈284〉『哲学雑誌』（続き）【Sp.809-814】

（10/ 2 ）〈289〉BERLIN, b. Decker u. Sohn:『父権に関する論文』（1 月 24 日の学術・文芸王立アカデミーの公開会議で一等賞を得た論文，次点を獲得した 2 論文）（フランス語）1788 年，106 頁，4 折り版

DRESDEN u. LEIPZIG, b. Breitkopf: H.E.von Globig『父親の支配力の根拠と限界について』（1786 年にベルリン科学アカデミーが公募した懸賞課題の解答）1789 年，136 頁，8 折り版【以上 2 点合わせて Sp. 9 -12】

BERLIN, b. Unger: Friedr.Schulz 編『より高次な世界論・人間論からなるロシュフーコーの諸命題について』（フランス語およびドイツ語）1790 年，211 頁，8 折り版【Sp.12-14】

（10/19）〈309〉LEIPZIG, b. Crusius: F. V. L. Plessing（デュイスブルクの哲学正教授）『太古の哲学を解明するための試論』第 2 巻第 1 部，1790 年，496 頁，大 8 折り版【Sp.177-184】

（12/11）〈370〉LEIPZIG, b. Hertel: Gottlob Ernst Schulze（ヘルムシュテットの哲学教授）『講義，哲学研究の最高の目的について』124 頁，8 折り版（8 gr.）【S.667-669】

（12/25）〈384〉HALLE, in der Buchhandl. des Waisenhauses : J. A. Eberhard 編『芸術と学問の理論，講義用』改訂第 3 版，1790 年，286 頁，8 折り版【Sp.777-783】

（12/26）〈385〉『芸術と学問の理論，講義用』（続き）【Sp.785-787】

（12/27）〈386〉KÖNIGSBERG, b. Hartung: Johann Schulz（宮廷説教師および数学正教授）『カントの純粋理性批判の吟味』第 1 部，1789 年，242 頁，8 折り大版（16gr.）【Sp.793-799】

1791年「哲学」欄　主要書評一覧

［Nr. 1 －Nr.350； Intelligenzblatt: Nr. 1 －Nr.154］

（月/日）〈号数〉

（1/28）〈26〉JENA, bey Mauke: K. L. Reinhold『哲学者たちのこれまでの誤解を是正するための寄稿集，根元哲学の基底に関して』第1巻，XII＋456頁，8折り版（1 Rthlr. 8 gr.）【S.201-208】≪ Rehberg ≫

（1/28）〈27〉『哲学者たちのこれまでの誤解を是正するための寄稿集，根元哲学の基底に関して』（続き）【Sp.209-214】≪ Rehberg ≫

FRANKFURT a.M., in d. Gebhard und Körpersehen Buchhandl.: Chr.W.D. Snell（ギムナジウムの前校長）編纂『個人及び国家全体の幸福と結合した道徳：カントの道徳哲学を考慮に入れて，懸賞論文から集められた論集』1790年，582頁，8折り版（1 Rthlr.12gr.）【Sp.214-216】

（1/29）〈29〉ALZBURG, in der Waisenhausbuchh.: Bernard Stöger（ベネディクト会修道士兼ザルツブルクの高等学院教師）『私講義の聴講者のための理論哲学研究手引き，第1部論理学』1789年，384頁，8折り版【Sp.225-228】

（2/18）〈54〉RIGA, b. Hartknoch: I. Kant『純粋理性批判』随所で改訂された再版，1787年，第3版1790年，884頁，8折り大版【Sp.425-432】≪ Reinhold ≫

（2/18）〈55〉『純粋理性批判』（続き）【Sp.433-435】≪ Reinhold ≫

HALLE, b. Hemmerde und Schwetschke: Carl Friedrich Bahrdt博士『市民のための道徳ハンドブック』1789年，333頁（20gr.），改訂増補第2版，1791年，8折り版（16gr.）【Sp.437-440】

（3/30）〈97〉LEIPZIG, b. Crusius: F. V. L. Plessing（デュイスブルクの哲学博士）『太古の哲学を解明するための試論』第2巻第2部，1790年，537頁，8折り大版【Sp.769-774】

（4/8）〈108〉JENA, in d. Cräker. Buchh.: C. Chr. E. Schmid『道徳哲学の試論』1790年，420頁，8折り版（1 Rthlr. 8 gr.）【Sp.57-64】≪ Heydenreich ≫

（6/9）〈160〉LEIPZIG, b. Crusius: E. Platner『医師と哲学者のための新しい人間学．とくに心理学，病理学，道徳哲学，美学を考慮に入れて』第1巻，1790年，664頁，8折り版（1 Rthlr.20gr.）【Sp. 473-479】

BRAUNSCHWEIG, in der Schulbuchh.: Philipson『ベネディクト・スピノザの生涯』1790年，120頁，8折り版【Sp.479-480】

（6/10）〈161〉ZÜLICHAU, b. Formanns Erben: L. H. Jakob（ハレの哲学教授）『義務の概念から見た魂の不死の証明』［著者自身によるラテン語版からの翻訳，若干の修正を含む］1790年，LXXX＋100頁，8折り版【Sp.481-482】

BERLIN u. STETTIN, bey Nicolai:〔著者名なし〕『神，世界，人間の魂についての試論：当今の哲学的論争をきっかけにして』1788年，424頁，8折り版【Sp.484-485】

（6/13）〈163〉LEIPZIG, b. Weygand: K. W. Heydenreich『自然宗教の哲学についての考察』第1巻，1790年，272頁，大8折り版【Sp.497-505】

（6/27）〈175〉LEIPZIG, b. Göschen: K.L.Reinhold『カント哲学についての書簡』第1巻，1790年，371頁，8折り大版【Sp.593-596】

（6/29）〈177〉TÜBINGEN, b. Heerbrand: Jakob Friedrich Abel（シュツットガルトのカール学院教授）『哲学的，キリスト教的道徳論の重要諸主題の解明』1790年，244頁，8折り版（18 gr.）【S. 609-610】

（7/4）〈181〉LEIPZIG, b. Crusius: Villaume『心理学上の若干の問題についての試論』1789年，467頁，8折り版（1 Rthlr. 4 gr.）【Sp.21-24】

（7/25）〈199〉LEIPZIG, bey Weygand: K. H. Heydenreich『自然宗教の哲学についての考察』第2巻，1791年，252頁，8折り版【Sp.162-167】

COBURG, b. Ahl: Johan Christian Briegleb『哲学的諸学入門，聴講者用：哲学史概略および最も重要な哲学的著作の一覧表を付して』1789年，206頁，8折り版【Sp.168】

（8/3）〈209〉FRANKFURT, b. Brönner: G. A. Tittel『フェーダー氏の分類に沿った理論哲学および実践哲学の解明，実践哲学全般』改訂増補新版，1789年，423頁，大8折り版【Sp.242】

（8/15）〈222〉HALLE, b. Gebauer: Gebhard Ulrich Brastberger『カントの純粋理性批判に関する探究』1790年，8折り版430頁6 V.【S.345-350】≪Reinhold≫

（9/26）〈259〉GÖTTINGEN, b. Vandenhoek und Ruprecht:〔著者名なし〕『純粋理性批判についてカント氏に宛てた批判的書簡』1790年，309頁，8折り大版【Sp.641-645】

LEIPZIG, b. Barth: J. H. Abicht und E. G. Born 編『新哲学雑誌，カント的体系の解明と応用のために』第2巻第1,2号1790年，第3号1791年，396頁，8折り版【Sp.645-647】

（12/30）〈348〉BERLIN, b. Matzdorf: J. G. C. Kiesewetter『道徳哲学の第一根本命題について』（第1部は，意志の自由に関するヤーコプ教授の論文のほかに，従来の道徳の諸体系の吟味を含む．第2部はカント的道徳原理の吟味を含む）1791年，238頁，8折り版（1 Rthlr.12gr.）【Sp.668-670】

GROTTKAU u. LEIPZIG, in der Schulbuchh.: Johann Gottlieb Peucker『カントの体系の主な要素の叙述．理性批判および理性批判に対する反論への応答に従って』1790年，374頁，8折り版【Sp.670-671】

1792年「哲学」欄　主要書評一覧

[Nr. 1 －Nr.344; Intelligenzblatt: Nr. 1 －Nr.149]

（月/日）〈号数〉

（1/7）〈7〉BERLIN, bey Unger: Salomon Maimon『哲学辞典，アルファベット順に並べられた最重要な哲学的主題の説明』第1部1791年，222頁，8折り版【Sp.49-56】≪Reinhold≫

（2/17）〈48〉LONDON, auf Kosten des Vf. U. Payne u. Sohn u.f.f.:『ユークリッドの原論第1巻に対するプロクロスの哲学的，数学的注釈』（後期プラトン主義者によるプラトン哲学の歴史，およびプロクロスのギリシャ語原典神学原理からのThomas Taylorによる翻訳を付して）第2巻，1789年，444頁，4折り版（7 Rthlr.）【Sp.377-379】

（4/2）〈86〉JENA, in der Crökerschen Buchhandl.: C. Chr. E. Schmid（現在はギーセンの教授）『経験的心理学』（表題には書き添えられていないが，その第1巻），1791年，568頁，8折り大版【Sp. 1-8】≪Reinhold≫

（4/3）〈87〉『経験的心理学』（続き）【Sp. 9-14】≪Reinhold≫

（4/9）〈92〉JENA, b. Mauke: C. L. Reinhold『哲学的知の基底について，表象能力理論に関する若干の説明を付して』1791年，222頁，8折り版（18gr.）【Sp.49-56】≪Schmid≫

（4/10）〈93〉『哲学的知の基底について，表象能力理論に関する若干の説明を付して』（続き）【Sp.57-60】≪Schmid≫

（5/8）〈117〉JENA, in der akademischen Buchh.: Wilhelm Gottlieb Tennemann『不死性についてのソクラテス学派の教説と見解』1791年，592頁，8折り版（1 Rthlr. 8 gr.）【Sp.249-254】

DUISBURG, in der Universitätbuchh. der Gebrüder Helwing: Chr.Meiners『全事物の創始者にして統治者である真の神についての学説の歴史』（Justus Conr. Menschingによるラテン語版からの翻訳）1791年，493頁，8折り版【Sp.254-255】

（5/30）〈136〉BRESLAU u. BRIEG, b. Gutsch: Joh. Wilh. Andreas Kosmann（哲学博士，Frankfurt an der

Oder プロイセン王立学術協会会員）編『批判的，通俗的哲学のための一般雑誌』第1巻第1号．イェーナの顧問官ラインホルト氏の（優れた）肖像画付 1791 年，220 頁，8 折り版（14gr.）【Sp.403-405】

LIEEAU, b. Friedrich: L. H. Jakob（哲学博士・哲学教授）『神の存在の道徳的証明について』1791 年，196 頁，8 折り版（12gr.）【Sp.405-407】

（6／2）〈139〉LEIPZIG, b. Weidmann: Johann Gottlieb Schaumann（ハレの王立教育院の正教師）『超越論的感性論について，批判的一試論』（「超越論的観念論」についてのフェーダー宮廷顧問官への一書状を付して）1789 年，190 頁，8 折り版【Sp.428-429】

HALLE, in der Waisenhausbuchh：J. G. Schaumann『霊魂，あるいは魂についての談話』第2部，1791 年，640 頁，8 折り版【Sp.429-430】

NÜRNBERG, b. Felsecker:『単なる理性から神の存在を証明することの不可能性についての論述』1791 年，190 頁，8 折り版（9 gr.）【Sp.430-431】

（7／4）〈174〉HALLE, b. Hemmerde:『デイヴィット・ヒューム，人間の本性について』（ハレの哲学教授 L. H. Jakob による英語版からの翻訳，本書を評価するための批判的試論を付して），『第1巻　人間の悟性について』1790 年，843 頁，8 折り大版『第2巻　情緒について』1791 年，314 頁，『第3巻　道徳について』1792 年，302 頁，【Sp.17-24】≪ Reinhold ≫

（7／4）〈175〉『デイヴィット・ヒューム，人間の本性について』（続き）【Sp.25-32】≪ Reinhold ≫

（7／18）〈190〉KÖNIGSBERG, b. Hartung:〔J.G.Fichte（匿名）〕『あらゆる啓示の批判の試み』1792 年，182 頁，大 8 折り版（16gr.）【Sp.145-152】≪ Hufeland ≫

（7／18）〈191〉『あらゆる啓示の批判の試み』（続き）【Sp.153-160】≪ Hufeland ≫

（7／30）〈204〉FRANKFURT a. M., b. Gebhard u. Körper: G. A. Tittel『フェーダー氏の分類に沿った理論哲学および実践哲学の解明，道徳』改訂増補新版，1971 年，26 頁＋581 頁，8 折り版（1 Rthlr. 20gr.）【Sp.257-261】

（8／1）〈207〉DANZIG, b. Troschel: Dan. Jenisch（ベルリンの説教師）『アリストテレスの倫理学』（ギリシャ語からの翻訳，注釈と論文を付して）1791 年，422 頁，8 折り版【Sp.281-285】

（8／10）〈215〉LEIPZIG, b. Barth: J. H. Abicht und G. H. Born 編『新哲学雑誌，カントの体系の解明と応用のために』第2巻第4号，397－558 頁，8 折り版（8 gr.）【Sp.345-348】

（9／4）〈236〉JENA, b. Cuno ´ s Erben: G. Hufeland（イェーナ大学の正教授）『自然法の諸定理およびそれらと結合した諸学の諸定理』1790 年，序文，目次，索引を除き 300 頁，8 折り版（18gr.）【Sp. 513-520】

（9／5）〈237〉『自然法の諸定理およびそれらと結合した諸学の諸定理』（続き）【Sp.521-523】

（9／28）〈257〉ZÜLLICHAU u. FREYSTADT, b. Fromann: Georg Gustav Fülleborn 編『哲学史論集』第1号，1791 年，134 頁，8 折り版【Sp.683-685】

（11/16）〈300〉MANHEIM, b. Schwan u. Götz: G. A. Tittel（バーデンの正教会顧問兼カールスルーエの王立学院校長・哲学正教授）『ロックの人間悟性について，簡便で有益な利用のために編纂された』1791 年，557 頁，大 8 折り版【Sp.329-333】

（11/24）〈307〉ZÜLLICHAU u. FREYSTADT, in der Fromannischen Buchh.: G. G. Fülleborn『哲学史論集』第2号，1792 年，169 頁，8 折り版（10gr.）【Sp.385-389】

（12/11）〈325〉MARBURG, in der akadem. Buchh.: D. Tiedemann（マールブルクの哲学正教授兼ヘッセン侯爵宮廷顧問官）『思弁哲学の精神』第1巻（ターレスからソクラテスまで），1791 年，391 頁，8 折り版【Sp.529-536】≪ Reinhold ≫

Ebend.: D. Tiedemann『思弁哲学の精神』第2巻（ソクラテスからカルネアデスまで），1791 年，

588 頁，8 折り版【Sp.529-536】≪ Reinhold ≫
(12/12)〈326〉『思弁哲学の精神』(続き)【Sp.537-544】≪ Reinhold ≫
(12/12)〈327〉『思弁哲学の精神』(続き)【Sp.545-547】≪ Reinhold ≫

1793 年「哲学」欄　主要書評一覧

[Nr. 1 ～Nr.356; Intelligenzblatt: Nr. 1 ～Nr.141]
(月/日)〈号数〉
(1/8)〈7〉LEIPZIG, bey. Klaubarth: F. G. Born (ライプチッヒ大学哲学教授)『感官論の第一根拠についての試論．時間・空間についてのカント的概念に関するさまざまな疑念，とくにヴァイスハウプトの疑念の吟味のために』1788 年，154 頁，8 折り版【Sp.49-50】
HALLE, b. Hendel: Ludolph Holst『カント氏の哲学全体の基底について』1791 年，238 頁，8 折り版【Sp.53-54】
(1/17)〈15〉PARIS, b. Panckoucke: Naigeon『方法論の百科全書，古代哲学と近代哲学』第 1 巻，1791 年，440 頁，4 折り版 (1 ライヒスタール 5 gr.)【Sp.113-115】
(2/4)〈30〉BERLIN, b. Lagarde: G. E. E. Kiesewetter (哲学博士)『カントの諸原則に従った純粋一般論理学要綱，講義用』1791 年，280 頁，8 折り版≪ Reinhold ≫
HALLE, b. Hemmerde u. Schwetschke: L. H. Jakob (ハレの哲学教授)『一般論理学要綱および一般形而上学の批判的端緒根拠』全面改訂第 2 版，1791 年，535 頁，8 折り版【以上 2 点合わせて Sp.233-240】≪ Reinhold ≫
(2/5)〈31〉『カントの諸原則に従った純粋一般論理学要綱』(続き) ≪ Reinhold ≫
『一般論理学要綱および一般形而上学の批判的端緒根拠』(続き)【以上 2 点合わせて Sp.241-245】≪ Reinhold ≫
(5/28)〈158〉BERLIN, in der Vossischen Buchh.:『結婚について』大幅増補第 3 版 1792 年，426 頁，8 折り版 (1 Rthlr. 8 gr.)【Sp.521-528】
(6/15)〈174〉WIEN, b. Hörling: Abbts Condillac『感覚論』J. M. Weissegger によるフランス語からの翻訳，1791 年，334 頁，8 折り版 (16gr.)【Sp.651】
(7/1)〈191〉BERLIN, b. Lagarde: I.Kant『判断力批判』第 1 版 1790 年，476 頁，8 折り大版，第 2 版 1793 年，482 頁，8 折り大版 (1 Rthlr.12gr.)【Sp. 1 - 8】≪ Reinhold ≫
(7/2)〈192〉『判断力批判』(続き)【Sp. 9 -16】≪ Reinhold ≫
(7/3)〈193〉『判断力批判』(続き)【Sp.17-24】≪ Reinhold ≫
(7/3)〈194〉『判断力批判』(続き)【Sp.25-32】≪ Reinhold ≫
(7/8)〈199〉発行地偽名のヘリオポリス，〔J. G. Fichte (匿名)〕『これまで思想の自由を抑圧してきたヨーロッパの君主たちからその回復を要求する』1793 年，XXIII＋435 頁　【Sp.71-72】≪ Chr. B. Kenzelmann ≫〔―「小品集」欄に掲載―〕
(9/4)〈255〉LEIPZIG, b. Fritsch: Immanuel Johann Gerhard Scheller『羅―独，独―羅簡易辞典，学習者用』(第 1 部：羅―独部分，XX 頁の序文と二巻本で 3214 欄．第 2 部：独―羅部分，VIII 頁の序文と 1792 欄) 1792 年，中央線入り 8 折り版 (全巻揃い 3 Rthlr.)【Sp.513-517】
PARIS:『人間の義務』Emmanuel Brosselard によるキケロのフランス語訳，1789 年，1790 年，1791 年，400 頁，(4 リーブル)【Sp.517-520】
(10/30)〈303〉GIESEN, b. Heyer: Leonhard Creuzer『意志の自由に関する懐疑論的考察』1793 年，(シュミット教授による序文付) XVI＋252 頁，8 折り版【Sp.201-205】≪ Fichte ≫
(10/31)〈304〉GOTHA, b. Ettinger: Friedrich Heinrich Gebhard『利害関心なき好意に基づく道徳的善につい

て』1792年，290頁，8折り版【Sp.209-215】≪ Fichte ≫

(11/26)〈326〉LEIPZIG, b. Barth: W. G. Tennemann『プラトン哲学の体系』第1巻，1792年，序文XXXIV頁，本文288頁，8折り版【Sp.385-390】

(11/27)〈327〉『プラトン哲学の体系』(続き)【Sp.393-396】

(12/30)〈355〉LEIPZIG, in d. Weygand. Buchh.: K. H. Heydenreich『哲学研究への百科全書的導入，現代の欲求に鑑みて．哲学文献への手引きを付して』1793年，XIV＋249頁，8折り大版【Sp.617-620】

1794年「哲学」欄　主要書評一覧

[Nr. 1 ～Nr.405; Intelligenzblatt: Nr. 1 ～Nr.150]

(月/日)〈号数〉

(1 3)〈3〉KÖNIGSBERG, in der Hartung.Buchh.: Johann Gottlieb Fichte『あらゆる啓示の批判の試み』増補改訂第2版，1793年，249頁，8折り版【Sp.17-24】≪ Hufeland ≫

(1/13)〈11〉FRANKFURT a. M., in der Hermann. Buchh.: G. A. Tittel『理論哲学および実践哲学の解明，論理学．フェーダー氏の分類に沿って』改訂増補第3版，1793年，XXX＋708頁，8折り大版(2 Rthlr.)【Sp.31-34】

(2/11)〈47〉Ohne Druckort: [Gottlob Friedrich Ludwig Schulze(匿名)]『エーネジデムス，イェーナのラインホルト教授によって展開された根元哲学の基底について，理性批判の不当な行為に反対する懐疑論の擁護』1792年，445頁，8折り版【Sp.369-374】≪ Fichte ≫

(2/11)〈48〉『エーネジデムス』(続き)【Sp.377-383】≪ Fichte ≫

(2/12)〈49〉『エーネジデムス』(続き)【Sp.385-389】≪ Fichte ≫

ZÜLLICHAU u. FREYSTADT, in der Fromannischen Buchh.: G. G. Fülleborn 編『哲学史論集』第3号，1793年，196頁，8折り版【Sp.389-392】

(2/17)〈55〉GOTHA, bey Ettinger: 『カントの体系の解明と吟味のための寄稿集，六篇』1794年，XVI＋134頁，8折り版【Sp.433-435】

(3/13)〈86〉KÖNIGSBERG, b. Nicolovius: I. Kant『単なる理性の限界内における宗教』1793年，XX＋296頁，8折り大版【Sp.681-688】≪ Reinhold ≫

(3/13)〈87〉『単なる理性の限界内における宗教』(続き)【Sp.689-695】≪ Reinhold ≫

(3/14)〈88〉『単なる理性の限界内における宗教』(続き)【Sp.697-704】≪ Reinhold ≫

(3/15)〈89〉『単なる理性の限界内における宗教』(続き)【Sp.705-712】≪ Reinhold ≫

(3/15)〈90〉『単なる理性の限界内における宗教』(続き)【Sp.713-715】≪ Reinhold ≫

(5/7)〈153〉発行所記載なし，[J. G. Fichte(匿名)]『フランス革命に関する公衆の判断を是正するための寄与』1793年，XXIII＋435頁　【Sp.345-352】≪ Reinhold ≫―「国家学」欄に掲載―

(5/7)〈154〉『フランス革命に関する公衆の判断を是正するための寄与』(続き)【Sp.353-360】≪ Reinhold ≫

(6/3)〈183〉LEIPZIG, b. Breitkopf u. C.: 〔Karl Gottlob Hausius〕『批判哲学の歴史のための資料，三部集，カント哲学の歴史への史的序論を付して』，CLXXII＋253頁＋245頁＋238頁，8折り版【Sp. 585-587】

(6/6)〈187〉JENA, in d. Cröker. Buchh.: C. Chr. E. Schmid『道徳哲学要綱　講義用』1793年，256頁，8折り版【Sp.623-624】

(8/5)〈255〉STUTTGART, b. Erhard u. Löflund: Chr. Gottfr. Bardili(カール学院教授)『Sophysusあるいは哲学の基底としての道徳と自然』(二つの対話形式で，時代の精神に関する一論文を付して)，1794年，16＋204頁，8折り版【Sp.325-327】

(8/7)〈258〉HALLE, b. Francke u. Bispink: F.G.F.Wrede『実在論と観念論の対論――ライプニッツ的思想

体系とカント的思想体系の第一根本命題の詳細な吟味のために――』1791年，340頁，8折り版【Sp.345-351】

（8/9）〈261〉JENA, b. Cuno's E. :Friederich Immanuel Niethammer（イェーナの哲学部助手，現在は教授）『あらゆる啓示の批判の試みについて』1792年，117頁，8折り版【Sp.369-373】

（8/11）〈262〉WIEN, b. Stabel:『祖国愛について，哲学的，歴史的試論』第一部392頁，第二部380頁，1793年，8折り版【Sp.377-384】

（9/12）〈300〉MARBURG, in der neuen Akadem. Buchh.: D.Tiedemann『思弁哲学の精神』第3巻1793年，567頁，8折り版【Sp.681-688】

（9/13）〈301〉『思弁哲学の精神』（続き）【Sp.689-696】

（9/26）〈315〉KÖNIGSBERG, b. Nicolovius: J. H. Jacobi（デュッセルドルフの枢密顧問官）『ヴォルデマール』1794年，第1部XXI+190頁，第2部VI+294頁，8折り版【Sp.301-307】

（9/27）〈316〉『ヴォルデマール』（続き）【Sp.309-316】

（9/27）〈317〉『ヴォルデマール』（続き）【Sp.317-321】

（12/3）〈379〉LEIPZIG, b. Schwickert: E. Plattner『哲学的箴言集，哲学史へのいくつかの手引きを付して』第1巻，［改訂増補第3版］1793年，636頁，8折り大版【Sp.473-479】

（12/3）〈380〉『哲学的箴言集』（続き）【Sp.481-487】

（12/16）〈392〉GIESSEN, b. Heyer: Friedrich W. D. Snell（ギーセンの哲学教授）『哲学の最初の授業のための教本』第1部：経験心理学，論理学，形而上学，美学，第2部：道徳，自然法，道徳的宗教論，1794年，264頁と138頁，8折り版【Sp.577-579】

（12/31）〈405〉BERLIN, b. Voss u. Sohn: S. Maimon『超越論哲学についての試論』（象徴的認識についての付論と注釈を付して），1790年，444頁，8折り小版【Sp.681-688】

1795年「哲学」欄　主要書評一覧

［Nr. 1～Nr.349; Intelligenzblatt: Nr. 1～Nr.156］

（月/日）〈号数〉

（1/5）〈4〉LEIPZIG, b. Crusius: Carl Friedrich Stäudlin（ゲッチンゲンの神学正教授）『懐疑主義の歴史と精神，とくに道徳と宗教に関して』第1巻X+563頁（1 Rthlr.12gr.），第2巻309頁（1 Rthlr.），1794年，8折り大版【Sp.25-32】

（1/5）〈4〉『懐疑主義の歴史と精神，とくに道徳と宗教に関して』（続き）【Sp.33-37】

（2/6）〈35〉BERLIN, b. Mylius: K. P. Moritz und S.Maimon 編『経験的心霊論雑誌』第10巻第1号1792年，127頁，第2号1793年，127頁，第3号1793年，166頁，8折り版【Sp.273-274】

（3/3）〈63〉HALLE, b. Hemmerde u. Schwetschke: Johann Christoph Hoffbauer（ハレの哲学博士）『判断と推論の分析論』1792年，204頁，8折り版

Ebendas., b. Michaelis u. Comp.: Johann Gebhard Ehrenreich Maass（ハレの哲学教授）『論理学要綱，講義用』1793年，350頁，8折り版【2点合わせてSp.497-502】

（3/7）〈68〉BERLIN, b. Vieweg: S. Maimon『哲学界逍遥』第1部，1793年，22+272頁，8折り大版【Sp. 537-540】

（3/12）〈74〉JENA, in der akad.Buchh.:Philipp Christian Reinhard『宗教的理念の成立と形成の歴史概要』1794年，372頁，8折り版【Sp.585-590】

（4/27）〈119〉ZÜLLICHAU u. FREYSTAD, in d. Frommannischen Buchh.: G. G. Fülleborn（ブレスラウのエリザベート学院教授）編『哲学史論集』第4号，1794年，219頁，8折り版【Sp.188-190】

（5/13）〈134〉JENA, in d. Cröcker. Buchh.: C. Chr. E. Schmid（ギーセンの教授）『道徳哲学の試論』増補第2

版 1792 年，XII＋340 頁，8 折り大版【Sp.305-310】≪ J. B. Erhard ≫

（5/27）〈147〉TÜBINGEN, b. Heerbrand: Carl Philipp Conz（ファイヒンゲンの牧師補）『後期ストア哲学の歴史と特有性についての論集』キリスト教的，カント的，ストア的道徳に関する一試論付，1794 年，178 頁，8 折り版【Sp.409-412】

（6/4）〈155〉LEIPZIG, b. Baumgartner: C. H. Heydenreich『哲学の興味深い諸対象に関する原理念，重要な哲学文献の批評的指針を付論として』第 1 篇 1793 年，VIII＋230 頁，第 2 篇 1794 年，IIII＋246 頁，8 折り版（1 Rthlr. 16gr.）【Sp.473-480】

（8/18）〈224〉JENA u. LEIPZIG, b. Gabler: J. G. Fichte『学者の使命に関するいくつかの講義』1794 年，124 頁，8 折り小版【Sp.353-360】≪ J.B.Erhard ≫

（9/5）〈241〉NEU-STRELIZ, im Verl. d. neuprivileg. Hofbuchh.:〔F.I.Niethannmer〕『学としての宗教について，宗教の内容を規定し，その証拠資料の論じ方を規定するために』1795 年，1 ボーゲンと 170 頁，8 折り版【Sp.489-493】≪ J. B. Erhard ≫

（9/12）〈247〉BERLIN, b. Felisch: S. Maimon『アリストテレスのカテゴリー，思惟の新しい理論への予備学として』1794 年，XII＋257 頁，8 折り版【Sp.537-542】

（9/14）〈249〉BERLIN, b. Nauck: A. Riem『理性的なもののための宗教の純粋な体系』1793 年，404 頁，8 折り版【Sp.353-357】

（10/31）〈293〉JENA u. LEIPZIG, b. Gabler: Johann Benjamin Erhard（ニュルンベルクの医学博士）『革命のための人民の権利について』1795 年，194 頁，8 折り版【Sp.225-229】

（11/6）〈298〉GÖTTINGEN, b. Dietrich: Friedrich Bouterweck『理性批判の支持者たちへの箴言集』1793 年，206 頁，8 折り版

NÜRNBERG, in der Felseckerschen Buchh.: Georg Fried. Daniel Goess『カントの理性批判の体系的叙述，講義用』理性批判の目的，歩み，運命に関する一論文を付して，1794 年，192 頁，8 折り版【2 点合わせて Sp.265-267】

ERFURT, b. Keyser: 『哲学の普遍的根拠としての意識について』1793 年，606 頁，8 折り版【Sp.267-272】

（11/23）〈314〉LEIPZIG, b. Göschen: Johann Chr. K. Visbeck『ラインホルトの根元哲学の主要な諸契機，エーネジデムスの異論との関係において』1794 年，VIII＋336 頁，8 折り大版【Sp.393-398】

（12/14）〈334〉LEIPZIG, b. Barth: J. H. Abicht『人間本性から展開された哲学的徳論の新たな体系』1790 年，XVI＋374 頁，8 折り版（20gr.）【Sp.552-555】

1796 年「哲学」欄　主要書評一覧

［Nr. 1 ～Nr.405; Intelligenzblatt: Nr. 1 ～Nr.180］

（月/日）〈号数〉

（1/22）〈25〉BAYREUTH, b. Lübeks Erben: J. H. Abicht（エアランゲンの哲学教授）『認識の哲学』1791 年，第 1 部および第 2 部通し 637 頁，8 折り版（1 Rthlr. 16gr.）【Sp.193-196】

ZÜLLICHAU u. FREYSTAD, in d. Frommanschen Buchh.: G. G. Fülleborn（ブレスラウのエリザベート学院教授）『哲学史論集』第 5 号，1795 年，227 頁，8 折り版（14gr.）【Sp.196-198】

（3/15）〈85〉JENA u. LEIPZIG, b. Gabler: C. Chr. E. Schmid（イェーナの哲学教授）『自然法要綱　講義用』VIII＋118 頁，8 折り大版【Sp.674-675】

（4/8）〈112〉KÖNIGSBERG, b. Nicolovius: I. Kant『永遠平和のために，一つの哲学的構想』1795 年，104 頁，8 折り版【Sp.57-60】

GÖTTINGEN, bey Vandenhoek und Ruprecht: Johann Gottlieb Buhle（ゲッチンゲンの哲学教

授)『一般論理学序論と純粋理性批判』1795 年，360 頁，8 折り版（1 Rthlr. 8 gr.)【Sp.60–62】

(4/25)〈126〉LEIPZIG, b. Kohler: Gottlieb Lange『道徳と経験心理学のいくつかの対象についての試論』1795 年，205 頁，8 折り版（18gr.)【Sp.169–171】

(4/26)〈127〉ERLANGEN, b. Palm: J. H. Abicht『根元哲学の体系，あるいは認識力，感情力，意志力の余すところなき本性論』1795 年，326 頁，8 折り大版（1 Rthlr.)【Sp.177–181】

(5/24)〈159〉ZÜLLICHAU, in der Fromannischen Buchh.: L. H. Jakob（ハレの哲学教授)『義務の概念に基づく魂の不死性の証明』全面改定第二版 1794 年，240 頁，8 折り版【Sp.435–437】

ERLANGEN, in der Waltherschen Buchh.: J. H. Abicht 編『哲学雑誌』第 1 巻 1794 年，第 2 巻 1794 年，第 3 巻 1795 年，各巻 4 冊，各冊 6–8 ボーゲン（年間 3 巻分 3 Rthlr.)【Sp.438–440】

(6/15)〈184〉NÜRNBERG, in d. Felseckersch. Buchh.: J. H. Abicht『真の学問的道徳，神学，法論，経験心理学，趣味論の可能性に関する批判的書簡』(これらの理論のカント的根拠づけを吟味する観点から）1793 年，XVI + 637 頁，8 折り版【Sp.633–636】

(6/29)〈200〉BERN, b. Haller: F.Ith『人間学，すなわち人間の哲学試論』第 1 部 1794 年，XIV + 308 頁，第 2 部 1795 年，VIII + 358 頁，8 折り版（2 Rthlr. 10gr.)【Sp.761–765】

(7/2)〈204〉MARBURG, in der neuen akadem.Buchh.: D.Tiedemann『思弁哲学の精神』第 4 巻 1795 年，648 頁，8 折り版（2 Rthlr.)【Sp. 9–16】

(7/2)〈205〉『思弁哲学の精神』(続き)【Sp.17–19】

(7/13)〈217〉LEIPZIG, in der Weygandschen Buchh.: K. H. Heydenreich（ライプチッヒの哲学正教授)『純粋理性の諸原則に従った道徳哲学の予備学』第 1 部 1794 年，206 頁，第 2 部 1794 年，244 頁，第 3 部 1794 年，122 頁，8 折り大版（2 Rthlr. 4 gr.)【Sp.117–120】

(8/27)〈268〉ALTONA, b. Hammerich: [Johann Friedrich Hammerich]『道徳と宗教に関係づけて叙述された，批判哲学の精神』第 1 部，1796 年，510 頁，8 折り版（1 Rthlr. 8 gr.)【Sp.522–523】

WIEN, b. Stahel: Lazarus Bendavid『実践理性批判に関する講義』1796 年，101 頁および 30 頁（15gr.)【Sp.523】

Edendas.: L. Bendavid『判断力批判に関する講義』1796 年，202 頁，8 折り版（18gr.)【Sp. 523】

ZÜRICH, b. Orell, Gessner u. Comp.:Adam Ferguson『道徳と政治の諸根拠の詳細な叙述』K. G. Schreiter（ライプツッヒ大学教授）による英語版からの翻訳，および Ferguson 哲学の精神に関する論文付き，第 1 部，1796 年，576 頁，8 折り版（2 Rthlr.)【Sp.523–524】

LEIPZIG, b. Baumgärtner: K. H. Heydenreich『哲学の興味深い諸対象に関する原理念』最終第 3 巻 1796 年，VI + 231 頁，8 折り版（20gr.)【Sp.524–526】

(9/8)〈282〉MÜNCHEN, b. Zangl.:『反カント』の著者 [Benedikt Stattler] による『カント哲学とキリスト教宗教，道徳の真の関係』1794 年，158 頁，8 折り版（8 gr.)

HALBERSTADT, b. Grosschen Erben: Salomo Gottlob Unger（哲学修士，牧師)『イマニュエル・カントの哲学的宗教論に対する疑いと異議』1795 年，XLVI + 154 頁，8 折り版（10gr.)

KIEL, b. Bohn: [Gottlob Ernst Schulze]『カントの哲学的宗教論に関するいくつかの所見』1795 年，154 頁，8 折り大版（12gr.)【以上 3 点合わせて Sp.633–636】

GÖTTINGEN, b. Vandenhoek und Ruprecht: Johann Gottlieb Buhle（ゲッチンゲンの哲学教授)『哲学史教本』第 1 部プラトンまで，1796 年，472 頁，8 折り版（20gr.)【Sp.636–640】

(10/7)〈315〉JENA, in d. Cröcker. Buchh.: C. Chr. E.Schmid（イェーナの教授)『道徳哲学の試論』増補第 3 版 1795 年，12 + 1022 頁，8 折り大版【Sp.57–63】≪ J. B. Erhard ≫

(10/11)〈319〉TÜBINGEN, b. Heerbrandt: Friedrich Wilhelm Joseph Schelling『哲学の原理としての自我につ

いて，あるいは人間の知における無制約的なものに関して』1795 年，XLII＋208 頁，8 折り版【Sp.89-91】≪ J. B. Erhard ≫

(10/13)〈322〉BRAUNSCWEIG, b. Thomas：Ludw. Hörstel（ブラウンシュヴァイクのカテリーナ学院教師・哲学博士）『プラトンのティマイオス，その内容と目的』解説的注釈付き，1795 年，130 頁，8 折り版（10gr.）【Sp.113-114】

LEIPZIG, b. Baumgärtner: C. H. Heydenreich『パスカルの人間，神，永遠の理念』（出版年なし）212 頁，8 折り版【Sp.114-115】

ZÜLLICHAU u. FREYSTAD, in d. Frommanschen Buchh.: G. G. Fülleborn 編『哲学史論集』第 1，2 号，改定新版 1796 年，266 頁，8 折り版（16gr.）【Sp.118】

(10/26)〈357〉MARBURG, in der akademisch Buchh.: D. Tiedemann『思弁哲学の精神』第 5 巻（レイモン・ルルスからホッブスまで）1796 年，XXXII＋648 頁，8 折り版（2 Rthlr.）【Sp.233-236】

(11/10)〈354〉ERLANGEN, b. Palm: J. H. Abicht『報酬と刑罰の理論』第 1 巻 1796 年，454 頁，8 折り大版【Sp.371-374】

(11/21)〈364〉LEIPZIG, b. Fleischer d. jüng.:Johann Christian August Grohmann（ヴィッテンベルクの哲学教師）『批判哲学のための，とりわけ論理学のための新論集』1796 年，410 頁，8 折り大版（1 Rthlr. 4 gr.）【Sp.449-456】

(11/28)〈371〉RIGA, b. Hartknoch:Jacob Sigismund Beck『カント教授の批判的諸著作からの解説的抜粋，カント教授の勧めに基づいて』第 1 巻 1793 年，483 頁，8 折り版，第 2 巻 1794 年，590 頁，第 3 巻 1796 年，483 頁（3 Rthlr. 16gr.）【Sp.505-512】≪ J. B. Erhard ≫

(12/ 2)〈376〉HALLE, b. Hemmerde u. Schweschke: L. H. Jakob『経験―心理論の要綱』1791 年，318 頁，8 折り版，完全改定第二版，1795 年，XXIV＋438 頁，8 折り版【Sp.545-556】

1797 年「哲学」欄　主要書評一覧

[Nr. 1 ～Nr.416; Intelligenzblatt: Nr. 1 ～Nr.170]

(月/日)〈号数〉

(1/9)〈9〉ROSTOCK u. LEIPZIG, b. Stiller: Friedrich Grillo（哲学教授）『単なる理性の限界内における宗教の箴言的叙述』1794 年，176 頁，8 折り版（10gr.）

CHEMNITZ, b. Hofmann: J. G. Rätze『カントの単なる理性の限界内における宗教に関する考察』懐疑論に関する，とくにカント的懐疑論に関する一論文を付して，1794 年，XXII＋239 頁，8 折り大版（16gr.）【以上 2 点合わせて Sp.65-69】

(1/19)〈21〉BRESLAU, b. Korn: Chr. Garve『道徳，文学，社会生活のさまざまな主題に関する試論』第 1 部 1792 年，536 頁，第 2 部 1796 年，510 頁，8 折り版（3 Rthlr.）【Sp.161-164】

(1/20)〈22〉『道徳，文学，社会生活のさまざまな主題に関する試論』（続き）【Sp.169-174】

(1/21)〈23〉『道徳，文学，社会生活のさまざまな主題に関する試論』（続き）【Sp.177-181】

(2/18)〈56〉HALLE, in d. Rengerschen Buchh.: Friedr. Bouterweck 編『パウルス・ゼプティミウス，あるいはエロイジスの神官の内奥の秘密』2 部構成，1795 年，343 頁と 373 頁，8 折り版（2 Rthlr. 8 gr.）【Sp.441-445】

(3/21)〈90〉NEU-STRELITZ, in der neuprivilegirten Hofbuchh.: F. I. Niethammer（イェーナの哲学教授）編『ドイツ学識者協会の哲学雑誌』1795 年，第 1 巻 393 頁，第 2 巻 341 頁，第 3 巻 370 頁，第 4 巻 444 頁【Sp.713-720】≪ Fr. Schlegel ≫

(3/22)〈91〉『ドイツ学識者協会の哲学雑誌』（続き）【Sp.721-728】≪ Fr. Schlegel ≫

(3/22)〈92〉『ドイツ学識者協会の哲学雑誌』（続き）【Sp.729-733】≪ Fr. Schlegel ≫

HALLE u. LEIPZIG, b. Ruff: Peter Bayle『哲学辞典』：哲学と人間精神の歴史研究を促進するために，Ludwig Heinrich Jakob（ハレの哲学教授）によってドイツ語で編纂されたベールの歴史批評辞典短縮版に基づく哲学的記事，第一巻 1797 年，VIII＋664 頁，8 折り大版（両巻前払い価格 4 Rthlr.）【Sp.733-735】

（3/27）〈97〉LEIPZIG, b. Beygang: Christian Friedrich Michaelis『人間の道徳的本性と使命について，カントの実践理性批判解明のための試論』道徳と自然法の基礎理論に関する第 1 巻 1796 年，446 頁，道徳的宗教と教育に関する第 2 巻 1797 年，300 頁【Sp.769-772】

（4/15）〈120〉LEIPZIG, b. Barth:John Locke『人悟性論』W. G. Tennemann による英語からの翻訳，注釈，および論文「哲学における経験主義について」を付して，第 1 部 1795 年，XVII＋336 頁，第 2 部 531 頁，第 3 部 488 頁，1797 年，8 折り版【Sp.137-140】

（5/29）〈169〉KÖNIGSBERG, b. Nicolovius: I.Kant『法論の形而上学的定礎』1797 年，235 頁，8 折り版（18gr.）【Sp.529-536】≪ Hufeland ≫

（5/30）〈170〉『法論の形而上学的定礎』（続き）【Sp.537-544】≪ Hufeland ≫

（6/7）〈179〉HALLE, b. Hemmerde und Schwetscke: J. A. Eberhard『一般哲学史，講義使用用』改定第 2 版 1796 年，XXIV＋318 頁【Sp.609-611】

（8/30）〈275〉BERLIN, b. Maurer: プロイセン王立科学アカデミー編，J. Chr. Schwab, K. L. Reinhold, J. H. Abicht『ライプニッツ，ヴォルフ以来ドイツにおいて形而上学はどのような進歩をとげたか，という問題に関する受賞論文』1796 年，460 頁，8 折り版【Sp.545-552】

BERLIN, b. Vieweg d. Aelt.: Jenisch『形而上学，道徳，美学におけるカント教授の諸発見の根拠と価値について』1796 年，XLII＋468 頁，8 折り大版【Sp.545-552】

（8/30）〈276〉『ライプニッツ，ヴォルフ以来ドイツにおいて形而上学はどのような進歩をとげたか，という問題に関する受賞論文』（続き）【Sp.553-559】

『形而上学，道徳，美学におけるカント教授の諸発見の根拠と価値について』（続き）【Sp. 553-559】

TÜBINGEN. B. Heerbrandt: Francis Bacon『道徳，政治，経済のさまざまな主題についての談話』ラテン語からの翻訳，1797 年，XII＋208 頁，8 折り版，（12gr.）【Sp.559-560】

（10/5）〈317〉PARIS, b. Laran und Bailleul: シャンパーニュの一市民『アリストテレスの政治学，あるいは統治の科学』ギリシャ語からの翻訳，歴史的，批評的注解付き，1797 年，第 1 巻 LXVII＋424 頁，第 2 巻 469 頁，8 折り版【Sp.33-38】

（10/21）〈336〉FRANKFURT a. M., in der Andrellischen Buchh.: Joh. Wilh. Rechte 編・訳『マルクス・アウレリウス・アントニウスの自己維持』ギリシャ語からの翻訳，ストア派の教説の叙述のための注と試論付，1797 年，XXX＋543 頁，8 折り版（1 Rthlr. 16gr.）【Sp.585-586】

（12/5）〈386〉FRANKFURT a. M., in der Andrellischen Buchh.: Johann Neeb（ケルン大学の哲学教師）『理性に対抗する理性，あるいは信仰の弁護』1797 年，序文なし 363 頁，8 折り版（1 Rthlr. 4 gr.）【Sp.585-586】

1798 年「哲学」欄　主要書評一覧

[Nr. 1 ～Nr.399; Intelligenzblatt: Nr. 1 ～Nr.193]

（月/日）〈号数〉

（1/4）〈5〉WEIMAR, b. Im Industrie-Comptoir: J. G. Fichte『知識学，いわゆる哲学の概念について』この学に関する著者の講義のための手引書として，1794 年，68 頁，8 折り大版≪ Reinhold ≫

LEIPZIG u. JENA, b. Gabler: J. G. Fichte『全知識学の基礎』聴講者用の稿本として，1794 年，

339頁，8折り大版≪ Reinhold ≫

Ebendaselbst: J. G. Fichte『知識学要綱，理論的能力に関して』聴講者用の稿本，1795年，108頁，8折り大版≪ Reinhold ≫

Ebendaselbst: J. G. Fichte und F. I. Niethammer 編『ドイツ学識者協会の哲学雑誌』第五巻第1分冊から第6分冊まで，≪ Reinhold ≫【以上の4点合わせて Sp.33-39】

（1/5）〈6〉『知識学，いわゆる哲学の概念について』（続き），『全知識学の基礎』（続き），『知識学要綱，理論的能力に関して』（続き），『ドイツ学識者協会の哲学雑誌』（続き）≪ Reinhold ≫【4点合わせて Sp.41-47】

（1/6）〈7〉『知識学，いわゆる哲学の概念について』（続き），『全知識学の基礎』（続き），『知識学要綱，理論的能力に関して』（続き），『ドイツ学識者協会の哲学雑誌』（続き），≪ Reinhold ≫【4点合わせて Sp.49-56】

（1/6）〈8〉『知識学，いわゆる哲学の概念について』（続き），『全知識学の基礎』（続き），『知識学要綱，理論的能力に関して』（続き），『ドイツ学識者協会の哲学雑誌』（続き），≪ Reinhold ≫【4点合わせて Sp.57-63】

（1/8）〈9〉『知識学，いわゆる哲学の概念について』（続き），『全知識学の基礎』（続き），『知識学要綱，理論的能力に関して』（続き），『ドイツ学識者協会の哲学雑誌』（続き），≪ Reinhold ≫【4点合わせて Sp.65-69】

HALLE, in der Waisenhausbuchh.:L. H. Jakob（ハレの哲学教授）『神学，政治学，宗教論，道徳からなる哲学混成論文集』1797年，XXIV＋463頁，8折り版【Sp.69-71】

NÜRNBERG u. MARKTBREIT: Horn『自由の真の概念について』1794年，542頁，8折り版（1 Rthlr. 8 gr.）【Sp.71-74】

（1/13）〈16〉GÖTTINGEN, b. Vandenhoek und Ruprecht: J. G. Buhle（ゲッチンゲンの哲学教授）『哲学史教本』第2部，1797年，575頁，8折り版【Sp.121-124】

（1/23）〈26〉JENA, LEIPZIG u. MARBURG, in der neuen akademischen Buchh.: C. Chr. E. Schmid（イェーナの哲学教授）『論理学要綱』1797年，310頁，8折り版（20gr.）【Sp.201-204】

（1/24）〈27〉ERLANGEN, b. Palm: Gottlieb Ernst August Mehmel（エアランゲンの哲学・美学正教授）『哲学研究を容易にするための哲学の簡略な叙述の試み』第1分冊，哲学の根本的基礎としての表象能力理論，1797年，XVI＋138頁，8折り版（1 Rthlr.）【Sp.209-210】

（4/13）〈118〉WITTENBERG, in der Kühnschen Buchh.: Johann Christian August Grohmann（ヴィッテンベルクの哲学部助手）『哲学史の概念について』1797年，XXIV＋103頁，8折り版【Sp.105-108】

（4/18）〈123〉ZÜLLICHAU u. LEIPZIG. b. Fromann: G. S. A. Mellin（マグデブルクの牧師）『批判哲学の百科事典』第1巻第1部1797年，第2部1798年，8折り大版（各部とも1 Rthlr. 8 gr.）【Sp. 145-149】

（5/24）〈165〉WURZBURG, b. Rienner: Maternus Reuss（ヴュルツブルクの論理学・形而上学，実践哲学正教授）『理論哲学および実践哲学講義』（批判哲学の原則にしたがって）「第1部，論理学講義」1797年，XXXII＋112頁，「第2部，形而上学講義」1797年，331頁，8折り大版（両部合わせて1 Rthlr. 8 gr.）【Sp.481-486】

（5/29）〈170〉LEIPZIG, b. Gräff: Adam Smith（グラスゴーの道徳学教授）『道徳感情論』Ludwig Theobul Kosegarten（哲学博士，現在は神学博士で Wittow の教会牧師）による翻訳，注釈付き，1791年，463頁，第2巻1795年，248頁，8折り版（2 Rthlr. 6 gr.）【Sp.521-526】

（7/31）〈231〉HALLE, in der Regerschen Buchh.: Georg Christian Müller『哲学的宗教理論の構想』第1部1797年，XXIV頁と281頁，8折り版（20gr.）【Sp.225-231】

（8/1）〈232〉ZÜLLICHAU u. FREYSTAD, in d. Frommanschen Buchh.: G.G.Fülleborn 編『哲学史論集』第8号 1797 年，200 頁，8 折り版（14gr.）【Sp.233-235】

（8/13）〈242〉KÖNIGSBERG, b. Nicolovius: Theodor Schmalz（ケーニヒスベルクの法学教授）『純粋自然法』1792 年，102 頁，改訂第 2 版 1795 年，114 頁，8 折り版
Ebendas.: Th. Schmalz『自然的国家法』1794 年，132 頁，8 折り版
Ebendas.: Th. Schmalz『自然的家族法』1795 年，30 頁，8 折り版
Ebendas.: Th. Schmalz『自然的教会法』1795 年，56 頁，8 折り版【4 点合わせて Sp.313-318】
≪ Feuerbach（?）≫

（8/14）〈243〉『純粋自然法』（続き），『自然的国家法』（続き），『自然的家族法』（続き），『自然的教会法』（続き）【4 点合わせて Sp.321-328】≪ Feuerbach（?）≫

（8/15）〈244〉TÜBINGEN, b. Cotta: Wilhelm Gottlieb Tafinger（チュービンゲンの法学正教授）『自然法の諸定理』1794 年，238 頁，8 折り版【Sp.329-332】≪ Feuerbach ≫
KÖNIGSBERG, b. Nicolovius: Karl Ludwig Pörschke『通俗的自然法のための準備』1795 年，374 頁，8 折り版【Sp.332-336】≪ Feuerbach ≫

（8/16）〈245〉『通俗的自然法のための準備』（続き）【Sp.337-341】≪ Feuerbach ≫
HALLE, b. Gebauer: Johann Gottlieb Schaumann『学問的自然法』1792 年，372 頁，8 折り版
Ebendas.: J. G. Schaumann『自然権の新たな体系の試論，自然法の基礎第一部』1796 年，406 頁，8 折り版【2 点合わせて Sp.341-344】≪ Feuerbach ≫

（8/17）〈246〉『学問的自然法』（続き）
『自然権の新たな体系の試論』（続き）【2 点合わせて Sp.345-347】≪ Feuerbach ≫
ERLANGEN, b. Palm: Heinrich Stephani『法学，いわゆる自然法の概要』1797 年，144 頁，8 折り版
FRANKFURT u. LEIPZIG: H. Stephani『法学の概要』第 2 部（発行年なし），88 頁，8 折り版
ERLANGEN, b. Palm: H.Stephani『カントの法論の形而上学的定礎に対する註解』1797 年，125 頁，8 折り版【以上，3 点合わせて Sp.347-352】≪ Feuerbach ≫

（8/18）〈247〉『法学，いわゆる自然法の概要』（続き），『法学の概要』（続き），『カントの法論の形而上学的定礎に対する註解』（続き）【3 点合わせて Sp.353-360】≪ Feuerbach ≫

（10/5）〈299〉LÜBECK u. LEIPZIG, b. Bohn: J. G. Schlosser『批判哲学を学びたいと思っている若者たちへの手紙』1796 年，168 頁，8 折り版（14gr.）
Ebendas: J. G. Schlosser『若者たちへの第二の手紙』1798 年，168 頁，8 折り版（14gr.）
（印刷地なし）『オイチンのシュロッサー氏のための覚え書』100 頁，8 折り版【以上 3 点合わせて Sp.33-36】

（10/25）〈323〉ALTONA, b. Verlagshandl.: Paul Johann Anselm Feuerbach『自然な諸権利の学の予備学としての自然法の批判』1796 年，308 頁，8 折り版【Sp.225-231】

（10/26）〈324〉『自然な諸権利の学の予備学としての自然法の批判』（続き）【Sp.233-235】

（10/27）〈325〉LEIPZIG, b. Fleischer dem Jüng.: S. Maimon『人間精神すなわちより高次な認識能力と意志能力に関する批判的探求』1797 年，370 頁，8 折り版（1 Rthlr. 8 gr.）【Sp.241-248】

（11/1）〈331〉HALLE, b. Hemmerde u. Schwetschke: J. Chr. Hoffbauer（ハレの哲学教授）『法の概念に基づいて展開された自然法』改定第 2 版 1798 年，379 頁，8 折り版
HALLE, b. Kümmel: J. Chr. Hoffbauer『自然法のもっとも重要な諸主題に関する研究』1795 年，348 頁，8 折り版
HALLE, b. Kümmel: J. Chr. Hoffbauer『全般的国家法』第 1 部 1797 年，318 頁，8 折り版【3

点合わせて Sp.289-296】≪ Feuerbach（?）≫

（11/ 2 ）〈332〉『法の概念に基づいて展開された自然法』（続き），『自然法のもっとも重要な諸主題に関する研究』（続き），『全般的国家法』（続き）【 3 点合わせて Sp.297-301】≪ Feuerbach ≫

HALLE, in d. Rengerschen Buchh.: J. G. E. Maass（ハレの哲学教授）『法と拘束一般，とくに市民的拘束について』1794 年，303 頁，8 折り版【Sp.301-304】≪ Feuerbach ≫

（11/ 3 ）〈333〉『法と拘束一般，とくに市民的拘束について』（続き）【Sp.305-309】≪ Feuerbach ≫

LEIPZIG, b. Feind: K. H. Heydenreich『批判的諸原理からみた自然法の体系』第 1 部 1794 年，802 頁，第 2 部 1795 年，260 頁，8 折り版【Sp.309-312】≪ Feuerbach ≫

（11/ 3 ）〈334〉ZÜLLICHAU, b. Fromann: Georg Samuel Albert Mellin『法の，あるいは実定的立法の形而上学の基礎づけ．自然法の第一諸根拠に関する一試論』1796 年，162 頁，8 折り版【Sp.313-319】≪ Feuerbach ≫

（11/ 5 ）〈335〉HALLE, in d. Rengerschen Buchh.: L. H. Jakob（哲学教授）『哲学的法論，即ち自然法』1795 年，524 頁，8 折り版≪ Feuerbach ≫

Ebend.『講義使用用，ヤーコプ教授の自然法からの抜粋』1796 年，181 頁，8 折り版≪ Feuerbach ≫【以上 2 点合わせて Sp.321-327】

（11/ 6 ）〈336〉『哲学的法論，即ち自然法』（続き），『講義使用用，ヤーコプ教授の自然法からの抜粋』（続き）【Sp.329-336】≪ Feuerbach ≫

（11/19）〈351〉JENA u. LEIPZIG, b. Gabler: J. G. Fichte『知識学の諸原理に沿った自然法の基礎』1796 年，229 頁，8 折り大版，第 2 部：応用自然法 1797 年，269 頁，8 折り大版【Sp.449-456】≪ Reinhold ≫

（11/20）〈352〉『知識学の諸原理に沿った自然法の基礎』（続き）【Sp.457-463】≪ Reinhold ≫

（11/21）〈353〉『知識学の諸原理に沿った自然法の基礎』（続き）【Sp.465-472】≪ Reinhold ≫

（11/21）〈354〉『知識学の諸原理に沿った自然法の基礎』（続き）【Sp.473-480】≪ Reinhold ≫

1799 年「哲学」欄　主要書評一覧

[Nr. 1 ～Nr.417; Intelligenzblatt: Nr. 1 ～Nr.166]

（月/日）〈号数〉

（ 1 / 3 ）〈 4 〉BRESLAU, b. Korn: Chr.Garve『道徳，文学，社会生活のさまざまな主題に関する試論』第 3 部 1797 年，428 頁，8 折り版（ 1 Rthlr. 12gr.）【Sp.25-32】

（ 1 / 4 ）〈 5 〉GÖTTINGEN, b. Vandenhök und Ruprecht: J. G. Buhle（ゲッチンゲンの哲学教授）『哲学史教本』第 3 部 1798 年，448 頁，8 折り版（ 1 Rthlr. 4 gr.）【Sp.33-35】

（ 1 / 5 ）〈 7 〉JENA u. LEIPZIG, b. Frommann: G. G. Fülleborn 編『哲学史論集』第 9 号，1798 年，188 頁，8 折り版（14gr.）【Sp.49-53】

（ 2 /18）〈59〉JENA, in der Cröckerschen Buch: C. Chr. E. Schmidt『カントの諸著作を簡便に利用するための用語集』増補第 4 版 1798 年，608 頁，（ 1 Rthlr. 12gr.）【Sp.469-472】

（ 2 /27）〈67〉LEIPZIG, b. Barth: J. H. Abicht『道徳の哲学，第 1 部一般実践哲学』（別個の表題『一般実践哲学，道徳の哲学第一部』全面改訂第 2 版）1798 年，XIV＋388 頁，8 折り大版（ 1 Rthlr. 4 gr.）【Sp.529-532】

MARBURG, in d. Akademischen Buchh.: D. Tiedemann『思弁哲学の精神』第 6 巻（トーマス・ホッブスからジョージ・バークリーまで）1797 年，647 頁，8 折り版（ 2 Rthlr.）【Sp.532-535】

MARBURG, in d. Akademischen Buchh.:『Dietrich Tiedemann の思弁哲学の精神，第一巻～第

六巻索引』1797年，通し頁740頁，８折り版（４ gr.）【Sp.532-535】

（4／4）〈108〉 HALLE, b. Gebauer: J. Chr. G. Schaumann『哲学的法論のための批判的論集』1795年，288頁，索引付，８折り版【Sp.33-39】

（4／5）〈109〉 KÖNIGSBERG, b. Nicolovius: Th. Schmalz 編『人間，市民，国民の権利年報』第１分冊88頁，第２分冊181頁，1795年，８折り版【Sp.41-48】

（4／10）〈115〉 KÖNIGSBERG, b. Nicolovius: Th. Schmalz『人間と市民の諸権利の解明』1798年，10ボーゲン，(14gr.)【Sp.89-95】

（6／1）〈174〉 BERLIN, im Verlag d. königl. akadem. Kunst-und Buchh.: J. Chr. A. Grohmann u. Karl Heinr. Ludw. Pölitz 編『批判哲学とりわけ哲学史のための新寄稿集』第１巻1798年，XXVIII頁および279頁，８折り版（22gr.）【Sp.561-566】

（6／15）〈190〉 WIEN, gedr. b. Schuender: Joh.Maczek『理論理性の諸根拠に基づく神の存在証明』1799年，373頁，８折り版（１ Rthlr. 4 gr.）【Sp.689-694】

（7／8）〈216〉 ERFURT, in der Henningschen Buchh.: P. J. A. Feuerbach『アンチ・ホッブス，あるいは至高の権力の限界および君主に反対する市民の強制権について』第１巻1798年，XIX＋301頁，８折り版（１ Rthlr. 4 gr.）【Sp.65-72】

（7／23）〈233〉 KÖNIGSBERG, b. Nicolovius: I.Kant『人倫の形而上学』第１部，法論の形而上学的諸原理．――注釈的覚書を付録とした増補第２版，1798年，266頁，８折り版【Sp.201-208】≪ Schütz ≫

（8／1）〈244〉 LEIPZIG, b. Barth: W. G. Tennemann（イェーナの哲学員外教授）『哲学の歴史』第１巻1798年，88頁＋428頁，第２巻1799年，550頁，８折り大版【Sp.289-293】

（8／13）〈257〉 GÖTTINGEN, b. Dieterich: Joh. Jak. Wagner（哲学博士）『プラトン哲学辞典』1799年，LXXII＋202頁，８折り版【Sp.393-398】

（8／16）〈261〉 LEIPZIG, in Commiss. b. Kummer: Joh. Gottlob Heynig（ゲッチンゲンの哲学博士）『ケーニヒスベルクのカント教授への挑発』1798年，268頁，８折り版（20gr.）【Sp.425-428】

（8／19）〈264〉 KOPENHAGEN u. LEIPZIG, b. Schubothe: N. Treschow（クリスティーナ学院校長，神学博士）『カント哲学に関する講義』デンマーク語からの翻訳，第２部1799年，203頁，８折り版（14gr.）【Sp.449-455】

（8／30）〈277〉 JENA u. LEIPZIG, b. Frommann: G. G. Fülleborn 編『哲学史論集』第10号，1799年，282頁，８折り版（20gr.）【Sp.553-557】

（9／7）〈286〉 MARBURG, in d. neuen. Academ. Buchh.: D. Tiedemann『観念論の書簡』1798年，192頁，８折り版【Sp.625-629】

（9／7）〈287〉『観念論の書簡』（続き）【Sp.633-637】

（10／3）〈316〉 LEIPZIG, b. Breitkopf u. Härtel : F. W. J. Schelling『自然哲学に関する考案』第１部，第２部，1797年，LXIV＋262頁，８折り版（１ターレル）【Sp.25-30】〔―「自然学（Physik）」欄に掲載―〕≪ Klügel ≫

（10／4）〈317〉 LEIPZIG, b. Breitkopf u. Härtel : F. W. J. Schelling『自然哲学に関する考案』第１部，第２部，1797年，LXIV＋262頁，８折り版（１ターレル）【Sp.33-38】〔―「自然学（Physik）」欄に掲載―〕≪ Erhard（?）≫

（10／24）〈340〉 HALLE, b. Ruff: J. A. Eberhard 編『ドイツにおける哲学の進歩の歴史試論，前世紀の終わりから現代まで』第２部（別の表題 W. L. G. Freyherrn von Eberstein『ライプニッツから現代にいたるドイツでの論理学と形而上学の歴史試論』第二巻）1799年，XII＋508頁，８折り版（１ Rthlr. 18gr.）【Sp.217-222】

（10／25）〈341〉 GÖTTINGEN, b. Vandenhök und Ruprecht: J. G. Buhle『哲学史教本』第４部1799年，511頁，

8折り版【Sp.225-229】

(11/21)〈372〉BERLIN, b. Vieweg dem ältern : August Wilhelm Schlegel u. Friedrich Schlegel 編『アテネウム』1798年，第1号177頁，第2号178頁≪ Huber ≫
BERLIN, b. Frölich :『アテネウム』1799年，第3および4号340頁（8 gr.）【Sp.473-477】〔―「混成論文（Vermischte Schriften）」欄に掲載―〕≪ Huber ≫

(12/11)〈395〉GIESSEN, b. Stamm: Carl Grolman によって創刊された『法と立法の哲学雑誌』第1巻第1分冊1798年，第2分冊1799年，208頁，8折り版（16gr.）【Sp.657-664】

(12/26)〈412〉GIESSEN, b. Heyer: Joh.Ernst Christ.Schmid（ルードヴィッヒ大学神学教授）『道徳論教本，とくにキリスト教の道徳的指令の観点から』1799年，IV＋318頁，8折り版（22gr.）【Sp.793-798】

(12/27)〈413〉『道徳論教本，とくにキリスト教の道徳的指令の観点から』（続き）【Sp.801-806】

1800年「哲学」欄　主要書評一覧

[Nr. 1 ～Nr.374; Intelligenzblatt: Nr. 1 ～Nr.220]

(月/日)〈号数〉

(1/9)〈11〉LEIPZIG u. GERA, b. Heinsius: Phillips Christian Reinhard『社会的人間の理論の試論』1797年，490頁，8折り版（1 Rthlr. 12gr.）【Sp.81-88】

(2/15)〈49〉LEIPZIG, in d. Weygandschen Buchh.: K. H. Heydenreich（ライプツッヒの哲学教授）『自然的国法とその応用の諸原則』第1部1795年，202頁，第2部，201頁，8折り版（1 Rthlr.16gr.）【Sp.385-390】

(3/4)〈65〉LEIPZIG, in d.Wolfischen Buchh.: Johann Heinrich Meyer『普遍的法理論の新たな基礎づけの試み』1796年，244頁，8折り版（20gr.）【Sp.513-516】

(3/22)〈84〉GÖTTINGEN, b. Rosenbuschs W.: J. G. Buhle（ゲッチンゲンの哲学正教授）『自然法教本』1798年，392頁，8折り版（1 Rthlr.）【Sp.665-672】

(4/12)〈105〉LEIPZIG, b. Martini: K. H. Heydenreich『思惟する敬神者のための哲学文庫』第3年度版，1799年，240頁＋126頁（1 Rthlr.）【Sp.97-100】

(5/5)〈127〉STUTTGART, b. Löflund: Chr. G. Bardili『第一論理学要綱』360頁，8折り版【Sp.273-279】≪ Reinhold ≫

(5/6)〈128〉『第一論理学要綱』（続き）【Sp.281-287】≪ Reinhold ≫

(5/7)〈129〉『第一論理学要綱』（続き）【Sp.289-293】≪ Reinhold ≫

(5/10)〈133〉KOPENHAGEN u. LEIPZIG, b. Schubothe: Karl Venturini『理性と心胸の宗教』第1部1799年，413頁，8折り版（1 Rthlr.）【Sp.321-325】

(6/20)〈177〉TÜBINGEN. b. Heerbrandt: F. D. Mauchart 編『経験心理学と応用諸学のための全般的便覧』第2巻1799年，311頁，8折り版【Sp.673-676】

(6/30)〈185〉LEIPZIG, b. Crusius: Johann August Heinrich Tittmann 編『信仰弁明のための諸考案』1799年，XV＋348頁，8折り大版（1 Rthlr. 4 gr.）【Sp.737-741】

(8/13)〈231〉TÜBINGEN, in d. Cottaisch. Buchh.: F. W. J. Schelling『超越論的観念論の体系』1800年，486頁，8折り版【Sp.361-366】≪ Reinhold ≫

(8/13)〈232〉『超越論的観念論の体系』（続き）【Sp.369-376】≪ Reinhold ≫

(9/10)〈259〉GÖTTINGEN, b. Dieterich: Buhle und Bouterweck 編『ゲッチンゲン哲学ムゼーウム』第1巻1798年，第1号208頁，第2号190頁，第2巻1799年，第1号190頁，第2号174頁，8折り版【Sp.585-592】

（9/10）〈260〉『ゲッチンゲン哲学ムゼーウム』（続き）【Sp.593-595】

（9/24）〈275〉DORTMUND u. ESSEN, b. Blothe u. Comp.: J. Chr. Hoffbauer（ハレの哲学教授）『道徳哲学の最重要な諸主題に関する探究』第 1 部 1799 年，354 頁，8 折り版（1 Rthlr. 4 gr.）【Sp. 697-704】

（10/22）〈301〉ERLANGEN, b. Palm: J. H. Abicht『報酬と刑罰』第 2 巻 1797 年，664 頁，8 折り大版【Sp. 169-173】

（10/29）〈309〉JENA, b. Frommann: G. G. Fülleborn 編『哲学史論集』第 11 号，第 12 号索引付き 1799 年，21・5 ボーゲン，8 折り版（1 Rthlr. 4 gr.）【Sp.233-237】

1801 年「哲学」欄　主要書評一覧

［Nr. 1 ～Nr.367; Intelligenzblatt: Nr. 1 ～Nr.250］

（月/日）〈号数〉

（1/10）〈12〉GOTHA, b. Perthes: Friedrich Ernst Kirsten（イェーナの哲学部の助手兼教育施設の管理責任者）『カント哲学の諸原則に則った徳のための魂理論，対話形式で』1800 年，16 ボーゲン，8 折り版（12gr.）【Sp.93-95】

（2/5）〈41〉LEIPZIG, b. Kramer: Karl Heinrich Ludwig Pölitz（ドレスデンの貴族子弟学校の道徳・歴史学教授）『通俗的人間学，すなわち感性的，精神的素質から見た人間学．学問的人間学に対する最近の懐疑林の関係についての一論文を付して』1800 年，XLII＋211 頁，8 折り版（20gr.）【Sp. 321-324】

（2/26）〈65〉GÖTTINGEN, b. Vandenhök und Ruprecht: J.G.Buhle『哲学史教本』第 5 部 1800 年，708 頁，第 6 部前半 1800 年，415 頁，8 折り版（5 Rthlr. 8 gr.）【Sp.513-516】

（2/27）〈66〉GÖTTINGEN, b.Rosenbuschs W.: J. G. Buhle『諸学の再興以降の近代哲学の歴史』第 1 巻，古代の哲学諸体系から 15 世紀までの概観を含む「序論」，1800 年，XII＋392 頁，第 2 巻，VIII＋447 頁，8 折り大版【Sp.521-524】

（2/28）〈67〉LEIPZIG, b. Martini: Karl Theodor Gutjahr（ライプチッヒ大学の法学教師）『刑罰と処罰』1800 年，364 頁，8 折り版（1 Rthlr. 8 gr.）【Sp.529-531】

（5/21）〈149〉LÜBECK und LEIPZIG, b. Bohn: H.Kunhardt（リューベックのギムナジウム校長代理，哲学博士）『平易な言葉で叙述されたカントの道徳形而上学の基礎づけ』1800 年，214 頁，8 折り版（16gr.）【Sp.401-403】

GIESEN, b. Heyer: F. E. C. Schmid und F. W. D. Snell（ギーセンの教授）『大多数の公衆のための超越論哲学の解説』1800 年，108 頁，8 折り版（8 gr.）【Sp.403-404】

（6/3）〈161〉GÖTTINGEN, b. Dieterich: Chr. Meiners（ゲッチンゲンの哲学正教授）『古代と近代の倫理学の，すなわち生活の学の全般的批判史』第 1 部 1800 年，XX＋422 頁，8 折り版（1 Rthlr. 12gr.）【Sp.497-504】

（6/3）〈162〉『古代と近代の倫理学，すなわち生活の学問の全般的批判史』（続き）【Sp.505-512】

（7/18）〈207〉MEISSEN u. LUBBEN, b. Erbstein: Wilhelm Traugott Krug（ヴィッテンベルクの哲学部助手）『哲学の新たなオルガノンの構想，あるいは哲学的認識の諸原理に関する試論』1801 年，XXIV＋114 頁，8 折り版（14gr.）【Sp.145-150】

（8/5）〈224〉CARLSRUHE,（出版社記入なし）: Gottlob Christian Friedrich Fischhaber『フィヒテ的体系の原理と主要問題について』1801 年，111 頁，8 折り版【Sp.281-285】

（9/22）〈273〉KÖNIGSBERG, b. Göbbels und Unzer: Karl Ludw. Pörschke（ケーニヒスベルクの教授）『人間学論集』1801 年，X＋331 頁，8 折り版（1 Rthlr. 4 gr.）【Sp.673-677】

（9/24）〈275〉 GÖTTINGEN, b. Dieterich: Chr. Meiners『倫理学，すなわち生活の学問の全般的批判史』第2部1801年，VII＋324頁，8折り版（1 Rthlr. 6 gr.）【Sp.689-694】

（9/25）〈276〉『倫理学，すなわち生活の学問の全般的批判史』（続き）【Sp.697-700】

（10/7）〈286〉 LEIPZIG, b. Roch u. Comp.: W. T. Krug『知識学についての書簡，知識学によって企てられた宗教的信仰の規定に関する一論文を付して』1800年，138頁，8折り版（12gr.）【Sp.41-44】

（10/19）〈296〉 LEIPZIG, b. Martini: K. H. Heydenreich『生活の哲学のための小論集』第1巻1798年，VIII頁と276頁，第2巻1800年，VIII＋316頁，8折り版（1 Rthlr. 18gr.）【Sp.121-125】

（10/28）〈306〉 LEIPZIG, b. Küchler: Johann Carl Wezel『批判哲学全体の簡略な歴史的叙述』1801年，IV＋180頁，8折り版（16gr.）【Sp.201-205】

（11/3）〈311〉 LEIPZIG, b. Göschen: Christian Weiss（ライプチッヒの哲学員外教授）『論理学教本，哲学全般への，とくに従来の形而上学への序論を付論として』1801年，XII＋203頁，8折り版（14gr.）【Sp.241-244】

（11/30）〈338〉 MÜNSTER, b. Waldeck: Ferdinand Ueberwasser（ミュンスター大学の哲学教授）『欲求能力について』1800年，212頁，8折り版（14gr.）【Sp.457-462】

（12/9）〈348〉 LEIPZIG, b. Martini: K. H. Heydenreich『生活の哲学のための小論集』第3巻1800年，268頁，8折り版（21gr.）【Sp.539-542】

（12/19）〈357〉 LONDON, b. Vf., Davis u.a.:『アリストテレスの形而上学』（Thomas Taylor によるギリシャ語からの翻訳），1801年，LV＋467頁，4折り大版（15Rthlr.）【Sp.609-613】

1802年「哲学」欄　主要書評一覧

［Nr. 1～Nr.370; Intelligenzblatt:Nr. 1～Nr.242］

（月/日）〈号数〉

（1/18）〈17〉 LEIPZIG, b. Weygand: 匿名『マールブランシュの精神，現代の哲学的精神との関係において』（この哲学者のもっとも独創的で興味深い理念からの抜粋と，入念な検討を付して）1800年，VIII＋630頁，8折り大版（2 Rthlr.）【Sp.129-133】

（2/24）〈58〉 ALTENBURG, b. Ring u. Schnuphase: J. H. Abicht『形而上学第一篇，根元学，第一部，純粋な物の理論』1801年，308頁，8折り版（1 Rthlr.）【Sp.457-459】
JENA, in d. Crökersch. Buchh.: Johann Baptist Schad（イェーナの哲学博士）『現代の哲学の精神』1800年，XXVIII＋408頁，8折り版（1 Rthlr.）【Sp.459-461】

（3/18）〈82〉 LANDSCHUT, b. Weber: Joseph Weber（バイエルンのラントシュート大学自然学教授）『感性的なものと超感性的なものの形而上学』1801年，XVI＋306頁，8折り版（20gr.）【Sp. 649-653】

（3/23）〈87〉 KÖNIGSBERG, b. Nicolovius: Reinhold Bernhard Jachmann（マリエンブルクの牧師）『カントの宗教哲学の吟味』（カントによる序論付）1800年，173頁，8折り版（10gr.）【Sp.693-694】

（3/27）〈92〉 MÜNCHEN, b. Lindauer: J. Salat『啓蒙主義にも危険がある，高次な文化のための一試論』1801年，459頁，8折り版【Sp.733-736】

（4/3）〈100〉 TÜBINGEN. b. Heerbrandt: M. F. D. Mauchart（ニュルティンゲンの牧師補）編『経験心理学と応用諸学のための全般的便覧』第3巻1801年，334頁，8折り版（1 Rthlr.）【Sp.17-21】

（4/13）〈110〉 WIEN, b. Dell; Gottfr.Immanuel Wenzel（リンツのリツェーウムの論理学，形而上学，道徳学教授）『悟性と理性の基準学，カントの論理学に関する一つの注釈』1801年，366頁，8折り大版（1 Rthlr. 4 gr.）【Sp.97-99】

（6/3）〈161〉 BERLIN, in d. Voss.Buchh.: J. G. Fichte『人間の使命』1800年，338頁，8折り版（1 Rthlr.）

【Sp.505-512】

（6/14）〈170〉LEIPZIG, b. Schwickert: E. Platner『哲学的箴言集』全面改訂新版 1800 年，XVI＋848 頁，8 折り版【Sp.577-584】

（6/15）〈171〉『哲学的箴言集』（続き）【Sp.585-591】

（7/3）〈187〉HALLE, in der Curt. Buchh.: Johann Heineich Tieftrunk（ハレの哲学教授）『論理学要綱』1801 年，316 頁，8 折り版（21gr.）【Sp.17-21】

（7 8）〈192〉KOBURG, b. Sinner: J. B. Schad『知識学の諸原理に沿った超越論的論理学と形而上学の新たな要綱』1801 年，468 頁，8 折り版（1 Rthlr. 12gr.）【Sp.57-64】

（7/10）〈194〉ERLANGEN, b. Palm: J. H. Abicht『心理学的人間学，第一部，魂の諸状態の原因論』1801 年，349 頁，8 折り版（1 Rthlr.）【Sp.73-77】

（7/13）〈196〉GÖTTINGEN, b. Röwer: J. G. Buhle（ゲッチンゲンの論理学教授）『諸学の再興以降の近代哲学の歴史』第 2 巻の後半部 1801 年，通し頁 451-968 頁，8 折り版（1 Rthlr. 12gr.）【Sp.89-94】

（7/23）〈207〉BERLIN u. STETIN, b. Nicolai: J.Chr.Schwab『カント的道徳原理とライプニッツ―ヴォルフ的道徳原理の比較』1800 年，LX＋216 頁，8 折り版（1 Rthlr.）【Sp.177-183】

（7/24）〈208〉『カント的道徳原理とライプニッツ―ヴォルフ的道徳原理の比較』（続き）【Sp.185-192】

（7/24）〈209〉『カント的道徳原理とライプニッツ―ヴォルフ的道徳原理の比較』（続き）【Sp.193-198】

（8/6）〈222〉METZ, b. Collignon: Charles Villers（ゲッチンゲン科学アカデミー）『カントの哲学，あるいは超越論哲学の根本諸原理』（フランス語）1801 年，LXVIII＋441 頁，8 折り版
PARIS, b. Henrchs: カントの一信奉者（市民 S.）『フランス学士院によって裁かれたカントとその判決記録』（フランス語）1802 年，24 頁，8 折り版【2 点合わせて Sp.297-304】

（8/7）〈223〉『カントの哲学，あるいは超越論哲学の根本諸原理』（続き）
『フランス学士院によって裁かれたカントとその判決記録』（続き）【2 点合わせて Sp.305-307】

（8/14）〈230〉LANDSHUT, in d. Weber: Chr. G. Bardili『古代の文献を顧慮した哲学的原理論』2 分冊中の第 1 分冊，1802 年，VI＋158 頁，8 折り版【Sp.363-368】

（8/19）〈235〉HAMBURG, b. Perthes: C. L. Reinhold 編（キールの教授）『十九世紀初頭の哲学の状態を簡便に概観するための寄稿集』1801 年，第 1 分冊 XVI＋164 頁，第 2 分冊 XII＋212 頁，第 3 分冊 1802 年，XII＋236 頁，第 4 分冊 XIV＋224 頁，8 折り版（18gr. から）【Sp.401-408】

（8/20）〈236〉『十九世紀初頭の哲学の状態を簡便に概観するための寄稿集』（続き）【Sp.409-416】

（8/21）〈237〉『十九世紀初頭の哲学の状態を簡便に概観するための寄稿集』（続き）【Sp.417-424】
TÜBINGEN, b.Cotta:『哲学の現状を簡便に概観するための寄稿集第一分冊に掲載された諸状に対する，ラインホルト教授への J. G. フィヒテの返書』1801 年，82 頁，8 折り版（9 gr.から）【Sp.422-424】

（10/27）〈304〉LEIPZIG, b. Dyk: Karl Ferdinand Hungar『自然の息子，すなわち幸福論と人間の幸福に関する書簡，批判的道徳の体系との関係において』第 1 部 1802 年，1 アルファベット［23 ボーゲン］，8 折り大版（1 Rthlr.）【Sp.209-216】

（11/19）〈327〉LEIPZIG, b. Breitkopf u. Härtel: J. K. Wezel『理性論あるいは論理学を正しく，根本的に，実り豊かに研究するための唯一目的に適った予備学の試論』1802 年，447 頁，8 折り版（1 Rthlr. 8 gr.）【Sp.393-395】
LEIPZIG, b. Breitkopf u. Härtel: J. K. Wezel『形而上学あるいは超越論哲学を正しく，根本的に，実り豊かに研究するための唯一目的に適った予備学の試論』1802 年，412 頁，8 折り版（1 Rthlr. 8 gr.）【Sp.395-399】

（11/27）〈335〉FÜRTH, im Büreau für Literatur: J. H. Abicht『唯一妥当な真理概念に基づいて築かれた改良版

論理学，すなわち改良版真理学』1802年，475頁，8折り大版（1 Rthlr. 16gr.）【Sp.457-460】

（12/15）〈352〉LENGO, in d.Meyer.Buchh.: Friedr.Ehrenburg『人間本性の醇化の観点から見た純粋道徳の精神，啓蒙され教養ある現代人のために』1802年，500頁，8折り版（1 Rthlr. 12gr.）【Sp. 593-596】

1803年「哲学」欄　主要書評一覧

［Nr. 1 ～Nr.354; Intelligenzblatt: Nr. 1 ～Nr.232］

（月/日）〈号数〉

（1/5）〈5〉JENA, im Verlag d. Cröker Buchh.: K. Chr. E. Schmid（イェーナの神学・哲学教授）『道徳哲学の試論』第1巻：序論，実践理性批判，第2巻：人倫の形而上学と応用道徳，改訂増補第四版 1802年，アルファベット2巡と18ボーゲン〔64ボーゲン〕，8折り大版（2 Rthlr. 8 gr.）【Sp.33-35】

JENA u. LEIPZIG, b. Frommann: G. S. A. Mellin『批判哲学の百科用語集，カントの批判的諸著作と独断論の諸著作に含まれている諸概念，諸命題を，報告，解説，比較検証を付して，分かりやすくもれなく説明する試み』第3巻第2部 1800年，445頁から890頁まで（1 Rthlr. 8 gr.），第4巻第1部と第2部 1801年，1802年，888頁，8折り大版（2 Rthlr. 16gr.）

（1/12）〈14〉MÜNCHEN, b.Lentner: Socher教授『ギリシャからカントまでの哲学諸体系の歴史要綱』（バイエルンの諸大学で公的講義に使用するために）1802年，338頁，8折り版（1 Rthlr. 3 gr.）【Sp.105-112】

（1/13）〈15〉JENA, in d. akad. Buchh.: Heinrich Eberhard Gottlob Paulus（イェーナの神学教授）編『ベネディクトゥス・ドゥ・スピノザ著作集』第1巻 1802年，XXIV＋700頁，8折り大版（3 Rthlr.）【Sp.113-116】

（1/26）〈28〉HAAG: Christoph Theoph.de Murr『ベネディクトゥス・ドゥ・スピノザ，神学－政治論への注釈のために』1802年，44頁，4折り版（16gr.）【Sp.217-221】

（3/16）〈76〉GIESSEN, b. Tasche u. Müller: Chr. W. Snell（Idsteinのギムナジウムの教授兼校長）und Fr. W. Snell（ギーセンの哲学教授）『愛好者のための哲学ハンドブック』第1部，「経験的心理論」VIII＋339頁，8折り版（1 Rthlr.）【Sp.601-604】

（3/31）〈92〉BERLIN, b. Quien: Lazarus Bendavid『純粋理性批判に関する講義』改定第二版 1802年，X＋356頁，8折り版（1 Rthlr.）【Sp.729-732】

LEIPZIG, b. Schiegg: K. H. Heydenreich（ライプチッヒの哲学教授）『カントの道徳論および宗教論の精神における人間の尊厳についての考察』XVI＋269頁，8折り版（1 Rthlr.）【Sp. 732-735】

（4/27）〈118〉GÖTTINGEN, b. Dietrich: Fr. Bouterweck『論証法（Apodiktik）の理念から見た，理性の諸段階．最近の哲学の混成曲に対する一つの公益的注釈』1802年，64頁，8折り大判（6 gr.）【Sp.201-205】

（6/4）〈161〉LEIPZIG, b. Küchler: J. K. Wezel『唯一正しく，目的に適って叙述された超越論的根元哲学，つまりいわゆる形而上学の新たな構想の試み』1802年，LVI＋459頁，8折り大版（2 Rthlr. 8 gr.）【Sp.545-552】

（6/6）〈162〉BERLIN, b. Maurer: ベルリン科学アカデミー編，Razarus Bendavid und Block『われわれの認識の根源について，受賞論文二編』1802年，212頁，8折り大版（16gr.）【Sp.553-558】

（6/18）〈175〉LEIPZIG, b. Wolf u. Comp.: Johann Christisn Friedrich Diez（ギュストローのギムナジウムの副校長，哲学博士）『現代の諸論争に関して真実の視点から見た，哲学と哲学者』1802年，13と

1／2ボーゲン，8折り版（20gr.）【Sp.657-661】

（7／5）〈191〉LEIPZIG, b. Breitkopf u. Härtel: J. A. W. Gessner（ライプチッヒの哲学博士，私講師）『道徳の批判，書簡形式での一試論』1802年，XVIII＋468頁，8折り版（1 Rthlr. 8 gr.）【Sp.25-32】

（7／6）〈192〉HAMBURG, b. Perthes: Friedrich Köppen『処世術論集』1801年，XII＋278頁，8折り版（1 Rthlr. 8 gr.）【Sp.33-37】

（9／3）〈252〉MÜNCHEN, b. Lindauer: Sebastian Mutschelie『カント哲学の平易な叙述の試み』第1分冊，1799年，64頁，第2分冊から第5分冊まで，1801・1802年，342頁，第6，7分冊，1803年，343-458頁【Sp.518-520】

（9／5）〈253〉GÖTTINGEN, b. Vandenhök und Ruprecht: J. G. Buhle『哲学史教本』第6部第2分冊1801年，413-1063頁，第7部1802年，722頁，8折り版（3 Rthlr.）【Sp.521-525】

ALTENBURG, b. Rink u. Schnuphase: Christian Friedrich Böhme（アルテンブルクの神学校牧師）『フィヒテ知識学の第一根本命題に反対する注釈，フィヒテ的観念論体系を論駁する結語を付して』1802年，XVI＋94頁，8折り版（9 gr.）【Sp.526-528】

（10/14）〈287〉BRESLAU, b. Korn: Chr. Garve 翻訳・註解『アリストテレスの倫理学』（「倫理学」の最初の二巻を含み，アリストテレスから現代までのさまざまな道徳論の諸原理についての論文を序論とする）第1巻1798年，XVI＋656頁，（「倫理学」の残り8巻を含む）第2巻1801年，655頁，8折り版（3 Rthlr. 8 gr.）【Sp.89-94】

（10/15）〈288〉『アリストテレスの倫理学』（続き）【Sp.97-101】

LONDON, b. Johnson u.Taylor: Thomas Belskam『精神の哲学および道徳哲学の諸原理』1801年，XCIII＋447頁，8折り版（3 Rthlr.）【Sp.101-104】

（11/22）〈320〉LEIPZIG, b. Reinicke: Jakob Fries（イェーナの哲学博士兼私講師）『ラインホルト，フィヒテ，シェリング』1803年，324頁，8折り大版（1 Rthlr. 8 gr.）【Sp.353-360】

（11/23）〈321〉『ラインホルト，フィヒテ，シェリング』（続き）【Sp.361-364】

（11/24）〈322〉HAMBURG, b. Perthes: Fr. Köppen『シェリングの理論，あるいは絶対無の哲学の全貌』F. H. Jacobiの類似した内容の三つの書簡を付して，1803年，278頁，8折り版【Sp.369-376】

（11/25）〈323〉『シェリングの理論，あるいは絶対無の哲学の全貌』（続き）【Sp.377-378】

（12/15）〈340〉LEIPZIG, b. Martini: Fr. Bouterweck 編『哲学と文芸の新ムゼーウム』第1巻第1号1803年，168頁，第2号1803年，155頁，8折り版（1 Rthlr. 8 gr.）【Sp.513-520】

（12/29）〈352〉WÜRZBURG, b. Rienner: Andreas Metz（ヴュルツブルクの哲学・神学正教授）『論理学ハンドブック，大学での講義用』1802年，196頁，8折り版（12gr.）【Sp.609-613】